U0914625

2014

四川统计年鉴

SICHUAN STATISTICAL YEARBOOK

四　川　省　统　计　局
国家统计局四川调查总队　编
Statistical Bureau of Sichuan
NBS Survey Office in Sichuan

中国统计出版社
China Statistics Press

©中国统计出版社 2014
版权所有。未经许可，本书的任何部分不得以任何方式在世界任何地区以任何文字翻印、拷贝、仿制或转载。
©2014 China Statistics Press
All rights reserved. No part of the publication may be reproduced or transmitted in any form or by any means, electronic or mechanical, including photocopying, recording, or any information storage and retrieval system, without written permission from the publisher.

图书在版编目（CIP）数据

四川统计年鉴. 2014 ：汉英对照 / 四川省统计局，国家统计局四川调查总队编.
——北京：中国统计出版社，2014.9
ISBN 978-7-5037-7297-9

Ⅰ.①四…
Ⅱ.①四…②国…
Ⅲ.①统计资料－四川省－2014－年鉴－汉、英
Ⅳ.①C832.71-54

中国版本图书馆 CIP 数据核字（2014）第 218644 号

四川统计年鉴-2014
SICHUAN STATISTICAL YEARBOOK 2014

作　　者 / 四川省统计局　国家统计局四川调查总队
责任编辑 / 佘竞雄　王立群
执行编辑 / 宋　兰
出版发行 / 中国统计出版社
地　　址 / 北京市丰台区西三环南路甲 6 号
邮政编码 / 100073
电　　话 / (010)63376909
网　　址 / http://csp.stats.gov.cn
印　　刷 / 四川阿沛赫印务有限公司
开　　本 / 890mm×1240mm　1/16
字　　数 / 1096 千字
印　　张 / 34.25
版　　别 / 2014 年 9 月第 1 版
版　　次 / 2014 年 9 月第 1 次印刷
定　　价 / 360.00 元

本书附同版本 CD—ROM 一张，光盘内容以书面文字为准。
如有印装错误，由四川省统计局综合处负责调换。
地址：成都市二环路西一段 108 号　邮编：610041　电话：(028)87042700　87043929

《四川统计年鉴－2014》编委会

顾　问　叶　壮

主　任　范秋美

副主任　滕采模　黄国芹　胡品生　梁伟华　陈　智　李兴怀　秦开荣　熊建中　何　健　裴庆昆　郭凡春　冯久先　谢承渊　李文海　唐建成　时小云　张晓勇　吴　健　张光伟　宾军宜　石　钢　陈忠明　吴建林

编　委（按姓氏笔划为序）

王　卫　王成富　王致富　巨能勋　余　萍　李传军　杨天明　杨长虹　杨克文　杨先国　杨治刚　杨胜利　苑　跃　郑　雪　明国光　姚　杰　胡　渤　胡运德　唐学清　倪方平　徐富君　翁庆智　曾全红　曾俊林　蒋春华　魏　翰

《四川统计年鉴－2014》编辑部

总编辑　熊建中

副总编辑　杨治刚　汪小红　吴树伟

执行编辑　宋　兰

编辑人员（按姓氏笔划为序）

马　克　王　飞　王　凌　王丽萍　车　静　代建凯　刘　娟　刘红缨　许军红　李　洋　李建华　杨　科　张　柯　张淑珍　张利利　余　勇　陈　鹏　陈西沙　陈哲人　陈崇精　陈鹏宇　何玉霞　杨　慧　杨　璠　林　川　周少跃　祝　豪　徐　晋　徐杨莉　聂　岭　唐　豪　唐婉岚　康　兰　黄　宏　蒋小波　喻永平　雷　莉　熊　磊　谭红英

英文翻译　周作昂

SICHUAN STATISTICAL YEARBOOK-2014

Editorial Board and Staff

Ⅰ. Editorial Board

Consultant	Ye Zhuang			
Chairman	Fan Qiumei			
Vice-chairmen	Teng Caimo	Huang Guoqin	Hu Pinsheng	Liang Weihua
	Cheng Zhi	Li Xinghuai	Qin Kairong	Xiong Jianzhong
	He Jian	Pei Qingkun	Guo Fanchun	Feng Jiuxian
	Xie Chengyuan	Li Wenhai	Tang Jiancheng	Shi Xiaoyun
	Zhang Xiaoyong	Wu Jian	Zhang Guangwei	Bin Junyi
	Shi Gang	Chen Zhongming	Wu Jianlin	

Editorial Board (in order of strokes of Chinese surname)

Wang Wei	Wang Chengfu	Wang zhifu	Ju Nengxun
Yu Ping	Li Chuanjun	Yang Tianming	Yang Changhong
Yang Kewen	Yang Xianguo	Yang zhigang	Yang Shengli
Yuan Yue	Zheng Xue	Ming Guoguang	Yao Jie
Hu Bo	Hu Yunde	Tang Xueqing	Ni Fangping
Xu Fujun	Weng Qingzhi	Zeng Quanhong	Zeng Junlin
Jiang Chunhua	Wei Han		

Ⅱ. Editorial Staff

Editor-in-chief	Xiong Jianzhong		
Associate Editor-in-chief	Yang zhigang	Wang Xiaohong	Wu Shuwei
Executive Editor	Song Lan		

Editorial Staff (in order of strokes of Chinese surname)

Ma Ke	Wang Fei	Wang Ling	Wang Liping
Che Jing	Dai Jiankai	Liu Juan	Liu Hongying
Xu Junhong	Li Yang	Li Jianhua	Yang Ke
Zhang Ke	Zhang Shuzhen	Zhang Lili	Yu Yong
Chen Peng	Chen Xisha	Chen Zheren	Chen Chongjing
Chen Pengyu	He Yuxia	Yang Hui	Yang Fan
Lin Chuan	Zhou Shaoyue	Zhu Hao	Xu Jin
Xu Yangli	Nie Ling	Tan Hao	Tang Wanlan
Kang Lan	Huang Hong	Jiang Xiaobo	Yu Yongping
Lei Li	Xiong Lei	Tan Hongying	

English Translator Zhou Zuoang

编者说明

一、《四川统计年鉴－2014》是一部全面反映四川省经济和社会发展情况的综合性统计资料年刊。本年鉴收录了全省和各市（州）、县（市、区）2013 年经济和社会各方面的大量统计数据，以及历史重要年份和近年来的全省主要统计数据。

二、本年鉴正文内容分为 22 个篇章，即：1.综合；2.国民经济核算；3.人口；4.就业人员和工资；5.固定资产投资；6.能源；7.资源和环境；8.财政和物价；9.人民生活和社会保障；10.城市概况；11.民族自治地方概况；12.县(市、区)概况；13.农业；14.工业；15.建筑业；16.交通运输、邮电和通讯；17.国内贸易；18.对外经济贸易和旅游；19.金融和保险；20.教育、科技和专利；21.文化、体育和卫生；22.其他社会活动。为帮助读者理解和使用统计数据，部分统计表下作了简要注释，并在各篇末附有主要统计指标解释。

三、与 2013 年版《四川统计年鉴》比较，本年鉴在第十二章“县(市、区)概况”中增加了“各县(市、区)年末常住人口及构成”；在第十三章“农业”中增加了“2006~2012 年各市(州)粮食播种面积和产量”、“2006~2012 年各市(州)生猪出栏头数”；在第十八章“对外经济贸易和旅游”中取消了“主要涉外星级饭店一览”和“主要名胜风景区一览”；在第二十章“教育、科技和专利”中取消了“高等学校科研项目、人员及经费”，对“高等学校科技人力资源和研究机构”中的指标作了调整并充实了各市(州)资料；在第二十一章“文化、体育和卫生”中取消了“各市(州)晨、晚练基本情况”和“各市(州)国民体质监测站点基本情况”；取消了第二十三章“法人单位概况”。

四、本年鉴中，涉及的部门统计资料均由相关部门提供。

五、本年鉴对过去发表的统计资料重新进行了核实，凡与本年鉴数据有出入的，以本年鉴为准。

六、本年鉴中所使用的度量衡单位均采用国际统一标准计量单位。

七、本年鉴中部分数据合计数或相对数由于单位取舍不同而产生的计算误差，均未做机械调整。

八、本年鉴表中的符号使用说明：“空格”表示该项统计指标数据不足本表最小单位数、数据不详或无该项数据；“#”表示其中的主要项。

Preface

Ⅰ. *Sichuan Statistical Yearbook 2014* is an annual statistics publication to reflect various aspects of Sichuan's economic and social development, which covers very comprehensive data series in 2013 and some selected data series in historically important years and the most recent years at provincial level, local levels of prefecture and level of county.

Ⅱ. The text of this Yearbook contains the following 22 parts, l. General Survey, 2. National Accounts, 3. Population, 4. Employment and Wage, 5. Investment in Fixed Assets, 6.Energy , 7. Resources and Environment,8. Local Government Finance and Price, 9.People's Livelihood and Social Welfare, 10.City, 11.Survey of Minority Nationality Autonomous Areas, 12. Survey of County (City, District), 13. Agriculture, 14. Industry, 15. Construction, 16. Transportation, Post and Telecommunications Services, 17. Domestic Trade, 18. Foreign Trade and Economic Cooperation and International Tourism, 19. Banking and Insurance, 20. Education, Science, Technology and Patents, 21. Culture, Sports and Public Health, 22. Other Social Activities. Explanatory Notes on Main Statistical Indicators is attached to the end of each chapter to help the readers to understand and use the statistical data in this book.

Ⅲ. Compared with *Sichuan Statistical Yearbook 2013*, this yearbook add "Total Resident Population and its Composition by County(year-end)" in Chapter XII "Survey of County (City, District)", add "Sown Area and Output of Grain by Region(2006-2012)" and "Slaughtered Fattened Hogs by Region(2006-2012)" in Chapter XIII "Agriculture". Chapter XVIII "Foreign Trade and Economic Cooperation and International Tourism" have cancelled two tables including "List of Main Foreign-star Hotels" and "List of Main Scenic Spots". Chapter XX "Education, Science, Technology and Patents" have cancelled table "Projects, Personnel and Funds of Research and Development of Institutions of Higher Education", and adjust indicators in the table "Basic Statistics on Human Resources for Scientific and Technological Activities in Institution of Higher Education" and enrich the data by region. Chapter XXI "Culture, Sports and Public Health" have cancelled two tables including "Conditions of Morning and Evening Exercise by Region" and "National Physique Monitoring Station by Region". Chapter XXIII "Unit List" have been cancelled in this yearbook.

Ⅳ. In this yearbook, data of transport, post and telecommunications, tourism, trade, finance, insurance, education, technology, culture, health, sports, patents, civil, fire, traffic accident, mineral resources provided by the relevant departments.

Ⅴ. The statistics data published in the past is re-verified in this book. Any discrepancy between the data of this book, it prevails.

Ⅵ The units of measurement used in this book are international standard measurement units.

Ⅶ Statistical discrepancies on totals and relative figures due to rounding are not adjusted in the yearbook.

Ⅷ Notations used in this book: "(blank)" indicates that the data are not available, "#" indicates the major items of the total.

目 录
CONTENTS

一、综合
Chapter 1 GENERAL SURVEY

二、国民经济核算
Chapter 2 NATIONAL ACCOUNTS

五、固定资产投资
Chapter 5 INVESTMENT IN FIXED ASSETS

六、能源
Chapter 6 ENERGY

七、资源和环境
Chapter 7 RESOURCES AND ENVIRONMENT

八、财政和物价
Chapter 8 LOCAL GOVERNMENT FINANCE AND PRICE

九、人民生活和社会保障
Chapter 9 PEOPLE'S LIVELIHOOD AND SOCIAL WELFARE

十、城市概况
Chapter 10 CITY

十一、民族自治地方概况
Chapter 11 SURVEY OF MINORITY NATIONALITY AUTONOMOUS AREAS

十二、县(市、区)概况
Chapter 12 SURVEY OF COUNTY (CITY, DISTRICT)

十三、农业
Chapter 13 AGRICULTURE

十四、工业
Chapter 14 INDUSTRY

十五、建筑业
Chapter 15 CONSTRUCTION

十六、交通运输、邮电和通讯
Chapter 16 TRANSPORTATION, POST AND TELECOMMUNICATIONS SERVICES

十七、国内贸易
Chapter 17 DOMESTIC TRADE

十八、对外经济贸易和旅游
Chapter 18 FOREIGN TRADE AND ECONOMIC COOPERATION AND INTERNATIONAL TOURISM

十九、金融和保险
Chapter 19 BANKING AND INSURANCE

二十、教育、科技和专利
Chapter 20 EDUCATION, SCIENCE, TECHNOLOGY AND PATENTS

二十一、文化、体育和卫生
Chapter 21 CULTURE, SPORTS AND PUBLIC HEALTH

二十二、其他社会活动
Chapter 22 OTHER SOCIAL ACTIVITIES

年末农业人口和非农业人口

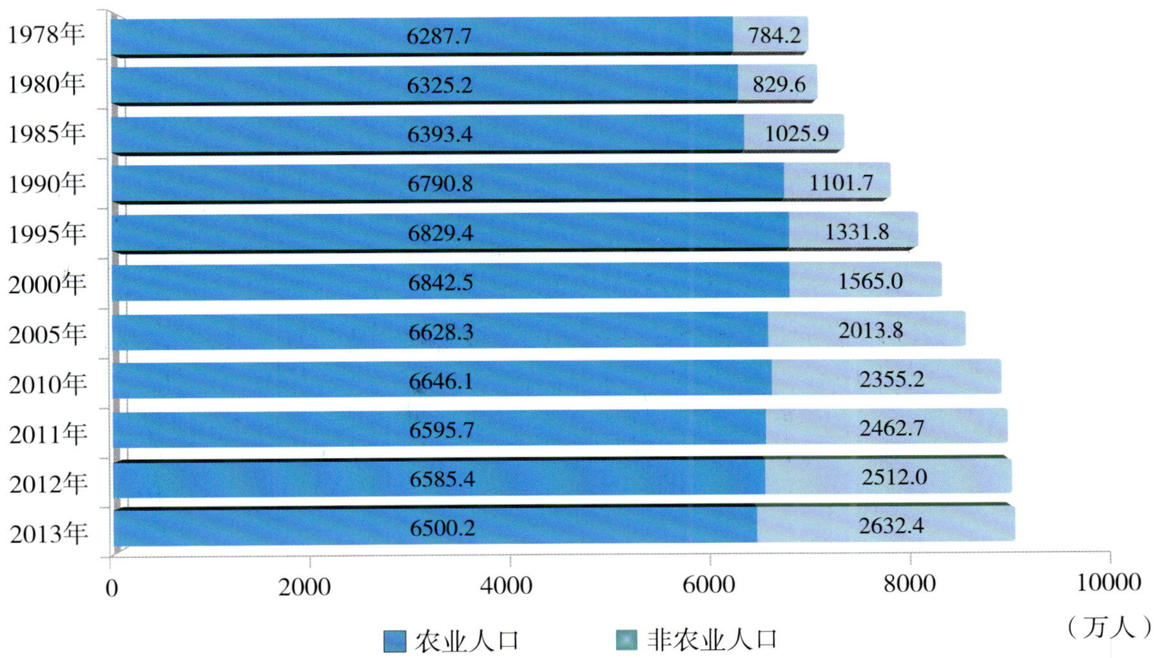

劳动力资源和就业人员

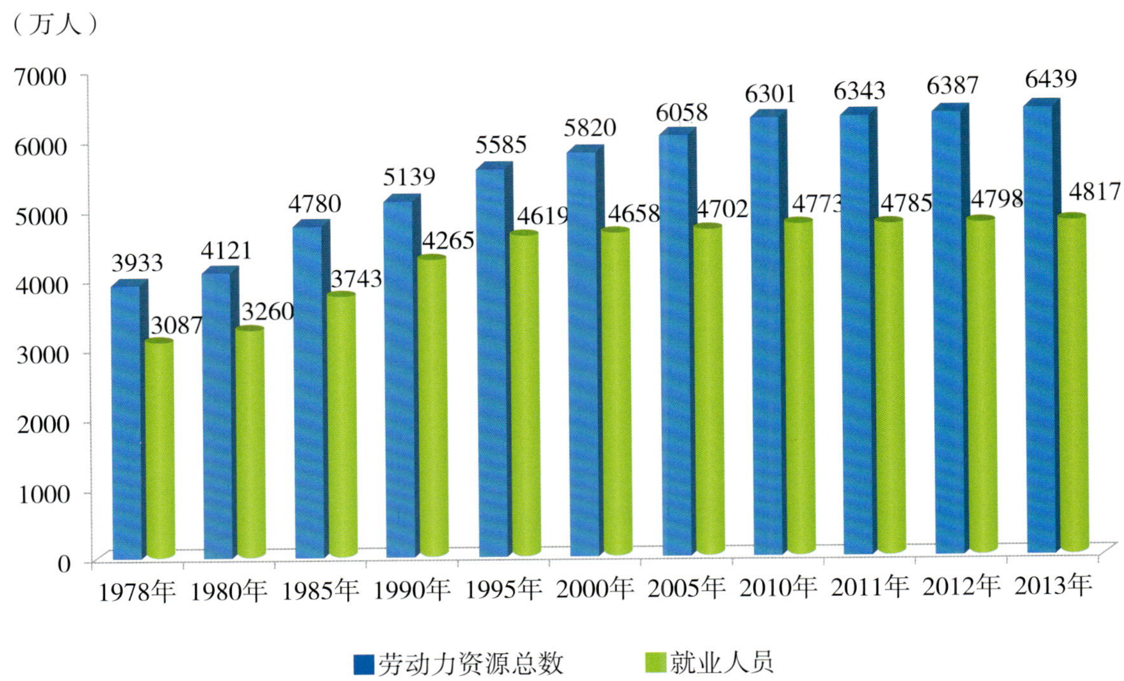

按三次产业分的就业人员构成

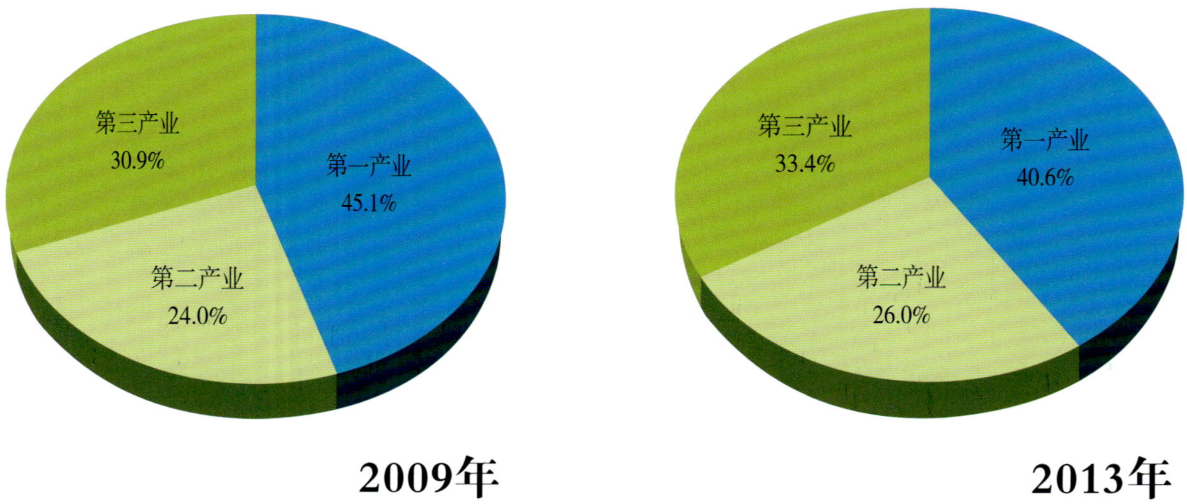

地区生产总值和增长速度

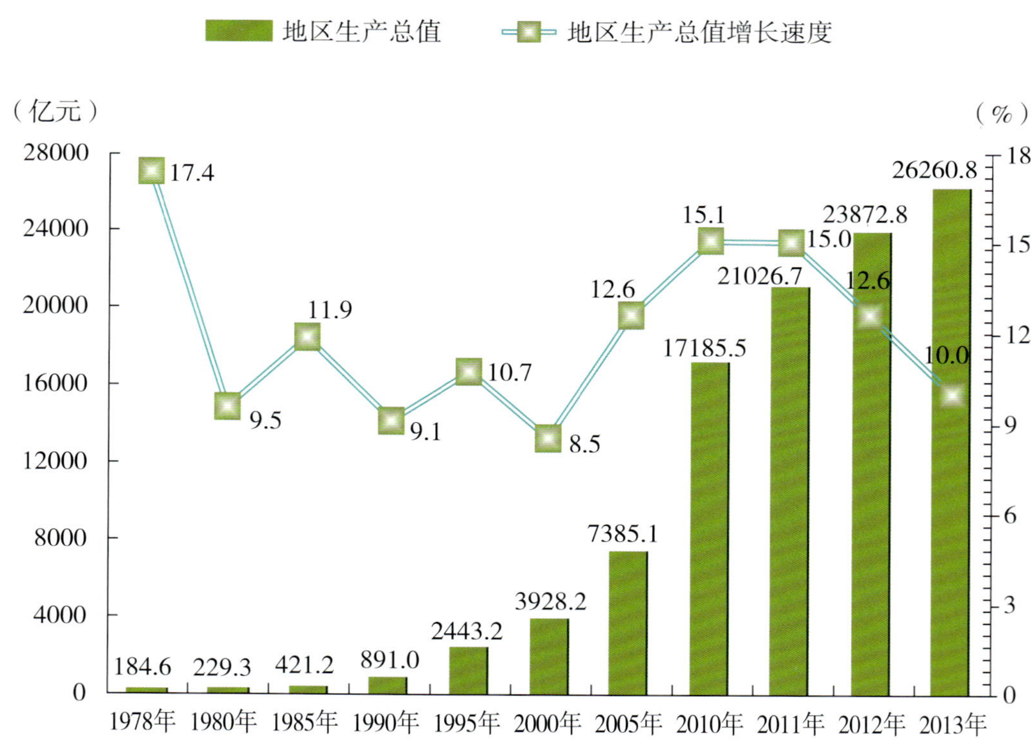

地区生产总值构成

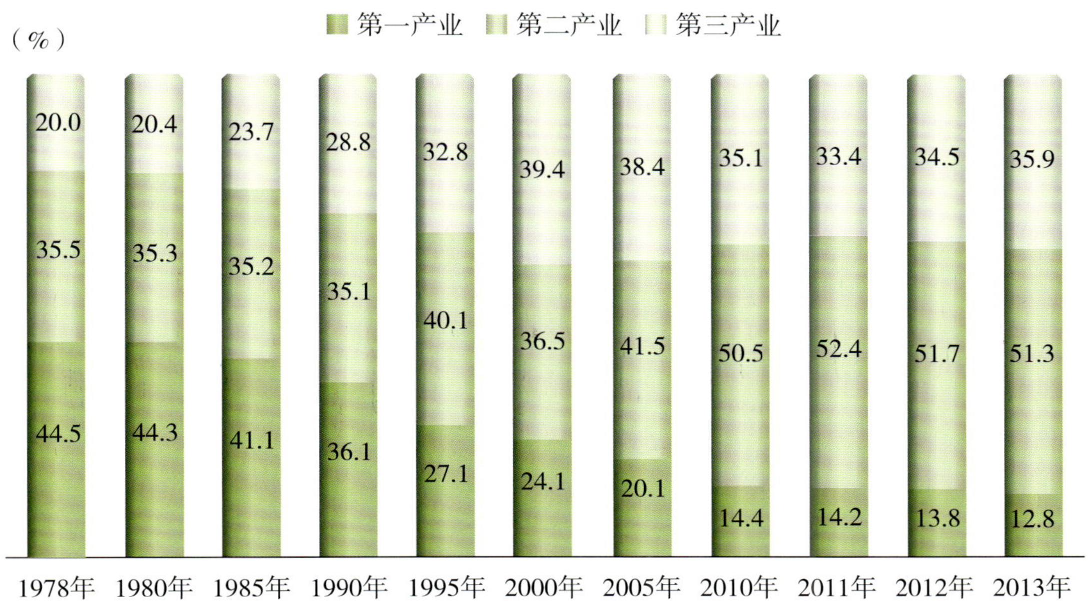

人均地区生产总值

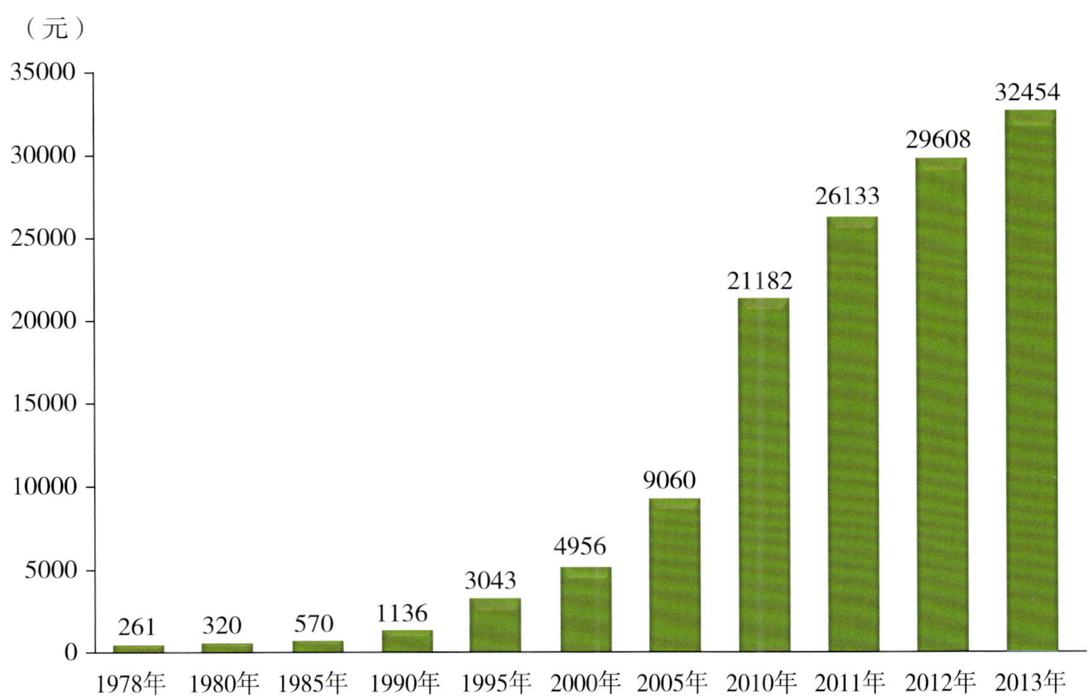

农林牧渔业总产值

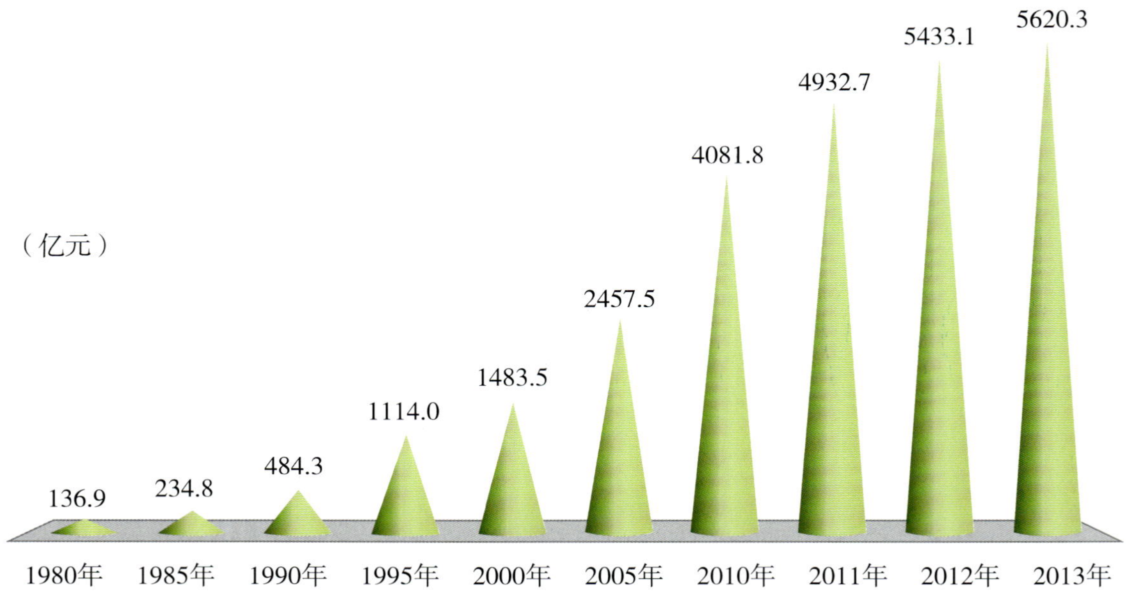

农作物播种面积

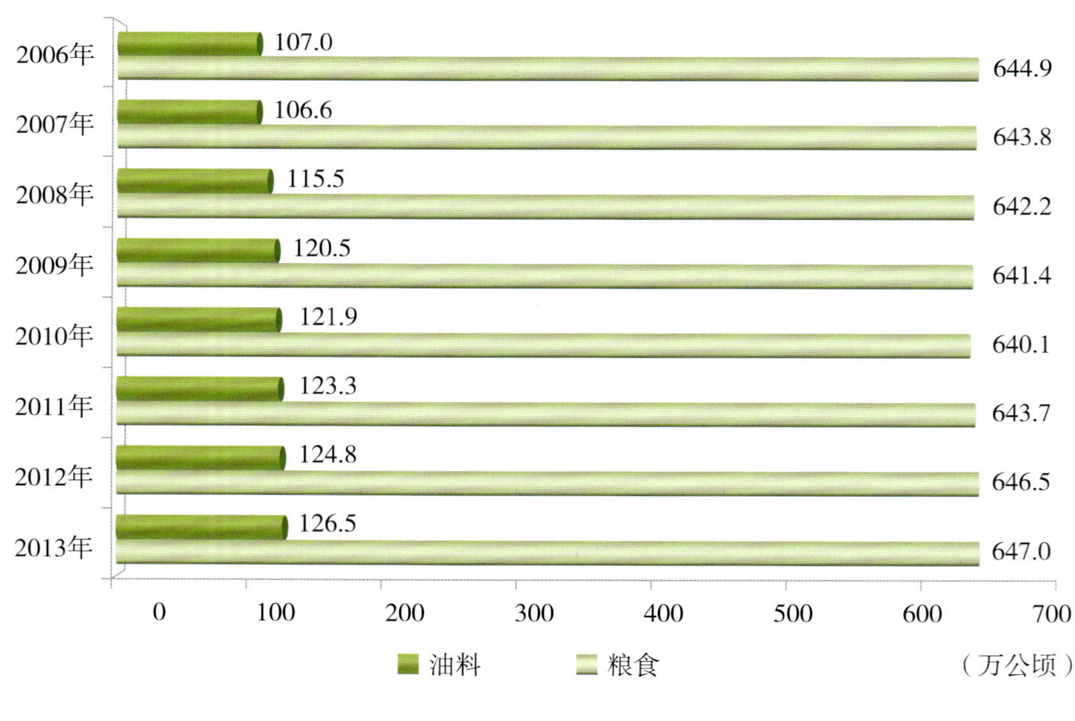

农作物产量

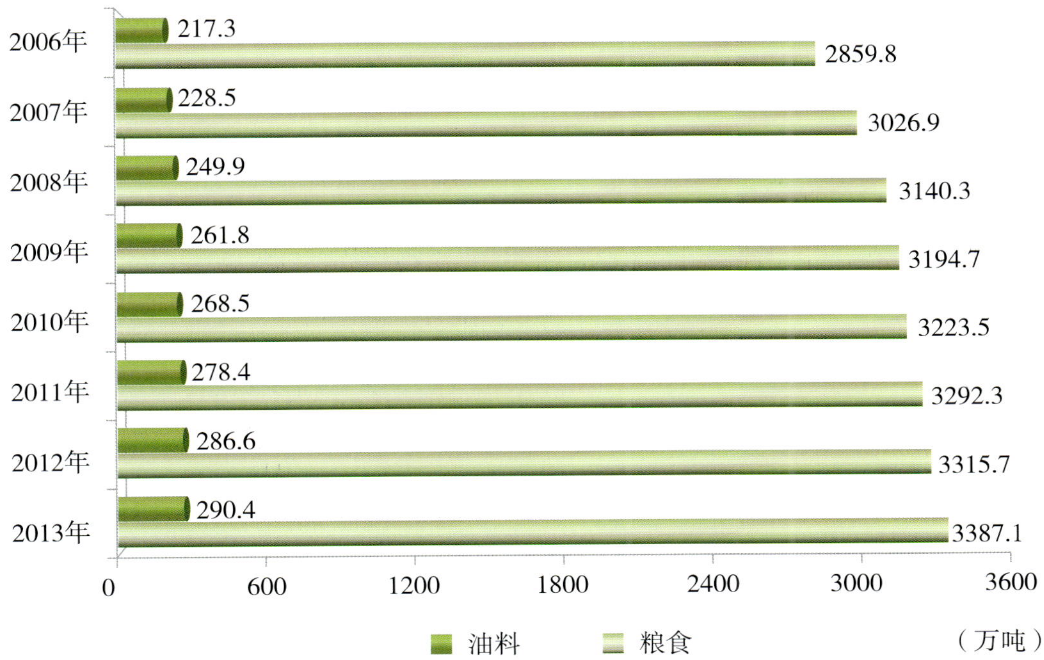
2006年
217.3
2859.8
2007年
228.5
3026.9
2008年
249.9
3140.3
2009年
261.8
3194.7
2010年
268.5
3223.5
2011年
278.4
3292.3
2012年
286.6
3315.7
2013年
290.4
3387.1
0
600
1200
1800
2400
3000
3600
油料
粮食
（万吨）

肉类产量

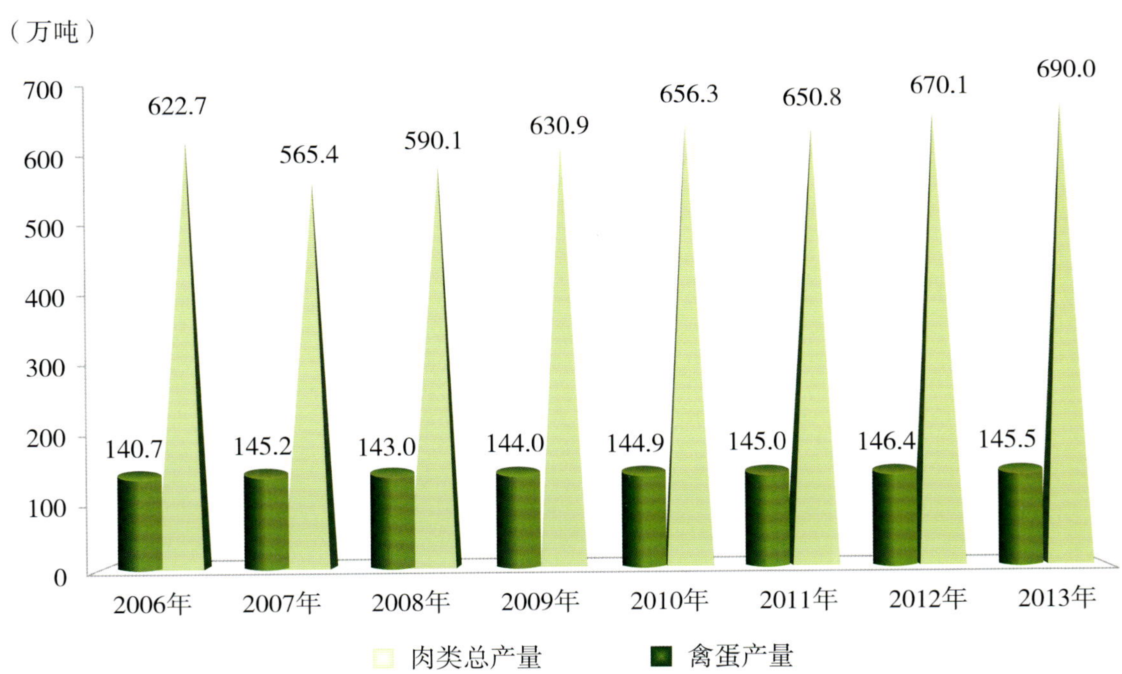
（万吨）
700
600
500
400
300
200
100
0
622.7
565.4
590.1
630.9
656.3
650.8
670.1
690.0
140.7
145.2
143.0
144.0
144.9
145.0
146.4
145.5
2006年
2007年
2008年
2009年
2010年
2011年
2012年
2013年
肉类总产量
禽蛋产量

年末农业机械总动力

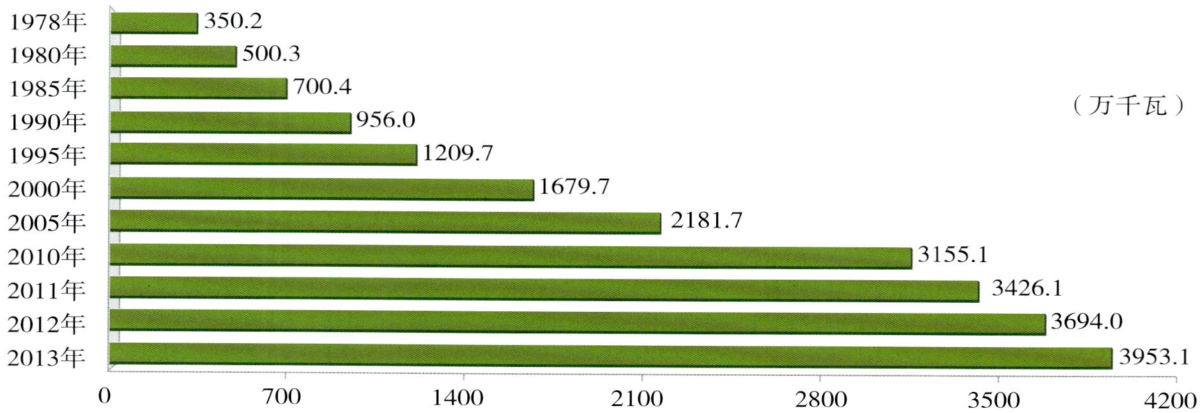

化肥施用量

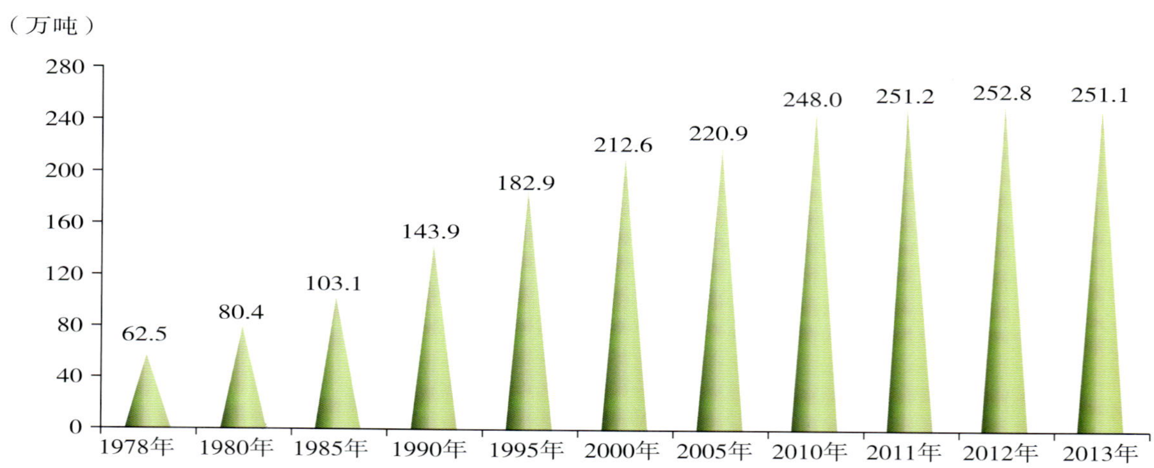

农村用电量

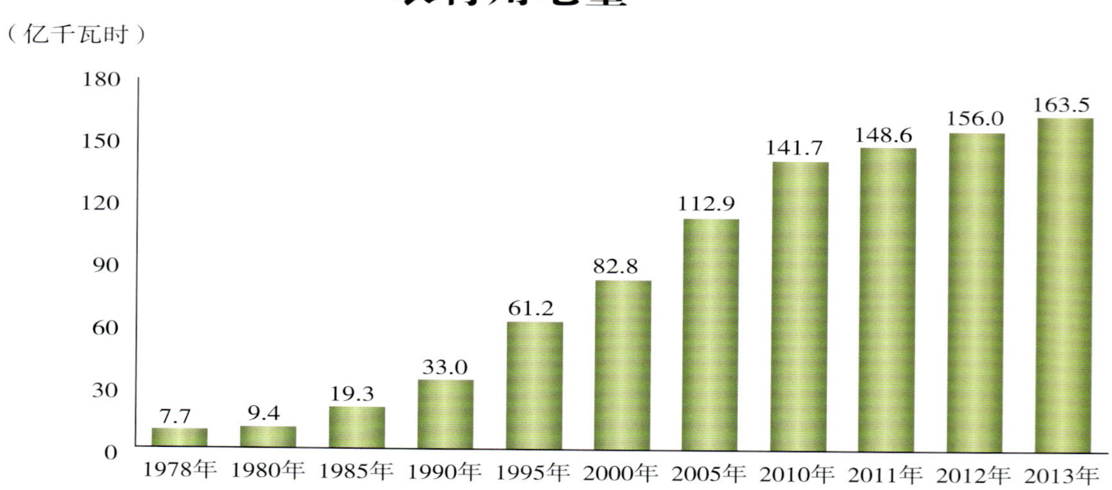

全部工业增加值

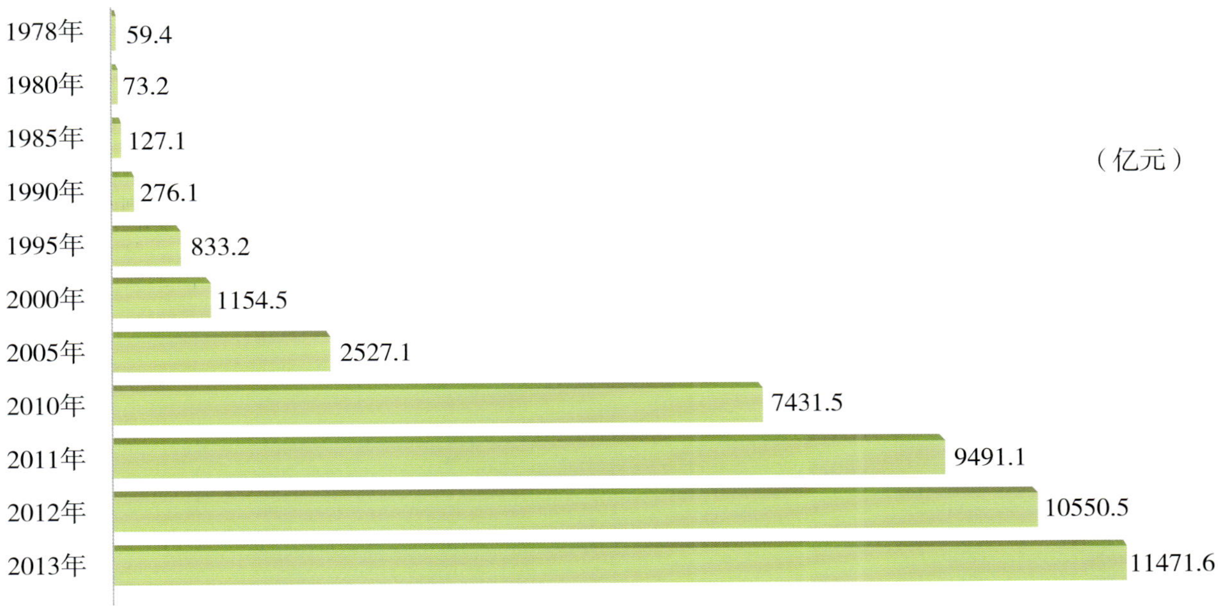

规模以上工业企业利润总额

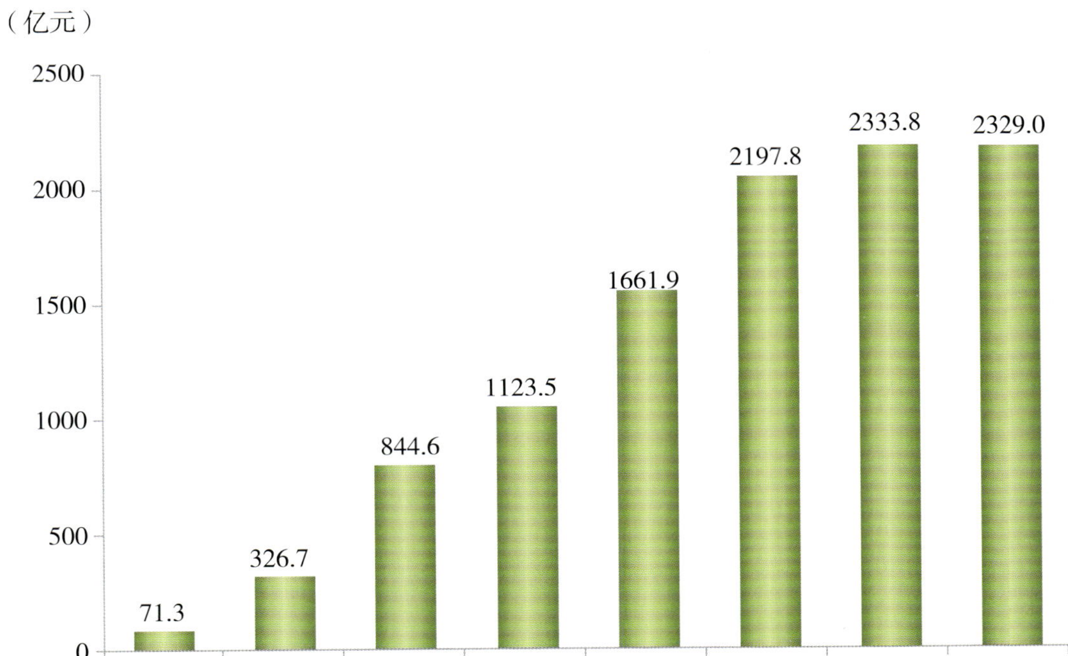

发电量

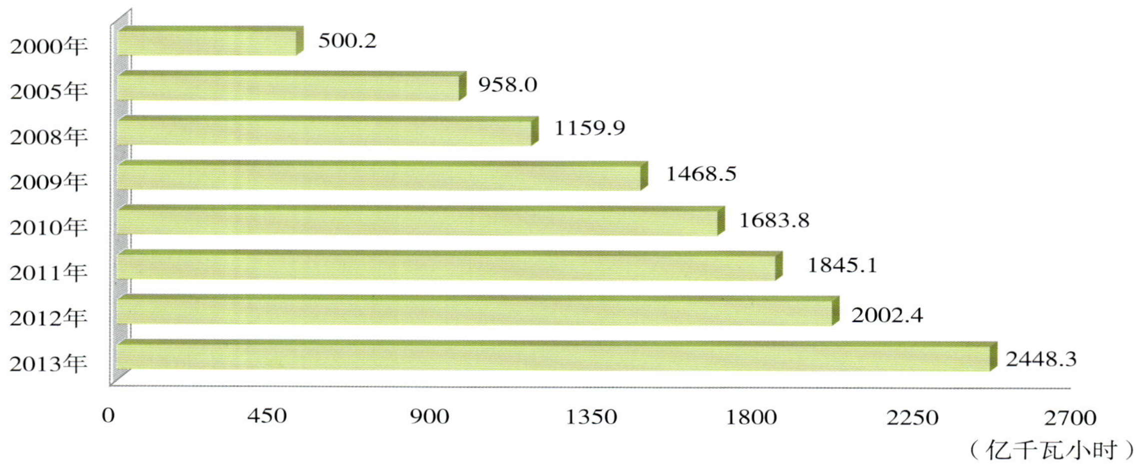

生铁产量和钢产量

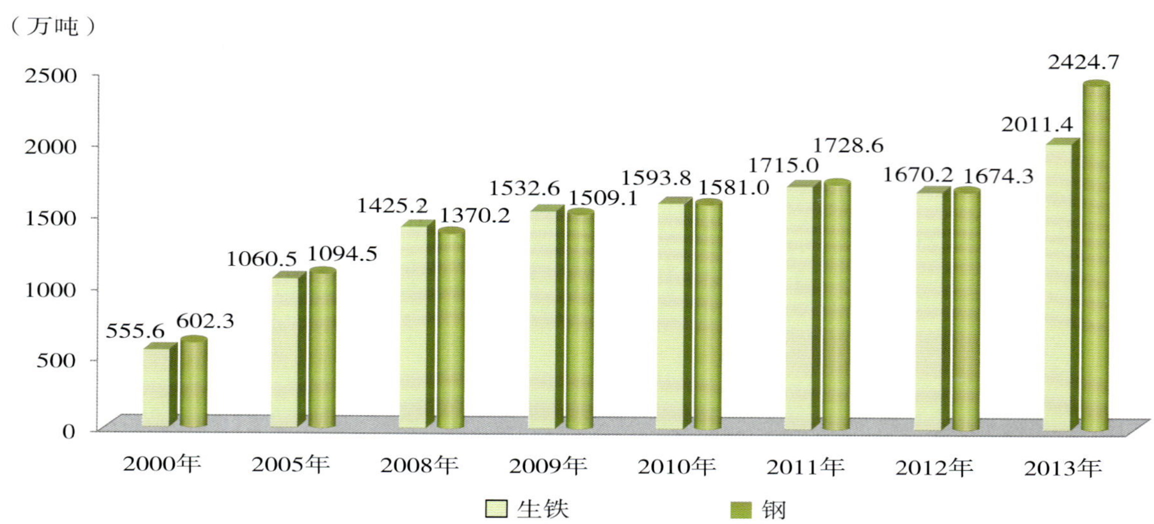

水泥产量

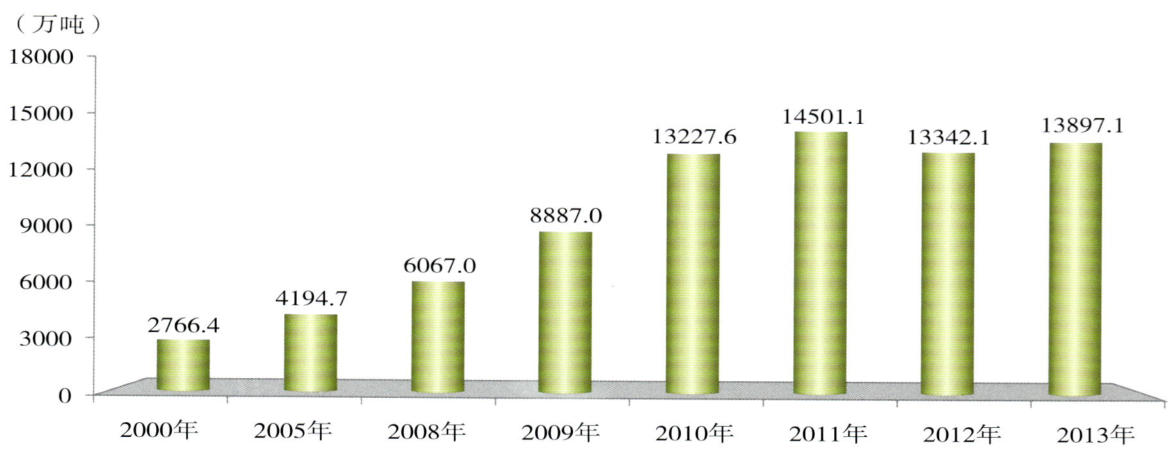

全社会固定资产投资

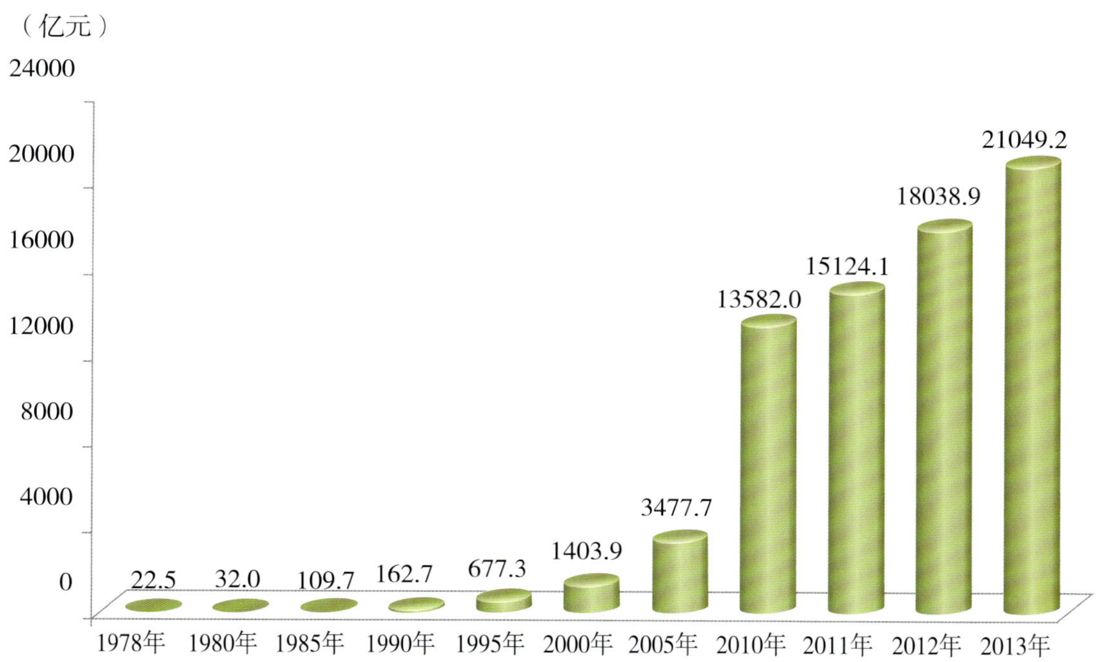

全社会固定资产投资构成

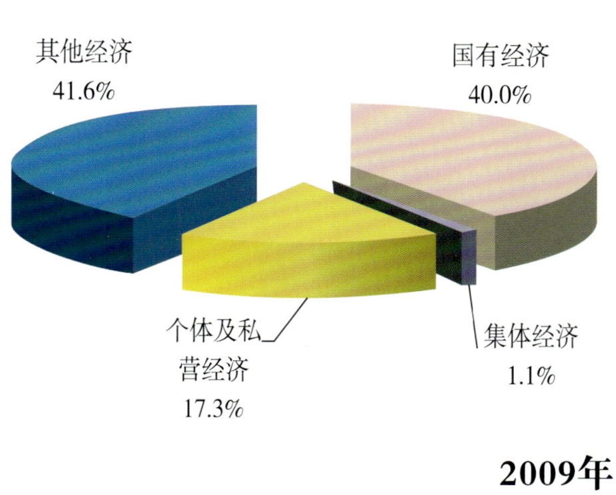

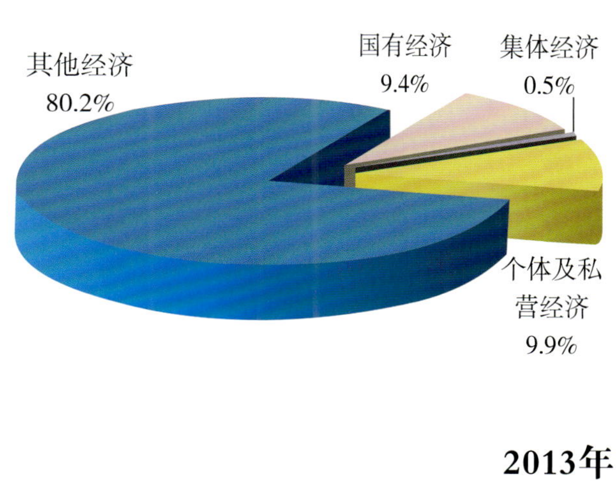

能源生产量和消费量

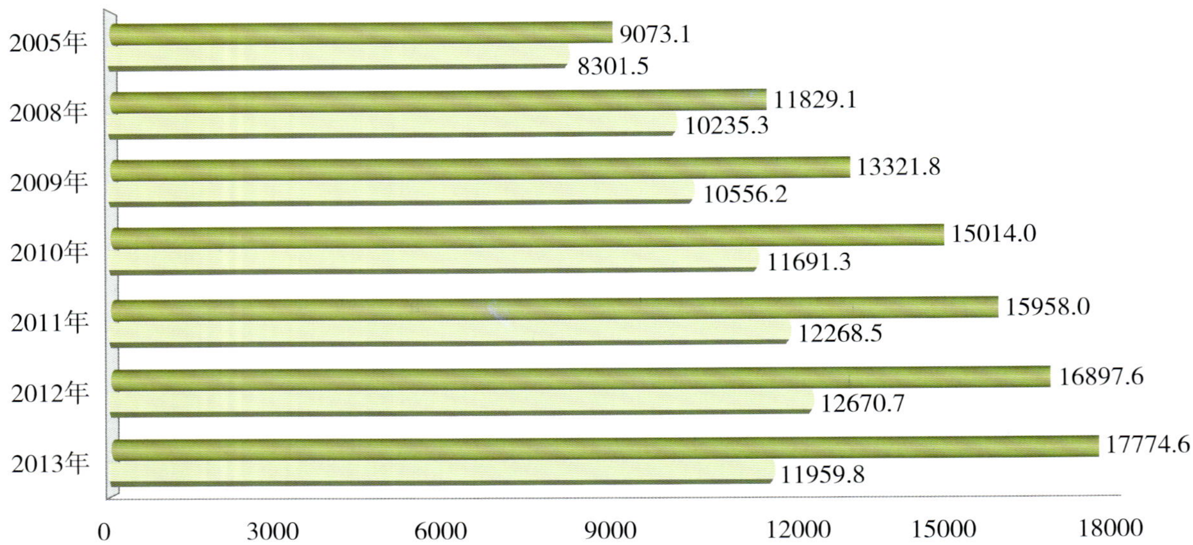

消费量（当量值） 生产量（当量值） （万吨标准煤）

旅客周转量和货物周转量

旅客周转量（亿人公里） 货物周转量（亿吨公里）

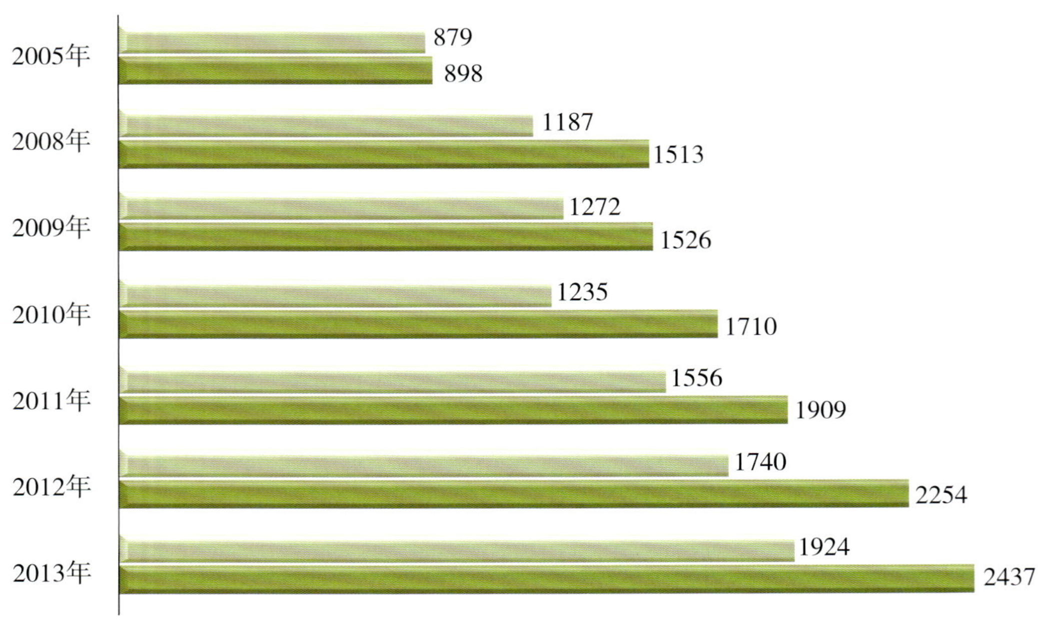

社会消费品零售总额

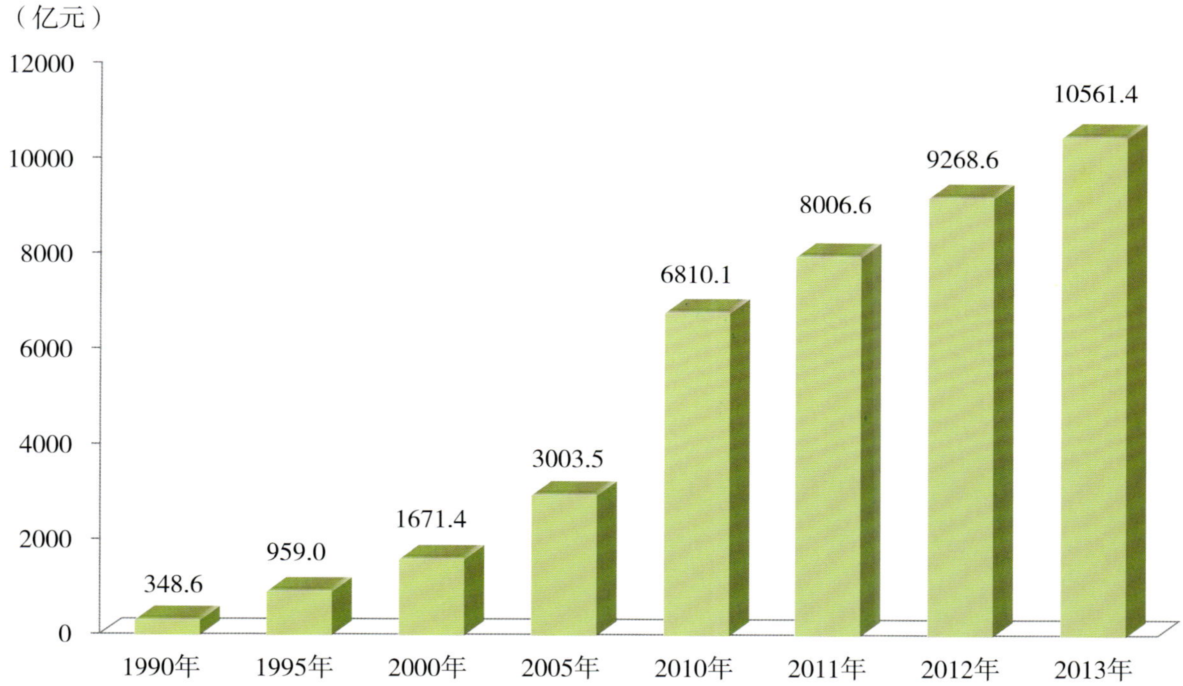

进口额和出口额

地方公共财政收入和支出

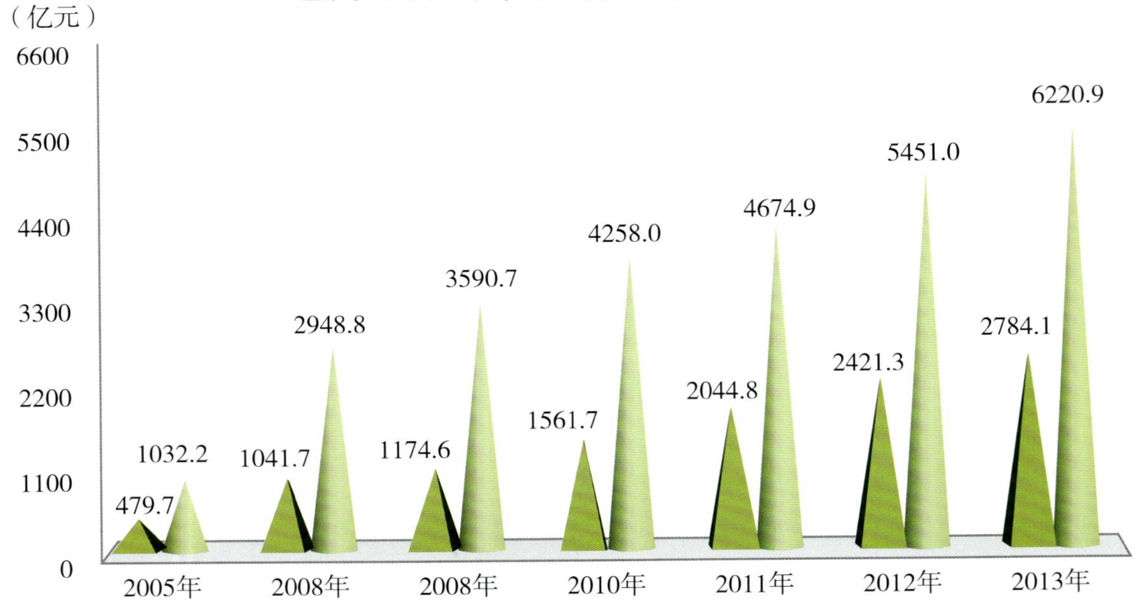

	2005年	2008年	2009年	2010年	2011年	2012年	2013年
地方公共财政收入	479.7	1041.7	1174.6	1561.7	2044.8	2421.3	2784.1
地方公共财政支出	1032.2	2948.8	3590.7	4258.0	4674.9	5451.0	6220.9

年末金融机构本外币各项存贷款余额

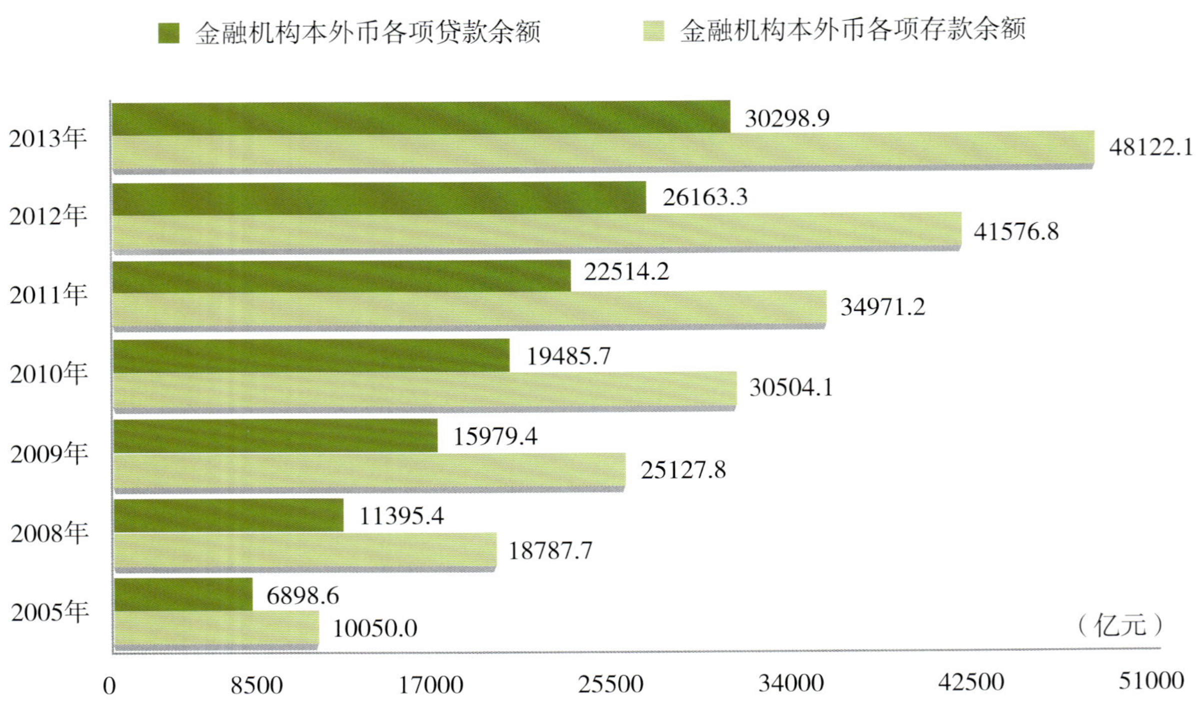

城镇居民人均可支配收入和消费支出

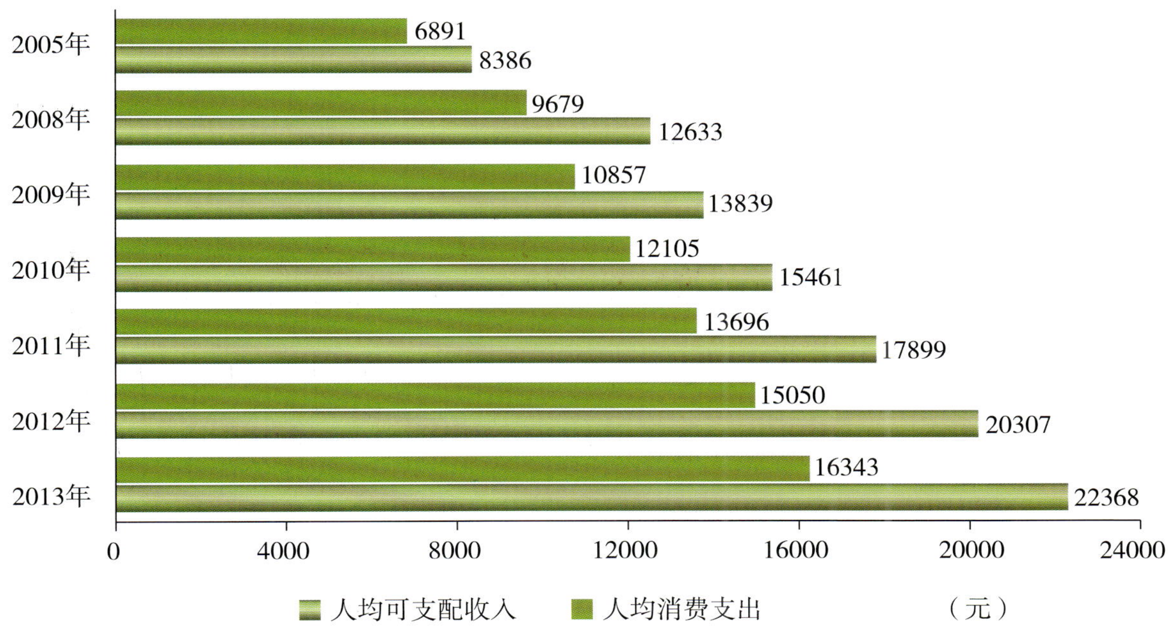

农村居民人均纯收入和生活消费支出

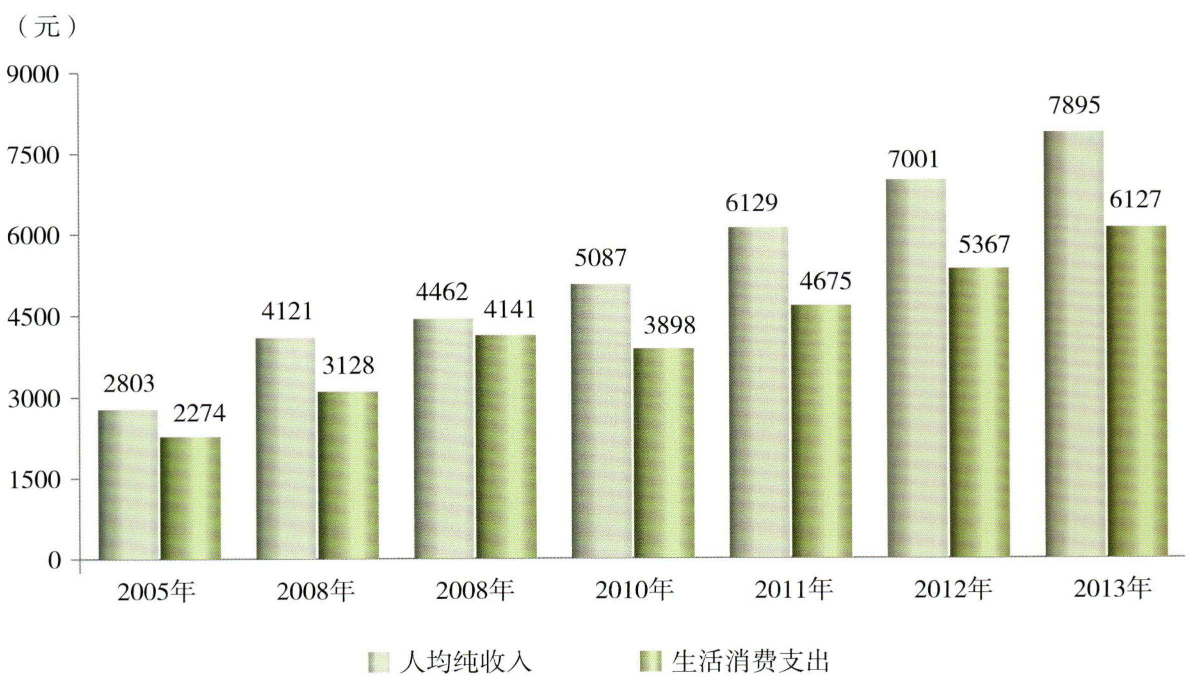

城乡居民恩格尔系数

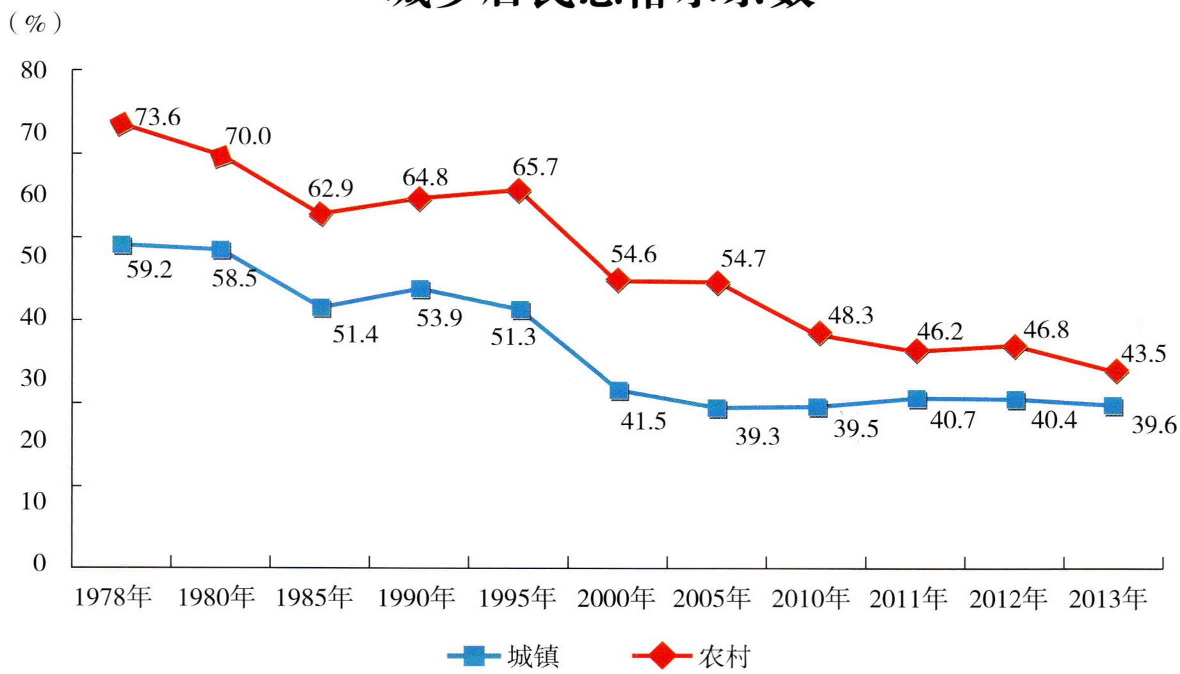

居民消费价格涨跌情况

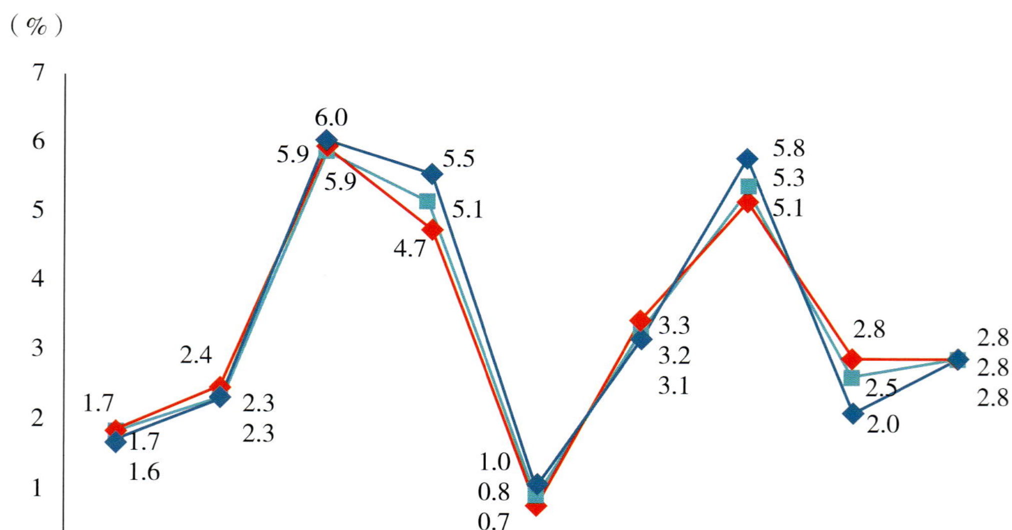

	2005年	2006年	2007年	2008年	2009年	2010年	2011年	2012年	2013年
全省	1.7	2.3	5.9	5.1	0.8	3.2	5.3	2.5	2.8
城市	1.7	2.4	5.9	4.7	0.7	3.3	5.1	2.8	2.8
农村	1.6	2.3	6.0	5.5	1.0	3.1	5.8	2.0	2.8

工业生产者出厂价格涨跌情况

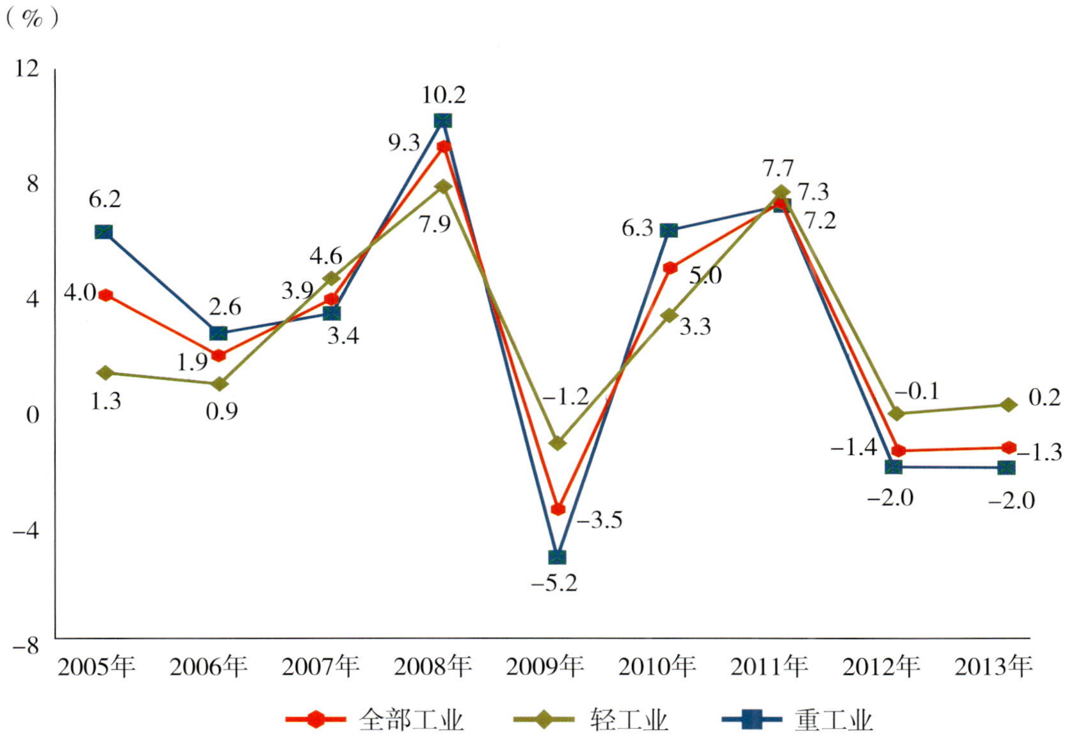

广播覆盖率和电视覆盖率

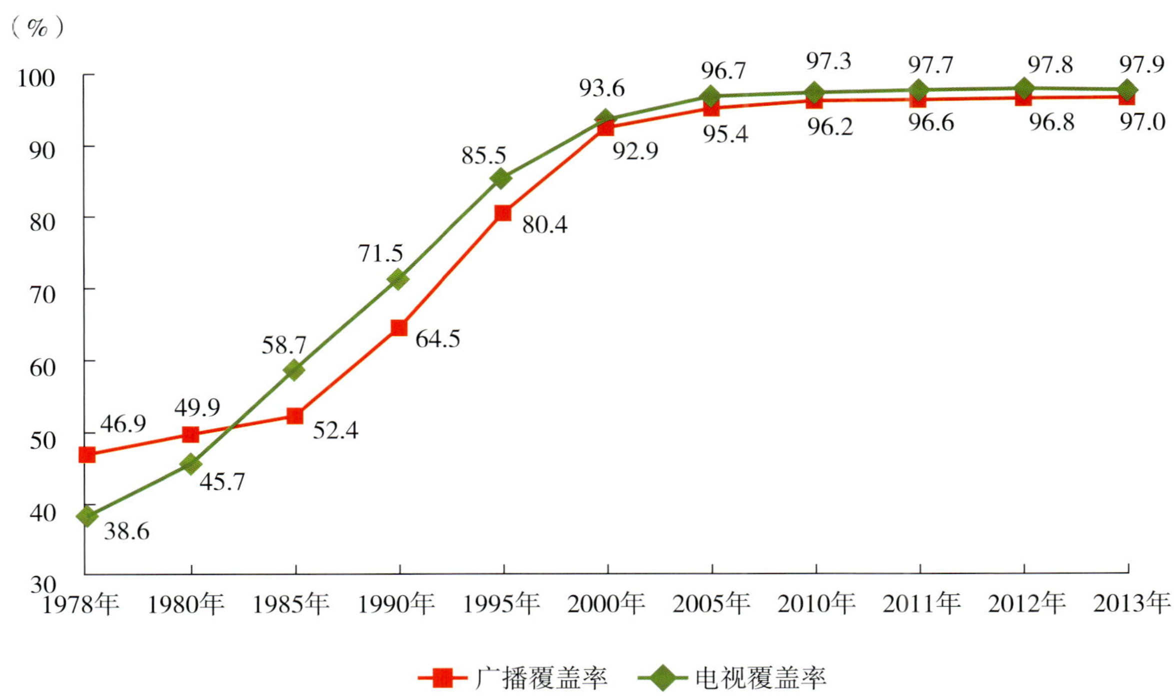

各类学校在校学生数

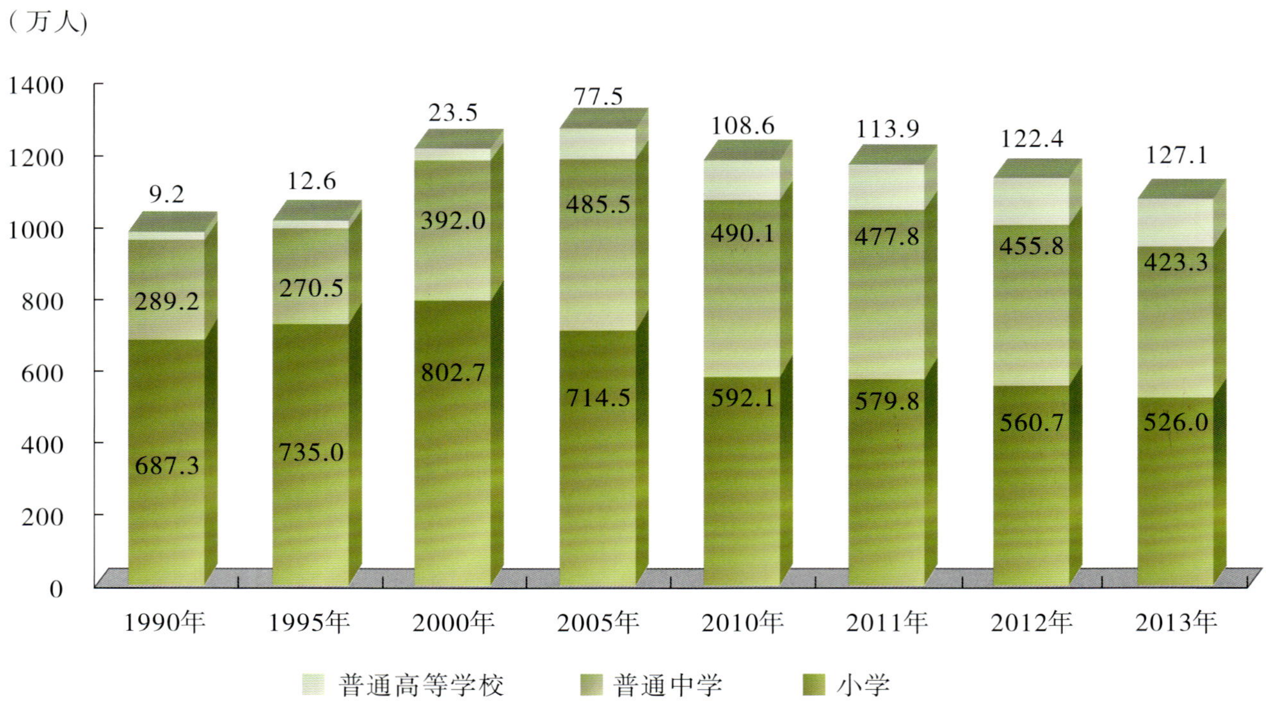

卫生机构床位数

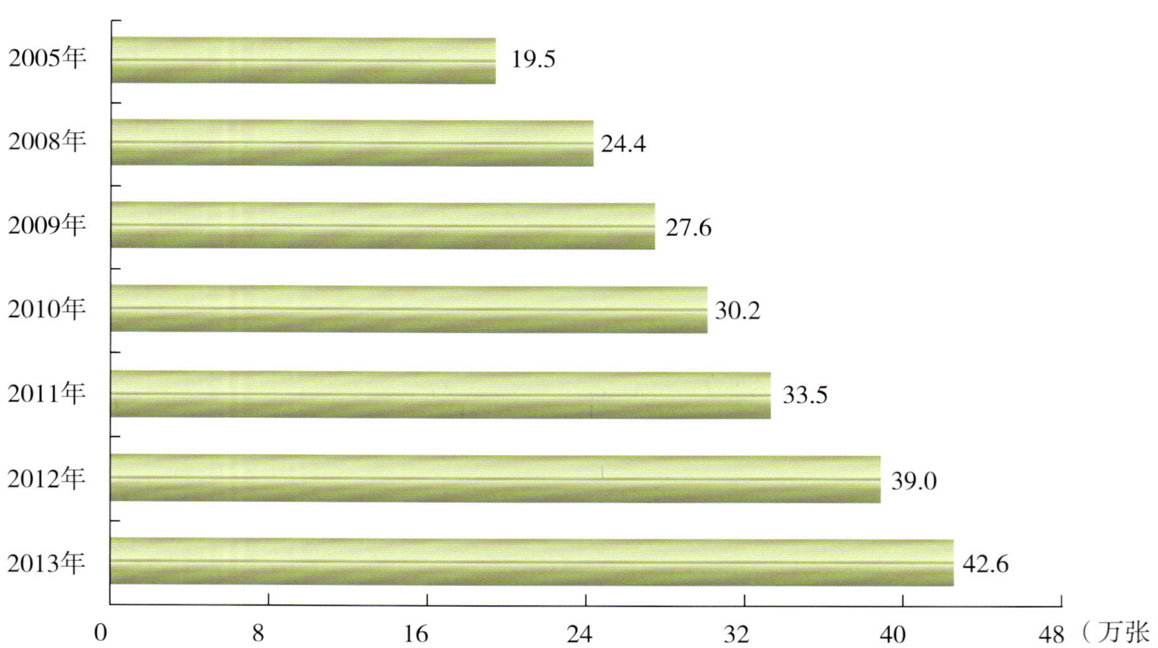

1

综合

GENERAL SURVEY

1-1 各市(州)行政区划及辖区面积(2013年底)
Administrative Divisions and Area by Region (End of 2013)

单位：个、平方公里 (unit, sq.km)

市(州)	Region	县(市、区) Counties,Cities at County Level and Districts under City Administration					乡、镇、街道办事处 Township,Towns and Street Committees					辖区面积 Administrative Area
		合计 Total	市辖区 Districts under City Administration	县级市 Cities at County Level	县 Counties	自治县 Autonomous Counties	合计 Total	乡 Township	# 民族乡 Ethnic Community Township	镇 Towns	街道办事处 Street Committees	
全 省	**Sichuan**	**183**	**48**	**14**	**117**	**4**	**4661**	**2502**	**98**	**1853**	**306**	**486052**
成都市	Chengdu	19	9	4	6		316	26		180	110	12119
自贡市	Zigong	6	4		2		108	21		75	12	4381
攀枝花市	Panzhihua	5	3		2		60	23	13	21	16	7401
泸州市	Luzhou	7	3		4		142	36	8	92	14	12236
德阳市	Deyang	6	1	3	2		129	20		99	10	5910
绵阳市	Mianyang	9	2	1	5	1	295	133	15	144	18	20248
广元市	Guangyuan	7	3		4		239	139	2	91	9	16311
遂宁市	Suining	5	2		3		130	44		68	18	5323
内江市	Neijiang	5	2		3		121	24		87	10	5385
乐山市	Leshan	11	4	1	4	2	218	115	2	96	7	12723
南充市	Nanchong	9	3	1	5		422	226	1	168	28	12477
眉山市	Meishan	6	1		5		131	54		74	3	7140
宜宾市	Yibin	10	2		8		185	65	13	107	13	13266
广安市	Guangan	6	2	1	3		181	86		86	9	6341
达州市	Dazhou	7	2	1	4		314	206	4	103	5	16582
雅安市	Yaan	8	2		6		143	93	18	45	5	15046
巴中市	Bazhong	5	2		3		195	123		65	7	12293
资阳市	Ziyang	4	1	1	2		176	87		83	6	7960
阿坝藏族羌族自治州	Aba	13			13		221	182	2	39		83016
甘孜藏族自治州	Ganzi	18			18		325	286	7	39		149599
凉山彝族自治州	Liangshan	17		1	15	1	610	513	13	91	6	60294

注：行政区划情况由四川省民政厅提供。

a) Data of administrative division are provided by the Provincial Civil Affairs Department.

1-2 各市(州)基层群众自治组织情况(2013年底)
Basic Statistics on Grass Roots Organizations by Region(End of 2013)

单位: 个 (unit)

市(州)	Region	社区居委会 Community (Neighborhood Committee)	居民小组 Residents Unit	村民委员会 Villagers Committee	村民小组 Villagers Group
全　省	**Sichuan**	**6623**	**51870**	**46492**	**357308**
成都市	Chengdu	1500	17146	1939	26740
自贡市	Zigong	289	3303	1128	11540
攀枝花市	Panzhihua	131	971	351	2336
泸州市	Luzhou	265	1474	1346	13477
德阳市	Deyang	339	3167	1437	16786
绵阳市	Mianyang	525	3414	3266	24547
广元市	Guangyuan	298	1001	2504	16325
遂宁市	Suining	297	1575	2041	15328
内江市	Neijiang	263	2068	1678	18093
乐山市	Leshan	257	2129	2034	16884
南充市	Nanchong	505	4240	5297	45243
眉山市	Meishan	212	1447	1142	8782
宜宾市	Yibin	331	2338	2842	22920
广安市	Guangan	221	1440	2763	21090
达州市	Dazhou	443	1942	2767	20239
雅安市	Yaan	69	460	1017	6822
巴中市	Bazhong	270	870	2371	10852
资阳市	Ziyang	184	1513	2790	27438
阿坝藏族羌族自治州	Aba	51	112	1353	4191
甘孜藏族自治州	Ganzi	52	233	2679	7894
凉山彝族自治州	Liangshan	121	1027	3747	19781

1-3 各市(州)行政区划一览表(2013年底)
Administrative Division Schedule by Region (End of 2013)

市(州) Region	县、市、区 Counties, Cities at County Level and Districts under City Administration
成都市	锦江区、青羊区、金牛区、武侯区、成华区、龙泉驿区、青白江区、新都区、温江区、都江堰市、彭州市、邛崃市、崇州市、金堂县、双流县、郫县、大邑县、蒲江县、新津县
Chengdu	Jinjiang, Qingyang, Jinniu, Wuhou, Chenghua, Longquanyi, Qingbaijiang, Xindu,Wenjiang,Dujiangyan, Pengzhou, Qionglai,Chongzhou, Jintang, Shuangliu, Pixian, Dayi, Pujiang, Xinjin
自贡市	自流井区、贡井区、大安区、沿滩区、荣县、富顺县
Zigong	Ziliujing, Gongjing, Daan, Yantan, Rongxian, Fushun
攀枝花市	东区、西区、仁和区、米易县、盐边县
Panzhihua	Dongqu, Xiqu, Renhe, Miyi, Yanbian
泸州市	江阳区、龙马潭区、纳溪区、泸县、合江县、叙永县、古蔺县
Luzhou	Jiangyang, Longmatan, Naxi, Luxian, Hejiang, Xuyong, Gulin
德阳市	旌阳区、广汉市、什邡市、绵竹市、中江县、罗江县
Deyang	Jinyang, Guanghan, Shifang, Mianzhu, Zhongjiang, Luojiang
绵阳市	涪城区、游仙区、江油市、安县、梓潼县、平武县、北川羌族自治县、三台县、盐亭县
Mianyang	Fucheng, Youxian, Jiangyou, Anxian, Zitong, Pingwu, Beichuan, Santai, Yanting
广元市	利州区、昭化区、朝天区、剑阁县、旺苍县、青川县、苍溪县
Guangyuan	Lizhou, zhaohua, Chaotian, Jiange, Wangcang, Qingchuan, Cangxi
遂宁市	船山区、安居区、蓬溪县、射洪县、大英县
Suining	Chuanshan, Anju, Pengxi, Shehong, Daying
内江市	市中区、东兴区、资中县、威远县、隆昌县
Neijiang	Downtown, Dongxing, Zizhong, Weiyuan, Longchang
乐山市	市中区、五通桥区、沙湾区、金口河区、峨眉山市、犍为县、井研县、夹江县、沐川县、峨边彝族自治县、马边彝族自治县
Leshan	Downtown, Wutongqiao, Shawan, Jinkouhe, Emeishan, Qianwei, Jingyan, Jiajiang, Muchuan, Ebian, Mabian
南充市	顺庆区、高坪区、嘉陵区、阆中市、南部县、西充县、营山县、仪陇县、蓬安县
Nanchong	Shunqing, Gaoping, Jialing, Langzhong, Nanbu, Xichong, Yingshan, Yilong, Pengan
眉山市	东坡区、仁寿县、彭山县、洪雅县、丹棱县、青神县
Meishan	Dongpo, Renshou, Pengshan, Hongya, Danling, Qingshen
宜宾市	翠屏区、南溪区、宜宾县、江安县、长宁县、高县、筠连县、珙县、兴文县、屏山县
Yibin	Cuiping, Yibinxian, Nanxi, Jiangan, Changning, Gaoxian, Junlian, Gongxian, Xingwen, Pingshan
广安市	广安区、前锋区、华蓥市、岳池县、武胜县、邻水县
Guangan	Guanganqu, Qianfeng, Huaying, Yuechi, Wusheng, Linshui
达州市	通川区、达川区、万源市、宣汉县、开江县、大竹县、渠县
Dazhou	Tongchuan, Dachuan, Wanyuan, Xuanhan, Kaijiang, Dazhu, Quxian
雅安市	雨城区、名山区、荥经县、汉源县、石棉县、天全县、芦山县、宝兴县
Yaan	Yucheng, Mingshan, Yingjing, Hanyuan, Shimian, Tianquan, Lushan, Baoxing
巴中市	巴州区、恩阳区、平昌县、通江县、南江县
Bazhong	Bazhou, Enyang，Pingchang, Tongjiang, Nanjiang
资阳市	雁江区、简阳市、安岳县、乐至县
Ziyang	Yanjiangqu, Jianyang, Anyue, Lezhi
阿坝藏族羌族自治州	马尔康县、汶川县、理县、茂县、松潘县、九寨沟县、金川县、小金县、黑水县、壤塘县、阿坝县、若尔盖县、红原县
Aba	Maerkang, Wenchuan, Lixian, Maoxian, Songpan, Jiuzhaigou, Jinchuan, Xiaojin, Heishui,Rangtang, Abaxian, Ruoergai, Hongyuan
甘孜藏族自治州	康定县、泸定县、丹巴县、九龙县、雅江县、道孚县、炉霍县、甘孜县、新龙县、德格县、白玉县、石渠县、色达县、理塘县、巴塘县、乡城县、稻城县、得荣县
Ganzi	Kangding, Luding, Danba, Jiulong, Yajiang, Daofu, Luhuo, Ganzixian, Xinlong, Dege, Baiyu, Shiqu, Seda, Litang, Batang, Xiangcheng, Daocheng, Derong
凉山彝族自治州	西昌市、木里藏族自治县、盐源县、德昌县、会理县、会东县、宁南县、普格县、布拖县、金阳县、昭觉县、喜德县、冕宁县、越西县、甘洛县、美姑县、雷波县
Liangshan	Xichang, Muli, Yanyuan, Dechang, Huili, Huidong, Ningnan, Puge, Butuo, Jinyang, Zhaojue, Xide,Mianning, Yuexi, Ganluo, Meigu, Leibo

1-4 国民经济和社会发展总量与速度指标

指　　标		Item	
人口		**Population**	
年末常住人口	(万人)	Residence Population (year-end)	(10 000 persons)
#男性	(万人)	Male	(10 000 persons)
女性	(万人)	Female	(10 000 persons)
#城镇	(万人)	Urban	(10 000 persons)
乡村	(万人)	Rural	(10 000 persons)
劳动力(年末数)		**Labour Force (year-end)**	
劳动力资源总数	(万人)	Total Labour Force	(10 000 persons)
就业人员数	(万人)	Employment	(10 000 persons)
#第一产业	(万人)	Primary Industry	(10 000 persons)
第二产业	(万人)	Secondary Industry	(10 000 persons)
第三产业	(万人)	Tertiary Industry	(10 000 persons)
#非私营单位就业人员	(万人)	Staff and Workers of Non-private Units	(10 000 persons)
#国有经济单位职工	(万人)	State-owned Units	(10 000 persons)
城镇集体经济单位职工	(万人)	Urban Collective Owned Units	(10 000 persons)
国民经济核算		**National Accounting**	
地区生产总值	(亿元)	Gross Domestic Product	(100 million yuan)
第一产业	(亿元)	Primary Industy	(100 million yuan)
第二产业	(亿元)	Secondary Industy	(100 million yuan)
工业	(亿元)	Industry	(100 million yuan)
建筑业	(亿元)	Construction	(100 million yuan)
第三产业	(亿元)	Tertiary Industy	(100 million yuan)
人均地区生产总值	(元)	Per Capita Gross Domestic Product	(yuan)
支出法地区生产总值	(亿元)	Gross Domestic Product by Expenditure Approach	(100 million yuan)
最终消费	(亿元)	Final Consumption Expenditure	(100 million yuan)
居民消费	(亿元)	Household Consumption Expenditure	(100 million yuan)
政府消费	(亿元)	Government Consumption Expenditure	(100 million yuan)
资本形成总额	(亿元)	Gross Capital Formation	(100 million yuan)
固定资本形成	(亿元)	Gross Fixed Capital Formation	(100 million yuan)
存货增加	(亿元)	Changes in Inventories	(100 million yuan)
农业		**Agriculture**	
农林牧渔业总产值	(亿元)	Gross Output Value of Farming, Forestry, Animal Husbandry and Fishery	(100 million yuan)
#农业	(亿元)	Agriculture	(100 million yuan)
牧业	(亿元)	Animal Husbandry	(100 million yuan)
粮食产量	(万吨)	Grain Yield	(10 000 tons)
油料产量	(万吨)	Oil Bearing Crops Yield	(10 000 tons)
生猪出栏头数	(万头)	Number of Slaughtered Fatterned Hogs	(10 000 heads)
猪年末头数	(万头)	Number of Hogs (year-end)	(10 000 heads)
牛年末头数	(万头)	Number of cattle (year-end)	(10 000 tons)
肉类总产量	(万吨)	Output of Meat	(10 000 tons)
#猪肉	(万吨)	Output of Pork	(10 000 tons)
牛肉	(万吨)	Output of Beef	(10 000 tons)
耕地面积	(万公顷)	Cultivated Areas	(10 000 hectares)
农业机械总动力	(万千瓦)	Total Agricultural Machinery Power	(10 000 kw)
机耕面积	(万公顷)	Area Ploughed by Tractors	(10 000 hectares)
农村用电量	(亿千瓦时)	Electricity Consumed in Rural Area	(100 million kwh)
化肥施用量	(万吨)	Consumption of Chemical Fertilizers	(10 000 tons)

Principal Aggregate Indicators on National Economy and Social Development and Their Related Growth Rates

总量指标 Aggregate Data							指数(%) Index (2013年比以下各年) (2013 as Percentage of)			年平均增长速度(%) Average Annual Growth Rate	
2005	2008	2009	2010	2011	2012	2013	2005	2010	2012	2006~2013	2011~2013
8212.0	8138.0	8185.0	8042.0	8050.0	8076.2	8107.0	98.7	100.8	100.4	-0.2	0.3
4213.0	4113.0	4169.0	4083.0	4103.0	4125.6	4104.7	97.4	100.5	99.5	-0.3	0.2
3999.0	4025.0	4016.0	3959.0	3947.0	3950.6	4002.3	100.1	101.1	101.3	0.0	0.4
2710.0	3044.0	3168.0	3231.0	3367.0	3515.6	3640.0	134.3	112.7	103.5	3.8	4.1
5502.0	5094.0	5017.0	4811.0	4683.0	4560.6	4467.0	81.2	92.8	97.9	-2.6	-2.4
6058	6206	6260	6301	6343	6387	6439	106.3	102.2	100.8	0.8	0.7
4702.00	4740.00	4756.62	4772.53	4785.47	4798.30	4817.31	102.5	100.9	100.4	0.3	0.3
2421.50	2186.18	2144.13	2083.20	2043.36	1991.30	1955.79	80.8	93.9	98.2	-2.6	-2.1
926.30	1108.32	1141.59	1188.82	1210.78	1233.18	1254.50	135.4	105.5	101.7	3.9	1.8
1354.20	1445.50	1470.90	1500.51	1531.33	1573.83	1607.01	118.7	107.1	102.1	2.2	2.3
723.00	736.68	711.59	719.67	727.72	705.92	722.69	100.0	100.4	102.4	0.0	0.1
303.70	310.80	312.21	335.77	331.63	342.70	349.10	114.9	104.0	101.9	1.8	1.3
40.90	37.10	36.87	33.69	32.12	32.30	30.10	73.6	89.3	93.2	-3.8	-3.7
7385.10	12601.23	14151.28	17185.48	21026.68	23872.80	26260.77	270.8	142.4	110.0	13.3	12.5
1481.14	2216.15	2240.61	2482.89	2983.51	3297.21	3368.66	133.3	113.0	103.5	3.7	4.2
3067.23	5823.39	6711.87	8672.18	11029.13	12333.28	13472.05	365.4	154.9	111.5	17.6	15.7
2527.08	4956.13	5678.24	7431.45	9491.05	10550.53	11471.57	388.4	155.6	111.0	18.5	15.9
540.15	867.26	1033.63	1240.73	1538.08	1782.75	2000.48	257.0	149.8	114.5	12.5	14.4
2836.73	4561.69	5198.80	6030.41	7014.04	8242.31	9420.06	243.3	136.4	109.9	11.8	10.9
9060	15495	17339	21182	26133	29608	32454	272.1	142.7	109.6	13.3	12.6
7385.10	12601.23	14151.28	17185.48	21026.68	23872.80	26260.77	270.8	142.4	110.0	13.3	12.5
4267.69	6540.17	7212.50	8609.53	10424.40	11926.70	13223.08	237.8	141.8	109.7	11.4	12.3
3366.47	4937.87	5601.30	6638.53	7967.50	9095.30	10102.47	222.0	139.2	109.1	10.5	11.7
901.22	1602.30	1611.20	1971.00	2456.90	2831.40	3120.61	291.9	150.0	111.3	14.3	14.5
3326.22	6574.63	7720.13	9219.92	11067.68	12496.00	13494.59	306.5	137.8	109.2	15.0	11.3
3179.92	6352.86	7464.20	8911.05	10691.30	12096.20	13081.70	311.5	138.1	109.3	15.3	11.4
146.30	221.77	255.93	308.87	376.38	399.80	412.89	197.1	127.3	104.4	8.9	8.4
2457.46	3686.20	3689.81	4081.81	4932.73	5433.12	5620.26	136.5	113.0	103.4	4.0	4.2
1037.20	1710.80	1806.06	2069.33	2454.26	2764.90	2903.48	134.0	114.7	103.6	3.7	4.7
1230.18	1708.42	1596.72	1705.16	2127.20	2269.86	2267.56	133.0	109.3	102.6	3.6	3.0
	3140.31	3194.68	3223.52	3292.25	3315.70	3387.10		105.1	102.2		1.7
232.34	249.94	261.76	268.52	278.45	286.56	290.44	125.0	108.2	101.4	2.8	2.7
	6429.41	6915.35	7175.20	7000.64	7170.77	7311.20		101.9	102.0		0.6
	5328.03	5123.10	5162.70	5101.73	5132.43	5012.12		97.1	97.7		-1.0
	964.31	968.16	968.58	988.62	940.23	947.10		97.8	100.7		-0.7
	590.12	630.89	656.35	650.83	670.12	689.99		105.1	103.0		1.7
	434.61	472.54	492.40	484.69	496.47	510.24		103.6	102.8		1.2
	28.73	28.93	29.42	28.90	29.29	30.79		104.7	105.1		1.5
390.60	395.95	397.61	401.07	398.34	399.15	399.38	102.2	99.6	100.1	0.3	-0.1
2181.70	2687.55	2952.66	3155.14	3426.10	3694.03	3953.09	181.2	125.3	107.0	7.7	7.8
107.50	182.20	196.53	219.02	275.50	330.28	409.47	380.9	187.0	124.0	18.2	23.2
112.90	128.20	133.77	141.70	148.60	155.96	163.51	144.8	115.4	104.8	4.7	4.9
220.92	242.84	247.97	248.00	251.20	252.83	251.14	113.7	101.3	99.3	1.6	0.4

1-4 续表1

指 标		Item	
#氮肥	(万吨)	Nitrogen	(10 000 tons)
造林面积	(万公顷)	Afforested Hilly Area	(10 000 hectares)
规模以上工业企业		**Industrial Enterprises above Designated Size**	
主要财务指标		Principal Financial Indicators	
资产总计	(亿元)	Total Assets	(100 million yuan)
负债合计	(亿元)	Total Liability	(100 million yuan)
所有者权益合计	(亿元)	Creditors' Equity	(100 million yuan)
主营业务收入	(亿元)	Main Business Revenue	(100 million yuan)
主营业务成本	(亿元)	Main Business Cost	(100 million yuan)
利润总额	(亿元)	Total Profits	(100 million yuan)
全部从业人员年平均人数	(万人)	Annual Average Employed Persons	(10 000 persons)
主要产品产量		Output of Major Products	
布	(亿米)	Cloth	(100 million m)
丝织品	(万米)	Silk Products	(10 000 m)
机制纸及纸板	(万吨)	Machine-made Paper and Paperboards	(10 000 tons)
原盐	(万吨)	Salt	(10 000 tons)
卷烟	(亿支)	Cigarettes	(100 million pieces)
乳制品	(吨)	Dairy Products	(tons)
白酒(商品量)	(万吨)	Liquor	(10 000 tons)
啤酒	(万吨)	Beer	(10 000 tons)
电视机	(万台)	Television	(10 000 sets)
天然气	(亿立方米)	Natural Gas	(100 million cu.m)
发电量	(亿千瓦小时)	Electricity	(100 million kwh)
#水电	(亿千瓦小时)	Hydropower	(100 million kwh)
生铁	(万吨)	Pig Iron	(10 000 tons)
钢	(万吨)	Steel	(10 000 tons)
成品钢材	(万吨)	Steel Products	(10 000 tons)
水泥	(万吨)	Cement	(10 000 tons)
农用化肥(折纯)	(万吨)	Chemical Fertilizer	(10 000 tons)
#氮肥	(万吨)	Nitrogen	(10 000 tons)
化学农药	(吨)	Chemical Pesticide	(ton)
硫酸	(万吨)	Sulfuric Acid	(10 000 tons)
纯碱	(万吨)	Soda Ash	(10 000 tons)
烧碱	(万吨)	Caustic Soda	(10 000 tons)
固定资产投资		**Investment in Fixed Assets**	
全社会固定资产投资总额	(亿元)	Total Investment in Fixed Assets	(100 million yuan)
国有经济	(亿元)	State-owned Units	(100 million yuan)
集体经济	(亿元)	Collective Owned Units	(100 million yuan)
个体及私营经济	(亿元)	Individuals and Privates Units	(100 million yuan)
其他经济	(亿元)	Others	(100 million yuan)
房地产完成投资额	(亿元)	Compeleted Investment Of Real Estate	(100 million yuan)
#住宅	(亿元)	Residental	(100 million yuan)
消费		**Domestic Trade**	
社会消费品零售总额	(亿元)	Total Retail Sales of Consumer Goods	(100 million yuan)
对外经济贸易		**Foreign Trade and Economic Cooperation**	
进出口总额	(万美元)	Total Import and Export	(USD 10 000)

continued

总量指标 Aggregate Data							指数(%) Index (2013年比以下各年) (2013 as Percentage of)			年平均增长速度(%) Average Annual of Growth Rate	
2005	2008	2009	2010	2011	2012	2013	2005	2010	2012	2006~2013	2011~2013
121.78	128.59	130.67	129.60	128.80	127.91	126.09	103.5	97.3	98.6	0.4	-0.9
24.19	57.46	48.78	38.22	25.19	11.22	12.62	52.2	33.0	112.5	-7.8	-30.9
7908.62	15589.47	17986.99	22564.76	26113.61	30362.89	36239.56	458.2	160.6	119.4	21.0	17.1
4934.81	9241.79	10832.20	13889.83	15991.15	18721.46	22204.87	450.0	159.9	118.6	20.7	16.9
2966.06	6347.68	7077.73	8571.93	10049.11	11471.16	13491.64	454.9	157.4	117.6	20.8	16.3
6008.12	14286.43	17486.41	23062.82	29887.91	31427.16	35686.14	594.0	154.7	113.6	24.9	15.7
4900.53	11748.93	14400.22	19003.96	24721.71	25755.76	29660.84	605.3	156.1	115.2	25.2	16.0
326.65	844.56	1123.48	1661.85	2197.84	2333.76	2328.99	713.0	140.1	99.8	27.8	11.9
219.00	297.54	311.38	351.67	380.48	391.44	385.05	175.8	109.5	98.4	7.3	3.1
7.07	8.90	10.92	14.90	16.68	14.19	17.15	242.6	115.1	120.9	11.7	4.8
11330	18736	22438	23042	23421	26534	25195	222.4	109.3	95.0	10.5	3.0
110.59	211.19	247.21	342.86	369.24	237.09	212.30	192.0	61.9	89.5	8.5	-14.8
412.11	560.00	797.40	763.18	1037.65	476.44	502.88	122.0	65.9	105.5	2.5	-13.0
685.05	831.00	874.00	914.24	944.16	978.85	998.66	145.8	109.2	102.0	4.8	3.0
150432	350757	470554	579963	780055	772171	949209	631.0	163.7	122.9	25.9	17.8
57.83	112.00	156.00	229.80	309.39	295.18	336.36	581.6	146.4	114.0	24.6	13.5
126.22	236.10	159.09	158.30	192.05	196.00	238.26	188.8	150.5	121.6	8.3	14.6
781.61	799.40	743.20	1208.90	1116.35	1028.50	991.62	126.9	82.0	96.4	3.0	-6.4
135.24	165.70	190.60	234.16	267.76	242.11	213.13	157.6	91.0	88.0	5.9	-3.1
958.03	1159.90	1468.50	1683.82	1845.06	2002.43	2448.33	255.6	145.4	122.3	12.4	13.3
616.99	764.10	955.70	1103.37	1245.31	1410.69	1830.71	296.7	165.9	129.8	14.6	18.4
1060.50	1425.23	1532.62	1593.81	1714.99	1670.22	2011.40	189.7	126.2	120.4	8.3	8.1
1094.45	1370.24	1509.14	1580.99	1728.64	1674.28	2424.74	221.5	153.4	144.8	10.5	15.3
1172.72	1577.19	1830.62	1976.55	2233.29	2281.62	2785.22	237.5	140.9	122.1	11.4	12.1
4194.74	6067.00	8887.00	13227.55	14501.08	13342.06	13897.09	331.3	105.1	104.2	16.2	1.7
428.82	367.51	464.37	510.12	470.68	425.28	439.98	102.6	86.3	103.5	0.3	-4.8
337.60	324.88	404.78	414.76	379.59	332.85	336.13	99.6	81.0	101.0	-0.1	-6.8
38779	73301	137435	128105	125239	96340	150020	386.9	117.1	155.7	18.4	5.4
324.85	225.98	333.26	388.22	422.99	527.56	590.97	181.9	152.2	112.0	7.8	15.0
106.51	118.12	168.20	169.78	167.76	167.84	111.60	104.8	65.7	66.5	0.6	-13.1
75.49	89.56	98.89	106.93	117.91	123.21	180.57	239.2	168.9	146.6	11.5	19.1
3477.68	7602.40	12017.28	13581.96	15124.09	18038.92	21049.15	605.3	155.0	116.7	25.2	15.7
1348.78	2782.58	4809.36	5771.01	5665.58	3948.23	1986.45	147.3	34.4	50.3	5.0	-29.9
48.08	85.57	126.33	167.45	175.02	123.74	100.28	208.6	59.9	81.0	9.6	-15.7
658.32	1497.60	2083.82	2296.90	2774.44	2151.03	2084.74	316.7	90.8	96.9	15.5	-3.2
1422.50	3236.65	4997.77	5346.60	6509.05	11815.92	16877.68	1186.5	315.7	142.8	36.2	46.7
701.45	1451.70	1588.37	2194.63	2819.17	3266.40	3853.00	549.3	175.6	118.0	23.7	20.6
473.29	1035.99	1150.03	1535.28	1989.39	2197.75	2537.89	536.2	165.3	115.5	23.4	18.2
3003.50	4944.80	5758.69	6810.12	8006.58	9268.61	10561.45	351.6	155.1	113.9	17.0	15.8
790476	2203828	2422728	3277822	4778444	5912538	6459252	817.1	197.1	109.2	30.0	25.4

1-4 续表2

指　　标		Item	
出口总额	(万美元)	Total Export	(USD 10 000)
进口总额	(万美元)	Total Import	(USD 10 000)
利用外资		**Foreign Funds**	
实际利用外资额	(万美元)	Total Amount of Foreign Capital Actually Used	(USD 10 000)
#外商直接投资	(万美元)	Foreign Direct Investment	(USD 10 000)
对外经济合作		**Economic Cooperation with Foreign Countries and Territories**	
完成营业额	(万美元)	Value of Business Fulfilled	(USD 10 000)
#对外承包工程	(万美元)	Contracted Projects	(USD 10 000)
对外劳务合作	(万美元)	Labor Services	(USD 10 000)
人民生活		**People's Livelihood**	
居民人均消费水平	(元)	Per Capita Consumption of Residents	(yuan)
农村居民	(元)	Urban Residents	(yuan)
城镇居民	(元)	Rural Residents	(yuan)
城镇居民人均总收入	(元)	Per Capita Total Income	(yuan)
#工资性收入	(元)	Wages Income	(yuan)
城镇居民人均可支配收入	(元)	Per Capita Disposable Income of Urban Residents	(yuan)
城镇居民人均消费支出	(元)	Per Capita Living Expenditures for Consumption of Urban Residents	(yuan)
#食品支出	(元)	Food	(yuan)
衣着支出	(元)	Clothing	(yuan)
交通和通信支出	(元)	Transportation and Communications	(yuan)
教育文化娱乐服务支出	(元)	Recreation, Education and Cultural Services	(yuan)
农村居民人均纯收入	(元)	Annual per Capita Net Income of Rural Residents	(yuan)
#工资性收入	(元)	Wages Income	(yuan)
家庭经营收入	(元)	Househol Business Income	(yuan)
农村居民人均生活消费支出	(元)	Expenditure for Consumption of Rural Residents	(yuan)
#食品支出	(元)	Food	(yuan)
衣着支出	(元)	Clothing	(yuan)
交通和通讯	(元)	Transportation and Communications	(yuan)
文教娱乐用品及服务	(元)	Cultural, Educational and Recreational Articles and Services	(yuan)
全部单位就业人员工资总额	(亿元)	Total Wages of Staff and Workers in all Units	(100 million yuan)
#国有经济单位	(亿元)	State-owned Units	(100 million yuan)
城镇集体经济单位	(亿元)	Urban Collective Owned Units	(yuan)
全部单位就业人员平均货币工资	(元)	Average Money Wages of Staff and Workers in all Units	(yuan)
#国有经济单位	(元)	State-owned Units	(yuan)
城镇集体经济单位	(元)	Urban Collective Owned Units	(yuan)
教育和文化		**Education and Culture**	
专任教师数		Full-time Teachers	
普通高等学校	(人)	Regular Institutions of Higher Education	(person)
普通中学	(人)	Regular Secondary Schools	(person)
小学	(人)	Primary Schools	(person)
在校学生数		Number of Students Enrollment	
普通高等学校	(万人)	Regular Institutions of Higher Education	(10 000 persons)
普通中学	(万人)	Regular Secondary Schools	(10 000 persons)
小学	(万人)	Primary Schools	(10 000 persons)
图书出版总印数	(万册)	Total Printed Copies of Published Books	(10 000 copies)
杂志出版总印数	(万册)	Total Printed Copies of Published Magazines	(10 000 copies)
报纸出版总印数	(万份)	Total Printed Copies of Published Newspapers	(10 000 copies)

continued

总量指标 Aggregate Data							指数(%) Index (2013年比以下各年) (2013 as Percentage of)			年平均增长速度(%) Average Annual of Growth Rate	
2005	2008	2009	2010	2011	2012	2013	2005	2010	2012	2006~2013	2011~2013
470089	1310789	1415167	1884504	2904567	3846147	4195160	892.4	222.6	109.1	31.5	30.6
320387	893039	1007561	1393318	1873877	2066391	2264092	706.7	162.5	109.6	27.7	17.6
110206	334159	412933	701299	1102733	1055054	1057481	959.5	150.8	100.2	32.7	14.7
88686	308842	358980	602517	948137	980100	1028443	1159.6	170.7	104.9	35.8	19.5
60079	240475	337185	402137	504240	568303	633909	1055.1	157.6	111.5	34.2	16.4
57274	235191	335622	399299	498692	563370	630206	1100.3	157.8	111.9	35.0	16.4
2805	5284	1563	2838	5548	4933	3703	132.0	130.5	75.1	3.5	9.3
4130	6072	6863	8182	9903	11280	12485	223.5	139.5	108.7	10.6	11.7
2432	3362	3891	4748	5882	7147	8074	241.7	152.6	111.4	11.7	15.1
7577	10608	11701	13457	15687	16649	17899	176.8	123.0	105.4	7.4	7.1
9004	13685	15324	17129	19688	22328	23894	265.4	139.5	107.0	13.0	11.7
5842	9117	10132	11311	12687	14249	14976	256.4	132.4	105.1	12.5	9.8
8386	12633	13839	15461	17899	20307	22368	266.7	144.7	110.1	13.0	13.1
6891	9679	10857	12105	13696	15050	16343	237.2	135.0	108.6	11.4	10.5
2710	4255	4392	4780	5572	6074	6470	238.8	135.4	106.5	11.5	10.6
641	1042	1178	1259	1484	1651	1728	269.6	137.2	104.7	13.2	11.1
828	1121	1414	1674	1758	1947	2186	264.1	130.6	112.3	12.9	9.3
909	947	1150	1225	1369	1587	1878	206.6	153.3	118.3	9.5	15.3
2803	4121	4462	5087	6129	7001	7895	281.7	155.2	112.8	13.8	15.8
955	1620	1821	2248	2652	3089	3543	371.0	157.6	114.7	17.8	16.4
1682	2062	2073	2263	2762	3005	3321	197.5	146.7	110.5	8.9	13.6
2274	3128	4141	3898	4675	5367	6127	269.4	157.2	114.2	13.2	16.3
1244	1628	1741	1881	2162	2514	2665	214.2	141.7	106.0	10.0	12.3
115	175	197	227	282	339	407	353.2	179.7	120.3	17.1	21.6
172	256	324	361	431	464	642	374.3	178.0	138.4	17.9	21.2
225	173	207	219	277	329	357	158.6	163.3	108.4	5.9	17.8
796.03	1355.53	2129.50	2540.91	3159.80	3772.36	4691.29	589.3	184.6	124.4	24.8	22.7
557.59	913.14	1058.15	1226.64	1447.95	1706.03	1862.61	334.0	151.8	109.2	16.3	14.9
45.70	69.82	79.19	78.54	95.16	110.73	113.76	248.9	144.8	102.7	12.1	13.1
15638	24725	23572	26127	31300	35873	41795	267.3	160.0	116.5	13.1	17.0
17644	28131	32210	36729	42048	47721	53896	305.5	146.7	112.9	15.0	13.6
10974	18386	21043	23411	28342	33409	39112	356.4	167.1	117.1	17.2	18.7
44854	59174	61772	64991	67448	73137	76795	171.2	118.2	105.0	7.0	5.7
258924	273559	279414	284962	285755	290366	292629	113.0	102.7	100.8	1.5	0.9
307113	307687	306528	305741	305508	304899	305619	99.5	100.0	100.2	-0.1	0.0
77.54	99.11	103.59	108.62	113.93	122.37	127.08	163.9	117.0	103.9	6.4	5.4
485.54	502.63	499.00	490.09	477.81	455.84	423.32	87.2	86.4	92.9	-1.7	-4.8
714.51	648.82	617.05	592.11	579.80	560.74	525.95	73.6	88.8	93.8	-3.8	-3.9
23643	19490	17492	19493	24787	23587	23416	99.0	120.1	99.3	-0.1	6.3
7502	8237	8303	10593	9293	9066	7499	100.0	70.8	82.7	0.0	-10.9
155865	164273	155286	170176	174021	172573	170457	109.4	100.2	98.8	1.1	0.1

1-5 国民经济和社会发展比例和效益指标

指　　标		Item	
人口		**Population**	
出生率	(‰)	Birth Rate	(‰)
死亡率	(‰)	Death Rate	(‰)
自然增长率	(‰)	Natural Growth Rate	(‰)
就业		**Employment**	
每一就业者负担户籍人口数	(人)	Dependency Ratio for each employment	(person)
三次产业从业者比例 (以全部从业人员为100)		Employment Ratio by Type of Industry (employment in all industry=100)	
第一产业	(%)	Primary Industry	(%)
第二产业	(%)	Secondary Industry	(%)
第三产业	(%)	Tertiary Industry	(%)
城镇登记失业率	(%)	Unemployment Rate in Urban Areas	(%)
国民核算		**National Accounting**	
三次产业增加值比例 (以地区生产总值为100)		Ratio of Value-added by Type of Industry (value added in primary industry=100)	
第一产业	(%)	Primary Industry	(%)
第二产业	(%)	Secondary Industry	(%)
第三产业	(%)	Tertiary Industry	(%)
人均地区生产总值	(元)	Per Capita GNP	(yuan)
全社会劳动生产率	(元/人)	Overall Labor Productivity (in terms of gross output value per employee)	(yuan/person)
第一产业	(元/人)	Primary Industry	(yuan/person)
第二产业	(元/人)	Secondary Industry	(yuan/person)
第三产业	(元/人)	Tertiary Industry	(yuan/person)
能源		**Energy**	
能源生产弹性系数		Elasticity Ratio of Energy Production	
电力生产弹性系数		Elasticity Ratio of Electricity Production	
能源消费弹性系数		Elasticity Ratio of Energy Consumption	
电力消费弹性系数		Elasticity Ratio of Electricity Consumption	
单位GDP能耗（吨标准煤/万元）		Energy Consumption per Unit of GDP (ton of SCE/ 10 000 yuan)	

注：人均指标均按年平均常住人口计算。

Indicators on Proportions and Efficiency in National Economy and Social Development

1995	2000	2005	2006	2007	2008	2009	2010	2011	2012	2013
17.1	12.1	9.70	9.14	9.21	9.54	9.15	8.93	9.79	9.89	9.90
7.2	7.0	6.80	6.28	6.29	7.15	6.43	6.62	6.81	6.92	6.90
9.9	5.1	2.90	2.86	2.92	2.39	2.72	2.31	2.98	2.97	3.00
1.77	1.80	1.84	1.85	1.86	1.88	1.89	1.89	1.89	1.90	1.90
64.6	56.7	51.5	48.9	47.9	46.1	45.1	43.7	42.7	41.5	40.6
16.3	18.7	19.7	20.1	22.5	23.4	24.0	24.9	25.3	25.7	26.0
19.1	24.6	28.8	31.0	29.6	30.5	30.9	31.4	32.0	32.8	33.4
3.6	4.0	4.6	4.5	4.3	4.6	4.3	4.1	4.1	4.1	4.1
27.1	24.1	20.1	18.4	19.2	17.6	15.8	14.4	14.2	13.8	12.8
40.1	36.5	41.5	43.4	44.0	46.2	47.4	50.5	52.4	51.7	51.3
32.8	39.4	38.4	38.2	36.8	36.2	36.8	35.1	33.4	34.5	35.9
3043	4956	9060	10613	12963	15495	17339	21182	26133	29608	32454
5307	8436	15725	18456	22363	26610	29803	36069	43998	49819	54621
2200	3508	6086	6748	8887	9955	10348	11747	14460	16344	17069
13243	17146	33298	40326	46217	53572	59663	74426	91925	100929	108310
9387	13770	21142	23574	27132	32072	35652	40590	46269	53088	59230
			0.58	0.55	0.25	0.16	0.50	0.57	0.18	0.10
			0.74	0.65	0.07	1.36	1.00	1.43	0.24	0.12
			0.72	0.62	0.65	0.54	0.64	0.67	0.35	0.46
			0.92	0.77	0.28	0.84	0.91	1.78	0.19	0.10
		1.600	1.549	1.480	1.421	1.338	1.275	1.221	1.133	1.078

a) The per capita data is calculated by average permanent resident population.

1-5 续表

指　标		Item	
农业		**Agriculture**	
人均耕地面积	(公顷)	Per Capita Cultivated Land	(hectare)
第一产业就业人员人均耕地面积	(公顷)	Cultivated Land per Employed Person in Primary Industry	(hectare)
每公顷耕地农业机械总动力	(千瓦)	Total Power of Agricultural Machinery per Hectare of Cultivated Land	(kw)
每公顷耕地用电量	(千瓦小时)	Electric Power Consumption per Hectare of Cultivated Land	(kwh)
每公顷耕地化肥施用量	(公斤)	Chemical Fertilizer Consumption per Hectare of Cultivated Land	(kg)
#氮肥	(公斤)	Nitrogen	(kg)
每公顷耕地生产的农业产值	(元)	Agricultural Output Value per Hectare of Cultivated Land	(yuan)
工业		**Industry**	
资产负债率	(%)	Assets Liability Ratio	(%)
流动资产周转次数	(次/年)	Number of Annual Times of Turnover Circulating Funds	(times/year)
固定资产投资		**Investment in Fixed Assets**	
全社会固定资产投资相当于地区生产总值比例	(%)	Proportion of Investment in fixed Assets to GDP	(%)
全社会房屋建筑面积竣工率	(%)	Rate of Total Floor Space of Buildings Completed in Construction	(%)
国内贸易		**Domestic Trade**	
人均社会消费品零售总额	(元)	Per Capita Retail Sales of Consumer Goods	(yuan)
金融保险		**Finance and Insurance**	
金融机构存款相当于地区生产总值比例	(%)	Bank Deposits as Percentage of GDP	(%)
金融机构贷款相当于地区生产总值比例	(%)	Bank Loans as Percentage of GDP	(%)
教育		**Education**	
学校每一专任教师负担学生数		Student-Teacher(full-time) Ratio	
普通高等学校	(人)	Regular Institutions of Higher Education	(person)
普通中学	(人)	Regular Secondary Schools	(person)
小学学校	(人)	Primary Schools	(person)
文化		**Culture**	
每百万人有艺术表演团体	(个)	Number of Troupes per Million Persons	(unit)
每百万人有公共图书馆	(个)	Number of Public Libraries per Million Persons	(unit)
每百万人有文化馆、文化站	(个)	Number of Cultural Centers and Stations per Million Persons	(unit)
人均年出版报纸	(份)	Annual Number of Newspaper Published per Capita	(copy)
人均年出版图书、杂志	(册)	Annual Number of Books and Magazines Published per Capita	(copy)

continued

1995	2000	2005	2006	2007	2008	2009	2010	2011	2012	2013
0.057	0.055	0.048	0.048	0.048	0.049	0.049	0.049	0.050	0.050	0.049
0.151	0.161	0.161	0.166	0.173	0.178	0.184	0.190	0.193	0.198	0.202
2.653	3.865	5.586	5.987	6.394	6.788	7.426	7.867	8.601	9.255	9.898
1342	1905	2890	3005	3125	3238	3364	3533	3730	3907	4094
401	489	566	583	604	613	624	618	631	633	629
243	283	312	318	324	325	329	323	323	320	316
14147	18071	26554	27449	33366	43207	45423	51595	61612	69270	72699
67.72	64.45	62.40	60.87	59.51	59.28	60.22	61.56	61.24	61.66	61.27
1.36	1.18	1.82	1.98	2.13	2.21	2.35	2.47	2.69	2.54	2.44
27.72	35.74	47.09	52.03	55.44	60.33	84.92	79.03	71.93	75.56	80.15
			47.2	37.6	37.8	28.8	32.9	28.9	27.0	20.0
1194	2109	3685	4240	5039	6080	7056	8394	9951	11495	13052
51.6	114.9	134.1	135.8	132.4	148.1	176.5	176.3	166.3	174.2	183.2
64.3	103.2	91.3	90.1	87.1	88.6	110.8	111.3	107.1	109.6	115.4
7.7	12.8	17.3	16.5	16.4	16.7	16.8	16.7	16.9	16.7	16.5
14.2	18.1	18.8	18.9	18.7	18.4	17.9	17.2	16.7	15.7	14.5
22.9	24.2	23.3	23.5	22.8	21.1	20.1	19.4	19.0	18.4	17.2
1.3	1.2	1.0	1.0	1.0	1.0	1.0	1.0	0.9	0.8	0.6
1.5	1.6	1.7	1.8	1.9	1.9	1.9	2.0	2.1	2.3	2.4
47.1	48.4	57.6	46.4	49.1	50.1	51.7	57.3	59.6	59.5	59.3
12.5	16.9	19.1	19.0	20.7	20.2	19.0	21.0	21.6	21.4	21.1
2.5	4.1	3.8	3.4	3.6	3.4	3.2	3.7	4.2	4.0	3.8

1-6 国民经济和社会发展结构指标
Structural Indicators on National Economy and Social Development

单位：% (%)

指　标	Item	1995	2000	2005	2010	2011	2012	2013
户籍人口结构	**Household Population Structure**	**100.0**	**100.0**	**100.0**	**100.0**	**100.0**	**100.0**	**100.0**
农业人口	Agricultural Population	83.7	81.4	76.7	73.8	72.8	72.4	71.2
非农业人口	Non-agricultural Population	16.3	18.6	23.3	26.2	27.2	27.6	28.8
就业结构	**Employment Structure**	**100.0**	**100.0**	**100.0**	**100.0**	**100.0**	**100.0**	**100.0**
第一产业	Primary Industy	64.6	56.7	51.5	43.7	42.7	41.5	40.6
第二产业	Secondary Industy	16.3	18.7	19.7	24.9	25.3	25.7	26.0
第三产业	Tertiary Industy	19.1	24.6	28.8	31.4	32.0	32.8	33.4
城镇居民消费结构	**Consumption Structure of Urban Residents**	**100.0**	**100.0**	**100.0**	**100.0**	**100.0**	**100.0**	**100.0**
食品	Food	51.3	41.5	39.3	39.5	40.7	40.4	39.6
衣着	Clothing	13.4	9.6	9.3	10.4	10.8	11.0	10.6
居住	Residence	6.4	11.0	10.2	9.3	9.0	8.5	8.1
家庭设备用品及服务	Household Facilities, Articles and Services	8.6	8.6	6.1	7.2	7.4	7.3	7.3
医疗保健	Medicine and Medical Service	3.1	5.5	6.4	5.5	5.4	5.1	6.2
交通和通信	Transportation and Communications	3.9	6.3	12.0	13.8	12.8	12.9	13.4
教育文化娱乐服务	Recreation, Education and Cultural Services	9.6	12.9	13.2	10.1	10.0	10.5	11.5
其它商品和服务	Miscellaneous Commodities and Services	3.7	4.7	3.4	4.2	3.9	4.2	3.3
农村居民消费结构	**Consumption Structure of Rural residents**	**100.0**	**100.0**	**100.0**	**100.0**	**100.0**	**100.0**	**100.0**
食品	Food			54.7	48.3	46.2	46.8	43.5
衣着	Clothing			5.1	5.8	6.0	6.3	6.6
居住	Residence			10.3	16.0	15.6	14.7	15.5
家庭设备用品及服务	Household Facilities, Articles and Services			4.5	6.1	6.4	6.2	6.8
医疗保健	Medicine and Medical Service			6.4	7.1	8.8	9.3	9.1
交通和通信	Transportation and Communications			7.5	9.3	9.2	8.6	10.5
教育文化娱乐服务	Recreation, Education and Cultural Services			9.9	5.6	5.9	6.1	5.8
其它商品和服务	Miscellaneous Commodities and Services			1.6	1.8	1.8	1.9	2.2
地区生产总值产业结构	**National Accounting Structure**	**100.0**	**100.0**	**100.0**	**100.0**	**100.0**	**100.0**	**100.0**
第一产业	Primary Industy	27.1	24.1	20.1	14.4	14.2	13.8	12.8
第二产业	Secondary Industy	40.1	36.5	41.5	50.5	52.4	51.7	51.3
第三产业	Tertiary Industy	32.8	39.4	38.4	35.1	33.4	34.5	35.9
全社会固定资产投资结构	**Structure of Total Investment in Fixed Assets**	**100.0**	**100.0**	**100.0**	**100.0**	**100.0**	**100.0**	**100.0**
国有经济	State-owned Units	56.7	48.3	38.8	42.5	37.5	21.9	9.4
集体经济	Collective Owned Units	19.6	12.2	1.4	1.2	1.2	0.7	0.5
个体经济	Individuals	13.0	14.0	18.9	16.9	18.3	11.9	9.9
其他经济	Other	10.7	25.5	40.9	39.4	43.0	65.5	80.2
进出口总额构成	**Composition of Total Import and Export**	**100.0**	**100.0**	**100.0**	**100.0**	**100.0**	**100.0**	**100.0**
出口	Export		54.8	59.5	57.5	60.8	65.1	64.9
进口	Import		45.2	40.5	42.5	39.2	34.9	35.1
实际利用外资构成	**Composition of Foreign Capital Actually Used**	**100.0**	**100.0**	**100.0**	**100.0**	**100.0**	**100.0**	**100.0**
对外借款	Foreign Loan			17.7	5.0	6.7	4.5	1.6
外商直接投资	Foreign Direct Investment			80.5	85.9	86.0	92.9	97.3
外商其他投资	Other Foreign Investment			1.8	1.4	0.4	0.6	0.7
港澳援建资金	Reconstruction Funds of Hongkong and Macao				7.7	6.9	2.0	0.4

1-7 平均每天主要社会经济活动

Main Indicators on Average Daily Social and Economic Activities

指　　标		Item		2012	2013
每天创造的财富		**Daily Production**			
地区生产总值	(亿元)	Gross Domestic Product	(100 million yuan)	65.40	71.95
第一产业	(亿元)	Primary Industry	(100 million yuan)	9.03	9.23
第二产业	(亿元)	Secondary Industry	(100 million yuan)	33.79	36.91
工业	(亿元)	Industry	(100 million yuan)	28.91	31.43
建筑业	(亿元)	Construction	(100 million yuan)	4.88	5.48
第三产业	(亿元)	Tertiary Industry	(100 million yuan)	22.58	25.81
粮食	(万吨)	Grain Crops	(10 000 tons)	9.08	9.28
油料	(万吨)	Oil bearing Crops	(10 000 tons)	0.79	0.80
园林水果	(万吨)	Garden Fruits	(10 000 tons)	1.88	1.97
肉类总产量	(万吨)	Output of Meat	(10 000 tons)	1.84	1.89
布	(万米)	Cloth	(10 000 m)	0.04	0.05
原盐	(万吨)	Salt	(10 000 tons)	1.31	1.38
天然气	(亿立方米)	Natural Gas	(100 million cu.m)	0.66	0.58
发电量	(亿千瓦小时)	Electricity	(100 million kwh)	5.49	6.71
生铁	(万吨)	Pig Iron	(10 000 tons)	4.58	5.51
钢	(万吨)	Steel	(10 000 tons)	4.59	6.64
成品钢材	(万吨)	Steel Products	(10 000 tons)	6.25	7.63
水泥	(万吨)	Cement	(10 000 tons)	36.55	38.07
农用化肥(折纯)	(万吨)	Chemical Fertilizer	(10 000 tons)	1.17	1.21
每天消费量		**Daily National Consumption**			
最终消费	(亿元)	Final Consumption Expenditure	(100 million yuan)	32.68	36.23
居民消费	(亿元)	Household Consumption Expenditure	(100 million yuan)	24.92	27.68
农村居民	(亿元)	Rural Household	(100 million yuan)	8.92	9.86
城镇居民	(亿元)	Urban Household	(100 million yuan)	16.00	17.82
政府消费	(亿元)	Government Consumption Expenditure	(100 million yuan)	7.76	8.55
社会消费品零售总额	(亿元)	Total Retail Sales of Consumer Goods	(100 million yuan)	25.39	28.94
每天其他经济活动		**Other Daily Economic Activities**			
资本形成总额	(亿元)	Gross Capital Formation	(100 million yuan)	34.24	36.97
固定资本形成	(亿元)	Fixed Capital Formation	(100 million yuan)	33.14	35.84
存货增加	(亿元)	Changes in Inventories	(100 million yuan)	1.10	1.13
全社会固定资产投资总额	(亿元)	Total Investment in Fixed Assets	(100 million yuan)	49.42	57.67
#国有经济	(亿元)	State-owned Units	(100 million yuan)	10.82	5.44
每天人口和婚姻变动		**Daily Population Changes and Marriages**			
出生	(人)	Births	(person)	2604	2559
死亡	(人)	Deaths	(person)	1838	1635
内地居民在民政部门登记结婚	(对)	Registered Marriages of Mainland in the civil affairs departments	(couple)	2046	2124
内地居民在民政部门登记离婚	(对)	Registered Divorces of Mainland in the civil departments	(couple)	556	609

注：工业产品产量为规模以上工业企业产品产量。

a) Output of industrial products refers to output of products of industrial enterprises above designated size.

主要统计指标解释

行政区划 指国家对行政区域的划分。根据有关法规规定，我国的行政区域划分如下：(1)全国分为省、自治区、直辖市；(2)省、自治区分为自治州、县、自治县、市；(3)自治州分为县、自治县、市；(4)县、自治县分为乡、民族乡、镇；(5)直辖市和较大的市分为区、县；(6)国家在必要时设立的特别行政区。

平均增长速度 平均增长速度表明社会经济现象在一个较长的时期内逐期平均增长变化的程度，它不能根据各个环比增长速度直接求得，但与平均发展速度之间存在着一定的数量关系：平均增长速度＝平均发展速度－1。

平均发展速度是一种根据环比发展速度计算的序时平均数,由于各时期对比的基础不同，所以计算平均发展速度不能采用一般的序时平均数的计算方法，计算方法分为水平法和累计法。水平法，又称几何平均法，即将环比发展速度按连乘法用几何平均数公式计算。累计法，也称方程法，根据一段时期内各年发展水平总和与基期水平的关系，列出方程式计算平均发展速度。水平法着重考虑最后一年所达到的发展水平；累计法着重考虑整个时期累计发展水平的总量。

本《年鉴》内所列的增长速度，均用“水平法”计算。从某年到某年平均增长速度的年份，均不包括基期年在内。如建国四十三年以来的平均增长速度是以 1949 年为基期计算的，则写为 1950-1992 年平均增长速度，其余类推。

国民经济行业分类 新国家标准《国民经济行业分类》（GB/T4754-2011）是由国家统计局组织修订，经国家质量监督检验检疫总局和国家标准化管理委员会批准发布，于 2011 年 11 月 1 日起实施。根据统计工作的实际情况，经研究决定，新《国民经济行业分类》从 2012 年定报统一开始使用。《国民经济行业分类》（GB/T4754-2011）共有门类 20 个，大类 96 个，中类 432 个，小类 1094 个。与 2002 年 5 月 10 日发布实施的（GB/T4754-2002）比较，门类未增减，大类增加 1 个，中类增加 36 个，小类增加 181 个。

企业(单位)登记注册类型 是以在工商行政管理机关登记注册的各类企业为划分对象，以工商行政管理部门对企业登记注册的类型为依据，将企业登记注册类型分为内资企业、港澳台商投资企业和外商投资企业三大类。内资企业包括国有企业、集体企业、股份合作企业、联营企业、有限责任公司、股份有限公司、私营企业和其他企业；港澳台商投资企业和外商投资企业分别包括合资经营企业、合作经营企业、独资经营企业、股份有限公司和其他投资企业。对不在工商行政管理部门进行登记注册的行政机关、事业单位和社会团体，主要按其经费来源和管理方式进行划分。

国有企业 指企业全部资产归国家所有，并按《中华人民共和国企业法人登记管理条例》规定登记注册的非公司制的经济组织。不包括有限责任公司中的国有独资公司。

集体企业 指企业资产归集体所有，并按《中华人民共和国企业法人登记管理条例》规定登记注册的经济组织。

股份合作企业 指以合作制为基础，由企业职工共同出资入股，吸收一定比例的社会资产投资组建，实行自主经营，自负盈亏，共同劳动，民主管理，按劳分配与按股分红相结合的一种集体经济组织。

联营企业 指两个及两个以上相同或不同所有制性质的企业法人或事业单位法人，按自愿、平等、互利的原则，共同投资组成的经济组织。联营企业包括国有联营企业、集体联营企业、国有与集体联营企业和其他联营企业。

有限责任公司 指根据《中华人民共和国公司登记管理条例》规定登记注册，由两个以上、五十个以下的股东共同出资，每个股东以其所认缴的出资额对公司承担有限责任，公司以其全部资产对其债务承担责任的经济组织。有限责任公司包括国有独资公司以及其他有限责任公司。

股份有限公司 指根据《中华人民共和国公司登记管理条例》规定登记注册，其全部注册资本由等额股份构成并通过发行股票筹集资本，股东以其认购的股份对公司承担有限责任，公司以其全部资产对其债务承担责任的经济组织。

私营企业 指由自然人投资设立或由自然人控股，以雇佣劳动为基础的营利性经济组织。包括按照《公司法》、《合伙企业法》、《私营企业暂行条例》规定登记注册的私营有限责任公司、私营股份有限公司、私营合伙企业和私营独资企业。

其他企业 指上述企业之外的其他内资经济组织。

合资经营企业（港或澳、台资） 指港澳台地区投资者与内地企业依照《中华人民共和国中外合资经营企业法》及有关法律的规定，按合同规定的比例投资设立、分享利润和分担风险的企业。

合作经营企业（港或澳、台资） 指港澳台地区投资者与内地企业依照《中华人民共和国中外合作经营企业法》及有关法律的规定，依照合作合同的约定进行投资或提供条件设立、分配利润和分担风险的企业。

港澳台商独资经营企业 指依照《中华人民共和国外资企业法》及有关法律的规定，在内地由港澳台地区投资者全额投资设立的企业。

港澳台商投资股份有限公司 指根据国家有关规定，经原外经贸部依法批准设立，其中港、澳、台商的股本占公司注册资本的比例达 25% 以上的股份有限公司。凡其中港、澳、台商的股本占公司注册资本的比例小于 25%的，属于内资企业中的股份有限公司。

中外合资经营企业 指外国企业或外国人与中国内地企业依照《中华人民共和国中外合资经营企业法》及有关法律的规定，按合同规定的比例投资设立、分享利润和分担风险的企业。

中外合作经营企业 指外国企业或外国人与中国内地企业依照《中华人民共和国中外合作经营企业法》及有关法律的规定，依照合作合同的约定进行投资或提供条件设立、分配利润和分担风险的企业。

外资企业 指依照《中华人民共和国外资企业法》及有关法律的规定，在中国内地由外国投资者全额投资设立的企业。

外商投资股份有限公司 指根据国家有关规定，经原外经贸部依法批准设立，其中外资的股本占公司注册资本的比例达 25% 以上的股份有限公司。凡其中外资股本占公司注册资本的比例小于 25%的，属于内资企业中的股份有限公司。

行政机关、事业单位和社会团体 参照企业登记注册类型，主要按其经费来源和管理方式划分。具体规定如下：

⑴行政机关：包括国家机关和政党机关，原则上均列为“国有”。但有特殊规定的，如供销社等，则列为“集体”。

⑵事业单位：包括经国家机构编制部门和有关业务主管部门批准成立的各类事业单位，不包括实行企业化管理的事业单位。事业单位的划分办法如下：

①由国家财政预算拨款或列入财政预算外资金管理以及经费主要来源于国有主管部门或国有上级单位的事业单位，列为“国有”。

②经费主要来源于集体单位的事业单位，列为“集体”。

③公民个人(或个人合伙)开办的事业单位，列为“私营”。

④上述以外的其他事业单位，如果其经费来源不明确，按管理方式进行归类。

⑶社会团体：包括经民政部门批准成立以及未纳入社会团体管理条例范围的工会、妇联等各类社会团体。社会团体的划分办法如下：

①未纳入民政部社会团体管理条例范围的工会、妇联、共青团、青联、工商联、科协、侨联等社会团体，国家拨款设立的基金会或基金管理组织以及经费主要来源于国有业务主管部门或国有上级单位的社会团体，列为“国有”。

②经费主要来源于集体单位的社会团体，列为“集体”。

③公民个人(或个人合伙)开办的社会团体，划为“私营”。

④上述以外的其他社会团体，如果其经费来源不明确，改按管理方式进行归类。

Explanatory Notes on Main Statistical Indicators

Divisions of Administrative Areas refers to the division of administrative areas by the State. The relative laws stipulate that 1) the whole country is divided into provinces, autonomous regions and municipalities directly under the Central Government; 2) provinces and autonomous regions are further divided into autonomous prefectures, counties, autonomous counties and cities; 3) autonomous prefectures are further divided into counties, autonomous counties and cities; 4) counties and autonomous counties are further divided into townships, ethnic townships and towns; 5) municipalities directly under the Central Government and large cities are divided into districts and counties, 6) the State shall, when necessary, establish special administrative regions.

Average Annual Growth Rate shows the average growth rate of social and economic development during a longer period. It can not be directly calculated by chain based growth rate. The relation is:

Average Annual Growth Rate = Average Speed of Development – 1

Average speed of development is the time series average of speed which calculated by chain based. Because the reference bases during the different periods are not same, average speed of development can not be calculated by the general method. Level approach and accumulative approach for calculating average speed of development rate are applied. The "level approach", or the method of calculating the geometric average, is derived by the formula of geometric average of the chain-based speeds of development, or comparing the level of the last year of the interval with that of the beginning year; the other is called the "accumulative approach" or the "algebraic average", "equation" method, which is derived by the summation of the actual figure of each year in the interval divided by the figure in the base year. The level approach focuses on the level of the last year, while the accumulative approach emphasizes the aggregate development in the duration.

The average annual growth rates listed in the Yearbook are calculated by the level approach. The base year is not listed in the duration for which average annual growth rates are computed. For instance, the average annual growth rate of the 43 years since 1949 is shown as the average annual growth rate of 1950-1992 without showing the base year 1949.

Industrial Classification of the National Economy The new Industrial Classification of the National Economy (GB/T 4754-2011) was organized by the National Bureau of Statistics. The new Classification was promulgated by the National Administration of Quality Supervision and National Standardization Management Committee, Inspection and Quarantine on Nov.1, 2011. The Industrial Classification of the National Economy (GB/T 4754-2011) is composed of 20 major divisions, 96 divisions, 432 major groups and 1094 groups. Compared with the Industrial Classification of the National Economy (GB/T 4754-2002) promulgated on May 10, 2002, 1 divisions, 36 major groups and 181 groups are new respectively.

Registration Status of Enterprises Enterprises are classified into 3 categories, namely domestic-funded enterprises, enterprises with investment from Hong Kong, Macau and Taiwan, and enterprises with foreign investment, according to the registration status of an enterprise in industrial and commercial administration agencies. Domestic-funded enterprises include State-owned enterprises, collective-owned enterprises, cooperative enterprises, joint ownership enterprises, limited liability corporations, share-holding corporations Ltd., private enterprises and other enterprises. Included in the enterprises with investment from Hong Kong, Macau and Taiwan and enterprises with foreign investment are joint-venture enterprises, cooperative enterprises, sole investment enterprises, share-holding corporations Ltd and other Investment Enterprises. For government agencies, institutions and social organizations which are not registered in industrial and commercial administration agencies, they are classified mainly by their sources of funding and manner of management.

State-owned Enterprises refers to non-corporation economic units where the entire assets are owned by the State and which have been registered in accordance with the Regulation of the People's Republic of China on the Management of Registration of Corporate Enterprises. Not included from this category are solely State-funded corporations in the limited liability corporations.

Collective-owned Enterprises refers to economic units where the assets are owned collectively and which have been registered in accordance with the Regulation of the People's Republic of China on the Management of Registration of Corporate Enterprises.

Cooperative Enterprises refers to a form of collective economic units (enterprises) where capitals come mainly from employees as their shares, with certain proportion of capital from the outside, where production is organized on the basis of independent operation, independent accounting for profits and losses, joint work, democratic management, and a distribution system that integrates remuneration according to work with dividend according to capital share.

Joint Ownership Enterprises refers to economic units established by two or more corporate enterprises or corporate institutions of the same or different ownership, through joint investment on the basis of voluntary participation, equality, and mutual benefits. They include State joint ownership enterprises; collective joint ownership enterprises; joint State-collective enterprises; and other joint ownership enterprises.

Limited Liability Corporations refers to economic units established with investment from 2-50 investors and registered in accordance with the Regulation of the People's Republic of China on the Management of Registration of Corporations, each investor bearing limited liability to the corporation depending on its share of investment, and the corporation bearing liability to its debt to the maximum of its total assets. Limited liability corporations include solely State-funded limited liability corporations and other limited liability corporations.

Share-holding Corporations Ltd. refers to economic units registered in accordance with the Regulation of the People's Republic of China on the Management of Registration of Corporations, with total registered capital divided into equal shares and raised through issuing stocks. Each investor bears limited liability to the corporation depending on the holding of shares, and the corporation bears liability to its debt to the maximum of its total assets.

Private Enterprises refers to profit-making economic units invested and established by natural persons, or controlled by natural persons using employed labour. Included in this category are private limited liability corporations, private share-holding corporations Ltd., private partnership enterprises and private-funded enterprises registered in accordance with the Company Law, the Law on Partnership Business and Interim Regulations on Private Enterprises .

Other Domestic-funded Enterprises refers to domestic-funded economic units other than those mentioned above.

Joint Venture Enterprises (Funds are from Hong Kong, Macau and Taiwan.) are enterprises established by investors from Hong Kong, Macau and Taiwan with enterprises in the mainland of China in accordance with the Law of the People's Republic of China on Sino-foreign Equity Joint Ventures and other relevant laws, where the establishment of the investment and the sharing of profits and risks are stipulated under joint venture contracts.

Cooperative Enterprises (Funds are from Hong Kong, Macau and Taiwan.) refers to enterprises established by investors from Hong Kong, Macau and Taiwan with enterprises in the mainland of China in accordance with the Law of the People's Republic of China on Sino-foreign Contractual Joint Venture and other relevant laws, where the investment or provision of facilities and the sharing of profits and risks are stipulated under cooperative contracts.

Enterprises with Sole (exclusive) Investment from Hong Kong, Macau and Taiwan refers to enterprises established in the mainland of China with exclusive investment from investors from Hong Kong, Macau and Taiwan in accordance with the Law of the People's Republic of China on Wholly Foreign-owned Enterprises and other relevant laws.

Share-holding Corporations Ltd. with Investment from Hong Kong, Macau and Taiwan refers to share-holding corporations Ltd. established with the approval from the former Ministry of Foreign Trade and Economic Relations in line with relevant State regulations, where the share of investment from Hong Kong, Macau or Taiwan businessmen exceeds 25% of the total registered capital of the corporation. In case the share of investment from Hong Kong, Macau or Taiwan is less than 25% of the total registered capital, the enterprise is to be classified as domestic-funded share-holding corporation Ltd.

Joint Venture Enterprises with Foreign Investment refers to enterprises jointly established by foreign enterprises or foreigners with enterprises in the mainland of China in accordance with the Law of the People's Republic of China on Sino-foreign Equity Joint Ventures and other relevant laws, where the sharing of investment, profits and risks is stipulated under contract.

Cooperative Enterprises with Foreign Investment refers to enterprises jointly established by foreign enterprises or foreigners with enterprises in the mainland of China in accordance with the Law of the People's Republic of China on Sino-foreign Contractual Joint Venture and other relevant laws, where the investment or provision of facilities and the sharing of profits and risks are stipulated under cooperative contracts.

Enterprises with Sole (exclusive) Foreign Investment refers to enterprises established in the mainland of China with exclusive investment from foreign investors in accordance with the Law of the People's Republic of China on Wholly Foreign-owned Enterprises and other relevant laws.

Share-holding Corporations Ltd. with Foreign Investment refers to share-holding corporations Ltd. established with the approval from the former Ministry of Foreign Trade and Economic Relations in line with relevant State regulations, where the share of investment from foreign investors exceeds 25% of the total registered capital of the corporation. In case the share of foreign investment is less than 25% of the total registered capital, the enterprise is to be classified as domestic-funded share-holding corporation Ltd.

Government Agencies, Institutions and Social Organizations are classified into the following categories by source of funds and manner of management taking reference of the registration status of enterprises:

(1) Government agencies: include State and party agencies, classified in principle as State-owned. There are exceptions, such as supply and marketing cooperatives which are classified as collective-owned.

(2) Institutions: include institutions of various types established with the approval by organization and staffing departments of the government, but exclude institutions where enterprise management system is introduced. Institutions are further classified as follows:

(a) Institutions for which their main budgets are from government budget appropriations or extra-budget funds, or allocated from the budget of their competent government agencies. Such institutions are classified as state-owned.

(b) Institutions for which their budget mainly come from collective units. Such institutions are classified as collective-owned.

(c) Social institutions established by individual or a group of citizens, which are classified as private.

(d) Institutions other than those mentioned above for which their sources of budget are not clear. Such institutions are classified by the manner of management.

(3) Social organizations: include social organizations established with the approval from the Ministry of Civil Affairs, and organizations that are not covered by social organization management regulations such as trade unions, women's federations etc.. Social organizations are further classified as follows:

(a) Social organizations that are not covered by social organization management regulations of the Ministry of Civil Affairs such as trade unions, women federations, communist youth leagues, youth associations, industrial and commerce associations, scientist associations, overseas Chinese associations, etc., foundations and fund management organizations established with funds from the state, and social organizations whose funds mainly come from the budget of their competent government agencies. Such institutions are classified as State-owned.

(b) Social organizations for which their budget mainly come from collective units. Such institutions are classified as collective-owned.

(c) Social organizations established by individual or a group of citizens, which are classified as private.

(d) Social organizations other than those mentioned above for which their sources of budget are not clear. Such organizations are classified by the manner of management.

2 国民经济核算

NATIONAL ACCOUNTS

2-1 按三次产业分地区生产总值
Gross Domestic Product by Type of Industry

单位: 亿元 (100 million yuan)

年份 Year	地区生产总值 Gross Domestic Product	第一产业 Primary	第二产业 Secondary	工业 Industry	建筑业 Construction	第三产业 Tertiary	交通运输、仓储和邮政业 Transport, Storage and Post
1978	184.61	82.20	65.55	59.40	6.15	36.86	6.17
1979	205.76	91.95	72.31	65.43	6.88	41.50	6.74
1980	229.31	101.68	81.05	73.18	7.87	46.58	7.39
1981	242.32	108.02	83.36	74.58	8.78	50.94	7.82
1982	275.23	125.36	92.84	82.49	10.35	57.03	8.49
1983	311.00	138.17	105.69	93.71	11.98	67.14	9.75
1984	358.06	156.11	121.68	105.97	15.71	80.27	11.32
1985	421.15	172.90	148.11	127.13	20.98	100.14	14.31
1986	458.23	181.20	160.62	138.12	22.50	116.41	17.88
1987	530.86	202.25	187.88	160.49	27.39	140.73	22.64
1988	659.69	241.95	238.32	206.44	31.88	179.42	27.80
1989	744.98	263.15	263.44	231.08	32.36	218.39	33.82
1990	890.95	321.41	312.64	276.08	36.56	256.90	40.71
1991	1016.31	339.00	376.48	331.37	45.11	300.83	48.96
1992	1177.27	372.04	441.57	378.67	62.90	363.66	56.70
1993	1486.08	449.38	580.38	495.24	85.14	456.32	70.18
1994	2001.41	597.37	782.77	667.85	114.92	621.27	85.71
1995	2443.21	662.46	980.91	833.17	147.74	799.84	113.01
1996	2871.65	770.02	1156.01	977.68	178.33	945.62	129.83
1997	3241.47	880.28	1265.32	1055.21	210.11	1095.87	145.08
1998	3474.09	912.24	1324.01	1076.35	247.66	1237.84	165.91
1999	3649.12	926.03	1349.63	1099.48	250.15	1373.46	179.25
2000	3928.20	945.58	1433.11	1154.46	278.65	1549.51	217.41
2001	4293.49	981.67	1572.01	1253.19	318.82	1739.81	248.34
2002	4725.01	1047.95	1733.38	1372.64	360.74	1943.68	271.19
2003	5333.09	1128.61	2014.80	1604.49	410.31	2189.68	302.44
2004	6379.63	1379.93	2489.40	2013.80	475.60	2510.30	334.50
2005	7385.10	1481.14	3067.23	2527.08	540.15	2836.73	380.28
2006	8690.24	1595.48	3775.14	3144.67	630.47	3319.62	451.19
2007	10562.39	2032.00	4648.79	3921.41	727.38	3881.60	511.50
2008	12601.23	2216.15	5823.39	4956.13	867.26	4561.69	567.51
2009	14151.28	2240.61	6711.87	5678.24	1033.63	5198.80	520.71
2010	17185.48	2482.89	8672.18	7431.45	1240.73	6030.41	573.75
2011	21026.68	2983.51	11029.13	9491.05	1538.08	7014.04	638.76
2012	23872.80	3297.21	12333.28	10550.53	1782.75	8242.31	707.19
2013	26260.77	3368.66	13472.05	11471.57	2000.48	9420.06	751.55

注：本表按当年价格计算。

a) The data in this table are calculated at current prices.

2-1 续表 continued

单位: 亿元 (100 million yuan)

年份 Year	批发和零售业 Wholesale and Retail Trades	住宿和餐饮业 Hotels and Catering Services	金融业 Finance	房地产业 Real Estate	其他 Others	人均地区生产总值(元) Per Capita GDP (yuan)
1978	7.75	3.02	4.88	2.42	12.62	261
1979	8.71	3.39	5.77	2.63	14.26	289
1980	9.68	3.77	6.71	2.94	16.09	320
1981	10.83	4.21	7.15	3.33	17.60	337
1982	12.69	4.93	7.59	3.66	19.67	379
1983	15.39	5.98	8.36	4.14	23.52	425
1984	19.27	7.52	9.22	4.93	28.01	487
1985	24.85	9.67	11.71	5.93	33.67	570
1986	28.84	11.21	13.21	6.85	38.42	614
1987	35.09	13.65	15.98	8.11	45.26	702
1988	47.19	18.35	19.84	9.92	56.32	861
1989	56.45	22.04	23.55	11.68	70.85	960
1990	61.29	24.57	29.79	14.56	85.98	1136
1991	65.94	27.64	34.09	17.76	106.44	1283
1992	78.45	31.34	40.68	24.41	132.08	1477
1993	90.29	39.00	51.13	30.34	175.38	1854
1994	121.26	54.28	65.01	68.91	226.10	2338
1995	181.21	70.47	71.31	80.41	283.43	3043
1996	220.19	85.63	82.13	95.63	332.21	3550
1997	240.78	93.64	93.19	124.13	399.05	4032
1998	254.51	99.41	108.45	148.09	461.47	4294
1999	270.84	109.25	118.32	165.17	530.63	4540
2000	283.26	120.08	153.05	180.05	595.66	4956
2001	311.95	133.51	168.86	198.60	678.55	5376
2002	341.12	151.41	183.13	210.82	786.01	5890
2003	372.68	168.24	206.24	231.72	908.36	6623
2004	425.54	195.10	236.50	264.30	1054.36	7895
2005	475.16	221.42	262.26	286.23	1211.38	9060
2006	537.68	255.19	299.50	336.20	1439.86	10613
2007	624.74	299.75	359.11	376.84	1709.66	12963
2008	736.42	335.13	411.14	453.63	2057.86	15495
2009	868.98	405.45	524.63	548.14	2330.89	17339
2010	1016.03	478.42	654.70	558.56	2748.95	21182
2011	1186.58	562.63	868.15	620.62	3137.30	26133
2012	1342.25	621.72	1303.56	703.51	3564.08	29608
2013	1472.59	685.84	1581.47	762.77	4165.84	32454

2-2 按三次产业分地区生产总值指数（上年=100）
Indices of Gross Domestic Product by Type of Industry (preceding year=100)

年份 Year	地区生产总值 Gross Domestic Product	第一产业 Primary	第二产业 Secondary	工业 Industry	建筑业 Construction	第三产业 Tertiary	交通运输、仓储和邮政业 Transport, Storage and Post
1978	117.4	113.8	121.2	126.0	88.4	117.4	
1979	110.1	108.0	110.5	110.5	110.7	113.0	109.6
1980	109.5	104.0	109.7	109.5	111.5	118.3	115.6
1981	104.1	104.4	101.6	100.8	109.5	107.4	104.1
1982	110.9	112.7	109.3	108.6	115.3	109.4	104.8
1983	111.0	107.5	112.3	112.0	115.0	116.8	110.5
1984	112.2	109.2	113.4	111.5	128.2	116.7	108.0
1985	111.9	104.3	118.0	117.0	125.0	117.1	129.7
1986	105.5	101.0	106.5	107.0	103.3	111.9	120.3
1987	108.7	103.0	112.2	112.0	113.2	112.5	117.7
1988	107.5	101.9	113.8	116.4	97.0	106.2	102.4
1989	103.2	102.8	101.9	103.5	89.1	105.7	106.8
1990	109.1	106.9	109.5	110.0	105.7	111.3	112.5
1991	109.1	108.5	106.3	104.4	120.6	113.4	115.3
1992	112.6	104.6	120.5	118.9	131.1	113.1	116.2
1993	113.1	105.0	120.1	120.3	118.8	113.5	114.4
1994	111.3	104.4	117.3	118.5	110.1	110.7	100.2
1995	110.7	105.5	111.5	110.7	117.0	114.7	117.4
1996	110.6	107.3	109.2	108.2	115.2	115.4	112.0
1997	110.5	106.2	111.6	111.4	112.7	112.8	109.0
1998	109.7	104.6	110.8	109.8	116.6	112.2	110.3
1999	106.6	105.0	106.0	105.8	106.8	108.6	103.7
2000	108.5	102.3	108.2	108.0	109.2	113.1	122.7
2001	109.0	105.7	110.2	110.2	110.1	109.8	109.6
2002	110.3	105.6	111.9	112.2	110.9	111.5	109.0
2003	111.3	105.1	115.2	116.3	110.6	111.2	109.1
2004	112.7	106.0	118.3	119.8	111.6	110.9	109.2
2005	112.6	105.4	118.0	120.2	108.0	110.6	110.0
2006	113.5	102.6	118.2	121.5	102.8	114.2	111.4
2007	114.5	104.8	120.4	121.5	114.3	112.5	112.6
2008	111.0	101.0	113.7	115.6	102.3	112.1	107.0
2009	114.5	104.0	119.5	119.0	122.7	112.4	93.4
2010	115.1	104.4	122.0	122.9	116.3	110.2	108.3
2011	115.0	104.5	120.6	121.6	114.8	111.2	107.8
2012	112.6	104.5	115.2	115.3	114.0	111.6	107.6
2013	110.0	103.5	111.5	111.0	114.5	109.9	105.8

注：本表按可比价格计算。
a) The indices in this table are calculated at comparable prices.

2-2 续表 continued

(上年=100) (preceding year=100)

年份 Year	批发和零售业 Wholesale and Retail Trades	住宿和餐饮业 Hotels and Catering Services	金融业 Finance	房地产业 Real Estate	其他 Others	人均地区生产总值 Per Capita GDP
1978						116.8
1979	112.8	112.8	118.4	109.2	113.4	109.4
1980	117.2	117.2	122.9	117.6	118.8	109.0
1981	109.8	109.8	104.6	111.2	107.4	103.6
1982	114.5	114.5	105.3	107.6	109.2	109.8
1983	120.5	120.5	113.0	112.2	118.4	110.1
1984	122.4	122.8	114.1	116.5	115.7	111.8
1985	120.7	120.5	107.1	112.6	113.6	111.3
1986	111.7	111.6	108.7	111.2	108.9	104.5
1987	113.2	113.2	113.5	110.1	105.7	107.3
1988	112.1	112.0	101.8	101.9	103.8	106.1
1989	102.4	102.8	103.1	106.0	111.5	101.9
1990	104.0	106.8	120.4	113.7	108.1	107.9
1991	105.2	110.0	109.9	107.4	120.6	108.1
1992	109.9	104.7	107.6	121.2	114.0	111.9
1993	104.5	113.0	112.0	129.1	115.1	112.5
1994	107.8	111.7	109.0	169.1	100.2	110.6
1995	129.8	112.8	103.6	110.0	125.9	111.3
1996	121.5	121.5	105.3	120.0	122.2	109.8
1997	105.7	105.7	109.7	125.5	117.4	111.2
1998	109.3	109.2	113.2	116.7	112.5	109.0
1999	106.4	109.9	106.1	113.4	109.3	107.3
2000	107.0	113.1	129.5	105.5	115.7	110.0
2001	109.3	110.3	108.3	108.6	111.4	108.2
2002	110.0	114.1	108.4	105.1	116.9	109.8
2003	109.1	111.0	110.5	108.2	112.7	110.9
2004	110.1	111.8	109.2	109.6	112.7	112.3
2005	111.0	112.8	107.9	105.3	112.2	111.6
2006	110.7	113.0	111.3	112.2	116.9	113.0
2007	110.2	108.9	113.8	109.1	115.3	115.1
2008	111.9	101.5	105.5	103.4	119.6	111.2
2009	117.9	117.9	128.1	120.5	110.4	114.0
2010	111.2	111.1	108.7	98.3	112.8	115.7
2011	111.6	112.4	129.8	104.9	108.4	115.9
2012	111.3	105.7	125.9	109.5	110.0	112.3
2013	107.9	105.4	119.4	107.9	109.5	109.6

2-3 按三次产业分地区生产总值指数（1978年=100）
Indices of Gross Domestic Product by Type of Industry (year of 1978=100)

年份 Year	地区生产总值 Gross Domestic Product	第一产业 Primary	第二产业 Secondary	工业 Industry	建筑业 Construction	第三产业 Tertiary	交通运输、仓储和邮政业 Transport, Storage and Post
1978	100.0	100.0	100.0	100.0	100.0	100.0	100.0
1979	110.1	108.0	110.5	110.5	110.7	113.0	109.6
1980	120.6	112.3	121.2	120.9	123.5	133.7	126.8
1981	125.5	117.3	123.2	121.9	135.3	143.6	131.9
1982	139.1	132.2	134.7	132.4	156.0	157.2	138.3
1983	154.5	142.2	151.2	148.2	179.4	183.5	152.8
1984	173.4	155.2	171.5	165.4	229.9	214.2	165.0
1985	194.0	162.0	202.5	193.5	287.3	250.8	214.1
1986	204.7	163.5	215.7	207.1	296.7	280.7	257.5
1987	222.6	168.4	241.9	232.0	336.0	315.9	303.1
1988	239.3	171.6	275.4	270.1	325.8	335.4	310.4
1989	246.9	176.4	280.6	279.6	290.2	354.5	331.5
1990	269.3	188.7	307.4	307.4	306.8	394.6	372.9
1991	293.9	204.6	326.6	320.9	370.0	447.4	429.8
1992	330.8	214.1	393.5	381.4	485.1	506.0	499.4
1993	374.1	224.8	472.5	458.7	576.3	574.3	571.6
1994	416.4	234.7	554.4	543.8	634.5	635.7	572.5
1995	461.1	247.7	618.2	601.8	742.3	729.1	672.1
1996	510.0	265.9	675.1	651.1	855.1	841.0	752.6
1997	563.7	282.4	753.2	725.3	963.4	948.7	820.2
1998	618.2	295.4	834.9	796.6	1123.3	1064.0	904.5
1999	659.2	310.1	884.7	842.9	1199.4	1156.0	938.2
2000	715.0	317.2	957.3	910.5	1309.9	1307.7	1151.0
2001	779.2	335.3	1054.8	1003.4	1442.5	1436.4	1261.8
2002	859.1	354.0	1180.4	1125.3	1599.8	1601.1	1375.1
2003	956.5	372.0	1359.8	1308.5	1770.1	1780.8	1500.7
2004	1078.3	394.2	1608.6	1567.8	1975.3	1975.6	1638.3
2005	1214.2	415.5	1898.1	1884.5	2133.3	2185.0	1801.3
2006	1378.1	426.3	2243.6	2289.6	2193.0	2495.3	2007.6
2007	1578.0	446.8	2701.3	2781.9	2506.6	2807.2	2260.5
2008	1751.5	451.2	3071.3	3215.9	2564.3	3146.8	2418.9
2009	2005.5	469.3	3670.3	3826.9	3146.4	3537.0	2259.3
2010	2308.3	489.9	4477.7	4703.3	3659.2	3897.8	2446.8
2011	2654.6	512.0	5400.1	5719.2	4200.8	4334.4	2637.6
2012	2989.1	535.0	6221.0	6594.2	4788.9	4837.1	2838.1
2013	3288.0	553.7	6936.4	7319.6	5483.3	5316.0	3002.7

注：本表按可比价格计算。

a) The indices in this table are calculated at comparable prices.

2-3 续表 continued

(1978年=100) (year of 1978=100)

年份 Year	批发和零售业 Wholesale and Retail Trades	住宿和餐饮业 Hotels and Catering Services	金融业 Finance	房地产业 Real Estate	其他 Others	人均地区生产总值 Per Capita GDP
1978	100.0	100.0	100.0	100.0	100.0	100.0
1979	112.8	112.8	118.4	109.2	113.4	109.4
1980	132.1	132.1	145.6	128.4	134.8	119.2
1981	145.1	145.1	152.3	142.8	144.8	123.5
1982	166.1	166.1	160.3	153.7	158.1	135.6
1983	200.2	200.2	181.1	172.5	187.2	149.2
1984	245.1	245.8	206.7	200.9	216.6	166.8
1985	295.9	296.1	221.5	226.2	246.0	185.6
1986	330.6	330.5	240.7	251.5	267.9	193.9
1987	374.1	374.2	273.2	276.9	283.2	208.1
1988	419.3	419.3	278.1	282.1	294.0	220.8
1989	429.4	431.0	286.8	299.1	327.8	225.0
1990	446.5	460.3	345.4	340.2	354.3	242.8
1991	469.6	506.1	379.7	365.5	427.3	262.4
1992	515.9	529.9	408.4	443.0	487.1	293.5
1993	539.1	598.9	457.5	571.8	560.9	330.1
1994	581.1	669.0	498.8	967.1	562.1	365.0
1995	754.3	754.3	516.7	1063.6	707.5	406.1
1996	916.6	916.6	544.1	1276.7	864.5	445.9
1997	969.1	969.1	596.9	1602.3	1015.4	495.8
1998	1059.5	1058.1	676.0	1870.2	1142.8	540.4
1999	1127.4	1162.8	717.3	2120.3	1248.7	580.0
2000	1206.7	1315.4	929.0	2237.6	1445.1	637.9
2001	1318.4	1450.9	1006.3	2429.2	1609.6	690.0
2002	1450.4	1655.5	1091.1	2553.2	1882.2	757.4
2003	1583.0	1837.5	1205.9	2762.1	2120.9	840.1
2004	1743.0	2054.9	1316.7	3026.3	2390.2	943.8
2005	1934.8	2317.9	1420.7	3186.7	2682.4	1053.5
2006	2141.8	2619.2	1581.3	3575.5	3136.2	1190.5
2007	2360.3	2852.3	1799.5	3900.9	3617.4	1370.3
2008	2641.1	2895.1	1898.5	4033.5	4326.5	1523.7
2009	3113.9	3413.4	2431.9	4860.4	4774.4	1737.1
2010	3462.7	3792.2	2643.5	4777.8	5384.8	2009.8
2011	3864.3	4262.5	3431.3	5011.9	5836.4	2329.3
2012	4301.0	4505.4	4320.0	5488.0	6420.0	2615.9
2013	4640.8	4748.7	5158.1	5921.6	7029.9	2867.0

2-4 按所有制分地区生产总值
Gross Domestic Product by Ownership

单位: 亿元 (100 million yuan)

年份 Year	地区生产总值 Gross Domestic Product	公有制经济 State-owned	民营经济 Civilian-owned	个体私营经济 Individualowned and Privatelyrunned	外商经济 Foreign-owned	港澳台经济 Hongkong,Macao and Taiwan owned
1978	184.61	178.25	6.36	6.36		
1980	229.31	207.09	22.22	22.22		
1985	421.15	361.82	59.33	59.12	0.10	0.11
1990	890.95	729.94	161.01	159.03	1.24	0.74
1991	1016.31	820.22	196.09	190.51	3.61	1.97
1992	1177.27	937.63	239.64	232.66	4.56	2.42
1993	1486.08	1160.91	325.17	315.22	6.62	3.33
1994	2001.41	1587.40	414.01	400.71	8.95	4.35
1995	2443.21	1901.10	542.11	522.74	13.23	6.14
1996	2871.65	2178.78	692.87	666.97	16.79	9.11
1997	3241.47	2415.07	826.40	792.97	22.04	11.39
1998	3474.09	2550.93	923.16	883.86	26.30	13.00
1999	3649.12	2618.76	1030.36	987.27	27.97	15.12
2000	3928.20	2760.35	1167.85	1113.55	34.07	20.23
2001	4293.50	2894.07	1399.43	1328.79	46.59	24.05
2002	4725.01	3079.89	1645.12	1551.54	64.51	29.07
2003	5333.10	3329.88	2003.22	1885.49	81.95	35.78
2004	6379.63	3784.22	2595.41	2451.93	101.29	42.19
2005	7385.10	4177.61	3207.49	3025.38	129.04	53.07
2006	8690.24	4618.44	4071.80	3827.60	169.29	74.91
2007	10562.39	5256.67	5305.72	4942.62	257.76	105.34
2008	12601.23	6037.95	6563.28	6097.16	332.33	133.79
2009	14151.28	6488.12	7663.16	7108.81	393.36	160.99
2010	17185.48	7570.00	9615.48	8867.83	533.75	213.90
2011	21026.68	8883.12	12143.56	11127.72	703.55	312.29
2012	23872.80	9798.03	14074.77	12845.71	821.79	407.27
2013	26260.77	10569.74	15691.03	14347.90	891.20	451.93

注：本表按当年价格计算。
a) The data in this table are calculated at current prices.

2-5 按所有制分地区生产总值指数（上年=100）
Indices of Gross Domestic Product by Ownership (preceding year=100)

年份 Year	地区生产总值 Gross Domestic Product	公有制经济 State-owned	民营经济 Civilian-owned	个体私营经济 Individual-owned and Privately-runned	外商经济 Foreign-owned	港澳台经济 Hongkong,Macao and Taiwan owned
1991	109.1	107.5	115.9	116.0	115.3	112.2
1992	112.6	110.6	119.9	119.6	132.0	125.0
1993	113.1	115.3	105.5	105.1	120.3	117.0
1994	111.3	109.5	118.4	117.7	139.4	133.1
1995	110.7	107.9	120.8	120.7	119.1	138.8
1996	110.6	108.6	117.0	116.5	131.1	124.9
1997	110.5	109.0	115.1	114.5	128.7	123.0
1998	109.7	107.3	116.4	116.3	113.3	124.5
1999	106.6	104.5	112.2	111.5	121.0	132.0
2000	108.5	103.9	119.4	118.8	136.9	117.8
2001	109.0	104.9	118.6	118.0	137.9	119.7
2002	110.3	106.1	118.8	117.9	141.4	123.0
2003	111.3	106.6	120.2	119.9	126.4	122.0
2004	112.7	107.0	122.2	122.6	118.4	112.8
2005	112.6	107.7	119.8	119.6	122.9	121.5
2006	113.5	108.0	120.7	120.1	128.1	137.5
2007	114.5	109.1	120.9	119.8	142.0	132.3
2008	111.0	106.2	116.0	115.5	122.9	119.4
2009	114.5	110.5	118.2	118.0	121.3	122.0
2010	115.1	111.0	118.8	118.5	123.2	122.2
2011	115.0	111.5	117.8	116.9	124.1	138.0
2012	112.6	109.3	115.0	114.4	116.2	130.5
2013	110.0	107.0	112.1	112.2	110.5	112.1

注：本表按可比价格计算。

a) The data in this table are calculated at comparable prices.

2-6 按所有制分地区生产总值指数（1978年=100）
Indices of Gross Domestic Product by Ownership (year of 1978=100)

年份 Year	地区生产总值 Gross Domestic Product	公有制经济 State-owned	民营经济 Civilian-owned	个体私营经济 Individual-owned and Privately-runned	外商经济 Foreign-owned	港澳台经济 Hongkong,Macao and Taiwan owned
1978	100.0	100.0	100.0	100.0		
1980	120.6	112.5	354.5	354.5		
1985	194.0	172.8	808.5	805.5	100.0	100.0
1990	269.3	230.3	1398.7	1378.1	907.2	490.8
1991	293.8	247.6	1621.1	1598.6	1046.0	550.7
1992	330.9	273.7	1944.2	1911.4	1381.5	687.6
1993	374.1	315.8	2051.3	2009.8	1661.2	805.5
1994	416.4	345.6	2428.0	2364.8	2318.5	1067.5
1995	461.0	372.9	2932.2	2855.4	2755.9	1485.0
1996	510.0	404.9	3432.2	3325.7	3617.4	1858.9
1997	563.5	441.2	3950.3	3808.4	4658.2	2287.6
1998	618.4	473.4	4596.4	4430.4	5277.4	2848.3
1999	659.0	494.6	5155.3	4941.3	6379.7	3754.7
2000	715.2	513.8	6153.9	5872.5	8739.4	4420.7
2001	779.4	538.9	7299.6	6932.0	12052.9	5296.6
2002	859.4	571.8	8671.8	8172.0	17039.5	6514.4
2003	956.1	609.8	10426.4	9802.3	21534.4	7947.2
2004	1078.0	652.6	12737.2	12013.9	25490.6	8964.2
2005	1214.2	702.9	15264.4	14369.0	31315.2	10895.8
2006	1378.1	758.9	3288.0	1406.4	55088.7	50102.6
2007	1578.0	828.0	22270.1	20675.0	56979.9	19820.3
2008	1751.5	879.3	25833.3	23879.6	70028.3	23665.4
2009	2005.5	971.6	30535.0	28177.9	84944.3	28871.8
2010	2308.3	1078.5	36275.6	33390.8	104651.4	35281.3
2011	2654.6	1202.5	42732.6	39033.8	129872.4	48688.2
2012	2989.1	1314.4	49142.5	44654.7	150911.7	63538.2
2013	3288.0	1406.4	55088.7	50102.6	166757.4	71226.3

注：本表按可比价格计算。

a) The data in this table are calculated at comparable prices.

2-7 地区生产总值构成
Composition of Gross Domestic Product

单位: % (%)

年份 Year	地区生产总值 Gross Domestic Product	第一产业 Primary Industry	第二产业 Secondary Industry	工 业 Industry	建筑业 Construction	第三产业 Tertiary Industry	公有制经济 State-owned	民营经济 Civillian -owned
1978	100.0	44.5	35.5	32.2	3.3	20.0	96.6	3.4
1979	100.0	44.7	35.1	31.8	3.3	20.2		
1980	100.0	44.3	35.3	31.9	3.4	20.4	90.3	9.7
1981	100.0	44.6	34.4	30.8	3.6	21.0		
1982	100.0	45.5	33.8	30.0	3.8	20.7		
1983	100.0	44.4	34.0	30.1	3.9	21.6		
1984	100.0	43.6	34.0	29.6	4.4	22.4		
1985	100.0	41.1	35.2	30.2	5.0	23.7	85.9	14.1
1986	100.0	39.5	35.0	30.1	4.9	25.5		
1987	100.0	38.1	35.4	30.2	5.2	26.5		
1988	100.0	36.7	36.1	31.3	4.8	27.2		
1989	100.0	35.3	35.3	31.0	4.3	29.4		
1990	100.0	36.1	35.1	31.0	4.1	28.8	81.9	18.1
1991	100.0	33.4	37.0	32.6	4.4	29.6	80.7	19.3
1992	100.0	31.6	37.5	32.2	5.3	30.9	79.6	20.4
1993	100.0	30.2	39.0	33.3	5.7	30.8	78.1	21.9
1994	100.0	29.8	39.1	33.4	5.7	31.1	79.3	20.7
1995	100.0	27.1	40.1	34.1	6.0	32.8	77.8	22.2
1996	100.0	26.8	40.2	34.0	6.2	33.0	75.9	24.1
1997	100.0	27.2	39.1	32.6	6.5	33.7	74.5	25.5
1998	100.0	26.3	38.1	31.0	7.1	35.6	73.4	26.6
1999	100.0	25.4	37.0	30.1	6.9	37.6	71.8	28.2
2000	100.0	24.1	36.5	29.4	7.1	39.4	70.3	29.7
2001	100.0	22.9	36.6	29.2	7.4	40.5	67.4	32.6
2002	100.0	22.2	36.7	29.1	7.6	41.1	65.2	34.8
2003	100.0	21.2	37.8	30.1	7.7	41.0	62.4	37.6
2004	100.0	21.6	39.1	31.6	7.5	39.3	59.3	40.7
2005	100.0	20.1	41.5	34.2	7.3	38.4	56.6	43.4
2006	100.0	18.4	43.4	36.2	7.2	38.2	53.1	46.9
2007	100.0	19.2	44.0	37.1	6.9	36.8	49.8	50.2
2008	100.0	17.6	46.2	39.3	6.9	36.2	47.9	52.1
2009	100.0	15.8	47.4	40.1	7.3	36.8	45.8	54.2
2010	100.0	14.4	50.5	43.2	7.3	35.1	44.0	56.0
2011	100.0	14.2	52.4	45.1	7.3	33.4	42.2	57.8
2012	100.0	13.8	51.7	44.2	7.5	34.5	41.0	59.0
2013	100.0	12.8	51.3	43.7	7.6	35.9	40.2	59.8

注：本表按当年价格计算。
a) The data in this table are calculated at current prices.

2-8 各市(州)地区生产总值(2013年)
Gross Domestic Product by Region(2013)

单位：亿元 (100 million yuan)

市(州)	Region	地区生产总值 Gross Domestic Product	第一产业 Primary Industry	第二产业 Secondary Industry	#工业 Industry	第三产业 Tertiary Industry	人均地区生产总值(元) Per Capita GDP (yuan)
成都市	Chengdu	9108.89	353.17	4181.49	3493.08	4574.23	63977
自贡市	Zigong	1001.60	119.42	598.62	546.17	283.56	36745
攀枝花市	Panzhihua	800.88	27.88	597.19	564.93	175.81	65001
泸州市	Luzhou	1140.48	155.60	684.37	637.54	300.51	26848
德阳市	Deyang	1395.94	194.56	838.44	783.77	362.94	39573
绵阳市	Mianyang	1455.12	238.96	747.61	637.65	468.55	31237
广元市	Guangyuan	518.75	94.31	249.58	215.07	174.86	20443
遂宁市	Suining	736.61	132.51	406.47	341.84	197.63	22517
内江市	Neijiang	1069.34	176.32	661.33	616.78	231.69	28735
乐山市	Leshan	1134.79	130.94	698.81	649.84	305.04	34863
南充市	Nanchong	1328.55	297.17	688.71	550.93	342.67	21059
眉山市	Meishan	860.04	144.57	491.23	425.91	224.24	28934
宜宾市	Yibin	1342.89	198.61	814.46	743.06	329.82	30093
广安市	Guangan	835.14	149.99	437.42	345.74	247.73	25933
达州市	Dazhou	1245.41	266.48	661.87	584.43	317.06	22632
雅安市	Yaan	417.97	63.25	240.23	208.15	114.49	27317
巴中市	Bazhong	415.94	79.01	191.46	114.05	145.47	12556
资阳市	Ziyang	1092.36	235.10	607.64	546.22	249.62	30514
阿坝藏族羌族自治州	Aba	233.99	35.04	120.84	98.69	78.11	25728
甘孜藏族自治州	Ganzi	201.22	47.32	80.78	53.23	73.12	17809
凉山彝族自治州	Liangshan	1214.40	233.89	642.21	486.28	338.30	26556

注：本表按当年价格计算；人均GDP系按年平均常住人口计算。

a) The data in this table are calculated at current prices and the per capita GDP are calculated based on the annual average date of resident population.

2-9 各市(州)地区生产总值指数(2013年)
Indices of Gross Domestic Product by Region(2013)

上年=100 (preceding year=100)

市(州)	Region	地区生产总值 Gross Domestic Product	第一产业 Primary Industry	第二产业 Secondary Industry	#工业 Industry	第三产业 Tertiary Industry	人均地区生产总值 Per Capita GDP
成都市	Chengdu	110.2	103.6	112.2	113.0	108.8	109.3
自贡市	Zigong	111.3	103.8	112.6	111.3	111.5	110.2
攀枝花市	Panzhihua	110.7	104.5	111.7	112.2	108.0	110.1
泸州市	Luzhou	111.2	104.3	112.3	111.2	112.0	110.9
德阳市	Deyang	110.0	103.6	111.4	111.3	109.9	111.1
绵阳市	Mianyang	110.0	103.5	112.2	112.0	109.1	109.3
广元市	Guangyuan	110.5	103.6	113.8	113.7	110.0	109.3
遂宁市	Suining	111.1	103.3	113.9	112.8	110.5	110.8
内江市	Neijiang	110.3	104.0	111.4	111.3	110.7	110.0
乐山市	Leshan	110.4	103.3	111.5	111.2	110.5	110.1
南充市	Nanchong	111.0	103.6	113.8	111.7	111.0	110.8
眉山市	Meishan	110.8	103.6	112.3	110.8	112.0	110.5
宜宾市	Yibin	108.1	103.6	108.0	107.4	111.0	108.1
广安市	Guangan	110.8	103.5	113.4	112.7	110.5	110.6
达州市	Dazhou	110.2	103.7	112.4	110.9	110.4	109.9
雅安市	Yaan	103.9	102.1	103.2	103.7	106.4	103.3
巴中市	Bazhong	110.7	103.4	115.5	111.6	109.0	110.4
资阳市	Ziyang	110.6	103.6	112.8	111.8	110.7	111.5
阿坝藏族羌族自治州	Aba	110.2	104.9	113.0	115.1	108.8	109.6
甘孜藏族自治州	Ganzi	112.1	104.1	117.0	113.6	110.9	110.2
凉山彝族自治州	Liangshan	110.2	104.8	114.8	112.9	105.0	109.6

注:本表按可比价格计算。

a) The indices in this table are calculated at comparable prices.

2-10 支出法地区生产总值
Gross Domestic Product by Expenditure Approach

单位：亿元 (100 million yuan)

年份 Year	地区支出总额 Gross Domestic Product by Expenditure Approach	最终消费 Final Consumption Expenditure	居民消费 Household Consumption Expenditure	农村居民 Rural Household	城镇居民 Urban Household	政府消费 Government Consumption Expenditure	资本形成总额 Gross Capital Formation	固定资本形成总额 Gross Fixed Capital Formation	存货增加 Changes in Inventories
1978	184.61	136.56	114.13	84.88	29.25	22.43	47.49	44.96	2.53
1979	205.76	146.94	122.13	91.44	30.69	24.81	58.26	54.89	3.37
1980	229.31	164.26	137.32	105.63	31.69	26.94	64.42	60.36	4.06
1981	242.32	185.47	157.70	122.56	35.14	27.77	56.56	51.70	4.86
1982	275.23	208.05	176.87	139.62	37.25	31.18	67.01	60.34	6.67
1983	311.00	232.95	198.86	155.86	43.00	34.09	77.77	69.25	8.52
1984	358.06	258.88	220.28	169.72	50.55	38.60	98.87	86.93	11.94
1985	421.15	301.07	256.39	185.65	70.74	44.68	119.50	103.58	15.92
1986	458.23	332.31	283.92	200.31	83.61	48.39	125.70	111.56	14.14
1987	530.86	384.39	329.30	232.80	96.50	55.09	146.33	128.31	18.02
1988	659.69	476.46	407.52	287.00	120.52	68.94	182.86	147.51	35.35
1989	744.98	552.17	475.73	332.76	142.97	76.44	192.48	151.19	41.29
1990	890.95	652.05	553.97	381.02	172.96	98.08	238.68	191.31	47.37
1991	1016.31	725.83	604.40	413.68	190.72	121.43	290.22	233.22	57.00
1992	1177.27	802.66	665.99	433.16	232.83	136.67	374.14	300.06	74.08
1993	1486.08	941.63	770.40	485.28	285.12	171.23	544.03	457.17	86.86
1994	2001.41	1320.35	1103.04	686.38	416.66	217.31	680.66	580.93	99.73
1995	2443.21	1593.58	1321.95	783.70	538.25	271.63	848.81	745.56	103.25
1996	2871.65	1856.98	1520.28	867.34	652.94	336.70	1013.46	881.35	132.11
1997	3241.47	2066.71	1670.50	937.75	732.75	396.21	1173.14	1015.48	157.66
1998	3474.09	2240.54	1814.92	950.51	864.41	425.62	1264.17	1175.04	89.13
1999	3649.12	2359.95	1886.74	953.48	933.26	473.21	1336.84	1218.36	118.48
2000	3928.20	2545.13	2021.66	955.84	1065.82	523.47	1521.43	1400.69	120.74
2001	4293.49	2778.76	2161.96	954.93	1207.03	616.80	1693.10	1570.89	122.21
2002	4725.01	3014.27	2337.76	995.86	1341.90	676.51	1925.31	1801.06	124.25
2003	5333.09	3330.47	2579.30	1069.96	1509.34	751.17	2248.78	2145.07	103.71
2004	6379.63	3805.64	2954.34	1197.16	1757.18	851.30	2728.10	2587.14	140.96
2005	7385.10	4267.69	3366.47	1328.28	2038.19	901.22	3326.22	3179.92	146.30
2006	8690.24	4824.88	3686.82	1397.96	2288.86	1138.06	4203.05	4040.03	163.02
2007	10562.39	5671.56	4285.21	1563.20	2722.01	1386.35	5242.55	5060.57	181.98
2008	12601.23	6540.17	4937.87	1711.33	3226.54	1602.30	6574.63	6352.86	221.77
2009	14151.28	7212.50	5601.30	1967.10	3634.20	1611.20	7720.13	7464.20	255.93
2010	17185.48	8609.53	6638.53	2333.15	4305.38	1971.00	9219.92	8911.05	308.87
2011	21026.68	10424.40	7967.50	2791.80	5175.70	2456.90	11067.68	10691.30	376.38
2012	23872.80	11926.70	9095.30	3255.70	5839.60	2831.40	12496.00	12096.20	399.80
2013	26260.77	13223.08	10102.47	3599.55	6502.92	3120.61	13494.59	13081.70	412.89

注：本表按当年价格计算。

a) Data in this table are calculated at current prices.

2-11 支出法地区生产总值指数（上年=100）
Indices of Gross Domestic Product by Expenditure Approach (preceding year=100)

年份 Year	地区支出总额 Gross Domestic Product by Expenditure Approach	最终消费 Final Consumption Expenditure	居民消费 Household Consumption Expenditure	农村居民 Rural Household	城镇居民 Urban Household	政府消费 Government Consumption Expenditure	资本形成总额 Gross Capital Formation	固定资本形成总额 Gross Fixed Capital Formation	存货增加 Changes in Inventories
1979	110.1	106.7	106.1	106.9	103.9	110.1	120.7	120.1	132.0
1980	109.5	109.7	110.0	112.1	103.5	108.6	108.9	108.2	119.4
1981	104.1	113.0	115.3	114.3	108.9	101.2	86.1	84.0	117.6
1982	110.9	109.4	109.4	108.2	114.0	109.0	116.3	114.6	134.0
1983	111.0	111.4	111.8	113.7	105.3	109.3	109.6	107.7	126.9
1984	112.2	107.5	107.0	105.2	113.7	110.8	127.3	126.0	137.0
1985	111.9	109.6	109.7	102.4	134.7	108.9	117.8	116.5	127.1
1986	105.5	106.8	106.8	104.4	112.8	107.2	102.7	105.3	85.9
1987	108.7	110.0	110.2	111.3	107.6	108.6	105.5	103.4	121.8
1988	107.5	106.1	106.1	106.1	106.2	106.0	111.2	102.3	171.3
1989	103.2	104.5	104.3	104.0	105.1	105.4	99.8	98.0	106.9
1990	109.1	102.6	101.5	99.2	107.2	109.1	126.9	131.7	109.1
1991	109.1	106.9	104.8	104.3	105.8	119.3	115.0	115.2	114.3
1992	112.6	108.0	107.7	102.6	118.9	109.1	124.2	123.7	126.6
1993	113.1	103.4	100.8	97.3	107.4	116.0	134.6	143.2	100.4
1994	111.3	116.4	120.1	121.1	118.4	100.4	102.8	103.7	97.8
1995	110.7	112.1	113.6	106.2	126.3	104.7	108.0	109.4	99.6
1996	110.6	110.4	108.7	105.6	113.2	119.4	111.0	110.2	116.6
1997	110.5	111.1	108.0	103.8	113.7	126.9	109.3	108.0	117.3
1998	109.7	109.6	110.0	106.8	114.0	107.7	112.9	121.6	62.9
1999	106.6	105.4	104.4	100.3	109.1	109.7	110.6	109.4	123.8
2000	108.5	109.9	109.5	102.3	117.2	111.8	112.4	113.4	102.9
2001	109.0	109.3	107.2	101.1	112.7	117.1	110.2	111.0	100.6
2002	110.3	109.4	109.2	104.7	112.9	110.2	112.8	113.5	103.3
2003	111.3	110.0	110.2	107.2	112.5	109.2	113.8	116.1	81.8
2004	112.7	107.4	106.5	103.9	108.4	110.5	115.3	114.4	133.0
2005	112.6	110.4	111.8	109.0	113.7	105.8	117.1	118.0	102.0
2006	113.5	108.2	107.0	102.8	109.7	112.4	120.2	120.8	108.8
2007	114.5	110.8	109.6	105.7	112.1	114.6	118.0	118.5	105.5
2008	111.0	107.8	107.0	101.9	109.9	110.2	114.5	114.8	106.6
2009	114.5	113.8	112.5	113.6	112.0	117.5	121.4	121.7	110.7
2010	115.1	114.0	113.0	113.3	112.9	116.7	112.8	112.8	114.3
2011	115.0	114.5	113.5	113.2	113.6	118.0	112.7	112.7	114.5
2012	112.6	112.9	112.4	112.2	112.6	114.2	112.0	112.1	106.5
2013	110.0	109.7	109.1	109.0	109.2	111.3	109.2	109.3	104.4

注：本表按可比价格计算。

a) The indices in this table are calculated at comparable prices.

2-12 支出法地区生产总值指数（1978年=100）
Indices of Gross Domestic Product by Expenditure Approach (year of 1978=100)

年份 Year	地区支出总额 Gross Domestic Product by Expenditure Approach	最终消费 Final Consumption Expenditure	居民消费 Household Consumption Expenditure	农村居民 Rural Household	城镇居民 Urban Household	政府消费 Government Consumption Expenditure	资本形成总额 Gross Capital Formation	固定资本形成总额 Gross Fixed Capital Formation	存货增加 Changes in Inventories
1978	100.0	100.0	100.0	100.0	100.0	100.0	100.0	100.0	100.0
1979	110.1	106.7	106.1	106.9	103.9	110.1	120.7	120.1	132.0
1980	120.6	117.1	116.7	119.8	107.6	119.6	131.4	129.9	157.7
1981	125.5	132.3	134.5	137.0	117.1	121.0	113.2	109.1	185.5
1982	139.1	144.7	147.1	148.2	133.5	131.9	131.6	125.0	248.5
1983	154.5	161.2	164.5	168.5	140.5	144.2	144.2	134.6	315.3
1984	173.4	173.4	176.0	177.2	159.8	159.8	183.6	169.7	432.0
1985	194.0	190.0	193.1	181.5	215.2	173.9	216.3	197.7	549.2
1986	204.7	203.0	206.2	189.5	242.7	186.5	222.1	208.1	471.8
1987	222.6	223.3	227.2	210.9	261.1	202.5	234.2	215.2	574.7
1988	239.3	236.9	241.2	223.8	277.3	214.8	260.5	220.2	984.7
1989	246.9	247.5	251.6	232.8	291.3	226.3	259.9	215.8	1053.0
1990	269.3	253.9	255.3	230.8	312.2	246.8	329.8	284.3	1148.5
1991	293.9	271.6	267.5	240.7	330.3	294.4	379.4	327.5	1312.4
1992	330.8	293.2	288.2	247.0	392.8	321.1	471.3	405.0	1661.6
1993	374.1	303.1	290.5	240.2	421.8	372.4	634.4	579.9	1668.6
1994	416.4	352.6	348.8	290.8	499.6	374.0	652.2	601.3	1631.5
1995	461.1	395.3	396.1	309.0	630.9	391.5	704.6	658.0	1625.6
1996	510.0	436.3	430.7	326.4	714.3	467.5	782.5	725.2	1895.3
1997	563.7	484.9	465.2	338.8	812.4	593.2	855.1	783.2	2222.2
1998	618.2	531.4	511.8	361.9	925.9	639.1	965.3	952.2	1398.7
1999	659.2	559.8	534.1	363.0	1010.0	701.4	1067.2	1041.3	1732.1
2000	715.0	615.5	584.8	371.2	1184.2	784.1	1199.6	1180.6	1782.7
2001	779.2	672.4	627.0	375.3	1334.4	918.4	1322.1	1310.9	1793.7
2002	859.1	735.9	684.7	392.9	1506.0	1012.3	1491.2	1488.2	1853.2
2003	956.5	809.4	754.7	421.1	1693.9	1105.2	1696.7	1727.2	1516.1
2004	1078.3	869.2	803.9	437.5	1836.1	1220.9	1955.8	1975.6	2016.8
2005	1214.2	959.7	898.6	476.8	2087.2	1291.8	2290.0	2330.6	2056.2
2006	1378.1	1038.4	961.5	490.2	2289.6	1451.9	2752.6	2815.4	2237.1
2007	1578.0	1150.6	1053.8	518.1	2566.7	1663.9	3248.0	3336.2	2360.2
2008	1751.5	1240.3	1127.5	527.9	2820.8	1833.6	3719.0	3830.0	2516.0
2009	2005.5	1411.5	1268.5	599.7	3159.3	2154.5	4514.9	4661.1	2785.2
2010	2308.3	1609.1	1433.4	679.5	3566.8	2514.3	5092.8	5257.7	3183.4
2011	2654.6	1842.5	1626.9	769.2	4051.9	2966.9	5739.6	5925.4	3645.0
2012	2989.1	2080.1	1828.6	863.0	4562.5	3388.2	6428.3	6642.4	3882.0
2013	3288.0	2281.9	1995.0	940.7	4982.2	3771.1	7019.7	7260.1	4052.8

注：本表按可比价格计算。

a) The indices in this table are calculated at comparable prices.

2-13 居民消费水平
Annual Per Capita Consumption of Residents

单位:元/人 (yuan/person)

年份 Year	居民人均消费水平 Annual per Capita Consumption of Residents	农村居民消费水平 Annual per Capita Consumption of Rural Residents	城镇居民消费水平 Annual per Capita Consumption of Urban Residents	城镇与农村对比(以农村居民消费=1) Urban / Rural Consumption Ratio (Rural Residents =1)	平均人口(百人) Average Population (100 Persons)		
						农村居民 Rural Residents	城镇居民 Urban Residents
1978	161.39	135.00	373.00	1：2.76	707190	628770	78420
1979	171.52	145.00	377.00	1：2.60	712050	630650	81400
1980	191.93	167.00	382.00	1：2.29	715480	632520	82960
1981	219.47	193.27	416.28	1：2.15	718520	634105	84415
1982	243.69	218.64	427.12	1：1.95	725800	638580	87220
1983	271.71	242.68	479.78	1：1.98	731865	642245	89620
1984	299.68	264.42	542.56	1：2.05	735045	641870	93175
1985	346.87	290.06	713.69	1：2.46	739165	640050	99115
1986	380.30	310.94	816.83	1：2.63	746560	644200	102360
1987	435.43	356.55	933.88	1：2.62	756255	652920	103335
1988	531.67	434.31	1140.55	1：2.63	766480	660815	105665
1989	613.07	498.02	1326.13	1：2.66	775980	668170	107810
1990	706.14	564.24	1583.38	1：2.81	784517	675285	109232
1991	763.11	609.46	1683.92	1：2.76	792020	678761	113259
1992	835.62	642.43	1896.93	1：2.95	797000	674262	122738
1993	961.23	725.13	2156.04	1：2.97	801475	669232	132243
1994	1367.17	1027.46	3002.51	1：2.92	806805	668035	138770
1995	1646.27	1191.66	3703.32	1：3.11	802995	657653	145342
1996	1879.60	1327.15	4204.49	1：3.17	808833	653537	155296
1997	2077.74	1459.77	4534.23	1：3.11	804000	642396	161604
1998	2243.41	1512.12	4791.44	1：3.17	809000	628593	180407
1999	2347.53	1550.78	4941.22	1：3.19	803713	614840	188873
2000	2550.48	1614.28	5314.67	1：3.29	792660	592117	200543
2001	2707.15	1631.30	5660.73	1：3.47	798610	585381	213229
2002	2914.39	1729.10	5932.23	1：3.43	802145	575940	226205
2003	3203.36	1890.24	6311.53	1：3.34	805185	566045	239140
2004	3656.20	2153.44	6969.98	1：3.24	808035	555928	252107
2005	4130.08	2432.20	7577.30	1：3.12	815110	546124	268986
2006	4501.00	2572.00	8305.00	1：3.23	819050	543453	275597
2007	5259.00	2949.00	9559.00	1：3.24	814800	530041	284759
2008	6072.00	3362.00	10608.00	1：3.16	813250	509090	304160
2009	6863.00	3891.00	11701.00	1：3.01	816150	505550	310600
2010	8182.00	4748.00	13457.00	1：2.83	811341	491401	319940
2011	9903.00	5882.00	15687.00	1：2.67	804590	474664	329926
2012	11280.00	7147.00	16649.00	1：2.33	806310	455565	350745
2013	12485.00	8074.00	17899.00	1：2.22	809160	445847	363313

注：居民消费水平按当年价格计算。

a) Annual Per Capita Consumption of Residents in this table are calculated at current prices.

2-14 居民消费水平指数
Indices of Annual Per Capita Consumption of Residents

年份 Year	上年=100 preceding year = 100			1978年=100 (year of 1978=100)		
	居民人均消费水平 Annual Per Capita Consumption of Residents	农村居民消费水平 Annual Per Capita Consumption of Rural Residents	城镇居民消费水平 Annual Per Capita Consumption of Urban Residents	居民人均消费水平 Annual Per Capita Consumption of Residents	农村居民消费水平 Annual Per Capita Consumption of Rural Residents	城镇居民消费水平 Annual Per Capita Consumption of Urban Residents
1978				100.0	100.0	100.0
1979	105.4	106.5	100.1	105.4	106.5	100.1
1980	109.4	111.8	101.6	115.3	119.1	101.7
1981	114.8	114.1	107.0	132.3	135.8	108.8
1982	108.3	107.4	110.3	143.4	145.9	120.0
1983	110.9	113.1	102.5	158.9	164.9	123.0
1984	106.5	105.2	109.4	169.3	173.6	134.5
1985	109.1	102.7	126.6	184.8	178.3	170.2
1986	105.7	103.7	109.2	195.3	184.9	185.9
1987	108.8	109.8	106.6	212.5	203.1	198.2
1988	104.7	104.8	103.8	222.5	212.9	205.8
1989	103.1	102.9	103.0	229.3	219.1	211.9
1990	100.4	98.1	105.8	230.2	214.9	224.1
1991	103.8	103.8	102.0	238.9	223.0	228.7
1992	107.1	103.3	109.7	255.7	230.3	250.9
1993	100.2	98.0	99.7	256.3	225.7	250.1
1994	119.3	121.3	112.9	305.7	273.7	282.3
1995	114.1	107.9	120.6	348.9	295.4	340.4
1996	107.9	106.3	106.0	376.6	314.0	360.7
1997	108.7	105.6	109.3	409.2	331.6	394.2
1998	109.3	109.2	102.1	447.4	362.0	402.5
1999	105.0	102.5	104.2	469.9	371.2	419.4
2000	111.0	106.2	110.4	521.7	394.2	463.1
2001	106.4	102.3	106.0	555.2	403.1	490.8
2002	108.7	106.4	106.4	603.7	428.9	522.1
2003	109.8	109.1	106.4	662.9	467.8	555.5
2004	106.1	105.8	102.8	703.6	494.8	571.1
2005	110.8	110.9	106.5	779.6	549.0	608.5
2006	106.5	103.3	107.1	830.3	567.1	651.7
2007	110.2	108.4	108.5	914.9	614.7	707.1
2008	107.1	106.1	102.9	979.9	652.2	727.6
2009	112.1	114.4	109.7	1098.5	746.1	798.2
2010	113.7	116.5	109.6	1249.0	869.2	874.8
2011	114.4	117.2	110.2	1428.8	1018.8	964.0
2012	112.2	116.9	105.9	1603.1	1190.9	1020.9
2013	108.7	111.4	105.4	1742.6	1326.7	1076.0

注：本表按可比价格计算。
a) The data in this table are calculated at comparable prices.

2-15 各市(州)民营经济增加值(2013年)
Civillian-owned Value Added by Region(2013)

单位：亿元 (100 million yuan)

市(州)	Region	民营经济增加值 Civilian-owned Value Added	第一产业 Primary Industry	第二产业 Secondary Industry	#工业 Industry	第三产业 Tertiary Industry	人均民营经济增加值(元) Per Capita Civilian-owned Value Added (yuan)
成都市	Chengdu	5393.64	95.56	2640.95	2203.29	2657.13	37883
自贡市	Zigong	561.28	36.21	361.66	320.61	163.41	20591
攀枝花市	Panzhihua	368.90	9.51	265.65	245.75	93.74	29941
泸州市	Luzhou	675.11	43.97	448.81	410.17	182.33	15893
德阳市	Deyang	815.15	81.60	506.77	471.06	226.78	23108
绵阳市	Mianyang	832.05	63.11	482.28	394.52	286.66	17862
广元市	Guangyuan	291.54	28.77	166.18	135.86	96.59	11489
遂宁市	Suining	440.12	53.55	284.80	247.33	101.77	13454
内江市	Neijiang	643.03	60.16	445.82	413.43	137.05	17279
乐山市	Leshan	641.74	62.19	450.45	411.90	129.10	19715
南充市	Nanchong	799.59	130.85	500.46	393.42	168.28	12674
眉山市	Meishan	545.96	56.27	366.24	330.00	123.45	18368
宜宾市	Yibin	763.00	83.14	492.84	439.24	187.02	17098
广安市	Guangan	477.73	39.20	281.53	225.42	157.00	14834
达州市	Dazhou	735.59	88.72	472.84	417.46	174.03	13368
雅安市	Yaan	244.96	16.28	164.97	144.17	63.71	16009
巴中市	Bazhong	232.89	29.42	110.79	66.81	92.68	7031
资阳市	Ziyang	639.70	86.80	441.28	412.64	111.62	17869
阿坝藏族羌族自治州	Aba	106.03	18.82	62.60	52.19	24.61	11658
甘孜藏族自治州	Ganzi	87.10	30.52	31.37	19.80	25.21	7709
凉山彝族自治州	Liangshan	684.87	80.25	432.40	349.23	172.22	14976

注：本表按当年价格计算；人均民营经济增加值年平均人口数按常住人口计算。

a) The data in this table are calculated at current prices. Per Capita Civilian Value Added are calculated on the annual average resident population.

2-16 各市(州)民营经济增加值指数(2013年)
Indices of Civillian-owned Value Added by Region(2013)

上年=100 (preceding year=100)

市(州)	Region	民营经济增加值 Civilian-owned Value Added	第一产业 Primary Industry	第二产业 Secondary Industry	#工业 Industry	第三产业 Tertiary Industry	人均民营经济增加值 Per Capita Civilian-owned Value Added
成都市	Chengdu	112.0	99.1	114.8	116.8	109.6	111.1
自贡市	Zigong	113.5	103.5	114.4	112.7	113.6	112.3
攀枝花市	Panzhihua	113.0	104.6	114.9	115.8	108.5	112.4
泸州市	Luzhou	114.3	102.6	115.9	114.5	113.4	114.0
德阳市	Deyang	112.4	103.6	114.5	114.4	110.7	113.5
绵阳市	Mianyang	112.5	104.9	115.2	115.0	110.0	111.9
广元市	Guangyuan	112.5	107.0	114.6	114.6	110.7	111.2
遂宁市	Suining	113.6	118.3	114.2	113.5	109.6	113.4
内江市	Neijiang	112.6	104.1	113.4	113.4	112.7	112.3
乐山市	Leshan	112.7	102.3	114.5	114.3	110.8	112.4
南充市	Nanchong	113.0	103.6	115.6	113.2	111.5	112.7
眉山市	Meishan	113.2	104.0	114.4	112.2	113.5	112.8
宜宾市	Yibin	110.6	102.6	111.1	110.4	112.5	110.6
广安市	Guangan	113.6	106.0	115.4	114.5	112.3	113.3
达州市	Dazhou	113.1	103.5	115.5	114.0	111.2	112.8
雅安市	Yaan	107.3	104.4	106.5	107.0	110.4	106.7
巴中市	Bazhong	112.8	103.4	117.5	113.6	109.8	112.4
资阳市	Ziyang	112.8	102.4	114.5	113.9	112.6	113.7
阿坝藏族羌族自治州	Aba	113.1	105.2	117.0	120.2	110.5	112.4
甘孜藏族自治州	Ganzi	114.1	106.6	124.1	122.1	109.7	112.2
凉山彝族自治州	Liangshan	112.5	104.8	116.6	114.6	105.9	112.0

注：本表按可比价格计算。

a) The data in this table are calculated at comparable prices.

主要统计指标解释

国内生产总值(GDP)　指按市场价格计算的一个国家（或地区）所有常住单位在一定时期内生产活动的最终成果。国内生产总值有三种表现形态，即价值形态、收入形态和产品形态。从价值形态看，它是所有常住单位在一定时期内生产的全部货物和服务价值与同期投入的全部非固定资产货物和服务价值的差额，即所有常住单位的增加值之和；从收入形态看，它是所有常住单位在一定时期内创造并分配给常住单位和非常住单位的初次收入之和；从产品形态看，它是所有常住单位在一定时期内最终使用的货物和服务价值与货物和服务净出口价值之和。在实际核算中，国内生产总值有三种计算方法，即生产法、收入法和支出法。三种方法分别从不同的方面反映国内生产总值及其构成。

对于一个地区来说，称为地区生产总值或地区 GDP。

三次产业　我国的三次产业划分是：

第一产业　是指农、林、牧、渔业。

第二产业　是指采矿业，制造业，电力、煤气及水的生产和供应业，建筑业。

第三产业　是指除第一、二产业以外的其他行业。

支出法国内生产总值　是从最终使用的角度反映一个国家(或地区)在一定时期内生产活动最终成果的一种方法，包括最终消费支出、资本形成总额及货物和服务净出口三部分。

最终消费支出　指常住单位为满足物质、文化和精神生活的需要，从本国经济领土和国外购买的货物和服务的支出。它不包括非常住单位在本国经济领土内的消费支出。最终消费支出分为居民消费支出和政府消费支出。

居民消费支出　指常住住户在一定时期内对于货物和服务的全部最终消费支出。居民消费支出除了直接以货币形式购买的货物和服务的消费支出之外，还包括以其他方式获得的货物和服务的消费支出，即所谓的虚拟消费支出。居民虚拟消费支出包括以下几种类型：单位以实物报酬及实物转移的形式提供给劳动者的货物和服务；住户生产并由本住户消费了的货物和服务，其中的服务仅指住户的自有住房服务和付酬的家庭雇员提供的家庭和个人服务；金融机构提供的金融媒介服务。

政府消费支出　指政府部门为全社会提供的公共服务的消费支出和免费或以较低的价格向居民住户提供的货物和服务的净支出，前者等于政府服务的产出价值减去政府单位所获得的经营收入的价值，后者等于政府部门免费或以较低价格向居民住户提供的货物和服务的市场价值减去向住户收取的价值。

资本形成总额　指常住单位在一定时期内获得减去处置的固定资产和存货的净额，包括固定资本形成总额和存货变动两部分。

固定资本形成总额　指常住单位在一定时期内获得的固定资产减处置的固定资产的价值总额。固定资产是通过生产活动生产出来的，且其使用年限在一年以上、单位价值在规定标准以上的资产，不包括自然资产。可分为有形固定资本形成总额和无形固定资本形成总额。有形固定资本形成总额包括一定时期内完成的建筑工程、安装工程和设备工器具购置(减处置)价值，以及土地改良、新增役、种、奶、毛、娱乐用牲畜和新增经济林木价值。无形固定资本形成总额包括矿藏的勘探、计算机软件等获得减处置。

存货变动　指常住单位在一定时期内存货实物量变动的市场价值，即期末价值减期初价值的差额，再扣除当期由于价格变动而产生的持有收益。存货变动可以是正值，也可以是负值，正值表示存货上升，负值表示存货下降。存货包括生产单位购进的原材料、燃料和储备物资等存货，以及生产单位生产的产成品、在制品和半成品等存货。

公有经济　指资产归国家或公民集体所有的经济成分，包括国有经济和集体经济。

民营经济（即非公有经济）　指资产归我国内地公民私人所有或归港澳台商、外商所有的经济成分，包括私有经济、港澳台经济和外商经济。

Explanatory Notes on Main Statistical Indicators

Gross Domestic Product (GDP) refers to the final products at market prices produced by all resident units in a country during a certain period of time. Gross domestic product is expressed in three different perspectives, namely value, income, and products respectively. GDP in its value perspective refers to the balance of total value of all goods and services produced by all resident units during a certain period of time, minus the total value of input of goods and services of the nature of non-fixed assets; in other words, it is the sum of the value-added of all resident units. GDP from the perspective of income includes the primary income created by all resident units and distributed to resident and non-resident units. GDP from the perspective of products refers to the value of all goods and services for final demand by all resident units plus the net exports of goods and services during a given period of time. In the practice of national accounting, gross domestic product is calculated from three approaches, namely production approach, income approach and expenditure approach, which reflect gross domestic product and its composition from different angles.

For a region, it is called as Gross Regional Product(GRP) or regional GDP.

Three Strata of Industry In China economic activities are categorized into the following three strata of industry:

Primary industry refers to agriculture, forestry, animal husbandry and fishery industries.

Secondary industry refers to mining and quarrying, manufacturing, production and supply of electricity, water and gas, and construction.

Tertiary industry refers to all other economic activities not included in the primary or secondary industries.

GDP by Expenditure Approach refers to the method of measuring the final results of production activities of a country (region) during a given period from the perspective of final uses. It includes final consumption expenditure, gross capital formation and net export of goods and services.

Final Consumption Expenditure refers to the total expenditure of resident units for purchases of goods and services from both the domestic economic territory and abroad to meet the needs of material, cultural and spiritual life. It does not include the expenditure of non-resident units on consumption in the economic territory of the country. The final consumption expenditure is broken down into household consumption expenditure and government consumption expenditure.

Household Consumption Expenditure refers to the total expenditure of resident households on the final consumption of goods and services. In addition to the consumption of goods and services bought by the households directly with money, the household consumption expenditure also includes expenditure on goods and services obtained by the households in other ways, i.e. the so-called imputed consumption expenditure, which includes the following: (a) the goods and services provided to households by employers in the form of payment in kind and transfer in kind; (b) goods and services produced and consumed by the households themselves, in which the services refer to the owner-occupied housing and services offered by payed family employees; (c) financial intermediate services provided by financial institutions.

Government Consumption Expenditure refers to the consumption expenditure spent for the provision of public services provided by the government to the whole country and the net expenditure on the goods and services provided by the government to households free of charge or at reduced prices. The former equals to the output value of the government services minus the value of operating income obtained by the government departments. The latter equals to the market value of the goods and services provided by the government free of charge or at reduced prices to the households minus the value received by the government from the households.

Gross Capital Formation refers to the fixed assets acquired minus disposals and the net value of inventory, thus including gross fixed capital formation and changes in inventories.

Gross Fixed Capital Formation refers to the value of acquisitions minus those disposals of fixed assets during a given period. Fixed assets are the assets produced through production activities with unit value above a specified amount and which could be used for over one year. Natural assets are not included. Gross fixed capital formation can be categorized into total tangible fixed capital formation and total intangible fixed capital formation. Total tangible fixed capital formation includes the value of the construction projects and installation projects completed and the equipment, apparatus and instruments purchased (minus those disposed) as well as the value of land improved, the value of draught animals, breeding stock and animals for milk, for wool and for recreational purposes and the newly increased forest with economic value. Total intangible fixed capital formation includes the prospecting of minerals and the acquisition of computer software minus the disposal of them.

Changes in Inventories refers to the market value of the change in the physical volume of inventory of resident units during a given period, i.e. the difference between the values at the beginning and at the end of the period minus the gains due to the change in prices. The changes in inventories can have a positive or a negative value. A positive value indicates an increase in inventory while a negative value indicates a decrease in inventory. The inventory includes raw materials, fuels and reserve materials purchased by the production units as well as the inventory of finished products, semi-finished products and work-in-progress.

Public Economy refers to the economic components owned by the national or citizen of the collective economic components, including the state-owned economy and collective economy.

Private Economy (ie, non-public Economy) refers to the economic components owned by private citizens in the Mainland of China and naturalized by Hong Kong, Macao and Taiwan entrepreneurs, including the Self-employed Individuals, private economy, Hong Kong, Macao and Taiwan Economy and foreign economy.

3

人口

POPULATION

3-1 年末常住人口、人口出生率、死亡率和自然增长率
Resident Population(year-end),Birth Rate, Death Rate and Natural Growth Rate of Population

单位：万人，‰ (10 000 persons,‰)

年 份 Year	年末常住人口 Resident Population (year-end)	全省 Province			市 City			县 County		
		出生率 Birth Rate	死亡率 Death Rate	自然增长率 Natural Growth Rate	出生率 Birth Rate	死亡率 Death Rate	自然增长率 Natural Growth Rate	出生率 Birth Rate	死亡率 Death Rate	自然增长率 Natural Growth Rate
1952		41.0	18.2	22.8						
1957		29.2	12.1	17.1	30.9	10.8	20.1	28.3	12.2	16.1
1962		28.0	14.6	13.4	25.3	14.2	11.1	28.3	14.5	13.8
1965		42.4	11.4	31.0	26.3	6.7	19.6	43.8	11.9	31.9
1970		38.7	9.2	29.5	25.2	6.3	18.9	39.8	9.4	30.4
1975		31.2	8.9	22.3	26.3	6.3	20.0	29.2	9.0	20.2
1978		15.1	7.0	8.1	14.5	6.6	7.9	13.0	7.1	5.9
1980		13.0	6.8	6.2	13.2	5.8	7.4	11.8	6.9	4.9
1985		15.4	7.2	8.2	12.6	6.5	6.1	12.8	6.7	6.1
1990		19.1	7.7	11.4	13.5	6.2	7.3	16.2	6.8	9.4
1991		15.8	7.3	8.5	11.4	6.2	5.2	12.7	6.0	6.7
1992		16.3	7.0	9.3	11.9	7.0	4.9	12.4	6.9	5.5
1993		16.8	7.2	9.6	12.4	6.7	5.7	12.7	6.8	5.9
1994		16.9	7.0	9.9	12.1	6.5	5.6	13.6	6.6	7.0
1995		17.1	7.2	9.9	11.7	6.7	5.0	13.3	6.8	6.5
1996		16.6	7.3	9.3	10.9	6.4	4.5	13.7	7.2	6.5
1997		15.7	7.0	8.7	9.8	5.9	3.9	11.6	6.7	4.9
1998		14.6	7.1	7.5	9.6	6.1	3.5	10.9	6.7	4.2
1999		13.8	7.0	6.8	9.3	5.9	3.4	10.0	6.4	3.6
2000	8234.8	12.1	7.0	5.1	10.1	6.5	3.6	10.2	6.8	3.4
2001	8143.0	11.2	6.8	4.4	7.9	5.4	2.5	8.4	6.1	2.3
2002	8110.0	10.4	6.5	3.9	7.6	5.7	1.9	8.5	5.8	2.7
2003	8176.0	9.2	6.1	3.1	7.7	5.3	2.4	8.8	5.6	3.2
2004	8090.0	9.1	6.3	2.8	8.5	6.4	2.1	10.1	7.1	3.0
2005	8212.0	9.70	6.80	2.90	8.78	5.27	3.51	10.52	5.77	4.75
2006	8169.0	9.14	6.28	2.86	8.21	4.53	3.68	10.99	4.82	6.17
2007	8127.0	9.21	6.29	2.92	10.32	6.15	4.17	12.10	5.74	6.36
2008	8138.0	9.54	7.15	2.39	10.48	6.10	4.38	12.73	6.40	6.33
2009	8185.0	9.15	6.43	2.72	9.31	5.75	3.56	11.53	5.95	5.58
2010	8042.0	8.93	6.62	2.31	10.03	10.77	-0.74	11.35	10.81	0.54
2011	8050.0	9.79	6.81	2.98	9.39	5.08	4.31	10.53	5.44	5.09
2012	8076.2	9.89	6.92	2.97	10.01	7.75	2.26	10.75	7.18	3.57
2013	8107.0	9.90	6.90	3.00	9.27	5.82	3.45	10.84	6.99	3.85

注：本表中出生率、死亡率和自然增长率在1981年以前均根据公安年报计算,1982年以后全省数按人口变动抽样调查分列,分市、县数按公安年报数计算列出。

a) Data of Birth Rate, Death Rate and Natural Growth Rate in this table before 1981 were taken from the annual reports of the Bureau of Public Security. Since 1982, the data of province have been estimated on the basis of the annual National Sample Surveys on Population Changes, the data of population by county were taken from the annual reports of the Bureau of Public Security.

3-2 各市(州)年末常住人口、出生率、死亡率、自然增长率、城镇化率和人口密度(2013年)

Resident Population(year-end), Birth rate, Death rate,Natural Growth Rate, Urbanization Rate and Population Density by Region(2013)

市(州)	Region	年末常住人口 (万人) Resident Population (year-end) (10 000 persons)	出生率 (‰) Birth Rate (‰)	死亡率 (‰) Death Rate (‰)	自然增长率 (‰) Natural Growth Rate (‰)	城镇化率 (%) Urbanization Rate (%)	人口密度 (人/平方公里) Population Density (person/sq.km)
全　省	**Sichuan**	**8107.00**	**9.90**	**6.90**	**3.00**	**44.90**	**167**
成都市	Chengdu	1429.76	7.33	5.01	2.32	69.40	1180
自贡市	Zigong	273.83	9.14	6.35	2.49	45.52	625
攀枝花市	Panzhihua	123.33	9.10	5.37	3.74	63.43	167
泸州市	Luzhou	424.58	10.45	6.43	4.02	43.29	347
德阳市	Deyang	352.37	8.94	6.79	2.15	45.86	596
绵阳市	Mianyang	467.64	8.33	6.37	1.96	45.09	231
广元市	Guangyuan	254.50	9.21	5.95	3.26	37.80	156
遂宁市	Suining	327.50	7.79	5.51	2.28	43.11	615
内江市	Neijiang	372.46	8.13	4.95	3.18	42.67	692
乐山市	Leshan	325.56	8.30	6.39	1.91	44.53	256
南充市	Nanchong	631.70	8.68	5.56	3.12	40.89	506
眉山市	Meishan	297.84	9.92	6.58	3.34	38.95	417
宜宾市	Yibin	446.50	10.55	6.49	4.05	42.45	337
广安市	Guangan	322.43	9.70	6.73	2.97	34.29	509
达州市	Dazhou	551.28	10.50	5.86	4.64	37.80	332
雅安市	Yaan	153.37	9.04	5.48	3.55	39.80	102
巴中市	Bazhong	331.72	9.85	5.32	4.53	34.77	270
资阳市	Ziyang	357.12	9.76	6.33	3.43	36.89	449
阿坝藏族羌族自治州	Aba	91.23	8.48	3.43	5.06	34.59	11
甘孜藏族自治州	Ganzi	113.78	10.37	4.00	6.36	25.81	8
凉山彝族自治州	Liangshan	458.50	12.73	5.86	6.87	30.57	76

3-3 年末户籍总人口数及构成
Total of Household Population and its Composition(year-end)

单位: 万人　　　　(10 000 persons)

年份 Year	年末户籍总人口 Total of Household Population (year-end)	按性别分 By Sex 男 Male	 女 Female	按农业、非农业分 By Agriculture & Non-agriculture 农业人口 Agriculture	 非农业人口 Non-agriculture
1952	4628.5	2357.9	2270.6		
1957	5088.8	2601.0	2487.8	4520.8	568.0
1962	4688.3	2368.9	2319.4	4152.4	535.9
1965	5162.1	2623.3	2538.8	4555.7	606.4
1970	6052.4	3089.0	2963.4	5363.5	688.9
1975	6874.7	3508.2	3366.5	6138.1	736.6
1978	7071.9	3621.5	3450.4	6287.7	784.2
1980	7154.8	3668.3	3486.5	6325.2	829.6
1985	7419.3	3828.9	3590.4	6393.4	1025.9
1990	7892.5	4088.1	3804.4	6790.8	1101.7
1991	7947.8	4119.5	3828.3	6828.5	1119.3
1992	7992.2	4144.1	3848.1	6819.6	1172.6
1993	8037.4	4171.2	3866.2	6825.5	1211.9
1994	8098.7	4205.3	3893.4	6821.6	1277.1
1995	8161.2	4238.9	3922.3	6829.4	1331.8
1996	8215.4	4266.6	3948.8	6837.3	1378.1
1997	8264.7	4291.4	3973.3	6844.6	1420.1
1998	8315.7	4317.5	3998.2	6855.4	1460.3
1999	8358.6	4337.7	4020.9	6850.9	1507.7
2000	8407.5	4358.9	4048.6	6842.5	1565.0
2001	8436.6	4375.4	4061.2	6814.5	1622.1
2002	8474.5	4395.3	4079.2	6796.9	1677.6
2003	8529.4	4424.7	4104.7	6734.2	1795.2
2004	8595.3	4460.0	4135.3	6681.0	1914.3
2005	8642.1	4483.6	4158.5	6628.3	2013.8
2006	8722.5	4520.3	4202.2	6651.7	2070.8
2007	8815.2	4566.4	4248.8	6675.2	2140.0
2008	8907.8	4607.7	4300.1	6704.4	2203.4
2009	8984.7	4639.2	4345.5	6698.4	2286.3
2010	9001.3	4640.4	4360.9	6646.1	2355.2
2011	9058.4	4665.6	4392.8	6595.7	2462.7
2012	9097.4	4685.0	4412.4	6585.4	2512.0
2013	9132.6	4700.8	4431.8	6500.2	2632.4

注：本篇章所列户籍人口数均由四川省公安厅提供(后同)。
a)Data in this table were taken from the annual reports of the Bureau of Si Chuan Provincial Public Security.(the same as follows)

3-4 各市(州)年末户籍总户数及人口数(2013年)
Number of Households and Population by Region(year-end)(2013)

市(州)	Region	年末户籍总户数(万户) Total of Household Population (year-end) (10 000 households)	#乡村户数 Households in Rural Area	年末户籍总人口(万人) Total Population (year-end) (10 000 persons)	#非农业人口 Non-agriculture	男性 Male	女性 Female
全 省	**Sichuan**	**3206.8**	**2071.9**	**9132.6**	**2632.4**	**4700.8**	**4431.8**
成都市	Chengdu	455.0	222.0	1188.0	728.7	592.2	595.8
自贡市	Zigong	107.4	71.4	329.7	112.5	168.1	161.6
攀枝花市	Panzhihua	36.6	15.2	112.0	59.9	57.2	54.8
泸州市	Luzhou	150.8	118.9	508.4	152.3	263.4	245.0
德阳市	Deyang	157.2	109.5	392.0	117.4	200.2	191.8
绵阳市	Mianyang	204.6	134.0	547.4	158.0	281.5	265.9
广元市	Guangyuan	115.1	69.4	310.2	72.2	159.3	150.9
遂宁市	Suining	141.5	82.7	379.4	97.5	196.2	183.2
内江市	Neijiang	159.1	108.4	426.8	96.4	220.3	206.5
乐山市	Leshan	128.0	82.1	356.0	118.5	181.7	174.3
南充市	Nanchong	268.1	175.8	759.0	176.6	396.0	363.0
眉山市	Meishan	128.5	87.9	352.2	98.9	179.8	172.4
宜宾市	Yibin	172.1	122.2	550.4	106.2	286.5	263.9
广安市	Guangan	158.0	110.1	470.4	90.6	246.2	224.2
达州市	Dazhou	247.0	162.6	687.6	139.6	361.8	325.8
雅安市	Yaan	58.4	41.1	157.0	42.6	80.2	76.8
巴中市	Bazhong	130.5	81.5	390.2	78.1	202.8	187.4
资阳市	Ziyang	182.1	129.5	507.3	89.2	264.3	243.0
阿坝藏族羌族自治州	Aba	29.3	18.7	92.0	20.5	46.9	45.1
甘孜藏族自治州	Ganzi	29.4	21.1	110.2	16.2	55.7	54.5
凉山彝族自治州	Liangshan	148.1	107.8	506.4	60.5	260.5	245.9

3-5 按人口规模分组的户籍人口数
Number of Household Population Grouped by Population Size

(年末数) (population of year-end)

按户籍人口数分组	Grouped by Household Population	县数(个) Number of Counties 2009	2010	2011	2012	2013	户籍人口数(万人) Household Population(10 000 persons) 2009	2010	2011	2012	2013
全　省	**Sichan**	**181**	**181**	**181**	**181**	**183**	**8984.7**	**9001.3**	**9058.4**	**9097.4**	**9132.6**
10万人以下	below 100 000 persons	30	30	29	29	30	170.2	174.7	167.7	169.6	180.8
10－20万人	100 000-200 000 persons	18	18	19	19	17	274.1	275.3	287.7	290.4	262.2
20－30万人	200 000-300 000 persons	19	19	19	18	19	449.5	451.2	455.9	431.4	454.6
30－50万人	300 000-500 000 persons	36	36	36	37	37	1408.4	1412.0	1422.7	1462.1	1464.1
50－80万人	500 000-800 000 persons	41	41	41	42	43	2612.3	2613.3	2629.4	2717.5	2770.5
80－100万人	800 000-1 million persons	15	15	15	14	16	1302.9	1305.3	1313.8	1239.1	1396.9
100万人以上	over 1 million persons	22	22	22	22	21	2767.3	2769.5	2781.2	2787.3	2603.5

3-6 100万以上的人口大县(2013年)
Counties with Population Over 1 Million(2013)

县　名	County Name	年末户籍总人口(万人) Total of Household Population (10 000persons)	#非农业人口 Non-Agriculture Population	县　名	County Name	年末户籍总人口(万人) Total of Household Population (10 000persons)	#非农业人口 Non-Agriculture Population
安岳县	Anyue	162.6	20.2	仪陇县	Yilong	112.7	18.0
仁寿县	Renshou	160.2	32.6	大竹县	Dazhu	112.0	22.0
简阳市	Jianyang	148.6	27.5	雁江区	Yanjiang	110.4	26.3
三台县	Santai	147.5	22.6	富顺县	Fushun	109.0	26.2
渠　县	Quxian	143.8	22.4	泸　县	Luxian	108.9	12.9
中江县	Zhongjiang	142.9	20.7	平昌县	Pingchang	105.5	20.6
宣汉县	Xuanhan	131.2	21.8	邻水县	Linshui	103.5	17.8
资中县	Zizhong	130.6	18.6	宜宾县	Yibin	103.1	12.5
南部县	Nanbu	129.0	23.5	武侯区	Wuhou	100.9	100.9
达川区	Dachuan	121.1	24.0	射洪县	Shehong	100.9	28.8
岳池县	Yuechi	119.1	17.6				

主要统计指标解释

人口数 指一定时点、一定地区范围内的有生命的个人总和。

年度统计的年末人口数指每年 12 月 31 日 24 时的人口数。年度统计的全国人口总数内未包括香港、澳门特别行政区和台湾省以及海外华侨人数。

常住人口 指实际经常居住在某地半年以上的人口。

城镇人口和乡村人口 城镇人口是指居住在城镇范围内的全部常住人口；乡村人口是除上述人口以外的全部人口。

出生率(又称粗出生率) 指在一定时期内(通常为一年)一定地区的出生人数与同期内平均人数(或期中人数)之比，用千分率表示。本资料中的出生率指年出生率，其计算公式为：

出生率＝(年出生人数/年平均人数)×1000‰

式中：出生人数指活产婴儿，即胎儿脱离母体时(不管怀孕月数)，有过呼吸或其他生命现象。年平均人数指年初、年底人口数的平均数，也可用年中人口数代替。

死亡率(又称粗死亡率) 指在一定时期内(通常为一年)一定地区的死亡人数与同期内平均人数(或期中人数)之比，用千分率表示。本资料中的死亡率指年死亡率，其计算公式为：

死亡率＝(年死亡人数/年平均人数)×1000‰

人口自然增长率 指在一定时期内(通常为一年)人口自然增加数(出生人数减死亡人数)与该时期内平均人数(或期中人数)之比，用千分率表示。计算公式为：

人口自然增长率＝(本年出生人数－本年死亡人数)/年平均人数 ×1000‰

＝人口出生率－人口死亡率

Explanatory Notes on Main Statistical Indicators

Total Population refers to the total number of people alive at a certain point of time within a given area.

The annual statistics on total population is taken at midnight, the 31st of December, not including residents in Taiwan province, Hong Kong SAR and Macao SAR and Chinese national residing abroad.

Usual Resident Population refers to the population that actually reside in a place, usually longer than half a year.

Urban Population and Rural Population Urban population refers to all people residing in cities and towns, while rural population refers to population other than urban population.

Birth Rate or (Crude Birth Rate) refers to the ratio of the number of births to the average population (or mid-period population) during a certain period of time (usually a year), expressed in ‰. Birth rate in the chapter refers to annual birth rate. The following formula is used:

Birth Rate＝(Number of Births/Average Number of Population)×1000‰

Number of births in the formula refers to live births, i.e. when a baby has breathed or showed any vital phenomena regardless of the length of pregnancy.

Annual average population is the average of the number of population at the beginning of the year and that at the end of the year. Sometimes it is substituted by the mid-year population.

Death Rate (or Crude Death Rate) refers to the ratio of the number of deaths to the average population (or mid-period population) during a certain period of time (usually a year), expressed in ‰. Death rate in the chapter refers to annual death rate. The following formula is used:

Death Rate＝(Number of Deaths/Annual Average Number of Population)×1000‰

Natural Growth Rate of Population refers to the ratio of natural increase in population (number of births minus number of deaths) in a certain period of time (usually a year) to the average population (or mid-period population) of the same period, expressed in ‰. The following formula is applied:

Natural Growth Rate of Population＝(Number of Births-Number of Deaths)/Average Number of Population×1000‰

Natural Growth Rate of Population＝Birth Rate－Death Rate

4 就业人员和职工工资

EMPLOYMENT AND WAGE

4-1 按三次产业分就业人员
Number of Employed Persons by Three Strata of Industry

(年末数) (year-end)

年 份 Year	劳动力资源总数 (万人) Total Number of Labor Force Resources (10 000 persons)	就业人员 (万人) Number of Employed Persons (10 000 persons)	第一产业 Primary Industry	第二产业 Secondary Industry	第三产业 Tertiary Industry	构成 Composition in Percentage (合计=100) (total = 100) 第一产业 Primary Industry	第二产业 Secondary Industry	第三产业 Tertiary Industry
1952	2417.07	2027.92	1753.89	89.37	184.66	86.5	4.4	9.1
1957	2644.47	2258.38	1947.49	108.57	202.32	86.2	4.8	9.0
1962	2202.91	2101.58	1810.90	117.47	173.21	86.2	5.6	8.2
1965	2516.29	2267.18	1925.30	163.38	178.50	84.9	7.2	7.9
1970	3546.10	2737.59	2339.83	210.36	187.40	85.5	7.7	6.8
1975	3776.57	2998.60	2474.11	271.48	253.01	82.5	9.1	8.4
1978	3932.51	3087.02	2524.21	279.50	283.31	81.8	9.1	9.1
1980	4121.09	3259.78	2638.03	309.24	312.51	80.9	9.5	9.6
1985	4780.29	3742.97	2824.95	491.67	426.35	75.5	13.1	11.4
1990	5139.00	4265.20	3108.89	578.08	578.23	72.9	13.5	13.6
1991	5230.00	4425.10	3190.83	602.81	631.46	72.1	13.6	14.3
1992	5310.00	4521.20	3200.21	636.79	684.20	70.8	14.1	15.1
1993	5405.00	4556.80	3108.06	709.98	738.76	68.2	15.6	16.2
1994	5510.00	4587.90	3037.47	728.46	821.97	66.2	15.9	17.9
1995	5585.00	4619.10	2983.94	752.91	882.25	64.6	16.3	19.1
1996	5643.00	4627.20	2875.86	772.74	978.60	62.2	16.7	21.1
1997	5688.00	4641.20	2872.41	780.44	988.35	61.9	16.8	21.3
1998	5742.00	4651.40	2824.40	786.09	1040.91	60.7	16.9	22.4
1999	5763.00	4654.30	2747.08	800.54	1106.68	59.0	17.2	23.8
2000	5820.00	4658.40	2643.35	871.12	1143.93	56.7	18.7	24.6
2001	5881.00	4664.80	2595.84	867.65	1201.31	55.6	18.6	25.8
2002	5935.00	4667.60	2517.48	896.18	1253.94	53.9	19.2	26.9
2003	5985.00	4683.50	2482.80	906.70	1294.00	53.0	19.4	27.6
2004	6027.00	4691.00	2445.70	916.00	1329.30	52.2	19.5	28.3
2005	6058.00	4702.00	2421.50	926.30	1354.20	51.5	19.7	28.8
2006	6103.00	4715.00	2306.90	946.00	1462.10	48.9	20.1	31.0
2007	6152.00	4731.10	2266.22	1065.71	1399.15	47.9	22.5	29.6
2008	6206.00	4740.00	2186.18	1108.32	1445.50	46.1	23.4	30.5
2009	6260.00	4756.62	2144.13	1141.59	1470.90	45.1	24.0	30.9
2010	6301.00	4772.53	2083.20	1188.82	1500.51	43.7	24.9	31.4
2011	6343.00	4785.47	2043.36	1210.78	1531.33	42.7	25.3	32.0
2012	6387.00	4798.30	1991.30	1233.18	1573.83	41.5	25.7	32.8
2013	6439.00	4817.31	1955.79	1254.50	1607.01	40.6	26.0	33.4

4-2 各市(州)按三次产业分就业人员(2013年)
Number of Employed Persons by Three Strata of Industry and Region(2013)

(年末数) (year-end)

市(州)	Region	就业人员(万人) Number of Employed Persons (10 000 persons)	第一产业 Primary Industry	第二产业 Secondary Industry	第三产业 Tertiary Industry	构成 Composition in Percentage (合计=100) (total = 100) 第一产业 Primary Industry	第二产业 Secondary Industry	第三产业 Tertiary Industry
全　省	**Sichuan**	**4817.31**	**1955.79**	**1254.50**	**1607.01**	**40.60**	**26.04**	**33.36**
成都市	Chengdu	820.64	137.63	313.71	369.31	16.77	38.23	45.00
自贡市	Zigong	196.34	68.28	65.30	62.77	34.77	33.26	31.97
攀枝花市	Panzhihua	72.56	22.05	25.12	25.38	30.39	34.62	34.98
泸州市	Luzhou	249.97	109.41	75.77	64.79	43.77	30.31	25.92
德阳市	Deyang	218.71	81.92	58.65	78.14	37.46	26.82	35.73
绵阳市	Mianyang	299.88	108.62	89.37	101.90	36.22	29.80	33.98
广元市	Guangyuan	163.77	82.54	35.39	45.84	50.40	21.61	27.99
遂宁市	Suining	161.00	61.35	44.61	55.04	38.10	27.71	34.19
内江市	Neijiang	173.80	62.81	50.58	60.40	36.14	29.10	34.76
乐山市	Leshan	183.43	86.44	37.22	59.78	47.12	20.29	32.59
南充市	Nanchong	293.13	113.84	85.38	93.92	38.83	29.13	32.04
眉山市	Meishan	187.38	96.55	42.94	47.89	51.53	22.92	25.56
宜宾市	Yibin	313.27	149.74	80.07	83.46	47.80	25.56	26.64
广安市	Guangan	217.21	116.10	40.98	60.13	53.45	18.87	27.68
达州市	Dazhou	328.54	164.17	63.58	100.79	49.97	19.35	30.68
雅安市	Yaan	101.97	42.52	23.94	35.52	41.69	23.47	34.83
巴中市	Bazhong	167.79	87.97	30.88	48.94	52.43	18.40	29.17
资阳市	Ziyang	222.16	111.06	47.54	63.56	49.99	21.40	28.61
阿坝藏族羌族自治州	Aba	50.80	28.39	4.10	18.31	55.89	8.08	36.03
甘孜藏族自治州	Ganzi	65.50	47.66	2.33	15.52	72.75	3.56	23.69
凉山彝族自治州	Liangshan	284.77	176.75	36.70	71.32	62.07	12.89	25.05

注:全省合计中包括省直综单位就业人员和灵活形式就业人员,市(州)数据未包括。

a) The number of persons employed in directly affiliated units and comprehensive units, and persons employed in flexible forms was included in the Sichuan's number of employed persons, but was not included in regional number of employed persons.

4-3 按城乡分就业人员

Number of Employed Persons by Residence in Urban and Rural Areas

(年末数)单位: 万人 (year-end)(10 000 persons)

年份 Year	就业人员合计 Total Number of Employed Persons	非私营单位就业人员 Staff and Workers in Non-private Units	#国有经济单位职工 State-owned Units Staff	#城镇集体经济单位职工 Urban Collective Owned Units Staff	#其他各种经济单位职工 Other Staff	城镇个体私营企业就业人员 Urban Private Enterprises and Self-employed Individuals	乡村就业人员 Rural Employed Persons
1952	2027.92	63.56	61.82	1.74		132.77	1831.59
1957	2258.38	208.22	132.72	75.50		18.93	2031.23
1962	2101.58	233.16	160.16	73.00		10.21	1858.21
1965	2267.18	290.53	208.91	81.62		6.05	1970.60
1970	2737.59	338.68	255.68	83.00		2.39	2396.52
1975	2998.60	394.26	302.48	91.78		1.52	2602.82
1978	3087.02	459.02	364.80	93.12		6.50	2621.50
1980	3259.78	501.08	388.64	109.67		10.10	2748.60
1981	3347.61	519.71	402.77	112.77		14.80	2813.10
1982	3467.51	540.61	416.85	116.46		19.50	2907.40
1983	3564.59	550.59	423.06	117.79		31.40	2982.60
1984	3643.11	566.31	413.28	138.98	0.64	38.40	3038.40
1985	3742.97	593.97	429.99	145.67	0.46	46.00	3103.00
1986	3885.74	613.34	444.55	148.38	0.57	50.60	3221.80
1987	3967.27	634.47	459.05	149.53	0.76	57.80	3275.00
1988	4090.08	665.78	480.46	152.69	0.88	64.40	3359.90
1989	4179.57	669.97	480.58	148.79	1.35	86.30	3423.30
1990	4265.20	693.00	496.90	145.75	1.56	107.10	3465.10
1991	4425.10	725.50	515.05	148.95	2.02	131.10	3568.50
1992	4521.20	756.40	526.04	155.71	2.56	157.80	3607.00
1993	4556.80	778.80	523.94	149.40	19.96	182.70	3595.30
1994	4587.90	790.20	515.47	144.56	32.24	210.60	3587.10
1995	4619.10	806.60	522.39	138.43	35.21	239.20	3573.30
1996	4627.20	805.00	520.38	133.41	38.99	270.10	3552.10
1997	4641.20	804.00	506.18	131.04	44.34	299.20	3538.00
1998	4651.40	729.40	467.29	111.90	83.75	348.50	3573.50
1999	4654.30	717.10	394.31	80.67	72.17	370.20	3567.00
2000	4658.40	702.20	371.68	69.73	74.04	391.70	3564.50
2001	4664.80	679.00	350.45	58.39	77.86	429.60	3556.20
2002	4667.60	679.30	326.97	52.66	101.56	446.30	3542.00
2003	4683.50	695.40	315.90	48.70	122.10	471.50	3516.60
2004	4691.00	711.90	305.60	43.70	131.40	497.30	3481.80
2005	4702.00	723.00	303.70	40.90	148.20	505.90	3473.10
2006	4715.00	748.30	304.40	40.10	156.40	514.40	3452.30
2007	4731.10	723.60	312.70	39.23	168.44	574.80	3432.70
2008	4740.00	736.68	310.80	37.10	181.04	573.32	3430.00
2009	4756.62	711.59	312.21	36.87	187.40	634.27	3410.76
2010	4772.53	719.67	335.77	33.69	201.12	662.23	3390.63
2011	4785.47	727.72	331.63	32.12	223.74	689.75	3368.00
2012	4798.30	705.92	342.70	32.30	236.80	749.08	3343.30
2013	4817.31	722.69	349.10	30.10	306.37	770.32	3324.30

4-4 按行业分就业人员

(年末数)单位：万人

年份 Year	合计 Total	农、林、牧、渔业 Farming, Forestry, Animal Husbandry and Fishery	采矿业 Mining	制造业 Manufacturing	电力、热力、燃气及水生产和供应业 Production and Supply of Electricity, Heat,Gas and Water	建筑业 Construction	批发和零售业 Wholesale and Retail Trades	交通运输、仓储和邮政业 Transport, Storage and Post	住宿和餐饮业 Hotels and Catering Services	信息传输、软件和信息技术服务业 Information Transmission, Software and IT Services
1978	3087.02	2524.21	43.80	172.77	9.60	53.33	57.46	43.25	20.03	
1979	3143.54	2537.28	46.07	183.61	8.86	58.66	66.62	45.00	21.17	
1980	3259.78	2638.03	48.44	189.98	10.48	60.34	68.03	45.50	23.31	
1981	3347.61	2690.70	51.74	202.72	11.40	62.26	76.75	47.76	25.05	
1982	3467.51	2804.73	51.83	205.11	10.53	65.84	73.41	47.64	25.17	
1983	3564.59	2876.01	50.71	205.77	10.91	72.19	80.94	50.69	28.25	0.62
1984	3643.11	2858.01	55.05	215.83	11.34	88.87	110.21	56.07	34.11	1.10
1985	3742.97	2824.95	86.18	261.63	7.73	136.13	107.82	62.26	34.96	1.73
1986	3885.74	2885.97	93.87	265.64	8.27	171.64	116.55	64.25	40.47	2.55
1987	3967.27	2926.27	98.80	275.76	8.40	191.29	114.04	66.49	40.29	3.07
1988	4090.08	2986.06	101.58	290.53	9.82	198.26	132.05	69.57	44.99	3.61
1989	4179.57	3086.83	98.14	281.25	10.18	194.01	126.23	70.21	45.67	4.13
1990	4265.20	3108.89	98.49	273.04	13.95	192.60	166.95	71.23	60.60	4.69
1991	4425.10	3190.83	101.05	287.68	10.63	203.45	197.23	73.11	71.94	5.17
1992	4521.20	3200.21	104.56	300.82	13.42	217.99	213.05	75.95	76.69	6.11
1993	4556.80	3108.06	105.79	303.60	11.90	288.69	245.60	75.70	83.11	7.29
1994	4587.90	3037.47	111.47	312.14	12.15	292.70	248.66	82.14	91.76	7.52
1995	4619.10	2983.94	114.70	319.99	13.47	304.75	264.66	87.68	92.73	8.41
1996	4627.20	2875.86	116.56	325.82	14.31	316.05	282.10	95.40	94.17	8.65
1997	4641.20	2872.41	118.95	329.85	14.97	316.67	293.73	95.70	95.72	8.78
1998	4651.40	2824.40	114.52	331.73	14.37	325.47	211.35	92.06	189.12	9.09
1999	4654.30	2747.08	116.72	337.17	14.40	332.25	211.48	84.44	214.11	9.38
2000	4658.40	2643.35	121.36	346.95	14.64	388.17	211.66	85.84	226.42	9.86
2001	4664.80	2595.84	118.56	345.95	15.29	387.85	211.95	98.33	237.78	10.25
2002	4667.60	2517.48	122.05	358.35	15.35	400.43	212.08	108.38	243.02	11.76
2003	4683.50	2482.80	123.90	360.30	16.50	405.90	212.80	104.70	248.70	12.10
2004	4691.00	2445.70	120.70	371.40	18.50	405.40	213.14	119.00	264.25	18.00
2005	4702.00	2421.50	118.50	374.90	21.20	411.70	213.64	133.70	287.16	21.60
2006	4715.00	2306.90	116.50	422.00	20.50	387.00	214.24	137.80	323.56	20.60
2007	4731.10	2266.22	119.15	482.09	21.04	443.43	214.97	141.90	362.95	24.40
2008	4740.00	2186.18	107.32	487.39	27.48	486.13	215.37	149.66	362.17	25.55
2009	4756.62	2144.13	106.39	515.37	27.45	492.38	216.13	156.77	392.44	29.25
2010	4772.53	2083.20	108.80	540.66	25.99	513.38	216.85	154.05	405.23	33.08
2011	4785.47	2043.36	111.75	554.79	27.27	516.96	217.44	152.40	417.57	33.21
2012	4798.30	1991.30	116.99	577.78	27.26	511.15	218.02	135.22	400.10	40.17
2013	4817.31	1955.79	106.31	578.63	36.57	533.00	234.55	134.30	424.68	52.29

Number of Employed Persons by Sector

(year-end)(10 000 persons)

金融业 Financial Interme-diation	房地产业 Real Estate	租赁和商务服务业 Leasing and Business Services	科学研究和技术服务业 Scientific Research, and Technical Services	水利、环境和公共设施管理业 Management of Water Con-servancy,En-vironment and Public Facilities	居民服务、修理和其他服务业 Services to Households, Repair and Other Services	教育 Education	卫生和社会工作 Health and Social Service	文化、体育和娱乐业 Culture, Sports and Entertain-ment	公共管理、社会保障和社会组织 Public Mana-gement,Social Security and Social Organization
4.61	0.43		6.00	3.20	35.81	57.03	18.20	1.96	35.33
5.15	0.56		8.73	3.80	39.89	58.77	19.91	2.18	37.28
5.78	1.09		8.70	4.39	36.07	58.98	19.93	2.43	38.30
6.02	1.40	0.50	8.98	4.92	33.27	61.24	20.06	2.55	40.29
6.29	1.49	1.80	9.16	5.01	29.26	63.20	21.45	2.64	42.95
6.49	1.52	2.42	9.24	5.52	32.75	61.00	23.31	2.97	43.28
7.13	1.53	3.11	9.26	5.77	38.93	70.08	24.22	3.09	49.40
7.50	1.22	4.27	12.63	6.25	37.19	71.77	25.89	3.12	49.74
7.94	1.18	5.89	12.95	6.80	48.56	72.19	26.11	3.62	51.29
8.54	1.15	6.33	13.05	7.04	51.01	73.76	26.27	3.97	51.74
9.22	1.20	8.77	13.49	7.06	55.19	71.04	26.21	4.08	57.35
9.23	1.21	10.08	13.35	7.26	57.72	74.17	27.10	4.44	58.36
10.02	1.32	12.77	13.21	6.95	63.00	76.45	27.32	4.65	59.07
10.06	1.40	16.54	13.20	7.00	63.80	78.18	28.04	4.97	60.82
11.45	1.62	18.07	13.80	7.13	80.02	81.63	30.15	5.04	63.49
13.62	1.86	21.92	13.32	8.22	83.02	83.56	31.40	5.55	64.59
14.28	1.94	22.67	16.55	8.85	133.49	91.22	31.45	5.84	65.60
14.68	2.14	23.01	15.98	9.07	164.74	90.91	32.11	6.01	70.12
15.17	2.35	23.13	15.67	9.41	215.43	98.04	34.96	6.32	77.80
14.94	2.50	25.91	15.05	9.88	218.08	100.02	35.59	6.67	65.78
15.42	2.77	26.43	14.87	10.84	258.45	100.56	36.18	6.93	66.84
16.27	2.73	27.10	13.04	10.56	331.10	86.08	28.37	7.02	65.00
16.62	3.17	27.95	12.63	9.68	349.85	88.36	28.58	7.23	66.07
16.72	2.98	28.28	10.47	9.21	382.10	90.86	28.19	7.01	67.18
16.25	3.68	29.17	10.58	9.43	387.50	93.40	33.26	6.90	88.53
16.10	5.90	30.70	11.00	7.40	389.80	95.00	41.80	7.10	111.00
16.20	14.20	26.20	12.90	9.30	395.90	90.10	43.30	22.10	84.70
17.40	18.30	35.80	11.60	10.00	365.50	91.30	47.50	22.50	78.20
16.60	28.40	45.10	11.80	13.10	386.20	98.00	57.70	22.90	86.10
17.12	27.53	52.40	12.08	13.16	274.60	106.16	44.07	23.43	84.41
18.70	28.24	47.71	13.28	13.30	294.83	104.60	59.41	23.74	88.94
21.71	29.07	49.14	16.36	14.36	277.55	97.17	52.21	25.07	93.66
23.00	29.07	53.84	17.56	16.37	285.36	98.70	56.12	21.98	89.30
23.78	29.55	52.89	18.62	19.82	265.63	100.59	60.29	33.20	106.34
25.19	33.89	53.50	20.22	20.43	316.97	104.95	62.25	33.37	109.52
26.11	38.01	61.55	24.16	21.56	276.83	107.63	65.94	37.86	101.51

4-5 各市(州)按行业分就业人员(2013年)

(年末数)单位：万人

市(州)	Region	合计 Total	农、林、牧、渔业 Farming, Forestry, Animal Husbandry and Fishery	采矿业 Mining	制造业 Manufacturing	电力、热力、燃气及水生产和供应业 Production and Supply of Electricity, Heat,Gas and Water	建筑业 Construction	批发和零售业 Wholesale and Retail Trades	交通运输、仓储和邮政业 Transport, Storage and Post	住宿和餐饮业 Hotels and Catering Services
全　省	**Sichuan**	**4817.31**	**1955.79**	**106.31**	**578.63**	**36.57**	**533.00**	**234.55**	**134.30**	**424.68**
成都市	Chengdu	820.64	137.63	5.96	156.03	12.13	139.59	61.02	66.28	69.29
自贡市	Zigong	196.34	68.28	6.92	29.94	0.50	27.94	12.76	10.06	15.39
攀枝花市	Panzhihua	72.56	22.05	4.57	10.72	0.77	9.07	5.00	6.48	3.24
泸州市	Luzhou	249.97	109.41	6.47	32.98	1.75	34.58	20.07	8.85	7.72
德阳市	Deyang	218.71	81.92	1.61	33.97	0.43	22.65	14.56	2.15	10.96
绵阳市	Mianyang	299.88	108.62	3.88	49.41	1.91	34.17	11.65	4.10	34.04
广元市	Guangyuan	163.77	82.54	4.67	11.77	0.58	18.36	5.38	1.02	20.00
遂宁市	Suining	161.00	61.35	0.25	19.66	0.64	24.05	5.01	1.18	21.16
内江市	Neijiang	173.80	62.81	6.65	19.86	1.40	22.68	4.46	2.10	18.46
乐山市	Leshan	183.43	86.44	3.96	16.07	1.70	15.49	4.78	1.47	25.30
南充市	Nanchong	293.13	113.84	2.94	39.26	1.63	41.55	10.32	2.64	28.21
眉山市	Meishan	187.38	96.55	1.42	23.30	0.78	17.45	7.13	1.80	17.66
宜宾市	Yibin	313.27	149.74	17.17	40.43	2.06	20.41	10.21	3.14	27.31
广安市	Guangan	217.21	116.10	5.16	17.28	0.83	17.72	6.84	1.27	22.34
达州市	Dazhou	328.54	164.17	16.94	20.30	1.90	24.45	12.10	2.82	33.57
雅安市	Yaan	101.97	42.52	3.84	10.06	1.63	8.40	8.20	3.07	7.72
巴中市	Bazhong	167.79	87.97	2.26	11.16	1.54	15.91	10.34	2.82	11.79
资阳市	Ziyang	222.16	111.06	0.28	23.49	0.58	23.19	10.41	1.93	20.20
阿坝藏族羌族自治州	Aba	50.80	28.39	0.23	1.55	0.71	1.61	3.77	0.96	2.76
甘孜藏族自治州	Ganzi	65.50	47.66	0.10	0.46	0.86	0.92	2.01	2.57	1.49
凉山彝族自治州	Liangshan	284.77	176.75	11.05	10.79	2.26	12.60	8.30	1.58	25.94

注：全省合计中包括省直综单位就业人员和灵活形式就业人员，市(州)数据未包括。

Number of Employed Persons by Sector and Region(2013)

(year-end)(10 000 persons)

信息传输、软件和信息技术服务业 Information Transmission, Software and IT Services	金融业 Financial Interme-diation	房地产业 Real Estate	租赁和商务服务业 Leasing and Business Services	科学研究和技术服务业 Scientific Research, and Technical Services	水利、环境和公共设施管理业 Management of Water Con-servancy,En-vironment and Public Facilities	居民服务、修理和其他服务业 Services to Households, Repair and Other Services	教育 Education	卫生和社会工作 Health and Social Service	文化、体育和娱乐业 Culture, Sports and Entertain-ment	公共管理、社会保障和社会组织 Public Mana-gement,Social Security and Social Organization
52.29	**26.11**	**38.01**	**61.55**	**24.16**	**21.56**	**276.83**	**107.63**	**65.94**	**37.86**	**101.51**
16.67	7.10	12.53	23.27	11.86	4.14	36.64	22.95	13.71	5.22	18.65
2.09	1.07	1.29	1.86	0.36	0.27	8.20	2.75	2.08	1.30	3.28
0.27	0.69	0.41	0.34	0.30	0.26	2.41	1.48	1.57	1.13	1.79
1.14	0.94	0.90	1.60	0.57	2.04	6.07	6.85	3.24	1.20	3.59
1.64	1.59	1.09	4.62	0.94	0.64	12.76	8.48	5.07	9.28	4.36
2.61	1.77	2.40	5.71	4.05	1.65	17.94	6.70	3.59	1.39	4.29
1.88	0.82	0.53	1.00	0.16	2.36	2.07	3.16	1.61	0.40	5.45
1.16	0.61	0.71	1.27	0.34	0.34	14.70	3.06	1.85	1.32	2.33
1.64	1.96	1.74	3.74	0.43	0.69	11.22	4.37	3.51	2.66	3.42
1.80	0.84	1.17	1.41	0.94	0.88	11.51	3.04	1.89	1.18	3.58
4.77	1.63	3.26	3.43	0.52	0.77	17.20	7.85	4.15	1.49	7.69
1.98	0.37	0.58	0.88	0.26	0.30	6.67	3.20	2.27	1.06	3.74
3.10	1.31	1.47	3.92	0.37	0.78	14.38	6.85	3.66	1.36	5.58
1.37	0.77	0.99	0.60	0.14	1.10	13.95	3.55	1.92	0.83	4.48
2.20	1.18	3.78	2.05	0.80	2.60	18.44	6.16	7.83	2.89	4.38
1.53	0.51	0.23	0.55	0.11	0.30	7.31	1.95	0.93	0.28	2.83
1.36	0.51	2.92	0.79	0.27	0.24	7.97	3.33	1.69	0.61	4.30
1.22	1.04	1.03	1.25	0.19	0.44	16.12	3.68	2.00	0.69	3.35
1.02	0.26	0.20	0.55	0.15	0.50	2.58	1.42	0.56	0.26	3.31
0.22	0.22	0.05	0.16	0.35	0.08	0.48	1.42	0.63	2.26	3.55
2.62	0.93	0.73	1.94	0.88	1.16	11.08	5.38	2.17	1.05	7.56

a) The number of persons employed in directly affiliated units and comprehensive units, and persons employed in flexible forms was included in the Sichuan's number of employed persons, but was not included in regional number of employed persons.

4-6 按行业分乡村就业人员
Number of Rural Employed Persons by Sector

(年末数)单位：万人 (year-end)(10 000 persons)

年份 Year	合 计 Total	#农、林、牧、渔业 Farming, Forestry, Animal Husbandry and Fishery	#采矿业 Mining	#制造业 Manufacturing	#建筑业 Construction	#批发和零售业 Wholesale and Retail Trades	#交通运输、仓储和邮政业 Transport, Storage and Post
1978	2621.50	2508.44	12.13	18.20	7.84	5.59	4.08
1979	2650.70	2524.94	14.79	22.18	10.55	6.65	4.51
1980	2748.60	2625.70	16.98	25.47	10.57	6.88	4.66
1981	2813.10	2678.05	19.85	29.77	14.03	8.41	5.59
1982	2907.40	2791.08	17.95	26.93	16.27	7.32	4.95
1983	2982.60	2862.51	16.09	24.14	22.33	13.16	7.69
1984	3038.40	2844.69	20.02	30.04	37.93	28.62	13.53
1985	3103.00	2811.56	49.10	73.65	69.06	28.10	18.49
1986	3221.80	2872.71	56.26	84.38	86.59	35.79	20.48
1987	3275.00	2913.12	60.72	91.09	99.45	40.33	22.72
1988	3359.90	2972.82	63.80	95.70	104.65	44.68	24.13
1989	3423.30	3073.65	59.47	88.39	98.38	42.69	24.51
1990	3465.10	3102.72	57.20	85.80	97.09	44.60	25.03
1991	3568.50	3177.29	59.26	88.90	102.36	48.51	25.88
1992	3607.00	3154.64	62.97	94.46	116.00	54.33	27.79
1993	3595.30	3077.54	98.75	139.19	128.05	62.96	29.88
1994	3587.10	2825.89	82.22	268.53	150.02	126.93	45.84
1995	3573.30	2835.08	98.48	256.45	164.83	132.81	49.10
1996	3552.10	2863.84	98.27	259.94	185.71	99.93	53.59
1997	3538.00	2859.62	95.75	258.92	193.80	108.45	56.34
1998	3573.50	2811.89	89.17	242.08	203.06	113.96	58.33
1999	3567.00	2735.08	45.77	123.73	193.65	101.83	51.31
2000	3564.50	2631.07	47.38	128.11	212.46	113.62	54.05
2001	3556.20	2582.64	105.71	139.86	226.94	124.98	56.71
2002	3542.00	2503.26	78.44	117.43	246.62	134.04	60.75
2003	3516.60	2469.12	103.05	184.63	270.40	145.60	65.29
2004	3481.80	2432.00	65.00	188.90	281.50	157.90	75.40
2005	3473.10	2376.30	86.40	161.30	295.60	173.10	78.50
2006	3452.30	2293.60	85.10	202.60	261.90	178.80	80.60
2007	3432.74	2252.80	84.82	265.10	303.30	144.20	82.20
2008	3430.00	2173.28	74.50	273.50	341.60	176.71	89.78
2009	3410.76	2132.06	71.76	297.39	338.07	181.97	93.41
2010	3390.63	2069.72	74.19	308.03	352.68	184.55	92.55
2011	3368.00	2029.65	74.34	296.36	338.40	183.43	91.11
2012	3343.30	1975.24	73.02	297.51	323.51	217.97	114.69
2013	3324.30	1939.71	68.25	309.88	329.54	234.55	134.30

4-7 各市(州)乡村户数及按行业分乡村就业人员(2013年)

Number of Rural Households and Rural Employed Persons by Sector and Region(2013)

单位：万人 (10 000 persons)

市(州)	Region	乡村户数(万户) Number of Rural Households (10 000 households)	乡村就业人员合计 Total Rural Employed Persons	农、林、牧、渔业 Farming, Forestry, Animal Husbandry and Fishery	工业 Industry	建筑业 Construction	批发和零售业 Wholesale and Retail Trades	交通运输、仓储和邮政业 Transport, Storage and Post	住宿和餐饮业 Hotels and Catering Services	信息传输、软件和信息技术服务业 Information Transmission, Software and IT Services	其他非农行业 Other Non-agricultural Industries
全 省	**Sichuan**	**1834.2**	**3324.30**	**1939.71**	**384.69**	**329.54**	**114.72**	**37.32**	**222.28**	**12.46**	**283.57**
成都市	Chengdu	196.6	354.55	134.82	66.96	59.67	19.69	13.43	38.08	1.59	20.31
自贡市	Zigong	67.6	136.21	68.11	19.43	16.59	8.25	3.28	9.60	0.70	10.25
攀枝花市	Panzhihua	14.1	29.41	21.82	1.82	0.94	0.79	1.13	0.63	0.03	2.25
泸州市	Luzhou	116.0	176.40	107.34	22.24	23.00	7.57	4.11	4.35	0.56	7.24
德阳市	Deyang	106.2	170.47	81.75	21.60	17.84	5.57	0.31	9.60	0.89	32.90
绵阳市	Mianyang	133.5	206.10	106.65	30.48	27.17	7.30	1.18	14.22	0.14	18.96
广元市	Guangyuan	69.8	125.12	82.25	11.82	15.35	3.22	0.29	7.86	0.63	3.71
遂宁市	Suining	81.2	119.41	60.36	13.87	18.68	4.07	0.52	7.80	0.15	13.96
内江市	Neijiang	65.8	131.59	62.55	18.29	17.56	3.38	0.95	8.60	0.81	19.46
乐山市	Leshan	82.1	143.64	85.87	11.31	13.28	3.89	0.40	16.17	0.49	12.23
南充市	Nanchong	84.4	202.67	112.95	26.08	23.42	5.33	0.98	13.16	0.82	19.93
眉山市	Meishan	88.7	149.42	96.46	16.65	13.66	4.86	0.96	9.47	0.54	6.81
宜宾市	Yibin	81.2	233.18	149.27	36.51	9.30	6.15	1.51	11.81	0.22	18.40
广安市	Guangan	107.8	168.78	115.08	15.79	9.96	3.80	0.67	9.76	0.10	13.62
达州市	Dazhou	161.8	257.96	163.36	24.28	15.49	7.17	0.97	18.72	0.67	27.31
雅安市	Yaan	35.5	75.06	42.06	9.01	7.28	4.47	2.30	2.47	0.97	6.51
巴中市	Bazhong	78.5	132.55	87.68	9.17	9.16	5.67	1.19	7.62	0.48	11.58
资阳市	Ziyang	129.5	190.42	110.47	16.63	18.94	4.83	1.08	19.54	0.80	18.13
阿坝藏族羌族自治州	Aba	15.2	37.22	27.88	0.74	1.14	2.02	0.58	0.93	0.58	3.35
甘孜藏族自治州	Ganzi	21.1	52.47	47.13	0.52	0.70	0.64	1.06	0.36	0.01	2.07
凉山彝族自治州	Liangshan	97.6	231.67	175.83	11.52	10.41	6.05	0.42	11.54	1.29	14.62

4-8 各市(州)国有、集体和其他各种经济单位就业人员(2013年)

Number of Employed Persons in State-owned , Collective-owned Units and Other Types of Ownership by Region(2013)

(年末数)单位: 万人 (year-end)(10 000 persons)

市(州)	Region	合计 Total	国有经济单位 State-owned Units	城镇集体经济单位 Urban Collective-owned Units	其他各种经济单位 Units of Other Types of Ownership	内资 Domestic Funded	港澳台投资 Funded by Entrepreneurs from Hong Kong, Macao and Taiwan	外商投资 Foreign Funded
全　省	**Sichuan**	**685.55**	**349.10**	**30.07**	**306.37**	**262.72**	**22.90**	**20.75**
成都市	Chengdu	251.67	113.32	6.03	132.32	100.07	18.25	14.00
自贡市	Zigong	18.70	9.49	0.89	8.31	7.60	0.03	0.68
攀枝花市	Panzhihua	23.99	5.79	0.73	17.48	17.34	0.09	0.06
泸州市	Luzhou	27.33	14.26	3.57	9.49	9.15	0.13	0.21
德阳市	Deyang	28.63	13.40	1.49	13.73	12.17	0.99	0.56
绵阳市	Mianyang	41.93	19.66	1.12	21.15	19.34	0.55	1.26
广元市	Guangyuan	14.91	9.75	1.12	4.05	3.93	0.01	0.11
遂宁市	Suining	17.57	7.60	1.65	8.33	7.35	0.19	0.79
内江市	Neijiang	23.99	11.26	1.19	11.54	10.35	0.23	0.96
乐山市	Leshan	22.63	10.61	0.97	11.06	10.01	0.75	0.29
南充市	Nanchong	35.36	20.52	1.94	12.89	12.14	0.38	0.37
眉山市	Meishan	15.32	8.88	0.48	5.96	5.44	0.13	0.39
宜宾市	Yibin	33.97	15.04	1.05	17.88	17.17	0.56	0.14
广安市	Guangan	12.44	9.78	1.26	1.40	1.09	0.21	0.10
达州市	Dazhou	26.46	16.86	2.71	6.90	6.83	0.07	
雅安市	Yaan	9.12	6.28	0.14	2.70	2.54	0.12	0.04
巴中市	Bazhong	16.18	9.98	1.39	4.81	4.73	0.06	0.02
资阳市	Ziyang	20.46	9.58	1.46	9.41	8.80	0.07	0.55
阿坝藏族羌族自治州	Aba	7.98	6.40	0.16	1.42	1.36	0.07	
甘孜藏族自治州	Ganzi	7.70	7.14	0.12	0.45	0.44	0.01	
凉山彝族自治州	Liangshan	21.66	15.97	0.59	5.10	4.88	0.01	0.21

注：全省合计中包括了省直综单位就业人员，市(州)数据未包括。

a) The number of persons employed in directly affiliated units and comprehensive unit was included in the Sichuan's number of employed persons, but was not included in regional number of employed persons.

4-9 按行业分国有经济单位就业人员
Number of Staff and Workers in State-owned Units by Sector

(年末数)单位: 万人 (year-end)(10 000 persons)

行　业	Sector	2010	2011	2012	2013
总 计	**Total**	**335.8**	**346.5**	**358.8**	**349.1**
农、林、牧、渔业	Farming, Forestry, Animal Husbandry and Fishery	4.4	4.1	3.8	3.3
采矿业	Mining	11.1	10.8	10.8	3.1
制造业	Manufacturing	26.3	26.3	25.3	10.5
电力、热力、燃气及水生产和供应业	Production and Supply of Electricity, Heat,Gas and Water	8.2	8.6	8.9	15.1
建筑业	Construction	32.5	34.3	35.8	32.9
批发和零售业	Wholesale and Retail Trades	5.8	6.0	6.3	4.5
交通运输、仓储和邮政业	Transport, Storage and Post	16.4	16.1	16.4	20.2
住宿和餐饮业	Hotels and Catering Services	1.8	2.1	1.9	1.2
信息传输、软件和信息技术服务业	Information Transmission,Software and IT Services	3.2	3.6	3.5	5.0
金融业	Financial Intermediation	8.8	9.2	10.8	10.9
房地产业	Real Estate	1.1	1.2	1.0	1.0
租赁和商务服务业	Leasing and Business Services	3.7	3.9	2.5	4.2
科学研究和技术服务业	Scientific Research and Technical Services	12.9	13.6	15.0	15.9
水利、环境和公共设备管理业	Management of Water Conservancy,Environment and Public Facilities Environment and Public Facilities	8.9	9.0	9.7	9.7
居民服务、修理和其他服务业	Services to Households, Repair and Other Services and Other Services	0.4	0.4	0.5	0.5
教育	Education	81.0	83.2	86.7	86.6
卫生和社会工作	Health and Social Service	27.8	30.8	33.1	35.9
文化、体育和娱乐业	Culture, Sports and Entertainment	4.0	4.0	4.1	4.6
公共管理、社会保障和社会组织	Public Management, Social Security and Social Organization	77.4	79.3	82.6	84.0

4-10 按行业分城镇集体经济单位就业人员
Number of Staff and Workers in Urban Collective-owned Units by Sector

(年末数)单位: 万人 (year-end)(10 000 persons)

行　业	Sector	2010	2011	2012	2013
总 计	**Total**	**33.7**	**33.8**	**33.8**	**30.1**
农、林、牧、渔业	Farming, Forestry, Animal Husbandry and Fishery	0.4	0.3	0.2	0.3
采矿业	Mining	0.4	0.5	0.8	0.4
制造业	Manufacturing	3.4	3.3	2.7	1.5
电力、热力、燃气及水生产和供应业	Production and Supply of Electricity, Heat,Gas and Water	0.3	0.3	0.3	0.3
建筑业	Construction	17.3	17.3	17.7	15.2
批发和零售业	Wholesale and Retail Trades	1.1	1.1	1.0	1.0
交通运输、仓储和邮政业	Transport, Storage and Post	0.9	1.0	1.0	1.0
住宿和餐饮业	Hotels and Catering Services	0.4	0.3	0.3	0.2
信息传输、软件和信息技术服务业	Information Transmission,Software and IT Services				
金融业	Financial Intermediation	2.7	2.8	2.7	2.7
房地产业	Real Estate	0.2	0.2	0.2	0.1
租赁和商务服务业	Leasing and Business Services	0.7	0.8	0.9	1.1
科学研究和技术服务业	Scientific Research and Technical Services	0.1	0.1	0.1	0.1
水利、环境和公共设备管理业	Management of Water Conservancy,Environment and Public Facilities Environment and Public Facilities	0.5	0.5	0.5	0.4
居民服务、修理和其他服务业	Services to Households, Repair and Other Services and Other Services	0.3	0.3	0.3	0.2
教育	Education	0.1	0.1	0.1	0.6
卫生和社会工作	Health and Social Service	4.7	4.8	4.9	4.8
文化、体育和娱乐业	Culture, Sports and Entertainment	0.1	0.1	0.1	0.1
公共管理、社会保障和社会组织	Public Management, Social Security and Social Organization				

4-11 各市(州)按行业分城镇私营单位就业人员(2013年)

(年末数)单位: 万人

市(州)	Region	户数(户) Number of Family	私营单位就业人员 Number of Employed Persons in Private Enterprises	#农、林、牧、渔业 Farming, Forestry, Animal Husbandry and Fishery	#采矿业 Mining	#制造业 Manufacturing	#建筑业 Construction	#批发和零售业 Wholesale and Retail Trades
全　省	**Sichuan**	**302529**	**342.07**	**7.03**	**17.06**	**95.00**	**58.69**	**30.48**
成都市	Chengdu	91220	101.81	1.53	0.05	24.87	20.43	11.09
自贡市	Zigong	6287	18.62	0.08	2.13	9.16	3.63	1.20
攀枝花市	Panzhihua	3691	6.27	0.08	1.74	1.51	0.48	1.17
泸州市	Luzhou	13734	23.21	0.11	1.01	8.46	3.09	4.89
德阳市	Deyang	12459	12.69	0.10	0.03	2.74	0.98	4.41
绵阳市	Mianyang	31366	30.77	1.01	0.91	8.37	2.03	0.57
广元市	Guangyuan	6402	8.20	0.16	0.19	1.51	1.54	0.12
遂宁市	Suining	9229	8.08	0.74	0.05	2.16	0.50	0.17
内江市	Neijiang	37566	4.11	0.13	0.30	1.31	0.25	0.15
乐山市	Leshan	8429	6.41	0.15	0.19	2.15	0.29	0.15
南充市	Nanchong	13684	31.24	0.65	0.18	8.37	9.80	0.83
眉山市	Meishan	4355	7.23	0.03	0.12	2.55	0.94	0.15
宜宾市	Yibin	7426	22.46	0.19	2.46	5.03	4.59	1.49
广安市	Guangan	4359	11.43	0.53	0.70	3.13	3.90	0.19
达州市	Dazhou	14663	17.87	0.38	3.53	4.25	2.02	1.22
雅安市	Yaan	8072	6.57	0.26	0.41	2.81	0.63	0.25
巴中市	Bazhong	1802	5.70	0.06	0.37	1.53	2.23	0.08
资阳市	Ziyang	6429	6.23	0.30	0.02	2.18	0.55	1.53
阿坝藏族羌族自治州	Aba	3418	1.94	0.03	0.06	0.57	0.21	0.23
甘孜藏族自治州	Ganzi	1568	1.48	0.13	0.07	0.26	0.14	0.21
凉山彝族自治州	Liangshan	16370	9.76	0.39	2.53	2.05	0.46	0.36

Number of Employed Persons in Urban Private Enterprises by Sector and Region(2013)

(year-end)(10 000 persons)

#交通运输、仓储和邮政业 Transport, Storage and Post	#住宿和餐饮业 Hotels and Catering Services	#信息传输、软件和信息技术服务业 Information Transmission, Software and IT Services	#房地产业 Real Estate	#租赁和商务服务业 Leasing and Business Services	#居民服务、修理和其他服务业 Services to Households, Repair and Other Services	#教育 Education	#卫生和社会工作 Health and Social Service	#文化、体育和娱乐业 Culture, Sports and Entertainment
10.39	**41.30**	**12.96**	**16.38**	**20.90**	**14.14**	**2.74**	**2.90**	**2.72**
2.93	6.59	4.25	5.59	10.77	7.30	1.15	1.21	0.82
0.45	0.56	0.13	0.43	0.20	0.13	0.11	0.08	0.08
0.25	0.27	0.05	0.30	0.10	0.11	0.01	0.05	0.07
1.56	1.42	0.18	0.58	0.58	0.43	0.14	0.07	0.17
0.30	0.44	0.36	0.66	1.41	0.56	0.01	0.03	0.12
1.67	9.25	0.88	1.46	2.50	1.18	0.03	0.07	0.20
0.12	2.50	0.33	0.38	0.45	0.56		0.03	0.11
0.31	1.98	0.16	0.53	0.69	0.20	0.07	0.02	0.19
0.29	0.65	0.18	0.08	0.29	0.20		0.07	0.13
0.15	1.87	0.14	0.44	0.44	0.09	0.01	0.01	0.05
0.26	3.22	2.53	2.59	0.77	0.70	0.65	0.45	0.23
0.27	1.52	0.31	0.32	0.30	0.51		0.03	0.01
0.38	3.55	1.70	1.21	0.59	0.60	0.15	0.30	0.05
0.06	1.38	0.31	0.28	0.12	0.46	0.03	0.05	0.09
0.77	2.39	0.58	0.63	0.43	0.53	0.24	0.28	0.08
0.17	0.67	0.13	0.13	0.21	0.14	0.02	0.03	0.03
0.06	0.53	0.25	0.21	0.09	0.03	0.07	0.05	0.06
0.12	0.16	0.12	0.37	0.47	0.13	0.02	0.04	0.07
0.05	0.45	0.06	0.05	0.05	0.02			0.04
0.07	0.12	0.04	0.04	0.10	0.04	0.01		0.04
0.16	1.79	0.28	0.12	0.34	0.22	0.02	0.03	0.08

4-12 各市(州)按行业分城镇个体就业人员(2013年)

(年末数)单位：万人

市(州)	Region	户数(户) Number of Family	城镇个体就业人员 Number of Employed Persons in Self-employed Individuals	#农、林、牧、渔业 Farming, Forestry, Animal Husbandry and Fishery	#采矿业 Mining	#制造业 Manufacturing	#建筑业 Construction	#批发和零售业 Wholesale and Retail Trades
全　省	**Sichuan**	**2163109**	**428.25**	**5.36**	**2.10**	**36.01**	**21.07**	**68.01**
成都市	Chengdu	433159	112.62	1.08		10.04	3.39	18.92
自贡市	Zigong	97200	22.82	0.03	0.28	1.87	3.38	2.95
攀枝花市	Panzhihua	61173	12.88	0.07		0.64	1.03	2.70
泸州市	Luzhou	93001	23.03	1.83	0.08	4.16	0.48	6.53
德阳市	Deyang	46089	6.92	0.02		0.17	0.01	4.00
绵阳市	Mianyang	185673	21.09	0.86	0.03	1.37	0.07	2.80
广元市	Guangyuan	104952	15.54	0.06	0.14	0.90	0.12	1.64
遂宁市	Suining	104319	15.94	0.23	0.05	0.60	0.05	0.20
内江市	Neijiang	56157	14.11	0.04	0.07	0.53	0.09	0.65
乐山市	Leshan	56914	10.76	0.08		0.44	0.03	0.24
南充市	Nanchong	71096	23.86	0.10	0.13	2.45	1.25	3.31
眉山市	Meishan	103664	15.41		0.17	1.75	1.41	1.87
宜宾市	Yibin	105179	23.67	0.01	0.03	2.83	1.92	2.02
广安市	Guangan	128251	24.55	0.42	0.19	1.54	2.78	2.59
达州市	Dazhou	206326	26.24	0.13	0.33	1.67	2.58	2.89
雅安市	Yaan	48497	11.22	0.11	0.07	0.96	0.16	3.33
巴中市	Bazhong	81547	13.35	0.04	0.13	1.30	0.79	4.19
资阳市	Ziyang	35367	5.05	0.04	0.01	0.23	0.02	3.55
阿坝藏族羌族自治州	Aba	17948	3.67	0.04		0.27	0.03	1.33
甘孜藏族自治州	Ganzi	22139	3.85	0.04	0.01	0.19	0.01	1.02
凉山彝族自治州	Liangshan	104458	21.68	0.15	0.38	2.11	1.49	1.27

Number of Employed Persons in Self-employed Individuals by Sector and Region(2013)

(year-end)(10 000persons)

#交通运输、仓储和邮政业 Transport, Storage and Post	#住宿和餐饮业 Hotels and Catering Services	#信息传输、软件和信息技术服务业 Information Transmission, Software and IT Services	#房地产业 Real Estate	#租赁和商务服务业 Leasing and Business Services	#居民服务、修理和其他服务业 Services to Households, Repair and Other Services	#教育 Education	#卫生和社会工作 Health and Social Service	#文化、体育和娱乐业 Culture, Sports and Entertainment
53.01	**153.29**	**12.00**	**1.95**	**12.58**	**44.86**	**1.57**	**5.51**	**9.36**
36.15	19.49	1.55	0.86	6.42	11.77	0.17	0.91	1.86
5.21	5.18	0.96	0.09	0.18	1.82	0.08	0.21	0.58
4.44	2.01	0.08	0.01	0.13	1.15	0.06	0.17	0.38
2.35	1.89	0.05	0.04	0.77	4.39		0.16	0.30
0.73	0.77	0.06	0.01	0.12	0.87		0.04	0.08
0.26	10.20	0.98		0.79	3.03		0.08	0.47
0.05	9.57	0.67	0.06	0.44	1.50	0.03	0.16	0.21
0.10	11.30	0.64	0.07	0.33	1.98		0.08	0.25
0.19	9.07	0.44	0.16	0.64	1.14		0.57	0.40
0.13	7.15	0.81		0.31	1.24		0.07	0.19
0.22	11.68	0.93	0.03	0.45	2.26	0.11	0.44	0.49
0.16	6.59	0.88	0.09	0.34	0.75	0.23	0.30	0.80
0.16	11.84	0.97	0.03	0.22	2.52	0.27	0.28	0.54
0.14	11.19	0.73	0.05	0.30	2.60	0.21	0.60	0.61
0.13	12.35	0.60	0.24	0.49	2.18	0.20	0.91	1.26
0.33	4.49	0.20		0.18	1.18	0.01	0.06	0.10
0.88	3.47	0.41	0.18	0.15	1.32	0.13	0.26	0.11
0.15	0.46	0.01	0.01	0.05	0.37	0.01	0.02	0.06
0.04	1.17	0.23		0.05	0.34	0.01	0.01	0.13
1.01	0.98	0.03		0.05	0.43		0.02	0.07
0.17	12.45	0.77	0.01	0.16	2.01	0.04	0.14	0.48

4-13 按行业分其他经济单位就业人员
Number of Staff and Workers in Units of Other Types of Ownership by Sector

(年末数)单位：万人 (year-end)(10 000 persons)

登记注册类型及行业	Registration Status and Sector	2010	2011	2012	2013
总　计	**Total**	**201.1**	**233.8**	**248.3**	**306.4**
按登记注册类型分组	**Grouped by Registration Status**				
内资	Domestic Funded	185.1	208.0	216.4	262.7
股份合作单位	Cooperative Units	7.9	8.5	8.5	5.7
联营单位	Jiont Ownership Units	1.1	0.7	1.0	0.7
有限责任公司	Limited Liability Corporations	122.9	135.6	142.5	172.2
股份有限公司	Share-holding Corporations Ltd.	49.3	55.5	55.8	76.0
其他	Others	3.8	7.7	8.6	8.1
港澳台商投资单位	Units with Funds form Hong Kong, Macao and Taiwan	5.8	14.9	18.6	22.9
外商投资单位	Foreign Funded Units	10.3	10.9	13.4	20.7
按国民经济行业分组	**Grouped by Economic Sector**				
农、林、牧、渔业	Farming, Forestry, Animal Husbandry and Fishery	0.2	0.2	0.1	0.1
采矿业	Mining	8.9	10.0	12.9	15.4
制造业	Manufacturing	94.6	112.1	116.5	125.8
电力、热力、燃气及水生产和供应业	Production and Supply of Electricity, Heat, Gas and Water	6.8	7.4	8.3	10.5
建筑业	Construction	50.1	60.2	62.5	75.6
批发和零售业	Wholesale and Retail Trades	10.2	10.7	11.3	15.8
交通运输、仓储和邮政业	Transport, Storage and Post	5.7	5.5	6.1	12.3
住宿和餐饮业	Hotels and Catering Services	3.3	3.7	5.4	6.4
信息传输、软件和信息技术服务业	Information Transmission, Software and IT Services	3.1	2.9	2.4	9.9
金融业	Financial Intermediation	9.8	9.4	9.4	10.6
房地产业	Real Estate	4.2	5.1	5.5	8.0
租赁和商务服务业	Leasing and Business Services	1.5	1.7	1.9	4.1
科学研究和技术服务业	Scientific Research and Technical Services	0.7	1.0	1.1	3.2
水利、环境和公共设施管理业	Management of Water Conservancy, Environment and Public Facilities	0.4	0.5	0.5	1.8
居民服务、修理和其他服务业	Services to Households, Repair and Other Services	0.3	0.3	0.3	0.8
教育	Education	0.8	1.8	2.6	3.6
卫生和社会工作	Health and Social Service	0.4	1.0	1.2	1.7
文化、体育和娱乐业	Culture, Sports and Entertainment	0.3	0.3	0.3	0.8
公共管理、社会保障和社会组织	Public Management, Social Security and Social Organization				

4-14 按行业分国有、集体和其他各种经济单位女性就业人员

Number of Female Employed Persons in State-owned , Collective-owned Units and Other Types of Ownership by Sector

(年末数)单位：万人 (year-end)(10 000 persons)

行业	Sector	2008	2009	2010	2011	2012	2013
总计	**Total**	**187.20**	**191.63**	**192.73**	**207.25**	**216.60**	**232.56**
按经济类型分	**Grouped by Ownership**						
国有经济单位	State-owned Units	116.80	118.22	120.41	123.43	130.50	128.94
城镇集体经济单位	Urban Collective-owned Units	11.20	11.09	9.29	9.48	9.10	7.67
其他各种经济单位	Units of Other Types of Ownership	59.20	62.33	63.03	74.34	77.00	95.94
按行业分	**Grouped by Sector**						
农、林、牧、渔业	Farming, Forestry, Animal Husbandry and Fishery	1.91	1.41	1.42	1.32	1.22	1.03
采矿业	Mining	4.47	4.54	4.44	4.40	5.05	3.81
制造业	Manufacturing	45.92	44.79	44.28	50.41	50.33	49.10
电力、热力、燃气及水生产和供应业	Production and Supply of Electricity, Heat, Gas and Water	5.14	5.09	5.07	5.16	5.71	7.83
建筑业	Construction	14.39	15.68	15.85	15.27	15.32	12.77
批发和零售业	Wholesale and Retail Trades	8.32	8.02	7.24	8.34	8.58	10.18
交通运输、仓储和邮政业	Transport, Storage and Post	7.88	7.61	7.37	7.17	7.60	10.52
住宿和餐饮业	Hotels and Catering Services	2.85	3.02	2.88	3.23	3.96	4.32
信息传输、软件和信息技术服务业	Information Transmission, Software and IT Services	1.86	2.02	2.09	2.49	2.48	5.86
金融业	Financial Intermediation	8.98	9.88	10.05	10.67	11.08	11.90
房地产业	Real Estate	1.58	1.75	1.71	2.14	2.36	3.42
租赁和商务服务业	Leasing and Business Services	1.96	1.73	1.69	1.85	1.51	2.23
科学研究和技术服务业	Scientific Research and Technical Services	3.87	4.03	3.74	4.31	4.61	5.79
水利、环境和公共设施管理业	Management of Water Conservancy, Environment and Public Facilities	3.59	4.18	4.37	4.43	4.79	5.23
居民服务、修理和其他服务业	Services to Households, Repair and Other Services	0.49	0.40	0.34	0.36	0.37	0.58
教育	Education	35.57	36.08	36.66	38.84	40.93	43.36
卫生和社会工作	Health and Social Service	16.47	18.15	19.14	21.48	23.72	26.17
文化、体育和娱乐业	Culture, Sports and Entertainment	1.79	1.80	1.69	1.77	1.89	2.20
公共管理、社会保障和社会组织	Public Management, Social Security and Social Organization	20.22	21.47	22.68	23.61	25.09	26.27

4-15 各市(州)国有、集体和其他经济单位女性就业人员
Number of Female Employed Persons in State-owned , Collective-owned Units and Other Types of Ownership Units by Region

(年末数)单位：万人 (year-end)(10 000 persons)

市(州)	Region	2005	2006	2007	2008	2009	2010	2011	2012	2013
全　省	**Sichuan**	**174.60**	**176.50**	**180.17**	**187.24**	**191.63**	**192.73**	**207.25**	**216.60**	**232.56**
成都市	Chengdu	46.50	48.00	47.97	53.58	56.47	58.81	67.87	71.61	83.27
自贡市	Zigong	6.60	6.90	7.25	7.36	7.03	5.79	6.16	6.18	6.32
攀枝花市	Panzhihua	6.90	6.50	6.36	6.00	6.09	6.14	6.23	6.04	7.48
泸州市	Luzhou	8.50	8.50	8.41	8.26	8.84	8.58	8.97	9.57	8.40
德阳市	Deyang	8.00	7.90	7.94	7.79	8.12	8.19	8.34	7.83	9.58
绵阳市	Mianyang	11.60	11.80	12.44	13.23	13.33	13.05	14.69	15.73	15.52
广元市	Guangyuan	4.60	4.60	4.85	4.87	4.87	4.71	4.66	5.02	5.18
遂宁市	Suining	5.10	5.40	5.37	5.34	5.43	4.39	4.78	5.08	5.46
内江市	Neijiang	8.00	7.70	7.43	9.34	7.60	7.39	7.41	7.65	8.14
乐山市	Leshan	10.30	10.20	10.18	10.32	10.00	9.74	9.16	9.33	8.57
南充市	Nanchong	6.70	6.70	6.79	6.99	7.60	7.67	7.91	9.48	11.00
眉山市	Meishan	4.50	4.50	5.03	4.43	4.47	5.50	5.23	5.65	6.01
宜宾市	Yibin	10.50	10.40	11.15	10.86	11.44	11.71	13.04	12.54	12.35
广安市	Guangan	3.30	3.40	3.51	3.87	3.78	3.51	3.76	3.93	4.44
达州市	Dazhou	7.80	7.70	7.80	7.72	7.64	7.65	8.06	8.40	8.32
雅安市	Yaan	3.10	3.10	3.31	3.27	3.48	3.43	3.51	3.66	3.61
巴中市	Bazhong	3.30	3.70	3.74	3.82	4.01	4.16	4.61	5.11	5.27
资阳市	Ziyang	5.20	5.10	5.09	4.92	5.45	5.77	5.90	5.45	7.17
阿坝藏族羌族自治州	Aba	2.90	2.90	2.97	2.75	2.84	2.82	2.99	3.17	3.39
甘孜藏族自治州	Ganzi	2.40	2.30	2.34	2.36	2.62	2.84	2.81	3.00	3.16
凉山彝族自治州	Liangshan	6.80	7.10	6.85	6.86	7.13	7.46	7.80	8.43	8.00

4-16 全部单位就业人员工资总额及指数
Total Wages of Staff and Workers in all Units and Related Index

年份 Year	工资总额（万元） Total Wages (10 000 yuan)					指数（上年=100） Index (Preceding year=100)				
	全部单位 all Units	国有经济单位 State-owned Units	城镇集体经济单位 Urban Colletive-owned Units	私营经济单位 Private Units	其他各种经济单位 Units of Other Types of Ownership	全部单位 all Units	国有经济单位 State-owned Units	城镇集体经济单位 Urban Colletive-owned Units	私营经济单位 Private Units	其他各种经济单位 Units of Other Types of Ownership
1978	263196	219481	43715			114.3	119.6	93.6		
1979	301117	248761	52356			114.4	113.3	119.8		
1980	364892	300829	64063			121.2	120.9	122.4		
1981	377600	309573	68027			103.5	102.9	106.2		
1982	398196	325973	72223			105.5	105.3	106.2		
1983	421222	345815	75407			105.8	106.1	104.4		
1984	496013	395565	99958		490	117.8	114.4	132.6		
1985	598403	478883	119128		392	120.6	121.1	119.2		80.0
1986	719269	582177	136524		568	120.2	121.6	114.6		144.9
1987	802261	650498	150931		832	111.5	111.7	110.6		146.5
1988	987813	807670	178923		1220	123.1	124.2	118.5		146.6
1989	1135724	937712	195894		2118	115.0	116.1	109.5		173.6
1990	1294823	1071715	220375		2733	114.0	114.3	112.5		129.0
1991	1450034	1197509	248487		4038	111.8	111.7	111.4		147.7
1992	1667894	1377792	283759		6343	115.3	115.1	115.6		157.1
1993	2046047	1635013	333417		77617	122.7	118.7	117.5		1223.7
1994	2776839	2227867	386038		162934	135.7	135.7	115.8		209.9
1995	3217827	2574023	437256		206548	115.9	115.9	113.3		126.8
1996	3550444	2841447	469060		239937	110.3	110.3	107.3		116.2
1997	3806429	3020053	513532		272844	107.2	106.3	109.5		113.8
1998	3927403	3010629	438565		478209	103.2	99.7	85.4		175.3
1999	3985709	3076087	398702		510920	105.3	105.8	94.0		112.5
2000	4369495	3387240	405185		577070	109.6	110.1	101.6		112.9
2001	4902582	3824669	389753		688160	112.2	112.9	96.2		119.3
2002	5391189	4069680	388119		933390	110.0	106.4	99.6		135.6
2003	6224989	4530295	436951		1257743	115.5	111.3	112.6		129.5
2004	6926273	4954541	433210		1538522	111.3	109.4	99.1		122.4
2005	7960325	5575919	457007		1927399	114.9	112.5	105.5		125.7
2006	9100898	6278120	512573		2310205	114.3	112.6	112.2		119.7
2007	11198309	7702452	597311		2898546	123.0	122.7	116.5		125.7
2008	13555288	9131401	698158		3725729	121.0	118.6	116.9		128.5
2009	21294971	10581526	791894	5511793	4409758		115.9	113.4		118.4
2010	25409121	12266436	785441	7003940	5353304	119.3	115.9	99.2	127.1	121.4
2011	31597970	14479483	951634	8908497	7258356	124.4	118.0	121.2	127.2	135.6
2012	37723598	17060258	1107287	10725843	8830210	119.4	117.8	116.4	120.4	121.7
2013	46912922	18626143	1137642	12837994	14311143	124.4	109.2	102.7	119.7	162.1

4-17 按行业分全部单位就业人员工资总额

单位：万元

年份 Year	合计 Total	农、林、牧、渔业 Farming, Forestry, Animal Husbandry and Fishery	采矿业 Mining	制造业 Manufacturing	电力、热力、燃气及水生产和供应业 Production and Supply of Electricity, Heat,Gas and Water	建筑业 Construction	批发和零售业 Wholesale and Retail Trades	交通运输、仓储和邮政业 Transport, Storage and Post	住宿和餐饮业 Hotels and Catering Services	信息传输、软件和信息技术服务业 Information Transmission, Software and IT Services
1978	263196	7016	22921	91621	5233	23383	26693	25436	3685	
1979	301117	6896	24400	107395	5602	27225	31458	27804	4329	
1980	364892	8186	28667	126922	8134	32823	37726	30802	5176	
1981	377600	8405	29423	131697	8674	33324	38785	31423	5314	
1982	398196	8986	31825	136944	7671	34199	39729	32917	5451	
1983	421222	9710	28493	148050	8261	35700	41091	34606	5645	426
1984	496013	10383	35546	183614	10224	42613	47313	40689	6017	685
1985	598403	12035	46417	219817	8405	48027	28322	46800	6512	1268
1986	719269	14787	57236	258144	10810	58789	65333	54971	8262	2126
1987	802261	15341	59949	297304	12852	67477	71835	60359	9066	2501
1988	987813	17477	70663	371196	16092	81136	90556	74328	11539	3164
1989	1135724	19005	76612	439876	19804	88267	101140	86963	12958	4399
1990	1294823	21185	104553	476728	29408	99025	112974	96980	14458	5711
1991	1450034	23443	112731	547026	29410	115319	123849	108156	16005	6291
1992	1667894	25979	118366	615493	35459	135228	137426	124006	17127	7489
1993	2046047	29031	116455	775305	41259	221791	175633	103846	21044	8356
1994	2776839	38639	171556	956517	55749	262082	220732	138631	28381	18195
1995	3217827	44168	188235	1121615	79256	303939	255632	171773	34916	18645
1996	3550444	50134	211692	1210693	95247	320058	273788	193317	38553	19078
1997	3806429	54280	213126	1249005	119344	349282	279658	223444	39983	19589
1998	3927403	57111	207010	1185340	129699	346700	260947	228139	36486	20084
1999	3985709	63225	171492	1071310	140643	345079	229458	249831	33056	23999
2000	4369495	72727	214016	1108247	155720	360460	217446	274101	29718	26618
2001	4902582	90629	158455	1117906	181767	411914	195433	297310	32305	34640
2002	5391189	95174	195370	1180244	205600	493233	179869	330353	32116	45931
2003	6224989	103745	207903	1357229	240706	627520	212843	299198	41968	96957
2004	6926273	97595	247519	1496103	261516	695040	236843	329732	49262	127251
2005	7960325	95400	340874	1690892	300129	815528	270334	398077	58340	144989
2006	9100898	103637	402290	1958532	328948	997151	284486	479269	61669	160441
2007	11198309	114676	522447	2294500	393339	1257432	309381	545062	74852	168658
2008	13555288	111457	653566	2784093	475273	1603208	384950	630662	85024	193001
2009	21294971	98415	1255861	5130324	576252	3167298	965673	894140	287608	309578
2010	25409121	111552	1506249	6132399	675721	3873904	1176499	1038718	356303	387007
2011	31597970	200867	1779562	8103028	844533	4672108	1480791	1199619	485624	431563
2012	37723598	243409	2254256	9447049	1003965	5603892	1170441	1482261	1148340	586057
2013	46912922	238570	1998425	11597697	2022631	6957229	2096116	2234350	871092	1400298

Total Wages of Staff and Workers in all Units by Sector

(10 000 yuan)

金融业 Financial Interme-diation	房地产业 Real Estate	租赁和商务服务业 Leasing and Business Services	科学研究和技术服务业 Scientific Research, and Technical Services	水利、环境和公共设施管理业 Management of Water Con-servancy,En-vironment and Public Facilities	居民服务、修理和其他服务业 Services to Households, Repair and Other Services	教育 Education	卫生和社会工作 Health and Social Service	文化、体育和娱乐业 Culture, Sports and Entertain-ment	公共管理、社会保障和社会组织 Public Mana-gement,Social Security and Social Organization
2096	197		11766	757	307	21420	6069	1042	13554
2446	315		14043	1141	342	24110	7792	1291	14528
3468	778		15088	3021	417	30902	10746	2898	19138
3815	912		15529	3031	373	32223	11519	2803	20350
4025	964	365	17699	2371	388	37056	12706	2851	22049
4106	1153	518	18220	4101	404	37868	13587	3474	25809
5841	1291	886	20800	4109	398	38779	14751	3781	28293
6905	1155	1117	26872	4817	463	51174	17595	3782	36920
9307	1450	1847	29932	5937	589	61038	23114	6009	49588
10474	1510	2185	30870	6985	698	65819	25034	6917	55085
12924	1803	2760	35675	8643	761	84250	30796	8435	65615
14102	2053	3863	39444	11762	815	89940	34583	11037	79101
17470	2437	5066	46459	15061	978	99358	39529	13358	94085
19297	2795	5765	51742	16480	996	107925	43028	13774	106002
25366	4005	6998	64707	19620	783	134970	51266	12593	131013
40457	5216	7827	69586	21830	8053	157693	63269	12508	166888
69270	8886	16756	98468	46332	9316	244518	104740	29282	258789
80619	10459	17626	120187	47932	9687	242074	122049	29689	289326
92634	12751	18124	126915	48639	9804	332534	140925	30614	324991
110358	14601	19137	134609	49533	9840	368133	158473	31191	363001
136365	20341	20515	142113	50345	10137	436783	181650	31955	425980
158688	22735	24961	125873	58322	10817	518933	214225	36587	486655
183778	27647	27311	141697	63432	13251	601173	246975	40099	565261
214232	29128	30006	203335	71987	20125	771304	294859	49890	697637
231703	41850	32574	186623	76808	17648	896710	335438	53535	761243
276380	52517	40900	218656	67579	32828	996203	385244	71653	894960
315060	56713	50438	260908	72086	17409	1100797	425419	76188	1010394
379710	60560	110355	278465	81137	28546	1201121	487875	91225	1126767
415539	76292	110317	341389	100592	32356	1339277	566718	89067	1252926
503492	101872	145778	417854	124712	43016	1720414	710029	101941	1648852
676824	109496	184636	523409	135675	21894	1946943	856137	113486	2065555
791821	357901	374472	665465	180718	123001	2541547	1040967	144975	2388957
1007152	430062	468560	783046	207955	171475	2927686	1277654	177429	2699750
1315866	564549	567142	1014862	269933	230330	3366310	1713105	239082	3119096
1605422	713886	630263	1159404	344307	295883	4013182	2133160	261911	3626511
1869129	921904	857038	1582766	462475	348657	4525646	2550911	317131	4060858

4-18 按行业分国有经济单位就业人员工资总额

单位：万元

年份 Year	合计 Total	农、林、牧、渔业 Farming, Forestry, Animal Husbandry and Fishery	采矿业 Mining	制造业 Manufacturing	电力、热力、燃气及水生产和供应业 Production and Supply of Electricity, Heat,Gas and Water	建筑业 Construction	批发和零售业 Wholesale and Retail Trades	交通运输、仓储和邮政业 Transport, Storage and Post	住宿和餐饮业 Hotels and Catering Services	信息传输、软件和信息技术服务业 Information Transmission, Software and IT Services
1978	219481	6349	22831	74597	4340	18879	20283	16845	3004	
1979	248761	6173	24286	85531	5007	21114	23562	19090	3490	
1980	300829	7372	28477	99448	7386	25251	27993	22265	4146	
1981	309573	7524	29273	101563	7826	24931	28638	22968	4241	
1982	325973	7507	31669	105679	6791	24621	29523	23888	4372	
1983	345815	8129	28266	115164	7359	25057	30708	25645	4548	426
1984	395565	8775	35271	143448	9144	30873	23954	30914	3548	685
1985	478883	10261	46083	171148	7091	34381	30018	35210	3520	1268
1986	582177	12437	56860	202705	9315	41875	33865	43168	5016	2126
1987	650498	12771	59515	233891	11144	48446	38226	47836	5601	2501
1988	807670	14621	70124	295218	14050	58163	50429	59942	7402	3164
1989	937712	15841	76031	354269	17519	64933	57942	70353	8505	4399
1990	1071715	17282	102004	383120	25290	71988	64293	79263	9437	5711
1991	1197509	19023	109427	435869	25167	83375	71962	88995	10658	6291
1992	1377792	20726	114231	489232	30605	94239	77834	102479	11425	7489
1993	1635013	23775	111770	583654	39022	158721	95545	83740	14151	8356
1994	2227867	30480	162306	667528	50161	186311	135672	120653	19915	18195
1995	2574023	34834	177415	775878	71687	224438	155143	151492	22978	18645
1996	2841447	39432	200710	833479	84574	230079	168030	170865	24886	18902
1997	3020053	43054	197505	834145	102870	244728	171901	199996	25460	19213
1998	3010629	46216	179302	684660	101734	239295	151032	202615	22369	19585
1999	3076087	51346	143862	593000	110565	230424	139215	217647	20746	22588
2000	3387240	59933	184541	592493	120520	225360	134067	239453	16648	24570
2001	3824669	75018	125230	571708	139577	244940	121802	259421	18151	31592
2002	4069680	82734	154215	548757	146069	240261	106741	280217	15990	35021
2003	4530295	88554	140691	587018	148665	297628	131224	239658	18271	85531
2004	4954541	83699	157343	600863	169126	282400	135253	258843	20289	110752
2005	5575919	83116	239878	638221	193349	306660	144843	304666	20955	118181
2006	6278120	90978	285074	734517	199945	356909	146570	372775	23045	128043
2007	7702452	101012	352462	753978	235789	458057	162859	452216	31019	124192
2008	9131401	99407	438487	858128	280334	568157	188586	503641	32225	135208
2009	10581526	82798	474721	841874	299880	754787	217955	586030	38219	133791
2010	12266436	89000	508371	1000888	365831	945472	239082	638792	47135	142432
2011	14479483	109802	586060	1142657	424599	1066283	285194	738607	65346	157237
2012	17060258	120858	757792	1208273	488184	1253206	340260	887444	74819	188169
2013	18626143	117956	167358	624643	1118242	1345478	301876	1211920	43517	328983

Total Wages of Employment in State-owned Units by Sector

(10 000 yuan)

金融业 Financial Interme-diation	房地产业 Real Estate	租赁和商务服务业 Leasing and Business Services	科学研究和技术服务业 Scientific Research, and Technical Services	水利、环境和公共设施管理业 Management of Water Con-servancy,En-vironment and Public Facilities	居民服务、修理和其他服务业 Services to Households, Repair and Other Services	教育 Education	卫生和社会工作 Health and Social Service	文化、体育和娱乐业 Culture, Sports and Entertain-ment	公共管理、社会保障和社会组织 Public Mana-gement,Social Security and Social Organization
1291	197		11766	741	276	20683	3840	626	12933
1533	315		14043	1033	312	23124	5010	739	14399
2298	722		15045	2602	403	29999	7327	1120	18975
2654	840		15494	2609	378	31320	8118	1010	20186
2805	889	365	17659	1875	313	36301	9011	835	21870
2855	1056	518	18217	3590	304	37243	9652	1450	25628
4330	1186	877	20794	3600	326	38169	10800	1301	27570
5001	1007	1099	26858	4226	338	50587	13232	1520	36035
6668	1319	1818	29913	5261	484	60431	17143	3226	48547
7415	1464	2138	30852	6189	569	65223	19036	3797	53884
9352	1768	2705	35664	7830	720	83713	23804	4802	64199
9954	2039	3760	39428	10884	1000	89338	27229	6676	77612
12916	2373	4882	46436	14132	1299	98724	31471	8668	92426
14264	2699	5378	51691	15568	1431	107248	34584	9548	104331
18787	3792	6402	64162	18531	1703	134291	41393	11366	129105
31212	4435	7126	69232	20627	1896	156780	51976	12651	160364
51439	8186	15555	98395	45024	4138	243744	86932	27615	255618
60204	9183	15940	120084	46137	4241	271087	100158	28297	286182
67827	11088	16159	126780	46772	4299	331478	115868	28686	321533
79359	12509	16425	134463	47543	4370	366933	131611	29159	358809
95639	16872	16744	141354	48464	4455	435622	152990	29724	421957
106978	17534	19311	125413	55895	5138	517475	181524	34281	483145
132984	20076	21006	139874	60801	5589	599029	211852	37290	561154
155476	19642	22846	201759	68539	6887	767319	255393	46786	692583
159284	22069	22234	184792	71540	7949	892619	291260	50919	757009
216061	21277	30328	212133	61359	10671	972935	324749	68870	874672
234371	22093	37714	254427	66402	12630	1075808	368214	73572	990742
254672	22539	93189	270784	74621	23906	1168545	424735	87222	1105837
267175	25028	90112	323556	93617	27640	1301738	493157	85156	1233085
306566	32309	118842	399501	115458	34630	1680347	619126	96982	1627107
400300	32123	149122	504981	127698	11951	1895316	754873	107952	2042912
441378	35731	135691	597805	158474	11079	2401045	886229	111815	2372224
516101	33100	150504	695501	184052	11869	2772615	1107000	129903	2688788
604086	38892	180883	889573	225598	16400	3245013	1434644	149821	3118788
805333	38603	154291	1001168	281403	18410	3845719	1790195	181617	3624514
916641	39955	210708	1173202	309213	19720	4263469	2150242	222751	4060270

4-19 按行业分城镇集体经济单位就业人员工资总额

单位：万元

年份 Year	合计 Total	农、林、牧、渔业 Farming, Forestry, Animal Husbandry and Fishery	采矿业 Mining	制造业 Manufacturing	电力、热力、燃气及水生产和供应业 Production and Supply of Electricity, Heat,Gas and Water	建筑业 Construction	批发和零售业 Wholesale and Retail Trades	交通运输、仓储和邮政业 Transport, Storage and Post	住宿和餐饮业 Hotels and Catering Services	信息传输、软件和信息技术服务业 Information Transmission, Software and IT Services
1978	43715	667	90	17024	893	4504	6410	8591	681	
1979	52356	723	114	21864	595	6111	7896	8714	839	
1980	64063	814	190	27474	748	7572	9733	8537	1030	
1981	68027	881	150	30134	848	8393	10147	8455	1073	
1982	72223	1479	156	31265	880	9578	10206	9029	1079	
1983	75407	1581	227	32886	902	10643	10383	8961	1097	
1984	99958	1608	275	39689	1080	11733	23353	9775	2469	
1985	119128	1771	334	48288	1314	13640	28302	11590	2992	
1986	136524	2350	376	54932	1495	16911	31458	11781	3246	
1987	150931	2551	434	62764	1708	18982	33588	12496	3465	
1988	178923	2856	519	75028	2042	22836	40100	14376	4137	
1989	195894	3164	581	83936	2285	23191	43160	16570	4453	
1990	220375	3903	2336	91734	3930	26934	48654	17675	5021	
1991	248487	4412	3304	108281	4092	31737	51829	19098	5347	
1992	283759	5245	4135	122023	4622	40688	55192	21470	5694	
1993	333417	5249	1707	123261	668	62216	82368	20016	8498	
1994	386038	8136	5336	152631	908	72730	77060	15152	7950	
1995	437256	9278	6491	171307	1305	77318	89791	17904	9264	
1996	469060	10649	6641	176610	2032	86352	94694	19875	9773	
1997	513532	11088	11096	194942	4656	97367	92604	22281	9458	
1998	438565	10731	8709	147082	2159	89767	80893	16535	8346	
1999	398702	11185	5871	120091	1530	93697	63837	15619	5597	
2000	405185	11743	5868	115103	1777	104879	55143	14006	4835	
2001	389753	11871	6174	96486	2571	106128	41886	14296	4342	
2002	388119	10884	4392	86753	2772	121904	31071	12794	3746	
2003	436951	10216	5300	83384	4769	138528	24230	13661	4139	413
2004	433210	9601	4568	87663	4995	137981	22814	14537	4705	380
2005	457006	8858	5361	91342	5737	140681	20758	15562	4889	74
2006	512573	9141	6776	94908	5911	167259	22544	16935	4294	19
2007	597311	9971	7412	105164	7401	197172	22154	12905	4219	24
2008	698158	8125	6732	120797	5739	246516	23903	13482	4621	36
2009	791894	6887	10821	131300	5875	293821	22772	16791	7309	4848
2010	785441	8403	10906	66130	7405	333319	18287	17359	7434	607
2011	951634	8026	12318	74501	9556	417220	20405	22474	7358	1016
2012	1107287	5659	24591	73141	11400	489349	20919	27777	6796	322
2013	1137642	7050	13166	53171	10822	464722	25512	28882	6755	525

Total Wages of Employment in Urban Collective-owned Units by Sector

(10 000 yuan)

金融业 Financial Intermediation	房地产业 Real Estate	租赁和商务服务业 Leasing and Business Services	科学研究和技术服务业 Scientific Research, and Technical Services	水利、环境和公共设施管理业 Management of Water Conservancy,Environment and Public Facilities	居民服务、修理和其他服务业 Services to Households, Repair and Other Services	教育 Education	卫生和社会工作 Health and Social Service	文化、体育和娱乐业 Culture, Sports and Entertainment	公共管理、社会保障和社会组织 Public Management,Social Security and Social Organization
805				16	92	737	2229	355	621
913				108	500	986	2382	482	129
1170	56		43	419	1094	903	3419	698	163
1161	72		35	422	1142	847	3401	702	164
1220	75		40	496	1348	755	3695	743	179
1251	97		3	511	1363	625	3935	761	181
1511	105	9	6	509	1760	610	3951	792	723
1904	148	18	14	591	2172	587	4363	786	885
2639	131	29	19	676	2059	607	5971	803	1041
3059	46	47	18	796	2313	596	5998	869	1201
3572	35	55	11	813	2727	537	6992	871	1416
4148	14	63	16	858	3111	602	7354	899	1489
4754	64	84	23	889	3218	634	8058	805	1659
5033	96	87	51	852	2688	677	8444	788	1671
6579	161	96	545	989	3045	679	9873	815	1908
9239	595	101	354	1083	2575	913	11293	793	2488
17783	141	501	73	1148	3852	774	17808	909	3146
20174	344	886	103	1595	4365	987	21891	1145	3108
23561	481	967	83	1632	4977	1056	25057	1209	3411
28429	734	959	146	1677	4781	1200	26862	1218	4034
32017	744	902	138	1507	4525	1078	28660	1046	3726
35504	858	904	117	1518	4279	995	32619	1151	3330
40028	1815	893	576	1461	5761	1272	35046	1054	3925
44857	1524	831	812	1663	10642	1315	39110	832	4413
53208	1604	730	383	2628	5840	1399	43815	382	3814
61245	2028	3038	1543	3561	19931	1032	57277	569	2087
70237	2253	3504	2039	3959	2540	833	57677	606	2318
86376	2223	5507	792	4225	2831	948	59658	928	256
94929	2462	7229	1067	4648	3103	806	69250	1060	232
116767	2444	9800	1248	5929	2741	1506	88354	1874	226
133789	2580	11954	1791	7216	3482	977	103971	2261	186
132613	2855	12949	2132	8773	4633	2836	122624	1712	343
131634	3166	11744	2200	8659	4769	2914	147656	2074	775
156012	4062	15446	2551	9993	5841	3161	179377	2050	265
172321	4784	23309	5293	9415	7132	4350	216294	2500	1935
201658	3635	27543	5545	9732	3894	31457	240218	3181	172

4-20 按行业分其他各种经济单位就业人员工资总额
Total Wages of Employment in Units of Other Types of Ownership by Sector

单位：万元 (10 000 yuan)

行　业	Sector	2009	2010	2011	2012	2013
总 计	**Total**	**4409758**	**5353304**	**7258356**	**8830210**	**14311143**
农、林、牧、渔业	Farming, Forestry, Animal Husbandry and Fishery	1869	3755	3481	2172	3017
采矿业	Mining	215589	244933	319781	480656	843912
制造业	Manufacturing	2002890	2446291	3429329	4051679	5934662
电力、热力、燃气及水生产和供应业	Production and Supply of Electricity, Heat,Gas and Water	208662	240294	313090	392177	640377
建筑业	Construction	990235	1090216	1536064	1783848	2672685
批发和零售业	Wholesale and Retail Trades	190593	233180	282634	338892	635985
交通运输、仓储和邮政业	Transport, Storage and Post	145141	182249	212099	328179	700750
住宿和餐饮业	Hotels and Catering Services	54823	66635	90002	141016	201487
信息传输、软件和信息技术服务业	Information Transmission, Software and IT Services	91713	128720	140732	145815	693518
金融业	Financial Intermediation	299416	461273	528541	605759	711300
房地产业	Real Estate	97399	123724	177832	232073	386657
租赁和商务服务业	Leasing and Business Services	32079	38302	48858	69580	221833
科学研究和技术服务业	Scientific Research and Technical Services	23424	27509	49692	71178	292526
水利、环境和公共设施管理业	Management of Water Conservancy, Environment and Public Facilities	6668	6072	9373	11224	85882
居民服务、修理和其他服务业	Services to Households, Repair and Other Services	5806	6067	7765	10630	29584
教育	Education	21766	29851	60907	98070	147202
卫生和社会工作	Health and Social Service	10995	14337	37999	56415	77076
文化、体育和娱乐业	Culture, Sports and Entertainment	10613	9755	10136	10785	32275
公共管理、社会保障和社会组织	Public Management, Social Security and Social Organization	77	141	41	62	415

4-21 各市(州)全部单位就业人员工资总额及指数(2013年)
Total Wages of Employment in all Units and Related Index by Region(2013)

市(州)	Region	工资总额 (万元) Total Wages (10 000 yuan)					指数 (上年=100) Index (Preceding year=100)				
		合计 Total	国有经济单位 State-owned Units	城镇集体经济单位 Urban Collective-owned Units	私营经济单位 Private Units	其他各种经济单位 Units of Other Types of Ownership	合计 Total	国有经济单位 State-owned Units	城镇集体经济单位 Urban Collective-owned Units	私营经济单位 Private Units	其他各种经济单位 Units of Other Types of Ownership
全 省	**Sichuan**	**46912922**	**18626143**	**1137642**	**12837994**	**14311143**	**124.4**	**109.2**	**102.7**	**119.7**	**162.1**
成都市	Chengdu	18422819	7192320	275211	3940605	7014683	145.6	125.0	91.7	135.1	190.6
自贡市	Zigong	1373640	462419	28464	556163	326595	118.7	116.1	90.2	117.5	128.4
攀枝花市	Panzhihua	1546716	355077	29341	344750	817547	127.5	54.3	159.6	108.8	365.6
泸州市	Luzhou	1915854	670418	122190	700750	422495	122.0	119.8	93.7	115.3	155.1
德阳市	Deyang	2151248	681354	67103	717484	685307	117.2	96.3	214.8	107.1	160.2
绵阳市	Mianyang	2779487	1100799	60873	727133	890682	117.2	116.2	100.7	100.8	138.7
广元市	Guangyuan	879123	426486	50789	244807	157041	101.7	107.6	132.9	82.6	118.1
遂宁市	Suining	1050449	343986	45362	373827	287275	117.8	101.5	55.3	130.5	155.9
内江市	Neijiang	1234743	526301	41923	282180	384340	125.2	117.4	104.8	123.6	142.5
乐山市	Leshan	1518466	498046	32354	514087	473980	103.6	99.9	90.2	121.7	93.2
南充市	Nanchong	2457586	883152	55366	1018891	500178	138.9	112.1	89.8	150.9	204.1
眉山市	Meishan	1167904	393356	26630	494508	253409	110.4	103.8	100.6	112.7	118.4
宜宾市	Yibin	2202832	679563	29352	718684	775233	108.3	105.4	195.1	115.7	103.0
广安市	Guangan	1214477	467432	50667	637908	58470	123.1	107.8	230.4	123.0	462.4
达州市	Dazhou	1579152	728945	88715	501670	259823	103.6	109.7	105.5	90.1	118.4
雅安市	Yaan	494876	256373	4789	119121	114593	100.2	105.2	82.0	89.3	103.4
巴中市	Bazhong	788062	402340	44405	140216	201100	112.4	112.0	73.5	116.5	125.1
资阳市	Ziyang	1226217	416045	49197	412077	348899	128.2	103.9	185.3	118.1	193.6
阿坝藏族羌族自治州	Aba	491962	362032	8569	63926	57434	126.5	128.3	99.3	129.7	117.9
甘孜藏族自治州	Ganzi	409872	358770	4412	25449	21242	114.9	119.2	129.8	139.3	62.0
凉山彝族自治州	Liangshan	1418893	832384	21931	303759	260818	100.9	101.3	88.5	99.7	102.4

注：全省合计中包括省直综单位就业人员工资总额，市(州)数据未包括(后同)。
a) The number of persons employed in directly affiliated units and comprehensive units was included in the Sichuan's number of employed persons, but was not included in regional number of employed persons.

4-22 各市(州)按行业分全部单位就业人员工资总额(2013年)

单位：万元

市(州)	Region	合计 Total	农、林、牧、渔业 Farming, Forestry, Animal Husbandry and Fishery	采矿业 Mining	制造业 Manufac-turing	电力、热力、燃气及水生产和供应业 Production and Supply of Electricity, Heat,Gas and Water	建筑业 Construc-tion	批发和零售业 Wholesale and Retail Trades	交通运输、仓储和邮政业 Transport, Storage and Post	住宿和餐饮业 Hotels and Catering Services
全　省	**Sichuan**	**46912922**	**238570**	**1998425**	**11597697**	**2022631**	**6957229**	**2096116**	**2234350**	**871092**
成都市	Chengdu	18422819	51938	401760	4042633	958904	2996949	1189144	1011313	344775
自贡市	Zigong	1373640	3158	105056	430068	30159	253204	33364	60334	14737
攀枝花市	Panzhihua	1546716	8993	109542	486910	132983	260415	32588	37606	55232
泸州市	Luzhou	1915854	6907	44546	445747	34919	401370	175024	82071	36253
德阳市	Deyang	2151248	3362	26731	1089228	36965	238143	54213	52118	20937
绵阳市	Mianyang	2779487	13588	10500	820340	83031	380985	56358	51971	76746
广元市	Guangyuan	879123	3375	65242	97320	40479	63752	73631	33656	7994
遂宁市	Suining	1050449	3366	9905	331290	34022	191453	22594	10475	28739
内江市	Neijiang	1234743	4536	119052	268710	34741	145785	12999	34503	26776
乐山市	Leshan	1518466	11077	122421	462204	60157	171338	32946	35977	34793
南充市	Nanchong	2457586	11572	53462	814273	102253	475961	68328	56884	16860
眉山市	Meishan	1167904	3413	24624	391695	28629	202248	18766	17409	27986
宜宾市	Yibin	2202832	11660	274421	684005	102545	265730	93640	49219	10699
广安市	Guangan	1214477	9170	105704	245422	33885	304855	35132	34499	8484
达州市	Dazhou	1579152	20129	218461	165051	79903	171515	61617	59235	58871
雅安市	Yaan	494876	2409	37543	102976	33792	17578	9847	9221	2715
巴中市	Bazhong	788062	8624	35817	85050	27692	189225	17341	28679	16220
资阳市	Ziyang	1226217	13595	3735	532138	21685	141292	21405	24493	6907
阿坝藏族羌族自治州	Aba	491962	17391	1218	33919	34496	17126	11509	18140	19490
甘孜藏族自治州	Ganzi	409872	14228	4991	3945	13006	3899	10196	26840	2549
凉山彝族自治州	Liangshan	1418893	16080	165759	114503	98388	47866	49002	41818	44109

Total Wages of Emoployment in all Units by Sector and Region(2013)

(10 000 yuan)

信息传输、软件和信息技术服务业 Information Transmission, Software and IT Services	金融业 Financial Interme-diation	房地产业 Real Estate	租赁和商务服务业 Leasing and Business Services	科学研究和技术服务业 Scientific Research, and Technical Services	水利、环境和公共设施管理业 Management of Water Con-servancy,En-vironment and Public Facilities	居民服务、修理和其他服务业 Services to Households, Repair and Other Services	教育 Education	卫生和社会工作 Health and Social Service	文化、体育和娱乐业 Culture, Sports and Entertain-ment	公共管理、社会保障和社会组织 Public Mana-gement,Social Security and Social Organization
1400298	**1869129**	**921904**	**857038**	**1582766**	**462475**	**348657**	**4525646**	**2550911**	**317131**	**4060858**
826086	690631	593924	581451	922687	190765	206790	1326146	899717	161043	1026165
21793	64271	24172	9505	16176	10642	3655	121492	75329	8697	87830
30980	54677	15439	12165	22959	12369	10350	93215	50424	7759	112110
26417	66298	26510	31096	19502	11883	15830	200798	121351	10910	158420
19303	103641	21834	8821	30406	16558	4805	162455	100535	5561	155634
79397	110002	44765	26661	363159	25437	24999	258393	134416	14100	204640
21902	52522	8678	13831	11144	25064	1079	137351	79267	4704	138132
18107	49830	15753	9765	5943	6015	1232	142634	67762	4381	97185
40522	80711	4559	25521	8344	8335	8656	170011	87466	6623	146895
28389	52757	18489	8016	36740	38232	4655	138707	77224	11859	172487
26911	85287	27213	20042	19502	16973	5177	299404	121350	10627	225505
22462	31162	23178	7432	10261	9290	2945	120513	86331	3354	136208
22086	81140	27208	22313	14867	11395	9669	214726	113789	11058	182662
15751	53929	12197	5234	6032	6425	1665	150131	66880	3848	115235
34577	60197	23601	19885	22542	17834	16039	242963	112267	10652	183814
12328	29210	3252	3269	2617	5211	1655	81406	37681	2225	99941
15666	29355	11710	3081	8514	5563	1086	123537	62006	9825	109070
29313	63590	8551	12704	4837	10897	1031	135619	88389	8306	97730
10211	17745	935	11587	7951	17379	427	81673	26165	5461	159140
9310	12126	1081	951	11486	2815	2266	73103	30709	5180	181194
32765	80048	8854	20068	19910	13394	24650	250253	110538	10026	270862

4-23 各市(州)按行业分国有经济单位就业人员工资总额(2013年)

单位：万元

市(州)	Region	合计 Total	农、林、牧、渔业 Farming, Forestry, Animal Husbandry and Fishery	采矿业 Mining	制造业 Manufacturing	电力、热力、燃气及水生产和供应业 Production and Supply of Electricity, Heat,Gas and Water	建筑业 Construction	批发和零售业 Wholesale and Retail Trades	交通运输、仓储和邮政业 Transport, Storage and Post	住宿和餐饮业 Hotels and Catering Services
全　省	**Sichuan**	**18626143**	**117956**	**167358**	**624642**	**1118242**	**1345478**	**301876**	**1211920**	**43517**
成都市	Chengdu	7192320	9384	35804	355507	813961	975508	95350	382639	19432
自贡市	Zigong	462419	1012		17227	13598	40842	310	23940	99
攀枝花市	Panzhihua	355077	2641			22036	5086	9815	24267	724
泸州市	Luzhou	670418	4306	2800	3454	4115	93848	24103	21574	
德阳市	Deyang	681354	1371	11178	126733	23185	47238	8298	26024	829
绵阳市	Mianyang	1100799	3535		15278	40989	19603	10984	22417	4362
广元市	Guangyuan	426486	2307		2931	5369	2569	12287	15430	122
遂宁市	Suining	343986	696		266	215	1346	4589	6775	564
内江市	Neijiang	526301	2978	10108	24858	12359	13575	6434	14358	
乐山市	Leshan	498046	4161	846	10817	1308	4533	11577	16031	1205
南充市	Nanchong	883152	3541		2860	53293	52433	11795	29059	26
眉山市	Meishan	393356	2039			2740	5134	1466	9872	
宜宾市	Yibin	679563	8224	22057	36416	29586	773	9390	15096	683
广安市	Guangan	467432	2818	53795		3901	10836	7859	19105	
达州市	Dazhou	728945	11699	16303	3356	44245	14234	10698	23891	784
雅安市	Yaan	256373	1575		3680	1464	528	2026	4395	169
巴中市	Bazhong	402340	7325	128	3639	11735	28018	8575	16255	1970
资阳市	Ziyang	416045	7377		5097	1138	8311	6824	18167	48
阿坝藏族羌族自治州	Aba	362032	16363		23	13139	3279	3840	14903	817
甘孜藏族自治州	Ganzi	358770	13359	506	278	5578	689	5882	19144	526
凉山彝族自治州	Liangshan	832384	11246	13833	4018	14291	553	33303	30689	1938

Total Wages of Employment in State-owned Units by Sector and Region(2013)

(10 000 yuan)

信息传输、软件和信息技术服务业 Information Transmission, Software and IT Services	金融业 Financial Interme-diation	房地产业 Real Estate	租赁和商务服务业 Leasing and Business Services	科学研究和技术服务业 Scientific Research, and Technical Services	水利、环境和公共设施管理业 Management of Water Conservancy, Environment and Public Facilities	居民服务、修理和其他服务业 Services to Households, Repair and Other Services	教育 Education	卫生和社会工作 Health and Social Service	文化、体育和娱乐业 Culture, Sports and Entertainment	公共管理、社会保障和社会组织 Public Management, Social Security and Social Organization
328983	**916641**	**39955**	**210708**	**1173202**	**309213**	**19720**	**4263469**	**2150242**	**222751**	**4060270**
252917	428207	16969	107575	589780	91629	4577	1180993	701961	103964	1026165
13727	43058	2321	4849	11326	9625	1179	118336	66328	6941	87702
408	10338		1226	9139	10211	496	92187	48571	5852	112081
1667	14692	1710	4807	13023	9879	851	190994	114711	5464	158420
2413	30704	1266	2589	17249	15687	748	133715	71334	5161	155634
14340	41335	937	1928	353290	21265	1764	234022	104230	5881	204640
2707	16807	1506	4642	5389	18805	204	131873	62351	3055	138132
4467	20400	297	881	3834	5040	325	135839	58289	3005	97159
2249	22583	1179	1246	7969	7044	737	167979	78353	5705	146589
799	10686	295	1847	34127	14054	2418	131899	67699	11257	172487
4758	52816	1346	3181	18114	15234	758	291220	108222	9009	225487
375	10318	2640	369	8887	9069	219	119463	81758	2799	136208
2739	20115	4285	4538	10295	9195	937	212577	99920	10078	182662
2114	33841	1304	1595	5397	4476	297	146974	54623	3303	115194
6579	31976	1865	3290	19329	16964	1125	235682	94755	8358	183814
2807	11663	54	1224	2596	4783	757	81406	35566	1739	99941
3536	16134	686	735	6376	5018	354	120018	54824	7943	109070
4099	23858	346	723	3608	8947	982	135395	87892	5506	97730
1433	10997		897	7509	17246	18	81652	26165	4611	159140
1317	8336	270	261	10787	2746	402	72909	30242	4385	181154
3534	57778	680	2644	17993	12296	575	247217	101131	7804	270862

4-24 各市(州)按行业分城镇集体经济单位就业人员工资总额(2013年)

单位：万元

市(州)	Region	合计 Total	农、林、牧、渔业 Farming, Forestry, Animal Husbandry and Fishery	采矿业 Mining	制造业 Manufacturing	电力、热力、燃气及水生产和供应业 Production and Supply of Electricity, Heat,Gas and Water	建筑业 Construction	批发和零售业 Wholesale and Retail Trades	交通运输、仓储和邮政业 Transport, Storage and Post	住宿和餐饮业 Hotels and Catering Services
全　省	**Sichuan**	**1137642**	**7050**	**13166**	**53171**	**10822**	**464722**	**25512**	**28882**	**6755**
成都市	Chengdu	275211	178		16875	1272	84204	6460	5508	4345
自贡市	Zigong	28464	658		4016		10807	356	2640	9
攀枝花市	Panzhihua	29341		1449	1263	1135	22725	3	832	40
泸州市	Luzhou	122190			5141	509	91116	4290	1442	
德阳市	Deyang	67103	835	6	1474		7892	1953	499	
绵阳市	Mianyang	60873	377		2381		1967	646		
广元市	Guangyuan	50789			864	2078	23029	1116	70	147
遂宁市	Suining	45362			173		27654		17	
内江市	Neijiang	41923			5301		16349	554	707	195
乐山市	Leshan	32354	3760	3577	2175	1479	2124	367	4195	101
南充市	Nanchong	55366	56		1554	1831	28783	1583	645	
眉山市	Meishan	26630	61				5227		20	524
宜宾市	Yibin	29352	318	288	2761	165	10792	635	5710	191
广安市	Guangan	50667			76		21314	473	113	245
达州市	Dazhou	88715		3774	744		46126	2919	3520	
雅安市	Yaan	4789					1143		14	
巴中市	Bazhong	44405			657	399	30176	2116		256
资阳市	Ziyang	49197	411		6765	1195	27720	1511	1503	20
阿坝藏族羌族自治州	Aba	8569	266				1801	339		611
甘孜藏族自治州	Ganzi	4412			18		1231			
凉山彝族自治州	Liangshan	21931	132	4073	934	759	2541	191	1447	72

Total Wages of Employment in Urban Collective-owned Units by Sector and Region(2013)

(10 000 yuan)

信息传输、软件和信息技术服务业 Information Transmission, Software and IT Services	金融业 Financial Intermediation	房地产业 Real Estate	租赁和商务服务业 Leasing and Business Services	科学研究和技术服务业 Scientific Research, and Technical Services	水利、环境和公共设施管理业 Management of Water Conservancy,Environment and Public Facilities	居民服务、修理和其他服务业 Services to Households, Repair and Other Services	教育 Education	卫生和社会工作 Health and Social Service	文化、体育和娱乐业 Culture, Sports and Entertainment	公共管理、社会保障和社会组织 Public Management,Social Security and Social Organization
525	**201658**	**3635**	**27543**	**5545**	**9732**	**3894**	**31457**	**240218**	**3181**	**172**
	29188	1033	6313	756	6123	3021	178	107658	2100	
41	4424	14	53	21	600	144		4540	13	128
			1499	261	58			44	33	
	10750	1802	1253	91	933	158		4558	146	
	9017		7	799	9		24122	20491		
	26229	27	1702	1510	20		446	25549	19	
	11167		187	961	70		248	10846	7	
	8623	105	1561	74	228			6785	143	
	9182	115	240	130	260		256	8258	377	
28	3129		782	54	60	6	5306	5136	75	
93	11429	35	2243	190	218	36		6532	119	18
	18459		69	202			186	1878	5	
			292	174		120		7851	55	
	19054		295		1055			8016		26
275	16244	380	3840	221			327	10312	35	
	3292		320					21		
	4487		119	65	99		390	5585	56	
88	8548	92	1308	35						
	5375		177							
	3061							101		
		32	5285			409		6059		

4-25 全部单位就业人员平均工资及指数
Average Wages of Employment in all Units and Related Index

年份 Year	平均货币工资（元） Average Money Wage (yuan)					指数（上年为100） Index (preceding year=100) 货币工资 Average Money Wage					实际工资 Average Real Wage				
	全部单位 all Units	国有经济单位 State-owned Units	城镇集体经济单位 Urban Collective Owned Units	私营经济单位 Private Units	其他各种经济单位 Units of Other Types of Ownership	全部单位 all Units	国有经济单位 State-owned Units	城镇集体经济单位 Urban Collective Owned Units	私营经济单位 Private Units	其他各种经济单位 Units of Other Types of Ownership	全部单位 all Units	国有经济单位 State-owned Units	城镇集体经济单位 Urban Collective-owned Units	私营经济单位 Private Units	其他各种经济单位 Units of Other Types of Ownership
1978	590	622	475			106.0	107.6	105.6							
1979	639	673	520			108.3	108.2	109.5			102.8	102.7	103.9		
1980	743	789	590			116.3	117.2	113.5			107.6	108.5	105.0		
1981	748	788	613			100.7	99.9	103.9			98.9	98.1	102.1		
1982	761	798	633			101.7	101.3	103.3			99.5	99.0	100.9		
1983	788	827	652			103.5	103.6	103.0			102.8	102.9	102.3		
1984	912	973	737			115.7	117.7	113.0			113.1	115.0	110.5		
1985	1062	1138	845		854	116.4	117.0	114.7		110.4	109.0	109.5	107.4		
1986	1237	1338	944		993	116.5	117.6	111.7		116.7	112.1	113.2	107.5		112.3
1987	1340	1441	1040		1087	108.3	107.7	123.1		109.5	100.8	100.2	102.5		101.8
1988	1598	1726	1211		1380	119.3	119.8	116.4		127.0	99.4	99.8	97.0		105.8
1989	1796	1941	1342		1587	112.4	112.5	110.8		115.0	95.0	95.1	93.7		97.2
1990	2011	2177	1490		1737	112.0	112.2	111.0		109.5	108.6	108.8	107.7		106.2
1991	2194	2351	1693		2178	109.1	108.0	113.6		125.4	106.6	105.6	111.1		122.6
1992	2458	2643	1885		2665	112.0	112.4	111.3		122.4	105.3	105.7	104.6		115.0
1993	2984	3148	2274		3890	121.2	119.1	120.6		146.0	106.6	101.9	103.2		124.9
1994	4064	4366	2726		5198	136.2	138.7	119.9		133.6	106.5	108.4	93.7		104.5
1995	4703	5002	3242		5944	115.7	114.6	118.9		114.4	97.2	96.3	99.9		96.1
1996	5218	5527	3666		6248	111.0	110.5	113.1		105.1	101.0	100.6	103.0		95.7
1997	5626	5996	3982		6206	107.8	108.5	108.6		99.3	102.6	103.2	103.3		94.5
1998	5939	6441	3966		5741	105.6	107.4	99.6		92.5	105.8	107.6	99.8		92.7
1999	7249	7771	4927		6992	110.2	110.3	106.2		110.0	112.3	112.4	108.3		112.1
2000	8323	8909	5749		7763	114.8	114.6	116.7		110.0	115.1	114.9	117.1		110.3
2001	9934	10783	6575		8650	119.4	121.0	114.4		111.4	117.2	118.9	112.3		109.5
2002	11183	12388	7395		9233	112.6	114.9	112.5		106.8	113.0	115.3	112.8		107.2
2003	12320	13769	8647		10005	110.2	111.1	116.9		108.7	109.4	110.5	116.0		106.9
2004	13887	15592	9680		11292	112.7	113.2	111.9		113.2	107.8	108.3	106.6		107.9
2005	15638	17644	10974		12732	112.6	113.2	113.4		112.8	110.7	111.3	111.5		110.9
2006	17612	19884	12624		14403	112.6	112.7	115.0		113.0	110.2	108.9	111.4		109.8
2007	21081	24045	15089		16922	119.7	120.9	119.5		117.5	113.0	114.2	112.9		110.9
2008	24725	28131	18386		20068	117.3	117.0	121.9		118.8	112.2	112.1	116.2		113.4
2009	23572	32210	21043	16085	22666		114.5	114.5		112.9		113.7	113.7		112.2
2010	26127	36729	23411	18316	27081	110.8	114.0	111.3	113.9	119.5	109.7	110.4	107.7	110.2	115.7
2011	31300	42048	28342	22175	31575	119.8	114.5	121.1	121.1	116.6	111.1	108.9	115.2	115.2	110.9
2012	35873	47721	33409	25912	35749	114.6	113.5	117.9	116.9	113.2	110.9	110.4	114.7	113.7	110.1
2013	41795	53896	39112	29830	43857	116.5	112.9	117.1	115.1	122.7	113.3	109.9	113.9	112.0	119.3

注：2009年及以后全部单位就业人员平均工资包括私营单位(后同)。

a)Average Wages of Employment in all Units include wages in the privat units from 2009.(the same as follows)

4-26 各市(州)全部单位就业人员平均工资及指数(2013年)
Average Wages of Employment in all Units and Related Index by Region(2013)

市(州)	Region	平均货币工资 (元) Average Money Wage (yuan)					指数 (上年=100) Index (preceding year=100) 平均货币工资 Arerage Money Wage				
		全部单位 all Units	国有经济单位 State-owned Units	城镇集体经济单位 Urban Collective-owned Units	私营经济单位 Private Units	其他各种经济单位 Units of Other Types of Ownership	全部单位 all Units	国有经济单位 State-owned Units	城镇集体经济单位 Urban Collective-owned Units	私营经济单位 Private Units	其他各种经济单位 Units of Other Types of Ownership
全 省	**Sichuan**	**41795**	**53896**	**39112**	**29830**	**43857**	**116.5**	**112.9**	**117.1**	**115.1**	**122.7**
成都市	Chengdu	48358	65694	49063	30914	50232	126.5	115.6	127.5	128.7	137.1
自贡市	Zigong	37081	49671	35193	29794	38880	113.5	111.7	117.7	115.7	107.4
攀枝花市	Panzhihua	44220	62060	48959	32529	45230	108.3	129.7	113.5	108.7	101.4
泸州市	Luzhou	37648	47657	33865	29748	40862	120.1	124.0	125.4	113.2	113.7
德阳市	Deyang	41426	51624	44981	30053	48092	112.9	110.0	116.6	110.2	107.9
绵阳市	Mianyang	40989	56259	54536	29051	40435	115.3	116.8	119.0	108.7	118.0
广元市	Guangyuan	37300	43812	46540	28761	37167	109.6	111.5	103.4	104.8	102.1
遂宁市	Suining	34633	45494	28371	29364	34286	113.0	111.8	104.3	122.3	108.5
内江市	Neijiang	35479	46788	41545	26205	33353	112.1	117.9	106.9	115.3	108.7
乐山市	Leshan	37742	46936	34708	29380	40709	116.6	109.6	105.5	116.8	126.1
南充市	Nanchong	35981	43519	29417	30281	38586	110.9	111.2	101.3	110.5	120.7
眉山市	Meishan	36595	44376	56253	29636	40250	110.8	104.6	137.2	110.4	115.0
宜宾市	Yibin	38674	45648	28444	30399	43970	111.6	108.9	109.8	110.8	117.1
广安市	Guangan	36213	48339	38924	30306	38005	109.1	123.1	84.9	104.4	102.9
达州市	Dazhou	35292	43565	33853	28224	34651	109.5	112.0	112.1	104.6	107.1
雅安市	Yaan	35464	40685	33723	26870	36771	108.0	110.0	133.0	96.0	114.5
巴中市	Bazhong	36825	40726	32483	25924	39806	119.1	112.4	108.0	114.4	134.5
资阳市	Ziyang	33587	43474	34124	25739	35421	110.4	104.5	124.6	105.2	128.9
阿坝藏族羌族自治州	Aba	48011	56871	55141	30035	37198	113.9	124.5	153.4	106.2	82.4
甘孜藏族自治州	Ganzi	47771	50874	38838	30120	40260	110.4	114.3	108.8	124.5	74.6
凉山彝族自治州	Liangshan	44163	52117	38996	30217	46560	106.5	104.6	119.7	101.7	117.1

4-27 按行业分全部单位就业人员平均工资

单位：元

年份 Year	合计 Total	农、林、牧、渔业 Farming, Forestry, Animal Husbandry and Fishery	采矿业 Mining	制造业 Manufac-turing	电力、热力、燃气及水生产和供应业 Production and Supply of Electricity, Heat,Gas and Water	建筑业 Construc-tion	批发和零售业 Wholesale and Retail Trades	交通运输、仓储和邮政业 Transport, Storage and Post	住宿和餐饮业 Hotels and Catering Services	信息传输、软件和信息技术服务业 Information Transmission, Software and IT Services
1978	590	575	719	577	552	658	509	655	501	
1979	639	586	785	646	643	738	540	693	532	
1980	743	649	914	742	795	834	645	756	637	
1981	748	659	936	741	787	867	641	760	635	
1982	761	656	945	744	742	881	637	784	629	
1983	788	712	953	787	766	906	648	814	632	
1984	912	763	1025	956	920	1066	743	965	735	1218
1985	1062	890	1264	1079	1113	1170	883	1080	870	1343
1986	1237	1119	1520	1211	1337	1364	998	1268	987	1424
1987	1340	1153	1589	1339	1461	1528	1093	1391	1081	1861
1988	1598	1320	1887	1618	1705	1732	1341	1671	1328	2105
1989	1796	1449	2247	1827	1988	1945	1477	1928	1449	2438
1990	2011	1588	2515	2033	2145	2192	1635	2122	1602	2771
1991	2194	1714	2677	2238	2574	2434	1774	2340	1748	2950
1992	2458	1981	2816	2469	2747	2705	1869	2624	1838	3857
1993	2984	2683	2955	3132	3661	3243	2335	3032	2307	5103
1994	4064	3404	4158	3941	4776	4267	2828	4221	2809	6946
1995	4703	3957	4819	4671	5961	5063	3326	4999	3314	7522
1996	5218	4310	5348	5181	6773	5485	3686	5712	3669	9019
1997	5626	4418	5631	5466	8138	5908	3850	6614	3823	10801
1998	5939	4609	5561	5539	8732	6072	4789	6873	4761	12347
1999	7249	5481	6337	6873	9760	7066	5060	8936	5043	14237
2000	8323	6140	8083	7774	10764	7693	5755	10352	5726	15819
2001	9934	7373	7753	8892	12039	8355	6895	12340	6858	18687
2002	11183	8114	9866	9853	13506	8444	8043	13952	8017	20763
2003	12320	8902	10591	11126	15099	9202	9971	12997	9202	22057
2004	13887	9264	12937	12686	16918	10090	11793	14903	10442	26305
2005	15638	10016	16907	14226	19253	11113	13999	17422	11133	30091
2006	17612	11224	18682	16404	21469	12839	15682	20776	12555	32229
2007	21081	13377	21752	18906	25518	14902	17321	23420	14493	34622
2008	24725	15231	28632	22046	30484	17746	20949	27344	16531	37462
2009	23572	17234	24348	19692	30360	18887	18253	27416	16308	29766
2010	26127	19481	25470	22722	35774	20711	20192	29518	18006	32863
2011	31300	23095	32927	27200	41321	25323	24082	36967	21401	36517
2012	35873	26700	38437	30827	46059	29629	31074	46169	24444	34204
2013	41795	29416	41540	37519	58181	35289	34976	52331	27633	54618

Average Wages of Employment in all Units by Sector

(yuan)

金融业 Financial Interme-diation	房地产业 Real Estate	租赁和商务服务业 Leasing and Business Services	科学研究和技术服务业 Scientific Research, and Technical Services	水利、环境和公共设施管理业 Management of Water Con-servancy,En-vironment and Public Facilities	居民服务、修理和其他服务业 Services to Households, Repair and Other Services	教育 Education	卫生和社会工作 Health and Social Service	文化、体育和娱乐业 Culture, Sports and Entertain-ment	公共管理、社会保障和社会组织 Public Mana-gement,Social Security and Social Organization
574	493		679	590	570	520	541	513	617
584	591		731	661	591	563	565	538	631
720	669		872	692	592	678	698	667	773
746	671		889	729	672	674	720	698	782
743	672		887	731	672	756	786	723	778
733	761		980	752	698	769	812	759	875
989	851	901	1105	804	779	774	851	796	877
1076	974	1005	1275	986	933	1040	998	901	1039
1356	1247	1286	1509	1178	1115	1220	1271	1213	1312
1419	1332	1359	1623	1201	1195	1246	1346	1287	1383
1624	1542	1512	1895	1289	1382	1525	1595	1501	1579
1730	1711	1983	2119	1451	1590	1662	1775	1697	1776
1970	1874	2109	2458	1698	1784	1882	1980	1884	1991
2086	2014	2507	2681	1813	1981	1962	2142	1989	2158
2513	2553	3121	3163	1994	2292	2356	2489	2276	2595
2589	3134	4003	3718	2367	2764	2716	2995	2798	3050
5483	4976	4865	6045	2944	3936	4221	4662	4573	4676
6058	5207	5405	6583	3403	4549	4580	5344	5281	5089
6703	5814	6014	7385	3863	5164	4981	6038	5834	5601
8021	6215	6682	8142	4140	5535	5363	6628	6579	6179
9540	7347	7422	8457	4564	6102	5941	7310	6918	7035
11249	8678	8242	9360	5529	7392	6860	8538	8077	8059
13274	9104	9157	11376	6111	8170	7923	9788	9193	9236
15567	10671	10174	15631	7073	9456	9998	11657	10866	11564
17603	11877	11304	17269	8693	11621	11766	13349	12376	13057
19452	12461	12412	19656	9495	13120	12647	14719	13673	14380
21969	13379	14890	21270	10567	13865	13787	16761	16758	15871
24764	14333	19186	24933	11498	15356	14952	18709	18591	17782
28282	16765	19556	29754	13014	17605	16374	21205	20204	19405
33843	19928	25101	36394	15629	22115	20937	25887	23597	24960
42055	37022	26158	42806	16901	18493	23491	30020	25859	29540
43127	20070	20672	43405	18903	14759	28819	32202	25599	32295
52258	23440	24320	48115	20304	16607	33666	38189	26998	35015
59391	27582	26754	57449	24613	21113	38621	44617	31002	39555
68840	31744	29441	60922	28635	23664	43923	51849	37105	44117
74682	40001	35789	70563	33285	28005	48695	57541	43257	48635

4-28 各市(州)按行业分全部单位就业人员平均工资(2013年)

单位：元

市(州)	Region	合计 Total	农、林、牧、渔业 Farming, Forestry, Animal Husbandry and Fishery	采矿业 Mining	制造业 Manufacturing	电力、热力、燃气及水生产和供应业 Production and Supply of Electricity, Heat,Gas and Water	建筑业 Construction	批发和零售业 Wholesale and Retail Trades	交通运输、仓储和邮政业 Transport, Storage and Post	住宿和餐饮业 Hotels and Catering Services
全　省	**Sichuan**	**41795**	**29416**	**41540**	**37519**	**58181**	**35289**	**34976**	**52331**	**27633**
成都市	Chengdu	48358	28969	75752	43650	75521	40544	36262	59613	29830
自贡市	Zigong	37081	31544	33270	34800	62863	32880	27504	38558	26496
攀枝花市	Panzhihua	44220	33458	40060	43048	51739	38297	38720	43758	30155
泸州市	Luzhou	37648	28781	31878	34417	42476	37494	29470	33221	25044
德阳市	Deyang	41426	32896	41449	42211	67373	32328	29648	44588	22776
绵阳市	Mianyang	40989	29310	27231	35032	53104	34163	39869	37455	28758
广元市	Guangyuan	37300	29923	38606	30450	32015	31915	32229	33614	28605
遂宁市	Suining	34633	29791	31098	31816	56058	28975	33349	29966	22559
内江市	Neijiang	35479	29763	30547	32825	40937	28006	35564	35998	19815
乐山市	Leshan	37742	22940	34241	35227	51248	32738	34819	37954	23958
南充市	Nanchong	35981	27692	32370	34105	49195	32040	32325	36089	27056
眉山市	Meishan	36595	32377	30548	34357	43004	32681	33252	32254	27887
宜宾市	Yibin	38674	26003	36253	41784	39675	32728	30285	29375	24548
广安市	Guangan	36213	27845	41297	30570	48953	30231	35311	39601	26974
达州市	Dazhou	35292	29445	39161	32466	45656	27484	29456	34524	23740
雅安市	Yaan	35464	21705	29618	30708	46157	23683	28168	27605	24189
巴中市	Bazhong	36825	33938	46156	32022	41033	34224	35063	38970	24178
资阳市	Ziyang	33587	24804	26319	30780	43925	29328	33589	36046	24416
阿坝藏族羌族自治州	Aba	48011	36284	19393	35246	55127	23500	32422	45522	30552
甘孜藏族自治州	Ganzi	47771	36983	33045	30062	41222	29779	45234	51065	27537
凉山彝族自治州	Liangshan	44163	29872	39103	33246	56214	31480	51962	43742	30744

Average Wages of Employment in all Units by Sector and Region(2013)

(yuan)

信息传输、软件和信息技术服务业 Information Transmission, Software and IT Services	金融业 Financial Interme-diation	房地产业 Real Estate	租赁和商务服务业 Leasing and Business Services	科学研究和技术服务业 Scientific Research, and Technical Services	水利、环境和公共设施管理业 Management of Water Con-servancy,En-vironment and Public Facilities	居民服务、修理和其他服务业 Services to Households, Repair and Other Services	教育 Education	卫生和社会工作 Health and Social Service	文化、体育和娱乐业 Culture, Sports and Entertain-ment	公共管理、社会保障和社会组织 Public Mana-gement,Social Security and Social Organization
54618	**74682**	**40001**	**35789**	**70563**	**33285**	**28005**	**48695**	**57541**	**43257**	**48635**
61924	96498	45376	39624	78569	42898	27391	58693	71010	46718	61365
52857	63384	30556	30670	45773	43153	31370	49082	50396	41996	41758
34133	77461	38551	31096	55048	44216	30317	63519	62468	45611	62691
50553	71220	34077	33625	36374	25412	35045	45778	62027	38618	49013
54346	72758	38008	24820	41957	27782	31592	48215	54704	45356	47539
40338	64610	35706	32044	95267	24689	39611	42708	52762	38729	47757
43969	63698	38710	30374	36310	29501	30814	42068	50859	33791	40626
32626	83978	28574	25340	33211	19891	24495	43935	54045	33570	41799
28872	71705	34905	26522	43813	33515	25731	46811	51608	36653	42985
44591	68427	37575	23871	41833	35085	29000	47003	48154	44869	48423
45759	52313	31123	26361	35831	21417	26159	42987	53378	34996	40663
38073	78053	40120	31110	40187	31302	34566	43975	47623	34477	43361
42524	61904	31714	28951	44178	22682	21952	43802	51973	41838	42215
46451	72368	29323	28493	39815	20520	34393	46385	52982	34147	41022
37168	53239	31133	29272	39367	26551	28722	43514	45089	40055	41985
53874	63531	37588	28244	38086	23436	29962	41751	46499	30916	38962
34493	58187	34523	31152	36123	30414	29505	41378	46677	34657	38852
39900	55923	30716	20756	35437	23712	40739	40181	52979	39422	41268
58675	72198	29462	46514	58996	52082	21380	59559	51617	54283	58140
53505	56713	33637	31753	44383	33900	28860	52426	49707	42340	51877
46288	96490	23517	29879	47621	26633	22671	50200	56749	38666	51760

4-29 按行业分国有经济单位就业人员平均工资

单位：元

年份 Year	合计 Total	农、林、牧、渔业 Farming, Forestry, Animal Husbandry and Fishery	采矿业 Mining	制造业 Manufacturing	电力、热力、燃气及水生产和供应业 Production and Supply of Electricity, Heat,Gas and Water	建筑业 Construction	批发和零售业 Wholesale and Retail Trades	交通运输、仓储和邮政业 Transport, Storage and Post	住宿和餐饮业 Hotels and Catering Services	信息传输、软件和信息技术服务业 Information Transmission, Software and IT Services
1978	622	519	722	620	603	703	539	682	518	
1979	673	571	787	694	669	774	586	738	571	
1980	789	674	918	803	826	890	688	836	663	
1981	788	677	939	787	811	922	685	831	668	
1982	798	642	947	787	759	928	678	835	659	
1983	827	742	834	837	782	952	701	861	697	
1984	973	797	1029	1033	942	1172	832	1056	815	1309
1985	1138	941	1268	1174	1334	1157	978	1178	954	1512
1986	1338	1169	1527	1319	1438	1568	1115	1414	996	1866
1987	1441	1202	1595	1459	1563	1733	1225	1536	1209	1975
1988	1726	1389	1895	1773	1814	2012	1537	1853	1506	2413
1989	1941	1527	2259	1998	2122	2268	1686	2126	1642	2858
1990	2177	1700	2560	2232	2331	2527	1865	2336	1827	3177
1991	2351	1812	2723	2432	2622	2765	2011	2557	1983	3843
1992	2643	2120	2882	2678	2945	3056	2102	2878	2085	4620
1993	3148	2916	2956	3302	3714	3660	2454	3402	2396	5431
1994	4366	3652	4220	4135	4822	4881	3219	4815	3149	7872
1995	5002	4167	4907	4838	6057	5926	3701	5648	3544	8655
1996	5527	4479	5471	5362	6833	6356	4064	6376	3971	9310
1997	5996	4585	5791	5702	8292	6903	4251	7499	4148	10044
1998	6441	4821	5849	5832	8279	6983	4312	7974	4201	12786
1999	7771	5727	6616	7314	10469	8480	5924	9889	5719	13899
2000	8909	6353	8705	8323	11508	8907	6443	11410	6222	17001
2001	10783	7735	8302	9566	12940	10064	7717	13557	7487	19123
2002	12388	8384	10884	11137	14995	10636	8883	15109	8485	21247
2003	13769	9095	11943	13136	16327	11775	11420	14151	10123	22463
2004	15592	9433	14588	15320	19016	13269	14060	15914	11879	27235
2005	17644	10206	20692	17783	22067	14466	17461	18255	12883	31395
2006	19884	11430	22602	22373	24328	15964	20068	22484	13976	32947
2007	24045	13707	25671	24778	28980	18715	22506	25031	16883	34077
2008	28131	15453	35692	29039	34560	21377	28070	29519	19452	37033
2009	32210	17920	39083	33169	37326	25284	33574	34183	21450	40649
2010	36729	19934	46629	37871	44559	28886	41334	38996	26240	44039
2011	42048	26451	52419	43179	49809	32067	48097	46270	31380	44616
2012	47721	31514	57092	47075	54557	37259	54348	55021	34732	53353
2013	53896	35211	48146	54977	71319	45202	66927	60511	34048	65885

Average Wages of Employment in State-owned Units by Sector

(yuan)

金融业 Financial Interme-diation	房地产业 Real Estate	租赁和商务服务业 Leasing and Business Services	科学研究和技术服务业 Scientific Research, and Technical Services	水利、环境和公共设施管理业 Management of Water Con-servancy,En-vironment and Public Facilities	居民服务、修理和其他服务业 Services to Households, Repair and Other Services	教育 Education	卫生和社会工作 Health and Social Service	文化、体育和娱乐业 Culture, Sports and Entertain-ment	公共管理、社会保障和社会组织 Public Management, Social Security and Social Organization
623	493		676	618	593	540	575	622	623
629	591		694	635	627	565	592	641	635
751	679		725	633	624	683	754	703	775
777	650		803	761	762	682	781	795	784
771	683		886	792	759	760	582	787	779
770	783		889	813	783	772	876	801	877
1110	875	871	1150	899	875	776	928	889	877
1185	990	986	1223	1074	1058	1043	1103	1066	1037
1460	1268	1258	1482	1265	1247	1222	1358	1304	1313
1496	1353	1342	1509	1386	1328	1248	1437	1373	1382
1726	1546	1533	1783	1597	1524	1527	1699	1576	1578
1805	1712	1664	1987	1811	1724	1664	1923	1768	1773
2071	1885	1832	2146	2108	1940	1884	2152	1987	1989
2179	2030	1973	2201	2371	2121	1963	2295	2153	2156
2668	2585	2450	2889	2893	2427	2358	2679	2582	2594
3943	3060	2900	3876	3158	3027	2716	3234	3169	3052
5872	5023	4761	5751	4466	4106	4225	5144	5078	4684
6505	5254	4980	6389	4890	4749	4583	5808	5736	5091
7156	5896	5539	7098	5519	5430	4984	6549	6137	5604
8670	6374	5988	8474	5795	5712	5366	7187	6519	6182
10271	7620	7158	10193	6384	6302	5945	8012	7098	7039
11788	9076	8526	11658	7731	7583	6861	9334	8014	8062
14403	9344	8778	14064	8647	8415	7928	10721	9081	9246
17012	11334	10643	16737	9898	9751	9997	12909	11150	11568
18860	13793	12952	18009	10042	11731	11769	14656	12922	13059
21309	14740	13934	19769	9574	14516	12631	16277	13862	14382
24320	15980	17189	21357	10733	16218	13767	18335	17036	15873
26744	17285	21531	25100	11719	17133	14912	20051	18871	17783
30830	19248	22195	29911	13333	19946	16340	22688	17806	19407
35986	23745	29596	36600	16035	25766	20920	27528	23901	24963
44898	26987	28529	43119	17522	22436	23465	31920	26194	29542
47335	30409	35599	48319	19506	28979	29473	34379	28400	33204
59311	30448	41002	54707	20978	30725	34392	40552	32426	35018
65572	32826	46130	64236	25296	38606	39240	47425	37631	39555
74670	40669	62383	67431	29369	38824	44598	55064	44509	44126
83191	43221	53195	74713	32137	42343	49521	60988	48735	48638

4-30 各市(州)按行业分国有经济单位就业人员平均工资(2013年)

单位：元

市(州)	Region	合计 Total	农、林、牧、渔业 Farming, Forestry, Animal Husbandry and Fishery	采矿业 Mining	制造业 Manufacturing	电力、热力、燃气及水生产和供应业 Production and Supply of Electricity, Heat,Gas and Water	建筑业 Construction	批发和零售业 Wholesale and Retail Trades	交通运输、仓储和邮政业 Transport, Storage and Post	住宿和餐饮业 Hotels and Catering Services
全　省	**Sichuan**	**53896**	**35211**	**48146**	**54977**	**71319**	**45202**	**66927**	**60511**	**34048**
成都市	Chengdu	65694	50181	82726	62236	76894	51474	82141	63564	34055
自贡市	Zigong	49671	38185		43611	102084	38753	34411	58078	15968
攀枝花市	Panzhihua	62060	32643			85244	33153	92772	45469	20280
泸州市	Luzhou	47657	32131	30533	33465	44009	42627	44290	44834	
德阳市	Deyang	51624	44794	45737	61563	99847	38203	61927	60705	31045
绵阳市	Mianyang	56259	36106		72371	59951	38688	44237	44276	37091
广元市	Guangyuan	43812	34439		30630	48584	43536	62402	44828	18254
遂宁市	Suining	45494	36461		35520	40566	17944	39936	34494	22454
内江市	Neijiang	46788	33998	33693	43997	52257	43662	82060	48787	
乐山市	Leshan	46936	23122	39523	65869	38686	53160	65704	47432	23539
南充市	Nanchong	43519	35305		36806	62396	29905	59844	46287	21417
眉山市	Meishan	44376	38987			38162	31870	36752	40325	
宜宾市	Yibin	45648	32274	46980	62753	59457	35311	84294	36828	23954
广安市	Guangan	48339	40715	64080		57541	36971	95149	52674	
达州市	Dazhou	43565	38726	75616	32515	51341	25528	43258	39746	27135
雅安市	Yaan	40685	24501		106667	36684	22772	53464	26945	17979
巴中市	Bazhong	40726	36625	35611	32637	38718	32116	51192	44341	24405
资阳市	Ziyang	43474	32918		55702	45508	28836	104817	44180	19280
阿坝藏族羌族自治州	Aba	56871	36920		15267	90992	39701	68089	55256	26780
甘孜藏族自治州	Ganzi	50874	37651	42125	25291	37387	40765	64587	59882	31515
凉山彝族自治州	Liangshan	52117	29401	27883	34163	61519	31623	80190	50484	25269

Average Wages of Empoyment in State-owned Units by Sector and Region(2013)

(yuan)

信息传输、软件和信息技术服务业 Information Transmission, Software and IT Services	金融业 Financial Interme-diation	房地产业 Real Estate	租赁和商务服务业 Leasing and Business Services	科学研究和技术服务业 Scientific Research, and Technical Services	水利、环境和公共设施管理业 Management of Water Con-servancy,En-vironment and Public Facilities	居民服务、修理和其他服务业 Services to Households, Repair and Other Services	教育 Education	卫生和社会工作 Health and Social Service	文化、体育和娱乐业 Culture, Sports and Entertain-ment	公共管理、社会保障和社会组织 Public Mana-gement,Social Security and Social Organization
65885	**83191**	**43221**	**53195**	**74713**	**32137**	**42343**	**49521**	**60988**	**48735**	**48638**
70298	97974	54597	48158	82059	49033	48430	62359	81238	54796	61365
65583	79885	35009	41306	53401	47392	59822	49822	51274	49899	41785
62800	85792		58123	75776	45953	56307	65777	64290	52862	62752
42210	70129	30418	40877	38530	26501	54903	46252	63920	48354	49013
49746	81099	51028	24988	55108	27612	43749	47548	61836	45469	47539
74494	66875	40227	48687	98065	24709	52180	42602	54165	48049	47757
52469	84884	43273	54424	41229	27909	33917	42719	56289	39784	40626
48291	84788	41887	35797	40059	19215	39573	45937	56624	39173	41798
51102	75300	37066	42224	45278	34973	44156	47307	53457	37930	42990
45902	68196	44742	19585	43647	31412	30955	47526	49589	47277	48423
33228	82422	34063	28627	36409	20801	35083	43340	54572	36327	40663
69444	83613	45125	46163	42179	31588	41226	44162	48942	35391	43361
63688	71941	35705	27091	46102	21475	31331	43995	54234	45744	42215
54612	66748	33181	29430	40828	20956	57096	47048	58159	35283	41023
49277	57812	44945	39538	39681	26543	38917	44159	48657	44986	41985
40383	63869	30056	24580	39096	23117	34418	41751	46699	31121	38962
38149	52468	35361	38271	36857	31071	49194	41744	49817	37733	38852
78521	85542	38820	27367	37701	23664	47216	40211	53335	41457	41268
53089	78438		31798	59976	53164	36400	59565	51617	59803	58140
57009	60936	40909	25087	45668	33863	50300	52528	49822	48448	51877
57649	99480	27543	29476	50162	26144	54198	50401	58876	44951	51760

4-31 按行业分城镇集体经济单位就业人员平均工资

单位：元

年份 Year	合计 Total	农、林、牧、渔业 Farming, Forestry, Animal Husbandry and Fishery	采矿业 Mining	制造业 Manufacturing	电力、热力、燃气及水生产和供应业 Production and Supply of Electricity, Heat,Gas and Water	建筑业 Construction	批发和零售业 Wholesale and Retail Trades	交通运输、仓储和邮政业 Transport, Storage and Post	住宿和餐饮业 Hotels and Catering Services	信息传输、软件和信息技术服务业 Information Transmission, Software and IT Services
1978	475	412	397	447	397	580	422	611	459	
1979	520	435	496	511	492	639	430	615	472	
1980	590	497	586	586	586	696	537	611	611	
1981	613	539	623	623	623	741	540	622	620	
1982	633	560	633	632	632	784	536	678	616	
1983	652	592	655	656	661	817	525	707	625	
1984	737	609	741	768	768	868	633	765	763	755
1985	845	664	879	879	879	902	795	869	905	831
1986	944	901	929	940	940	1042	885	930	1015	907
1987	1040	960	1038	1038	1038	1185	966	1036	1096	1222
1988	1211	1069	1221	1221	1221	1293	1143	1201	1273	1477
1989	1342	1172	1363	1363	1363	1416	1241	1401	1371	1635
1990	1490	1254	1461	1507	1455	1639	1384	1526	1517	1920
1991	1693	1431	1772	1735	1896	1891	1527	1723	1860	2010
1992	1885	1625	1756	1903	1937	2157	1598	1874	2031	2744
1993	2274	1969	2248	2288	2552	2523	2168	2087	2601	3111
1994	2726	2712	2813	2763	3290	3194	2211	2101	2644	3515
1995	3242	3321	3169	3333	4710	3576	2694	2559	3127	3873
1996	3666	3781	3372	3735	5265	4038	3038	3078	3471	4218
1997	3982	3865	4060	4039	7328	4407	3156	3285	3589	4666
1998	3966	3875	3945	3937	6348	4657	2985	2933	3674	4924
1999	4927	4570	4016	4900	6917	5159	3748	4459	4437	5491
2000	5749	5173	4645	5549	7074	6124	4408	4651	5097	5867
2001	6575	5781	4889	6220	9685	6496	5086	5505	5775	6455
2002	7395	6568	4117	7095	13656	6641	5844	6322	6533	6943
2003	8647	7566	6624	8045	14556	7558	6579	7261	7281	7802
2004	9680	8084	6260	9396	14456	8255	7573	8829	7903	8125
2005	10974	8470	7280	10678	16523	8997	7901	9374	8754	11323
2006	12624	9302	8742	11852	15149	10886	8659	10870	9789	9895
2007	15089	10952	9204	13985	20513	12528	9819	11240	10402	13389
2008	18386	13512	19378	17938	23433	15080	12346	14069	12258	20056
2009	21043	16385	23127	20438	18055	17496	14484	16362	16627	21730
2010	23441	20181	26369	19411	24364	19418	16016	18139	18844	23076
2011	28342	28582	25802	23553	26934	24161	18258	23219	21197	22584
2012	33409	34911	33558	27778	33649	28499	21908	26371	23101	40263
2013	39112	27770	36142	35310	34474	32820	25814	28358	29485	29011

Average Wages of Employment in Urban Collective-owned Units by Sector

(yuan)

金融业 Financial Interme-diation	房地产业 Real Estate	租赁和商务服务业 Leasing and Bussiness Services	科学研究和技术服务业 Scientific Research, and Technical Services	水利、环境和公共设施管理业 Management of Water Con-servancy,En-vironment and Public Facilities	居民服务、修理和其他服务业 Services to housholds, Repair and Other Services	教育 Education	卫生和社会工作 Health and Social Service	文化、体育和娱乐业 Culture, Sports and Entertain-ment	公共管理、社会保障和社会组织 Public Management, Social Security and Social Organization
513				488	489	261	482	472	523
524				517	454	520	520	518	401
669	566		488	595	566	552	596	545	576
687	566		464	601	566	474	602	485	624
689	567		484	654	565	622	652	604	642
663	586		645	685	585	650	680	633	616
761	654		672	683	656	679	687	658	883
874	883	772	568	771	736	807	768	791	1095
1156	968	921	623	1095	885	1064	1071	1036	1277
1268	915	1056	653	1178	953	1111	1117	1101	1401
1415	1350	1107	938	1313	1095	1228	1322	1203	1627
1582	1622	1289	1239	1385	1281	1449	1384	1418	1919
1752	1562	1392	1933	1531	1395	1588	1513	1545	2081
1880	1666	1598	1923	1722	1518	1758	1701	1731	2295
2171	1925	1945	2435	1969	1711	1913	1918	1902	2650
2755	3510	2277	2142	2432	1625	2621	2213	2487	2849
4600	3381	2801	3596	3177	2953	3200	3164	3149	3997
5031	4195	3247	5954	3254	3450	3832	3882	3638	4875
5604	4129	3588	4577	3895	3710	4192	4406	3963	5336
6383	4597	3693	6092	4467	4288	4450	4770	4185	5903
7202	5133	3796	7704	4792	4251	4596	4944	4276	6431
8601	5865	4589	5288	5083	5399	5340	5757	5113	7424
9743	7766	5275	9254	5957	6029	6475	6383	6255	7435
11233	8747	5894	12278	6491	7853	7214	7109	7031	10658
13813	8539	6641	13812	7107	8262	8925	8388	7842	12299
14726	9892	7172	14921	8125	12935	10773	9569	8205	13516
17439	11085	7311	20064	8810	8917	10316	10859	8897	16983
21328	13201	9449	15656	9484	8948	12519	12758	10712	12721
24183	13477	11055	17640	10217	10324	11409	14613	13362	15039
31523	13766	13148	21560	12138	10937	14574	18415	18817	15277
37801	15926	18284	20852	11927	12353	16467	21109	22457	16342
41319	18032	18666	23350	16888	13821	25461	25969	20530	20896
48800	20283	16268	33619	18279	15626	31066	31745	24082	26478
54793	25548	21066	45964	19915	18561	32124	37638	28004	43016
64181	31270	26032	45085	21080	21651	35450	44098	29762	33996
76785	31268	26131	41339	24545	21278	51909	50455	35229	29816

4-32 各市(州)按行业分城镇集体经济单位就业人员平均工资(2013年)

单位：元

市(州)	Region	合计 Total	农、林、牧、渔业 Farming, Forestry, Animal Husbandry and Fishery	采矿业 Mining	制造业 Manufacturing	电力、热力、燃气及水生产和供应业 Production and Supply of Electricity, Heat,Gas and Water	建筑业 Construction	批发和零售业 Wholesale and Retail Trades	交通运输、仓储和邮政业 Transport, Storage and Post	住宿和餐饮业 Hotels and Catering Services
全　省	**Sichuan**	**39112**	**27770**	**36142**	**35310**	**34474**	**32820**	**25814**	**28358**	**29485**
成都市	Chengdu	49063	84524		32830	58362	43093	46881	25957	30515
自贡市	Zigong	35193	40839		31924		29456	24923	34596	21250
攀枝花市	Panzhihua	48959		41054	45111	57614	52886	14000	49524	18318
泸州市	Luzhou	33865			25054	30497	33555	19981	25571	
德阳市	Deyang	44981	58392	11200	43598		26473	26937	16428	
绵阳市	Mianyang	54536	35857		37432		31678	28210		
广元市	Guangyuan	46540			31195	43012	43999	19998	39111	19547
遂宁市	Suining	28371			36000		22545		10750	
内江市	Neijiang	41545			51868		30439	15603	36833	24111
乐山市	Leshan	34708	23140	33863	33978	23889	29455	28680	38120	33633
南充市	Nanchong	29417	19276		42679	28350	25156	20508	27215	
眉山市	Meishan	56253	10911				32050		16250	34000
宜宾市	Yibin	28444	38253	31000	33502	22903	26439	21439	19980	16609
广安市	Guangan	38924			29346		27435	18134	24652	30247
达州市	Dazhou	33853		42351	31146		28730	26270	44894	
雅安市	Yaan	33723					16752		27200	
巴中市	Bazhong	32483			21827	28106	31815	22698		26402
资阳市	Ziyang	34124	16114		44862	34432	31570	19828	28791	20300
阿坝藏族羌族自治州	Aba	55141	63429				44803	29763		34497
甘孜藏族自治州	Ganzi	38838			12267		26539			
凉山彝族自治州	Liangshan	38996	17078	31968	57667	30585	63199	31850	62349	34048

Average Wages of Employment in Urban Collective-owned Units by Sector and Region(2013)

(yuan)

信息传输、软件和信息技术服务业 Information Transmission, Software and IT Services	金融业 Financial Interme-diation	房地产业 Real Estate	租赁和商务服务业 Leasing and Business Services	科学研究和技术服务业 Scientific Research, and Technical Services	水利、环境和公共设施管理业 Management of Water Con-servancy,En-vironment and Public Facilities	居民服务、修理和其他服务业 Services to Households, Repair and Other Services	教育 Education	卫生和社会工作 Health and Social Service	文化、体育和娱乐业 Culture, Sports and Entertain-ment	公共管理、社会保障和社会组织 Public Mana-gement,Social Security and Social Organization
29011	**76785**	**31268**	**26131**	**41339**	**24545**	**21278**	**51909**	**50455**	**35229**	**29816**
	90142	48051	49050	35512	29636	20043	37000	62667	41094	
17167	69023	19286	26550	19000	19934	31348		45904	18714	29091
			26336	54396	19167			48444	18333	
	77954	27300	32382	50667	17447	28800		49218	38447	
	82577		16500	55131	29000		56413	41800		
	90789	15941	16769	38825	34000		49567	49572	16818	
	79992		45561	71215	34750		32182	41763	36000	
	64158	52500	20165	33682	35000			49272	25018	
	124252	25065	47000	47963	38176		35000	42767	27889	
13524	64647		28333	31588	16778	14000	42753	39725	35619	
34370	46936	35000	20244	47475	26301	36300		41237	41138	36200
	85697		42875	18216			30410	34913	50000	
			29816	33404		18462		47439	21154	
	89244		45308		15183			41446		52600
47362	70717	30902	21019	33500			46643	38707	16476	
	58575		20234					16077		
	61302		49708	43533	17351		31435	32188	21385	
17255	68112	51333	16049	11290						
	69623		37574							
	47754							63250		
		7395	27285			28594		59109		

4-33 按行业分其他各种经济单位就业人员平均工资
Average Wages of Employment in Units of Other Types of Ownership by Sector

单位：元 (yuan)

行　　业	Sector	2008	2009	2010	2011	2012	2013
总　计	**Total**	**20068**	**22666**	**27081**	**31575**	**35749**	**43857**
农、林、牧、渔业	Farming, Forestry, Animal Husbandry and Fishery	12455	15842	20653	23207	22322	26905
采矿业	Mining	20497	23112	27824	31986	37045	52840
制造业	Manufacturing	20009	22273	26274	31094	34091	43396
电力、热力、燃气及水生产和供应业	Production and Supply of Electricity, Heat,Gas and Water	26047	29200	34908	42414	46814	61185
建筑业	Construction	16657	18991	22416	25911	29928	35999
批发和零售业	Wholesale and Retail Trades	17658	20411	23405	26824	30678	38022
交通运输、仓储和邮政业	Transport, Storage and Post	22721	26663	32345	39103	55514	57757
住宿和餐饮业	Hotels and Catering Services	15475	18016	20480	24548	26156	30217
信息传输、软件和信息技术服务业	Information Transmission, Software and IT Services	38525	37953	41301	50290	61231	71454
金融业	Financial Intermediation	40102	39824	48132	58844	65843	69564
房地产业	Real Estate	20430	24236	30246	36209	42305	46051
租赁和商务服务业	Leasing and Business Services	19996	22217	26093	29833	37958	49588
科学研究和技术服务业	Scientific Research and Technical Services	39424	41687	40007	50188	65151	86030
水利、环境和公共设施管理业	Management of Water Conservancy, Environment and Public Facilities	11640	14533	14335	18264	22648	42281
居民服务、修理和其他服务业	Services to Households, Repair and Other Services	17439	19897	23943	28631	35587	36046
教育	Education	27404	32814	36355	34774	39493	41925
卫生和社会工作	Health and Social Service	26748	33521	34539	39670	47878	47026
文化、体育和娱乐业	Culture, Sports and Entertainment	17914	28887	30200	30651	36057	40449
公共管理、社会保障和社会组织	Public Management, Social Security and Social Organization						

4-34 各市(州)非私营企业单位就业人员和平均工资(2013年)
Average Wages and Number of Employment in Non-private Enterprises by Region(2013)

单位：人、元 (person,yuan)

市(州)	Region	就业人员 Number of Empoyment				平均工资 Average Wage			
		合计 Total	国有单位 State-owned Units	集体单位 Urban Collective-owned Units	其他单位 Units of Other Types of Ownership	合计 Total	国有单位 State-owned Units	集体单位 Urban Collective-owned Units	其他单位 Units of Other Types of Ownership
全　省	**Sichuan**	**4360711**	**1094351**	**236280**	**3030080**	**46727**	**59664**	**37268**	**43821**
成都市	Chengdu	1934189	594535	38894	1300760	53995	66073	44802	50175
自贡市	Zigong	117608	27486	7303	82819	41624	55027	34346	38836
攀枝花市	Panzhihua	194155	12160	7203	174792	46158	59340	49113	45234
泸州市	Luzhou	170108	42063	34231	93814	40643	45652	33697	40824
德阳市	Deyang	190594	49801	5394	135399	49801	57506	38349	48208
绵阳市	Mianyang	242975	29304	5397	208274	42045	54618	60610	40291
广元市	Guangyuan	61820	12310	9634	39876	41228	54486	47292	37139
遂宁市	Suining	101982	7214	11843	82925	34688	50610	28690	34292
内江市	Neijiang	144905	20351	9382	115172	35434	48959	41503	33356
乐山市	Leshan	129993	12387	7675	109931	40762	47644	32874	40895
南充市	Nanchong	188837	43078	17700	128059	39517	48165	28281	38647
眉山市	Meishan	75560	12116	4122	59322	42116	51623	59478	40265
宜宾市	Yibin	213699	26398	8824	178477	44359	53319	25292	43987
广安市	Guangan	45351	21723	9952	13676	47628	60017	39978	38243
达州市	Dazhou	122650	29624	24038	68988	36309	46692	33182	34651
雅安市	Yaan	34471	6151	1399	26921	37439	42726	33675	36796
巴中市	Bazhong	79956	20449	11833	47674	39120	39823	32589	39821
资阳市	Ziyang	120412	11946	14337	94129	36561	51418	34433	35429
阿坝藏族羌族自治州	Aba	24445	8667	1536	14242	44874	58307	55546	37198
甘孜藏族自治州	Ganzi	11776	6189	1136	4451	44459	50838	38795	40238
凉山彝族自治州	Liangshan	79767	24941	4447	50379	47663	51428	36387	46924

4-35 各市(州)非私营事业单位就业人员和平均工资(2013年)
Average Wages and Number of People Employed in Institutions of Non-private Enterprises by Region(2013)

单位：人、元 (person,yuan)

市(州)	Region	就业人员 Number of Employment				平均工资 Average Wage			
		合 计 Total	国有单位 State-owned Units	集体单位 Urban Collective-owned Units	其他单位 Units of Other Types of Ownership	合 计 Total	国有单位 State-owned Units	集体单位 Urban Collective-owned Units	其他单位 Units of Other Types of Ownership
全 省	**Sichuan**	**1693653**	**1616301**	**60921**	**16431**	**51900**	**52166**	**47429**	**43674**
成都市	Chengdu	415193	383336	21299	10558	65504	66645	56212	42924
自贡市	Zigong	50034	48366	1564	104	49122	49378	39595	71469
攀枝花市	Panzhihua	29892	29844	48		62094	62148	30680	
泸州市	Luzhou	73580	70967	1510	1103	48091	48287	37724	49720
德阳市	Deyang	65824	55398	9545	881	48039	48008	48782	41982
绵阳市	Mianyang	131338	122537	5824	2977	59558	60163	48767	55317
广元市	Guangyuan	56664	55122	1517	25	42823	42844	41888	53800
遂宁市	Suining	48963	47482	1470	11	46017	45951	48017	55182
内江市	Neijiang	65434	62800	2550	84	47269	47499	41688	27548
乐山市	Leshan	63811	61550	1996	265	46150	46253	41840	55008
南充市	Nanchong	104452	102704	1748		43167	43209	40679	
眉山市	Meishan	45731	45103	628		42863	42975	34698	
宜宾市	Yibin	86478	84790	1688		44779	44780	44737	
广安市	Guangan	53704	50651	2684	369	46338	47109	34664	24751
达州市	Dazhou	100815	97821	2994		43103	43231	38928	
雅安市	Yaan	33467	33384	29	54	41221	41220	32793	46204
巴中市	Bazhong	57817	55785	2032		41001	41324	32227	
资阳市	Ziyang	62322	62046	276		42107	42217	17342	
阿坝藏族羌族自治州	Aba	30212	30185	27		55058	55078	32222	
甘孜藏族自治州	Ganzi	31460	31419	41		49703	49715	40079	
凉山彝族自治州	Liangshan	86462	85011	1451		52512	52621	46291	

4-36 各市(州)国有单位分隶属关系就业人员平均工资(2013年)
Average Wages of Employment in State-owned Units by Region and Affiliations(2013)

单位：元 (yuan)

市(州)	Region	合计 Total	中央属单位 Units Belong to Central Government	省属单位 Units Belong to Province	市(州)属单位 Units Belong to City	县及县以下单位 Units Belong to County And Below	其他 Others
全 省	**Sichuan**	**53896**	**74417**	**60793**	**51863**	**45737**	**58089**
成都市	Chengdu	65694	79121	66755	54399	58592	68188
自贡市	Zigong	49671	66356	63991	47827	43569	37157
攀枝花市	Panzhihua	62060	89913	64699	67231	52577	46789
泸州市	Luzhou	47657	58589	72423	48460	43848	52855
德阳市	Deyang	51624	67075	47322	53140	44926	35907
绵阳市	Mianyang	56259	93797	56659	51714	42154	34777
广元市	Guangyuan	43812	56637	69031	49432	40166	
遂宁市	Suining	45494	58401	63101	49438	43080	17636
内江市	Neijiang	46788	55363	55897	55576	42959	37690
乐山市	Leshan	46936	61095	57433	44515	46317	41248
南充市	Nanchong	43519	72494	61408	49944	39121	41694
眉山市	Meishan	44376	63837	45967	45250	43676	46758
宜宾市	Yibin	45648	64660	51123	56527	40298	34630
广安市	Guangan	48339	80918	62197	46026	43771	48190
达州市	Dazhou	43565	63503	39198	50104	41332	19177
雅安市	Yaan	40685	64724	41160	40092	39125	
巴中市	Bazhong	40726	48621	53143	42769	39026	41786
资阳市	Ziyang	43474	66147	42105	53070	40458	
阿坝藏族羌族自治州	Aba	56871	71949	64029	55523	55465	
甘孜藏族自治州	Ganzi	50874	62524	62407	53027	49241	
凉山彝族自治州	Liangshan	52117	70541	71284	51226	49493	12944

4-37 各市(州)国有企业就业人员和平均工资(2013年)
Average Wages and the Number of Employment in State-owned Enterprises by Region(2013)

单位：人、元 (person,yuan)

市(州)	Region	就业人员 Number of Employment			平均工资 Average Wage of Staff and Worker		
		合 计 Total	中央单位 Enterprises Belong to Central Government	地方单位 Local Units	合 计 Total	中央单位 Enterprises Belong to Central Government	地方单位 Local Units
全 省	**Sichuan**	**1094351**	**467097**	**627254**	**61256**	**76274**	**49251**
成都市	Chengdu	594535	264543	329992	66073	79551	53762
自贡市	Zigong	27486	12614	14872	55027	67230	44618
攀枝花市	Panzhihua	12160	2917	9243	59340	92663	48637
泸州市	Luzhou	42063	7432	34631	45652	61417	42321
德阳市	Deyang	49801	27952	21849	57506	67703	43288
绵阳市	Mianyang	29304	5732	23572	54618	64901	52092
广元市	Guangyuan	12310	4962	7348	54486	57345	52546
遂宁市	Suining	7214	1575	5639	50610	61673	47471
内江市	Neijiang	20351	6779	13572	48959	57020	45013
乐山市	Leshan	12387	2364	10023	48554	62104	45236
南充市	Nanchong	43078	5944	37134	48165	73423	43992
眉山市	Meishan	12116	1322	10794	51623	64767	50084
宜宾市	Yibin	26398	11048	15350	53319	67040	43324
广安市	Guangan	21723	4317	17406	60017	85500	53491
达州市	Dazhou	29624	10914	18710	46692	65720	35537
雅安市	Yaan	6151	1819	4332	42726	74026	29562
巴中市	Bazhong	20449	4458	15991	39823	49310	37050
资阳市	Ziyang	11946	5779	6167	54684	67802	42406
阿坝藏族羌族自治州	Aba	8667	2758	5909	58307	86874	45638
甘孜藏族自治州	Ganzi	6189	1481	4708	50848	70073	44800
凉山彝族自治州	Liangshan	24941	4929	20012	51428	74547	45896

4-38 各市(州)国有事业单位就业人员和平均工资(2013年)
Average Wages and Number of People Empoyed in State-owned Institutions(2013)

单位：人、元 (person,yuan)

市(州)	Region	就业人员 Number Of Employment			平均工资 Average Wage of Staff And Worker		
		合 计 Total	中央单位 Institutions Belong to Central Government	地方单位 Local Units	合 计 Total	中央单位 Institutions Belong to Central Government	地方单位 Local Units
全 省	**Sichuan**	**1616301**	**101350**	**1514951**	**52166**	**82417**	**50073**
成都市	Chengdu	383336	57220	326116	66645	77168	64789
自贡市	Zigong	48366	236	48130	49378	54843	49351
攀枝花市	Panzhihua	29844		29844	62148		62148
泸州市	Luzhou	70967	1783	69184	48287	52085	48189
德阳市	Deyang	55398	2527	52871	48008	60222	47411
绵阳市	Mianyang	122537	33548	88989	60163	102023	44173
广元市	Guangyuan	55122	44	55078	42844	51721	42837
遂宁市	Suining	47482	378	47104	45951	69171	45872
内江市	Neijiang	62800	280	62520	47499	38873	47539
乐山市	Leshan	61550	2620	58930	46253	56986	45554
南充市	Nanchong	102704	121	102583	43209	50669	43200
眉山市	Meishan	45103	45	45058	42975	53409	42964
宜宾市	Yibin	84790	346	84444	44780	58854	44721
广安市	Guangan	50651	60	50591	47109	46847	47109
达州市	Dazhou	97821	352	97469	43231	63182	43158
雅安市	Yaan	33384	173	33211	41220	58414	41131
巴中市	Bazhong	55785	93	55692	41324	40170	41325
资阳市	Ziyang	62046	37	62009	42217	48865	42213
阿坝藏族羌族自治州	Aba	30185	808	29377	55078	41307	55463
甘孜藏族自治州	Ganzi	31419	170	31249	49715	50375	49712
凉山彝族自治州	Liangshan	85011	509	84502	52621	52006	52624

4-39 各市(州)国有机关单位就业人员和平均工资(2013年)
Average Wages and Number of People Employed in Government by Region(2013)

单位：人、元 (person,yuan)

市(州)	Region	就业人员 Number of Employment 合计 Total	中央单位 Agencies Belong to Central Government	地方单位 Local Units	平均工资 Average Wage of Staff and Worker 合计 Total	中央单位 Agencies Belong to Central Government	地方单位 Local Units
全　省	**Sichuan**	**778101**	**21032**	**757069**	**48802**	**60275**	**48467**
成都市	Chengdu	154047	5725	148322	62041	79968	61346
自贡市	Zigong	18490	363	18127	42903	43492	42891
攀枝花市	Panzhihua	15854	617	15237	63933	77111	63397
泸州市	Luzhou	29574	1017	28557	48981	49787	48952
德阳市	Deyang	28845	586	28259	48589	66691	48213
绵阳市	Mianyang	44555	2351	42204	46819	49178	46685
广元市	Guangyuan	30059	185	29874	41229	38822	41244
遂宁市	Suining	21237	431	20806	42779	42648	42781
内江市	Neijiang	29409	846	28563	43782	47634	43667
乐山市	Leshan	32149	396	31753	48010	59889	47857
南充市	Nanchong	59439	1476	57963	40762	70541	40001
眉山市	Meishan	31614	358	31256	43466	61735	43249
宜宾市	Yibin	39166	1217	37949	42301	44554	42228
广安市	Guangan	25372	562	24810	41034	49225	40848
达州市	Dazhou	41087	1250	39837	42120	44406	42048
雅安市	Yaan	23220	1019	22201	39361	49077	38913
巴中市	Bazhong	23550	388	23162	40022	42608	39979
资阳市	Ziyang	21840	485	21355	41928	48391	41777
阿坝藏族羌族自治州	Aba	25102	634	24468	58510	46258	58830
甘孜藏族自治州	Ganzi	33782	574	33208	51965	46402	52062
凉山彝族自治州	Liangshan	49710	552	49158	51605	52699	51593

4-40 城镇登记失业人数及失业率
Number of Urban Registered Unemployed and Unemployment Rate

年 份 Year	城镇登记失业人数 (万人) Unemployed Persons in Urban Area (10 000 persons)	#女性 Female	女性占失业人数的百分比(%) Percentage of Unemployed Female to Unemployed Persons (%)	登记失业率 (%) Unemployment Rate in Urban Area (%)
1978	52.00	30.00	57.7	10.9
1979	33.00	18.51	56.1	6.7
1980	28.00	15.60	55.7	5.0
1981	25.00	13.50	54.0	4.4
1982	16.90	9.00	53.3	3.0
1983	18.10	9.61	53.1	3.0
1984	15.84	8.40	53.0	2.7
1985	14.35	7.47	52.1	2.3
1986	14.44	7.51	52.0	2.3
1987	14.53	7.56	52.0	2.2
1988	16.75	8.65	51.6	2.4
1989	25.63	14.65	57.2	3.7
1990	26.61	14.86	55.8	3.7
1991	25.17	14.04	55.8	3.4
1992	27.16	15.24	56.1	3.6
1993	26.47	14.50	54.8	3.5
1994	27.65	15.79	57.1	3.6
1995	27.94	15.44	55.3	3.6
1996	27.16	14.55	53.6	3.5
1997	26.72	14.43	54.0	3.4
1998	30.18	16.04	53.1	3.7
1999	29.59	15.11	51.1	3.7
2000	30.79	15.11	49.1	4.0
2001	31.90	15.11	47.4	4.3
2002	33.82	16.02	47.4	4.5
2003	33.10	15.70	47.4	4.4
2004	33.30	15.30	46.0	4.4
2005	34.30	15.70	45.8	4.6
2006	36.10	16.50	45.6	4.5
2007	34.80	15.40	44.3	4.3
2008	37.86	16.04	42.4	4.6
2009	36.28	13.59	37.5	4.3
2010	34.56	14.07	40.7	4.1
2011	36.93	15.24	41.3	4.1
2012	41.67	16.81	40.3	4.1
2013	42.87	19.63	45.8	4.1

4-41 各市(州)城镇登记失业人数及失业率
Number of Urban Registered Unemployed and Unemployment Rate by Region

市(州)	Region	城镇登记失业人数（万人） Unemployed Persons (10 000 persons)			登记失业率（%） Unemployment Rate (%)		
		2005	2010	2013	2005	2010	2013
全　省	**Sichuan**	**34.30**	**34.56**	**42.87**	**4.6**	**4.1**	**4.1**
成都市	Chengdu	5.90	5.62	5.86	3.1	2.5	2.8
自贡市	Zigong	1.70	1.66	2.13	4.0	4.1	4.1
攀枝花市	Panzhihua	1.30	1.13	1.22	4.4	3.5	3.6
泸州市	Luzhou	1.80	1.66	1.53	4.4	3.5	3.1
德阳市	Deyang	1.30	1.50	1.73	3.3	3.7	3.7
绵阳市	Mianyang	3.30	3.04	3.32	3.9	3.7	3.9
广元市	Guangyuan	1.00	1.22	2.07	4.3	3.9	3.9
遂宁市	Suining	1.40	1.38	5.17	4.9	4.5	4.2
内江市	Neijiang	1.70	1.57	1.50	4.5	4.0	3.6
乐山市	Leshan	1.90	2.16	2.27	4.2	4.1	3.8
南充市	Nanchong	2.00	2.29	3.36	4.8	4.5	4.3
眉山市	Meishan	1.10	1.15	1.28	4.4	4.3	4.1
宜宾市	Yibin	2.10	1.81	2.34	4.7	3.5	3.7
广安市	Guangan	1.60	1.25	0.93	4.0	3.7	3.6
达州市	Dazhou	1.30	2.01	2.03	4.1	4.0	4.0
雅安市	Yaan	0.60	0.64	0.53	4.0	4.0	3.9
巴中市	Bazhong	1.00	1.16	1.39	4.2	4.3	4.3
资阳市	Ziyang	1.20	1.36	1.86	4.5	3.9	4.0
阿坝藏族羌族自治州	Aba	0.40	0.35	0.41	4.1	3.7	3.5
甘孜藏族自治州	Ganzi	0.30	0.37	0.52	5.0	4.1	4.1
凉山彝族自治州	Liangshan	1.30	1.22	1.42	4.1	4.1	3.9

主要统计指标解释

经济活动人口 指在16岁以上，有劳动能力，参加或要求参加社会经济活动的人口。包括就业人员和失业人员。

就业人员 指在16岁以上，从事一定社会劳动并取得劳动报酬或经营收入的人员。这一指标反映了一定时期内全部劳动力资源的实际利用情况，是研究我国基本国情国力的重要指标。

单位就业人员 指期末最后一日24时在本单位中工作，并取得工资或其他形式劳动报酬的人员数。该指标为时点指标，不包括最后一日当天及以前已经与单位解除劳动合同关系的人员，是在岗职工、劳务派遣人员及其他就业人员之和。

就业人员不包括：(1)离开本单位仍保留劳动关系，并定期领取生活费的人员；(2)利用课余时间打工的学生及在本单位实习的各类在校学生；(3)本单位因劳务外包而使用的人员。

城镇私营和个体就业人员 城镇私营就业人员指在工商管理部门注册登记，其经营地址设在县城关镇(含县城关镇)以上的私营企业就业人员，包括私营企业投资者和雇工。城镇个体就业人员指在工商管理部门注册登记，并持有城镇户口或在城镇长期居住，经批准从事个体工商经营的就业人员，包括个体经营者和在个体工商户劳动的家庭帮工和雇工。

国有单位 指资产归国家所有的经济组织。包括按《中华人民共和国企业法人登记管理条例》规定登记注册的非公司制的经济组织，以及中央、地方各级国家机关、事业单位和社会团体。

集体单位 指生产资料归集体所有，并按《中华人民共和国企业法人登记管理条例》规定登记注册的经济组织。

其他单位 包括股份合作单位、联营单位、有限责任公司、股份有限公司、港澳台商投资单位以及外商投资单位等其他登记注册类型单位。

在岗职工 指在本单位工作且与本单位签订劳动合同，并由单位支付各项工资和社会保险、住房公积金的人员，以及上述人员中由于学习、病伤、产假等原因暂未工作仍由单位支付工资的人员。在岗职工还包括：

(1)应订立劳动合同而未订立劳动合同人员(如使用的农村户籍人员)；

(2)处于试用期人员；

(3)编制外招用的人员；

(4)派往外单位工作，但工资仍由本单位发放的人员(如挂职锻炼、外派工作等情况)。

工资总额 指根据《关于工资总额组成的规定》(1990年1月1日国家统计局发布的一号令)进行修订，在报告期内(季度或年度)直接支付给本单位全部就业人员的劳动报酬总额。包括计时工资、计件工资、奖金、津贴和补贴、加班加点工资、特殊情况下支付的工资，是在岗职工工资总额、劳务派遣人员工资总额和其他就业人员工资总额之和。

工资总额是税前工资，包括单位从个人工资中直接为其代扣或代缴的房费、水费、电费、住房公积金和社会保险基金个人缴纳部分等。

工资总额不论是计入成本的还是不计入成本的，不论是以货币形式支付的还是以实物形式支付的，均应列入工资总额的计算范围。

平均工资 指单位就业人员在一定时期内平均每人所得的货币工资额。它表明一定时期职工工资收入的高低程度，是反映就业人员工资水平的主要指标。计算公式为：

平均工资＝报告期实际支付的全部就业人员工资总额/报告期全部就业人员平均人数

平均实际工资 指扣除物价变动因素后的就业人员平均工资。计算公式为：

平均实际工资＝报告期就业人员平均工资/报告期城镇居民消费价格指数

平均工资指数 指报告期就业人员平均工资与基期就业人员平均工资的比率，是反映不同时期就业人员货币工资水平变动情况的相对数。计算公式为：

平均工资指数＝(报告期就业人员平均工资／基期就业人员平均工资)×100%

平均实际工资指数 是反映实际工资变动情况的相对数，表明就业人员实际工资水平提高或降低的程度。计算公式为：

平均实际工资指数＝(报告期就业人员平均工资指数／报告期城镇居民消费价格指数)×100%

城镇登记失业人员 指有非农业户口，在一定的劳动年龄内(16周岁至退休年龄)，有劳动能力，无业而要求就业，并在当地劳动保障部门进行求职登记的人员。

城镇登记失业率 指城镇登记失业人员与城镇单位就业人员(扣除使用的农村劳动力、聘用的离退休人员、港澳台及外方人员)、城镇单位中的不在岗职工、城镇私营业主、个体户主、城镇私营企业和个体就业人员、城镇登记失业人员之和的比。

Explanatory Notes on Main Statistical Indicators

Economically Active Population refers to the population aged 16 and over who are capable to work, are participating in or willing to participate in economic activities, including employed persons and unemployed persons.

Persons Employed refers to persons aged 16 and over who are engaged in gainful employment and thus receive remuneration payment or earn business income. This indicator reflects the actual utilization of total labour force during a certain period of time and is often used for the research on China's economic situation and national power.

Persons Employed in Various Units refers to the total number of employees who work at various units and obtain wages or other forms of payment at the end of the reference period. This indicator is a kind of time point index and it equals to the sum of the number of employed staff and workers, labor dispatch personnel and other employed persons.

Employed persons do not include:

1) persons who have left their working units while keeping their labor contract (employment relation) unchanged and receiving regular alimony;

2)students who do part-time jobs in spare time and all kinds of enrolled students who do internship in various units;

3)persons employed due to labor outsourcing.

Persons Employed in Private Enterprises and Self-employed Individuals in Urban Areas Persons employed in private enterprises refers to the persons employed in the private enterprises which have been registered at the departments of industrial and commercial administration and are situated at a county town (i.e. a town where the county government is located) for business operation or at urban areas with the level higher than a county town. The self-employed individuals in urban areas refers to persons who hold the certificates of residence in urban areas or have resided in the urban areas for a long time and have been registered at the departments of industrial and commercial administration and approved to be engaged in individual industrial or commercial business, including self-employed persons as well as helpers and hired laborers who work in the individual households engaged in industrial or commercial business.

State-owned Units refers to economic units whose assets are owned by the state. Including non-corporation units registered according to Regulation of the People's Republic of China on the Registration of Enterprises and Corporations, state organs, institutions and social organizations at the central and local levels.

Collective Units refers to economic units registered according to Regulation of the People's Republic of China on the Registration of Enterprises and Corporations where the means of production are collectively owned.

Units of Other Types of Ownership refers to units registered with other types of ownership, including cooperative units, joint ownership units, limited companies, share holding corporations, units invested by entrepreneurs from Hong Kong, Macao, and Taiwan, and foreign-invested units.

Staff and Workers refers to persons who signed labor contracts with working units and working units would pay wages, social insurance and housing funds for them. Persons who have their work posts but are temporarily absent from work for reasons of study or on sick, injury or maternal leave and still receive wages from their working units are also included. Employed staff and workers also include:

1) Persons who should have signed the labor contracts but not (like people with rural household registration);

2) Employees on probation;

3) Employees beyond the staffing quota;

4) Employees who are sent to other working units but still obtain wages from their original units (situations like on-the-job placement, expatriated assignment, etc.).

Total Wages Bill It is revised according to the “Provision of Composition of Total Wages” (Order No.1 by National Bureau of Statistics on January, 1st, 1990), total wage bill refers to the total remuneration payment to all employed persons in various units during the reporting period (by quarter or by year), including hourly-paid wages, piece-rate wages, bonuses, allowance and subsidies, overtime wages and wages paid under special circumstances. It equals to the sum of total wages of employed staff and workers, dispatch labors and other employed persons.

Total wage bill is pre-tax wages, including the room charges, utility bills, housing funds and social insurance paid or withheld by employee's units.

Total wage bill, whether or not included in cost, whether or not paid in money or in kind, shall be included in the calculation of total wage.

Average Wage refers to the average per capita wage in money terms during a certain period of time for employed persons. It shows the general level of wage income of staff and workers during a certain period of time, one major indicator to reflect the wage level. It is calculated as follows:

Average Wage =Total Wage of Staff and Workers at the Report Period

/Average Number of Staff and Workers at the Report Period

Average Real Wage refers to average wage of staff and workers after removing the effects of price changes, which is calculated as follows:

Average Real Wage =Average Wage of Staff and Workers in Reference Period

/ Consumer Price Index of Urban Residents in Reference Period

Average Wage Indices refers to the ratio of average wage of staff and workers in the report period to that in the base period, which reflects the change of wage of staff and workers at the different period. It is calculated as follows:

Average Wage Indices = Average Wage of Staff and Workers at the Report Period

/ Average Wage of Staff and Workers at the Base Period × 100%

Average Real Wage Indices reflects the relative changing degree of average real wage, and indicates the degree of the rising or declining degree of real wage of staff and worker, which is calculated as following:

Average Real Wage Indices = Index of Average Wage of Staff and Worker at the Report Time

/ Urban consumer prices index at the report time × 100%

Registered Unemployed Persons in Urban Areas refers to the persons with non-agricultural household registration at certain working ages (16 years old to retirement age), who are capable of working, unemployed and willing to work, and have been registered at the local Department of labor and social security to apply for a job.

Registered Urban Unemployment Rate refers to the ratio of the number of the registered unemployed to the sum of the number of persons employed in various units(minus the rural labor force, retirees ,and Hong Kong, Macao, Taiwan and foreign employees they employ),laid-off workers in urban units, unban self-employed individuals and the registered unban unemployed persons.

5

固定资产投资

INVESTMENT IN FIXED ASSETS

5-1 按经济类型分全社会固定资产投资
Total Investment in Fixed Assets by Ownership

单位：亿元 (100 million yuan)

年份 Year	总计 Total	国有经济 State-owned	集体经济 Collective-owned	个体及私营经济 Individuals and Privates	其他经济 Others
1952	1.33	1.33			
1957	4.72	4.72			
1962	2.56	2.56			
1965	16.01	16.01			
1970	35.30	35.30			
1975	21.72	21.72			
1978	22.48	22.48			
1980	32.00	19.49	3.90	8.60	
1985	109.66	70.04	19.75	19.87	
1990	162.66	114.54	17.05	31.07	
1991	204.28	146.07	24.09	34.12	
1992	304.78	213.37	48.63	42.78	
1993	459.40	286.53	95.06	49.50	28.31
1994	573.43	325.23	108.63	71.21	68.36
1995	677.34	384.39	132.43	87.73	72.79
1996	803.79	419.82	128.42	131.61	123.94
1997	949.30	525.95	127.97	159.50	135.88
1998	1184.80	722.75	119.29	159.49	183.27
1999	1220.66	657.96	161.26	178.65	222.79
2000	1403.85	678.15	170.91	196.34	358.45
2001	1573.80	758.32	202.49	238.05	374.94
2002	1805.20	822.61	198.44	275.10	509.05
2003	2158.20	895.37	178.71	353.18	730.94
2004	2648.46	1025.78	127.77	466.95	1027.96
2005	3477.68	1348.78	48.08	658.32	1422.50
2006	4521.74	1694.70	67.92	857.77	1901.35
2007	5855.30	2047.76	74.15	1182.99	2550.40
2008	7602.40	2782.58	85.57	1497.60	3236.65
2009	12017.28	4809.36	126.33	2083.82	4997.77
2010	13581.96	5771.01	167.45	2296.90	5346.60
2011	15124.09	5665.58	175.02	2774.44	6509.05
2012	18038.92	3948.23	123.74	2151.03	11815.92
2013	21049.15	1986.45	100.28	2084.74	16877.68

注：①2005年前的非农户项目全划为集体，2005年后(含2005年)按项目登记注册类型划分；②2011年起投资项目统计起点由50万元提高到500万元(后同)；③本表国有经济、集体经济和个体及私营经济分组均为纯国有、纯集体等，不包含其控股部分。

a) The projects of non farmers divided into the collective before 2005,and grouped by register types since 2005. b) Starting point of the investment projects is improved from $ 500,000 to 500 million from 2011(the same as follows). c) The groups of state-owned,collective,individual and private economy in this table are purely state-owned,collective and so,not contain the holding part.

5-2 全社会固定资产投资及构成
Total Investment in Fixed Assets and its Composition

指　标	Item	2010	2011	2012	2013
投资总额　(亿元)	**Total Investment　(100 million yuan)**	**13581.96**	**15124.09**	**18038.92**	**21049.15**
#国有及国有控股	State-owned and State Holding Units	6666.51	6592.77	7690.62	8885.16
#住宅投资	Residential Buildings	487.12	521.92	533.04	589.44
按登记注册类型分	Grouped By Registration				
内资	Domestic Funds	12494.53	13800.21	14780.44	17097.49
港澳台投资	UnitsWith Funds From Hong Kong, Macao And Taiwan	221.22	302.50	343.51	308.13
外商投资	Foreign Funded Units	315.65	303.06	411.17	408.02
个体经营	Indivuduals Economy	550.55	718.32	630.16	673.99
按建设性质分	Grouped By Chatacter				
新建	New Constrution	7141.11	7801.59	8517.87	10314.18
扩建	Expansion	1144.23	1248.10	1599.29	1628.63
改建	Reconstruction	1956.94	2047.37	3593.66	4086.29
按构成分	Grouped By Use Of Funds				
建筑工程	Construction	8586.36	9983.95	12231.18	14394.39
安装工程	Installation	626.74	807.55	1116.10	1304.65
设备工器具购置	Purchase Of Equipment And Instruments	2227.77	2154.38	2348.34	2755.92
#用于更新的设备	Renew Equipment	452.21	462.47	676.12	862.56
其他费用	Others	2141.09	2178.20	2343.30	2594.19
本年新增固定资产　(亿元)	**Increased Investment　(100 million yuan)**	**8828.66**	**9938.47**	**12718.09**	**13665.70**
施工项目个数　(个)	**Number of Projects Under Construction　(unit)**	**40284**	**23201**	**28074**	**31369**
#本年新开工	Number of Projects Stated This Year	26725	15482	18365	19018
本年投产项目个数	Number of Completed Projects This Year	27140	13853	15893	18308
本年施工房屋面积　(万平方米)	**Floor Space of Buildings Under Construction　(10 000 sq.m)**	**42680.77**	**49566.28**	**55146.33**	**61795.08**
#住宅	Residential Buildings	24663.59	27760.94	30631.34	30980.42
本年竣工房屋面积　(万平方米)	**Floor Space of Buildings Completed　(10 000 sq.m)**	**14045.17**	**14340.28**	**14901.75**	**12339.78**
#住宅	Residential Buildings	7563.81	6118.69	7049.71	6426.40
本年资金来源　(亿元)	**Grouped By Source of Funds　(100 million yuan)**	**15395.67**	**16083.97**	**19164.88**	**22895.05**
国家预算内资金	State Budget	1606.27	1288.47	1984.11	1934.24
国内贷款	Domestic Loans	2532.97	2291.65	2217.68	2508.99
债券	debt	33.57	33.97	55.53	31.39
利用外资	Foreign Investment	105.93	130.41	42.15	100.20
自筹资金	Self-raising Funds	8580.98	9806.63	12026.74	14673.04
其他资金来源	Others	2535.95	2532.90	2838.66	3647.18

5-3 按主要行业分全社会固定资产投资
Total Investment in Fixed Assets by Main Industry

单位：亿元 (100 million yuan)

指　　标	Item	2010	2011	2012	2013
投资总额	**Total Investment**	**13581.96**	**15124.09**	**18038.92**	**21049.15**
农、林、牧、渔业	Farming, Forestry, Animal Husbandry and Fishery	500.81	280.29	462.68	667.23
采矿业	Mining	562.88	573.43	651.01	616.46
制造业	Manufacturing	3400.73	3947.29	4442.67	4974.60
电力、热力、燃气及水生产和供应业	Production and Supply of Electricity, Heat, Gas and Water	1145.85	1211.21	1386.41	1491.58
建筑业	Construction	59.04	51.66	68.00	52.46
批发和零售业	Wholesale and Retail Trades	155.93	225.23	346.06	480.05
交通运输、仓储和邮政业	Transport, Storage and Post	1772.77	2141.41	2457.35	2669.88
住宿和餐饮业	Hotels and Catering Services	120.03	155.31	256.28	353.24
信息传输、软件和信息技术服务业	Information Transmission, Software and IT Services	110.59	79.87	69.89	106.20
金融业	Financial Intermediation	10.61	31.78	47.06	62.80
房地产业	Real Estate	3130.70	4013.79	4944.05	6214.99
租赁和商务服务业	Leasing and Business Services	111.33	134.58	116.35	136.04
科学研究和技术服务业	Scientific Research and Technical Services	29.73	47.06	61.29	39.39
水利、环境和公共设施管理业	Management of Water Conservancy, Environment and Public Facilities	1550.17	1377.71	1848.82	2129.90
居民服务、修理和其他服务业	Services to Households, Repair and Other Services	101.21	150.27	160.18	141.53
教育	Education	264.44	208.60	223.62	317.12
卫生和社会工作	Health and Social Service	150.23	123.99	163.72	175.55
文化、体育和娱乐业	Culture, Sports and Entertainment	167.41	154.07	178.14	210.47
公共管理、社会保障和社会组织	Public Management, Social Security and Social Organization	237.52	216.54	155.35	209.65
国际组织	International Organization				

注：2012年起使用新的行业分类。
a)Data are classified by new industry since 2012.

5-4 各市(州)全社会固定资产投资
Total Investment in Fixed Assets by Region

单位：亿元 (100 million yuan)

市(州)	Region	2010		2011		2012		2013	
		投资总额 Total Investment	#房地产 Real Estate	投资总额 Total Investment	#房地产 Resl Estate	投资总额 Total Investment	#房地产 Resl Estate	投资总额 Total Investment	#房地产 Real Estate
全　省	**Sichuan**	**13581.96**	**2194.63**	**15124.09**	**2819.17**	**18038.92**	**3266.40**	**21049.15**	**3853.00**
成都市	Chengdu	4255.37	1278.34	4995.65	1585.28	5890.10	1890.03	6501.08	2110.27
自贡市	Zigong	320.09	54.00	352.84	75.95	435.10	62.77	531.61	77.78
攀枝花市	Panzhihua	330.70	34.20	383.44	35.73	463.25	54.69	545.74	51.16
泸州市	Luzhou	460.40	54.52	524.36	67.78	671.15	71.64	866.36	130.92
德阳市	Deyang	601.26	46.97	650.06	72.90	730.90	79.87	807.35	82.66
绵阳市	Mianyang	820.97	105.84	880.90	132.28	932.22	145.69	1001.00	169.94
广元市	Guangyuan	480.15	18.72	498.24	33.00	515.30	32.89	541.09	58.67
遂宁市	Suining	495.40	67.90	536.38	71.64	655.10	76.79	804.88	85.99
内江市	Neijiang	350.93	41.01	382.82	54.35	460.32	58.03	575.93	78.64
乐山市	Leshan	510.05	58.79	539.32	67.55	651.30	75.46	787.02	110.19
南充市	Nanchong	656.66	102.23	713.60	145.73	881.20	187.07	1102.84	207.91
眉山市	Meishan	420.26	47.77	450.35	63.62	601.72	78.18	756.12	130.31
宜宾市	Yibin	534.21	60.22	607.25	105.41	748.80	104.52	935.42	141.13
广安市	Guangan	383.42	29.58	425.08	38.49	524.10	51.04	672.40	65.25
达州市	Dazhou	601.32	60.68	676.84	81.89	826.30	85.10	1002.86	100.53
雅安市	Yaan	370.67	11.91	340.97	28.62	357.20	30.01	352.82	27.02
巴中市	Bazhong	252.70	27.27	320.22	38.00	480.97	49.28	651.01	63.99
资阳市	Ziyang	401.13	74.65	462.78	94.57	605.80	109.60	760.68	136.98
阿坝藏族羌族自治州	Aba	362.41	0.62	380.22	0.83	395.80	0.60	405.98	4.04
甘孜藏族自治州	Ganzi	211.11	1.92	257.43	2.90	326.23	2.63	406.93	1.98
凉山彝族自治州	Liangshan	660.51	17.48	731.64	22.66	885.10	20.51	975.47	17.64

5-5 项目固定资产投资及构成
Item Investment in Fixed Assets and its Composition

指　　标	Item	2010	2011	2012	2013
投资总额　　(万元)	**Total Investment　　(10 000 yuan)**	**10891.87**	**11633.42**	**14213.13**	**16595.55**
#国有及国有控股	State-owned and State Holding Units	6419.65	6288.90	7385.58	8552.99
按产业分	Grouped By Industry				
第一产业	Primary Industry	446.30	206.43	328.42	365.73
第二产业	Secondary Industry	5138.77	5743.29	6514.53	7024.35
#工业	Industry	5109.46	5731.93	6480.08	7010.07
第三产业	Tertiary Industry	5306.79	5683.70	7370.18	9205.47
按建设性质分	Grouped By Character				
新建	New Construction	7141.11	7801.59	8517.87	10314.18
扩建	Expansion	1144.23	1248.10	1599.29	1628.63
改建	Reconstruction	1956.94	2047.37	3593.66	4086.29
按构成分	Grouped by Use of the Funds				
建筑工程	Construction	6809.60	7592.26	9667.36	11422.05
安装工程	Installation	527.92	635.69	857.89	1010.26
设备工器具购置	Purchurse of the Equipment And Instrument	2100.83	1982.10	2169.86	2544.36
其他费用	Others	1453.52	1423.38	1518.02	1618.88
新增固定资产　　(万元)	**Increased Investment　　(10 000 yuan)**	**7346.32**	**8132.51**	**10386.70**	**11264.28**
施工项目个数　　(个)	**Number of Projects Under Construction　　(unit)**	**40284**	**23201**	**28074**	**31369**
#新开工	Number of Projects Stated this Year	26725	15482	18365	19018
竣工项目个数　　(个)	**Number of Projects Completed　　(unit)**	**27140**	**13853**	**15893**	**18308**
房屋建筑面积　　(万平方米)	**Floor Space of Buildings　　(10 000 sq.m)**				
施工面积	Floor Space of Under Construction	21522.30	22444.51	25280.82	29630.1
#住宅	Residential Buildings	7373.86	6323.21	8041.18	7771.51
竣工面积	Floor Space of Completed	10078.40	10107.74	9035.17	7230.91
#住宅	Residential Buildings	4173.80	2663.02	2336.10	2397.52

5-6 分行业按构成分项目固定资产投资(2013年)
Item Investment in Fixed Assets by Sector and Constitution(2013)

单位：亿元 (100 million yuan)

指　标	Item	合计 Total	建筑工程 Construction	安装工程 Installation	设备工具器具购置 Purchase of Equipment and Instruments	其他费用 Others
投资总额	**Total Investment**	**16595.55**	**11422.05**	**1010.26**	**2544.36**	**1618.88**
农、林、牧、渔业	Farming, Forestry, Animal Husbandry and Fishery	456.69	373.01	26.64	23.96	33.08
采矿业	Mining	620.11	368.39	39.38	165.22	47.13
制造业	Manufacturing	4950.78	2476.06	383.89	1724.51	366.32
电力、热力、燃气及水生产和供应业	Production and Supply of Electricity, Heat, Gas and Water	1470.79	845.46	121.21	254.41	249.70
建筑业	Construction	14.28	10.58	0.49	0.89	2.31
批发和零售业	Wholesale and Retail Trades	471.89	342.55	32.59	32.78	63.98
交通运输、仓储和邮政业	Transport, Storage and Post	2391.98	1925.47	51.19	105.49	309.82
住宿和餐饮业	Hotels and Catering Services	353.50	282.33	18.28	13.51	39.38
信息传输、软件和信息技术服务业	Information Transmission, Software and IT Services	106.20	42.37	27.49	32.26	4.08
金融业	Financial Intermediation	62.80	35.80	6.09	18.46	2.44
房地产业	Real Estate	2205.31	1845.04	113.48	45.01	201.78
租赁和商务服务业	Leasing and Business Services	136.34	99.80	6.21	9.21	21.12
科学研究和技术服务业	Scientific Research and Technical Services	39.39	24.42	2.68	9.55	2.74
水利、环境和公共设施管理业	Management of Water Conservancy, Environment and Public Facilities	2383.26	1990.37	125.67	50.62	216.60
居民服务、修理和其他服务业	Services to Households, Repair and Other Services	33.43	25.68	2.76	2.07	2.92
教育	Education	317.36	269.66	13.02	13.80	20.88
卫生和社会工作	Health and Social Service	175.55	138.25	10.40	19.06	7.83
文化、体育和娱乐业	Culture, Sports and Entertainment	196.41	154.11	20.28	15.02	7.00
公共管理、社会保障和社会组织	Public Management, Social Security and Social Organization	209.49	172.70	8.52	8.51	19.76
国际组织	International Organization					

5-7 各市(州)按构成分项目固定资产投资(2013年)

Item Investment in Fixed Assets by Region and Institution(2013)

单位：亿元　　(100 million yuan)

市(州)	Region	合计 Total	建筑工程 Construction	安装工程 Installation	设备工具器具购置 Purchase of Equipment and Instruments	其他费用 Others
全　省	**Sichuan**	**16595.55**	**11422.05**	**1010.26**	**2544.36**	**1618.88**
成都市	Chengdu	4244.52	2793.09	297.86	747.37	406.20
自贡市	Zigong	447.03	310.97	19.71	59.25	57.10
攀枝花市	Panzhihua	471.75	298.40	20.63	94.68	58.04
泸州市	Luzhou	715.82	480.54	42.11	127.16	66.01
德阳市	Deyang	682.87	402.03	38.88	174.54	67.42
绵阳市	Mianyang	722.73	477.83	55.76	119.47	69.68
广元市	Guangyuan	410.77	292.46	20.21	58.92	39.19
遂宁市	Suining	669.86	464.22	69.87	98.81	36.97
内江市	Neijiang	476.56	307.46	31.32	87.04	50.74
乐山市	Leshan	631.19	394.78	50.52	139.26	46.63
南充市	Nanchong	876.64	683.52	59.27	84.94	48.90
眉山市	Meishan	586.92	366.47	29.31	132.43	58.71
宜宾市	Yibin	764.19	479.02	23.86	130.96	130.35
广安市	Guangan	594.27	439.77	41.19	65.84	47.46
达州市	Dazhou	848.18	643.17	50.96	107.76	46.29
雅安市	Yaan	255.08	181.06	15.42	31.57	27.02
巴中市	Bazhong	573.91	456.95	43.22	44.16	29.58
资阳市	Ziyang	560.63	403.18	23.91	75.88	57.66
阿坝藏族羌族自治州	Aba	310.65	258.19	20.13	18.19	14.14
甘孜藏族自治州	Ganzi	404.40	297.65	11.34	35.73	59.67
凉山彝族自治州	Liangshan	951.56	721.62	31.75	87.64	110.55
不分地区	Others	396.04	269.67	13.03	22.76	90.57

注：本表地区数不包括跨区投资。

a)The data in this table excludes investment belong to many Cities.

5-8 按行业分施工和投产项目个数(2013年)
Number of Projects Under Construction and Production by Sector(2013)

行　业	Sector	施工项目 (个) Number of Projets Under Construction (unit)	新开工项目个数 (个) Number of Projects Started This Year (unit)	全部建成投产项目 (个) Number of Projects Conpleted (unit)	项目建成投产率 (%) Rate of Projects Comleted (%)
总　计	**Total**	**31369**	**19018**	**18308**	**58.36**
农、林、牧、渔业	Farming, Forestry, Animal Husbandry and Fishery	1889	1311	1165	61.67
采矿业	Mining	1211	647	771	63.67
制造业	Manufacturing	7690	4715	4730	61.51
电力、热力、燃气及水生产和供应业	Production and Supply of Electricity, Heat,Gas and Water	1798	983	1040	57.84
建筑业	Construction	28	26	5	17.86
批发和零售业	Wholesale and Retail Trades	753	437	405	53.78
交通运输、仓储和邮政业	Transport, Storage and Post	4438	2869	2592	58.40
住宿和餐饮业	Hotels and Catering Services	532	306	289	54.32
信息传输、软件和信息技术服务业	Information Transmission, Software and IT Services	249	173	186	74.70
金融业	Financial Intermediation	43	21	19	44.19
房地产业	Real Estate	4253	2343	2155	50.67
租赁和商务服务业	Leasing and Business Services	231	125	110	47.62
科学研究和技术服务业	Scientific Research and Technical Services	121	59	75	61.98
水利、环境和公共设施管理业	Management of Water Conservancy, Environment and Public Facilities	5043	3080	2988	59.25
居民服务、修理和其他服务业	Services to Households, Repair and Other Services	109	55	74	67.89
教育	Education	1249	852	704	56.37
卫生和社会工作	Health and Social Service	691	402	417	60.35
文化、体育和娱乐业	Culture, Sports and Entertainment	399	231	212	53.13
公共管理、社会保障和社会组织	Public Management, Social Security and Social Organization	642	383	371	57.79
国际组织	International Organization				

5-9 各市(州)施工、投产项目个数和新增固定资产(2013年)

Number of Projects under Construction and Production and Newly Increased Fixed Assets by Region(2013)

市(州)	Region	施工项目(个) Number of Projects under Construction (unit)	新开工项目个数(个) Number of Projects Stated this Year (unit)	全部建成投产项目(个) Number of Projects Completed and Put into Use (unit)	新增固定资产(亿元) Newly Increased Fixed Assets (100 million yuan)
全　省	**Sichuan**	**31369**	**19018**	**18308**	**11264.28**
成都市	Chengdu	3536	1990	2159	2739.37
自贡市	Zigong	1227	801	774	404.92
攀枝花市	Panzhihua	882	598	650	322.18
泸州市	Luzhou	1612	909	883	560.07
德阳市	Deyang	1636	1022	994	551.87
绵阳市	Mianyang	1622	968	1032	483.84
广元市	Guangyuan	1119	697	726	276.75
遂宁市	Suining	1495	1021	1012	469.95
内江市	Neijiang	1380	800	708	418.15
乐山市	Leshan	1147	670	651	450.83
南充市	Nanchong	1324	937	919	595.28
眉山市	Meishan	1001	638	644	441.40
宜宾市	Yibin	2364	1554	1286	530.74
广安市	Guangan	2128	1128	954	372.52
达州市	Dazhou	2840	1792	1821	692.61
雅安市	Yaan	700	306	354	173.37
巴中市	Bazhong	1714	943	685	318.08
资阳市	Ziyang	798	529	504	423.35
阿坝藏族羌族自治州	Aba	944	584	543	267.61
甘孜藏族自治州	Ganzi	774	426	323	200.57
凉山彝族自治州	Liangshan	1089	693	686	529.66
不分地区	Others	37	12		41.16

注：本表地区数不包括跨区项目。

a)The data in this table excludes investment belong to many Cities.

5-10 各市(州)建设施工和竣工房屋建筑面积(2013年)
Floor Space of Buildings under Construction and Completed by Region(2013)

单位: 万平方米　　(10 000 sq.m)

市(州)	Region	施工面积 Floor Space of Buildings under Construction	#住宅 Residential Buildings	竣工面积 Floor Space of Buildings Completed	#住宅 Residential Buildings	竣工率(%) Rate of Floor Space of Buildings Completed	#住宅 Residential Buildings
全　省	**Sichuan**	**29630.10**	**7771.51**	**7230.91**	**2397.52**	**24.4**	**30.9**
成都市	Chengdu	10017.32	2232.86	2186.56	666.47	21.8	29.9
自贡市	Zigong	891.51	299.38	338.94	161.72	38.0	54.0
攀枝花市	Panzhihua	483.41	201.85	203.64	64.62	42.1	32.0
泸州市	Luzhou	1405.30	269.19	453.91	137.43	32.3	51.1
德阳市	Deyang	1808.20	464.55	348.89	135.26	19.3	29.1
绵阳市	Mianyang	1258.74	259.98	374.66	118.68	29.8	45.7
广元市	Guangyuan	583.24	75.24	158.92	38.80	27.3	51.6
遂宁市	Suining	789.04	182.51	149.54	81.25	19.0	44.5
内江市	Neijiang	876.17	287.85	73.46	12.88	8.4	4.5
乐山市	Leshan	620.52	88.67	96.92	37.77	15.6	42.6
南充市	Nanchong	1142.08	542.32	215.92	125.78	18.9	23.2
眉山市	Meishan	1496.40	292.46	487.15	33.63	32.6	11.5
宜宾市	Yibin	1548.14	331.23	378.56	118.44	24.5	35.8
广安市	Guangan	1748.42	503.14	322.45	101.77	18.4	20.2
达州市	Dazhou	939.59	194.89	288.25	58.93	30.7	30.2
雅安市	Yaan	245.59	41.65	56.40	28.15	23.0	67.6
巴中市	Bazhong	689.30	215.69	29.63	18.77	4.3	8.7
资阳市	Ziyang	926.72	140.91	389.18	64.64	42.0	45.9
阿坝藏族羌族自治州	Aba	233.12	34.75	67.76	9.74	29.1	28.0
甘孜藏族自治州	Ganzi	439.40	184.43	175.46	108.91	39.9	59.1
凉山彝族自治州	Liangshan	1477.00	927.96	433.40	273.88	29.3	29.5
不分地区	Others	10.89		1.30		11.9	

注：本表数据为项目投资，不包括房地产开发和农户投资；地区数不包括跨区项目。

a) This table is item investment ,excluding real estate investment and farmers' investment.Region data exclude multiregional.

5-11 各市(州)项目固定资产投资资金来源(2013年)
Total Item Investment in Fixed Assets by Sources and Region(2013)

单位：亿元 (100 million yuan)

市(州)	Region	资金来源 Funds Sources	国家预算内资金 State Budget Funds	国内贷款 Domestic Loans	债券 Debt	利用外资 Foreign Funds	自筹资金 Self-raising Funds	其他资金 Others
全　省	**Sichuan**	**16969.92**	**1784.09**	**1783.54**	**32.69**	**67.88**	**12070.43**	**1231.29**
成都市	Chengdu	4347.15	337.87	503.76		34.31	3264.05	207.17
自贡市	Zigong	407.65	35.77	26.50		0.32	303.22	41.84
攀枝花市	Panzhihua	449.87	68.68	71.38			296.21	13.60
泸州市	Luzhou	712.19	34.24	27.99	0.19		626.26	23.51
德阳市	Deyang	700.22	53.37	26.39		4.25	559.67	56.54
绵阳市	Mianyang	753.61	91.86	80.58		5.44	517.34	58.40
广元市	Guangyuan	409.52	90.77	35.68		3.65	248.92	30.49
遂宁市	Suining	703.26	31.10	39.70		1.60	615.13	15.72
内江市	Neijiang	554.70	40.22	82.63		8.31	398.20	25.33
乐山市	Leshan	631.36	28.17	36.15			518.72	48.32
南充市	Nanchong	842.58	180.06	73.74		0.35	541.19	47.24
眉山市	Meishan	632.70	17.49	45.30		1.77	559.31	8.82
宜宾市	Yibin	761.82	97.89	49.11		0.04	553.88	60.90
广安市	Guangan	669.25	68.74	10.88		1.14	549.99	38.49
达州市	Dazhou	879.51	105.05	30.37		0.43	623.12	120.54
雅安市	Yaan	278.05	58.76	60.05			127.25	31.98
巴中市	Bazhong	674.20	116.65	35.58		1.34	433.90	86.73
资阳市	Ziyang	509.04	61.73	76.30		3.50	340.32	27.18
阿坝藏族羌族自治州	Aba	308.00	107.46	26.16			155.17	19.21
甘孜藏族自治州	Ganzi	365.67	87.02	125.46			145.70	7.50
凉山彝族自治州	Liangshan	1019.32	51.87	175.04			575.41	217.00
不分地区	Others	360.26	19.29	144.78	32.50	1.43	117.46	44.79

注：本表地区数不包括跨区投资。
a)Data in this table excludes multiregonal investment.

5-12 按行业分项目固定资产投资资金来源(2013年)
Sources of Funds of Item Investment in Fixed Assets by Sector(2013)

单位：亿元 (100 million yuan)

行　业	Sector	资金来源 Sources of Funds	国家预算内资金 State Buget Funds	国内贷款 Domestic Loans	债券 Debt	利用外资 Foreign Funds	自筹资金 Self-raising Funds	其他资金 Others
总　计	**Total**	**16969.92**	**1784.09**	**1783.54**	**32.69**	**67.88**	**12070.43**	**1231.29**
农、林、牧、渔业	Farming, Forestry, Animal Husbandry and Fishery	472.55	66.20	19.21		1.07	341.89	44.18
采矿业	Mining	638.45	1.03	101.30		0.16	529.28	6.68
制造业	Manufacturing	5094.17	41.16	250.95		31.56	4680.15	90.35
电力、热力、燃气及水生产和供应业	Production and Supply of Electricity, Heat, Gas and Water	1459.83	109.38	411.45		1.85	859.65	77.49
建筑业	Construction	17.06	3.47	0.50			9.57	3.52
批发和零售业	Wholesale and Retail Trades	506.72	19.23	38.87		1.98	440.54	6.10
交通运输、仓储和邮政业	Transport, Storage and Post	2393.91	396.51	460.92	32.50	11.31	1171.23	321.45
住宿和餐饮业	Hotels and Catering Services	366.83	6.48	16.40		4.24	330.62	9.09
信息传输、软件和信息技术服务业	Information Transmission, Software and IT Services	109.66	7.19	6.70		0.13	92.86	2.78
金融业	Financial Intermediation	66.07	1.37	0.35			63.72	0.64
房地产业	Real Estate	2296.56	336.02	255.82	0.11	1.85	1416.03	286.74
租赁和商务服务业	Leasing and Business Services	169.13	9.37	5.91		0.02	149.49	4.34
科学研究和技术服务业	Scientific Research and Technical Services	44.54	3.56	0.20			39.97	0.81
水利、环境和公共设施管理业	Management of Water Conservancy,Environment and Public Facilities	2368.59	545.57	156.65	0.08	8.80	1412.83	244.65
居民服务、修理和其他服务业	Services to Households, Repair and Other Services	33.77	4.09	0.50			27.55	1.62
教育	Education	334.74	109.18	12.81		3.16	173.46	36.12
卫生和社会工作	Health and Social Service	174.27	35.01	10.48		1.12	113.19	14.48
文化、体育和娱乐业	Culture, Sports and Entertainment	215.15	46.95	29.53		0.64	129.27	8.76
公共管理、社会保障和社会组织	Public Management, Social Security and Social Organization	207.92	42.33	4.99			89.13	71.48
国际组织	International Organization							

5-13 房地产开发主要指标
Major Indicators of Real Estate Development

指　标		Item		2010	2011	2012	2013
企业个数	**(个)**	**Number of Enterprises**		**3915**	**4308**	**4221**	**3963**
国有		State-owned		162	168	156	133
集体		Collective Owned Units		53	48	44	28
私营个体		Individuals		1698	1856	1785	1708
其他		Others		2002	2236	2236	2094
平均从业人数	**(人)**	**Average Employed Persons**	**(person)**	**143711**	**136820**	**120945**	**114895**
国有		State-owned		32820	13651	6680	6192
集体		Collective Owned Units		804	914	1321	1110
私营个体		Individuals		49670	49550	47788	45422
其他		Others		60417	72705	65156	62171
本年土地购置面积	**(万平方米)**	**Land Space Purchased This Year**	**(10 000 sq.m)**	**1043.05**	**1047.72**	**892.22**	**1142.76**
本年完成投资额	**(亿元)**	**Investment Completed This Year**	**(100 million yuan)**	**2194.63**	**2819.17**	**3266.40**	**3853.00**
#住宅		Residential Buildings		1535.28	1989.39	2197.75	2537.89
本年新增固定资产	**(亿元)**	**Newly Increased Fixed Assets This Year**	**(100 million yuan)**	**1006.70**	**1161.32**	**1794.39**	**1824.85**
资金来源	**(亿元)**	**Source of Funds**	**(100 million yuan)**	**3146.55**	**4159.53**	**4222.67**	**5324.53**
国内贷款		Domestic Loans		436.83	476.45	459.24	725.45
利用外资		Foreign Investment		33.33	66.42	16.93	32.33
自筹资金		Fundraising		1206.78	1738.58	1728.97	2150.87
#自有资金		Self-owned		734.38	1025.78	1049.27	1197.47
其他资金		Others		1469.61	1878.14	2017.53	2415.89
#定金及预收款		Earnest and Money Collected in Advance		789.99	1208.71	1247.64	1557.14
房屋建筑面积	**(万平方米)**	**Floor Space of Buildings**	**(10 000 sq.m)**				
施工面积		Floor Space under Construction		21158.47	27121.77	29865.50	32164.98
#住宅		Residential Buildings		17289.74	21437.73	22590.16	23208.91
竣工面积		Floor Space Completed		3966.77	4232.53	5866.58	5108.86
#住宅		Residential Buildings		3390.01	3455.67	4713.61	4028.88
本年新开工面积		Floor Space Started Thi Year		7731.66	8435.82	8367.21	10163.57
#住宅		Residential Buildings		6270.79	6538.14	5962.51	7008.71
商品房屋销售面积	**(万平方米)**	**Floor Space of Selling House**	**(10 000 sq.m)**	**6396.92**	**6543.55**	**6455.93**	**7312.78**
#住宅		Residential Buildings		5849.34	5826.52	5679.33	6505.32
商品房销售额	**(亿元)**	**Total Sales of Commercial Houses**	**(100 million yuan)**	**2647.34**	**3218.04**	**3517.72**	**4020.27**
#住宅		Residential Buildings		2330.85	2677.36	2816.49	3308.58

5-14 各市(州)按经济类型分房地产开发企业个数(2013年)
Number of Enterprises of Real Estate Development by Ownership and Region(2013)

单位：个 (unit)

市(州)	Region	合计 Total	国有经济 State-owned	集体经济 Collective-owned	私营经济 Private-owned	其他经济 Others
全　省	**Sichuan**	**3963**	**133**	**28**	**1708**	**2094**
成都市	Chengdu	1567	62	17	524	964
自贡市	Zigong	98	5		60	33
攀枝花市	Panzhihua	80	4		63	13
泸州市	Luzhou	140			60	80
德阳市	Deyang	173	2		74	97
绵阳市	Mianyang	272	11	1	100	160
广元市	Guangyuan	115	6		71	38
遂宁市	Suining	135	2	1	53	79
内江市	Neijiang	93	10	3	34	46
乐山市	Leshan	127	1		60	66
南充市	Nanchong	281	6	1	159	115
眉山市	Meishan	143		1	75	67
宜宾市	Yibin	146	5		104	37
广安市	Guangan	114	1		81	32
达州市	Dazhou	148	6	1	83	58
雅安市	Yaan	60	2		23	35
巴中市	Bazhong	81	3		28	50
资阳市	Ziyang	131	5	3	29	94
阿坝藏族羌族自治州	Aba	11			6	5
甘孜藏族自治州	Ganzi	7			1	6
凉山彝族自治州	Liangshan	41	2		20	19

5-15 各市(州)按资质等级分房地产开发企业个数(2013年)

Number of Enterprises of Real Estate Development by Region and Qualification Criteria(2013)

单位：个 (unit)

市(州)	Region	合计 Total	一级 First Grade	二级 Second Grade	三级 Third Grade	四级 Fouth Grade	其他 Others
全　省	**Sichuan**	**3963**	**45**	**550**	**2319**	**208**	**841**
成都市	Chengdu	1567	20	207	841	95	404
自贡市	Zigong	98	4	13	64	7	10
攀枝花市	Panzhihua	80	2	4	55	2	17
泸州市	Luzhou	140	1	24	75	4	36
德阳市	Deyang	173		16	106	19	32
绵阳市	Mianyang	272	1	36	188	9	38
广元市	Guangyuan	115		12	62	4	37
遂宁市	Suining	135	2	36	75	3	19
内江市	Neijiang	93	1	17	56	6	13
乐山市	Leshan	127	1	21	76		29
南充市	Nanchong	281	2	26	191	10	52
眉山市	Meishan	143	1	28	74	4	36
宜宾市	Yibin	146	5	18	94	1	28
广安市	Guangan	114	1	23	63	2	25
达州市	Dazhou	148	4	37	84	9	14
雅安市	Yaan	60		4	38	6	12
巴中市	Bazhong	81		7	56	3	15
资阳市	Ziyang	131		15	92	12	12
阿坝藏族羌族自治州	Aba	11		3	3		5
甘孜藏族自治州	Ganzi	7		1	2	3	1
凉山彝族自治州	Liangshan	41		2	24	9	6

5-16 各市(州)按经济类型分房地产开发企业从业人员数(2013年)
Number of Employees in Enterprises of Real Estate Devoelopment by Ownership and Region(2013)

单位：人 (person)

市(州)	Region	合 计 Total	国有经济 State-owned	集体经济 Collective-owned	私营经济 Private-owned	其他经济 Others
全　省	**Sichuan**	**131331**	**4972**	**383**	**53339**	**72637**
成都市	Chengdu	49117	2277	247	12972	33621
自贡市	Zigong	4391	87		3008	1296
攀枝花市	Panzhihua	2166	181		1796	189
泸州市	Luzhou	5008	20		1831	3157
德阳市	Deyang	5269	27		2027	3215
绵阳市	Mianyang	8426	463		3073	4890
广元市	Guangyuan	3517	427		1807	1283
遂宁市	Suining	5950	36	20	1565	4329
内江市	Neijiang	4341	199	56	2264	1822
乐山市	Leshan	3980	32		1765	2183
南充市	Nanchong	11384	107		5289	5988
眉山市	Meishan	4860			3058	1802
宜宾市	Yibin	5433	359		3578	1496
广安市	Guangan	4430	161		3936	333
达州市	Dazhou	5180	291		2977	1912
雅安市	Yaan	1134	24		178	932
巴中市	Bazhong	3303	198		907	2198
资阳市	Ziyang	2450	83	60	745	1562
阿坝藏族羌族自治州	Aba	361			234	127
甘孜藏族自治州	Ganzi	161			24	137
凉山彝族自治州	Liangshan	470			305	165

5-17 各市(州)按资质等级分房地产开发企业从业人员数(2013年)

Number of Employees in Enterprises of Real Estate Development by Region and Qualification Criteria(2013)

单位：人 (person)

市(州)	Region	合 计 Total	一级 First Grade	二级 Second Grade	三级 Third Grade	四级 Fouth Grade	其他 Others
全 省	**Sichuan**	**131331**	**6261**	**29034**	**71710**	**3092**	**21234**
成都市	Chengdu	49117	3035	9647	24955	1094	10386
自贡市	Zigong	4391	847	1293	1925	100	226
攀枝花市	Panzhihua	2166	106	194	1467	36	363
泸州市	Luzhou	5008	123	1255	2493	120	1017
德阳市	Deyang	5269		1262	2922	396	689
绵阳市	Mianyang	8426	66	2721	4630	99	910
广元市	Guangyuan	3517		548	1659	91	1219
遂宁市	Suining	5950	97	3260	2225	28	340
内江市	Neijiang	4341	152	714	3164	65	246
乐山市	Leshan	3980	277	810	2111		782
南充市	Nanchong	11384	74	1074	8693	144	1399
眉山市	Meishan	4860	334	1264	2449	117	696
宜宾市	Yibin	5433	734	656	3391	7	645
广安市	Guangan	4430	100	1037	2731	16	546
达州市	Dazhou	5180	316	1771	2382	110	601
雅安市	Yaan	1134		102	774	31	227
巴中市	Bazhong	3303		625	1694	492	492
资阳市	Ziyang	2450		593	1705	63	89
阿坝藏族羌族自治州	Aba	361		47	85		229
甘孜藏族自治州	Ganzi	161		51	36	26	48
凉山彝族自治州	Liangshan	470		110	219	57	84

5-18 各市(州)按用途分房地产开发投资完成额(2013年)

Actually Completed Investment of Enterprises for Real Estate Development by Region and Use(2013)

单位：亿元 (100 million yuan)

市(州)	Region	本年完成投资额 Investment Completed in Current Year	住宅 Residential Buildings	办公楼 Office Buildings	商业营业用房 Houses for Business Use	其他 Others
全　省	**Sichuan**	**3853.00**	**2537.89**	**189.11**	**578.68**	**547.31**
成都市	Chengdu	2110.27	1290.72	158.46	298.83	362.26
自贡市	Zigong	77.78	54.67	0.79	9.45	12.87
攀枝花市	Panzhihua	51.16	36.47	1.05	6.52	7.12
泸州市	Luzhou	130.92	92.36	5.30	20.85	12.41
德阳市	Deyang	82.66	58.78	1.26	11.56	11.05
绵阳市	Mianyang	169.94	119.89	5.42	26.77	17.86
广元市	Guangyuan	58.67	37.19	0.45	12.66	8.38
遂宁市	Suining	85.99	60.59	0.50	13.22	11.68
内江市	Neijiang	78.64	56.18	1.87	10.58	10.02
乐山市	Leshan	110.19	79.92	1.31	14.50	14.46
南充市	Nanchong	207.91	164.77	1.40	28.57	13.17
眉山市	Meishan	130.31	98.81	1.94	18.70	10.86
宜宾市	Yibin	141.13	82.48	4.34	36.42	17.90
广安市	Guangan	65.25	47.95	0.67	11.62	5.01
达州市	Dazhou	100.53	74.38	1.53	18.21	6.41
雅安市	Yaan	27.02	19.81	0.50	4.61	2.10
巴中市	Bazhong	63.99	47.56	1.23	10.16	5.04
资阳市	Ziyang	136.98	96.46	0.81	23.09	16.62
阿坝藏族羌族自治州	Aba	4.04	3.84		0.13	0.06
甘孜藏族自治州	Ganzi	1.98	1.53	0.14	0.29	0.02
凉山彝族自治州	Liangshan	17.64	13.54	0.14	1.92	2.04

5-19 各市(州)房地产开发建设房屋建筑面积和造价(2013年)
Floor Space of Buildings and their Cost in Real Estate Development by Region(2013)

市(州)	Region	施工房屋面积(万平方米) Floor Space of Buildings under Construction (10 000 sq.m)	竣工房屋面积(万平方米) Floor Space of Buildings Completed (10 000 sq.m)	房屋建筑面积竣工率(%) Rate of Floor Space of Buildings Completed (%)	竣工房屋价值(万元) Value of Buildings Completed (10 000 yuan)	竣工房屋造价(元/平方米) Cost of Buildings Completed (yuan / sq.m)
全　省	**Sichuan**	**32164.98**	**5108.86**	**15.9**	**12976225**	**2540**
成都市	Chengdu	15240.83	1887.76	12.4	5748692	3045
自贡市	Zigong	749.27	215.56	28.8	465872	2161
攀枝花市	Panzhihua	645.29	95.48	14.8	182221	1908
泸州市	Luzhou	1265.61	341.92	27.0	832182	2434
德阳市	Deyang	1112.09	176.38	15.9	411686	2334
绵阳市	Mianyang	1658.72	229.50	13.8	537132	2340
广元市	Guangyuan	540.98	87.68	16.2	202864	2314
遂宁市	Suining	632.77	171.65	27.1	341506	1990
内江市	Neijiang	798.16	129.87	16.3	227523	1752
乐山市	Leshan	954.98	98.45	10.3	258042	2621
南充市	Nanchong	1846.64	293.22	15.9	583648	1990
眉山市	Meishan	1259.01	281.05	22.3	665185	2367
宜宾市	Yibin	1332.94	393.45	29.5	878984	2234
广安市	Guangan	762.21	68.37	9.0	115656	1692
达州市	Dazhou	1362.19	281.04	20.6	587603	2091
雅安市	Yaan	235.02	31.77	13.5	90390	2845
巴中市	Bazhong	598.57	130.01	21.7	275508	2119
资阳市	Ziyang	968.88	165.58	17.1	389412	2352
阿坝藏族羌族自治州	Aba	19.15	2.57	13.4	4000	1556
甘孜藏族自治州	Ganzi	67.24				
凉山彝族自治州	Liangshan	114.44	27.57	24.1	178119	6461

5-20 各市(州)商品房销售情况(2013年)
Selling of Commercial Houses by Region(2013)

市(州)	Region	房屋销售面积(万平方米) Floor Space of Commercial Houses (10 000 sq.m)	#住宅 Residential Buildings	#办公楼 Office Buildings	#商业营业用房 Houses for Business Use	房屋销售额(亿元) Total Sale of Commercial Houses (100 million yuan)	#住宅 Residential Buildings	#办公楼 Office Buildings	#商业营业用房 Houses for Business Use
全　省	**Sichuan**	**7312.78**	**6505.32**	**114.22**	**468.64**	**4020.27**	**3308.58**	**111.75**	**514.30**
成都市	Chengdu	2948.03	2555.42	105.36	173.29	2121.61	1714.93	106.30	256.21
自贡市	Zigong	238.87	226.55		9.12	103.11	92.58		9.75
攀枝花市	Panzhihua	133.86	122.69	0.20	6.24	67.93	56.95	0.20	9.35
泸州市	Luzhou	371.28	333.07	0.20	24.01	161.60	136.59	0.08	19.33
德阳市	Deyang	230.20	202.99	0.69	17.33	107.47	91.27	0.48	12.97
绵阳市	Mianyang	329.00	303.70	2.80	18.65	151.70	128.05	1.75	20.64
广元市	Guangyuan	86.95	74.10	0.01	9.32	38.25	29.94	0.01	7.28
遂宁市	Suining	248.80	229.53		13.15	102.12	87.64		12.58
内江市	Neijiang	193.00	175.44	0.82	9.03	81.75	69.54	0.53	7.92
乐山市	Leshan	222.91	208.02	0.10	7.52	98.32	90.13	0.02	6.21
南充市	Nanchong	517.26	453.94	0.01	41.22	223.85	178.75		37.83
眉山市	Meishan	286.18	262.65	0.63	19.98	121.61	105.92	0.33	14.02
宜宾市	Yibin	355.61	304.80	1.26	43.32	162.25	124.47	1.08	33.76
广安市	Guangan	237.85	215.21		21.96	99.51	84.61		14.54
达州市	Dazhou	256.58	237.35	0.96	14.80	115.18	99.21	0.32	14.21
雅安市	Yaan	51.99	50.49		1.48	23.82	21.65		2.16
巴中市	Bazhong	143.77	131.12	0.10	10.44	61.27	48.17	0.04	11.97
资阳市	Ziyang	428.31	387.02	0.99	26.77	161.96	132.23	0.55	22.65
阿坝藏族羌族自治州	Aba	9.71	9.28		0.43	3.49	3.19		0.30
甘孜藏族自治州	Ganzi	2.45	1.89	0.10	0.46	1.10	0.64	0.07	0.40
凉山彝族自治州	Liangshan	20.17	20.05		0.12	12.37	12.13		0.24

5-21 各市(州)商品房期房销售情况(2013年)
Selling of Commercial Houses under Construction by Region(2013)

市(州)	Region	房屋销售面积(万平方米) Floor Space of Commercial Houses (10 000 sq.m)	#住宅 Residential Buildings	#办公楼 Office Buildings	#商业营业用房 Houses for Business Use	房屋销售额(亿元) Total Sale of Commercial Houses (100 million yuan)	#住宅 Residential Buildings	#办公楼 Office Buildings	#商业营业用房 Houses for Business Use
全　省	**Sichuan**	**5914.17**	**5354.31**	**100.35**	**334.83**	**3345.13**	**2790.65**	**101.51**	**401.90**
成都市	Chengdu	2558.98	2258.75	92.71	140.74	1842.29	1505.36	97.05	213.55
自贡市	Zigong	202.22	195.91		5.28	87.71	80.59		6.93
攀枝花市	Panzhihua	131.01	120.14	0.16	6.10	66.21	55.40	0.16	9.24
泸州市	Luzhou	263.76	244.21	0.20	12.76	122.06	106.36	0.08	12.47
德阳市	Deyang	191.95	176.35	0.43	9.98	91.38	81.35	0.33	8.16
绵阳市	Mianyang	279.41	258.62	2.80	16.36	132.03	111.49	1.75	18.15
广元市	Guangyuan	60.68	54.37	0.01	4.80	27.10	22.53	0.01	3.92
遂宁市	Suining	174.96	164.24		7.94	73.36	64.11		8.55
内江市	Neijiang	164.55	149.36	0.82	8.13	73.10	61.70	0.53	7.40
乐山市	Leshan	199.23	189.07	0.02	3.79	89.80	84.48	0.01	3.56
南充市	Nanchong	225.38	207.35		14.78	103.77	85.11		16.74
眉山市	Meishan	226.61	212.65	0.63	13.15	96.50	86.17	0.33	9.86
宜宾市	Yibin	264.95	230.98	0.59	28.61	129.37	102.16	0.34	24.39
广安市	Guangan	199.80	180.55		18.95	81.36	67.62		13.51
达州市	Dazhou	241.90	228.31	0.95	10.48	107.83	95.55	0.31	11.27
雅安市	Yaan	42.58	41.25		1.34	20.09	18.05		2.04
巴中市	Bazhong	94.38	84.04	0.10	8.49	45.61	33.58	0.04	10.98
资阳市	Ziyang	369.93	336.92	0.83	22.63	143.70	117.81	0.51	20.59
阿坝藏族羌族自治州	Aba	8.80	8.80			3.08	3.08		
甘孜藏族自治州	Ganzi	2.45	1.89	0.10	0.46	1.10	0.64	0.07	0.40
凉山彝族自治州	Liangshan	10.63	10.56		0.06	7.69	7.49		0.19

5-22 各市(州)商品房现房销售情况(2013年)
Selling of Commercial Houses Completed by Region(2013)

市(州)	Region	房屋销售面积(万平方米) Floor Space of Commercial Houses (10 000 sq.m)	#住宅 Residential Buildings	#办公楼 Office Buildings	#商业营业用房 Houses for Business Use	房屋销售额(亿元) Total Sale of Commercial Houses (100 million yuan)	#住宅 Residential Buildings	#办公楼 Office Buildings	#商业营业用房 Houses for Business Use
全　省	**Sichuan**	**1398.62**	**1151.01**	**13.88**	**133.81**	**675.15**	**517.92**	**10.24**	**112.41**
成都市	Chengdu	389.05	296.66	12.65	32.55	279.32	209.57	9.25	42.67
自贡市	Zigong	36.66	30.64		3.84	15.40	11.98		2.81
攀枝花市	Panzhihua	2.85	2.55	0.04	0.14	1.72	1.55	0.04	0.11
泸州市	Luzhou	107.52	88.87		11.25	39.55	30.23		6.86
德阳市	Deyang	38.25	26.64	0.26	7.35	16.09	9.92	0.14	4.80
绵阳市	Mianyang	49.59	45.07		2.29	19.67	16.56		2.48
广元市	Guangyuan	26.27	19.73		4.52	11.15	7.41		3.36
遂宁市	Suining	73.83	65.29		5.21	28.76	23.53		4.03
内江市	Neijiang	28.45	26.08		0.89	8.66	7.84		0.52
乐山市	Leshan	23.69	18.95	0.08	3.73	8.52	5.64	0.02	2.66
南充市	Nanchong	291.88	246.60	0.01	26.44	120.08	93.63		21.09
眉山市	Meishan	59.57	50.00		6.83	25.11	19.75		4.15
宜宾市	Yibin	90.66	73.82	0.66	14.72	32.88	22.31	0.74	9.37
广安市	Guangan	38.05	34.66		3.01	18.16	16.99		1.03
达州市	Dazhou	14.68	9.05	0.01	4.32	7.36	3.66		2.95
雅安市	Yaan	9.40	9.25		0.14	3.72	3.60		0.11
巴中市	Bazhong	49.39	47.08		1.95	15.66	14.59		0.99
资阳市	Ziyang	58.38	50.10	0.16	4.13	18.26	14.42	0.04	2.06
阿坝藏族羌族自治州	Aba	0.91	0.48		0.43	0.41	0.11		0.30
甘孜藏族自治州	Ganzi								
凉山彝族自治州	Liangshan	9.54	9.48		0.06	4.68	4.64		0.04

5-23 各市(州)商品房待售情况(2013年)
Selling of Commercial Houses on Sale by Region(2013)

市(州)	Region	商品房待售面积(万平方米) Space Of Commercial Houses on Sale (10 000 sq.m)	#住宅 Residential Buildings	#办公楼 Office Buildings	#商业营业用房 Houses for Business Use	其中：待售1-3年的面积(万平方米) Space Empty on Sale During 3 Year (10 000 sq.m)	#住宅 Residential Buildings	#办公楼 Office Buildings	#商业营业用房 Houses for Business Business
全　省	**Sichuan**	**1971.50**	**1215.33**	**33.74**	**294.03**	**871.81**	**559.25**	**7.63**	**123.92**
成都市	Chengdu	696.82	326.17	26.01	96.59	291.79	162.30	2.34	35.52
自贡市	Zigong	50.84	34.98	0.90	6.25	31.52	23.46	0.52	2.82
攀枝花市	Panzhihua	34.07	19.41	0.22	7.72	18.50	13.84	0.22	1.39
泸州市	Luzhou	50.02	41.97		4.17	30.01	23.70		2.91
德阳市	Deyang	85.65	52.92	0.92	13.68	52.02	36.28	0.92	5.85
绵阳市	Mianyang	62.33	38.27	0.17	11.27	38.50	25.72	0.04	6.59
广元市	Guangyuan	52.61	29.62	0.10	13.60	18.75	10.52	0.03	5.95
遂宁市	Suining	70.24	55.35	0.13	7.70	21.51	13.74	0.13	3.40
内江市	Neijiang	9.64	5.49		1.80	3.31	2.44		0.53
乐山市	Leshan	45.49	33.15	0.30	6.85	34.32	26.90		4.15
南充市	Nanchong	393.79	305.13	0.27	45.73	101.27	82.04	0.04	8.79
眉山市	Meishan	104.02	63.23		19.04	73.54	42.93		14.18
宜宾市	Yibin	82.74	46.22	2.21	19.72	52.82	27.33	2.14	12.52
广安市	Guangan	31.59	30.21	0.15	1.07	5.28	4.97	0.15	0.16
达州市	Dazhou	61.11	29.70	0.69	22.09	23.03	5.53		10.51
雅安市	Yaan	17.25	13.79		2.94	5.91	5.17		0.30
巴中市	Bazhong	64.97	50.23	1.30	7.20	39.63	26.38	1.10	5.93
资阳市	Ziyang	32.59	25.76	0.07	3.96	25.54	21.55		2.27
阿坝藏族羌族自治州	Aba	0.37			0.37				
甘孜藏族自治州	Ganzi								
凉山彝族自治州	Liangshan	25.33	13.72	0.30	2.29	4.57	4.42		0.15

主要统计指标解释

全社会固定资产投资 以货币形式表现的在一定时期内全社会建造和购置固定资产的工作量以及与此有关的费用的总称。该指标是反映固定资产投资规模、结构和发展速度的综合性指标，又是观察工程进度和考核投资效果的重要依据。全社会固定资产投资按登记注册类型可分为国有、集体、联营、股份制、私营和个体、港澳台商、外商、其他等。

固定资产投资(不含农户) 指城镇和农村各种登记注册类型的企业、事业、行政单位及城镇个体户进行的计划总投资500万元及500万元以上的建设项目投资和房地产开发投资，包含原口径的城镇固定资产投资加上农村企事业组织项目投资，该口径自2011年起开始使用。

房地产开发投资 指各种登记注册类型的房地产开发法人单位统一开发的包括统代建、拆迁还建的住宅、厂房、仓库、饭店、宾馆、度假村、写字楼、办公楼等房屋建筑物，配套的服务设施，土地开发工程（如道路、给水、排水、供电、供热、通讯、平整场地等基础设施工程）和土地购置的投资；不包括单纯的土地开发和交易活动。

固定资产投资的实际到位资金 根据固定资产投资的资金来源不同，分为国家预算资金、国内贷款、利用外资、自筹资金和其他资金。

(1)国家预算资金 国家预算包括一般预算、政府性基金预算、国有资本经营预算和社保基金预算。各类预算中用于固定资产投资的资金全部作为国家预算资金填报，其中一般预算中用于固定资产投资的部分包括基建投资、车购税、灾后恢复重建基金和其他财政投资。各级政府债券也应归入国家预算资金。

(2)国内贷款 指报告期固定资产项目投资单位向银行及非银行金融机构借入用于固定资产投资的各种国内借款，包括银行利用自有资金及吸收存款发放的贷款、上级主管部门拨入的国内贷款、国家专项贷款（包括煤代油贷款、劳改煤矿专项贷款等），地方财政专项资金安排的贷款、国内储备贷款、周转贷款等。

(3)利用外资 指报告期收到的境外（包括外国及港澳台地区）资金(包括设备、材料、技术在内)。包括对外借款(外国政府贷款、国际金融组织贷款、出口信贷、外国银行商业贷款、对外发行债券和股票)、外商直接投资、外商其他投资(包括利用外商投资收益在国内进行固定资产再投资活动的资金)。不包括我国自有外汇资金(国家外汇、地方外汇、留成外汇、调剂外汇和国内银行自有资金发放的外汇贷款等)。各类外资按报告期末的外汇牌价（中间价）折成人民币计算。

(4)自筹资金 指固定资产投资单位在报告期收到的，由各企、事业单位筹集用于固定资产投资的资金，包括各类企事业单位的自有资金和从其他单位筹集的用于固定资产投资的资金，但不包括各类财政性资金、从各类金融机构借入资金和国外资金。

(5)其他资金 指在报告期收到的除以上各种资金之外的用于固定资产投资的资金，包括社会集资、个人资金、无偿捐赠的资金及其他单位拨入的资金等。

固定资产投资按国民经济行业分 指根据其从事的社会经济活动性质对各类单位进行的分类。应根据建设项目建成投产后的主要产品种类或主要用途及社会经济活动种类来划分，不能根据项目单位本身的行业类别来划分。如果项目投产后有几种产品，应根据主要产品来确定行业类别。一般情况下，一个建设项目只能属于一种国民经济行业。

固定资产投资按隶属关系分 是按建设单位或企业、事业、行政单位的主管上级机关确定的。

(1)中央：是指中共中央、人大常委会和国务院各部、委、局、总公司以及直属机构直接领导的建设项目和企业、事业、行政单位。这些单位的固定资产投资计划由国务院各部门直接编制和下达，统一组织或委托下级实施。包括有中央垂直管理的部门（如国家统计局各级调查队）和中央直属企业、事业单位（如工商银行、中国电信、中国石油）等。

(2)地方：是由省（自治区、直辖市）、地（区、市、州、盟）、县（区、市、旗）三级政府及业务主管部门直接领导和管理的建设项目、企业、事业、行政单位。地方项目还包括不隶属以上各级政府及主管部门的建设项目和企业、事业单位，如外商投资企业和无主管部门的企业等。

固定资产投资按建设性质分 按整个建设项目情况来确定。建设项目的性质一般分为新建、扩建、改建和技术改造、单纯建造生活设施、迁建、恢复、单纯购置。房地产开发单位、农户投资不划分建设性质。

(1)新建：指从无到有“平地起家”开始建设的项目。现有企业、事业、行政单位投资的项目一般不属于新建。但如有的单位原有基础很小，经过建设后新增的固定资产价值超过该企业、事业、行政单位原有固定资产价值（原值）三倍以上的，也应作为新建。

(2)扩建：指在厂内或其他地点，为扩大原有产品的生产能力(或效益)或增加新的产品生产能力，而增建的生产车间(或主要工程)、分厂、独立的生产线的企业、事业单位。行政、事业单位在原单位增建业务性用房(如学校增建教学用房、医院增建门诊部、病房等)也作为扩建。

现有企、事业单位为扩大原有主要产品生产能力或增加新的产品生产能力，增建一个或几个主要生产车间(或主要工程)、分厂，同时进行一些更新改造工程的，也应作为扩建。

(3)改建和技术改造：指现有企业、事业单位对原有设施进行技术改造或更新(包括相应配套的辅助性生产、生活福利设施)的建设项目。改建项目包括现有企业、事业单位为适应市场变化的需要，而改变企业的主要产品种类(如军工企业转民产品等)的建设项目，原有产品生产作业线由于各工序(车间)之间能力不平衡，为填平补齐充分发挥原有生产能力而增建不增加本企业主要产品设计能力的车间的建设项目。技术改造是指企业、事业单位在现有基础上，用先进的技术代替落后的技术，用先进的工艺和装备代替落后的工艺和装备，以改变企业落后的技术经济面貌，实现以内涵为主的扩大再生产，达到提高产品质量、促进产品更新换代、节约能源、降低消耗、扩大生产规模、全面提高社会经济效益的目的。技术改造具体包括以下内容：机器设备和工具的更新改造；生产工艺改革、节约能源和原材料的改造；厂房建筑和公共设施的改造；保护环境进行的“三废”治理改造；劳动条件和生产环境的改造等。

固定资产投资按构成分：

(1)建筑工程　指各种房屋、建筑物的建造工程，又称建筑工作量。这部分投资额必须兴工动料，通过施工活动才能实现，是固定资产投资额的重要组成部分。

(2)安装工程　指各种设备、装置的安装工程，又称安装工作量。在安装工程中，不包括被安装设备本身价值。

(3)设备工具器具购置　指报告期内购置或自制的，达到固定资产标准的设备、工具、器具的价值。新建单位及扩建单位的新建车间，按照设计或计划要求购置或自制的全部设备、工具、器具，不论是否达到固定资产标准均计入“设备工具器具购置”中。

(4)其他费用　指在固定资产建造和购置过程中发生的，除上述几项内容以外的应当分摊计入固定资产的费用，不指经营中财务上的其他费用。

施工项目个数　是指本年正式进行过建筑或安装施工活动的建设项目个数。包括本年新开工项目，以前年度开工跨入本年继续施工项目，本年全部建成投产项目、以前年度全部停缓建在本年恢复施工的项目，本年进行过施工又在本年内全部停缓建的项目。施工项目个数可以反映一定时期固定资产投资的实际规模，与同期全部建成投产项目个数相比，可以从建设速度的角度反映固定资产投资的效果。

本年投产项目个数　指报告期内按设计文件规定建成主体工程和相应配套的辅助设施，形成生产能力或工程效益，经过验收合格，并且已正式投入生产或交付使用的建设项目。

新增生产能力(或工程效益)　指通过固定资产投资活动而增加的设计能力（或工程效益）。主要指标包括建设规模、本年施工规模、自开始建设累计新增生产能力（或工程效益）、本年新增生产能力（或工程效益）等。

新增固定资产　指已经完成建造和购置过程，并已交付生产或使用单位的固定资产的价值，包括已经建成投入生产或交付使用的工程投资和达到固定资产标准的设备、工具、器具的投资及有关应摊入的费用。该指标是表示固定资产投资成果的价值指标，也是反映建设进度，计算固定资产投资效果的重要指标。

房屋施工面积　指报告期内施工的全部房屋建筑面积。包括本期新开工的面积、上期跨入本期继续施工的房屋建筑面积、上期停缓建在本期恢复施工的房屋建筑面积、本期竣工的房屋建筑面积以及本期施工后又停缓建的房屋建筑面积。多层建筑应填各层建筑面积之和。

房屋竣工面积　指在报告期内房屋建筑按照设计要求已经全部完工，达到住人和使用条件，经验收鉴定合格或达到竣工验收标准，可正式移交使用的各栋房屋建筑面积的总和。

房屋建筑面积竣工率　指一定时期内房屋竣工面积占同期房屋施工面积的比率。它是从房屋建筑施工速度的角度反映投资效果的指标。

项目建成投产率　指一定时期内全部建成投产项目个数与同期施工项目个数的比率。该指标从建设单位建设速度的角度反映投资效果。

固定资产交付使用率　指一定时期新增固定资产与同期完成投资额的比率。它是反映固定资产动用速度，衡量建设过程中宏观投资效果的综合指标。

商品房销售面积　指报告期内出售商品房屋的合同总面积(即双方签署的正式买卖合同中所确定的建筑面积)。由现房销售面积和期房销售面积两部分组成。

商品房销售额　指报告期内出售商品房屋的合同总价款(即双方签署的正式买卖合同中所确定的合同总价)。该指标与商品房销售面积同口径，由现房销售额和期房销售额两部分组成。

Explanatory Notes on Main Statistical Indicators

Total Investment in Fixed Assets refers to the volume of activities in construction and purchases of fixed assets and related fees , expressed in monetary terms . It is a comprehensive indicator which shows the size, structure and growth of the investment in fixed assets, providing basis for observing the progress of construction projects and evaluating results of investment. Total investment in fixed assets in the whole country includes, by type of ownership, the investment by the state-owned units, collective-owned units, joint ownership units, share-holding units, private units individuals as well as investments by entrepreneurs from Hong Kong, Macao and Taiwan, foreign investors and others.

Investment in Fixed Assets (Excluding Rural Households) refers to the investment in construction projects with a total planned investment of 5 million yuan(RMB) and over by enterprises of various ownerships, institutions, administrative units and urban self-employed individuals, and the investment in real estate development in both urban and rural areas. Since 2011, it covers the urban investment in fixed assets under the previous statistical coverage plus project investments by rural enterprises and institutions.

Investment in Real Estate Development refers to investment by real estate development companies, commercialized buildings construction companies and other real estate development units of various types of ownership in the construction of buildings, such as residential buildings, factory buildings, warehouses, hotels, guesthouses, holiday villages, office buildings, the complementary service facilities and land development projects, such as roads, water supply, water drainage, power supply, heating supply, telecommunications, land leveling and other infrastructural projects. It does not include activities in pure land transactions.

Actual Funds in Place for Investment in Fixed Assets are categorized as funds from the State budget, domestic loans, foreign investment, self-raised funds, and others, depending on the sources of investment.

(1) Fund from the State budget: State budget consists of general budget, government fund budget, operation budget of state-owned assets and social security fund budget. Funds for investment in fixed assets from various budgets are reported as fund from the state budget, of which, the general budget utilized on fixed assets investment includes investment on infrastructure construction, vehicle purchase tax, post-disaster restoration and reconstruction funds and other financial investment. Government bonds at all levels should also be included.

(2) Domestic loans refer to loans of various forms borrowed by investing units from banks and non-bank financial institutions during the reference period for the purpose of investment in fixed assets, including loans issued by banks from their self-owned funds and deposit, loans appropriated by higher responsible authorities, special loans by government (including loan for substituting petroleum with coal, special loans for reform-through-labour coal mines), loans arranged by local government from special funds, domestic reserve loan, and revolving loan, etc.

(3) Foreign investment refers to overseas (including foreign countries, Hongkong, Macao and Taiwan) funds received during the reference period (covering equipment, materials and technology), including foreign borrowings (loans from foreign governments and international financial institutions, export credit, commercial loans from foreign banks, issue of bonds and stocks overseas), foreign direct investment and other foreign investments (including funds from foreign direct investment income that are reinvested in fixed assets domestically). Excluded from this category is capital in foreign exchanges owned by China (foreign exchanges owned by the central and local governments, foreign exchanges retained by enterprises, foreign exchanges by enterprises through the regulating mechanism, loans in foreign exchanges issued by the Bank of China with its own fund, etc.). In calculating the utilization of foreign capital, foreign currencies are converted into Chinese RMB applying the exchange rate (central parity rate) at the end of the reference period.

(4) Self-raised funds refer to funds for investment in fixed assets received during the reference period by investing units, including investment in fixed assets using own funds of various enterprises and institutions or funds raised from other units other than financial funds, funds borrowed from financial institutions and overseas funds.

(5) Others refer to funds for investment in fixed assets received from sources other than those listed above, including funds raised from individuals and through donations, and funds transferred from other units.

Investment in Fixed Assets by Sector refers to the classification of investment by the nature of social economic activities the investing units are engaged in. The classification of construction projects by sector is determined by the major products or the purpose of the projects when they are put into production or use, and by the nature of their social economic activities, instead of being determined by industrial classification of the project enterprises. The project will be classified according to major product if there are several kinds of products yielded. In general, one project can only be classified into one sector.

Investment in Fixed Assets by Jurisdiction of Management refers to the classification of investment by the competent authorities under which investment is made by construction units, enterprises, institutions or administrative units.

(1) Central investment refers to the investment in projects or by enterprises, institutions or administrative units which are under

the direct leadership and management of the State Council and of the national commissions, ministries, agencies and State-owned large corporations. Various ministries and departments of the State Council prepare and implement plans through unified organization or lower-level commissions, which include departments direct under central government (i.e. survey offices at all level of the National Bureau of Statistics) and enterprises and institutions directly under central government (like the Industrial and Commercial Bank of China, China Telecom and China National Petroleum Corporation)..

(2) Local investment refers to the investment in projects or by enterprises, institutions or administrative units which are under the direct leadership and management of departments under the provincial, prefecture and county governments. Also included are projects by foreign-invested enterprises and enterprises without competent managing authorities.

Investment in Fixed Assets by Sector The classification of construction projects by sector is determined by the major products or the purpose of the projects when they are put into production or use, and by the nature of their social economic activities, instead of being determined by industrial classification of the project enterprises. The project will be classified according to major product if there are several kinds of products yielded, In general, one project can only be classified into one sector.

Investment in Fixed Assets by Jurisdiction of Management refers to the classification of investment by the competent authorities under which investment is made by construction units, enterprises, institutions or administrative units.

(1) Central investment refers to the investment in projects or by enterprises, institutions or administrative units which are under the direct leadership and management of the State Council and of the national commissions, ministries, agencies and State-owned large corporations. Various ministries and departments of the State Council prepare and implement plans through unified organization or lower-level commissions, which include departments direct under central government (i.e. survey offices at all level of the National Bureau of Statistics) and enterprises and institutions directly under central government (like the Industrial and Commercial Bank of China, China Telecom and China National Petroleum Corporation)..

(2) Local investment refers to the investment in projects or by enterprises, institutions or administrative units which are under the direct leadership and management of competent departments and governments at the level of province (autonomous regions and municipalities directly under the Central Government), prefecture （prefectures, cities and leagues） and county (districts, cities and banners). Also included are projects by foreign-invested enterprises and enterprises without competent managing authorities.

Investment in Fixed Assets by Type of Construction Construction projects in general can be classified, by the type of construction, into new construction, expansion, reconstruction and technical transformation, purely construction of living facilities, moving, restoration and purely purchasing. However, investment by type of construction is not applied to investment by real-estate development units and investment by rural households.

(1) New construction in general refers to construction projects, which start from scratch. The existing projects invested by enterprises, institutions and administrative agencies cannot be classified as new construction. In case the size of the existing unit is quite small, and the value of newly added fixed assets is more than three times of the original value, the expansion will be considered as new construction.

(2) Expansion refers to construction of new production workshop, branch factory or independent production line within a factory or in other locations, for the purpose of increasing the production capacity (or improving efficiency) or adding new production capacity by enterprises and institutions. Newly constructed accommodation for the operation of institutions and administrative organizations (such as newly constructed buildings for teaching in schools, buildings for clinics or wards in hospitals, etc.) are also classified as expansion.

Also included in expansion are investments by existing enterprises or institutions in building major production line(s) or branch factory (ies) along with some work on innovation, for the purpose of expanding the production capacity of original products or producing new products.

(3) Reconstruction and technical transformation refers to construction projects by existing enterprises or institutions in innovation or technical transformation of the old facilities (including auxiliary production equipment and welfare facilities). Also considered as reconstruction is the construction of new workshops by the existing enterprises or institutions to change the variety of products to meet the market demand (such as the production of civil products by defence industries), or to bring the designed production capacity into full play through a more balanced production process on production lines. Technical transformation refers to replacement of old technology or equipment by new technology or equipment, in order to expand the reproduction through improvement of technology contents in production, to improve product quality, to promote new products, to save energy, to reduce consumption, to expand the production scale and to improve overall social-economic efficiency. Contents of technical transformation include: updating of machinery, equipment and tools; reforming production process by using energy or materials saving technology; construction of factory workshops and transformation of public facilities; treatment transformation of "three wastes" (waste gas, waste water and industrial residue) aiming at environmental protection; improvement of working conditions and environment, etc.

Investment in Fixed Assets by Structure

(1) Construction refers to the construction of houses and buildings, also known as work volume of construction. This part of

investment can only be achieved through construction activities, it is the major component of the total investment in fixed assets.

(2) Installation refers to the installation of various kinds of equipment and instruments, also known as work volume of installation.

The value of equipment installed itself is not included in the value of installation projects.

(3) Purchase of equipment and instruments refers to the total value of equipment, tools, and instruments purchased or self-produced which come up to the cut-off point for fixed assets during the reference period. Equipment, tools and instruments purchased or self-produced for new workshops by newly established or expanded units are categorized as "purchase of equipment and instruments" no matter whether they come up to the cut-off point for fixed assets.

(4) Other expenses refers to expenses arising during the construction or purchase of fixed assets other than those expenses on construction, installation and purchase of equipment and instruments. Other financial expenses arising in operation are not included.

Number of Projects under Construction refers to number of all projects with construction activities newly started in current year or left-over from the previous year in the reference period. All projects that have construction activities undertaken during the reference period are reported as projects under construction irrespective of the length of construction work. The number of projects under construction can reflect the actual size of investment in fixed as sets during a given period, and when compared with the number of projects completed and put into use during the same period, it demonstrates the results of investment in fixed as sets.

Projects Completed and Put into Use This Year refers to projects have been completed in accordance with the design documents, resulting in forming production capacity (efficiency) and have been checked and accepted after relevant tests, and have been formally delivered for use.

Newly Increased Production Capacity (or Project Efficiency) refers to the increase of designed capacity (or project efficiency) through investment in fixed assets. The main indicators include: construction scale, scale of projects under construction in current year, the accumulated newly increased production capacity (project efficiency) since the start of the projects and the newly increased production capacity (project efficiency) of current year.

Newly Increased Fixed Assets refers to the value of fixed assets that has completed the construction and purchase, and has been delivered to the production or owner units, including investment in projects that have been completed and put into operation in current year and the investment in equipment, tools and appliance that meet the standard of fixed assets and fees that should be apportioned. This is an indicator that demonstrates the results of investment in fixed assets in monetary terms, and an important indicator to reflect the speed of construction and to calculate the efficiency of investment.

Floor Space of Building Under Construction refers to the total floor space of all the buildings in the reference period,, including floor space of newly started buildings during the reference period, floor space of construction extended form the previous period to the reference period, floor space of construction suspended or postponed in the previous period and resumed in the reference period, floor space of construction completed in the reference period, and floor space of construction started and then suspended or postponed in the reference period.

Floor Space of Buildings Completed refers to the floor space of all buildings completed in the reference period, which have been appraised and accepted or come up to the designed standards and have been put into use.

Completion Rate of Floor Space of Buildings refers to the ratio of the floor space of buildings completed in certain period of time to the floor space of buildings under construction in the same period. this indicator reflects the investment result from the perspective of the speed of construction.

Completion Rate of Floor Space of Building refers to the ratio of the number of the floor space of all buildings completed in certain period of time to floor space of building under construction in the same period. This indicator reflects the investment result from the perspective of the speed of construction.

Rate of Construction Projects Completed and Put into Use refers to the ratio of the number of construction projects completed and put into use in certain period of time to the number of projects under construction in the same period. This reflects the investment efficiency from the perspective of the speed of projects construction.

Rate of Projects of Fixed Assets completed and Put into Operation refers to the ratio of the newly increased fixed assets to the total investment made in the same period. This is a comprehensive indicator reflecting the speed of the employment of fixed assets and the investment efficiency at the macro-level.

Area of Commercialized Housing Sold refers to total contracted area of commercialized housing (i.e. area of floor space as designated in the formal contracts signed by both sides) during the reference time. It constitutes floor space of completed housing and floor space of future housing.

Value of Commercialized Housing Sold refers to the total contracted value (i.e. value of sales/purchase for selling/purchase of commercialized housing as designated in the contract signed by both sides) during the reference time. This indicator has the same coverage as the area of commercialized housing sold, which constitutes floor space of completed housing and floor space of housing yet to be completed.

6

能源

ENERGY

6-1 综合能源平衡表
Overall Energy Balance Sheet

单位：万吨标准煤 (10 000 tons of SCE)

项　目	Item	2009	2010	2011	2012	2013
可供消费的能源总量	**Total Energy Available for Consumption**	**16322.0**	**17891.8**	**19696.0**	**20574.6**	**21512.3**
一次能源生产量	Primary Energy Output	13966.0	15021.6	16296.0	16658.8	17107.4
外省(区、市)调入量	Imports from Other Provinces	4246.0	4464.9	5842.0	6574.3	9003.2
进口量	Imports					
我轮、机在外国加油量	Chinese Airplanes and Ship in Refueling Abroad	11.0	11.8	2.0	2.2	5.6
本省(区、市)调出量(-)	Exports from Sichuan(-)	1939.0	1935.5	2419.0	2551.0	4497.4
出口量(-)	Exports(-)					
外轮、机在我国加油量(-)	Foreign Airplanes and Ships in Refueling in China	3.0	2.4	5.0	7.3	8.9
年初年末库存差额	Stock Changes in the Year	41.0	-24.4	20.2	-102.3	-97.6
年初库存量	Stock (year-beginning)	613.0	577.2	601.6	617.1	720.4
年末库存量(-)	Stock (year-end)(-)	572.0	601.6	621.8	719.4	818.0
能源消费总量	**Total Energy Consumption**	**16322.0**	**17892.0**	**19696.2**	**20574.6**	**21512.3**
在总量中:	Consumption by Sector					
1.农、林、牧、渔业	1.Farming, Forestry, Animal Husbandry,Fishery and Water Conservancy	282.0	269.9	270.2	289.7	299.6
2.工业	2.Industry	11847.0	12939.0	14096.4	14575.0	15122.7
3.建筑业	3.Construction	231.0	314.3	373.9	419.0	448.8
4.交通运输、仓储和邮政业	4.Transport, Storage and Post	1144.0	1214.3	1281.0	1376.0	1450.7
5.批发、零售业和住宿、餐饮业	5.Wholesale, Retail Trade and Hotel	384.0	500.8	668.3	664.2	668.2
6.其他	6.Others	497.0	511.9	611.4	629.4	737.3
7.生活消费	7.Residential Consumption	1938.0	2142.2	2395.1	2622.0	2739.1
在总量中:	Consumption by Usage					
1.终端消费	1.Final Consumption	14638.0	16369.0	19381.2	19889.0	20630.6
#工业	Industry	10163.0	11415.0	13781.4	13889.0	14287.0
2.加工转换损失	2.Losses in Processing and Transformation	933.0	779.0	-438.0	-50.0	231.4
火力发电损失	Thermal Power Generation					
供热损失	Heating		10.9	59.2	41.0	46.7
洗选煤损失	Coal Washing and Dressing	599.0	627.3	423.5	455.1	548.8
炼焦损失	Coking	302.0	119.0	98.3	97.1	78.5
炼油损失	Petroleum Refining	22.0	16.3	77.3	92.0	82.7
制气损失	Gas Production		1.3	1.8	1.1	0.7
煤制品加工损失	Coal Products Processing	11.0	4.0	11.0	0.6	0.6
天然气液化损失	Liquefied natural gas losses			3.0	8.8	5.0
回收能	Recovery of Energy			-1112.0	-746.0	-531.7
3.损失量	3.Other Losses	751.0	744.0	753.0	735.9	650.4
平衡差额	**Balance**					

注：本表按等价值计算。
a) This table is calculated in equal value.

6-2 能源生产量和构成
Total Production of Energy and its Composition

单位：万吨标准煤，% (10 000 tons SCE , %)

项　目	Item	2009	2010	2011	2012	2013
一次能源产量	**primaty Energy Output**					
标准量（当量值）	Standard Volume(Heat Value Equivalent)	10556.2	11691.3	12268.5	12670.7	11959.8
构成(按当量值计算)	Composition(Calculated on the Basic of Heat Value Equivalent)	100.0	100.0	100.0	100.0	100.0
标准量（电力等价值）	Standard Volume(Equal Electricity Value)	13965.9	15021.6	16296.4	16658.8	17107.4
构成(按等价值计算)	Composition(Calculated on the Basic of Equal Electricity Value)	100.0	100.0	100.0	100.0	100.0
原煤	**Coal**					
实物量(万吨)	Physical Volume	9505.3	9457.5	9377.5	9470.7	7574.9
标准量（当量值）	Standard Volume(Heat Value Equivalent)	6776.3	7154.5	7222.3	7598.7	5915.3
构成(按当量值计算)	Composition(Calculated on the Basic of Heat Value Equivalent)	64.2	61.2	58.9	60.0	49.5
标准量（电力等价值）	Standard Volume(Equal Electricity Value)	6776.3	7154.5	7222.3	7598.7	5915.3
构成(按等价值计算)	Composition(Calculated on the Basic of Equal Electricity Value)	48.5	47.6	44.3	45.6	34.6
原油	**Crude Oil**					
实物量(万吨)	Physical Volume	21.7	15.1	16.2	15.9	22.4
标准量（当量值）	Standard Volume(Heat Value Equivalent)	31.0	21.6	23.1	22.8	31.9
构成(按当量值计算)	Composition(Calculated on the Basic of Heat Value Equivalent)	0.3	0.2	0.2	0.2	0.3
标准量（电力等价值）	Standard Volume(Equal Electricity Value)	31.0	21.6	23.1	22.8	31.9
构成(按等价值计算)	Composition(Calculated on the Basic of Equal Electricity Value)	0.2	0.1	0.1	0.1	0.2
天然气	**Natural Gas**					
实物量(亿立方米)	Physical Volume	191.3	234.2	242.0	236.8	265.0
标准量（当量值）	Standard Volume(Heat Value Equivalent)	2544.0	3114.3	3218.6	3149.7	3524.8
构成(按当量值计算)	Composition(Calculated on the Basic of Heat Value Equivalent)	24.1	26.6	26.2	24.9	29.5
标准量（电力等价值）	Standard Volume(Equal Electricity Value)	2544.0	3114.3	3218.6	3149.7	3524.8
构成(按等价值计算)	Composition(Calculated on the Basic of Equal Electricity Value)	18.2	20.7	19.8	18.9	20.6
水、核电	**Hydro_power, Nuclear**					
实物量(亿千瓦小时)	Physical Volume	979.4	1139.8	1468.3	1545.6	2024.2
标准量（当量值）	Standard Volume(Heat Value Equivalent)	1203.6	1400.8	1804.5	1899.5	2487.8
构成(按当量值计算)	Composition(Calculated on the Basic of Heat Value Equivalent)	11.4	12.0	14.7	15.0	20.8
标准量（电力等价值）	Standard Volume(Equal Electricity Value)	4613.3	4731.2	5832.4	5887.7	7635.4
构成(按等价值计算)	Composition(Calculated on the Basic of Equal Electricity Value)	33.0	31.5	35.8	35.3	44.6

6-3 能源消费量和构成
Total Consumption of Energy and its Composition

单位：万吨标准煤，%　　(10 000 tons SCE，%)

项　目	Item	2009	2010	2011	2012	2013
能源消费总量	**Total Energy Consumption**					
标准量（当量值）	Standard Volume(Heat Value Equivalent)	13321.8	15014.0	15958.0	16897.6	17774.6
构成(按当量值计算)	Composition(Calculated on the Basic of Heat Value Equivalent)	100.0	100.0	100.0	100.0	100.0
标准量（电力等价值）	Standard Volume(Equal Electricity Value)	16321.7	17891.8	19696.2	20574.6	21512.3
构成(按等价值计算)	Composition(Calculated on the Basic of Equal Electricity Value)	100.0	100.0	100.0	100.0	100.0
煤品燃料	**Coal Products Fuel**					
标准量（当量值）	Standard Volume(Heat Value Equivalent)	8667.6	9266.5	8790.7	9639.8	9556.9
构成(按当量值计算)	Composition(Calculated on the Basic of Heat Value Equivalent)	65.1	61.7	55.1	57.0	53.8
标准量（电力等价值）	Standard Volume(Equal Electricity Value)	8667.6	9266.5	8790.7	9639.8	9556.9
构成(按等价值计算)	Composition(Calculated on the Basic of Equal Electricity Value)	53.1	51.8	44.6	46.9	44.4
油品燃料	**Oil Fuel**					
标准量（当量值）	Standard Volume(Heat Value Equivalent)	1906.2	2179.8	2635.1	2843.8	3523.5
构成(按当量值计算)	Composition(Calculated on the Basic of Heat Value Equivalent)	14.3	14.5	16.5	16.8	19.8
标准量（电力等价值）	Standard Volume(Equal Electricity Value)	1906.2	2179.8	2635.1	2843.8	3523.5
构成(按等价值计算)	Composition(Calculated on the Basic of Equal Electricity Value)	11.7	12.2	13.4	13.8	16.4
天然气	**Natual Gas**					
标准量（当量值）	Standard Volume(Heat Value Equivalent)	1689.0	2331.0	2061.1	2034.4	1972.4
构成(按当量值计算)	Composition(Calculated on the Basic of Heat Value Equivalent)	12.7	15.5	12.9	12.0	11.1
标准量（电力等价值）	Standard Volume(Equal Electricity Value)	1689.0	2331.0	2061.1	2034.4	1972.4
构成(按等价值计算)	Composition(Calculated on the Basic of Equal Electricity Value)	10.3	13.0	10.5	9.9	9.2
水、核电	**Hydro_power, Nuclear power**					
标准量（当量值）	Standard Volume(Heat Value Equivalent)	1203.6	1400.8	1804.5	1899.5	2487.8
构成(按当量值计算)	Composition(Calculated on the Basic of Heat Value Equivalent)	9.0	9.3	11.3	11.2	14.0
标准量（电力等价值）	Standard Volume(Equal Electricity Value)	4613.3	4731.2	5832.4	5887.7	7635.4
构成(按等价值计算)	Composition(Calculated on the Basic of Equal Electricity Value)	28.3	26.4	29.6	28.6	35.5
电力净调入(+)、调出(-)量	**Net Amount of Electricity Transferred in (+) and out(-)**					
标准量（当量值）	Standard Volume(Heat Value Equivalent)	-144.6	-190.3	-129.8	-148.2	-681.4
构成(按当量值计算)	Composition(Calculated on the Basic of Heat Value Equivalent)	-1.1	-1.3	-0.8	-0.9	-3.8
标准量（电力等价值）	Standard Volume(Equal Electricity Value)	-554.3	-642.8	-419.5	-459.4	-2091.3
构成(按等价值计算)	Composition(Calculated on the Basic of Equal Electricity Value)	-3.4	-3.6	-2.1	-2.2	-9.7
其他能源	**Other Energy**					
标准量（当量值）	Standard Volume(Heat Value Equivalent)			796.4	628.7	915.4
构成(按当量值计算)	Composition(Calculated on the Basic of Heat Value Equivalent)			5.0	3.7	5.1
标准量（电力等价值）	Standard Volume(Equal Electricity Value)			796.4	628.7	915.4
构成(按等价值计算)	Composition(Calculated on the Basic of Equal Electricity Value)			4.0	3.7	4.3

6-4 主要能源库存量和周转天数
Stock and Revolving Days of Main Energy

单位：万吨，天 (10 000 tons,day)

项　目	Item	2009	2010	2011	2012	2013
煤炭	**Coal**					
年末库存量	Stock (year-end)	581.3	592.3	634.8	745.2	811.8
消费量	Consumption	12147.4	11520.4	11454.3	11872.2	11658.6
库存周转天数	Revolving Days of Stock	17.5	18.8	20.2	22.9	25.4
原煤	**Raw Coal**					
年末库存量	Stock (year-end)	494.0	480.2	508.7	614.4	629.2
消费量	Consumption	12128.7	11506.0	11408.9	11876.9	11710.4
库存周转天数	Revolving Days of Stock	14.9	15.2	16.3	18.9	19.6
洗精煤	**Coal Washed and Dressed**					
年末库存量	Stock (year-end)	72.0	87.8	99.9	86.5	137.3
消费量	Consumption	1539.0	1820.2	2016.4	3149.8	2805.6
库存周转天数	Revolving Days of Stock	17.1	17.6	18.1	10.0	17.9
其它洗煤	**Other Washed Coal**					
年末库存量	Stock (year-end)	10.5	16.5	23.1	35.0	34.2
消费量	Consumption	819.6	867.6	464.8	876.9	1167.6
库存周转天数	Revolving Days of Stock	4.7	7.0	18.1	14.6	10.7
焦炭	**Coke**					
年末库存量	Stock (year-end)	23.7	29.5	21.0	20.6	26.1
消费量	Consumption	1122.0	1353.6	1438.9	1562.9	1760.1
库存周转天数	Revolving Days of Stock	7.7	8.0	5.3	4.8	5.4
石油	**Petroleum**					
年末库存量	Stock (year-end)	84.7	96.0	92.5	84.8	109.2
消费量	Consumption	1309.2	1497.4	1824.5	1946.8	2428.6
库存周转天数	Revolving Days of Stock	23.6	23.4	18.5	15.9	16.4
原油	**Crude Oil**					
年末库存量	Stock (year-end)	14.1	18.0	13.9	12.8	13.6
消费量	Consumption	315.7	351.8	361.8	351.5	306.5
库存周转天数	Revolving Days of Stock	16.3	18.7	14.1	13.2	16.2
汽油	**Gasoline**					
年末库存量	Stock (year-end)	35.3	40.3	43.3	33.9	35.5
消费量	Consumption	462.9	541.8	642.1	700.0	852.0
库存周转天数	Revolving Days of Stock	27.8	27.1	24.6	17.7	15.2
煤油	**Kerosene**					
年末库存量	Stock (year-end)	1.1	1.0	1.4	4.3	8.8
消费量	Consumption	155.1	173.3	206.2	205.4	239.8
库存周转天数	Revolving Days of Stock	2.5	2.1	2.4	7.6	13.4
柴油	**Diesel Oil**					
年末库存量	Stock (year-end)	33.5	33.3	29.9	33.4	50.3
消费量	Consumption	538.5	525.1	576.5	643.4	754.0
库存周转天数	Revolving Days of Stock	22.7	23.1	18.9	18.9	24.4
燃料油	**Fuel Oil**					
年末库存量	Stock (year-end)	0.7	3.5	4.0		
消费量	Consumption	13.3	62.8	70.5	75.2	87.9
库存周转天数	Revolving Days of Stock	19.2	20.3	20.8		

6-5 能源加工转换情况
Statistics of Energy Conversion

单位：万吨标准煤，%　　(10 000 tons SCE,%)

项　目	Item	2009	2010	2011	2012	2013
合计	**Total**					
投入量	Input	6853.3	7419.7	7459.4	8516.9	8691.5
产出量	Output	4159.1	4992.5	5140.2	6312.3	6361.9
转换损失量	Losses in Conversion	2694.1	2427.1	2319.2	2204.6	2329.6
转换效率	Conversion Efficiency	60.7	67.3	68.9	74.1	73.2
火电	**Thermal Power Generation**					
投入量	Input	2356.1	2341.3	2382.6	2226.9	2323.5
产出量	Output	614.7	693.2	737.2	718.5	757.1
转换损失量	Losses in Conversion	1741.4	1648.1	1645.4	1508.5	1566.5
转换效率	Conversion Efficiency	26.1	29.6	30.9	32.3	32.6
供热	**Heating**					
投入量	Input	214.3	172.0	188.0	166.7	167.1
产出量	Output	194.6	161.2	170.2	125.2	120.4
转换损失量	Losses in Conversion	19.7	10.9	11.4	41.4	46.7
转换效率	Conversion Efficiency	90.8	93.7	90.5	75.2	72.1
洗煤	**Coal Washing and Dressing**					
投入量	Input	2495.2	2745.6	2548.1	3745.5	3755.8
产出量	Output	1896.6	2118.3	2124.6	3290.3	3206.9
转换损失量	Losses in Conversion	598.6	627.3	423.5	455.1	548.8
转换效率	Conversion Efficiency	76.0	77.2	83.4	87.8	85.4
炼焦	**Coking**					
投入量	Input	1304.6	1492.6	1638.2	1689.1	1858.0
产出量	Output	1002.5	1373.6	1539.9	1592.0	1779.5
转换损失量	Losses in Conversion	302.1	119.0	98.3	97.1	78.5
转换效率	Conversion Efficiency	76.8	92.0	94.0	94.3	95.8
炼油	**Refineries**					
投入量	Input	449.0	631.9	619.4	630.1	550.3
产出量	Output	427.3	615.6	542.1	538.1	467.6
转换损失量	Losses in Conversion	21.7	16.3	77.3	92.0	82.7
转换效率	Conversion Efficiency	95.2	97.4	87.5	85.4	85.0

6-6 煤炭平衡表
Coal Balance Sheet

单位：万吨　　(10 000 tons)

项　目	Item	2009	2010	2011	2012	2013
可供量	**Total Energy Available for Consumption**	**12147.4**	**11520.4**	**11454.3**	**11872.2**	**11658.6**
生产量	Outpu	9505.3	9247.9	9377.5	9470.7	7574.9
外省(区、市)调入量	Imports from Other Provinces	3138.0	2647.8	2382.1	2804.4	3948.2
进口量	Imports					
本省(区、市)调出量(-)	Exports from Sichuan(-)	581.2	364.4	262.7	261.7	202.0
出口量(-)	Exports(-)					
年初年末库存差额	Stock Changes in the Year	85.2	-11.0	-42.5	-141.2	-66.6
年初库存量	Stock (year-beginning)	666.5	581.3	592.3	604.1	745.2
年末库存量(-)	Stock (year-end)(-)	581.3	592.3	634.8	745.2	811.8
消费量	**Total Energy Consumption**	**12147.4**	**11520.4**	**11454.3**	**11872.2**	**11658.6**
在总量中:	Consumption by Sector					
1.农、林、牧、渔业	1.Farming, Forestry, Animal Husbandry, Fishery and Water Conservancy	40.2	29.2	8.8	6.4	5.6
2.工业	2.Industry	11306.3	10797.2	10844.6	11453.6	11295.6
3.建筑业	3.Construction	25.6	25.0	13.1	15.0	13.0
4.交通运输、仓储和邮政业	4.Transport, Storage and Post	17.0	10.0	5.0	5.0	5.0
5.批发、零售业和住宿、餐饮业	5.Wholesale, Retail Trade and Hotel	66.1	50.0	35.0	40.0	35.0
6.其他	6.Others	19.2	15.0	10.0	12.0	20.0
7.生活消费	7.Residential Consumption	673.0	594.0	537.8	340.2	284.3
在总量中:	Consumption by Usage					
1.终端消费	1.Final Consumption	6231.3	5798.3	5336.6	6429.2	5686.2
#工业	Industry	5390.2	5075.1	4726.9	6010.5	5323.2
2.用于加工转换	2. Consumed in Transformation	5828.8	5648.4	6040.9	5349.9	5972.4
火力发电	Thermal Power Generation	2915.3	2784.8	2902.6	2642.6	2633.0
供热	Heating	279.1	144.9	192.8	147.3	159.0
洗煤损耗	Coal Washing and Dressing	1137.0	1018.1	1046.7	670.1	1088.4
炼焦	Coking	1486.0	1696.9	1880.2	1889.6	2085.4
炼油及煤制油	Refining and coal liquefaction			1.3	1.6	1.7
制气	Gas Production		4.9	13.1	6.1	3.4
型煤加工损耗	Coal Products Processing Losses	11.4	-1.2	4.3	-7.4	1.7
3.损失量	3.Other Losses	87.4	73.8	76.8	93.2	
平衡差额	**Balance**					

6-7 石油平衡表
Petroleum Balance Sheet

单位：万吨 (10 000 tons)

项 目	Item	2009	2010	2011	2012	2013
可供量	**Total Energy Available for Consumption**	**1309.2**	**1497.4**	**1824.5**	**1960.5**	**2428.6**
生产量	Output	22.5	15.1	16.2	15.9	22.4
外省(区、市)调入量	Imports from Other Provinces	1310.4	1487.3	1840.9	1940.6	2432.8
进口量	Imports					
我轮、机在外国加油量	Chinese Airplanes and Ship in Refueling Abroad	7.5	8.0	1.1	1.5	3.8
本省(区、市)调出量(-)	Exports from Sichuan(-)	19.9		34.0	0.8	
出口量(-)	Exports(-)					
外轮、机在我国加油量(-)	Foreign Airplanes and Ships in Refueling in China	1.9	1.6	3.2	5.0	6.1
年初年末库存差额	Stock Changes in the Year	-9.4	-11.4	3.6	8.3	-24.3
年初库存量	Stock (year-beginning)	75.2	84.7	96.0	93.2	84.9
年末库存量(-)	Stock (year-end)(-)	84.7	96.0	92.5	84.8	109.2
消费量	**Total Energy Consumption**	**1309.2**	**1497.4**	**1824.5**	**1960.5**	**2428.6**
在总量中:	Consumption by Sector					
1.农、林、牧、渔业	1.Farming, Forestry, Animal Husbandry, Fishery and Water Conservancy	127.1	131.0	140.9	166.1	172.0
2.工业	2.Industry	244.2	255.8	307.3	321.0	604.1
3.建筑业	3.Construction	34.9	60.0	83.5	139.9	159.4
4.交通运输、仓储和邮政业	4.Transport, Storage and Post	690.8	697.2	757.0	751.8	788.8
5.批发、零售业和住宿、餐饮业	5.Wholesale, Retail Trade and Hotel	68.3	140.2	173.7	184.6	212.5
6.其他	6.Others	112.3	123.4	156.7	151.8	196.7
7.生活消费	7.Residential Consumption	31.6	89.6	205.5	245.5	295.0
在总量中:	Consumption by Usage					
1.终端消费	1.Final Consumption	1285.5	1496.1	1765.8	1891.3	2368.7
#工业	Industry	220.5	254.6	248.5	251.8	544.2
2.用于加工转换	2. Consumed in Transformation	20.6	-2.1	55.2	66.0	59.9
火力发电	Thermal Power Generation	4.0	1.5	1.0	1.6	0.9
供热	Heating	1.8	0.1			
炼油损耗	Losses in Petroleum Refining	14.9	-3.7	54.2	64.4	59.0
制气	Gas Production					
3.损失量	3.Other Losses	3.1	3.4	3.6	3.2	
平衡差额	**Balance**					

6-8 天然气平衡表
Natural Gas Balance Sheet

单位：亿立方米 (100 million cu.m)

项 目	Item	2009	2010	2011	2012	2013
可供量	**Total Energy Available for Consumption**	**127.0**	**175.3**	**155.0**	**153.0**	**148.3**
生产量	Output	191.3	234.2	242.0	236.8	265.0
外省(区、市)调入量	Imports from Other Provinces				31.9	47.7
进口量	Imports					
我轮、机在外国加油量	Chinese Airplanes and Ship in Refueling Abroad					
本省(区、市)调出量(-)	Exports from Sichuan(-)	64.3	58.9	87.0	115.7	164.4
出口量(-)	Exports(-)					
外轮、机在我国加油量(-)	Foreign Airplanes and Ships in Refueling in China					
年初年末库存差额	Stock Changes in the Year					
年初库存量	Stock (year-beginning)					
年末库存量(-)	Stock (year-end)(-)					
消费量	**Total Energy Consumption**	**127.0**	**175.4**	**156.1**	**153.0**	**148.3**
在总量中:	Consumption by Sector					
1.农、林、牧、渔业	1.Farming, Forestry, Animal Husbandry, Fishery and Water Conservancy		0.1			
2.工业	2.Industry	92.0	120.5	95.0	71.6	124.5
3.建筑业	3.Construction	2.9	4.7	5.5	5.0	
4.交通运输、仓储和邮政业	4.Transport, Storage and Post	0.6	6.4	5.7	5.7	2.6
5.批发、零售业和住宿、餐饮业	5.Wholesale, Retail Trade and Hotel	2.6	4.1	7.3	7.0	1.5
6.其他	6.Others					
7.生活消费	7.Residential Consumption	28.9	39.6	42.6	63.7	19.6
在总量中:	Consumption by Usage					
1.终端消费	1.Final Consumption	100.1	157.5	148.4	147.5	146.5
#工业	Industry	65.1	102.6	87.3	66.1	122.8
2.用于加工转换	2. Consumed in Transformation	22.8	12.9	2.7	0.9	1.6
火力发电	Thermal Power Generation	21.8	12.0	0.7	0.2	1.4
供热	Heating	1.0	0.8	0.7	0.7	0.3
制气	Gas Production					
天然气液化	iquefy natural gas		0.2	1.3		0.1
3.损失量	3.Other Losses	4.1	5.0	5.0	4.5	
平衡差额	**Balance**					

6-9 电力平衡表
Electricity Balance Sheet

单位：亿千瓦小时 (100 million kwh)

项　目	Item	2009	2010	2011	2012	2013
可供量	**Total Energy Available for Consumption**	**1361.9**	**1549.0**	**1962.5**	**2009.6**	**2085.8**
生产量	Output	1479.6	1703.9	2068.1	2130.2	2640.2
火力发电	Thermal Power	500.2	564.1	599.8	584.6	616.0
水力发电、核发电、其它发电	Hydropower, Nuclear Power and Other Power	979.4	1139.8	1468.3	1545.6	2024.2
外省(区、市)调入量	Imports from Other Provinces	10.1	46.6	97.7	95.6	96.5
进口量	Imports					
本省(区、市)调出量(-)	Exports from Sichuan(-)	127.7	201.5	203.3	216.2	651.0
出口量(-)	Exports(-)					
消费量	**Total Energy Consumption**	**1361.9**	**1549.0**	**1962.5**	**2009.6**	**2085.8**
在总量中:	Consumption by Sector					
1.农、林、牧、渔业	1.Farming, Forestry, Animal Husbandry, Fishery and Water Conservancy	14.2	13.6	14.5	11.2	11.7
2.工业	2.Industry	971.5	1109.6	1433.9	1465.8	1491.3
3.建筑业	3.Construction	25.2	34.3	42.8	37.8	42.7
4.交通运输、仓储和邮政业	4.Transport, Storage and Post	22.9	25.7	29.5	32.3	36.2
5.批发、零售业和住宿、餐饮业	5.Wholesale, Retail Trade and Hotel	42.3	47.5	72.7	69.5	80.5
6.其他	6.Others	67.6	76.8	94.1	104.0	114.3
7.生活消费	7.Residential Consumption	218.1	241.5	275.0	289.1	309.1
在总量中:	Consumption by Usage					
1.终端消费	1.Final Consumption	1228.7	1400.7	1806.8	1847.4	1913.5
#工业	Industry	838.4	961.3	1278.2	1303.6	1319.1
2. 输配电损失量	2.Power Transmission and Distribution	133.2	148.3	155.7	162.2	172.3
平衡差额	**Balance**					

6-10 能源生产弹性系数
Elasticity Coefficient of Energy Production

年 份	能源生产比上年增长 (%) Energy Production over the Previous Year	电力生产比上年增长 (%) Electricity Production over the Previous Year	地区生产总值比上年增长 (%) Gross Domestic Product over the Previous Year	能源生产弹性系数 Energy Production Coefficient of Elasticity	电力生产弹性系数 Electricity Production Coefficient of Elasticity
2006	7.87	9.97	13.50	0.58	0.74
2007	7.93	9.45	14.50	0.55	0.65
2008	2.73	0.77	11.00	0.25	0.07
2009	2.37	19.73	14.50	0.16	1.36
2010	7.56	15.16	15.10	0.50	1.00
2011	8.48	21.38	15.00	0.57	1.43
2012	2.22	3.00	12.60	0.18	0.24
2013	1.03	1.24	10.00	0.10	0.12

注：地区生产总值增长速度按可比价格计算(下表同)。
a) Gross domestic product growth rate is calculated at constant prices (the same as follows).

6-11 能源消费弹性系数
Elasticity Coefficient of Energy Consumption

年 份	能源消费比上年增长 (%) Energy Consumption over the Previous Year	电力消费比上年增长 (%) Electricityc Consumption over the Previous Year	地区生产总值比上年增长 (%) Gross Domestic Product over the Previous Year	能源消费弹性系数 Energy Consumption Coefficient of Elasticity	电力消费弹性系数 Electricity Consumption Coefficient of Elasticity
2006	9.72	12.40	13.50	0.72	0.92
2007	9.04	11.14	14.50	0.62	0.77
2008	7.13	3.04	11.00	0.65	0.28
2009	7.77	12.25	14.50	0.54	0.84
2010	9.62	13.74	15.10	0.64	0.91
2011	10.08	26.69	15.00	0.67	1.78
2012	4.46	2.40	12.60	0.35	0.19
2013	4.56	1.04	10.00	0.46	0.10

6-12 各市(州)单位地区生产总值能耗(等价值)
Energy Comsumption of Unit GDP by Region(Equivalent Value)

单位：吨标准煤/万元 (tons SCE/10 000 yuan)

市(州)	Region	2005	2006	2007	2008	2009	2010	2011	2012	2013
全　省	**Sichuan**	**1.600**	**1.549**	**1.480**	**1.421**	**1.338**	**1.275**	**1.221**	**1.133**	**1.078**
成都市	Chengdu	1.010	0.968	0.926	0.889	0.840	0.806	0.772	0.716	0.682
自贡市	Zigong	1.610	1.552	1.485	1.398	1.321	1.252	1.202	1.114	1.054
攀枝花市	Panzhihua	3.064	2.990	2.837	2.649	2.499	2.381	2.277	2.163	2.092
泸州市	Luzhou	1.780	1.728	1.656	1.587	1.488	1.408	1.358	1.273	1.219
德阳市	Deyang	1.590	1.533	1.471	1.454	1.372	1.272	1.218	1.131	1.074
绵阳市	Mianyang	1.750	1.685	1.612	1.566	1.476	1.399	1.345	1.249	1.183
广元市	Guangyuan	1.550	1.500	1.434	1.399	1.319	1.238	1.198	1.137	1.076
遂宁市	Suining	1.580	1.530	1.466	1.419	1.325	1.260	1.219	1.131	1.083
内江市	Neijiang	2.490	2.425	2.316	2.194	2.069	1.971	1.886	1.764	1.710
乐山市	Leshan	2.700	2.603	2.495	2.384	2.253	2.151	2.068	1.917	1.821
南充市	Nanchong	1.437	1.394	1.338	1.276	1.198	1.147	1.105	1.053	1.005
眉山市	Meishan	2.160	2.077	1.990	1.929	1.809	1.725	1.644	1.536	1.457
宜宾市	Yibin	1.660	1.605	1.533	1.456	1.376	1.321	1.328	1.294	1.240
广安市	Guangan	2.700	2.638	2.531	2.404	2.264	2.150	2.055	1.907	1.823
达州市	Dazhou	2.710	2.618	2.497	2.426	2.273	2.164	2.085	1.937	1.846
雅安市	Yaan	1.400	1.353	1.296	1.252	1.179	1.118	1.080	1.009	0.974
巴中市	Bazhong	1.350	1.302	1.249	1.205	1.135	1.078	1.055	1.029	1.000
资阳市	Ziyang	1.280	1.254	1.202	1.136	1.071	1.021	0.982	0.911	0.867
阿坝藏族羌族自治州	Aba	1.270	1.227	1.178	1.161	1.097	1.148	1.205	1.157	1.096
甘孜藏族自治州	Ganzi	1.260	1.230	1.179	1.152	1.091	1.007	0.986	0.962	0.924
凉山彝族自治州	Liangshan	1.400	1.346	1.291	1.235	1.167	1.117	1.068	0.997	1.052

注：地区生产总值按2005年价格计算。

a)Gross regional product is calculated at 2005 prices.

6-13 各市(州)单位工业增加值能耗(等价值)

Energy Comsumption of Unit Added Value of Industry by Region(Equivalent Value)

单位：吨标准煤/万元　　(tons SCE/10 000 yuan)

市(州)	Region	2005	2006	2007	2008	2009	2010	2011	2012	2013
全　省	**Sichuan**	**2.937**	**2.794**	**2.595**	**2.389**	**2.249**	**1.996**	**1.841**	**1.615**	**1.506**
成都市	Chengdu	1.890	1.750	1.635	1.542	1.385	1.261	1.149	0.979	0.849
自贡市	Zigong	3.330	3.180	2.925	2.642	2.370	2.138	1.933	1.651	1.473
攀枝花市	Panzhihua	5.650	5.460	4.851	4.452	4.104	3.796	3.430	3.114	2.920
泸州市	Luzhou	4.620	4.430	4.145	3.910	3.359	2.941	2.660	2.422	2.207
德阳市	Deyang	2.830	2.732	2.562	2.287	2.098	1.860	1.643	1.417	1.264
绵阳市	Mianyang	4.000	3.820	3.543	3.202	2.938	2.560	2.359	2.033	1.797
广元市	Guangyuan	4.110	3.930	3.699	3.647	3.115	2.850	2.726	2.559	2.351
遂宁市	Suining	3.990	3.850	3.588	3.486	2.958	2.582	2.401	2.119	1.947
内江市	Neijiang	6.010	5.800	5.386	4.760	4.345	3.628	3.249	2.842	2.696
乐山市	Leshan	5.160	4.970	4.563	4.207	3.806	3.275	2.994	2.593	2.367
南充市	Nanchong	2.950	2.848	2.677	2.497	2.174	1.879	1.671	1.516	1.397
眉山市	Meishan	5.200	4.950	4.579	4.444	3.850	3.384	2.974	2.639	2.363
宜宾市	Yibin	3.070	2.929	2.666	2.490	2.237	2.040	2.238	2.198	2.011
广安市	Guangan	5.890	5.610	5.251	4.873	4.305	3.797	3.331	2.811	2.466
达州市	Dazhou	7.120	6.881	6.312	6.085	5.202	4.298	3.919	3.433	3.165
雅安市	Yaan	2.690	2.541	2.371	2.206	2.002	1.849	1.713	1.471	1.366
巴中市	Bazhong	3.220	3.090	2.889	2.682	2.397	2.179	2.108	1.975	1.823
资阳市	Ziyang	2.350	2.280	2.114	1.909	1.740	1.517	1.387	1.194	1.084
阿坝藏族羌族自治州	Aba	2.740	2.748	2.581	2.263	2.073	2.332	3.015	2.766	2.376
甘孜藏族自治州	Ganzi	1.840	1.850	1.733	1.681	1.415	1.273	1.154	0.935	0.874
凉山彝族自治州	Liangshan	2.570	2.420	2.263	2.059	1.889	1.640	1.456	1.251	1.373

注：工业增加值按2005年价格计算。

a)The added value of industry is calculated at 2005 prices.

主要统计指标解释

能源生产总量 指一定时期内，全省一次能源生产量的总和。该指标是观察全省能源生产水平、规模、构成和发展速度的总量指标。一次能源生产量包括原煤、原油、天然气、水电、核能及其他动力能(如风能、地热能等)发电量，不包括低热值燃料生产量、生物质能、太阳能等的利用和由一次能源加工转换而成的二次能源产量。

能源消费总量 指一定时期内，全省各行业和居民生活消费的各种能源的总和。该指标是观察能源消费水平、构成和增长速度的总量指标。能源消费总量包括原煤和原油及其制品、天然气、电力，不包括低热值燃料、生物质能和太阳能等的利用。能源消费总量分为终端能源消费量、能源加工转换损失量和能源损失量三部分。

(1)终端能源消费量：指一定时期内，全省生产和生活消费的各种能源在扣除了用于加工转换二次能源消费量和损失量以后的数量。

(2)能源加工转换损失量：指一定时期内，全省投入加工转换的各种能源数量之和与产出各种能源产品之和的差额。该指标是观察能源在加工转换过程中损失量变化的指标。

(3)能源损失量：指一定时期内，能源在输送、分配、储存过程中发生的损失和由客观原因造成的各种损失量，不包括各种气体能源放空、放散量。

能源生产弹性系数 是研究能源生产增长速度与国民经济增长速度之间关系的指标。计算公式为：

能源生产弹性系数=能源生产总量年平均增长速度/国民经济年平均增长速度

国民经济年平均增长速度，可根据不同的目的或需要，用国民生产总值、国内生产总值等指标来计算，本年鉴是采用国内生产总值指标计算的。

电力生产弹性系数 是研究电力生产增长速度与国民经济增长速度之间关系的指标。一般来说，电力的发展应当快于国民经济的发展，也就是说电力应超前发展。计算公式为：

电力生产弹性系数=电力生产量年平均增长速度/国民经济年平均增长速度

能源消费弹性系数 反映能源消费增长速度与国民经济增长速度之间比例关系的指标。计算公式为：

能源消费弹性系数=能源消费量年平均增长速度/国民经济年平均增长速度

电力消费弹性系数 反映电力消费增长速度与国民经济增长速度之间比例关系的指标。计算公式为：

电力消费弹性系数=电力消费量年平均增长速度/国民经济年平均增长速度

能源加工转换效率 指一定时期内，能源经过加工、转换后，产出的各种能源产品的数量与同期内投入加工转换的各种能源数量的比率。该指标是观察能源加工转换装置和生产工艺先进与落后、管理水平高低等的重要指标。计算公式为：

能源加工转换效率=能源加工转换产出量/能源加工转换投入量×100%

单位地区生产总值能耗 指一定时期内，一个国家或地区每生产一个单位的地区生产总值所消耗的能源。计算公式为：

单位地区生产总值能耗=能源消耗总量/地区生产总值

Explanatory Notes on Main Statistical Indicators

Total Energy Production refers to the total production of primary energy by all energy producing enterprises in the province in a given period of time. It is a comprehensive indicator to show the capacity, scale, composition and development of energy production of the province. The production of primary energy includes that of coal, crude oil, natural gas, hydro-power and electricity generated by nuclear energy and other means such as wind power and geothermal power. However, it excludes the production of fuels of low calorific value, bio-energy, solar energy and the secondary energy converted from the primary energy.

Total Domestic Energy Consumption refers to the total consumption of energy of national industry and households in the province in a given period of time. It is a comprehensive indicator to show the scale, composition and development of energy consumption. The total energy consumption includes that of coal, crude oil and their products, natural gas and electricity; However, it excludes the consumption of fuel of low calorific value, bio-energy and solar energy. Total domestic energy consumption can be divided into three parts: final energy consumption, loss during the process of energy conversion, and energy loss.

(1)Final Energy Consumption: It refers to the total energy consumption by material production sectors, non material production sectors and households in the province in a given period of time, but excludes the consumption in conversion of the primary energy into the secondary energy and the loss in the process of energy conversion.

(2)Loss During the Process of Energy Conversion: It refers to the total input of various kinds of energy for conversion, minus the total output of various kinds of energy in the province in a given period of time. It is an indicator to show the loss that occurs during the process of energy conversion.

(3)Energy Loss: It refers to the total of the loss of energy during the course of energy transport, distribution and storage and the loss caused by any objective reason in a given period of time. The loss of various kinds of gas due to gas discharges and stocktaking is excluded.

Elasticity Ratio of Energy Production is an indicator to show the relationship between the growth rate of energy production and the growth rate of the national economy. The formula is:

Elasticity Ratio of Energy Production = Average Annual Growth Rate of Energy Production / Average Annual Growth Rate of National Economy

The average annual growth rate of the national economy can be shown by the gross national product, gross domestic product and other indicators, depending upon the purposes or needs. The gross domestic product is used in calculation of the ratio in this chapter.

Elasticity Ratio of Electricity Production is an indicator to show the relationship between the growth rate of electricity production and the growth rate of the national economy. Generally speaking, the growth rate of electricity production should be higher than that of the national economy. Its formula is:

Elasticity Ratio of Electricity Production = Average Annual Growth Rate of Electricity Production / Average Annual Growth Rate of National Economy

Elasticity Ratio of Energy Consumption is an indicator to show the relationship between the growth rate of energy consumption and the growth rate of the national economy. The formula is:

Elasticity Ratio of Energy Consumption = Average Annual Growth Rate of Energy Consumption Average Annual Growth Rate of National Economy

Elasticity Ratio of Electricity Consumption is an indicator to show the relationship between the growth rate of electricity consumption and the growth rate of the national economy. The formula is:

Elasticity Ratio of Electricity Consumption = Average Annual Growth Rate of Electricity Average Annual Growth Rate of National Economy

Efficiency of Energy Processing and Conversion refers to the ratio of the total output of energy products of various kinds after processing and conversion and the total input of energy of various kinds for processing and conversion in the same reference period. It is an important indicator to show the current conditions of energy processing and conversion equipment, production technique and management. The formula is:

Efficiency of Energy Processing & Conversion = (Output of Energy After Processing & Conversion / Input of Energy for Processing & Conversion)×100%

Energy Consumption per Unit of GDP refers to the energy consumption per unit of Gross Domestic Product in a country or the Gross Regional Product in a region in the same reference period. The formula is:

$$\begin{array}{c}\text{Energy Consumptio n}\\ \text{per Unit of GDP}\end{array} = \frac{\text{Total Energy Consumptio n}}{\text{Gross Domestic Product}}$$

7 资源和环境

RESOURCES AND ENVIRONMENT

7-1 主要城市平均气温(2013年)
Monthly Average Temperature of Main Cities(2013)

单位：摄氏度 (℃)

城 市	City	1月 Jan.	2月 Feb.	3月 Mar.	4月 Apr.	5月 May	6月 June	7月 July	8月 Aug.	9月 Sept.	10月 Oct.	11月 Nov.	12月 Dec.	年平均 Annual Average
成都市	Chengdu	5.3	9.3	15.7	17.7	21.2	24.5	25.8	26.5	20.8	17.6	12.0	6.0	16.9
自贡市	Zigong	8.6	12.4	19.3	20.5	23.2	27.1	28.1	28.2	22.3	19.1	13.8	8.8	19.3
攀枝花市	Panzhihua	13.7	19.8	22.0	24.2	25.5	27.1	25.6	25.0	22.2	19.1	16.2	11.9	21.0
泸州市	Luzhou	8.0	11.3	17.8	19.3	22.0	26.1	28.4	27.6	22.0	18.5	13.3	8.5	18.6
德阳市	Deyang	5.2	9.9	16.3	18.8	21.8	25.1	26.0	26.8	20.7	17.8	11.8	5.9	17.2
绵阳市	Mianyang	5.9	10.3	17.1	19.4	22.0	25.5	26.2	27.5	21.0	18.3	12.4	6.9	17.7
广元市	Guangyuan	5.2	9.6	16.5	18.5	21.3	24.9	26.1	27.3	21.4	18.0	11.6	6.9	17.3
遂宁市	Suining	6.5	10.4	17.1	19.8	21.6	26.2	27.7	27.6	21.4	18.0	12.6	6.9	18.0
内江市	Neijiang	7.2	11.3	17.8	19.8	22.3	26.6	28.2	27.7	22.0	18.5	13.5	8.0	18.6
乐山市	Leshan	7.9	11.3	18.4	19.6	22.5	26.1	27.1	27.8	22.1	19.2	14.0	8.8	18.7
南充市	Nanchong	7.0	10.7	17.3	20.5	22.3	27.4	29.3	29.2	22.6	19.2	13.6	7.7	18.9
眉山市	Meishan	6.7	10.8	17.5	19.4	22.5	26.3	27.0	27.7	21.6	18.8	13.4	7.6	18.3
宜宾市	Yibin	8.5	12.2	18.8	20.2	23.1	27.0	28.3	28.1	22.7	19.5	14.2	9.0	19.3
广安市	Guangan	6.8	10.1	16.6	19.2	21.4	26.6	29.3	28.8	22.0	18.5	12.9	6.8	18.3
达州市	Dazhou	6.7	10.0	16.1	19.5	22.1	27.2	29.7	29.7	22.9	18.9	13.0	7.8	18.6
雅安市	Yaan	7.1	10.0	16.9	18.3	21.2	24.7	25.6	26.7	20.6	17.9	12.7	7.7	17.5
巴中市	Bazhong	5.4	9.2	15.5	18.7	21.4	26.1	27.9	27.9	22.1	18.1	12.1	6.4	17.6
资阳市	Ziyang	6.9	10.9	18.1	19.7	22.1	26.3	27.2	27.8	21.6	18.4	13.2	7.7	18.3
马尔康县	Maerkang	-0.2	5.2	8.5	10.0	12.6	16.7	18.1	17.4	12.9	8.4	3.6	-1.5	9.3
康定县	Kangding	-1.6	3.1	6.1	8.0	11.0	15.5	17.2	17.4	12.0	7.6	4.1	-1.6	8.2
西昌市	Xichang	10.1	16.7	17.3	18.7	20.8	23.7	24.1	23.6	19.8	15.6	13.7	8.2	17.7

注：气象资料由四川省气象局提供。

a) The meteorological Data are provided by the Sichuan Provincial Meteorological Bureau.

7-2 主要城市降水量(2013年)
Monthly Precipitation of Main Cities(2013)

单位：毫米 (millimeters)

城　市	City	1月 Jan.	2月 Feb.	3月 Mar.	4月 Apr.	5月 May	6月 June	7月 July	8月 Aug.	9月 Sept.	10月 Oct.	11月 Nov.	12月 Dec.	全年 Annual Total
成都市	Chengdu	1.2	4.7	7.6	42.2	99.0	182.1	525.5	228.3	196.2	27.1	21.8	7.6	1343.3
自贡市	Zigong	3.0	10.9	1.8	89.0	93.3	320.6	248.2	207.5	120.3	65.7	37.1	10.1	1207.5
攀枝花市	Panzhihua	0.0	1.0	0.3	9.1	49.7	142.7	191.0	92.7	193.3	41.6	0.7	2.0	724.1
泸州市	Luzhou	10.2	26.7	24.8	125.0	74.1	148.9	139.0	166.2	232.4	69.4	83.3	29.1	1129.1
德阳市	Deyang	3.8	2.5	19.6	29.8	113.7	353.6	347.0	129.6	167.1	15.2	16.6	3.4	1201.9
绵阳市	Mianyang	2.9	0.6	12.4	26.2	94.1	305.4	211.0	75.7	159.2	21.8	23.5	1.3	934.1
广元市	Guangyuan	1.9	2.5	5.1	91.3	161.9	204.3	401.4	157.0	121.9	33.9	23.9	0.3	1205.4
遂宁市	Suining	8.7	7.9	10.4	28.9	199.9	399.5	335.8	65.1	170.1	39.6	41.7	3.4	1311.0
内江市	Neijiang	4.7	12.6	2.6	60.9	96.5	166.0	248.4	223.7	127.7	58.1	37.9	8.6	1047.7
乐山市	Leshan	3.9	10.5	2.3	111.8	82.6	145.9	339.8	237.3	185.2	44.6	21.3	20.7	1205.9
南充市	Nanchong	10.8	10.4	15.5	19.5	199.7	163.9	185.7	136.2	97.9	57.6	45.2	5.5	947.9
眉山市	Meishan	2.8	1.8	4.5	70.9	95.4	139.2	285.1	178.8	179.5	29.3	17.3	7.2	1011.8
宜宾市	Yibin	5.9	14.9	15.3	95.3	75.6	148.9	280.9	320.2	155.5	84.6	21.7	17.4	1236.2
广安市	Guangan	7.1	12.2	24.5	69.0	247.1	212.4	179.6	39.5	166.2	84.3	59.4	14.4	1115.7
达州市	Dazhou	5.5	13.7	26.6	34.6	297.2	203.6	363.3	116.9	171.9	69.7	40.0	12.6	1355.6
雅安市	Yaan	10.4	14.0	17.1	95.9	187.8	200.0	496.3	264.8	213.9	58.1	57.3	25.5	1641.1
巴中市	Bazhong	7.6	5.2	20.2	77.3	194.5	134.0	268.5	117.5	75.9	68.2	60.6	2.3	1031.8
资阳市	Ziyang	3.5	5.5	3.5	81.6	130.1	228.2	284.3	116.9	120.2	23.3	25.8	4.0	1026.9
马尔康县	Maerkang	0.1	0.9	25.9	30.9	117.4	117.7	138.6	45.3	146.1	79.0	2.4	1.0	705.3
康定县	Kangding	4.6	0.2	46.8	82.7	102.3	165.5	81.4	22.5	249.0	98.6	2.9	5.7	862.2
西昌市	Xichang	0.4	0.0	28.9	43.9	95.6	251.4	130.3	138.4	137.8	75.2	0.4	6.1	908.4

7-3 主要城市平均相对湿度(2013年)
Average Relative Humudity of Main Cities(2013)

单位：% (%)

城市	City	1月 Jan.	2月 Feb.	3月 Mar.	4月 Apr.	5月 May	6月 June	7月 July	8月 Aug.	9月 Sept.	10月 Oct.	11月 Nov.	12月 Dec.	年平均 Annual Average
成都市	Chengdu	75	73	64	70	74	76	84	78	83	82	80	79	77
自贡市	Zigong	69	68	49	62	66	65	73	76	89	86	92	88	74
攀枝花市	Panzhihua	41	26	29	30	47	52	68	66	72	68	60	59	52
泸州市	Luzhou	75	79	64	71	75	72	74	73	84	83	89	86	77
德阳市	Deyang	80	69	59	61	68	70	79	72	79	75	74	75	72
绵阳市	Mianyang	69	61	48	53	63	64	75	67	76	70	68	68	65
广元市	Guangyuan	67	61	46	56	68	69	77	70	74	72	67	61	66
遂宁市	Suining	75	72	57	60	71	68	74	72	80	78	80	80	72
内江市	Neijiang	78	75	60	69	74	72	80	80	86	85	87	84	78
乐山市	Leshan	74	74	55	68	72	72	82	78	85	82	83	81	76
南充市	Nanchong	79	78	59	58	75	68	73	71	83	82	87	89	75
眉山市	Meishan	76	71	59	65	68	68	76	71	79	77	82	83	73
宜宾市	Yibin	73	72	55	65	68	66	74	72	79	75	81	78	72
广安市	Guangan	78	80	64	65	79	73	74	71	83	82	89	91	77
达州市	Dazhou	70	71	60	58	74	67	68	61	70	72	78	74	69
雅安市	Yaan	74	75	59	67	72	75	82	75	87	82	83	78	76
巴中市	Bazhong	79	78	62	60	72	67	74	69	75	76	81	78	73
资阳市	Ziyang	74	70	50	62	70	69	82	74	84	81	81	78	73
马尔康县	Maerkang	40	38	40	55	65	68	74	64	77	74	52	48	58
康定县	Kangding	57	49	63	68	70	73	74	62	76	74	65	58	66
西昌市	Xichang	43	27	40	48	59	63	70	64	75	75	59	61	57

7-4 主要城市日照时数(2013年)
Monthly Sunshine Hours of Main Cities(2013)

单位：小时 (hours)

城 市	City	1月 Jan.	2月 Feb.	3月 Mar.	4月 Apr.	5月 May	6月 June	7月 July	8月 Aug.	9月 Sept.	10月 Oct.	11月 Nov.	12月 Dec.	全年 Annual Total
成都市	Chengdu	65.3	51.2	148.1	129.1	123.6	108.5	85.4	168.9	38.4	78.2	59.6	72.5	1128.8
自贡市	Zigong	52.9	48.2	166.1	148.3	133.2	118.3	118.9	161.5	53.2	82.1	24.5	27.9	1135.1
攀枝花市	Panzhihua	269.2	265.5	294.3	290.5	263.0	270.3	189.0	234.1	157.8	146.8	241.3	238.4	2860.2
泸州市	Luzhou	73.2	43.9	153.4	150.7	132.1	186.9	236.3	229.2	89.6	96.2	18.9	33.5	1443.9
德阳市	Deyang	77.6	42.2	145.8	143.5	131.2	108.5	82.7	183.4	40.6	78.1	87.0	83.8	1204.4
绵阳市	Mianyang	103.9	65.0	175.8	183.2	170.4	128.4	108.4	214.5	53.6	101.6	106.2	79.6	1490.6
广元市	Guangyuan	99.6	69.3	166.9	157.2	156.9	129.8	99.7	187.3	63.9	101.7	99.5	111.5	1443.3
遂宁市	Suining	63.1	50.1	152.2	153.6	121.4	160.6	145.7	179.4	70.2	98.8	56.5	39.4	1291.0
内江市	Neijiang	49.7	43.2	165.1	150.7	126.1	138.9	185.4	197.0	75.2	88.4	22.2	44.9	1286.8
乐山市	Leshan	56.9	50.0	179.3	152.2	128.8	129.7	136.9	183.0	53.0	80.4	59.8	84.8	1294.8
南充市	Nanchong	83.2	62.2	157.8	180.0	135.5	200.5	191.3	218.1	96.6	99.3	65.7	48.6	1538.8
眉山市	Meishan	58.4	59.9	161.5	130.3	126.0	117.8	125.1	178.4	42.7	73.1	28.8	42.4	1144.4
宜宾市	Yibin	75.2	50.1	105.6	123.2	131.6	111.6	160.8	185.0	71.6	82.7	27.4	57.4	1182.2
广安市	Guangan	74.2	39.5	148.8	166.2	129.5	206.3	210.8	214.2	98.9	96.8	57.0	45.4	1487.6
达州市	Dazhou	35.5	28.9	126.1	163.5	126.6	201.6	177.1	210.1	103.6	102.4	61.5	35.9	1372.8
雅安市	Yaan	76.3	56.9	144.2	114.8	103.8	100.5	100.9	172.1	42.9	77.6	34.4	71.2	1095.6
巴中市	Bazhong	91.3	43.7	169.5	183.7	145.6	193.9	151.6	224.3	109.2	133.3	91.8	77.3	1615.2
资阳市	Ziyang	127.1	82.6	210.3	178.6	151.5	172.5	129.2	204.8	70.7	98.2	58.6	85.1	1569.2
马尔康县	Maerkang	218.5	189.9	202.6	190.8	167.3	191.2	174.1	247.0	122.5	130.5	206.0	206.0	2246.4
康定县	Kangding	186.1	168.7	151.4	149.0	140.6	171.0	129.7	232.0	112.3	103.1	162.6	160.0	1866.5
西昌市	Xichang	248.9	258.3	244.4	222.7	207.2	200.8	152.8	197.1	119.3	114.9	226.6	141.1	2334.1

7-5 林业发展基本情况
Basic Conditions of Development of Forest Industry

指　标		Item		2013
森林资源覆盖率	**(%)**	**Forest Coverage Rate**	**(%)**	**35.5**
森林面积	(万公顷)	Forest Area	(10 000 hectares)	1725.72
活立木总蓄积量	(亿立方米)	Total Standing Stock Volume	(100 million cu.m)	17.90
#森林蓄积量	(亿立方米)	Stock Volume of the Forest	(100 million cu.m)	16.97
林业生产情况		**Basic Statistics on Forest Industry Production**		
人工造林面积	(万公顷)	Manual Planting	(10 000 hectares)	6.80
年末实有封山育林面积	(万公顷)	Area of Mountain Sealed for Forest Breeding(year-end)	(10 000 hectares)	73.41
#本年新封	(万公顷)	Newly Sealed for Forest Breeding in current year	(10 000 hectares)	5.82
育苗面积	(万公顷)	Area of Breeding	(10 000 hectares)	1.53
林产品产量		**Output of Forest Product**		
木材产量	(万立方米)	Timber	(10 000 cu.m)	237.10
竹材产量	(万根)	Bamboo	(10 000 sticks)	8591
锯材产量	(万立方米)	Sawed Lumber	(10 000 cu.m)	194.01
人造板产量	(万立方米)	Man-made Board	(10 000 cu.m)	764.69
松香类产品产量	(吨)	Rosin Products	(ton)	1689
油桐籽产量	(吨)	Tung-oil Seeds	(ton)	15276
油茶籽产量	(吨)	Tea-oil Seeds	(ton)	5361
竹笋干产量	(吨)	Dried Bamboo Shoot	(ton)	87855
核桃产量	(吨)	Walnuts	(ton)	245876
木本药材产量	(吨)	Wood Medicinal Materials	(ton)	115055
花椒产量	(吨)	Chinese Pepper	(ton)	44138
食用菌产量	(吨)	Edible Fungus	(ton)	176724
山野菜产量	(吨)	Mountain Potherb	(ton)	14361
板栗产量	(吨)	Chinese Chestnut	(ton)	39189
国有森工企业苗圃林场情况		**State-owned Forest Industry Enterprise, Forestry Nursery and Forestry Centre**		
国有森工企业汇编数	(个)	Number of State-owned Forest Industry Enterprises	(unit)	111
苗圃个数	(个)	Number of Forestry Nursery	(unit)	98
#纳入国家天然林保护工程的苗圃	(个)	Forestry Nursery In National Preserve of Natural Forest	(unit)	98
苗圃经营面积	(公顷)	Working Area of Forestry Nursery	(hectare)	1327.14
林场个数	(个)	Number of Forestry Centre	(unit)	179
#纳入国家天然林保护工程的林场	(个)	Forestry Centre In National Preserve of Natural Forest	(unit)	179
林场经营面积	(万公顷)	Working Area of Forestry Centre	(10 000 hectares)	155.74
林业系统就业人员和劳动报酬		**Employed Persons and Earnings in Forest System**		
单位户数	(个)	Number of Unit	(unit)	3462
#行政事业单位个数	(个)	Administrative Institutions Unit	(unit)	3329
在册职工人数	(万人)	Staff and Workers Listed	(10 000 persons)	4.86
#行政事业单位人数	(万人)	Administrative Institutions Unit	(10 000 persons)	3.06
在岗职工工资总额	(万元)	Total Wages of Fully Employed Staff and Workers	(10 000 yuan)	176721
在岗职工年平均工资	(元)	Average Wages of Fully Employed Staff and Workers	(yuan)	38237

注：林业资料由四川省林业厅提供。
a)Forestry information provided by the Sichuan Forestry Department.

7-6 林业重点工程建设情况
Construction of Key Forestry Projects

指　标	Item		2013
天然林保护工程	**Preserve of Natural Forest**		
工程区木材产量 (立方米)	Timber Output of Project Area	(cu.m)	2368907
当年造林面积 (百公顷)	Area under Afforestation in Current Year	(100 hectares)	521.03
用材林 (百公顷)	Timber Forest	(100 hectares)	30.68
经济林 (百公顷)	By-product Forest	(100 hectares)	4.03
防护林 (百公顷)	Protection Forest	(100 hectares)	484.99
薪炭林 (百公顷)	Fuel Forest	(100 hectares)	
特种用途林 (百公顷)	Forest for Special Purpose	(100 hectares)	1.33
封山育林面积 (百公顷)	Area of Mountain Sealed for Forest Breeding	(100 hectares)	4979
年末森林管护面积 (百公顷)	Area of Forest Preserved(year-end)	(100 hectares)	177103
年末全部在册职工人数 (人)	Staff and Workers Listed(year-end)	(person)	33613
#本年一次性安置人数 (人)	Installed one-off in the year	(person)	
年末实有离退休人数 (人)	Retirees(year-end)	(person)	70860
年末参加基本养老保险社会统筹人数 (人)	Employees and Retirees Contributed to Pension Insurance(year-end)	(person)	56248
退耕还林工程	**Grain for Green Projects**		
当年人工造林面积 (百公顷)	Manual Planting Area in Current Year	(100 hectares)	206.6
退耕地造林面积 (百公顷)	Afforestation Area of Grain for Green Project	(100 hectares)	
生态林 (百公顷)	Ecological Forest	(100 hectares)	
经济林 (百公顷)	By-product Forest	(100 hectares)	
荒山荒地造林面积 (百公顷)	Afforestation Area on Desolate Mountain and Land	(100 hectares)	136.6
本年新封 (百公顷)	Area of Mountain Newly Sealed for Forest Breeding in current year	(100 hectares)	70.0
当年粮款兑现退耕地总面积 (百公顷)	Area of Grain Encashed for Green Project in Current Year	(100 hectares)	8358.6
当年粮款兑现涉及户数 (万户)	Household of Grain Encashed for Green in Current Year	(10 000 households)	440.2
野生动植物保护	**Preserve of Wild Animals and Plants**		
年末实有野生动植物保护区数 (个)	Number of Nature Reserves(year-end)	(unit)	123
国家级 (个)	State	(unit)	22
省级 (个)	Province	(unit)	50
年末实有野生动植物保护区面积 (百公顷)	Area of Nature Reserves(year-end)	(100 hectares)	72500

7-7 森林火灾情况
Forest Fires

年份 Year	森林火灾次数 (次) Forest Fires (time)	森林火警 Fire Alarm	一般火灾 Ordinary Fires	较大火灾 Major Fires	重大火灾 Severe Fires	特大火灾 Especially Severe Fires	火场总面积 (公顷) Total Area of Fires (hectare)	受害森林面积 (公顷) Destructed Forest Area (hectare)	原始林 Wild Wood	人工林 Man-made Forest	火灾损失率 (‰) Rate of Loss (‰)
2000	125	114	11				850.0	67.0	17.0	50.0	0.01
2001	248	226	22				3209.0	385.0	81.0	304.0	0.03
2002	185	159	26				1567.0	340.0	192.0	148.0	0.03
2003	378	302	76				5919.2	826.8	483.6	343.2	0.07
2004	169	151	18				1330.2	176.5	115.2	61.4	0.02
2005	252	202	46		4		6818.1	2256.5	2046.0	210.5	0.18
2006	511	463	48				3109.0	453.1	138.9	314.2	0.03
2007	458	414	44				2076.6	455.4	130.5	324.9	0.04
2008	233	202	31				4481.0	389.0	129.0	260.0	0.03
2009	310		247	56	7		5730.9	2577.2	2094.4	482.8	0.02
2010	361		301	58	2		4594.7	1241.5	1024.3	170.4	0.09
2011	309		245	64			3449.5	551.1	140.3	410.0	0.03
2012	486		394	92			3082.3	815.2	323.3	490.5	0.05
2013	447		370	77			2673.6	811.2	233.2	577.0	0.05

注：从2009年起，根据《森林火灾管理条例》规定，森林火灾分类为"一般森林火灾、较大森林火灾、重大森林火灾和特别重大森林火灾"，取消了原"森林火警"指标。

a)According to the "Forest Fire Regulations ",forest fires are classified as "ordinary forest fires, major forest fires, severe forest fires and especially fore fires," and the original "fire alarm" are ablished Since 2009.

7-8 林业有害生物防治情况
Forestry Pest Control

年份 Year	发生面积 (万公顷) Area of Occurrence (10 000 hectares)	防治面积 (万公顷) Area of Prevention (10 000 hectares)	成灾面积 (公顷) Area Covered (hectare)	测报准确率 (%) Forecasting Accurate Rate (%)	无公害防治率 (%) Pollution Prevention and Control Rate (%)	种苗产地检疫率 (%) Seeding Origin Quarantine Rate (%)
2000	61.48	57.19	183	94.7	93.0	98.2
2001	62.64	58.58	199	95.2	93.5	98.3
2002	73.93	62.52	390	95.5	84.6	99.7
2003	70.93	66.87	362	95.5	94.3	98.3
2004	71.01	68.02	754	96.5	95.8	96.0
2005	69.45	57.81	1220	90.5	83.3	99.8
2006	76.17	65.62	3065	93.3	81.7	99.8
2007	79.87	58.34	9000	90.8	73.0	99.8
2008	72.81	58.89	287	94.4	68.1	99.8
2009	77.59	61.57	227	93.4	79.4	100.0
2010	71.55	57.33	340	90.7	80.1	100.0
2011	69.87	55.42	513	94.7	93.3	100.0
2012	72.76	62.47	1415	98.4	98.3	99.5
2013	76.60	52.87	728	100.0	98.5	99.9

注：根据国家林业局规定，从2011年起，将"森林病虫害"改为"林业有害生物"、"监测率"改为"测报准确率"、"防治率"改为"无公害防治率"、"检疫率"改为"种苗产地检疫率"。

a)In accordance with the provisions of the State Forestry Administration, since 2011,change indicator" forest insect and disease " to "forestry pest contr "forecast accuracy", change the "prevention rate" to "pollution prevention and control rate,change the"quarantine rate" to "seeding origin quarantine rat

7-9 主要矿产基础储量
Ensured Reserves of Major Minerals

项　　目		Item		2013
煤炭	(亿吨)	Coal	(100 million tons)	55.74
铁矿	(矿石，亿吨)	Iron	(Ore, 100 million tons)	26.60
锰矿	(矿石，万吨)	Manganese	(Ore, 10 000 tons)	100.04
钛矿	(钛铁矿TiO2，万吨)	Titanium	(Ilmenite, 10 000 tons)	19887.19
钒矿	(V2O5，万吨)	Vanadium	(V2O5, 10 000 tons)	576.19
铜矿	(铜，万吨)	Copper	(Metal, 10 000 tons)	54.40
铅矿	(铅，万吨)	Lead	(Metal, 10 000 tons)	90.67
锌矿	(锌，万吨)	Zinc	(Metal, 10 000 tons)	231.83
镁矿	(炼镁白云岩)(矿石，万吨)	Magnesium	(Dolomite Ore, 10 000 tons)	1781.20
金矿	(金，吨)	Gold	(Metal, 10 000 tons)	80.06
银矿	(银，吨)	Silver	(Metal, 10 000 tons)	2369.26
锂矿	(Li2O，万吨)	Lithium	(Li2O, 10 000 tons)	36.14
石墨	(晶质石墨，万吨)	Graphite Mineral (Crystal)	(Mineral, 10 000 tons)	274.40
硫铁矿	(矿石，万吨)	Pyrite Ore	(Ore, 10 000 tons)	37726.99
石棉	(矿石，万吨)	Asbestos	(Asbestos, 10 000 tons)	1192.36
石榴子石	(矿石，万吨)	Garnet	(Ore, 10 000 tons)	550.50
芒硝	(矿石，万吨)	Mirabilite	(Ore, 10 000 tons)	743172.85
石膏	(矿石，万吨)	Gypsum	(Ore, 10 000 tons)	9602.92
菱镁矿	(矿石，万吨)	Magnesite	(Ore, 10 000 tons)	186.49
熔剂用灰岩	(矿石，亿吨)	Grey Rock Used as Flux	(Ore, 10 000 tons)	2.17
水泥用灰岩	(矿石，万吨)	Grey Rock Used as Cement	(Ore, 10 000 tons)	262859.02
冶金用白云岩	(矿石，亿吨)	Dolomite Ore for Metallurgy Use	(Ore, 10 000 tons)	0.95
冶金用石英岩	(矿石，万吨)	Quartzite for Metallurgy Use	(Ore, 10 000 tons)	683.43
玻璃用砂岩	(矿石，万吨)	Sandstone Used as Glass	(Ore, 10 000 tons)	2531.09
水泥配料用砂岩	(矿石，万吨)	Sandstone Used as Cement Burden	(Ore, 10 000 tons)	4337.17
砖瓦用砂岩	(矿石，万立方米)	Sandstone Used as Brick	(Ore, 10 000 cu.m)	151.90
铸型用砂岩	(矿石，万吨)	Sandstone Used as Casting Mould	(Ore, 10 000 tons)	36.00
玻璃用脉石英	(矿石，万吨)	Quartzite Gangue Used as Glass	(Ore, 10 000 tons)	875.90
硅藻土	(矿石，万吨)	Diatomaceous Earth	(Ore, 10 000 tons)	387.10
高岭土	(矿石，万吨)	Kaolin	(Ore, 10 000 tons)	56.10
耐火粘土	(矿石，万吨)	Refractory Clay	(Ore, 10 000 tons)	1207.29
水泥配料用粘土	(矿石，万吨)	Clay Used as Casting Mould	(Ore, 10 000 tons)	3747.29
水泥配料用泥岩	(矿石，万吨)	Mudstone Used as Casting Mould	(Ore, 10 000 tons)	2360.00
化肥用蛇纹岩	(矿石，万吨)	Serpentine Used as Chemistry Fertilizer	(Ore, 10 000 tons)	3889.70
饰面用花岗岩	(矿石，万立方米)	Granite Used for Decorations	(Ore, 10 000 cu.m)	4032.08
霞石正长岩	(矿石，万吨)	Nepheline Syenite	(Ore, 10 000 tons)	143.45
饰面用大理岩	(矿石，万立方米)	Marble Used for Decorations	(Ore, 10 000 cu.m)	2265.25
盐矿	(矿石，万吨)	Sodium Salt NaCl	(Ore, 10 000 tons)	210847.76
磷矿	(矿石，万吨)	Phosphorus Ore	(Ore, 10 000 tons)	45475.61

注：主要矿产基础储量由四川省国土资源厅提供。

a) Data of ensured reserves of major minerals are provided by the Provincial Department of Land and Resources.

7-10 农村改水情况
Basic Statistics on Rural Water Supply Improvement

年份 Year	农村改水累计受益人口(万人) Accumulative Total Population Benefited (10 000 persons)	改水受益率(%) Benefited Rate (%)	农村自来水厂、站(个) Rural Waterworks and Waterstation (unit)	自来水受益率(%) Rate of Population Benefited from Tap Water (%)	农村改水投资(万元) Investment in Rural Water Supply Improvement (10 000 yuan)	#国家 State	#集体 Collective	#个人 Individual
2000	6286.4	91.4	77929	39.2	22135.3	5017.3	2610.8	13393.9
2001	6467.7	92.5	77784	40.3	19909.9	6934.4	4982.7	6856.8
2002	6532.8	93.4	78193	42.0	37565.4	13919.3	4603.2	18250.0
2003	6483.7	92.6	77567	42.8	24042.3	11607.0	2958.5	8417.9
2004	6531.9	93.3	78196	44.4	34986.5	16500.6	7064.0	8542.0
2005	6585.2	94.1	79082	45.9	121800.7	31902.2	4240.6	84498.4
2006	5855.0	85.8	39869	41.2	81142.4	45150.5	13167.1	19500.7
2007	6099.2	89.2	44605	42.3	114992.4	69950.9	15728.2	27347.8
2008	6202.8	90.3	42703	44.7	112079.2	73857.1	10876.1	23805.0
2009	6245.8	91.0	51563	49.1	426398.9	289323.6	11779.2	120732.2
2010	6366.7	92.6	53900	53.3	294629.8	240844.1	9649.9	34950.6
2011	6467.1	93.1	52367	56.2	210673.9	179671.9	4910.7	20530.8
2012	6435.8	93.6	51632	59.3	203560.2	166879.2	7605.7	14337.2
2013	6487.3	94.4	50582	63.0	180793.2	145719.7	9798.8	12348.1

7-11 农村改厕情况
Basic Statistics on Rural Latrine Improvement

年份 Year	累计卫厕数(万户) Accumulative Total Latrines (10 000 households)	卫厕普及率(%) Popularization Rate of Latrine (%)	农村改厕投资(万元) Investment in Rural Latrine Improvement (10 000 yuan)	#国家 State	#集体 Collective	#个人 Individual
2000	484.5	26.8	13771.6	1217.6	1201.0	11353.0
2001	562.0	29.4	13190.6	1224.9	935.6	11030.1
2002	616.9	32.3	21490.8	4942.5	2360.2	14022.9
2003	639.5	33.5	18952.3	5525.2	2242.1	9671.1
2004	686.9	35.9	29006.5	9112.5	1835.5	17556.7
2005	732.4	38.3	37840.1	14088.4	2535.6	20832.8
2006	696.0	36.0	90924.0	32314.6	4421.1	53678.3
2007	805.0	40.9	94461.0	39007.4	2170.7	52540.8
2008	862.8	43.9	103015.5	42147.3	5267.0	53675.1
2009	1069.0	54.4	266938.2	79522.6	6799.0	177634.1
2010	1224.9	62.2	168454.7	84510.8	5567.2	74188.1
2011	1326.3	64.1	136570.0	67156.0	2023.7	66784.9
2012	1387.9	67.4	106300.1	50432.2	8330.3	46393.2
2013	1456.2	71.0	129231.2	65920.8	6349.8	54675.6

注：农村改水、改厕资料由四川省卫生和计划生育委员会提供。
a)Data of rural water and latrine improvement are provided by Sichuan Provincial Health and Family Planning Commission.

7-12 “三废”排放及处理利用情况
Discharge, Treatment and Utilization of Waste Water, Waste Gas and Solid Wastes by Industry

单位：万吨 (10 000 tons)

指　　标	Item	2011	2012
废水排放总量	Total Waster Water Discharged	279852.00	283657.34
工业废水排放量	Industrial Waste Waster	80420.00	69984.23
城镇生活污水排放量	Urban Sewage Waster	199244.95	213442.85
集中式治理设施污水排放量	Centralized Sewage by Treatment Tacilities	186.56	230.26
化学需氧量(COD)排放量	Total Emission of Oxygen of Waste Water Needed by Chemistry	130.23	126.87
工业废水中COD排放量	Industrial Waste Waster	12.91	11.84
农业COD排放量	Agriculture Waster	54.92	53.98
城镇生活污水中COD排放量	Urban Sewage Waster	61.04	60.48
集中式治理设施COD排放量	Centralized Sewage by Treatment Tacilities	1.35	0.57
氨氮排放量	Total Emission of Ammonia and Nitrogen	14.37	14.07
工业废水中氨氮排放量	Industrial Waste Waster	0.57	0.56
农业氨氮排放量	Agriculture Sector	5.87	5.74
生活污水中氨氮排放量	Residential Sector Waster	7.86	7.70
集中式治理设施氨氮排放量	Centralized Sector by Treatment Tacilities	0.08	0.07
二氧化硫(SO2)排放量	Total Emission of SO2	90.20	86.44
工业SO2排放量	Industrial Sector	82.89	79.40
城镇生活SO2排放量	Urban Sector	7.28	7.02
集中式治理设施SO2排放量	Centralized Sector by Treatment Tacilities	0.02	0.02
氮氧化物排放量	Total Emission of Ammonia and Nitrogen	67.49	65.90
工业氮氧化物排放量	Industrial Sector	46.52	43.87
城镇生活氮氧化物排放量	Urban Sector	1.00	1.00
机动车氮氧化物排放量	Motor Vehicle Sector	19.93	21.00
集中式治理设施氮氧化物排放量	Centralized Sector by Treatment Tacilities	0.04	0.03
烟(粉)尘排放量	Total Emission of Smoke and Dust	38.59	29.58
工业烟(粉)尘排放量	Industrial Sector	35.76	26.78
城镇生活烟尘排放量	Residential Sector	1.28	1.21
机动车烟尘排放量	Motor Vehicle Sector	1.54	1.58
集中式治理设施烟尘排放量	Centralized Sector by Treatment Tacilities	0.01	0.01
一般工业固体废物产生量	Common Industrial Solid Wastes Produced	12684.47	13187.30
一般工业固体废物综合利用量	Common Industrial Solid Wastes Comprehensively Utilized	6002.12	6052.28
#综合利用往年贮存量	Previous Storage	69.59	51.93
一般工业固体废物综合利用率 (%)	Ratio of Common Industrial Solid Wastes Comprehensively Utilized (%)	47.06	45.71
一般工业固体废物处置量	Common Industrial Solid Wastes Disposed	3988.20	5099.00
#处置往年贮存量	Previous Storage	16.14	192.71
一般工业固体废物处置率 (%)	Ratio of Common Industrial Solid Wastes Disposed (%)	31.40	38.11
一般工业固体废物贮存量	Ratio of Common Industrial Solid Wastes Previous Storage	2772.63	2278.51
一般工业固体废物倾倒丢弃量	Ratio of Common Industrial Solid Wastes Dumping Discard	6.02	2.14
危险废物产生量	Hazardous Waste Generation	115.85	110.44
危险废物综合利用量	Hazzardous Wastes Comprehensively Utilized	77.97	63.14
#综合利用往年贮存量	Previous Storage	10.17	0.12
危险废物综合利用率 (%)	Ratio of Hazzardous Wastes Comprehensively Utilized (%)	61.87	57.11
危险废物处置量	Hazzardous Wastes Disposed	46.75	46.63
#处置往年贮存量	Previous Storage Disposed	0.02	0.12
危险废物处置率 (%)	Ratio of Hazzardous Wastes Disposed (%)	40.34	42.18
危险废物贮存量	Hazzardous Wastes Storage	1.12	0.90
危险废物倾倒丢弃量	Hazzardous Wastes Dumping Discard	0.00	0.00

7-13 环境污染治理投资情况
Investment in the Treatment of Environmental Pollution

单位：亿元 (100 million yuan)

指　标	Item	2011	2012
环境污染治理投资总额	Total Investment in the Treatment of Environmental	108.63	178.30
城市环境基础设施投资	Investment in Urban Environmental Infrastructure	51.24	100.31
#燃气	Gas Supply	4.11	7.73
集中供热	Centralized Heating	0.00	0.65
排水	Drainage Works	16.94	31.30
园林绿化	Gardening and Greening	26.16	50.70
市容环境卫生	Environmental Sanitation	4.03	9.93
工业污染源治理投资	Investment in the Treatment of Industrial Pollution	16.65	11.06
#治理废水	Waste Water treatment	6.61	5.36
治理废气	Waste Gas Treatment	8.47	4.86
治理固体废物	Solid Wastes Treatment	0.37	0.29
治理噪声	Noise Treatment	0.62	0.05
治理其他	others Treatment	0.59	0.50
完成环保验收项目环保投资	Environmental investment projects completed environmental acceptance	40.74	66.93
环境污染治理投资占GDP比重（%）	Total Investment in the Treatment of Environmental Pollution as Percent of GDP (%)	0.52	0.75
工业废气治理设施运行费用	Operating Costs in the Treatment Facilities of Industrial Waste Gas	56.68	42.90
工业废水治理设施运行费用	Operating Costs in the Treatment Facilities of Industrial Waste Water	62.25	28.44
排污费收入总额	Total Revenue of Sewage Charges	6.05	5.53

注：“三废”及环境污染治理资料由四川省环境保护厅提供。
a)The data of waste water, waste gas and solid wastes by industry are provided by the Department of Environmental Protection of Sichuan Province.

主要统计指标解释

平均气温　气温指空气的温度，我国一般以摄氏度(℃)为单位表示。气象观测的温度表是放在离地面约 1.5 米处通风良好的百叶箱里测量的，因此，通常说的气温指的是离地面 1.5 米处百叶箱中的温度。平均气温计算方法：

月平均气温是将全月各日的平均气温相加，除以该月的天数而得；

年平均气温是将 12 个月的月平均气温累加后除以 12 而得。

相对湿度　指空气中实际水气压与当时气温下的饱和水气压之比。平均相对湿度计算方法与气温相同。

降水量　指从天空降落到地面的液态或固态(经融化后)水，未经蒸发、渗透、流失而在地面上积聚的深度。计算方法：月降水量是将全月各日的降水量累加而得；年降水量是将 12 个月的月降水量累加而得。

日照时数　指太阳实际照射地面的时数。计算方法与降水量相同。

森林面积　包括郁闭度 0.2 以上的乔木林地面积和竹林面积，国家特别规定的灌木林地面积，农田林网以及村旁、路旁、水旁、宅旁林木的覆盖面积。

森林覆盖率　以行政区域为单位的森林面积占区域土地总面积的百分比。计算公式：

$$森林覆盖率=(森林面积/土地总面积)\times 100\%$$

活立木总蓄积量　指一定范围内土地上全部树木蓄积的总量，包括森林蓄积、疏林蓄积、散生木蓄积和四旁树蓄积。

森林蓄积量　指一定森林面积上存在着的林木树干部分的总材积。

人工造林　指在宜林荒山荒地、宜林沙荒地、无立木林地、疏林地和退耕地等其他宜林地上通过播种、植苗和分植来提高森林植被覆被率的技术措施。

矿产资源 矿产资源指由地质作用形成的，具有利用价值的，呈固态、液态、气态的自然资源，是社会生产发展的重要物质基础。

矿产基础储量 基础储量是查明矿产资源的一部分。它能满足现行采矿和生产所需的指标要求，是控制的、探明的并通过可行性或预可行性研究认为属于经济的、边界经济的部分，用未扣除设计、采矿损失的数量表示。

一般工业固体废物产生量 指未被列入《国家危险废物名录》或者根据国家规定的危险废物鉴别标准（GB5085）、固体废物浸出毒性浸出方法（GB5086）及固体废物浸出毒性测定方法（GB／T 15555）鉴别方法判定不具有危险特性的工业固体废物。计算公式是：

一般工业固体废物产生量=（一般工业固体废物综合利用量－其中：综合利用往年贮存量）+一般工业固体废物贮存量+（一般工业固体废物处置量－其中：处置往年贮存量）+一般工业固体废物倾倒丢弃量

一般工业固体废物综合利用量 指报告期内企业通过回收、加工、循环、交换等方式，从固体废物中提取或者使其转化为可以利用的资源、能源和其他原材料的固体废物量（包括当年利用的往年工业固体废物累计贮存量）。如用作农业肥料、生产建筑材料、筑路等。综合利用量由原产生固体废物的单位统计。

一般工业固体废物处置量 指报告期内企业将工业固体废物焚烧和用其他改变工业固体废物的物理、化学、生物特性的方法，达到减少或者消除其危险成分的活动，或者将工业固体废物最终置于符合环境保护规定要求的填埋场的活动中，所消纳固体废物的量。

一般工业固体废物贮存量 指报告期内企业以综合利用或处置为目的，将固体废物暂时贮存或堆存在专设的贮存设施或专设的集中堆存场所内的量。专设的固体废物贮存场所或贮存设施必须有防扩散、防流失、防渗漏、防止污染大气、水体的措施。

一般工业固体废物倾倒丢弃量 指报告期内企业将所产生的固体废物倾倒或者丢弃到固体废物污染防治设施、场所以外的量。

危险废物产生量 指当年全年调查对象实际产生的危险废物的量。危险废物指列入国家危险废物名录或者根据国家规定的危险废物鉴别标准和鉴别方法认定的，具有爆炸性、易燃性、易氧化性、毒性、腐蚀性、易传染性疾病等危险特性之一的废物。按《国家危险废物名录》（环境保护部、国家发展和改革委员会2008部令第1号）填报。

危险废物综合利用量 指当年全年调查对象从危险废物中提取物质作为原材料或者燃料的活动中消纳危险废物的量。包括本单位利用或委托、提供给外单位利用的量。

危险废物处置量 指报告期内企业将危险废物焚烧和用其他改变工业固体废物的物理、化学、生物特性的方法，达到减少或者消除其危险成分的活动，或者将危险废物最终置于符合环境保护规定要求的填埋场的活动中，所消纳危险废物的量。处置量包括处置本单位或委托给外单位处置的量。

危险废物贮存量 指将危险废物以一定包装方式暂时存放在专设的贮存设施内的量。专设的贮存设施指对危险废物的包装、选址、设计、安全防护、监测和关闭等符合《危险废物贮存污染控制标准》（GB18597-2001）等相关环保法律法规要求，具有防扩散、防流失、防渗漏、防止污染大气和水体措施的设施。

Explanatory Notes on Main Statistical Indicators

Average Temperature Temperature refers to the air temperature. China uses centigrade as the unit. The thermometry used for weather observation is put in a breezy shutter, which is 1.5 meters high from the ground. Therefore, the commonly used temperature refers to the temperature in the breezy shutter 1.5 meters away from the ground. The calculation method is as follows:

Monthly average temperature is the summation of average daily temperature of one month divided by the actual days of that particular month.

Annual average temperature is the summation of monthly average of a year divided by 12 months.

Relative Humidity refers to the ratio of actual water vapour pressure to the saturation water vapour pressure under the current temperature. The calculation method of average relative humidity is the same as that of average temperature .

Volume of Precipitation refers to the deepness of liquid state or solid state (thawed) water falling from the sky to the ground that has not been evaporated, infiltrated or run off. The calculation method is as follows:

Monthly precipitation is the summation of daily precipitation of a month.

Annual precipitation is the summation of 12 months precipitation of a year.

Sunshine Hours refers to the actual hours of sun irradiating the earth. The calculation method is the same as that of the precipitation.

Forest Area refers to the area of trees and bamboo grow with canopy density above 0.2, the area of shrubby tree according to regulations of the government, the area of forest land inside farm land and the area of trees planted by the side of villages, farm houses and along roads and rivers.

Forest Coverage Rate Taking the administrative jurisdiction as the unit, the percentage of area of afforested land to the area of total land. The formula for calculating forest coverage rate is as follows:

$$\text{Forest coverage rate (\%)} = \frac{\text{Area of Afforested Land}}{\text{Area of Total Land}} \times 100\%$$

Total Standing Stock Volume refers to the total stock volume of trees growing in land, including trees in forest, trees in sparse forest, scattered trees and trees planted by the side of villages, farm houses and along roads and rivers.

Stock Volume of Forest refers to total stock volume of wood growing in forest area, which shows the total size and level of forest resources of a country or a region.

Manual Planting refers to technical measures of sowing, planting seedlings and divided transplanting on land suitable for afforestation, including barren hills, idle land, sand dunes, non-timber forest land, woodland and "grain for green" land to increase vegetation coverage rate of forests.

Mineral Resources refer to useful minerals, with solid state, liquid state, gaseity, due to the geological process. Minerals are important natural resources, and important material base for social development.

Ensured Mineral Reserves refer to the actual mineral reserves, which equal to the proven mineral reserves (including industrial reserves and prospective reserves) minus extracted parts and underground losses.

Common Industrial Solid Wastes Produced refers to the industrial solid wastes that are not listed in the《National Catalogue of Hazardous Wastes》, or not regarded as hazardous according to the national hazardous waste identification standards (GB5085), solid waste-Extraction procedure for leaching toxicity (GB5086) and solid waste-Extraction procedure for leaching toxicity (GB/T 15555). The calculation formula is as followed:

Common Industrial Solid Wastes Produced = (common industrial solid wastes utilized – the proportion of utilized stock of previous years) + common industrial solid waste stock + (common industrial solid wastes disposed – the proportion of disposed stock of previous years) + common industrial solid wastes discharged.

Common Industrial Solid Wastes Comprehensively Utilized refers to volume of solid wastes from which useful materials can be extracted or which can be converted into usable resources, energy or other materials by means of reclamation, processing, recycling and exchange (including utilizing in the year the stocks of industrial solid wastes of the previous year) during the report period, e.g. being used as agricultural fertilizers, building materials or as material for paving road. Examples of such utilizations include fertilizers, building materials and road materials. The information shall be collected by the producing units of the wastes.

Common Industrial Solid Wastes Disposed refers to the quantity of industrial solid wastes which are burnt or specially disposed using other methods to alter the physical, chemical and biological properties and thus to reduce or eliminate the hazard, or placed ultimately in the sites meeting the requirements for environmental protection during the report period.

Stock of Common Industrial Solid Wastes refers to the volume of solid wastes placed in special facilities or special sites by enterprises for purposes of utilization or disposal during the report period. The sites or facilities should take measures against dispersion, loss, seepage, and air and water contamination.

Common Industrial Solid Wastes Discharged refers to the volume of industrial solid wastes dumped or discharged by producing enterprises to disposal facilities or to other sites.

Hazardous Wastes Produced refers to the volume of actual hazardous wastes produced by surveyed samples throughout the year of the survey. Hazardous waste refers to those included in the national hazardous wastes catalogue or specified as any one of the following properties in light of the national hazardous wastes identification standards and methods: explosive, ignitable, oxidizable, toxic, corrosive or liable to cause infectious diseases or lead to other dangers. The report of this indicator should follow the 《National Catalogue of Hazardous Wastes》 (the NO.1 Ministry Order in 2008 by the Ministry of Environment Protection and National Development and Reform Commission).

Hazardous Wastes Utilized refers to the volume of hazardous wastes that are used to extract materials for raw materials or fuel throughout the year of the survey, including those utilized by the producing enterprise and those provided to other enterprises for utilization.

Hazardous Wastes Disposed refers to the quantity of hazardous wastes which are burnt or specially disposed using other methods to alter the physical, chemical and biological properties and thus to reduce or eliminate the hazard, or placed ultimately in the sites meeting the requirements for environmental protection during the report period.

Stock of Hazardous Wastes refers to the volume of hazardous wastes specially packaged and placed in special facilities or special sites by enterprises. The special stock facilities should meet the requirements set in relevant environment protection laws and regulations such as "Pollution Control Standards for Hazardous Waste Stock" (GB18597-2001) in regard to package of hazardous waste, location, design, safety, monitoring and shutdown, and take measures against dispersion, loss, seepage, and air and water contamination.

8

财政和物价

LOCAL GOVERNMENT FINANCE AND PRIE

8-1 地方公共财政收入和支出基本情况
Local Public Financial Revenue and Expenditure

单位：万元 (10 000 yuan)

项　　目	Item	2011	2012	2013
地方公共财政收入合计	**Local Public Financial Revenue**	**20447918**	**24212703**	**27840952**
税收收入	**Taxes Revenue**	**15374196**	**18270405**	**21035091**
增值税	Value-added Tax	1851212	2056791	2354457
营业税	Business Tax	6115114	7254079	8120757
企业所得税	Enerprises Income Tax	2005850	2464488	2665712
企业所得税退税	Tax Rebate to Enterprises Income Tax			
个人所得税	Individual Income Tax	727496	734031	880961
资源税	Resource Tax	218351	249499	269676
固定资产投资方向调节税	Fixed Assets Investment Orientation Regulation Tax	36		
城市维护建设税	Urban Maintenance and Construction Tax	941741	1104592	1198062
房产税	Real Estate Tax	339113	452842	529461
印花税	Stamp Tax	203855	235274	267345
城镇土地使用税	Urban Land Using Tax	416043	507520	540477
土地增值税	Value-added Tax on Land	765535	967815	1274008
车船税	Travel Tax	134336	161981	194895
耕地占用税	Tax on the Occupancy of Cultivated Land	487923	808420	874175
契税	Tax on Contracts	1094552	1180362	1749669
烟叶税	Tobacco Tax	73039	92711	115436
非税收入	**Non-Tax Revenue**	**5073722**	**5942298**	**6805861**
专项收入	Special Revenve	972957	1044108	1126838
行政事业性收费收入	Income from Administrative Fees	1406948	1645894	1784200
罚没收入	Penalty and Confiscatory Income	472085	536567	593475
国有资本经营收入	Stat-owned Capital Operating Income	297265	270618	364344
国有资源(资产)有偿使用收入	Income from State-owned Assets Compensation	1185551	1627321	2035327
其他收入	Other Income	738916	817790	901677
地方公共财政支出合计	**Local Public Financial Expenditure**	**46749243**	**54509893**	**62209097**
一般公共服务支出	Expenditure for General Public Services	4851067	5543831	6108554
外交支出	Expenditure for Foreign Affairs			
国防支出	Expenditure for National Defense	107217	122331	156698
公共安全支出	Expenditure for Public Security	2460700	2726317	3234855
教育支出	Expenditure for Education	6846561	9932010	10364062
科学技术支出	Expenditure for Science and Technology	457451	593977	695104
文化体育与传媒支出	Expenditure for Culture, Sport and Media	873544	1207033	1424020
社会保障和就业支出	Expenditure for Social Safety Net and Employment Effort	6457933	6802083	8335133
医疗卫生支出	Expenditure for Medical and Health Care	3729635	4242577	4871972
节能环保支出	Expenditure for Environment Protection	1157995	1359422	1599491
城乡社区事务支出	Expenditure for Urban and Rural Community Affairs	2685564	3259774	3818060
农林水事务支出	Expenditure for Agriculture, Forestry and Water Conservancy	5457040	6549482	7417837
交通运输支出	Expenditure for Transportation	3648866	4354851	5288047
资源勘探电力信息等事务支出	Expenditure for Exploration and Power Information	1577673	1915102	2318851
商业服务业等事务支出	Expenditure for Commerce and Service	632536	617554	642306
金融监管等事务支出	Expenditure for Financial Regulation	111945	107204	65119
地震灾后恢复重建支出	Expenditure for Post-earthquake Recovery and Reconstruction	1324944	829105	295762
援助其他地区支出	Expenditure for other regional assistance		15857	29774
国土资源气象等事务支出	Expenditure for Land Resources Weather	572837	617956	853151
住房保障支出	Expenditure for Housing Security	2312638	2274079	2235389
粮油物资储备管理事务支出	Expenditure for Oil Material Reserves Management	350307	381307	366473
国债还本付息支出	Interest Payments on Domestic Debts	238598	420494	603825
其他支出	Other Expenditure	863892	637547	1484614

注：地方公共财政收入和支出情况由四川省财政厅提供。

a) Local Public Financial Revenue and Expenditure are Provided by Sichuan Provincial Department of Finance.

8-2 各市(州)地方公共财政收入基本情况(2013年)
Local Public Financial Revenue by Region(2013)

单位: 万元 (10 000 yuan)

市(州)	Region	地方公共财政收入 Local Public Finacial Revenue	增值税 Value-added Tax	营业税 Business Tax	个人所得税 Indiviual Income Tax	企业所得税 Enterprises' Income Tax
成都市	Chengdu	8985395	646268	2185706	279369	1083223
自贡市	Zigong	383331	30971	80536	6534	28099
攀枝花市	Panzhihua	585450	78475	89469	16386	46698
泸州市	Luzhou	1096014	79758	140325	15985	136974
德阳市	Deyang	804682	104518	128530	26983	79020
绵阳市	Mianyang	904782	69809	212271	27574	64942
广元市	Guangyuan	304621	20340	77986	7383	15464
遂宁市	Suining	335604	17991	73122	5544	27475
内江市	Neijiang	377491	26350	88624	9247	35357
乐山市	Leshan	751097	62727	137073	16849	63987
南充市	Nanchong	655666	27053	181150	11900	65832
眉山市	Meishan	636067	33495	114724	9045	42585
宜宾市	Yibin	1016000	98164	143790	15366	210463
广安市	Guangan	386177	18463	67511	5723	34958
达州市	Dazhou	603088	39107	124414	16644	49698
雅安市	Yaan	229386	43710	46168	6135	11827
巴中市	Bazhong	273501	10423	71012	6777	13498
资阳市	Ziyang	484418	18896	91567	8587	34428
阿坝藏族羌族自治州	Aba	244616	28044	58908	5202	14564
甘孜藏族自治州	Ganzi	221242	24240	82537	5914	16277
凉山彝族自治州	Liangshan	1100148	94539	183604	25442	52621

8-2续表 continued

单位: 万元 (10 000 yuan)

市(州)	Region	资源税 Resouces Tax	城市维护建设税 Urban Maintenance and Construction Tax	耕地占用税 Tax on the Occupancy of Cultivated Land	契税 Tax On Contracts	烟叶税 Tobacco Tax	其他各项税收收入 Other Revenue	非税收入 Non-tax Revenue
成都市	Chengdu	6444	602976	59412	550179		1243447	2328371
自贡市	Zigong	2373	21795	22032	35257		36041	119693
攀枝花市	Panzhihua	52729	36533	15882	17317	10526	59036	162399
泸州市	Luzhou	3258	70519	85020	35253	8755	109459	410708
德阳市	Deyang	11002	85112	37440	38082	357	80063	213575
绵阳市	Mianyang	4023	50441	55507	53600		92149	274466
广元市	Guangyuan	4320	14801	29462	16332	4742	32131	81660
遂宁市	Suining	2769	15885	26115	27071		44059	95573
内江市	Neijiang	3286	17157	14187	32361		43370	107552
乐山市	Leshan	11987	38711	38788	41785	91	68048	271056
南充市	Nanchong	4881	31072	22565	51369		104064	155780
眉山市	Meishan	2766	21618	67378	45952		80508	217996
宜宾市	Yibin	5955	62864	74854	45593	7541	84339	267071
广安市	Guangan	4643	13092	26175	29285		36885	149442
达州市	Dazhou	36499	24385	41120	33954	2652	68815	165800
雅安市	Yaan	1986	13412	51193	9167		13512	32276
巴中市	Bazhong	1537	9575	23149	16150		19775	101605
资阳市	Ziyang	5194	17841	60125	47003		65688	135089
阿坝藏族羌族自治州	Aba	930	5696	12473	3528		11337	103934
甘孜藏族自治州	Ganzi	1939	4669	15424	3428		7082	59732
凉山彝族自治州	Liangshan	36115	25756	95874	19887	80772	34858	450680

8-3 各市(州)地方公共财政支出基本情况(2013年)
Local Public Financial Expenditure by Region(2013)

单位: 万元 (10 000 yuan)

市(州)	Region	地方公共财政支出 Local Public Financial Expenditure	一般公共服务 General Public Services	国防 National Denfense	公共安全 Public Safe	教育 Educa-tion	科学技术 Science Tech-nology	文化体育与传媒 Culture Sports and the Media
成都市	Chengdu	11617542	1309986	30960	710021	1790200	205998	323592
自贡市	Zigong	1399376	136054	4085	79767	227849	21237	39922
攀枝花市	Panzhihua	1150583	140536	965	73502	238105	15120	18087
泸州市	Luzhou	2501142	186620	2124	106165	539685	24127	36213
德阳市	Deyang	1899686	179016	2368	122977	287553	25429	24227
绵阳市	Mianyang	2906401	263826	5592	138857	437086	55665	36364
广元市	Guangyuan	1772708	147005	1559	74335	340733	11587	33788
遂宁市	Suining	1441078	138023	1704	66658	262896	8886	22337
内江市	Neijiang	1589311	157497	5199	82478	309446	6569	23594
乐山市	Leshan	1936946	190658	4017	101650	336068	15869	63258
南充市	Nanchong	3097030	306499	9122	133353	639391	13618	57384
眉山市	Meishan	1726618	223504	2336	92997	305585	7426	25375
宜宾市	Yibin	2554295	229184	4845	119274	506796	30334	43488
广安市	Guangan	1625740	150658	2150	74335	355240	7202	36879
达州市	Dazhou	2559609	228106	3150	99452	558923	13844	35411
雅安市	Yaan	2610709	10433	2104	53639	154739	12659	22788
巴中市	Bazhong	1912681	161682	7345	64900	346846	6282	25431
资阳市	Ziyang	1648956	171566	2808	72131	336837	19221	23562
阿坝藏族羌族自治州	Aba	1757926	231294	4803	115875	218294	10584	41808
甘孜藏族自治州	Ganzi	2753253	293505	1792	161696	304511	6528	52990
凉山彝族自治州	Liangshan	3330204	319083	7714	148787	651317	37166	50684

8-3续表1 continued

单位: 万元 (10 000 yuan)

市(州)	Region	社会保障和就业 Social Security and Employment	医疗卫生 Medical and Healthy	节能环保 Energy Saving	城乡社区事务 Urban and Rural Community Services	农林水事务 Agriculture Forestry Water Affairs	交通运输 Transport	资源勘探电力信息等事务 Exploration and Power Information	商业服务业等事务 commercial Service
成都市	Chengdu	737114	704985	163910	1954248	759105	576779	1015529	237703
自贡市	Zigong	196636	142770	34292	61341	181130	96841	44895	9519
攀枝花市	Panzhihua	99863	75835	32190	94169	123108	81496	62580	10563
泸州市	Luzhou	304638	229451	62260	153959	367877	180327	80152	16041
德阳市	Deyang	244043	164473	36477	186648	258954	80676	57841	18498
绵阳市	Mianyang	358907	238212	253387	139581	388423	179963	103474	33366
广元市	Guangyuan	223790	181019	51483	41648	280726	230808	37816	6645
遂宁市	Suining	250338	149515	31115	67403	208735	89305	40483	12435
内江市	Neijiang	225632	175209	35839	62018	227637	106850	33535	11340
乐山市	Leshan	264928	167114	69669	68601	228509	130284	56386	17575
南充市	Nanchong	436115	343514	58626	93002	464005	221292	50524	12689
眉山市	Meishan	206464	171551	41289	83583	295634	93253	49759	7189
宜宾市	Yibin	258074	250027	64419	129974	357472	282570	59405	20278
广安市	Guangan	207086	216730	43523	41532	263797	103447	40322	10300
达州市	Dazhou	382370	286591	50766	92869	375442	231917	65176	12809
雅安市	Yaan	247904	97827	52488	64850	20108	277028	46732	21023
巴中市	Bazhong	261615	183824	35466	66916	249104	328772	18436	10731
资阳市	Ziyang	250240	197584	40140	56074	280950	72281	23723	13973
阿坝藏族羌族自治州	Aba	97770	118350	106165	42397	273333	201847	15922	70829
甘孜藏族自治州	Ganzi	206681	160130	103321	67830	380387	725403	13009	16997
凉山彝族自治州	Liangshan	348805	299912	134780	190669	508563	357955	34631	22075

8-3续表2 continued

单位: 万元 (10 000 yuan)

市(州)	Region	金融监管等事务 Financial Regulation	地震灾后恢复重建 Post-earthquake Recons-truction Spengding	援助其他地区支出 other Aid Regional Expenditure	国土资源气象等事务 Land Resources Weather	住房保障 Housing Security	粮油物资储备事务 Grain and Oil Reserve Affairs	国债还本付息 Bond debt service	其他支出 Other Expen-diture
成都市	Chengdu	19624	26082	20520	113493	287845	13895	352595	263358
自贡市	Zigong	9214	134	250	8652	82577	3701	14138	4372
攀枝花市	Panzhihua	396			26871	50399	1851	193	4754
泸州市	Luzhou	480	1938	4177	26887	104192	6620	35105	32059
德阳市	Deyang	757	28990	35	22480	94970	7329	5891	50054
绵阳市	Mianyang	1524	66378	524	18517	94054	11491	3425	77785
广元市	Guangyuan	318	32423		17117	48635	8387	1697	1189
遂宁市	Suining	457	4	150	11731	59521	8756	2958	7668
内江市	Neijiang	536	343		9684	91290	8113	3057	13445
乐山市	Leshan	7865	3807	483	32379	126486	10704	4232	35404
南充市	Nanchong	3566	28656	1100	26756	165302	14896	5049	12571
眉山市	Meishan	2093		342	17402	69229	7109	2781	21718
宜宾市	Yibin	2623	1379	20	35173	80517	10146	42787	25510
广安市	Guangan	612			9919	38969	6113	4699	12227
达州市	Dazhou	1256			25044	63170	14005	2986	16322
雅安市	Yaan	66			1568	26134	600	2513	65503
巴中市	Bazhong	594	3872	73	18449	101882	11683	2021	6757
资阳市	Ziyang	355		100	10266	61179	4325	9023	2618
阿坝藏族羌族自治州	Aba	1011	48836		29745	76528	4240	2102	46193
甘孜藏族自治州	Ganzi	479	160		48574	143547	1888	216	63609
凉山彝族自治州	Liangshan	507			52320	98116	8380	7694	51046

8-4 商品零售价格总指数(2013年)
General Retail Price Index(2013)

(上年=100) (preceding year=100)

类　别	Item	商品零售价格总指数 Retail Price Index of Commodities 全省 Province	城市 Urban Areas	农村 Rural Areas
商品零售价格指数	**General Retail Price Index**	**101.7**	**101.7**	**101.6**
食品类	Food	105.0	105.3	104.2
饮料、烟酒类	Beverages, Tobacco and Liquor	100.0	100.3	99.3
服装、鞋帽类	Garments, Shoes and Hats	101.1	101.3	100.6
纺织品类	Textiles	101.6	102.4	100.8
家用电器及音像器材	Household Electrical Appliances and Audio-Visual Equipment	98.7	98.8	98.4
家庭设备	Household Appliances	100.5	100.8	99.4
文娱用耐用消费品	Cultural and Entertainment Durable Consumer Goods	95.3	94.0	97.4
文化办公用品	Cultural and Office Goods	98.2	97.6	100.0
电脑及配件	Computer and Fittings	98.2	97.4	100.1
日用品	Articles for Daily Use	100.7	100.9	100.1
体育娱乐用品	Sports and Entertainment Goods	100.8	101.4	99.6
体育用品	Spotrs Goods	101.0	101.7	99.5
娱乐用品	Entertainment Goods	100.8	101.2	99.6
交通、通信用品	Transportation and Telecommunication Goods	98.5	98.5	98.6
交通运输机械	Transportation Machinery	99.8	99.8	99.8
轿车	Saloon Car	99.6	99.6	99.5
通讯器材类	Telecommunication Equipment	94.7	94.5	95.3
移动电话机	Mobile Telephone	90.2	89.2	92.5
家具	Furniture	101.7	102.5	99.2
化妆品类	Cosmetics	101.6	101.7	101.0
金银珠宝类	Precious Metal and Jewellery	91.8	91.8	91.7
中西药品及医疗保健用品类	Traditional Chinese and Western Medicines, Health Care Articles	101.0	100.7	101.8
中药材及中成药	Raw and Officinal Medicinese of Traditional Chinese Pharmacology	102.1	100.7	104.3
西药	Western Medicines	100.2	100.2	100.1
书报杂志及电子出版物类	Newspapers and Magazines, Electronic Journal	100.5	100.4	100.8
燃料类	Fuels	100.4	100.0	101.5
汽油	Gasoline	99.4	99.4	99.4
柴油	Diesel Oil	99.0	99.1	98.8
建筑材料及五金电料类	Building Materials, Hardware, Electric Materials and Appliances	100.3	100.1	100.6
水泥	Cement	103.0	100.8	104.5
玻璃	Glass	100.7	100.8	100.7
农业生产资料类	**Agricultural Means of Production**	**101.5**		**101.5**

8-5 城市商品零售价格指数(2013年)
Urban Retail Price Index(2013)

(上年=100) (preceding year=100)

类　别	Item	成都市 Chengdu	泸州市 Luzhou	南充市 Nanchong	自贡市 Zigong	乐山市 Leshan	达州市 Dazhou
商品零售价格指数	**General Retail Price Index**	**101.7**	**102.2**	**102.0**	**101.7**	**101.8**	**101.3**
食品类	Food	105.7	105.4	104.6	105.7	104.4	103.3
饮料、烟酒类	Beverages, Tobacco and Liquor	100.7	101.4	100.2	98.5	100.4	100.2
服装、鞋帽类	Garments, Shoes and Hats	101.2	103.1	102.9	99.7	100.3	101.2
纺织品类	Textiles	101.7	98.8	99.9	106.4	101.2	105.1
家用电器及音像器材	Household Electrical Appliances and Audio-Visual Equipment	96.7	99.5	100.6	100.7	102.1	99.2
文化办公用品	Cultural and Office Goods	96.5	99.3	98.7	100.1	99.9	99.1
日用品	Articles for Daily Use	101.3	100.5	100.9	99.4	102.5	100.3
体育娱乐用品	Sports and Entertainment Goods	102.1	100.0	101.0	100.6	100.0	99.5
交通、通信用品	Transportation and Telecommunication Goods	98.7	99.4	99.9	98.6	98.7	99.7
家具	Furniture	101.7	100.2	101.7	100.9	102.1	99.7
化妆品类	Cosmetics	101.4	101.2	104.0	100.3	101.7	99.7
金银珠宝类	Precious Metal and Jewellery	91.1	96.7	91.9	94.4	88.9	91.3
中西药品及医疗保健用品类	Traditional Chinese and Western Medicines, Health Care Articles	101.2	100.3	98.3	100.0	100.5	100.5
书报杂志及电子出版物类	Newspapers and Magazines, Electronic Journal	98.9	100.9	102.7	100.3	104.0	100.7
燃料类	Fuels	100.0	100.4	99.9	98.9	99.2	100.8
建筑材料及五金电料类	Building Materials, Hardware, Electric Materials and Appliances	99.1	100.1	100.4	98.6	101.7	100.0

8-5续表 continued

(上年=100) (preceding year=100)

类　别	Item	广元市 Guangyuan	绵阳市 Mianyang	内江市 Neijiang	西昌市 Xichang	攀枝花市 Panzhihua	眉山市 Meishan
商品零售价格指数	**General Retail Price Index**	**101.1**	**101.8**	**101.8**	**101.5**	**100.9**	**101.4**
食品类	Food	105.7	104.4	104.8	104.5	103.0	105.1
饮料、烟酒类	Beverages, Tobacco and Liquor	98.5	100.2	100.0	99.9	99.8	98.6
服装、鞋帽类	Garments, Shoes and Hats	98.2	102.2	97.2	103.5	100.2	101.6
纺织品类	Textiles	99.0	107.8	99.4	100.1	99.5	101.6
家用电器及音像器材	Household Electrical Appliances and Audio-Visual Equipment	97.9	100.3	100.3	100.3	99.9	100.2
文化办公用品	Cultural and Office Goods	95.0	93.7	100.0	100.0	99.8	98.9
日用品	Articles for Daily Use	99.7	100.7	100.3	100.6	99.6	102.4
体育娱乐用品	Sports and Entertainment Goods	100.1	100.2	104.1	100.0	100.8	100.6
交通、通信用品	Transportation and Telecommunication Goods	95.5	98.9	98.8	98.0	99.4	95.6
家具	Furniture	98.6	111.4	99.3	99.1	100.0	100.2
化妆品类	Cosmetics	102.7	102.7	100.8	100.6	102.0	100.6
金银珠宝类	Precious Metal and Jewellery	88.8	92.6	90.6	87.0	93.2	89.6
中西药品及医疗保健用品类	Traditional Chinese and Western Medicines, Health Care Articles	99.7	101.2	107.8	96.9	101.7	101.8
书报杂志及电子出版物类	Newspapers and Magazines, Electronic Journal	103.2	100.2	99.9	103.5	100.0	99.5
燃料类	Fuels	99.6	98.5	100.7	100.0	99.9	100.1
建筑材料及五金电料类	Building Materials, Hardware, Electric Materials and Appliances	99.3	101.6	99.7	98.5	100.1	100.2

8-6 农村商品零售价格指数(2013年)
Rural Retail Price Index(2013)

(上年=100) (preceding year=100)

类　别	Item	温江区 Wenjiang	汉源县 Hanyuan	平昌县 Pingchang	峨眉山市 Emeishan	叙永县 Xuyong
商品零售价格指数	**General Retail Price Index**	**101.8**	**102.4**	**101.8**	**101.5**	**102.0**
食品类	Food	105.0	104.7	105.6	103.3	104.5
饮料、烟酒类	Beverages, Tobacco and Liquor	101.1	97.3	99.1	98.9	100.0
服装、鞋帽类	Garments, Shoes and Hats	101.3	95.3	98.8	102.3	103.0
纺织品类	Textiles	101.4	102.8	100.0	100.8	100.5
家用电器及音像器材	Household Electrical Appliances and Audio-Visual Equipment	90.5	99.5	98.3	99.5	99.3
文化办公用品	Cultural and Office Goods	98.8	99.9	98.3	100.0	99.9
日用品	Articles for Daily Use	101.7	102.7	98.5	104.4	100.7
体育娱乐用品	Sports and Entertainment Goods	99.0	102.8	100.2	99.8	101.4
交通、通信用品	Transportation and Telecommunication Goods	98.5	99.9	99.6	99.2	99.3
家具	Furniture	98.4	102.3	99.1	98.3	99.1
化妆品类	Cosmetics	102.9	99.0	100.7	101.3	101.6
金银珠宝类	Precious Metal and Jewellery	91.2	92.3	95.0	90.2	90.7
中西药品及医疗保健用品类	Traditional Chinese and Western Medicines, Health Care Articles	105.0	104.5	102.0	100.4	99.2
书报杂志及电子出版物类	Newspapers and Magazines, Electronic Journal	100.0	107.7	100.4	100.3	102.3
燃料类	Fuels	102.4	100.5	99.1	103.2	103.8
建筑材料及五金电料类	Building Materials, Hardware, Electric Materials and Appliances	100.0	108.0	101.3	100.1	99.2
农业生产资料类	**Means of Agricultural Production**	**102.3**	**98.0**	**101.5**	**100.8**	**100.1**

8-6续表 continued

(上年=100) (preceding year=100)

类　别	Item	梓潼县 Zitong	渠　县 Quxian	仁寿县 Renshou	简阳市 Jianyang	南部县 Nanbu
商品零售价格指数	**General Retail Price Index**	**102.6**	**101.8**	**101.1**	**102.7**	**101.5**
食品类	Food	104.4	107.1	104.1	106.6	104.2
饮料、烟酒类	Beverages, Tobacco and Liquor	99.5	99.2	99.3	99.3	98.6
服装、鞋帽类	Garments, Shoes and Hats	105.2	96.2	92.9	104.4	100.4
纺织品类	Textiles	101.7	101.9	100.9	100.0	100.0
家用电器及音像器材	Household Electrical Appliances and Audio-Visual Equipment	102.6	98.5	98.2	100.9	100.6
文化办公用品	Cultural and Office Goods	102.1	98.7	102.5	99.4	100.0
日用品	Articles for Daily Use	100.7	101.5	100.2	99.9	100.5
体育娱乐用品	Sports and Entertainment Goods	100.1	100.0	96.2	101.3	100.3
交通、通信用品	Transportation and Telecommunication Goods	100.0	95.1	97.6	96.8	99.8
家具	Furniture	100.0	99.8	96.8	100.9	100.1
化妆品类	Cosmetics	100.8	99.9	99.4	101.0	101.2
金银珠宝类	Precious Metal and Jewellery	88.7	92.6	93.5	87.9	92.5
中西药品及医疗保健用品类	Traditional Chinese and Western Medicines, Health Care Articles	99.0	101.6	101.7	104.0	97.0
书报杂志及电子出版物类	Newspapers and Magazines, Electronic Journal	100.5	100.0	102.6	101.0	100.0
燃料类	Fuels	100.8	99.8	101.6	100.3	100.6
建筑材料及五金电料类	Building Materials, Hardware, Electric Materials and Appliances	104.3	100.1	106.0	98.1	101.2
农业生产资料类	**Means of Agricultural Production**	**96.3**	**104.9**	**102.0**	**101.6**	**101.4**

8-7 居民消费价格总指数(2013年)
General Consumer Price Index(2013)

(上年=100) (preceding year=100)

类 别	Item	居民消费价格指数 General Consumer Price Index		
		全 省 Province	城 市 Urban Areas	农 村 Rural Areas
居民消费价格指数	**General Consumer Price Index**	**102.8**	**102.8**	**102.8**
食品	Food	104.8	105.0	104.5
粮食	Grain	103.1	103.1	103.0
#大米	Rice	101.9	101.9	101.8
油脂	Oil or Fat	101.4	101.7	100.6
肉禽及制品	Meat, Poultry and Their Products	104.1	104.7	103.3
#猪肉	Pork	100.0	100.1	99.8
蛋	Eggs	106.5	106.5	106.3
水产品	Aquatic Products	104.4	103.7	105.9
菜	Vegetables	108.6	108.2	110.1
#鲜菜	Fresh Vegetables	108.8	108.1	111.3
烟酒	Tobacco, Liquor	99.4	99.6	99.0
衣着	Clothing	100.8	101.1	100.1
服装	Garments	101.0	101.2	100.6
衣着材料	Clothing Material	100.9	100.3	101.5
衣着加工服务	Clothing Manufacturing Services	106.4	107.3	104.2
家庭设备及维修服务	Household Facilities, Articles and Repair Services	101.9	102.4	100.7
耐用消费品	Durable Consumer Goods	100.9	101.5	99.7
室内装饰品	Interior Decorations	99.6	99.4	100.5
家庭及加工维修服务	Other Household Service	107.7	108.0	106.3
医疗保健和个人用品	Medicine, Medical Services and Personal Articles	102.2	101.3	104.1
医疗保健	Medical Appliances and Articles	102.3	101.0	104.5
个人用品及服务	Personal Articles and Services	102.0	101.8	102.5
交通和通信	Means of Transportation and Communication	100.0	100.0	100.2
交通	Transportation	100.5	100.4	100.8
通信	Communication	99.3	99.4	98.8
娱乐教育文化及服务	Recreation, Education and Culture Articles	101.6	102.0	100.6
文娱耐用消费品及服务	Durable Consumer Goods for Recreational Use	96.9	96.1	98.2
教育	Education	102.7	103.7	101.2
文化娱乐用品	Cultural and Recreational Articles	100.0	100.0	100.1
旅游及外出	Turing and Outgoing	101.9	102.1	100.6
居住	Residence	103.7	103.4	104.1
建房及装修材料	Building and Building Decoration Material	101.8	101.0	102.4
租房	Rent	105.5	105.3	106.6
自有住房	Private House	104.9	104.1	106.4
水、电、燃料	Water, Electricity and Fuel	102.1	102.5	101.5

8-8 城市居民消费价格指数(2013年)
Consumer Price Index in Urban Areas(2013)

(上年=100) (preceding year=100)

类　别	Item	成都市 Chengdu	泸州市 Luzhou	南充市 Nanchong	自贡市 Zigong	乐山市 Leshan	达州市 Dazhou
居民消费价格指数	**General Consumer Price Index**	**103.1**	**103.2**	**103.2**	**103.5**	**102.4**	**102.5**
食品	Food	105.5	105.5	104.6	105.6	104.5	103.3
粮食	Grain	102.9	106.4	98.5	100.7	101.6	102.4
油脂	Oil or Fat	101.3	102.0	98.6	103.9	102.1	102.6
肉禽及制品	Meat, Poultry and Their Products	103.7	107.4	104.4	107.9	101.5	103.1
#猪肉	Pork	100.8	99.1	99.1	100.6	98.9	97.7
蛋	Eggs	107.1	107.8	100.3	106.7	106.5	107.9
水产品	Aquatic Products	103.4	102.2	110.8	105.8	104.3	101.0
菜	Vegetables	113.5	102.3	104.6	109.7	107.0	107.1
#鲜菜	Fresh Vegetables	114.0	101.9	104.0	109.4	106.0	107.3
烟酒	Tobacco, Liquor	100.0	100.7	99.8	98.4	99.5	100.4
衣着	Clothing	101.6	102.9	102.9	99.6	100.5	101.3
家庭设备及维修服务	Household Facilities, Articles and Repair Services	103.0	100.6	102.6	103.7	102.4	101.0
医疗保健和个人用品	Medicine, Medical Services and Personal Articles	101.9	100.8	101.2	100.5	101.0	99.9
交通和通信	Means of Transportation and Communication	99.8	99.7	100.5	99.5	99.9	100.8
娱乐教育文化及服务	Recreation, Education and Culture Articles	101.3	100.6	103.6	102.4	102.9	104.3
居住	Residence	103.3	104.9	103.6	107.3	101.2	103.2

8-8续表 continued

(上年=100) (preceding year=100)

类　别	Item	广元市 Guangyuan	绵阳市 Mianyang	内江市 Neijiang	西昌市 Xichang	攀枝花市 Panzhihua	眉山市 Meishan
居民消费价格指数	**General Consumer Price Index**	**102.9**	**103.2**	**102.3**	**102.5**	**101.3**	**102.8**
食品	Food	105.7	104.3	104.9	104.3	103.0	105.1
粮食	Grain	105.8	104.1	105.2	101.8	104.3	103.2
油脂	Oil or Fat	101.3	103.4	101.4	102.0	99.4	99.4
肉禽及制品	Meat, Poultry and Their Products	106.2	103.9	101.4	105.3	103.6	103.0
#猪肉	Pork	104.8	102.5	91.0	99.3	99.4	101.1
蛋	Eggs	104.1	107.4	102.4	103.5	106.7	112.6
水产品	Aquatic Products	106.6	99.3	110.3	104.5	103.2	104.2
菜	Vegetables	113.3	107.4	115.6	95.8	98.9	111.0
#鲜菜	Fresh Vegetables	113.3	108.3	116.1	95.1	97.6	111.4
烟酒	Tobacco, Liquor	98.2	99.5	99.9	99.9	99.3	98.3
衣着	Clothing	98.7	102.2	97.2	103.8	100.3	101.4
家庭设备及维修服务	Household Facilities, Articles and Repair Services	101.9	104.2	101.6	100.2	101.2	101.3
医疗保健和个人用品	Medicine, Medical Services and Personal Articles	100.4	101.2	102.9	99.5	101.1	101.0
交通和通信	Means of Transportation and Communication	99.5	100.2	100.0	100.2	99.9	99.5
娱乐教育文化及服务	Recreation, Education and Culture Articles	102.6	104.3	101.4	102.0	100.1	102.6
居住	Residence	104.2	103.5	101.8	102.1	100.8	103.4

8-9 农村居民消费价格指数(2013年)
Consumer Price Index in Rural Areas(2013)

(上年=100) (preceding year=100)

类　　别	Item	温江区 Wenjiang	汉源县 Hanyuan	平昌县 Pingchang	峨眉山市 Emeishan	叙永县 Xuyong
居民消费价格指数	**General Consumer Price Index**	**102.5**	**103.0**	**102.1**	**101.9**	**103.5**
食品	Food	104.6	105.2	105.3	103.1	104.8
粮食	Grain	103.4	101.2	103.7	101.6	101.9
油脂	Oil or Fat	98.6	99.9	105.5	99.7	102.2
肉禽及制品	Meat, Poultry and Their Products	102.9	107.0	103.8	100.9	105.7
#猪肉	Pork	99.7	99.9	102.5	93.6	102.4
蛋	Eggs	109.1	105.7	113.0	105.4	104.1
水产品	Aquatic Products	104.0	98.3	99.6	103.1	106.5
菜	Vegetables	105.8	107.7	116.3	108.2	108.1
#鲜菜	Fresh Vegetables	105.5	108.6	117.7	108.6	108.7
烟酒	Tobacco, Liquor	99.7	96.3	98.9	98.4	99.1
衣着	Clothing	101.3	95.5	98.8	102.4	103.5
家庭设备及维修服务	Household Facilities, Articles and Repair Services	96.8	102.0	100.2	100.7	101.7
医疗保健和个人用品	Medicine, Medical Services and Personal Articles	103.7	104.8	102.4	100.8	102.7
交通和通信	Means of Transportation and Communication	99.5	100.4	99.5	100.0	99.8
娱乐教育文化及服务	Recreation, Education and Culture Articles	99.2	104.6	99.3	102.3	102.9
居住	Residence	104.5	104.4	102.4	102.0	106.1

8-9续表 continued

(上年=100) (preceding year=100)

类　　别	Item	梓潼县 Zitong	渠　县 Quxian	仁寿县 Renshou	简阳市 Jianyang	南部县 Nanbu
居民消费价格指数	**General Consumer Price Index**	**103.0**	**103.2**	**103.0**	**103.4**	**102.1**
食品	Food	104.3	107.3	104.0	106.5	104.2
粮食	Grain	102.8	106.5	101.9	103.3	101.8
油脂	Oil or Fat	98.8	98.0	100.9	104.6	102.2
肉禽及制品	Meat, Poultry and Their Products	104.6	103.9	100.6	105.7	106.6
#猪肉	Pork	99.0	95.2	98.0	101.0	104.1
蛋	Eggs	106.1	104.1	101.2	110.6	104.1
水产品	Aquatic Products	102.2	109.1	112.1	104.2	105.5
菜	Vegetables	106.1	124.8	112.2	109.6	106.8
#鲜菜	Fresh Vegetables	108.2	125.7	112.7	109.5	106.3
烟酒	Tobacco, Liquor	98.9	98.8	99.1	99.2	98.4
衣着	Clothing	105.1	96.8	94.0	103.7	100.5
家庭设备及维修服务	Household Facilities, Articles and Repair Services	103.3	100.7	100.7	103.4	100.4
医疗保健和个人用品	Medicine, Medical Services and Personal Articles	100.1	102.0	107.4	102.6	101.5
交通和通信	Means of Transportation and Communication	100.2	99.0	101.3	98.6	101.9
娱乐教育文化及服务	Recreation, Education and Culture Articles	101.8	103.8	102.5	101.3	101.5
居住	Residence	103.8	104.2	108.3	102.1	100.9

8-10 工业生产者出厂价格指数
Producer Price Index for Industrial Products

(上年=100) (preceding year=100)

类别	Item	2005	2009	2010	2011	2012	2013
全部工业品	**Total Industrial Products**	**104.0**	**96.5**	**105.0**	**107.3**	**98.6**	**98.7**
按轻重工业分	**Grouped by Light & Heavy Industry**						
轻工业	Light Industry	101.3	98.8	103.3	107.7	99.9	100.2
重工业	Heavy Industry	106.2	94.8	106.3	107.2	98.0	98.0
按类别分	**Grouped by Sector**						
生产资料	Means of Production	105.5	95.7	105.7	107.9	97.9	98.2
采掘	Mining and Quarrying	114.5	96.3	112.6	116.8	98.2	97.5
原料	Raw Materials	105.9	93.4	109.0	108.5	98.2	98.3
加工	Manufacturing	104.0	96.6	103.0	106.1	97.7	98.3
生活资料	Consumer Goods	100.1	98.8	102.8	105.7	100.6	99.9
食品	Food	102.2	98.5	104.4	109.6	101.6	101.1
衣着	Clothing	101.5	103.3	101.2	102.5	102.2	104.6
一般日用品	Articles for Daily Use	102.0	101.0	102.9	102.8	98.5	99.2
耐用消费品	Durable Consumer Goods	90.1	96.8	94.2	92.3	97.3	92.2
按部门分	**Grouped by Industrial Division**						
冶金工业	Metallurgical Industry	105.7	85.7	110.6	111.3	93.9	94.1
电力工业	Power Industry	104.0	100.4	103.1	99.8	100.2	100.5
煤炭工业	Coal Industry	122.2	98.6	112.1	118.3	95.8	94.3
石油工业	Petroleum Industry	104.6	98.9	111.0	112.4	101.8	103.0
化学工业	Chemical Industry	107.5	94.6	105.5	109.6	99.4	97.6
机械工业	Machine Building Industry	99.9	99.9	100.0	101.6	98.7	98.5
建筑材料工业	Building Materials Industry	104.7	103.2	99.0	103.3	98.0	99.5
森林工业	Timber Industry	100.9	101.3	104.7	100.0	102.8	101.3
食品工业	Food Industry	102.4	98.3	104.4	109.4	101.7	101.3
纺织工业	Textile Industry	102.9	97.9	115.8	117.6	92.7	101.9
缝纫工业	Tailoring Industry	97.1	103.1	101.0	103.4	107.3	101.7
皮革工业	Leather Industry	105.6	97.4	100.7	101.5	100.5	106.6
造纸工业	Paper Industry	100.6	94.7	102.1	108.5	99.3	97.9
文教艺术用品工业	Culture, Educational and Handicrafts Articles Industry	99.9	102.1	102.1	97.9	99.2	100.0

8-11 按行业分工业生产者出厂价格指数
Producer Price Index for Industrial Products by Industrial Branch

(上年=100) (preceding year=100)

类 别	Item	2005	2009	2010	2011	2012	2013
煤炭开采和洗选业	Coal Mining and Dressing	129.4	100.6	112.1	119.4	96.6	94.9
石油和天然气开采业	Petroleum and Natural Gas Extraction	103.4	99.9	110.5	109.9	100.2	103.4
黑色金属矿采选业	Ferrous Metals Mining and Dressing	123.0	73.9	120.4	121.8	92.5	94.1
有色金属矿采选业	Nonferrous Metals Mining and Dressing	118.3	74.7	132.8	121.0	102.0	89.7
非金属矿采选业	Nonmetal Minerals Mining and Dressing	110.7	101.0	104.1	106.9	101.1	102.8
食品制造业	Food Production	102.8	101.1	103.7	107.5	103.7	102.6
饮料制造业	Beverage Production	103.1	102.6	105.5	106.1	103.3	98.7
烟草制品业	Tobacco Processing	101.4	99.2	99.7	99.8	99.5	100.4
纺织业	Textile Industry	102.9	97.9	115.6	117.4	92.8	102.0
皮革、羽毛(绒)及其制品业	Leather, Furs, Down and Related Products	104.5	98.0	101.8	105.2	99.8	107.4
木材加工及木、竹制品业	Timber Processing, Bamboo, Cane, Palm Fiber and Straw Products	100.9	101.0	105.4	101.3	100.4	100.8
家具制造业	Furniture Manufacturing	101.0	102.2	102.3	99.1	104.8	101.7
造纸及纸制品业	Papermaking and Paper Products	100.6	94.7	102.1	108.5	99.3	97.9
文教体育用品制造业	Cultural, Educational and Sports Goods	99.4	101.0	107.3	103.7	109.7	100.3
石油加工、炼焦及核燃料加工业	Petroleum Processing and Coking	108.0	89.6	113.0	113.8	97.6	96.5
化学原料及化学制品制造业	Raw Chemical Materials and Chemical Products	110.5	92.3	105.1	111.8	98.7	96.1
医药制造业	Medical and Pharmaceutical Products	101.8	102.7	106.1	105.4	101.1	99.7
化学纤维制造业	Chemical Fiber	100.7	86.2	123.7	126.5	88.6	90.8
橡胶制品业	Rubber Products	105.2	103.3	101.8	102.1	101.9	98.6
塑料制品业	Plastic Products	107.5	95.7	100.4	106.6	102.0	99.5
非金属矿物制品业	Nonmetal Mineral Products	104.6	102.8	98.7	103.4	97.9	99.0
黑色金属冶炼及压延加工业	Smelting and Pressing of Ferrous Metals	105.0	85.9	106.8	111.1	91.9	93.6
有色金属冶炼及压延加工业	Smelting and Pressing of Nonferrous Metals	107.3	86.2	118.7	111.9	93.4	93.0
金属制品业	Metal Products	104.2	92.9	104.3	104.5	101.3	99.1
通用设备制造业	Ordinary Machinery Manufacturing	104.5	102.1	99.7	104.3	100.0	99.8
专用设备制造业	For Special Purposes Equipment Manufacturing	102.3	98.8	101.2	103.3	99.9	101.7
交通运输设备制造业	Transport Equipment Manufacturing	100.1	102.7	100.8	101.4	100.0	99.8
电气机械及器材制造业	Electric Equipment and Machinery	104.6	95.8	105.3	107.5	98.7	98.2
通信设备及其他电子设备制造业	Electronic and Telecommunications Equipment	91.2	97.2	95.6	92.4	94.4	92.4
仪器仪表及文化、办公用机械制造业	Instruments, Meters, Cultural and Office Machinery	96.8	95.1	97.4	99.5	109.5	102.5
工艺品及其他制造业	Other Manufacturing	105.7	105.9	106.9	109.0	112.2	98.2
电力、热力的生产和供应业	Electric Power, Steam and Hot Water Production and Supply	104.0	100.4	103.0	99.4	100.1	100.6
燃气生产和供应业	Gas Production and Supply	102.0	101.2	108.9	118.9	106.8	104.8
水的生产和供应业	Tap Water Production and Supply	102.0	100.9	102.7	101.2	101.6	103.7

主要统计指标解释

财政收入 指国家财政参与社会产品分配所取得的收入，是实现国家职能的财力保证。主要包括：

(1)各项税收：包括国内增值税、国内消费税、进口货物增值税和消费税、出口货物退增值税和消费税、营业税、企业所得税、个人所得税、资源税、城市维护建设税、房产税、印花税、城镇土地使用税、土地增值税、车船税、船舶吨税、车辆购置税、关税、耕地占用税、契税、烟叶税等。

(2)非税收入：包括专项收入、行政事业性收费、罚没收入和其他收入。

财政收入按现行分税制财政体制划分为中央本级收入和地方本级收入。

财政支出 指国家财政将筹集起来的资金进行分配使用，以满足经济建设和各项事业的需要。主要包括：

一般公共服务、外交、国防、公共安全、教育、科学技术、文化体育与传媒、社会保障和就业、医疗卫生、环境保护、城乡社区事务、农林水事务、交通运输、资源勘探电力信息等事务、商业服务等事务、金融监管支出、国土气象等事务、住房保障支出、粮油物资储备管理等事务、国债付息支出等方面的支出。

财政支出根据政府在经济和社会活动中的不同职权，划分为中央财政支出和地方财政支出。

中央财政收入和地方财政收入 属于中央财政的收入包括关税，进口货物增值税和消费税，出口货物退增值税和消费税，消费税，铁道部门、各银行总行、各保险公司总公司等集中交纳的营业税和城市维护建设税，增值税75%部分，纳入共享范围的企业所得税60%部分，未纳入共享范围的中央企业所得税、中央企业上交的利润，个人所得税60%部分，车辆购置税，船舶吨税，证券交易印花税97%部分，海洋石油资源税，中央非税收入等。属于地方财政的收入包括营业税（不含铁道部门、各银行总行、各保险公司总公司集中交纳的营业税），地方企业上交利润，城市维护建设税（不含铁道部门、各银行总行、各保险公司总公司集中交纳的部分），房产税，城镇土地使用税，土地增值税，车船税，耕地占用税，契税，烟叶税，印花税，增值税25%部分，纳入共享范围的企业所得税40%部分，个人所得税40%部分，证券交易印花税3%部分，海洋石油资源税以外的其他资源税，地方非税收入等。

中央财政支出和地方财政支出 指根据政府在经济和社会活动中的不同职责，划分中央和地方政府的责权，按照政府的责权划分确定的支出。中央财政支出包括一般公共服务，外交支出，国防支出，公共安全支出，以及中央政府调整国民经济结构、协调地区发展、实施宏观调控的支出等。地方财政支出包括一般公共服务，公共安全支出，地方统筹的各项社会事业支出等。

商品零售价格指数 是反映一定时期内城乡商品零售价格变动趋势和程度的相对数。商品零售价格的变动与国家的财政收入、市场供需的平衡、消费与积累的比例关系有关。因此，该指数可以从一个侧面对上述经济活动进行观察和分析。

农业生产资料价格指数 指反映一定时期内农业生产资料价格变动趋势和程度的相对数。其编制目的是了解农业生产中投入物质资料价格的变动状况，服务于国民经济核算。1994年以前，农业生产资料价格指数仅仅是商品零售价格指数的一个类别，此后，从商品零售价格指数中分离出来，单独编制。

居民消费价格指数 是反映一定时期内城乡居民所购买的生活消费品和服务项目价格变动趋势和程度的相对数，是对城市居民消费价格指数和农村居民消费价格指数进行综合汇总计算的结果。该指数可以观察和分析消费品的零售价格和服务项目价格变动对城乡居民实际生活费支出的影响程度。

城市居民消费价格指数 是反映一定时期内城市居民家庭所购买的生活消费品价格和服务项目价格变动趋势和程度的相对数。该指数可以观察和分析消费品的零售价格和服务项目价格变动对城镇居民收入和消费支出的影响。

农村居民消费价格指数 是反映一定时期内农村居民家庭所购买的生活消费品价格和服务项目价格变动趋势和程度的相对数。该指数可以观察农村消费品的零售价格和服务项目价格变动对农村居民收入和生活消费支出的影响。

工业生产者出厂价格指数 是反映一定时期内全部工业产品出厂价格总水平的变动趋势和程度的相对数，包括工业企业售给本企业以外所有单位的各种产品和直接售给居民用于生活消费的产品。该指数可以能观察出厂价格变动对工业总产值及增加值的影响。

Explanatory Notes on Main Statistical Indicators

Government Revenue refers to income for the government finance through participating in the distribution of social products. It is the financial guarantee to ensure government functioning. The contents of government revenue include the following main items:

(1) Various tax revenues, including domestic value added tax (VAT), domestic consumption tax, VAT and consumption tax from imports, VAT and consumption tax rebate for exports, business tax, corporate income tax, individual income tax, resource tax, city maintenance and construct tax, house property tax, stamp tax, urban land use tax, land appreciation tax, tax on vehicles and boat operation, ship tonnage tax, vehicle purchase tax, tariffs, farm land occupation tax, deed tax, and tobacco leaf tax, etc.

(2) Non-tax revenue, including special program receipts, charge of administrative and institutional units, penalty receipts and others non-tax receipts.

Government Revenue at the current decentralized taxation system is divided into the central level revenue and local level revenue.

Government Expenditure refers to the distribution and use of the funds which the government finance has raised, so as to meet the needs of economic construction and various undertakings. It includes the following main items: expenditure for general public services, expenditure for foreign affairs, expenditure for national defence expenditure for public security, expenditure for education, expenditure for science and technology, expenditure for culture, sport and media, expenditure for social safety net and employment effort, expenditure for medical and health care, expenditure for environment protection, expenditure for urban and rural community affairs, expenditure for agriculture, forestry and water conservancy, expenditure for transportation, expenditure for affairs of exploration, power and information, expenditure for affairs of commerce and services, expenditure for affairs of financial supervision, expenditure for affairs of land and weather, expenditure for affairs of housing security, expenditure for affairs of management of grain & oil reserves , interest payment for domestic and foreign debts.. Government expenditure is divided into central government expenditure and local government expenditure according to the different functions of the governments played in economic and social activities,

Revenue of the Central Government and Revenue of the Local Governments The revenue of the Central Government includes tariff, VAT and consumption tax from imports, VAT and consumption tax rebate for exports, consumption tax, business tax and city maintenance and construct tax from the Ministry of Railways, head offices of banks, head offices of insurance company, which are handed over to the government in a centralized way, 75% of the value added tax, 60% the share part of the corporate income tax, unshared part of corporate income tax of the central enterprises, profit handed in by the central enterprises, 60% of individual income tax, vehicle purchase tax, ship tonnage tax, 97% of stamp tax on securities transactions, resource tax on the offshore petroleum resources. The revenue of the local governments includes business tax (excluding the part of the Ministry of Railways, head offices of banks, head offices of insurance company, which are handed over to the government in a centralized way), profit handed in by the local enterprises, city maintenance and construct tax (excluding the part of the Ministry of Railways, head offices of banks, head offices of insurance company, which are handed over to the government in a centralized way), house property tax, urban land use tax, land appreciation tax, tax on vehicles and boat operation, farm land occupation tax, deed tax, and tobacco leaf tax, stamp tax, 25% of the value added tax, 40% the share part of the corporate income tax, 40% of individual income tax, 3% of stamp tax on securities transactions, resource tax other than the tax on offshore petroleum resources, local non-tax revenue, etc.

Expenditure of the Central Government and Expenditure of the Local Governments according to the different functions of the Central Government and local governments in economic and social activities, the rights of affairs administration are demarcated between those of the Central Government and those of local governments; and the classification of the expenditure between the Central Government and local governments are made on the basis of the classification of the rights of affairs administration between them. The expenditure of the Central Government includes the expenditure for general public services, expenditure for foreign affairs, expenditure for public security, and the expenditure of the Central Government for adjusting the national economic structure; coordinating the development among different regions; and exercising macroeconomic regulation. The expenditure of the local governments includes mainly the expenditure for general public services, expenditure for public security, and expenditures for social development which are planed by local governments, etc.

Retail Price Index reflects the trend and degree of change in retail prices of commodities during a given period. The change in retail prices of commodities is related to government revenue, the equilibrium of market supply and demand, and the ratio of consumption to accumulation. Therefore, the retail price indices are useful from an oblique perspective for observing and analyzing the changes of the above economic activities.

Price Indices for Means of Agricultural Production reflects the trend and degree of changes in the prices of the means of agricultural production during a given period. Compilation of these indices helps to understand the changes in prices of input into agricultural production and facilitate the compilation of national accounts statistics. Before 1994, price indices for means of agricultural production were a sub-category in the retail price indices for commodities, and it has been compiled separately since 1994.

Consumer Price Index reflects the trend and degree of changes in prices of consumer goods and services purchased by urban and rural residents, and is a composite indices derived from the urban consumer price indices and the rural consumer price indices. Consumer price indices can be used to analyze the impact of consumer price change on actual expenditure for living cost of urban and rural residents.

Urban Consumer Price Index reflects the trend and degree of changes in prices of consumer goods and services purchased by urban households during a given period. It can be used to observe and analyze the impact of price changes in consumer goods and services on urban household income and consumption expenditure.

Rural Consumer Price Index reflects the trend and degree of changes in prices of consumer goods and services purchased by rural households during a given period. It can be used to observe the impact of change in retail prices of consumer goods and service prices on rural household income and consumption expenditure on living.

Ex-factory Price Index of Industrial Producers reflects the trend and degree of changes in general ex-factory prices of all industrial products during a given period, including sales of industrial products by an industrial enterprise to all units outside the enterprise, as well as sales of consumer goods to residents. It can be used to analyze the impact of ex-factory prices on gross output value and value-added of the industrial sector.

9 人民生活和社会保障

PEOPLE'SLIVELIHOOD AND SOCIAL WELFARE

9-1 人民生活基本情况
Basic Statistics on People's Living Conditions

项目		Item		2012	2013
城乡居民收入		**Income of Rural and Urban Residents**			
农村居民家庭人均纯收入	(元)	Annual per Capita Net Income of Rural Residents	(yuan)	7001	7895
城镇居民家庭人均可支配收入	(元)	Annual per Capita Disposable Income of Urban Residents	(yuan)	20307	22368
全部单位就业人员平均货币工资	(元)	Annual Average Money Wages of all Units	(yuan)	35873	41795
消费水平		**Annual per Capita Consumption**			
居民消费水平	(元/人)	Per Capita Consumption of Residents	(yuan / person)	11280	12485
农村居民	(元/人)	Rural Residents	(yuan / person)	7147	8074
城镇居民	(元/人)	Urban Residents	(yuan / person)	16649	17899
农村居民家庭人均生活消费支出	(元/人)	Per Capita Living Expenditure of Rural Households	(yuan / person)	5367	6127
#食品	(元/人)	Food	(yuan / person)	2514	2665
衣着	(元/人)	Clothing	(yuan / person)	339	407
文教娱乐用品及服务	(元/人)	Recreation, Education and Cultural Services	(yuan / person)	329	357
城镇居民家庭人均消费性支出	(元/人)	Per Capita Annual Living Expenditure of Urban Households	(yuan / person)	15050	16343
#食品	(元/人)	Food	(yuan / person)	6074	6470
衣着	(元/人)	Clothing	(yuan / person)	1651	1728
教育文化娱乐服务	(元/人)	Education, Cultural and Recreation Services	(yuan / person)	1587	1878
生活质量		**Life Quality**			
城市人均拥有道路面积	(平方米)	Per Capita Paved Roads Area of Urban	(sq.m)	12.72	13.24
城市人均公园绿地面积	(平方米)	Per Capita Public Green Area of Urban	(sq.m)	10.79	11.21
城镇居民人均现住房建筑面积	(平方米)	Per Capita Present Building Floor Space of Urban Re	(sq.m)	32.25	36.61
城镇居民每百户拥有家用汽车	(辆)	Number of Automobile per 100 Households in Urban Areas		14.33	17.50
城镇居民每百户拥有空调器	(台)	Number of Air Conditioner per 100 Households in Urban Areas		120.93	100.58
城镇居民每百户拥有洗衣机	(台)	Number of Washing Machines per 100 Households in Urban Areas		98.44	94.89
城镇居民每百户拥有电冰箱	(台)	Number of Refrigerators per 100 Households in Urban Areas		98.20	93.30
城镇居民每百户拥有彩色电视机	(部)	Number of Color TV Sets per 100 Households in Urban Areas		137.93	122.01
农村居民人均使用房屋面积	(平方米)	Per Capita Living Floor Space of Rural Residents	(sq.m)	39.22	34.79
农村居民每百户拥有自行车	(辆)	Number of Bicycles per 100 Households in Rural Areas		30.87	16.45
农村居民每百户拥有摩托车	(辆)	Number of Motorcycles per 100 Households in Rural Areas		46.31	45.17
农村居民每百户拥有洗衣机	(台)	Number of Washing Machine per 100 Households in Rural Areas		73.32	78.08
农村居民每百户拥有电冰箱	(台)	Number of Refrigerator per 100 Households in Rural Areas		69.46	72.50
农村居民每百户拥有彩色电视机	(部)	Number of Color TV Sets per 100 Households in Rural Areas		108.05	109.61
教育、文化		**Education and Culture**			
每万人口中在校大学生数	(人)	Number of University Students per 10 000 Persons	(person)	152	157
人均拥有年出版报纸	(份)	Per Capita Newspapers Published per Year	(copy)	21.4	21.1
人均拥有年出版图书、杂志	(册)	Per Capita Books and Magazines Published per Year	(volume)	4.0	3.8
社会保障		**Socail Security**			
参加城镇职工养老保险人数	(万人)	Persons of Urban Workers in Basic Pension Insurance	(10 000 persons)	1615.35	1720.26
参加城镇职工基本医疗保险人数	(万人)	Urban Workers in Medicine and Medical Insurance	(10 001 persons)	1246.14	1286.99

9-2 城镇居民家庭基本情况
Basic Statistics of Urban Households

项 目	Item	1995	2000	2005	2010	2011	2012	2013
平均每户家庭人口(人)	**Average Family Size (person)**	**3.06**	**2.96**	**2.88**	**2.86**	**2.90**	**2.92**	**3.08**
平均每户就业人口(人)	**Average Number of Employed Persons per Household (person)**	**1.81**	**1.50**	**1.42**	**1.51**	**1.51**	**1.49**	**1.55**
#国有单位职工人数	Number of Staff and Workers in State-owned Units	1.46	1.07	0.75	0.66	0.62	0.61	0.38
个体经营者人数	Number of Self-employed Individuals	0.03	0.19	0.17	0.14	0.15	0.16	0.31
平均每人总收入（元）	**Per Capita Total Income (yuan)**	**4005**	**5926**	**9004**	**17129**	**19688**	**22328**	**23894**
工资性收入	Wages Income	3247	4015	5842	11311	12687	14249	14976
经营净收入	Business Net Income	29	265	516	1199	1671	2018	2287
财产性收入	Property Income	131	183	211	378	523	634	784
转移性收入	Transfer Income	598	1462	2435	4241	4807	5427	5847
平均每人可支配收入(元)	**Per Capita Disposable Income (yuan)**	**4003**	**5894**	**8386**	**15461**	**17899**	**20307**	**22368**
平均每人总支出（元）	**Per Capita Total Expenditures (yuan)**	**3864**	**5714**	**9211**	**16182**	**17825**	**19496**	**20332**
平均每人消费支出(元)	**Per Capita Annual Living Expenditures for Consumption (yuan)**	**3429**	**4856**	**6891**	**12105**	**13696**	**15050**	**16343**
#食品支出	Food	1760	2014	2710	4780	5572	6074	6470
衣着支出	Clothing	459	464	641	1259	1484	1651	1728
居住支出	Residence	219	532	705	1127	1226	1284	1322
家庭设备用品及服务支出	Household Facilities, Articles and Services	295	419	423	876	1020	1098	1197
医疗保健支出	Medicine and Medical Service	105	266	443	661	735	773	1019
交通和通信支出	Transportation and Communications	134	305	828	1674	1758	1947	2186
教育文化娱乐服务支出	Recreation, Education and Cultural Services	329	627	909	1225	1369	1587	1878
其它商品和服务支出	Miscellaneous Commodities and Services	128	229	233	503	533	636	543
城镇居民恩格尔系数(%)	**Engle Coefficient of Urban Households**	**51.34**	**41.48**	**39.32**	**39.50**	**40.68**	**40.40**	**39.60**

9-3 城镇居民家庭平均每户家庭人口、就业人口和收支情况
Average Household Size, Number of Employed Persons, Income and Expenditures of Urban Households

年份 Year	户平家庭人口(人) Average Household Size (person)	户平就业人口(人) Number of Employed Persons per Household (person)	人均可支配收入(元) Per Capita Disposable Income (yuan)	人均消费性支出(元) Per Capita Living Expenditures for Consumption (yuan)	人均食品支出(元) Per Capita Expenditures for Food (yuan)
1952	5.34	1.84	130	129	77
1957	5.42	1.99	197	191	102
1962	4.80	1.88	211	207	160
1965	4.84	1.97	255	245	155
1970	4.92	1.96	260	254	158
1975	4.90	1.99	260	246	154
1978	4.56	2.05	338	314	186
1980	4.29	2.15	391	364	213
1985	3.70	2.03	695	680	350
1990	3.34	1.89	1490	1281	690
1991	3.27	1.88	1691	1488	772
1992	3.20	1.88	1989	1651	893
1993	3.15	1.82	2408	2034	1059
1994	3.07	1.77	3297	2806	1451
1995	3.06	1.81	4003	3429	1760
1996	3.05	1.80	4406	3733	1917
1997	3.09	1.85	4723	4093	2009
1998	3.07	1.79	5127	4383	1969
1999	3.04	1.75	5478	4499	1974
2000	2.96	1.50	5894	4856	2014
2001	2.97	1.48	6360	5176	2082
2002	2.94	1.45	6611	5413	2156
2003	2.91	1.43	7042	5759	2241
2004	2.90	1.44	7710	6371	2560
2005	2.88	1.42	8386	6891	2710
2006	2.89	1.49	9350	7525	2838
2007	2.85	1.54	11098	8692	3580
2008	2.90	1.47	12633	9679	4255
2009	2.86	1.48	13839	10857	4392
2010	2.86	1.51	15461	12105	4780
2011	2.90	1.51	17899	13696	5572
2012	2.92	1.49	20307	15050	6074
2013	3.08	1.55	22368	16343	6470

9-4 按收入等级分城镇居民家庭平均每人全年收入(2013年)
Per Capita Annual Income of Urban Households Grouped by Level of Income(2013)

单位：人、元 (person，yuan)

项　目	Item	总平均 Average	低收入户 Low Income Households	较低收入户 Lower Middle Income Households	中间收入户 Middle Income Households	较高收入户 Upper Middle Income Households	高收入户 High Income Households
平均每户就业人口	Average Number of Employeed Persons per Household	1.55	1.61	1.64	1.49	1.46	1.53
平均每人总收入	Per Capital Total Income	23894	10744	17241	22651	28932	48188
平均每人可支配收入	Disposable Income	22368	9796	16153	21231	27278	45220
工资性收入	Wages Income	14976	6507	10087	13556	17001	31228
#工资及补贴收入	Wage and Allowance	14551	6184	9911	13278	16731	30478
其他劳动收入	Part-time Income	425	323	176	279	270	749
经营净收入	Business Net Income	2287	1248	2171	2080	3084	5717
财产性收入	Property Income	784	192	517	608	893	2119
#利息收入	Interest	131	60	87	103	119	343
股息与红利收入	Bonus Stock Income	140	11	75	128	132	443
保险收益	Insurance Income (saving)	6	3	11	1	13	2
其他投资收入	Income from Other Investment	11	1	2	15	1	42
出租房屋收入	Rent	425	76	303	263	552	1161
转移性收入	Transfer Income	5847	2798	4466	6407	7955	9124
#养老金或离退休金	Endowment and Pensions	4440	1599	3312	5036	6371	7216
社会救济收入	Social Relief Income	76	207	50	26	38	27
保险收入(理赔性)	Insurance Income (indemnity)	5	11	4			7
赡养收入	Income of Supporting	620	404	510	641	669	1009
捐赠收入	Income of Presenting	157	103	184	135	159	224
出售财物收入	Income from Selling Property	5	5	5	2	1	15

9-5 按收入等级分城镇居民家庭平均每人全年消费支出(2013年)
Per Capita Annual Living Expenditures Grouped by Level of Income(2013)

单位：元 (yuan)

项　　目	Item	总平均 Average	低收入户 Low Income Households	较低收入户 Lower Middle Income Households	中间收入户 Middle Income Households	较高收入户 Upper Middle Income Households	高收入户 High Income Households
平均每人总支出	**Per Capita Total Expenditures**	**20332**	**10683**	**14995**	**19606**	**23961**	**38638**
平均每人全年消费支出	**Total Living Expenditures**	**16343**	**8666**	**12434**	**15762**	**19909**	**29666**
食品	Food	6470	4101	5486	6594	7662	9797
#粮食	Grain	418	345	396	408	463	516
淀粉及薯类	Starches and Tubers	49	36	41	51	65	59
干豆类及豆制品	Beans and Bean Products	52	41	44	52	66	61
油脂类	Oil and Fats	241	185	220	259	280	284
肉类	Meat, Poultry and Related Products	1269	916	1222	1334	1416	1601
禽类	Poultry	338	225	315	373	407	411
蛋类	Eggs	109	76	92	113	140	141
水产品类	Aquatic Products	178	115	158	189	223	234
蔬菜类	Vegetables	696	529	625	760	820	818
糖类	Sugar	47	30	36	46	64	68
酒类	Liquor	203	95	143	211	239	397
饮料类	Beverages	94	50	73	95	121	156
干鲜瓜果类	Dried and Fresh Melons and Fruits	381	219	297	407	476	591
糕点	Cake	83	47	61	85	109	136
奶及奶制品	Milk and Dairy Products	288	170	285	276	325	435
在外饮食	Dining Out	1418	619	990	1294	1756	2950
衣着	Clothing	1728	741	1316	1694	2105	3356
#服装	Garments	1287	534	953	1253	1587	2553
居住	Residence	1322	725	1011	1321	1556	2360
家庭设备用品及服务	Household Facilities, Articles and Services	1197	501	969	1129	1469	2306
#家庭日用耐用消费品	Durable Consumer Goods	534	185	451	498	662	1060
床上用品	Bed Articles	114	47	84	113	164	200
家庭服务	Household Services	68	15	39	42	67	217
医疗保健	Medicine and Medical Services	1019	652	766	1091	1271	1532
交通和通信	Transportation and Communications	2186	867	1151	1715	3096	5098
#交通	Transportation	1438	4890	522	1050	2159	3774
通信	Communication	748	388	629	666	937	1324
教育文化娱乐服务	Recreation, Education and Cultural Services	1878	910	1407	1630	2138	3959
#教育	Education	895	674	835	835	914	1356
家庭文娱耐用消费品	Durable Consumer Goods for Recreational Use	349	112	260	339	442	724
文化娱乐服务	Recreation	627	121	310	450	782	1852
其它商品和服务	Miscellaneous Commodities	543	166	329	588	613	1259

9-6 各市(州)城镇居民平均每人可支配收入和消费性支出
Per Capita Annual Disposable Income and Living Expenditures of Urban Household by Region

单位：元 (yuan)

市(州)	Region	人均可支配收入 Per Capita Disposable Income		人均消费性支出 Per Capita Expenditures for Consumption		#食品支出 Food	
		2012	2013	2012	2013	2012	2013
全　省	**Sichuan**	**20307**	**22368**	**15050**	**16343**	**6074**	**6470**
成都市	Chengdu	27194	29968	18814	20243	6873	7394
自贡市	Zigong	19447	21489	13648	15115	5605	6310
攀枝花市	Panzhihua	22808	24906	15286	16553	6500	6755
泸州市	Luzhou	20746	22821	15028	16757	6062	6638
德阳市	Deyang	22374	24701	16028	17506	6555	7070
绵阳市	Mianyang	20755	23100	15717	16714	6150	6452
广元市	Guangyuan	17012	18713	11911	13141	4839	5359
遂宁市	Suining	18716	20737	14883	16660	6575	7055
内江市	Neijiang	19142	21114	13402	15502	5609	6293
乐山市	Leshan	20397	22661	13921	14881	5866	6232
南充市	Nanchong	17225	19206	11816	12964	5455	5887
眉山市	Meishan	19766	21901	13427	14830	5329	5855
宜宾市	Yibin	20522	22718	14848	16180	6048	6625
广安市	Guangan	19973	22210	12144	13678	5449	6033
达州市	Dazhou	16949	18915	12510	13634	5645	6301
雅安市	Yaan	20049	22254	12850	14162	5128	5592
巴中市	Bazhong	16999	18937	12893	14215	5354	5785
资阳市	Ziyang	20751	22867	15193	16524	6032	6516
阿坝藏族羌族自治州	Aba	21168	23115	13433	14163	5477	5953
甘孜藏族自治州	Ganzi	19560	21418	13373	14917	5822	6388
凉山彝族自治州	Liangshan	19835	21699	13925	15261	6024	6627

9-7 城镇居民家庭生活设施情况(2013年)
Living Facilities of Urban Residents(2013)

项　目	Item	总平均 Average	低收入户 Low Income Households	较低收入户 Lower Middle Income Households	中间收入户 Middle Income Households	较高收入户 Upper Middle Income Households	高收入户 High Income Households
饮水情况	**Drinking Water**						
自来水 (%)	Tap Water (%)	92.5	90.1	90.8	92.9	94.0	94.6
纯净水 (%)	Purity Water (%)	3.2	3.7	5.5	3.3	1.9	1.6
用水情况	**Water for Use**						
独用自来水 (%)	Independent Tap Water (%)	96.8	94.6	94.5	97.0	99.1	98.6
公用自来水 (%)	Public Tap Water (%)	0.5	1.1	0.8	0.3		0.2
其他 (%)	Others (%)	2.6	4.1	4.6	2.8	0.9	0.7
卫生设备	**Sanitary Equipment**						
无卫生设备 (%)	Without Sanitary Equipment (%)	1.7	4.6	1.4	0.6	1.4	0.5
有厕所浴室 (%)	With Washroom and Bathroom (%)	91.3	81.3	92.7	94.3	94.7	93.3
有厕所无浴室 (%)	With Washroom but without Bathroom (%)	4.4	11.3	3.8	2.8	1.2	3.0
公用 (%)	Communal (%)	2.5	2.6	2.2	2.3	2.7	2.7
取暖设备	**Heating Facilities**						
无取暖设备 (%)	Without Heating Facilities (%)	42.5	55.7	42.7	41.1	39.6	33.6
空调设备 (%)	Air Conditioner (%)	57.3	44.0	57.3	58.9	60.4	65.8
其他 (%)	Others (%)	0.2	0.3				0.6
炊用燃料使用情况	**Fuel for Cooking**						
管道天燃气 (%)	Duct Coal Gas (%)	73.9	63.0	73.3	74.3	80.1	79.0
液化石油气 (%)	Liquefied Petroleum Gas (%)	8.0	10.5	11.1	7.6	4.7	6.3
煤 (%)	Coal (%)	1.6	3.8	1.5	1.3	1.3	0.1
其他 (%)	Others (%)	16.5	22.7	14.2	16.9	13.9	14.7
信息化调查	**Information Survey**						
接入互联网的移动电话 (%)	Mobile Phone Access to the Internet (%)	64.4	52.2	68.0	57.8	64.2	79.8
接入有线电视网络的电视机 (%)	Television Access to the Cable TV Network (%)	89.8	76.9	89.7	88.5	94.6	99.2
接入互联网的计算机 (%)	Computer Access to Internet (%)	44.1	26.6	39.0	43.8	47.4	63.4

9-8 城镇居民家庭住房情况(2013年)
Housing Conditions of Urban Residents(2013)

项　目		Item		总平均 Average	低收入户 Low Income Households	较低收入户 Lower Middle Income Households	中间收入户 Middle Income Households	较高收入户 Upper Middle Income Households	高收入户 High Income Households
人均现住房建筑面积	**(平方米)**	**Per Capita Floor Space of Buildings**	**(sq.m)**	36.61	31.58	33.31	32.41	39.08	50.95
按房屋产权划分		**Grouped by Property Right**							
租赁公房	(%)	Public Dwelling House Leased	(%)	2.48	3.13	3.60	1.86	1.56	2.26
租赁私房	(%)	Private Dwelling House Leased	(%)	9.65	10.33	8.64	8.58	9.78	10.94
原有私房	(%)	Inherent Private Dwelling House	(%)	25.48	40.47	31.92	23.15	17.09	14.84
房改私房	(%)	Private Dwelling House of Reform	(%)	16.66	10.83	13.69	21.15	18.76	18.81
商品房	(%)	Commercial Dwelling House	(%)	43.44	32.06	39.58	43.92	50.84	50.74
其他	(%)	Others	(%)	2.13	2.93	2.56	1.33	1.97	1.87
按住宅建筑式样划分		**Grouped by House Pattern**							
单栋住宅	(%)	Independent Dwelling House	(%)	13.09	18.52	16.05	11.36	10.10	9.42
四居室	(%)	With 4 Living Rooms	(%)	3.76	2.01	4.11	2.04	3.85	6.79
三居室	(%)	With 3 Living Rooms	(%)	40.25	28.15	38.85	39.84	46.05	48.35
二居室	(%)	With 2 Living Rooms	(%)	30.59	29.76	27.22	37.40	32.48	26.08
一居室	(%)	With 1 Living Room	(%)	3.27	4.76	3.19	2.90	1.92	3.58
普通楼房	(%)	Ordinary Storied Building	(%)	2.84	4.74	3.14	2.07	1.84	2.58
平房及其他	(%)	Bungalow and Others	(%)	6.01	11.82	7.44	4.39	3.80	2.64

9-9 城镇居民家庭平均每百户年末耐用消费品拥有量
Number of Major Durable Consumer Goods Owned per 100 Urban Households (year-end)

项　　目	Item	2000	2005	2010	2011	2012	2013
摩托车　(辆)	Motorcycle (unit)		1.94	9.78	9.58	9.56	14.96
洗衣机　(台)	Washing Machine (unit)	91.31	97.88	96.09	98.13	98.44	94.89
电冰箱　(台)	Refrigerator (unit)	80.72	92.85	95.36	97.49	98.20	93.30
彩色电视机　(台)	Color Television Set (set)	118.61	138.87	137.97	135.19	137.93	122.01
助力车　(辆)	Hand Car (unit)		5.71	13.56	12.09	13.91	19.20
组合音响　(套)	Hi-Fi Stereo Component System (set)	24.86	30.05	26.03	22.70	21.58	9.48
家用电脑　(台)	Private Computer (set)	7.69	32.26	61.35	68.86	74.25	67.83
照相机　(架)	Camera (set)	39.01	40.20	33.05	34.58	35.77	28.06
摄像机　(架)	Vidicon (set)	0.84	2.74	5.82	7.10	6.64	7.07
空调器　(台)	Air Conditioner (unit)	17.74	77.14	101.47	112.59	120.93	100.58
微波炉　(台)	Microwave Oven (unit)	14.67	42.72	54.50	55.69	56.12	44.56
淋浴热水器　(台)	Shower (unit)	67.21	88.15	88.66	93.20	95.66	88.27
中高档乐器　(件)	Medium and High GradeMusical Instrument (unit)		4.66	3.95	2.64	2.75	2.31
钢琴　(架)	Piano (set)		2.17	1.84	1.40	1.56	1.00
消毒碗柜　(台)	Disinfection Cupboard (unit)		9.64	13.99	13.63	13.06	9.20
洗碗机　(台)	Dishwasher (unit)		0.13	0.91	0.46	0.33	0.93
健身器材　(套)	Health Equipment (unit)		3.64	2.88	2.82	2.39	2.85
家用汽车　(辆)	Automobile (unit)	0.47	2.37	8.60	12.25	14.33	17.50
固定电话　(部)	Local Telephone (unit)	72.96	89.96	73.92	68.09	67.75	46.30
移动电话　(部)	Mobile Telephone (unit)	17.10	127.91	191.82	203.29	210.23	210.97

9-10 农村居民家庭基本情况
Basic Statistics of Rural Households

项　　目		Item		2010	2011	2012	2013
平均每户常住人口	(人)	Average Number of Permanent Residents per Household	(person)	3.86	3.88	3.86	4.20
平均每户整、半劳力	(人)	Average Number of Ablebodied and Semi-ablebodied Laborers per Household	(person)	2.87	2.79	2.78	2.82
平均每个劳动力负担人口(含本人)	(人)	Average Number of Persons Supported by a Laborer (including the laborer himself or herself)	(person)	1.34	1.39	1.39	1.49
全年人均总收入	(元)	**Average Annual Revenue**	(yuan)	**7031.01**	**8656.51**	**9497.86**	**10374.24**
工资性收入	(元)	Wages Income	(yuan)	2258.44	2652.46	3088.86	3542.78
家庭经营收入	(元)	Househol Business Income	(yuan)	4081.66	5126.61	5322.87	5542.56
转移性收入	(元)	Transfer Income	(yuan)	544.46	737.06	919.57	1086.63
财产性收入	(元)	Property Income	(yuan)	146.46	140.38	166.55	202.26
全年人均纯收入	(元)	**Average Annual Net Income**	(yuan)	**5086.89**	**6128.55**	**7001.43**	**7895.33**
工资性收入	(元)	Wages Income	(yuan)	2248.18	2652.46	3088.86	3542.78
家庭经营收入	(元)	Househol Business Income	(yuan)	2263.34	2761.69	3004.92	3321.21
转移性收入	(元)	Transfer Income	(yuan)	431.36	574.02	741.09	829.08
财产性收入	(元)	Property Income	(yuan)	144.01	140.38	166.55	202.26
全年人均总支出	(元)	**Average Annual Expenditure**	(yuan)	**6162.97**	**7641.80**	**8366.06**	**9009.68**
家庭经营费用支出	(元)	Expenditure for Household Business	(yuan)	1651.60	2109.63	2059.35	2007.72
购置生产性固定资产支出	(元)	Expenditure on Purchasing Productive Fixed Assets	(yuan)	114.89	133.90	157.24	153.84
生活消费支出	(元)	Expenditure for Consumption	(yuan)	3897.53	4675.47	5366.71	6126.80
食品	(元)	Food	(yuan)	1881.18	2161.65	2514.16	2664.99
衣着	(元)	Clothing	(yuan)	226.62	281.87	338.52	407.30
居住	(元)	Residence	(yuan)	625.28	727.39	787.41	946.80
家庭设备、用品及服务	(元)	Household Facilities,Articles and Services	(yuan)	239.48	300.95	333.20	416.60
医疗保健	(元)	Medicine and Medical Services	(yuan)	276.06	413.12	498.29	557.40
交通和通讯	(元)	Transportation and Communications	(yuan)	360.70	431.14	463.94	642.00
文教娱乐用品及服务	(元)	Cultural, Educational and Recreational Articles and Services	(yuan)	218.62	276.64	329.29	357.01
其他商品和服务	(元)	Other Commodities and Services	(yuan)	69.59	82.71	101.90	134.54
恩格尔系数	(%)	Engel's Coefficient	(%)	48.27	46.24	46.85	43.50
平均每户年末生产性固定资产原值	(元)	Original Value of Productive Fixed Assets per Household	(yuan)	7508.30	13463.50	13759.20	13442.63
平均每人经营耕地面积	(亩)	Per Capita Area of Cultivated Land under Management	(mu)	1.08	1.15	1.14	0.97
平均每人经营山地面积	(亩)	Per Capita Hilly Area under Management	(mu)	0.26	0.46	0.44	0.44
平均每人经营水面面积	(亩)	Per Capita Water Area under Management	(mu)		0.02	0.02	0.02
平均每人年内新建房屋面积	(平方米)	Per Capita Floor Space Newly Built in the Year	(sq.m)	0.93	0.89	0.70	0.65
平均每人年末使用房屋面积	(平方米)	Per Capita Floor Space Used (year-end)	(sq.m)	36.97	38.71	39.22	34.79
年末平均每平方米使用房屋价值	(元)	Value of Floor Space Used per Square Meter (year-end)	(yuan)	278.16	489.89	507.19	766.81

9-11 农村居民家庭人均主要指标
Main Per Capita Indicator of Rural Households

单位：元　　(yuan)

年份 Year	总收入 Total Revenue	纯收入 Net Income	现金收入 Cash Income	总支出 Total Expenditure	#生活消费支出 Expenditure for Consumption	#生产费用支出 Expenditure for Production	现金支出 Cash Expenditure
1962	138.50	120.60	56.50	130.20	109.00	17.40	58.10
1965	121.67	105.77	54.30	116.45	95.65	15.20	55.51
1978	154.10	127.10	65.36	149.25	120.30	26.50	65.36
1980	224.30	187.90	103.08	202.44	159.50	35.65	100.57
1985	460.24	315.07	274.89	421.51	276.25	125.06	258.02
1986	499.76	337.94	309.77	475.03	310.92	141.04	300.42
1987	552.99	369.46	360.25	535.75	348.32	159.96	351.24
1988	680.75	448.85	455.39	661.94	426.47	204.41	441.23
1989	760.90	494.07	516.28	748.28	473.59	233.13	517.17
1990	846.69	557.76	520.54	801.75	509.16	248.36	502.30
1991	915.75	590.21	584.46	884.06	552.39	281.58	574.90
1992	974.98	634.31	626.06	921.33	569.46	298.93	613.45
1993	1094.32	698.27	693.17	1049.79	647.43	328.82	665.76
1994	1518.65	946.33	931.91	1496.27	904.28	482.24	869.99
1995	1864.92	1158.29	1129.08	1796.40	1061.15	599.75	1111.88
1996	2322.15	1453.42	1371.29	2244.48	1349.88	733.98	1383.27
1997	2636.08	1680.69	1654.53	2381.13	1440.48	794.53	1568.64
1998	2738.39	1789.17	1731.76	2382.31	1440.77	783.67	1610.03
1999	2696.94	1843.47	1733.91	2258.34	1426.06	688.59	1565.06
2000	2829.78	1903.60	1831.77	2436.74	1489.55	708.83	1709.35
2001	2946.30	1986.99	1983.26	2494.07	1497.52	760.10	1762.92
2002	3107.49	2107.66	2111.20	2653.33	1591.35	811.54	1910.47
2003	3255.78	2229.86	2327.84	2828.43	1747.02	860.29	1985.92
2004	3805.02	2580.28	2733.91	3299.11	2010.88	1073.85	2324.22
2005	4158.19	2802.78	3086.53	3742.75	2274.17	1255.73	2746.53
2006	4342.82	3002.38	3367.02	3882.55	2395.04	1244.73	2941.58
2007	5096.98	3546.69	3939.84	4498.90	2747.27	1455.74	3462.61
2008	5903.28	4121.21	4534.18	5154.82	3127.94	1686.48	4098.94
2009	6238.49	4462.05	4978.59	6330.46	4141.40	1741.25	5217.92
2010	7031.01	5086.89	5684.41	6162.97	3897.53	1774.15	5003.39
2011	8656.51	6128.55	7248.74	7641.80	4675.47	2243.53	6574.72
2012	9497.86	7001.43	8090.60	8366.06	5366.71	2216.59	7174.29
2013	10374.24	7895.30	8835.20	9009.68	6126.80	2007.72	7716.39

9-12 农村居民家庭人均现金收、支、存情况
Per Capita Annual Cash Income and Expenditure, Savings Deposit of Rural Households

单位:元 (yuan)

项目	Item	2005	2009	2010	2011	2012	2013
期内现金收入(不含储蓄借贷，下同)	**Cash Income during the Term (without Saving and Credit)**	**3086.53**	**4978.59**	**5684.41**	**7248.74**	**8090.60**	**8835.20**
工资性收入	Wages Income	954.39	1814.68	2257.43	2649.36	3088.13	3530.55
家庭经营收入	Household Business Income	1901.94	2518.69	2745.63	3733.75	3930.10	4028.39
财产性收入	Property Income	40.80	92.02	142.84	136.87	157.72	202.26
转移性收入	Transfer Income	189.41	553.20	538.52	728.76	914.66	1074.00
期内现金支出(不含储蓄借贷，下同)	**Cash Expenditure during the Term (without Saving and Credit)**	**225.16**	**5217.92**	**5003.39**	**6574.72**	**7174.29**	**7716.40**
生产费用支出	Expenditure on Production	913.29	1388.31	1392.22	1930.69	1904.85	1774.27
家庭经营费用支出	Expenditure on Household Business	845.07	1202.13	1269.68	1796.80	1747.61	1616.85
购置生产性固定资产支出	Expenditure on Perchasing Productive Fixed Assets	67.53	186.18	124.73	133.90	157.24	153.83
生活消费支出	Living Expenditure	1623.02	3384.59	3121.72	3924.27	4487.93	5394.38
食品	Food	623.61	997.88	1122.70	1424.49	1653.61	1817.78
衣着	Clothing	116.01	196.95	226.62	281.87	338.52	466.76
居住	Residence	208.05	1126.01	608.42	713.44	769.18	936.91
家庭设备、用品及服务	Household Facilities, Articles and Services	98.25	218.34	239.02	300.87	333.20	445.49
医疗保健	Medicines and Medical Services	144.45	258.13	276.06	413.12	498.29	556.00
交通和通讯	Transportation and Communications	171.50	324.05	360.70	431.34	463.94	681.80
文教娱乐用品及服务	Cultural, Educational and Recreational Articles and Services	225.16	206.67	218.62	276.64	329.29	356.82
其他商品和服务	Other Commodities and Services	35.99	56.55	69.59	82.71	101.90	132.83

9-13 按收入五等份分农村居民家庭平均每人全年收入和支出情况(2013年)
Per Capita Annual Income and Expenditure of Rural Households Grouped by Income Quintile (2013)

单位：元 (yuan)

项 目	Item	总平均 Average	低收入户 Low Income Households	中低收入户 Lower Middle Income Households	中等收入户 Middle Income Households	中高收入户 Upper Middle Income Households	高收入户 High Income Households
平均每人全年总收入	**Total Annual Revenue**	**10374**	**4980**	**7419**	**9444**	**12516**	**20792**
平均每人全年纯收入	**Per Capita Net Income**	**7895**	**3079**	**5498**	**7388**	**9838**	**16413**
工资性收入	Wages Income	3543	1523	2610	3595	4619	6370
家庭经营纯收入	Househol Business Income	3321	1077	2221	2949	4098	7590
农业纯收入	Agriculture Income	1747	1047	2012	2518	3092	4916
非农业纯收入	Non-agriculture Income	758	30	209	432	1005	2674
财产性纯收入	Property Income	202	74	82	94	159	739
转移性纯收入	Transfer Income	829	404	585	750	962	1714
平均每人现金收入	**Cash Income**	**8835**	**3883**	**5913**	**7808**	**10708**	**19018**
工资性现金收入	Wages Income	3531	1519	2600	3588	4605	6339
家庭经营现金收入	Household Business Income	4028	1677	2357	3099	4728	10042
财产性现金收入	Property Income	202	74	82	94	159	739
转移性现金收入	Transfer Income	1074	613	873	1027	1216	1898
平均每人全年总支出	**Total Annual Expenditure**	**9010**	**6551**	**6843**	**7860**	**10477**	**15251**
家庭经营费用支出	Expenditure for Household Business	2008	1496	1484	1611	2186	3756
生活消费支出	Expenditure for Consumption	6127	4287	5003	5795	7453	10102
平均每人现金支出	**Expenditure in Cash**	**7716**	**5490**	**5587**	**6524**	**9003**	**13841**
生产费用现金支出	Expenditure for Production	1774	1353	1174	1246	1969	3652
生活消费现金支出	Expenditure for Consumption	5407	3570	4123	4884	6416	9273

9-14 各市(州)农村居民家庭人均纯收入及生活消费支出
Per Capita Net Income and Living Expenditure of Rural Households by Region

单位：元 (yuan)

市(州)	Region	农村居民人均纯收入 Per Capita Net Income of Rural Households		农村居民人均生活消费支出 Per Capita Living Expenditure of Rural Households		#食品支出 Food	
		2012	2013	2012	2013	2012	2013
全 省	**Sichuan**	**7001.4**	**7895.3**	**5366.7**	**6126.8**	**2514.2**	**2665.0**
成都市	Chengdu	11300.6	12985.0	7989.7	8457.0	3284.0	3441.4
自贡市	Zigong	7954.8	8960.6	5664.1	6172.1	2725.1	2922.7
攀枝花市	Panzhihua	8727.5	9838.2	7114.0	8481.0	3396.8	3941.4
泸州市	Luzhou	7462.6	8455.1	5445.2	6049.8	2667.0	3005.3
德阳市	Deyang	8953.3	10094.0	5791.8	6317.7	2870.8	3080.0
绵阳市	Mianyang	8212.8	9257.0	5771.7	6162.3	2510.8	2660.6
广元市	Guangyuan	5649.4	6442.4	4405.7	4781.6	2082.0	2185.4
遂宁市	Suining	7488.2	8495.9	4358.0	4638.1	2091.9	2241.4
内江市	Neijiang	7602.2	8584.4	5112.2	5426.6	2490.3	2716.6
乐山市	Leshan	7745.6	8737.0	4916.5	5349.5	2273.5	2426.6
南充市	Nanchong	6726.2	7650.3	4399.8	4579.9	2383.3	2376.0
眉山市	Meishan	8236.0	9332.5	4935.7	5615.0	2236.7	2659.2
宜宾市	Yibin	7771.2	8806.0	5403.6	5532.8	2860.0	2711.6
广安市	Guangan	7473.5	8491.8	4416.5	4752.1	2428.8	2488.6
达州市	Dazhou	7047.3	8001.2	4693.1	5039.3	2421.5	2570.0
雅安市	Yaan	7186.7	8093.0	5706.8	6650.0	2636.6	2469.8
巴中市	Bazhong	5387.0	6137.4	4933.7	5576.3	2397.6	2705.7
资阳市	Ziyang	7708.2	8756.0	4492.6	5226.0	2390.8	2444.1
阿坝藏族羌族自治州	Aba	5770.4	6793.1	3613.9	4058.3	1949.3	2170.7
甘孜藏族自治州	Ganzi	4610.2	5435.4	3267.3	3852.5	2013.5	2325.8
凉山彝族自治州	Liangshan	6418.9	7359.1	4145.5	4311.1	2258.5	2425.5

9-15 农村居民家庭消费品消费量、耐用消费品拥有量和生产性固定资产原值

Consumption of Major Consumer Goods, Durable Consumer Goods Owned and Original Value of Productive Fixed Assets in Rural Households

项目		Item		2009	2010	2011	2012	2013
人均主要消费品消费量		**Per Capita Consumption of Major Consumer Goods**						
粮食(原粮)	(公斤)	Grain (Unprocessed)	(kg)	194.12	178.21	168.40	161.89	154.30
蔬菜	(公斤)	Fresh Vegetables	(kg)	121.85	122.76	114.30	116.40	101.60
食油	(公斤)	Edible Oil	(kg)	3.87	4.05	6.27	6.94	9.60
肉类	(公斤)	Pork, Beef and Mutton	(kg)	34.07	34.62	34.58	33.88	36.81
#猪肉	(公斤)	Pork	(kg)	26.54	27.50	25.94	25.72	27.81
家禽	(公斤)	Poultry	(kg)	5.54	5.18	5.94	5.88	6.92
蛋及制品	(公斤)	Eggs and Related Products	(kg)	4.55	4.20	4.69	4.87	5.63
水产品	(公斤)	Aquatic Products	(kg)	2.68	2.62	2.57	2.55	3.01
食糖	(公斤)	Sugar	(kg)	1.16	1.16	1.14	1.17	1.12
酒	(公斤)	Liquor	(kg)	9.24	9.24	9.38	9.51	9.44
#白酒	(公斤)	Distilled Spirit	(kg)	4.25	4.12	4.10	4.32	3.90
每百户年末耐用消费品拥有量		**Durable Consumer Goods Owned per 100 Households(year-end)**						
自行车	(辆)	Bicycle	(unit)	40.85	40.15	26.18	30.87	16.45
洗衣机	(台)	Washing Machine	(set)	61.25	65.75	69.58	73.32	78.08
家用电冰箱	(台)	Refrigerator	(set)	40.45	49.38	65.80	69.46	72.50
摩托车	(辆)	Motorcycle	(unit)	36.53	37.88	44.23	46.31	45.17
彩色电视机	(台)	Color TV Set	(set)	101.78	102.95	105.13	108.05	109.61
移动电话	(部)	Mobile Telephone	(unit)	118.18	128.93	168.75	177.51	199.17
电话机	(部)	Telephone	(set)	59.23	59.18	33.35	30.87	23.14
平均每户生产性固定资产原值		**Original Value of Productive Fixed Assets per Household**						
合计	(元)	Total	(yuan)	7022.83	7508.30	13463.50	13759.20	13442.63
农业	(元)	Agriculture	(yuan)	5617.55	5852.41	9832.90	10218.22	8130.03
工业	(元)	Industry	(yuan)	55.43	50.98	266.50	307.13	709.85
建筑业	(元)	Construction	(yuan)	34.00	60.55	101.70	105.15	270.72
交通运输业	(元)	Transport	(yuan)	857.32	1089.13	1634.30	1411.96	1958.53
批发和零售贸易餐饮业	(元)	Wholesale and Retail Trade & Catering Service	(yuan)	299.45	190.23	1271.60	1265.60	1117.64
社会服务业	(元)	Social Services	(yuan)	65.62	58.00	183.50	312.80	791.87
其他	(元)	Other	(yuan)	64.60	74.86	101.10	32.18	136.12

9-16 社会保险主要指标
Major Social Insurance Indicators

单位：万人，亿元 (10 000 persons, 100 million yuan)

指　标	Item	2010	2011	2012	2013
参加城镇职工养老保险人数	Persons of Urban Workers in Basic Pension Insurance	1300.86	1494.24	1615.35	1720.26
#参加养老保险职工人数	Staff and Workers in Basic Pension Insurance	861.90	998.81	1073.68	1124.07
#参加企业保险人数	Persons in Enterprise Insurance	761.04	897.51	971.80	1020.71
#参加养老保险离退休人数	Retired and Resigned Persons in Basic Pension Insurance	438.96	495.44	541.67	596.19
#参加企业保险人数	Persons in Enterprise Insurance	406.55	462.54	508.30	561.88
纳入社区管理的人数	Community Management	387.11	446.99	507.08	560.75
企业退休人员社区管理服务率(%)	Rate of Enterprise Retirees in Socialized Management	95.5	96.9	97.4	96.2
养老保险费征缴收入总额	Total Reventure Of Pension Insurance	670.89	870.29	901.44	1101.41
参加失业保险职工人数	Staff and Workers in Unemployment Insurance	469.81	544.58	585.50	613.45
城镇失业人员领取失业保险金人数	Number Of Persons Drawing Unemployment Insurance	18.18	17.20	21.58	24.60
失业保险费征缴收入总额	Total Reventure Of Unemployment Insurance	39.98	59.24	68.20	77.71
参加城镇职工基本医疗保险人数	Urban Workers in Medicine and Medical Insurance	1051.94	1175.49	1246.14	1286.99
#退休人员	Retired and Resigned Persons	348.31	366.05	381.78	394.46
参加补充医疗保险人数	Persons in Supplementary Medical Insurance	1148.11	1081.84	1164.31	1136.62
列入公务员医疗补助范围人数	Persons in Civil Servant Medical Benefits Coverage	123.06	127.31	138.50	141.91
城镇职工基本医疗保险费征缴收入总额	Total Reventurre Of Medical Insurance	182.46	223.35	258.83	305.72
参加城镇居民医疗保险人数	Urban Workers in Medicine and Medical Insurance	1011.16	1079.28	1142.95	1203.96
参加工伤保险人数	Persons in Work Injury Insurance	583.80	650.76	689.40	690.13
享受工伤保险待遇人数	Persons Enjoyed Work Injury Insurance Treatment	5.98	6.54	8.00	8.34
工伤保险费征缴收入总额	Total Reventurre Of Work Injury Insurance	12.05	16.58	21.18	25.44
参加生育保险职工人数	Staff and Workers in Maternity Insurance	484.23	601.70	654.35	689.05
享受生育保险待遇人(次)数	Persons(times) Enjoyed Maternity Insurance Treatment	7.51	7.29	12.49	18.03
生育保险费征缴收入总额	Total Reventurre Of Matenity Insurance	4.90	8.51	11.09	13.38

注：社会保险和离退休资料由四川省人力资源和社会保障厅提供。
a)Data of provincial social insurance and retirement are provided by Si Chuan Human Resources and Social Security Department.

9-17 各类社会保险参保人数
Number of Contributors to Social Insurance

(年末数)单位：万人　　(year-end)(10 000 persons)

年份 Year	职工养老保险(未包括离退休人员) Basic Pension Insurance (excluding Retired and Resigned Persons)	职工失业保险 Unemployment Insurance	城镇基本医疗保险 Medical Insurance of Urban Workers (including Retirees)	#城镇居民医疗保险 Medical Insuranc of Urban Households	职工工伤保险 Work Injury Insurance	职工生育保险 Maternity Insurance
1995	294.5	365.0			196.5	99.8
2000	508.5	470.2			201.1	188.2
2001	509.4	412.2	437.6		179.3	178.1
2002	528.9	402.9	480.6		167.4	166.4
2003	514.1	367.2	531.2		161.4	165.1
2004	532.8	398.6	587.6		195.6	187.4
2005	556.0	358.3	649.6		285.3	215.7
2006	597.8	400.0	775.9	1.8	304.9	274.1
2007	648.0	415.2	1078.7	205.0	397.4	323.3
2008	711.1	434.5	1481.4	520.4	464.6	373.0
2009	782.7	466.3	1993.2	954.2	515.8	426.4
2010	861.9	469.8	2063.1	1011.2	583.8	484.2
2011	998.8	544.6	2254.8	1079.3	650.8	601.7
2012	1073.7	585.5	2389.1	1143.0	689.4	654.4
2013	1124.1	613.5	2491.0	1204.0	690.1	689.1

9-18 各类社会保险基金征缴情况
Collection of Social Insurance Funds

单位：亿元，%　　(100 million yuan, %)

年份 Year	城镇职工基本养老保险 Basic Pension Insurance in Urban Area		失业保险 Unemployment Insurance		城镇职工基本医疗保险 Medical Insurance of Urban Workers		工伤保险 Work Injury Insurance		生育保险 Maternity Insurance	
	保险费收入 Revenue of Insurance	征缴率 Rate of Collection	保险费收入 Revenue of Insurance	征缴率 Rate of Collection	保险费收入 Revenue of Insurance	征缴率 Rate of Collection	保险费收入 Revenue of Insurance	征缴率 Rate of Collection	保险费收入 Revenue of Insurance	征缴率 Rate of Collection
1995	27.3	85.3	1.1					96.2		97.2
2000	61.5	92.8	5.5	98.0			1.8	56.7	1.0	66.7
2001	65.8	94.0	6.3	92.6	16.0	94.7	1.0	80.4	0.7	87.2
2002	78.2	94.9	7.0	93.3	24.9	95.8	1.1	80.5	0.8	85.1
2003	95.3	94.7	7.9	93.5	30.8	96.9	1.3	85.5	0.9	90.5
2004	150.5	94.9	8.7	92.7	38.5	96.4	2.3	87.5	1.1	93.4
2005	189.9	96.8	11.0	93.4	49.0	98.4	4.1	93.1	1.5	94.2
2006	235.8	97.2	13.1	90.1	71.9	99.0	5.4	96.4	2.0	95.5
2007	315.8	98.0	17.5	94.5	90.5	99.1	6.7	96.5	3.4	96.8
2008	426.6	97.8	21.4	95.0	115.9	98.1	7.9	92.5	4.3	95.4
2009	606.2	96.0	24.7	-	127.3	98.4	9.3	95.7	4.2	97.4
2010	670.9	97.9	40.0	-	182.5	97.4	12.1	96.2	4.9	97.8
2011	870.3	98.0	59.2	-	223.4	98.6	16.6	96.0	8.5	97.0
2012	901.4	98.0	68.2	-	258.8	98.8	21.2	95.8	11.1	97.0
2013	1101.4	98.2	77.7	-	305.7	99.2	25.4	97.2	13.4	98.8

注：养老保险参保人数，2003年及以前年份未包括机关事业单位数据。

a) The contributors of basic pension insurance excludes contributors of government angencies and institutions in 2003 and before.

9-19 各市(州)社会保险参保人数(2013年)
Contributors of Social Insurance by Region(2013)

(年末数)单位：万人 (year-end)(10 000 persons)

市(州)	Region	城镇职工基本养老保险 Basic Pension Insurance in Urban Area	职工失业保险 Unemployment Insurance	城镇基本医疗保险 Medical Insurance of Urban Workers	职工工伤保险 Work Injury Insurance	职工生育保险 Maternity Insurance
全 省	**Sichuan**	**1720.26**	**613.45**	**2490.95**	**690.13**	**689.05**
成都市	Chengdu	514.45	299.85	822.10	303.30	411.37
自贡市	Zigong	63.74	12.53	84.53	16.70	12.69
攀枝花市	Panzhihua	41.57	21.59	68.78	21.70	23.24
泸州市	Luzhou	67.26	19.58	97.76	19.92	15.24
德阳市	Deyang	96.49	32.00	120.30	34.78	36.20
绵阳市	Mianyang	95.57	23.73	137.61	37.33	31.86
广元市	Guangyuan	43.59	14.20	69.49	16.70	9.79
遂宁市	Suining	56.24	8.61	74.19	10.69	7.62
内江市	Neijiang	64.77	12.50	86.99	17.91	15.85
乐山市	Leshan	92.77	19.33	109.35	31.10	20.56
南充市	Nanchong	86.20	17.10	167.14	17.37	6.91
眉山市	Meishan	49.15	9.15	68.15	15.52	14.12
宜宾市	Yibin	66.80	23.03	94.77	28.39	24.71
广安市	Guangan	46.46	13.56	78.55	9.28	4.97
达州市	Dazhou	76.67	15.88	104.46	21.95	12.31
雅安市	Yaan	27.88	6.37	37.29	8.44	5.11
巴中市	Bazhong	31.66	6.95	52.41	10.14	10.53
资阳市	Ziyang	63.43	9.37	88.16	16.54	12.09
阿坝藏族羌族自治州	Aba	9.12	5.30	21.56	7.40	2.64
甘孜藏族自治州	Ganzi	7.06	4.62	19.21	4.39	1.73
凉山彝族自治州	Liangshan	25.23	12.04	55.99	14.76	9.50

9-20 各市(州)社会保险基金征缴情况(2013年)
Collection of Social Insurance Funds by Region(2013)

单位：亿元 (100 million yuan)

市(州)	Region	城镇职工养老保险 Basic Pension Insurance in Urban Area		失业保险 Unemployment Insurance	城镇职工基本医疗保险 Medical Insurance of Urban Workers		工伤保险 Work Injury Insurance		生育保险 Maternity Insurance	
		保险费收入 Revenue of Insurance	征缴率(%) Rate of Collection	保险费收入 Revenue of Insurance	保险费收入 Revenue of Insurance	征缴率(%) Rate of Collection	保险费收入 Revenue of Insurance	征缴率(%) Rate of Collection	保险费收入 Revenue of Insurance	征缴率(%) Rate of Collection
全　省	**Sichuan**	**1101.41**	**98.2**	**77.71**	**305.72**	**99.2**	**25.44**	**97.2**	**13.38**	**98.8**
成都市	Chengdu	362.32	98.9	36.24	130.95	99.1	8.21	98.7	8.26	99.4
自贡市	Zigong	22.92	95.1	1.55	7.92	100.0	0.59	85.4	0.25	95.6
攀枝花市	Panzhihua	23.36	96.2	2.68	9.74	94.5	1.27	91.5	0.39	98.6
泸州市	Luzhou	49.50	99.3	3.35	10.98	100.0	0.82	100.0	0.30	99.9
德阳市	Deyang	58.41	94.9	3.19	14.52	100.0	1.25	94.7	0.62	95.3
绵阳市	Mianyang	54.27	93.9	1.79	16.41	99.3	1.14	99.9	0.67	99.5
广元市	Guangyuan	17.16	97.6	1.79	6.91	100.0	0.69	100.0	0.11	100.0
遂宁市	Suining	39.63	99.6	0.58	4.66	99.3	0.28	99.2	0.13	95.0
内江市	Neijiang	25.79	99.7	2.57	8.51	99.6	0.93	96.8	0.16	92.5
乐山市	Leshan	34.16	95.7	1.55	9.90	100.0	2.03	98.3	0.40	98.5
南充市	Nanchong	30.98	100.0	1.49	9.02	99.8	0.47	97.7	0.13	100.0
眉山市	Meishan	27.80	100.0	0.76	5.77	100.0	0.65	100.0	0.23	100.0
宜宾市	Yibin	35.87	98.6	3.33	13.09	100.0	1.44	98.8	0.54	99.5
广安市	Guangan	14.21	100.0	3.35	4.54	100.0	0.69	100.0	0.15	97.5
达州市	Dazhou	39.04	94.9	1.76	7.37	99.0	1.32	91.3	0.21	99.5
雅安市	Yaan	17.57	99.9	0.52	4.80	99.7	0.40	99.7	0.19	99.9
巴中市	Bazhong	24.68	98.0	0.53	3.63	100.0	0.33	91.4	0.08	76.0
资阳市	Ziyang	30.25	93.9	4.06	8.83	97.2	0.50	91.8	0.23	95.9
阿坝藏族羌族自治州	Aba	6.20	99.6	0.64	3.92	100.0	0.32	99.2	0.07	98.9
甘孜藏族自治州	Ganzi	5.17	100.0	0.57	3.98	100.0	0.28	100.0	0.04	99.3
凉山彝族自治州	Liangshan	17.38	97.8	1.15	10.30	99.1	0.64	99.6	0.22	99.9

9-21 离休、退休、退职人员人数和保险福利费

Number of Retired and Resigned Staff and Workers and Labour Insurance and Welfare Funds for Retired and Resigned Staff and Workers

年份 Year	离休、退休、退职人员合计（万人） Number of Retired and Resigned Staff and Workers (10 000 persons)	#由民政部门支付 Paid by Civil Administration Organs	离退休、退职人员与全部城镇就业人员之比（以离退休、退职人数为1） the Ratio of Retired, Resigned Staff and Workers to Urban Employment (RRSW=1)	保险福利费用总额（万元） Total Labour Insurance and Welfare Funds (10 000 yuan)	#由民政部门支付 Paid by Civil Administration Organs
1978	28.08	2.92	16.6	10519	1190
1979	41.57	2.88	11.9	18240	1426
1980	53.52	2.86	9.6	27612	1716
1981	59.12	2.98	9.0	29325	1820
1982	80.40	3.06	7.0	41218	1926
1983	91.35	3.16	6.4	54844	2108
1984	100.27	3.20	6.0	69450	2447
1985	103.84	3.23	6.2	84318	2552
1986	112.94	2.61	5.9	102991	2944
1987	115.26	2.51	6.0	121252	3100
1988	120.30	1.10	6.1	154152	2887
1989	116.71	0.99	6.5	188685	2484
1990	121.24	0.94	6.6	222119	2675
1991	132.32	0.94	6.5	279070	2419
1992	137.00	0.93	6.7	316010	3395
1993	145.22	0.90	6.6	405446	3853
1994	152.34	0.84	6.6	600329	4402
1995	161.65	0.85	6.5	702028	4708
1996	171.25	0.80	6.3	810244	4824
1997	176.90	0.75	6.2	934269	4726
1998	190.28	0.71	5.7	1069393	4698
1999	194.13	0.70	5.6	1243493	4842
2000	202.40	1.02	5.4	1389271	9225
2001	214.37	0.97	5.2	1519083	15688
2002	227.92	0.95	4.9	1824883	22523
2003	237.70	0.70	4.9	1935548	25000
2004	249.80	0.98	4.8	2179324	21317
2005	274.86	1.07	4.5	2440594	22258
2006	290.10	1.10	4.4	2927512	25152
2007	317.40	1.20	4.1	3740000	29176
2008	382.40	1.10	3.4	4681044	33188
2009	441.03	1.40	3.1	6236666	63803
2010	485.50	1.38	2.8	7499570	75128
2011	559.00	0.87	2.5	7624606	82137
2012	609.20	1.01	2.4	8874404	94704
2013	663.54	1.00	2.3	10718868	106068

9-22 城市居民最低生活保障情况

Basic Statistics on Residents under Basic Provision Protection in Urban Area

单位：户、人、万元 (household,person,10 000 yuan)

年份 Year	最低生活保障家庭数 Households under Basic Provision Protection	最低生活保障人数 Persons Receiving Lowest Cost-of-living in Urban Area	#在职人员 Employed	#老年人 Elderly	临时救济人次数 Poor Persons Receiving Temporary Almsgiving in Urban Area	城市低保资金 Funds for Urban Residents under Basic Provision Protection (10 000 yuan)
2005	806737	1586126	11426	14744	15678	112183
2006	848969	1652718	10110	13119	25878	132090
2007	911724	1732899	26841	211336	37734	179036
2008	974494	1857374	21394	186323	66803	263932
2009	998369	1891548	28713	231127	33361	346268
2010	1014429	1869694	25472	255385	50547	403601
2011	1033800	1893114	13334	285339	132453	455812
2012	1032332	1863842	15552	301762		428390
2013	1027660	1835734	17825	314598		507682

9-23 各市(州)城市居民最低生活保障和救济情况(2013年)

Basic Statistics on Residents under Basic Provision Protection and Receiving Almsgiving in Urban Area by Region(2013)

单位：户、人、万元 (household，person, 10 000 yuan)

市(州)	Region	最低生活保障家庭数 Households under Basic Provision Protection	最低生活保障人数 Persons Receiving Lowest Cost-of-living in Urban Area	#在职人员 Employed	#老年人 Elderly	#登记失业 Registered Unemp-loyed	#未登记失业 Unregistered Unemployed	城市低保资金 Funds for Urban Residents under Basic Provision Protection
全　省	**Sichuan**	**1027660**	**1835734**	**17825**	**314598**	**274125**	**461299**	**456962**
成都市	Chengdu	26943	41426	906	5848	6808	11365	16163
自贡市	Zigong	53550	89552	577	15605	10979	40449	21975
攀枝花市	Panzhihua	11063	20715	333	1952	4472	3059	6340
泸州市	Luzhou	40638	62657	309	16299	4659	19697	18453
德阳市	Deyang	65008	103504	558	12554	29875	27783	27277
绵阳市	Mianyang	61051	116710	1829	27363	11017	22093	28154
广元市	Guangyuan	59433	115309	1135	9934	24677	35156	25580
遂宁市	Suining	48564	91716	669	31385	6153	17552	22672
内江市	Neijiang	41690	72441	541	10264	19081	20499	18486
乐山市	Leshan	56912	80599	913	14783	18021	14327	20460
南充市	Nanchong	133639	242534	1010	59125	36198	43700	55369
眉山市	Meishan	50756	63447	557	9473	7328	13742	15370
宜宾市	Yibin	44254	74261	929	21593	12811	12897	21733
广安市	Guangan	59124	107360	902	13801	9209	42641	24659
达州市	Dazhou	76818	139038	1967	16778	21975	36232	34560
雅安市	Yaan	18922	30119	111	3393	3230	3252	7437
巴中市	Bazhong	62993	162461	3178	11240	20746	53354	37633
资阳市	Ziyang	29744	60524	104	9760	4440	10957	14432
阿坝藏族羌族自治州	Aba	25571	51703	54	8482	7359	13451	12648
甘孜藏族自治州	Ganzi	17813	28857	473	6278	2683	6104	6911
凉山彝族自治州	Liangshan	43174	80801	770	8688	12404	12989	20649

注：城乡居民低保和救济资料由四川省民政厅提供；城市低保资金全省合计中含省本级数据。

a) Data of urban and rural residents under basic provision protection and relief materials are provided by the provincial Civil Affairs Department. Data of funds for urban residents under basic provision protection include provincial data.

9-24 农村居民最低生活保障和救济情况
Basic Statistics on Residents under Basic Provision Protection and Receiving Almsgiving in Rural Area

单位：户、人、万元 (household，person, 10 000 yuan)

年份 Year	最低生活保障家庭数 Number of Households Receiving Minimum Living Allowance in Rural Area	最低生活保障人数 Persons Receiving Minimum Living Allowance in Rural Area	#老年人 Elderly	#未成年人 Minors	#残疾人 Disabled	五保供养人数 Livelihood Guaranteed in Five Aspects	农村低保资金 Funds for Rural Residents under Basic Provision Protection
2005	296176	647007					8035.0
2006	717990	1580278	357390	121614	112009	420479	20928.8
2007	1090706	2227180	524831	188574	189501	107666	50290.5
2008	1662376	3480471	1066143	381232	281579	135071	131517.4
2009	1931727	3965356	1471447	444696	333549	175075	249586.0
2010	2005227	3944748	1609275	434813	339357	211323	310207.3
2011	2221734	4251001	1737689	464960	356790	234494	437368.1
2012	2360143	4344818	1825940	463760	361101	257064	411567.8
2013	2501780	4394553	1878508	479749	366885	510267	559692.3

9-25 各市(州)农村居民最低生活保障和救济情况(2013年)
Basic Statistics on Residents under Basic Provision Protection and Receiving Almsgiving in Rural Area by Region(2013)

单位：户、人、万元 (household，person，10 000 yuan)

市(州)	Region	最低生活保障家庭数 Number of Households Receiving Minimum Living Allowance in Rural Area	最低生活保障人数 Persons Receiving Minimum Living Allowance in Rural Area	#老年人 Elderly	#未成年人 Minors	#残疾人 Disabled	五保供养人数 Livelihood Guaranteed in Five Aspects	农村低保资金 Funds for Rural Residents under Basic Provision Protection
全　省	**Sichuan**	**2501780**	**4394553**	**1878508**	**479749**	**366885**	**265894**	**244373**
成都市	Chengdu	62486	120766	41187	12916	14412	14993	8420
自贡市	Zigong	69318	95077	28488	4553	7648	12806	6797
攀枝花市	Panzhihua	13114	28654	8480	6180	2564	2350	1289
泸州市	Luzhou	114707	164351	75778	20526	26917	14696	12569
德阳市	Deyang	86250	109924	57742	6191	16177	13633	7637
绵阳市	Mianyang	103950	190521	107489	12856	20635	14547	7099
广元市	Guangyuan	80533	172564	58537	25164	11479	9347	9453
遂宁市	Suining	93503	150247	58277	5413	12770	12053	10477
内江市	Neijiang	86845	121536	61753	7223	12035	16172	19761
乐山市	Leshan	88333	140559	64223	13464	14899	9567	4422
南充市	Nanchong	340717	561884	379771	33269	29929	29265	43398
眉山市	Meishan	117613	155670	80050	8889	11344	20070	2124
宜宾市	Yibin	100077	157726	76772	11696	20745	16933	6735
广安市	Guangan	143423	194299	126533	10124	12905	11524	12484
达州市	Dazhou	249782	370852	146670	36858	40097	25408	30104
雅安市	Yaan	61477	83899	40773	5520	10264	2766	1757
巴中市	Bazhong	141507	362255	116075	54337	27215	9884	11229
资阳市	Ziyang	131921	209108	89847	22924	22798	16505	21632
阿坝藏族羌族自治州	Aba	75524	163338	46119	21901	11597	3838	6216
甘孜藏族自治州	Ganzi	140477	262425	67453	25309	11807	2479	5399
凉山彝族自治州	Liangshan	200223	578898	146491	134436	28648	7058	15371

注：农村低保资金全省合计中含省本级数据。

a) Funds for rural residents under basic provision protection include provicial funds.

主要统计指标解释

一、城镇住户

城镇居民家庭人口 指居住在一起，经济上合在一起共同生活的家庭成员。凡计算为家庭人口的成员其全部收支都包括在本家庭中。

城镇居民家庭总收入 指家庭成员得到的工资性收入、经营净收入、财产性收入、转移性收入之和，不包括出售财物收入和借贷收入。

城镇居民家庭可支配收入 指家庭成员得到可用于最终消费支出和其它非义务性支出以及储蓄的总和，即居民家庭可以用来自由支配的收入。它是家庭总收入扣除交纳的个人所得税、个人交纳的社会保障支出以及记账补贴后的收入。

城镇居民家庭总支出 指家庭除借贷支出以外的全部实际支出。包括现金消费支出、财产性支出、转移性支出、社会保障支出、购房与建房支出。

城镇居民家庭现金消费支出 指家庭用于日常生活的全部现金支出，包括食品、衣着、居住、家庭设备及用品、交通通信、文教娱乐、医疗保健、其他等八大类支出。

二、农村住户

常住人口 指全年经常在家或在家居住 6 个月以上，而且经济和生活与本户连成一体的人口。外出从业人员在外居住时间虽然在 6 个月以上，但收入主要带回家中，经济与本户连为一体，仍视为家庭常住人口；在家居住，生活和本户连成一体的国家职工、退休人员也为家庭常住人口。但是现役军人、中专及以上(走读生除外)的在校学生、以及常年在外(不包括探亲、看病等)且已有稳定的职业与居住场所的外出从业人员，不算家庭常住人口。家庭常住人口主要作为计算农村住户平均每人收入、消费和积累水平及分析家庭人口状况的依据。

整、半劳动力 整劳动力指男子 18 周岁到 50 周岁，女子 18 周岁到 45 周岁；半劳动力指男子 16 周岁到 17 周岁，51 周岁到 60 周岁；女子 16 周岁到 17 周岁，46 周岁到 55 周岁，同时具有劳动能力的人。虽然在劳动年龄之内，但已丧失劳动能力的人，不应算为劳动力；超过劳动年龄，但能经常参加劳动，计入半劳动力数内。常住人口中的职工，若这些职工为劳动力，就包括在本户的整半劳动力中。

农村居民家庭总收入 指调查期内农村住户和住户成员从各种来源渠道得到的收入总和。按收入的性质划分为工资性收入、家庭经营收入、财产性收入和转移性收入。

农村居民家庭纯收入 指农村住户当年从各个来源得到的总收入相应地扣除所发生的费用后的收入总和。计算方法:

纯收入＝总收入—家庭经营费用支出—税费支出—生产性固定资产折旧—赠送农村内部亲友支出

纯收入主要用于再生产投入和当年生活消费支出，也可用于储蓄和各种非义务性支出。“农民人均纯收入”是按人口平均的纯收入水平，反映的是一个地区农村居民的平均收入水平。

农村居民家庭总支出 指农村住户用于生产、生活和再分配的全部支出。包括家庭经营费用支出、购置生产性固定资产支出、税费支出、消费支出、财产性支出和转移性支出。

恩格尔系数 指食品支出在现金消费支出中所占的比例。

恩格尔系数＝(食品支出/现金消费支出)×100%

城镇职工基本养老保险

1.（参保）职工人数：指报告期末按照国家法律、法规和有关政策规定参加基本养老保险并在社保经办机构已建立缴费记录档案的职工人数，包括中断缴费但未终止养老保险关系的职工人数，不包括只登记未建立缴费记录档案的人数。

2.（参保）离退休人员人数：指报告期末参加基本养老保险的离休、退休和退职人员的人数。

3.基金收入：指根据国家有关规定，由纳入基本养老保险范围的缴费单位和个人按国家规定的缴费基数和缴费比例缴纳的养老保险基金，以及通过其他方式取得的形成基金来源的收入。包括单位和职工个人缴纳的基本养老保险费、基本养老保险基金利息收入、上级补助收入、下级上解收入、转移收入、财政补贴和其他收入。

基本医疗保险

1.参保人数：指报告期末按国家有关规定参加相应基本医疗保险的人数。

2.基金收入：指由用人单位和个人按照国家规定的缴费基数、缴费比例或缴费标准缴纳的基本医疗保险基金，财政补助资金以及通过其他方式取得的形成基金来源的款项，包括：单位缴纳收入、个人缴纳收入、财政补助收入（含医疗救助补助个人收入）、财政补贴收入、利息收入和其他收入。

失业保险

1.参保人数：指报告期末按照国家法律、法规和有关政策规定参加了失业保险的城镇企业、事业单位的职工及地方政府规定参加失业保险的其他人员的人数。

2.基金收入：指报告期内筹集的失业保险基金的总额，包括失业保险费收入、利息收入、财政补贴收入、其他收入、转移收入、上级补助收入、下级上解收入。

工伤保险

1.参加保险人数：指报告期末依据国家有关规定参加工伤保险的职工人数和有雇工的个体工商户的雇工数。

2.基金收入：指根据国家有关规定，由参加工伤保险的单位按国家规定的缴费基数和缴费比例缴纳的工伤保险基金，以及通过其他形式取得的形成基金来源的款项。包括：单位缴纳的社会统筹基金收入、财政补贴收入、利息收入、其他收入。

生育保险

1.参保人数：指报告期末依据有关规定参加生育保险的职工人数。

2.基金收入：指根据国家有关规定，由参加生育保险的单位按照国家规定的缴费基数和缴费比例缴纳的生育保险基金，以及通过其他方式取得的形成基金来源的款项，包括：单位缴纳的基金收入、利息收入和其他收入。

离休、退休、退职人员保险福利费用 指离休、退休、退职人员实际得到的生活费用总额，包括从社会保险经办机构和单位得到的费用。

城市居民最低生活保障人数 指在报告期末家庭平均收入在当地规定的最低生活保障线以下的城市居民数。包括“三无”对象，失业人员和在职、下岗、退休人员等。

农村居民最低生活保障人数 指报告期末在建立农村最低生活保障制度的地区，得到当地政府或集体给予最低生活保障的农业人口数。

五保户 指无法定抚养义务人，或者虽有法定抚养义务人，但是抚养人无抚养能力的；无劳动能力的；无生活来源的老年人、残疾人和未成年人。

Explanatory Notes on Main Statistical Indicators

I. Urban Households

Population of urban households refers to members of the household living and sharing economically together. All income and expenditure of the population of the household are included in the income and expenditure of the household.

Total Income of Urban Households refers to the sum of wage income; net business income; income from properties; and income from transfers of members of the households. Income from selling of properties and income from borrowing are not included.

Disposable Income of Urban Households refers to the actual income at the disposal of members of the households which can be used for final consumption, other non-compulsory expenditure and savings. This equals to total income minus income tax, personal contribution to social security and sample household subsidy for keeping dairies.

Total Expenditure of Urban Households refers to all actual expenditure of households except expenditure on lending. It includes cash expenditure; property expenditure, transfer expenditure, social insurance expenditure and expenditure on house purchasing or house building.

Consumption Expenditure of Urban Households in Cash refers to total cash expenditure of households for consumption in daily life, including expenditure on the eight categories of food, clothing, housing, household appliances, transport and communications, education, cultural and recreational activities and medical care.

II. Rural Households

Usual Resident Population refers to persons staying at home regularly or for over 6 months during a year and integrated with the household economically and in terms of living. Members of the household staying away from the household for over 6 months but keeping a close economic relation with the household by sending the majority of income to the household are regarded as usual resident of the household. Government staff and workers or retirees living as close members of the household are also considered as usual resident. However, servicemen, students of secondary technical schools or schools of higher education and persons with stable jobs and residence outside the household (excluding those visiting relatives or seeking medical service) are not included as resident population of the household. Resident population is used in calculating income, consumption, accumulation on per capita basis of rural households and in analyzing composition of rural households.

Full/Semi Labor Force Full labour force refers to persons capable of work, aged 18-50 for males and 18-45 for females. Semi labour force refers to persons capable of work, aged 16-17 and 51-60 for males and 16-17 and 46-55 for females. Persons at their working ages but not capable of work are not to be included as labour force. Persons not at working ages but participating regularly in work are included in semi labour force. For staff and workers as resident population of the household, they are included as full or semi labour force of the household if they are in the labour force.

Total Income of Rural Households refers to the sum of income earned from various sources by the rural households and their members during the reference period, and is classified as income from wages and salaries, income from household operations, income from properties and income from transfers.

Net Income of Rural Households Net Income refers to the total income of rural households from all sources minus all corresponding expenses. The formula for calculation is as follows:

Net income = total income - household operation expenses - taxes and fees - taxes and fees depreciation of fixed assets for production - gifts to non-rural relatives

Net income is mainly used as input for reinvestment in production and as consumption expenditure of the year, and also used for savings and non-compulsory expenses of various forms. "Per capita net income of farmers" is the level of net income averaged by population, reflecting the average income level of rural population in a given area.

Total Expenditure of Rural Households refers to total expenses of rural households on production, consumption and redistribution, including expenditure on household operations, on purchase of productive fixed assets, depreciation of productive fixed assets, taxes and fees, expenses on household consumption, expenses on properties and expenses on transfers.

Engel Coefficient refers to the percentage of expenditure on food to the total consumption in cash, using the following formula:

Engel Coefficient = (expenditure on food / total expenditure in cash) x 100%

III. Social Security

Basic Pension Insurance of Urban Workers

1.Number of people participated in the insurance programme: by the end of reference period, number of staff and workers participated in the insurance programme in line with national laws, regulations and related policies, who have already had payment records in social security management agencies, including those who interrupt payment but not terminate the insurance programme. Those who have no records are not included.

2.Number of retired and resigned people participated in the insurance programme: by the end of reference period, number of retired and resigned staff and workers participated in the insurance programme.

3. Revenue of insurance refer to payments made by units and individuals covered in pension insurance programs, and income from other resources according to national provision, including the premium paid by units and staff and works, interest income, subsidies from higher level agencies, income as transfer from subordinate agencies, transferred income, financial subsidies and other income.

Basic Medical Care Insurance:

1.Number of people participated in the insurance program: refer to number of people participated in the basic medical care insurance program according to related regulation by the end of reference period.

2.Revenue of basic medical care insurance: refers to payments made by employers and individuals participating in the medical care insurance programme in accordance with the basis and proportion stipulated in State regulations, and income from other sources that become source of medical insurance fund, including income paid by units, individual paid income, financial assistance's income (including individual income from medicaid), financial subsidies' income, interest income and other income.

Unemployment Insurance

1.Number of people participated in unemployment insurance program: number of staff and workers in urban enterprises or institutions and other people according to local government regulations participated in unemployment insurance program in line with national laws, regulations and related policies by the end of the reference period.

2.Revenue of insurance: refers to the total unemployment insurance funds raised in the reference period, including unemployment insurance premium, interest income, financial subsidies, other income, transferred income, subsidies from higher level agencies and income as transfer from subordinate agencies.

Work Injury Insurance

1.Number of people participated in work injury insurance: refers to staff and workers who have participated in the work injury insurance programme and number of employees in private business according to relevant national regulations at the end of the reference period.

2. Revenue of unemployment insurance: refer to payments made by units and individuals covered in unemployment insurance program, interest income, subsidies income from higher level agencies, income as transfer from subordinate agencies, transferred income, financial subsidies and other income.

Maternity Insurance

1.Number of people participated in maternity insurance program according to related regulation at the end of the reporting period.

2.Revenue of maternity insurance: refers to payments made by units covered in maternity insurance program according to national provisions, and income from other resources, including: income of funds paid by units, interest income and other income.

Insurance and Welfare Funds for Retired and Resigned Staff and workers refer to the total living expenses actually received by those retirees, including those from social insurance management agencies and units.

Number of Urban Residents Entitled to Minimum Living Allowances refers to the number of those whose average family income is below a minimum local standard by the end of the reporting period, including both the employed and unemployed, laid off and retired, and those jobless people without stable residence or valid IDs.

Number of Rural Residents Entitled to Minimum Living Allowances refers to the number of those receiving the minimum living allowances from the local government or community in the rural areas where this allowances system is in place as of the end of the reporting period.

Households Enjoying Five Guarantees refers to those senior citizens, handicapped or under-aged who, without labor ability, can't make a living by themselves and whose statutory providers are unable to support them or who have no statutory providers at all.

10

城市概况

CITY

10-1 城市基本情况(2013年)
Basic Statistics on Cities(2013)

城市	City	年末就业人员(万人) Number of Employed Persons (10 000 persons)	第一产业 Primary Industry	第二产业 Secondary Industry	第三产业 Tertiary Industry	城区面积(平方公里) Total Urban Area (sq.km)	#建成区面积 Developed Area
全　省	**Sichuan**	**4817.31**	**1955.79**	**1254.50**	**1607.01**	**6432.92**	**2058.11**
地级市	**at Prefecture Level**						
成都市	Chengdu	820.64	137.63	313.71	369.31	779.77	528.90
自贡市	Zigong	196.34	68.28	65.30	62.77	778.32	106.48
攀枝花市	Panzhihua	72.56	22.05	25.12	25.38	326.66	69.38
泸州市	Luzhou	249.97	109.41	75.77	64.79	411.38	109.37
德阳市	Deyang	218.71	81.92	58.65	78.14	74.01	69.79
绵阳市	Mianyang	299.88	108.62	89.37	101.90	465.00	110.00
广元市	Guangyuan	163.77	82.54	35.39	45.84	216.70	50.43
遂宁市	Suining	161.00	61.35	44.61	55.04	298.62	75.90
内江市	Neijiang	173.80	62.81	50.58	60.40	240.00	58.01
乐山市	Leshan	183.43	86.44	37.22	59.78	166.73	68.01
南充市	Nanchong	293.13	113.84	85.38	93.92	420.00	109.00
眉山市	Meishan	187.38	96.55	42.94	47.89	56.50	45.20
宜宾市	Yibin	313.27	149.74	80.07	83.46	103.75	93.52
广安市	Guangan	217.21	116.10	40.98	60.13	141.31	46.90
达州市	Dazhou	328.54	164.17	63.58	100.79	159.00	68.00
雅安市	Yaan	101.97	42.52	23.94	35.52	196.89	29.20
巴中市	Bazhong	167.79	87.97	30.88	48.94	160.29	28.00
资阳市	Ziyang	222.16	111.06	47.54	63.56	185.20	43.03
县级市	**at County Level**						
都江堰市	Dujiangyan	43.22	7.21	14.87	21.14	227.40	34.25
彭州市	Pengzhou	51.23	20.42	16.32	14.49	133.80	21.26
邛崃市	Qionglai	40.55	13.19	11.20	16.16	33.40	21.13
崇州市	Chongzhou	52.10	12.00	25.40	14.70	63.42	29.40
广汉市	Guanghan	42.60	18.40	14.00	10.20	59.50	48.63
什邡市	Shifang	24.20	8.50	9.10	6.60	21.00	13.30
绵竹市	Mianzhu	31.20	11.20	9.10	10.90	14.00	14.00
江油市	Jiangyou	49.59	18.38	15.78	15.43	199.41	35.00
峨眉山市	Emeishan	30.35	11.98	7.25	11.12	90.20	18.80
阆中市	Langzhong	45.46	15.57	9.45	20.44	150.00	26.50
华蓥市	Huaying	18.02	7.51	5.55	4.96	92.40	12.50
万源市	Wanyuan	29.30	12.60	4.10	12.60	18.27	11.20
简阳市	Jianyang	44.05	17.50	11.97	14.58	112.00	26.00
西昌市	Xichang	46.56	20.28	6.00	20.28	37.99	37.02

注：本篇章除“年末就业人员”外，其余资料均由四川省住房和城乡建设厅提供。

a) Data of this talble are provided by Sichuan Provincial Department of Housing and Urban and Rural Construction except indicator "number of employed persons".

10-2 城市设施水平(2013年)
Level of Public Facilities in Cities(2013)

城　市	City	用水普及率(%) Percentage of Population with Access to Tap Water (%)	燃气普及率(%) Percentage of Population with Access to Gas (%)	人均城市道路面积(平方米) Per Capita Area of Roads (sq.m)	人均公园绿地面积(平方米) Per Capita Public Green Area (sq.m)	建成区绿化覆盖率(%) Percentage of Green Area in Developed Areas (%)	污水处理率(%) Rate Of Pollution Water (%)	生活垃圾处理率(%) Rate Of House Rabbish Treatment (%)
全　省	**Sichuan**	**91.76**	**89.68**	**13.24**	**11.21**	**38.41**	**83.23**	**96.24**
地级市	**at Prefecture Level**							
成都市区	Chengdu	98.33	97.29	15.85	13.44	40.17	89.01	100.00
自贡市区	Zigong	69.15	85.94	10.36	10.43	39.50	90.55	91.99
攀枝花市区	Panzhihua	92.94	98.37	11.50	9.29	39.19	81.45	97.59
泸州市区	Luzhou	90.82	83.64	11.58	9.02	39.85	84.04	100.00
德阳市区	Deyang	97.91	95.39	13.00	10.00	39.83	89.99	100.00
绵阳市区	Mianyang	99.06	99.50	12.94	9.12	38.09	91.86	100.00
广元市区	Guangyuan	92.32	83.68	13.71	11.71	36.86	81.14	82.95
遂宁市区	Suining	82.24	80.39	25.04	8.22	32.56	93.29	93.73
内江市区	Neijiang	85.81	78.00	7.24	8.60	37.51	85.11	65.91
乐山市区	Leshan	96.05	93.98	14.65	8.87	35.13	81.45	99.69
南充市区	Nanchong	97.17	96.70	13.30	10.05	41.00	83.57	87.05
眉山市区	Meishan	95.57	97.36	16.23	11.53	37.99	86.91	100.00
宜宾市区	Yibin	96.65	92.89	8.11	13.90	32.19	87.96	96.59
广安市区	Guangan	99.50	99.59	12.67	18.20	36.35	92.82	92.66
达州市区	Dazhou	73.18	68.22	3.38	14.18	32.24	39.79	86.37
雅安市区	Yaan	99.46	95.94	11.46	9.63	41.54	62.88	97.60
巴中市区	Bazhong	94.29	92.14	2.86	13.86	38.20	82.25	97.79
资阳市区	Ziyang	94.89	89.02	14.35	9.11	39.18	90.36	100.00
县级市	**at County Level**							
都江堰市	Dujiangyan	89.00	73.00	17.76	10.06	45.66	94.27	100.00
彭州市	Pengzhou	68.17	75.66	11.35	9.08	35.09	81.47	89.09
邛崃市	Qionglai	82.96	66.29	15.11	10.90	38.05	78.27	93.02
崇州市	Chongzhou	97.03	96.83	24.31	13.10	40.48	49.03	96.05
广汉市	Guanghan	86.34	80.04	14.07	7.74	38.04	23.03	98.97
什邡市	Shifang	78.71	75.67	13.04	10.09	35.19	82.65	99.85
绵竹市	Mianzhu	92.84	95.77	17.24	10.89	40.79	90.36	100.00
江油市	Jiangyou	93.33	82.67	18.10	9.90	34.54	83.20	100.00
峨眉山市	Emeishan	88.80	75.32	12.90	12.82	43.83	93.97	100.00
阆中市	Langzhong	96.92	96.50	12.19	9.54	40.11	81.55	85.21
华蓥市	Huaying	99.11	76.79	14.93	8.75	21.60	35.29	78.87
万源市	Wanyuan	64.77	45.02	4.97	24.65	56.34		100.00
简阳市	Jianyang	98.83	94.17	9.28	7.99	35.38	66.78	100.00
西昌市	Xichang	80.74	62.72	8.60	10.99	40.19	69.76	100.00

10-3 城市供水情况(2013年)
Basic Statistics on Water Supply in Cities(2013)

城市	City	供水综合生产能力(万立方米/日) Comprehensive Production Capacity of Water Supply (10 000 cu.m / day)	供水管道长度(公里) Length of Water Supply Pipes (km)	供水总量(万立方米) Total Volume of Water Supply (10 000 cu.m)	#生产运营用水 Water for Productive Use	#居民家庭用水 Water for Residential Use	用水人口(万人) Residents with Access to Tap Water (10 000 persons)	人均日生活用水量(升) Per Capita Daily Consumption of Tap Water for Residential Use (liter)
全　省	**Sichuan**	**871.35**	**24832.2**	**195828.7**	**40644.7**	**94534.0**	**1711.78**	**193.47**
地级市	**at Prefecture Level**							
成都市区	Chengdu	262.25	6377.5	78750.4	10471.9	40449.1	461.68	322.56
自贡市区	Zigong	26.50	2163.6	5295.0	952.8	2291.2	77.21	101.48
攀枝花市区	Panzhihua	58.26	1178.0	13256.8	7849.5	3283.0	61.62	206.02
泸州市区	Luzhou	77.67	1063.9	10458.2	4344.9	4079.8	104.26	134.22
德阳市区	Deyang	33.50	487.4	5430.0	2285.0	2182.0	50.50	128.47
绵阳市区	Mianyang	51.55	2483.8	9177.7	1631.6	4789.4	117.08	145.42
广元市区	Guangyuan	17.09	460.4	3323.1	113.9	1928.6	34.51	169.08
遂宁市区	Suining	20.08	618.0	3608.0	534.2	1806.6	58.55	101.02
内江市区	Neijiang	18.75	425.3	3501.8	464.2	1928.5	52.08	121.05
乐山市区	Leshan	26.98	1354.0	4542.2	402.0	2638.5	53.95	157.25
南充市区	Nanchong	28.00	750.0	8140.0	1340.0	4050.0	103.00	156.40
眉山市区	Meishan	11.70	393.0	3140.6	557.0	1654.0	31.50	171.78
宜宾市区	Yibin	20.00	737.1	3142.2	203.0	1191.0	58.90	64.84
广安市区	Guangan	8.52	327.5	1981.0	301.3	956.7	33.90	91.85
达州市区	Dazhou	27.95	633.5	5402.0	1143.0	2672.0	45.66	179.77
雅安市区	Yaan	13.00	273.0	2420.5	575.6	1132.9	25.72	148.05
巴中市区	Bazhong	9.50	235.4	2245.4	167.5	1578.6	33.00	131.05
资阳市区	Ziyang	29.10	479.7	2412.9	397.5	1141.0	31.03	139.42
县级市	**at County Level**							
都江堰市	Dujiangyan	16.70	726.9	2838.1	679.1	1859.0	34.15	158.60
彭州市	Pengzhou	9.34	635.2	1904.0	180.2	975.8	18.40	176.86
邛崃市	Qionglai	9.65	406.5	1738.5	479.0	908.0	13.78	207.87
崇州市	Chongzhou	7.00	291.0	1836.0	808.0	859.0	14.37	185.51
广汉市	Guanghan	17.06	232.7	3534.9	1426.6	1429.8	25.09	184.90
什邡市	Shifang	6.10	409.0	1883.0	658.0	485.0	10.61	163.45
绵竹市	Mianzhu	6.30	106.0	1203.2	441.6	395.0	9.21	183.09
江油市	Jiangyou	11.00	349.5	2386.0	106.0	1426.0	28.00	165.17
峨眉山市	Emeishan	8.70	202.0	1838.4	377.0	944.0	13.71	237.60
阆中市	Langzhong	10.60	180.0	2195.0	475.0	974.0	25.20	159.60
华蓥市	Huaying	5.40	168.0	1388.0	690.0	496.0	11.10	161.17
万源市	Wanyuan	4.40	188.0	966.8	166.2	574.3	7.41	252.58
简阳市	Jianyang	7.00	189.9	1703.1	72.1	1270.4	33.90	115.66
西昌市	Xichang	11.70	306.5	4186.0	351.0	2185.0	32.70	208.45

10-4 城市天然气供气情况(2013年)
Basic Statistics on Natural Gas Supply in Cities(2013)

城 市	City	天然气用气人口(万人) Population with Access to Natural Gas (10 000 persons)	天然气供气总量(万立方米) Total Volume of Natural Gas Supply (10 000cu.m)	#家庭用量 Residential Use	天然气供气管道长度(公里) Length of Natural Gas Pipelines (km)	天然气汽车加气站CNG(座) Number of Natural Gas Filling Station for Vehicles
全 省	**Sichuan**	**1492.14**	**590235.6**	**196110.6**	**28367.9**	**170**
地级市	**at Prefecture Level**					
成都市区	Chengdu	437.11	211163.0	85131.6	9792.0	65
自贡市区	Zigong	95.95	22654.0	6990.0	695.0	8
攀枝花市区	Panzhihua	0.29	5.4	5.0	26.1	2
泸州市区	Luzhou	93.50	79057.1	10050.0	811.1	6
德阳市区	Deyang	46.00	46438.5	6119.0	938.2	6
绵阳市区	Mianyang	113.00	47802.6	11297.4	1712.9	13
广元市区	Guangyuan	27.97	9129.2	4194.7	549.3	4
遂宁市区	Suining	57.23	9784.1	6566.9	1367.5	6
内江市区	Neijiang	41.01	8993.8	3286.9	815.0	4
乐山市区	Leshan	52.74	25503.7	5060.4	712.1	5
南充市区	Nanchong	97.50	16396.0	7160.0	752.0	8
眉山市区	Meishan	29.30	4789.9	2453.3	308.1	4
宜宾市区	Yibin	55.68	9666.0	4462.0	753.5	
广安市区	Guangan	33.93	5825.3	3162.8	756.0	
达州市区	Dazhou	42.56	8570.0	4917.0	1007.0	5
雅安市区	Yaan	24.81	5229.0	3274.0	605.5	1
巴中市区	Bazhong	30.00	6491.0	2954.0	552.4	3
资阳市区	Ziyang	22.73	5134.0	1841.0	701.5	3
县级市	**at County Level**					
都江堰市	Dujiangyan	19.40	6759.0	2901.0	820.0	4
彭州市	Pengzhou	17.85	10816.0	3262.0	900.0	3
邛崃市	Qionglai	8.51	2300.0	1860.0	381.0	1
崇州市	Chongzhou	11.14	6254.0	3090.0	409.0	3
广汉市	Guanghan	16.25	6423.4	3112.1	406.7	2
什邡市	Shifang	9.90	6489.0	1198.0	250.0	2
绵竹市	Mianzhu	9.10	8904.0	1701.0	386.0	
江油市	Jiangyou	24.80	7770.0	4546.0	314.9	4
峨眉山市	Emeishan	11.63	2475.0	1051.0	316.3	2
阆中市	Langzhong	24.07	3026.0	1769.0	340.0	3
华蓥市	Huaying	8.10	1005.0	680.0	361.0	
万源市	Wanyuan	1.98	136.4	108.2	16.1	
简阳市	Jianyang	25.70	4117.2	1543.7	568.7	2
西昌市	Xichang	2.40	1128.0	362.5	43.3	1

10-5 城市液化石油气供气及道路桥梁设施情况(2013年)
Basic Statistics on Liquefied Petroleum Gas , Paved Road, Bridge and Facilities in Cities(2013)

城 市	City	液化石油气用气人口(万人) Population with Access to Liquefied Petroleum Gas (10 000 persons)	液化石油气供气总量(吨) Total Volume of Liquefied Petroleum Gas Supply (ton)	#家庭用量 Residential Use	道路长度(公里) Length of Paved Roads (km)	道路面积(万平方米) Area of Paved Roads (10 000 sq.m)	桥梁数(座) Number of Bridges (unit)	路灯盏数(千盏) Number of Street Lights (1000 units)
全 省	**Sichuan**	**130.79**	**183580.9**	**102507.4**	**11866.3**	**24700.0**	**2123**	**882**
地级市	**at Prefecture Level**							
成都市区	Chengdu	19.66	110036.0	51283.0	2706.6	7443.5	899	194
自贡市区	Zigong				1089.7	1156.7	108	36
攀枝花市区	Panzhihua	14.89	5133.9	4609.4	712.0	762.2	125	36
泸州市区	Luzhou	2.52	2297.2	1744.0	638.3	1329.1	33	45
德阳市区	Deyang	3.20	2604.5	2500.0	274.6	670.8	36	26
绵阳市区	Mianyang	4.60	3610.0	2978.0	759.0	1529.9	112	41
广元市区	Guangyuan	3.31	1190.0	941.0	339.7	512.3	86	27
遂宁市区	Suining				666.2	1782.4	29	18
内江市区	Neijiang	6.33	19496.0	7597.0	210.6	439.2	49	16
乐山市区	Leshan	0.05	120.0	13.1	616.6	823.0	53	35
南充市区	Nanchong	5.00	5810.0	4745.0	477.0	1410.0	51	31
眉山市区	Meishan	2.79	2259.0	2160.0	339.9	534.8	16	23
宜宾市区	Yibin	0.93	550.0	490.0	306.1	494.3	28	50
广安市区	Guangan				158.9	431.5	13	15
达州市区	Dazhou				109.0	210.8	8	11
雅安市区	Yaan				159.3	296.3	21	37
巴中市区	Bazhong	2.25	500.0	500.0	83.0	100.0	16	6
资阳市区	Ziyang	6.38	3487.0	2307.0	198.3	469.1	36	9
县级市	**at County Level**							
都江堰市	Dujiangyan	8.61	3286.7	2248.4	365.9	681.6	94	46
彭州市	Pengzhou	2.57	1120.0	894.0	113.6	306.3	8	6
邛崃市	Qionglai	2.50	995.0	805.0	98.0	251.0	6	13
崇州市	Chongzhou	3.20	2920.0	1914.0	129.0	360.0	10	22
广汉市	Guanghan	7.01	5121.5	4760.7	212.9	408.9	22	17
什邡市	Shifang	0.30	695.0	320.0	112.6	175.8	36	10
绵竹市	Mianzhu	0.40	1139.9	1132.0	125.3	171.0	22	13
江油市	Jiangyou				191.5	543.0	27	14
峨眉山市	Emeishan		1710.0		74.7	199.2	20	28
阆中市	Langzhong	1.02	1389.0	785.0	153.0	317.0	23	10
华蓥市	Huaying	0.50	160.0	130.0	93.6	167.2	21	8
万源市	Wanyuan	3.17	1089.0	1032.0	46.3	56.8	59	2
简阳市	Jianyang	6.60	1900.0	1680.0	111.0	318.2	15	7
西昌市	Xichang	23.00	4961.2	4938.8	194.3	348.2	41	32

10-6 城市园林绿化情况(2013年)
Basic Statistics on Landscape in Cities(2013)

城 市	City	绿化覆盖面积(公顷) Green Areas (hectare)	#建成区 Developed Areas	园林绿地面积(公顷) Total Area of Parks, Gardens and Green Areas (hectare)	#建成区 Developed Areas	公园绿地面积(公顷) Public Green Areas (hectare)	公园个数(个) Number of Parks and Zoos	公园面积(公顷) Area of Park and Zoos (hectare)
全 省	**Sichuan**	**98537**	**79054**	**88894**	**70591**	**20908**	**524**	**12204**
地级市	**at Prefecture Level**							
成都市区	Chengdu	21246	21246	19082	19082	6310	153	2881
自贡市区	Zigong	4286	4206	3744	3674	1164	15	334
攀枝花市区	Panzhihua	2719	2719	2510	2510	616	15	389
泸州市区	Luzhou	4995	4358	4483	3831	1035	31	901
德阳市区	Deyang	2780	2780	2356	2356	516	10	356
绵阳市区	Mianyang	4229	4190	3970	3931	1078	10	468
广元市区	Guangyuan	1878	1859	1798	1798	438	13	278
遂宁市区	Suining	5897	2471	5901	2343	585	24	599
内江市区	Neijiang	2509	2176	2237	1974	522	4	80
乐山市区	Leshan	3420	2389	3051	2099	498	57	424
南充市区	Nanchong	4769	4469	3980	3855	1065	20	1040
眉山市区	Meishan	1880	1717	1630	1477	380	6	70
宜宾市区	Yibin	3300	3010	3000	2737	847	13	502
广安市区	Guangan	1745	1705	1504	1471	620	15	220
达州市区	Dazhou	2545	2192	2265	1968	885	14	914
雅安市区	Yaan	2075	1213	1070	1053	249	19	192
巴中市区	Bazhong	1279	1070	1215	1017	485	8	290
资阳市区	Ziyang	1686	1686	1559	1559	298	6	144
县级市	**at County Level**							
都江堰市	Dujiangyan	13098	1564	12969	1390	386	5	180
彭州市	Pengzhou	746	746	584	584	245	1	13
邛崃市	Qionglai	804	804	668	668	181	2	3
崇州市	Chongzhou	1190	1190	1054	1054	194	1	3
广汉市	Guanghan	1852	1850	1631	1627	225	9	116
什邡市	Shifang	513	468	406	406	136	2	7
绵竹市	Mianzhu	602	571	485	485	108	3	18
江油市	Jiangyou	1248	1209	1098	1098	297	4	138
峨眉山市	Emeishan	824	824	770	770	198	9	131
阆中市	Langzhong	1083	1063	942	922	248	7	220
华蓥市	Huaying	283	270	228	148	98	2	97
万源市	Wanyuan	631	631	480	480	282	5	286
简阳市	Jianyang	921	920	786	786	274	8	466
西昌市	Xichang	1504	1488	1439	1439	445	33	445

10-7 城市排污及市容环境卫生情况(2013年)
Basic Statistics on Sewage ,Urban Sanitation in Cities(2013)

城市	City	排水管道长度 (公里) Length of Sewer Pipelines (km)	污水排放量 (万立方米) Volume of Sewage Discharged (10 000 cu.m)	道路清扫保洁面积 (万平方米) Area under Cleaning Program (10 000 sq.m)	生活垃圾清运量 (万吨) Volume of Garbage Disposal (10 000 tons)	公厕数 (座) Number of Public Lavatories (unit)	市容环卫专用车辆设备总数 (辆) Number of Vehicles for Environmental Sanitation (unit)
全　省	**Sichuan**	**19518.87**	**164898**	**21020**	**750.65**	**5404**	**3970**
地级市	**at Prefecture Level**						
成都市区	Chengdu	6304.84	69589	4857	253.59	2066	1136
自贡市区	Zigong	125.48	6844	1145	32.60	360	287
攀枝花市区	Panzhihua	624.14	10475	585	19.88	288	178
泸州市区	Luzhou	873.12	7984	833	33.58	209	130
德阳市区	Deyang	470.21	5514	600	15.38	99	79
绵阳市区	Mianyang	1853.94	7677	1345	28.21	205	139
广元市区	Guangyuan	526.62	2667	493	15.84	87	140
遂宁市区	Suining	756.10	2669	1472	39.69	235	150
内江市区	Neijiang	306.22	2700	439	17.72	165	88
乐山市区	Leshan	580.97	3293	907	16.29	139	132
南充市区	Nanchong	1210.00	5995	1258	35.61	335	93
眉山市区	Meishan	444.80	2514	553	18.00	43	104
宜宾市区	Yibin	505.66	2293	653	26.69	36	186
广安市区	Guangan	256.20	1740	636	11.85	44	105
达州市区	Dazhou	78.10	4207	370	20.10	202	165
雅安市区	Yaan	242.60	1851	275	11.24	43	92
巴中市区	Bazhong	238.00	1825	330	13.14	48	100
资阳市区	Ziyang	289.50	1691	356	18.21	34	42
县级市	**at County Level**						
都江堰市	Dujiangyan	792.00	2983	613	13.97	43	109
彭州市	Pengzhou	368.60	1333	276	11.00	24	16
邛崃市	Qionglai	198.04	1390	226	6.45	29	36
崇州市	Chongzhou	373.00	1285	270	7.60	58	27
广汉市	Guanghan	335.47	2475	410	10.71	75	58
什邡市	Shifang	120.00	1320	198	6.52	27	49
绵竹市	Mianzhu	212.00	985	150	4.21	18	43
江油市	Jiangyou	392.06	1673	375	7.52	55	37
峨眉山市	Emeishan	66.00	1460	193	5.98	46	33
阆中市	Langzhong	273.00	1680	260	9.26	115	25
华蓥市	Huaying	180.00	1020	120	3.55	20	19
万源市	Wanyuan	65.00	1623	62	5.28	48	26
简阳市	Jianyang	96.00	1210	200	12.98	28	46
西昌市	Xichang	361.20	2933	560	18.00	180	100

11

民族自治地方概况

SURVEY OF MINORITY NATIONALITY AUTO

11-1 民族自治地方地区生产总值和指数

Gross Domestic Products and Related Indices of Minority Nationality Autonomous Areas

年份 Year	地区生产总值 Gross Domestic Product	第一产业 Primary Industry	第二产业 Secondary Industry	第三产业 Tertiary Industry	人均地区生产总值(元) Per Capita GDP(yuan)
绝对数(万元) **Value (10 000 yuan)**					
1978	131704	64822	41898	24984	281
1980	161174	77607	50795	32772	335
1985	288753	139637	85338	63778	564
1990	553373	244670	156295	152408	1016
1995	1376900	532939	418246	425715	2414
1996	1601462	651025	460169	490268	2782
1997	1777776	721218	511002	545556	3057
1998	1933351	737185	602697	583469	3277
1999	2003858	747169	601918	654771	3368
2000	2130973	770155	646407	714411	3549
2001	2375921	809826	736564	829531	3904
2002	2651192	850257	873176	927759	4319
2003	3080139	934641	1078705	1066793	4841
2004	3737275	1114736	1390089	1232450	5799
2005	4535559	1262989	1674882	1597688	6962
2006	5395397	1384618	2177795	1832984	8190
2007	6757679	1813034	2238237	2706408	10045
2008	7761605	2130922	3263123	2367560	11244
2009	8928955	2189214	3578870	3160871	12556
2010	11025890	2403285	5040764	3581841	15129
2011	13972041	2768473	6982815	4220753	19818
2012	15874809	3117507	8005632	4751670	22412
2013	17425770	3359513	8892864	5173393	24432
指数(1978年=100) **Index (1978=100)**					
1978	100.0	100.0	100.0	100.0	100.0
1980	108.8	107.0	110.8	110.6	105.9
1985	163.5	167.8	138.0	196.3	149.7
1990	209.1	187.4	192.5	309.9	179.4
1995	310.2	228.4	338.2	523.4	256.2
1996	337.2	250.1	365.8	566.7	275.9
1997	368.9	270.1	408.1	616.8	298.9
1998	401.4	282.2	465.5	669.4	322.1
1999	418.4	290.0	471.4	736.6	332.9
2000	444.3	297.3	503.5	811.7	348.8
2001	487.7	309.6	573.2	910.3	377.8
2002	542.3	321.7	679.9	1016.6	416.4
2003	609.5	337.7	818.4	1134.4	457.4
2004	694.8	358.0	991.1	1288.7	508.6
2005	792.1	381.3	1246.8	1408.5	563.0
2006	903.8	399.6	1534.8	1577.5	619.3
2007	1034.9	425.2	1867.9	1770.0	675.0
2008	1091.8	432.4	2011.7	1863.8	693.9
2009	1276.3	452.7	2583.0	2091.2	777.2
2010	1434.6	468.1	3115.1	2250.1	831.6
2011	1651.2	490.1	3844.0	2486.4	903.1
2012	1875.8	513.1	4570.5	2759.9	1025.9
2013	2069.0	536.7	5237.8	2939.3	1123.4

11-2 民族自治地方主要统计指标(2013年)

指 标		Item	
耕地面积	(万公顷)	Cultivated Land Area (year-end)	(10 000 hectare)
年末户籍总人口	(万人)	Household Population (year-end)	(10 000 persons)
农业人口	(万人)	Agriculture Population	(10 000 persons)
非农业人口	(万人)	Non-agriculture Population	(10 000 persons)
年末常住人口	(万人)	Resident Population (year-end)	(10 000 persons)
城镇化率	(%)	Urbanization Rate	(%)
社会从业人员	(万人)	Employed Persons	(10 000 persons)
第一产业	(万人)	Primary Industy	(10 000 persons)
第二产业	(万人)	Secondary Industy	(10 000 persons)
第三产业	(万人)	Tertiary Industy	(10 000 persons)
地区生产总值(当年价)	(万元)	Gross Domestic Product (at current prices)	(10 000 yuan)
第一产业增加值	(万元)	Value-added of Primary Industy	(10 000 yuan)
第二产业增加值	(万元)	Value-added of Secondary Industy	(10 000 yuan)
第三产业增加值	(万元)	Value-added of Tertiary Industy	(10 000 yuan)
人均地区生产总值(当年价)	(元)	Per Capita GDP (at current prices)	(yuan)
灌溉面积	(万公顷)	Irrigated Land Area	(10 000 hectare)
农用机械总动力	(万千瓦)	Total Agricultural Machinery Power	(10 000 kw)
农林牧渔业总产值(当年价)	(万元)	Gross Output Value of Farming, Forestry, Animal Husbandry and Fishery (at current prices)	(10 000 yuan)
规模以上工业企业主要财务指标		Main Financial Indicators of All State-owned Industrial Enterprises and Non-state-Owned Industrial Enterprises above Designated Size	
工业总产值(当年价)	(万元)	Gross Output Value of Industry (at current prices)	(10 000 yuan)
主营业务收入	(万元)	Sales Revenue	(10 000 yuan)
利税总额	(万元)	Total Profits and Taxes	(10 000 yuan)
公路客运周转量	(万人公里)	Passenger-Kilometers of Highways	(10 000 passenger-km)
公路货运周转量	(万吨公里)	Freight Ton-Kilometers of Highways	(10 000 ton-km)
境内公路总里程	(公里)	Total Length of Highway	(km)
#等级公路	(公里)	Expreeway and Class I to IV Highway	(km)
邮电主营业务收入	(万元)	Main Services Revenue of Post and Telecommunication	(10 000 yuan)
年末本地固定电话用户	(万户)	Local Telephone Subscribers (year-end)	(10 000 subscriber)
年末移动电话用户数	(万户)	Mobile Telephone Subscribers (year-end)	(10 000 subscriber)
互联网拔号上网用户	(万户)	Subscribers of Internet Services	(10 000 subscriber)

Main Statistical Indicators of Minority Nationality Autonomous Areas(2013)

合计 Total	阿坝州 Aba	甘孜州 Ganzi	凉山州 Liangshan	北川县 Bichuan County	峨边县 Ebian County	马边县 Mabian County
53.81	6.04	8.96	35.58	1.16	0.65	1.41
769.56	92.00	110.19	506.42	24.11	15.21	21.63
657.03	71.49	93.97	445.93	15.87	12.32	17.45
112.53	20.51	16.22	60.49	8.24	2.89	4.18
715.69	91.23	113.78	458.50	20.32	13.92	17.94
30.28	34.59	25.81	30.57	33.42	35.34	21.91
460.11	58.10	65.45	304.09	12.50	8.82	11.15
289.26	33.31	47.53	192.13	5.33	4.72	6.24
44.81	4.21	2.59	32.42	3.32	1.35	0.92
126.04	20.58	15.33	79.54	3.85	2.75	3.99
17425770	2339925	2012248	12144022	344783	307469	277323
3359513	350353	473244	2338852	88464	40536	68064
8892864	1208405	807826	6422079	140839	187133	126582
5173393	781167	731178	3383091	115480	79800	82677
24432	25728	17809	26556	17052	22072	15536
21.19	2.05	2.47	15.89	0.18	0.15	0.46
480.58	73.05	90.14	294.19	8.40	10.20	4.60
5333623	508894	617962	3878235	144924	60482	123126
16986310	1787710	703769	13740000	195400	365484	193947
15106272	1388713	672434	12346400	176737	353603	168385
1784991	87427	211480	1424000	14574	22087	25423
1045365	321302	295564	370180	30308	15859	12152
1551039	665155	120267	694191	33278	14999	23149
68949	13185	28340	23011	2595	1061	757
56280	12369	23830	17021	1348	955	757
376606	65669	79052	200902	13813	7234	9936
62.08	12.40	8.99	36.17	1.81	1.47	1.24
500.73	81.14	80.98	300.65	16.77	9.25	11.94
56.13	13.50	12.80	25.67	2.46	0.88	0.82

11-2 续表

指　　标		Item	
全社会固定资产投资完成额	(万元)	Total Investment in Fixed Assets	(10 000 yuan)
房地产开发投资	(万元)	Real Estate Development Investment	(10 000 yuan)
#住宅	(万元)	Residential Houses	(10 000 yuan)
建筑业总产值	(万元)	Gross Output Value of Construction	(10 000 yuan)
社会消费品零售总额	(万元)	Total Retail Sales of Consumer Goods	(10 000 yuan)
出口总额	(万美元)	Total Export	(USD 10 000)
旅游收入总额	(万元)	Income of Tourism	(10 000 yuan)
城镇居民人均可支配收入	(元)	Uumber of Star-rated Hotel	(yuan)
农村居民人均纯收入	(元)	Per Capita Net Income of Rural Households	(yuan)
社会福利院数(含敬老院)	(个)	Social Welfare Homes	(unit)
社会福利院床位数(含敬老院)	(张)	Beds in Social Welfare Homes	(unit)
参加基本养老保险的职工数	(人)	Employees and Retirees Contributed to Pension Insurance	(person)
参加基本医疗保险的职工数	(人)	Contributors of Basic Medical Insurance	(person)
地方公共财政收入	(万元)	Local Government Intra-budgetary Ordinary Revenue	(10 000 yuan)
#税收收入	(万元)	Taxes Revenue	(10 000 yuan)
地方公共财政支出	(万元)	Local Government Intra-budgetary Ordinary Expenditures	(10 000 yuan)
年末金融机构各项存款余额	(万元)	Deposits of Financial Instituition	(10 000 yuan)
城乡居民储蓄存款余额	(万元)	Balance of Saving Deposits of Urban and Rural Residents	(10 000 yuan)
年末金融机构各项贷款余额	(万元)	Loans of Financial Instituition	(10 000 yuan)
在校学生总数	(人)	Students Enrollment	(person)
#小学	(人)	Primary Schools	(person)
#普通中学	(人)	Regular Secondary Schools	(person)
医疗卫生机构数	(个)	Hospital	(unit)
医疗卫生机构床位数	(张)	Beds in Hospital	(unit)
医院、卫生院技术人员	(人)	Medical Technical Personnel in Hospital	(person)
#执业（助理）医师	(人)	Doctors	(person)

continued

合计 Total	阿坝州 Aba	甘孜州 Ganzi	凉山州 Liangshan	北川县 Bichuan County	峨边县 Ebian County	马边县 Mabian County
18664078	4059800	4069316	9754659	354977	147357	277969
251098	40360	19815	176378	7875		6670
188260	38430	6377	135387	4231		3835
914806	86031	74473	722799	12746	9990	8767
5218265	522281	573519	3797173	138126	104563	82603
11194	2277	1042	7750	98	13	14
4262270	1956685	632500	1383100	199500	56102	34383
21803	23115	21418	21699	19244	20012	20203
6844	6793	5435	7359	6472	4137	4567
210	37	79	70	11	7	6
20113	4532	3441	9518	1483	530	609
450856	47553	70624	252306	33695	20770	25908
815618	83559	110743	559859	15900	22744	22813
1647038	244616	221242	1100148	30079	26315	24638
1010846	140682	161510	649468	22378	15011	21797
8251317	1757926	2753253	3330204	179222	112376	118336
23146018	4351921	4429887	12718936	964378	331917	348979
10068055	1482008	1396324	6254424	494310	229042	211947
10540681	1864399	1676011	5754653	798885	251722	195011
1100636	114304	136859	784814	20033	15066	29560
740478	66968	97063	534877	9874	10134	21562
360158	47336	39796	249937	10159	4932	7998
3470	1624	458	1112	47	110	119
25908	3883	2768	17283	1101	371	502
22862	3605	4215	13485	842	308	407
10069	1829	1735	5928	312	129	136

11-3 民族自治地方年末总人口和就业人员
Population and Employment in Minority Nationality Autonomous Areas

单位:万人 (10 000 persons)

年份 Year	年末户籍总人口 Household Population (year-end)	#非农业人口 Non-agriculture	就业人员 Number of Employed Persons	第一产业 Primary Industry	第二产业 Secondary Industry	第三产业 Tertiary Industry
1978	471.36	60.71	216.92			
1980	484.10	62.60	229.08			
1985	514.65	66.34	261.61			
1990	549.03	68.01	296.09			
1995	573.91	73.58	346.98	258.93	33.48	54.57
1996	578.54	75.10	345.07	257.30	32.25	55.52
1997	584.60	76.60	342.22	270.79	20.91	50.52
1998	589.96	78.19	343.89	271.25	20.25	52.39
1999	594.89	79.67	345.32	273.52	19.75	52.05
2000	606.11	81.44	351.99	278.93	18.65	54.41
2001	610.93	82.93	354.43	279.69	16.49	58.25
2002	616.81	84.41	356.25	280.90	16.77	58.58
2003	639.71	93.36	373.91	284.69	22.62	66.60
2004	649.17	97.17	387.38	281.85	22.98	82.55
2005	653.76	93.90	378.56	280.80	24.96	72.80
2006	663.73	94.67	385.37	279.63	25.98	79.76
2007	681.72	96.97	397.43	283.94	30.96	82.53
2008	698.87	98.26	409.69	285.42	33.37	90.90
2009	723.42	103.95	448.49	287.57	49.53	111.39
2010	734.16	106.76	439.29	289.21	46.12	103.96
2011	746.67	109.20	444.08	280.01	47.47	116.60
2012	759.54	111.09	459.83	290.33	45.31	124.19
2013	769.56	112.53	460.11	289.26	44.81	126.04

11-4 民族自治地方耕地面积和农业生产条件
Cultivated Land and Production Condition of Agriculture in Minority Nationality Autonomous Areas

年份 Year	耕地面积 (万公顷) Cultivated Land Area (10 000 hectares)	灌溉面积 (万公顷) Irrigated Land Area (10 000 hectares)	化肥施用量 (折纯，万吨) Consumption of Chemical Fertilizers (10 000 tons)	农村用电量 (万千瓦时) Electricity Consumed in Rural Areas (10 000 kwh)	农业机械总动力 (万千瓦) Total Agricultural Machinery Power (10 000 kw)
1978	51.52	15.47	3.44	8691	27.11
1980	51.84	16.17	3.12	9001	37.21
1985	50.32	15.96	3.34	14139	53.88
1990	50.00	15.32	4.75	22770	78.58
1995	50.97	15.90	6.83	28394	109.30
1996	51.45	16.06	7.53	32542	112.00
1997	51.56	15.21	9.77	35458	119.00
1998	51.12	15.73	10.64	35448	134.00
1999	50.74	15.24	11.12	41828	135.00
2000	48.39	16.13	11.82	44996	137.00
2001	49.47	16.36	11.63	48137	142.00
2002	46.14	16.28	10.41	49790	154.00
2003	45.32	16.24	11.14	55645	162.00
2004	47.91	16.19	11.70	61174	173.00
2005	49.47	16.63	12.59	63417	201.00
2006	49.97	16.62	13.43	64103	173.00
2007	51.25	17.31	14.38	72184	250.00
2008	52.06	17.59	15.25	79387	287.00
2009	52.96	18.34	16.52	86799	333.00
2010	53.37	18.60	16.72	91006	370.00
2011	53.35	19.33	17.29	96409	415.95
2012	53.53	19.89	17.83	101566	439.04
2013	53.81	21.19	16.66	108370	480.58

11-5 民族自治地方邮电和卫生情况
Postal and Telecommunication, Public Health in Minority Nationality Autonomous Areas

年份 Year	邮电主营业务收入（万元） Main Services Revenue of Post and Telecommunication (10 000 yuan)	本地固定电话用户（户） Local Telephone Subscribers (subscriber)	医疗卫生机构床位数（张） Beds in Health Institutions (unit)	医院、卫生院技术人员数（人） Medical Technical Personnel (person)	#医生 Doctor
1978	1248	12984	14225	15058	7303
1980	1290	12720	14471	17699	9102
1985	1719	16715	14938	19438	10203
1990	3108	25797	15588	18481	10155
1995	8807	68918	15688	18957	10037
1996	12028	86393	14923	18189	9768
1997	16285	108065	15348	19066	10414
1998	23483	136102	15113	18441	10080
1999	29025	180819	15313	18554	10841
2000	41608	260259	16475	14807	7889
2001	56484	318431	14263	22337	8867
2002	67374	381751	13901	16180	8159
2003	90594	507494	15097	16345	8450
2004	111646	611173	16538	15005	7860
2005	130946	701281	14647	19535	8686
2006	154313	781645	15635	14384	8124
2007	176723	795721	15898	16127	10045
2008	202155	745976	16737	15516	8518
2009	234607	710371	18363	17615	8807
2010	265913	659985	19791	24848	7485
2011	302272	648593	21448	29648	9433
2012	345136	638209	24607	24655	7571
2013	376606	620812	25908	22862	10069

11-6 民族自治地方社会消费品零售总额、城乡居民储蓄存款余额和各类普通学校在校学生人数

Total Retail Sales of Consumer Goods, Balance of Savings Deposit of Residents and Number of Student Enrollment by Type of School in Minority Nationality Autonomous Areas

年份 Year	社会消费品零售总额(万元) Total Retail Sales of Consumer Goods (10 000 yuan)	城乡居民储蓄存款余额(万元) Balance of Savings Deposit of Residents (10 000 yuan)	各类普通学校在校学生人数(人) Number of Student Enrollment in all Kind of Schools (person)	普通高等院校 Regular Institutions of Higher Education	中等专业学校 Specialized Secondary Schools	普通中学 Regular Secondary Schools	小学 Primary Schools
1978	47619	7244	871105	970	11756	184900	673479
1980	60043	12464	779729	1231	10343	162751	605404
1985	106994	43931	658444	2826	7570	126389	521659
1990	199569	176786	641506	4225	10173	133208	493900
1995	391322	517119	720078	6144	14497	121232	578205
1996	438877	651941	754756	6467	15381	126736	605960
1997	485241	731520	786069	7355	16954	129029	632731
1998	516783	842290	811320	7805	18232	128916	656367
1999	554646	957542	820190	9688	19573	133369	657565
2000	598106	1072602	811219	10725	14731	145534	640229
2001	679155	1269799	852449	15229	13825	164038	659357
2002	769925	1479126	914472	17350	11203	186065	692423
2003	908537	1756836	995125	20829	15942	221096	731794
2004	1106522	2023855	1039960	24488	11486	243812	756318
2005	1429586	2323707	1093585	27857	13963	283307	780372
2006	1669986	2689149	1180671	27025	19998	323742	829904
2007	1973612	2990333	1213878	25132	25977	337781	824988
2008	2247180	3810356	1216362	25092	33575	345560	811499
2009	2736735	4816676	1216657	26371	35221	360138	794927
2010	3370366	5848298	1221698	27494	39672	373524	781008
2011	3963613	7127801	1218622	28546	36839	380705	772207
2012	4591229	8601602	1214172	29673	39278	378296	766925
2013	5218265	10068055	1177448	30728	46084	360158	740478

2014

12

县（市、区）概况

SURVEY OF COUNTY(CITY,DISTRICT)

12-1 各县(市、区)年末户籍总人口及构成(2013年)
Total Household Population and its Composition by County(year-end)(2013)

单位：万人 (10 000 persons)

县(市、区)	County (Municipalities, District)	年末户籍总人口 Total Household Population (year-end)	男 Male 人口数 Population	女 Female 人口数 Population	农业人口 Agriculture 人口数 Population	农业人口 Agriculture 比重(%) Proportion	非农业人口 Non-agriculture 人口数 Population	非农业人口 Non-agriculture 比重(%) Proportion
成都市	**Chengdu**							
锦江区	Jinjiang	47.0	23.1	23.9			47.0	100.0
青羊区	Qingyang	61.9	30.5	31.4			61.9	100.0
金牛区	Jinniu	74.1	37.0	37.1			74.1	100.0
武侯区	Wuhou	100.9	49.8	51.1			100.9	100.0
成华区	Chenghua	68.8	34.7	34.1			68.8	100.0
龙泉驿区	Longquanyi	61.5	30.5	31.0	29.6	48.1	31.9	51.9
青白江区	Qingbaijiang	41.5	20.8	20.7	26.3	63.4	15.2	36.6
新都区	Xindu	70.2	34.6	35.6	29.8	42.5	40.4	57.5
温江区	Wenjiang	39.0	19.0	20.0	7.9	20.3	31.1	79.7
金堂县	Jintang	89.2	45.9	43.3	66.3	74.3	22.9	25.7
双流县	Shuangliu	97.8	48.4	49.4	35.0	35.8	62.8	64.2
郫县	Pixian	52.6	25.9	26.7	30.0	57.0	22.6	43.0
大邑县	Dayi	51.3	26.0	25.3	30.9	60.2	20.4	39.8
蒲江县	Pujiang	26.5	13.3	13.2	19.2	72.5	7.3	27.5
新津县	Xinjin	31.0	15.3	15.7	20.1	64.8	10.9	35.2
都江堰市	Dujiangyan	61.6	30.5	31.1	21.8	35.4	39.8	64.6
彭州市	Pengzhou	80.6	40.3	40.3	54.2	67.2	26.4	32.8
邛崃市	Qionglai	65.7	33.1	32.6	41.2	62.7	24.5	37.3
崇州市	Chongzhou	66.8	33.5	33.3	47.0	70.4	19.8	29.6
自贡市	**Zigong**							
自流井区	Ziliujing	36.2	17.8	18.4	7.2	19.9	29.0	80.1
贡井区	Gongjing	29.7	15.1	14.6	19.3	65.0	10.4	35.0
大安区	Daan	45.9	23.3	22.6	28.3	61.7	17.6	38.3
沿滩区	Yantan	39.5	20.2	19.3	30.1	76.2	9.4	23.8
荣县	Rongxian	69.4	35.6	33.8	49.5	71.3	19.9	28.7
富顺县	Fushun	109.0	56.1	52.9	82.8	76.0	26.2	24.0
攀枝花市	**Panzhihua**							
东区	East District	31.2	16.1	15.1	0.8	2.6	30.4	97.4
西区	West District	14.6	7.5	7.1	0.9	6.2	13.7	93.8
仁和区	Renhe	22.9	11.6	11.3	13.4	58.5	9.5	41.5
米易县	Miyi	22.2	11.2	11.0	18.8	84.7	3.4	15.3
盐边县	Yanbian	21.1	10.8	10.3	18.2	86.3	2.9	13.7
泸州市	**Luzhou**							
江阳区	Jiangyang	65.6	32.9	32.7	14.2	21.6	51.4	78.4
纳溪区	Nanqi	48.2	25.2	23.0	24.3	50.4	23.9	49.6
龙马潭区	Longmatan	35.7	17.7	18.0	7.2	20.2	28.5	79.8
泸县	Luxian	108.9	56.3	52.6	96.0	88.2	12.9	11.8
合江县	Hejiang	91.0	47.5	43.5	76.6	84.2	14.4	15.8
叙永县	Xuyong	73.1	38.4	34.7	61.4	84.0	11.7	16.0
古蔺县	Gulin	85.9	45.4	40.5	76.4	88.9	9.5	11.1

12-1 续表1 continued

单位：万人 (10 000 persons)

县(市、区)	County (Municipalities, District)	年末户籍总人口 Total Household Population (year-end)	男 Male 人口数 Population	女 Female 人口数 Population	农业人口 Agriculture 人口数 Population	农业人口 Agriculture 比重(%) Proportion	非农业人口 Non-agriculture 人口数 Population	非农业人口 Non-agriculture 比重(%) Proportion
德阳市	**Deyang**							
旌阳区	Jinyang	68.8	34.9	33.9	26.9	39.1	41.9	60.9
中江县	Zhongjiang	142.9	75.2	67.7	122.2	85.5	20.7	14.5
罗江县	Luojiang	25.1	12.8	12.3	19.3	76.9	5.8	23.1
广汉市	Guanghan	60.7	30.1	30.6	36.8	60.6	23.9	39.4
什邡市	Shifang	43.8	21.8	22.0	33.1	75.6	10.7	24.4
绵竹市	Mianzhu	50.7	25.4	25.3	36.3	71.6	14.4	28.4
绵阳市	**Mianyang**							
涪城区	Hucheng	70.1	35.1	35.0	19.8	28.2	50.3	71.8
游仙区	Youxian	55.4	28.2	27.2	34.7	62.6	20.7	37.4
三台县	Santai	147.5	77.5	70.0	124.9	84.7	22.6	15.3
盐亭县	Yanting	60.0	30.9	29.1	49.0	81.7	11.0	18.3
安县	Anxian	44.6	22.7	21.9	37.4	83.9	7.2	16.1
梓潼县	Zitong	38.4	19.8	18.6	31.7	82.6	6.7	17.4
北川县	Beichuan	24.1	12.4	11.7	15.9	66.0	8.2	34.0
平武县	Pingwu	18.4	9.6	8.8	15.3	83.2	3.1	16.8
江油市	Jiangyou	88.9	45.3	43.6	60.7	68.3	28.2	31.7
广元市	**Guangyuan**							
利州区	Lizhou	48.7	24.5	24.2	17.9	36.8	30.8	63.2
昭化区	Zhaohua	24.0	12.3	11.7	21.6	90.0	2.4	10.0
朝天区	Chaotian	20.7	10.7	10.0	18.9	91.3	1.8	8.7
旺苍县	Wangcang	45.6	23.5	22.1	34.6	75.9	11.0	24.1
青川县	Qingchuan	24.0	12.4	11.6	19.2	80.0	4.8	20.0
剑阁县	Jiange	68.2	35.6	32.6	59.6	87.4	8.6	12.6
苍溪县	Cangqi	79.0	40.3	38.7	66.2	83.8	12.8	16.2
遂宁市	**Suining**							
船山区	Chuanshan	71.2	35.8	35.4	32.4	45.5	38.8	54.5
安居区	Anju	80.4	42.1	38.3	74.6	92.8	5.8	7.2
蓬溪县	Pengqi	71.7	37.8	33.9	59.5	83.0	12.2	17.0
射洪县	Shehong	100.9	51.9	49.0	72.1	71.5	28.8	28.5
大英县	Daying	55.2	28.6	26.6	43.3	78.4	11.9	21.6
内江市	**Neijiang**							
内江市中区	Neijiang Downtown	53.6	27.0	26.6	30.3	56.5	23.3	43.5
东兴区	Dongxing	89.2	46.0	43.2	73.0	81.8	16.2	18.2
威远县	Weiyuan	74.6	38.4	36.2	56.1	75.2	18.5	24.8
资中县	Zizhong	130.6	68.6	62.0	112.0	85.8	18.6	14.2
隆昌县	Longchang	78.8	40.3	38.5	59.0	74.9	19.8	25.1
乐山市	**Leshan**							
乐山市中区	Leshan Downtown	60.4	29.9	30.5	28.5	47.2	31.9	52.8
沙湾区	Shawan	18.8	9.8	9.0	11.6	61.7	7.2	38.3
五通桥区	Wutongqiao	31.7	15.9	15.8	18.0	56.8	13.7	43.2

12-1 续表2 continued

单位：万人 (10 000 persons)

县(市、区)	County (Municipalities, District)	年末户籍总人口 Total Household Population (year-end)	男 Male	女 Female	农业人口 Agriculture		非农业人口 Non-agriculture	
			人口数 Population	人口数 Population	人口数 Population	比重(%) Proportion	人口数 Population	比重(%) Proportion
金口河区	Jinkouhe	5.3	2.7	2.6	3.8	71.7	1.5	28.3
犍为县	Qianwei	57.0	29.5	27.5	42.4	74.4	14.6	25.6
井研县	Jingyan	41.5	21.5	20.0	31.8	76.6	9.7	23.4
夹江县	Jiajiang	35.2	17.8	17.4	26.9	76.4	8.3	23.6
沐川县	Muchuan	26.0	13.7	12.3	20.9	80.4	5.1	19.6
峨边县	Ebian	15.2	7.9	7.3	12.3	80.9	2.9	19.1
马边县	Mabian	21.6	11.1	10.5	17.4	80.6	4.2	19.4
峨眉山市	Emeishan	43.3	21.9	21.4	23.9	55.2	19.4	44.8
南充市	**Nanchong**							
顺庆区	Shunqing	66.0	33.3	32.7	27.0	40.9	39.0	59.1
高坪区	Gaoping	60.2	31.2	29.0	44.0	73.1	16.2	26.9
嘉陵区	Jialing	70.5	37.2	33.3	57.5	81.6	13.0	18.4
南部县	Nanbu	129.0	67.7	61.3	105.5	81.8	23.5	18.2
营山县	Yingshan	95.4	50.0	45.4	78.7	82.5	16.7	17.5
蓬安县	Pengan	71.6	37.5	34.1	59.2	82.7	12.4	17.3
仪陇县	Yilong	112.7	59.8	52.9	94.7	84.0	18.0	16.0
西充县	Xichong	65.9	34.4	31.5	52.2	79.2	13.7	20.8
阆中市	Langzhong	87.7	44.9	42.8	63.6	72.5	24.1	27.5
眉山市	**Meishan**							
东坡区	Dongpo	87.2	43.8	43.4	52.0	59.6	35.2	40.4
仁寿县	Renshou	160.2	83.0	77.2	127.6	79.7	32.6	20.3
彭山县	Pengshan	33.4	16.8	16.6	19.6	58.7	13.8	41.3
洪雅县	Hongya	35.2	17.9	17.3	25.3	71.9	9.9	28.1
丹棱县	Danling	16.4	8.3	8.1	12.7	77.4	3.7	22.6
青神县	Qingshen	19.8	10.0	9.8	16.1	81.3	3.7	18.7
宜宾市	**Yibin**							
翠屏区	Cuiping	83.0	42.1	40.9	43.6	52.5	39.4	47.5
南溪区	Nanxi	43.5	22.5	21.0	34.4	79.1	9.1	20.9
宜宾县	Yibin	103.1	53.9	49.2	90.6	87.9	12.5	12.1
江安县	Jiangan	56.1	29.3	26.8	47.9	85.4	8.2	14.6
长宁县	Changning	46.0	24.3	21.7	40.2	87.4	5.8	12.6
高县	Gaoxian	53.6	27.9	25.7	47.0	87.7	6.6	12.3
珙县	Gongxian	42.9	22.4	20.5	34.1	79.5	8.8	20.5
筠连县	Junlian	43.3	22.7	20.6	37.5	86.6	5.8	13.4
兴文县	Xingwen	47.9	25.3	22.6	42.0	87.7	5.9	12.3
屏山县	Pingshan	31.0	16.1	14.9	26.9	86.8	4.1	13.2
广安市	**Guangan**							
广安区	Guanganqu	89.9	47.8	42.1	65.6	72.9	24.3	27.0
前锋区	Qianfeng	36.8	18.1	18.7	30.1	81.8	6.7	18.2
岳池县	Yuechi	119.1	62.7	56.4	101.5	85.2	17.6	14.8
武胜县	Wusheng	84.8	44.2	40.6	71.8	84.7	13.0	15.3

12-1 续表3 continued

单位：万人 (10 000 persons)

县(市、区)	County (Municipalities, District)	年末户籍总人口 Total Household Population (year-end)	男 Male 人口数 Population	女 Female 人口数 Population	农业人口 Agriculture 人口数 Population	农业人口 Agriculture 比重(%) Proportion	非农业人口 Non-agriculture 人口数 Population	非农业人口 Non-agriculture 比重(%) Proportion
邻水县	Linshui	103.5	54.5	49.0	85.7	82.8	17.8	17.2
华蓥市	Huaying	36.3	18.9	17.4	25.1	69.1	11.2	30.9
达州市	**Dazhou**							
通川区	Tongchuan	59.5	30.1	29.4	30.4	51.1	29.1	48.9
达川区	Dachuan	121.1	63.1	58.0	97.1	80.2	24.0	19.8
宣汉县	Xuanhan	131.2	69.4	61.8	109.4	83.4	21.8	16.6
开江县	Kaijiang	60.2	32.1	28.1	49.7	82.5	10.5	17.5
大竹县	Dazhu	112.0	60.5	51.5	90.0	80.3	22.0	19.7
渠县	Quxian	143.8	75.3	68.5	121.4	84.4	22.4	15.6
万源市	Wanyuan	59.8	31.3	28.5	50.0	83.6	9.8	16.4
雅安市	**Yaan**							
雨城区	Yucheng	34.7	17.6	17.1	18.1	52.1	16.6	47.9
名山区	Mingshan	28.0	14.4	13.6	24.1	86.1	3.9	13.9
荥经县	Yingjing	15.3	7.7	7.6	10.3	67.3	5.0	32.7
汉源县	Hanyuan	33.0	16.8	16.2	28.5	86.4	4.5	13.6
石棉县	Shimian	12.4	6.3	6.1	8.4	67.7	4.0	32.3
天全县	Tianquan	15.5	8.0	7.5	12.2	78.7	3.3	21.3
芦山县	Lushan	12.2	6.3	5.9	8.5	69.7	3.7	30.3
宝兴县	Baoxing	5.9	3.1	2.8	4.3	72.9	1.6	27.1
巴中市	**Bazhong**							
巴州区	Bazhou	80.2	41.6	38.6	53.5	66.7	26.7	33.3
恩阳区	Enyang	58.9	30.6	28.3	53.3	90.5	5.6	9.5
通江县	Tongjiang	77.0	39.9	37.1	63.7	82.7	13.3	17.3
南江县	Nanjiang	68.6	35.9	32.7	56.7	82.7	11.9	17.3
平昌县	Pingchang	105.5	54.8	50.7	84.9	80.5	20.6	19.5
资阳市	**Ziyang**							
雁江区	Yanjiang	110.4	57.3	53.1	84.1	76.2	26.3	23.8
安岳县	Anyue	162.6	85.3	77.3	142.4	87.6	20.2	12.4
乐至县	Lezhi	85.7	45.2	40.5	70.5	82.3	15.2	17.7
简阳市	Jianyang	148.6	76.5	72.1	121.1	81.5	27.5	18.5
阿坝州	**Aba**							
汶川县	Wenchuan	10.1	5.2	4.9	6.5	64.4	3.6	35.6
理县	Lixian	4.6	2.3	2.3	3.5	76.1	1.1	23.9
茂县	Maoxian	11.2	5.7	5.5	8.4	74.5	2.8	25.5
松潘县	Songpan	7.6	3.9	3.7	5.8	76.3	1.8	23.7
九寨沟县	Jiuzhaigou	6.8	3.4	3.4	4.7	69.1	2.1	30.9
金川县	Jinchuan	7.4	3.8	3.6	6.2	83.8	1.2	16.2
小金县	Xiaojin	8.1	4.2	3.9	6.9	85.2	1.2	14.8
黑水县	Heishui	6.2	3.1	3.1	5.3	85.5	0.9	14.5
马尔康县	Maerkang	5.6	2.9	2.7	3.2	57.1	2.4	42.9
壤塘县	Rangtang	4.3	2.2	2.1	3.6	83.7	0.7	16.3

12-1 续表4 continued

单位：万人 (10 000 persons)

县(市、区)	County (Municipalities, District)	年末户籍总人口 Total Household Population (year-end)	男 Male 人口数 Population	女 Female 人口数 Population	农业人口 Agriculture 人口数 Population	农业人口 Agriculture 比重(%) Proportion	非农业人口 Non-agriculture 人口数 Population	非农业人口 Non-agriculture 比重(%) Proportion
阿坝县	Abaxian	7.7	4.0	3.7	7.0	90.9	0.7	9.1
若尔盖县	Ruoergai	7.8	3.9	3.9	6.8	87.2	1.0	12.8
红原县	Hongyuan	4.6	2.3	2.3	3.6	78.3	1.0	21.7
甘孜州	**Ganzi**							
康定县	Kangding	11.3	5.8	5.5	7.4	65.5	3.9	34.5
泸定县	Luding	8.8	4.4	4.4	6.7	76.1	2.1	23.9
丹巴县	Danba	6.1	3.1	3.0	5.1	83.6	1.0	16.4
九龙县	Jiulong	6.7	3.4	3.3	5.7	85.1	1.0	14.9
雅江县	Yajiang	5.0	2.6	2.4	4.4	88.0	0.6	12.0
道孚县	Daofu	5.7	2.9	2.8	4.9	86.0	0.8	14.0
炉霍县	Luhuo	4.7	2.4	2.3	4.1	87.2	0.6	12.8
甘孜县	Ganzixian	7.0	3.5	3.5	6.3	90.0	0.7	10.0
新龙县	Xinlong	5.1	2.6	2.5	4.5	88.2	0.6	11.8
德格县	Dege	8.6	4.3	4.3	8.0	93.0	0.6	7.0
白玉县	Baiyu	5.4	2.7	2.7	4.9	90.7	0.5	9.3
石渠县	Shiqu	9.6	4.9	4.7	9.1	94.8	0.5	5.2
色达县	Seda	5.3	2.6	2.7	4.8	90.6	0.5	9.4
理塘县	Litang	6.8	3.4	3.4	6.0	88.2	0.8	11.8
巴塘县	Batang	5.3	2.7	2.6	4.6	86.8	0.7	13.2
乡城县	Xiangcheng	3.0	1.5	1.5	2.5	83.3	0.5	16.7
稻城县	Daocheng	3.2	1.6	1.6	2.8	87.5	0.4	12.5
得荣县	Derong	2.6	1.3	1.3	2.2	84.6	0.4	15.4
凉山州	**Liangshan**							
西昌市	Xichang	64.6	32.8	31.8	44.3	68.6	20.3	31.4
木里县	Muli	13.8	7.0	6.8	12.2	88.4	1.6	11.6
盐源县	Yanyuan	39.0	20.2	18.8	36.2	92.8	2.8	7.2
德昌县	Dechang	21.0	10.7	10.3	18.3	87.1	2.7	12.9
会理县	Huili	46.4	24.0	22.4	38.5	83.0	7.9	17.0
会东县	Huidong	42.1	22.5	19.6	39.1	92.9	3.0	7.1
宁南县	Ningnan	19.2	9.9	9.3	17.2	89.6	2.0	10.4
普格县	Puge	19.2	10.0	9.2	17.5	91.1	1.7	8.9
布拖县	Buto	18.8	9.7	9.1	17.4	92.6	1.4	7.4
金阳县	Jinyang	20.1	10.3	9.8	18.8	93.5	1.3	6.5
昭觉县	Zhaojue	30.7	15.7	15.0	28.6	93.2	2.1	6.8
喜德县	Xide	22.4	11.3	11.1	20.4	91.1	2.0	8.9
冕宁县	Mianning	39.3	20.1	19.2	35.5	90.3	3.8	9.7
越西县	Yuexi	34.6	17.6	17.0	31.8	91.9	2.8	8.1
甘洛县	Ganluo	22.4	11.6	10.8	20.8	92.9	1.6	7.1
美姑县	Meigu	26.2	13.3	12.9	24.8	94.7	1.4	5.3
雷波县	Leibo	26.6	13.8	12.8	24.5	92.1	2.1	7.9

12-2 各县(市、区)年末常住人口及构成(2013年)
Total Resident Population and its Composition by County(year-end)(2013)

单位：万人 (10 000 persons)

县(市、区)	County (Municipalities, District)	年末常住人口 Total Resident Population (year-end)	出生人口 Birth Population 人口数 Population	出生率(‰) Birth Rate	死亡人口 Death Population 人口数 Population	死亡率(‰) Death Rate	城镇人口 Urban Population 人口数 Population	城镇化率(%) Proportion
成都市	**Chengdu**							
锦江区	Jinjiang	69.51	0.49	7.01	0.28	4.00	69.51	100.00
青羊区	Qingyang	83.53	0.57	6.83	0.27	3.28	83.53	100.00
金牛区	Jinniu	120.24	0.66	5.50	0.47	3.92	120.24	100.00
武侯区	Wuhou	167.41	1.12	6.69	0.38	2.27	167.41	100.00
成华区	Chenghua	94.28	0.64	6.74	0.40	4.19	94.28	100.00
龙泉驿区	Longquanyi	79.36	0.59	7.42	0.30	3.73	49.20	62.00
青白江区	Qingbaijiang	39.43	0.32	8.20	0.29	7.34	19.34	49.06
新都区	Xindu	79.46	0.62	7.85	0.74	9.28	47.17	59.36
温江区	Wenjiang	46.38	0.37	8.01	0.23	4.87	30.81	66.44
金堂县	Jintang	72.37	0.81	11.23	0.77	10.62	24.65	34.06
双流县	Shuangliu	123.07	0.96	7.79	0.70	5.67	79.66	64.73
郫县	Pixian	77.06	0.49	6.34	0.28	3.65	47.42	61.53
大邑县	Dayi	50.74	0.37	7.31	0.33	6.49	20.83	41.06
蒲江县	Pujiang	24.57	0.23	9.20	0.11	4.48	9.05	36.83
新津县	Xinjin	30.75	0.28	9.09	0.21	6.93	14.51	47.19
都江堰市	Dujiangyan	66.70	0.50	7.46	0.46	6.89	34.94	52.39
彭州市	Pengzhou	76.82	0.61	8.00	0.43	5.56	29.82	38.82
邛崃市	Qionglai	61.71	0.50	8.08	0.49	7.88	24.70	40.03
崇州市	Chongzhou	66.37	0.55	8.24	0.36	5.36	25.17	37.92
自贡市	**Zigong**							
自流井区	Ziliujing	38.48	0.30	7.82	0.22	5.70	33.59	87.29
贡井区	Gongjing	26.41	0.22	8.50	0.17	6.30	12.54	47.48
大安区	Daan	38.46	0.32	8.28	0.24	6.21	18.30	47.58
沿滩区	Yantan	28.30	0.32	11.33	0.18	6.34	10.26	36.25
荣县	Rongxian	59.12	0.53	8.89	0.43	7.25	20.67	34.96
富顺县	Fushun	83.06	0.83	10.05	0.53	6.33	29.29	35.26
攀枝花市	**Panzhihua**							
东区	East District	38.10	0.31	8.14	0.17	4.46	37.60	98.69
西区	West District	15.09	0.11	7.29	0.08	5.30	14.59	96.69
仁和区	Renhe	26.57	0.22	8.28	0.14	5.27	12.32	46.37
米易县	Miyi	22.25	0.22	9.89	0.14	6.29	8.22	36.94
盐边县	Yanbian	21.32	0.25	11.73	0.12	5.63	5.50	25.80
泸州市	**Luzhou**							
江阳区	Jiangyang	59.50	0.63	10.59	0.38	6.39	42.91	72.12
纳溪区	Nanqi	45.84	0.43	9.38	0.26	5.67	30.13	65.72
龙马潭区	Longmatan	35.34	0.31	8.77	0.22	6.23	26.72	75.61
泸县	Luxian	84.96	1.10	12.95	0.71	8.36	28.65	33.72
合江县	Hejiang	70.05	0.89	12.71	0.59	8.42	22.89	32.67
叙永县	Xuyong	58.03	0.84	14.48	0.45	7.75	15.97	27.52
古蔺县	Gulin	70.86	1.11	15.66	0.65	9.17	16.53	23.33

12-2 续表1 continued

单位：万人 (10 000 persons)

县(市、区)	County (Municipalities, District)	年末常住人口 Total Resident Population (year-end)	出生人口 Birth Population		死亡人口 Death Population		城镇人口 Urban Population	
			人口数 Population	出生率(‰) Birth Rate	人口数 Population	死亡率(‰) Death Rate	人口数 Population	城镇化率(%) Proportion
德阳市	**Deyang**							
旌阳区	Jinyang	74.20	0.55	7.41	0.41	5.53	48.01	64.70
中江县	Zhongjiang	109.00	1.14	10.46	0.82	7.52	37.27	34.19
罗江县	Luojiang	22.30	0.21	9.42	0.16	7.17	8.80	39.46
广汉市	Guanghan	59.46	0.42	7.06	0.41	6.90	28.00	47.09
什邡市	Shifang	41.60	0.31	7.45	0.28	6.73	19.15	46.03
绵竹市	Mianzhu	45.81	0.34	7.42	0.31	6.77	20.40	44.53
绵阳市	**Mianyang**							
涪城区	Hucheng	83.57	0.64	7.65	0.50	6.02	62.09	74.30
游仙区	Youxian	49.77	0.37	7.53	0.31	6.22	23.39	47.00
三台县	Santai	104.64	0.95	9.10	0.71	6.81	33.50	32.02
盐亭县	Yanting	43.30	0.34	7.94	0.28	6.51	14.08	32.51
安县	Anxian	38.63	0.37	9.46	0.24	6.20	16.02	41.46
梓潼县	Zitong	30.80	0.28	9.03	0.22	7.25	10.03	32.55
北川县	Beichuan	20.32	0.15	7.32	0.13	6.30	6.79	33.40
平武县	Pingwu	17.25	0.14	7.91	0.12	6.75	4.49	26.00
江油市	Jiangyou	79.36	0.66	8.30	0.46	5.81	40.48	51.01
广元市	**Guangyuan**							
利州区	Lizhou	53.40	0.46	8.61	0.25	4.68	35.17	65.86
昭化区	Zhaohua	17.67	0.23	13.02	0.16	9.05	5.21	29.50
朝天区	Chaotian	18.50	0.19	10.27	0.13	7.03	5.38	29.10
旺苍县	Wangcang	39.42	0.41	10.40	0.26	6.60	13.72	34.80
青川县	Qingchuan	20.37	0.18	8.84	0.14	6.87	5.60	27.50
剑阁县	Jiange	47.30	0.66	13.95	0.41	8.67	14.28	30.20
苍溪县	Cangqi	57.84	0.72	12.45	0.49	8.47	16.83	29.10
遂宁市	**Suining**							
船山区	Chuanshan	66.57	0.81	12.17	0.28	4.21	50.45	75.78
安居区	Anju	64.38	0.87	13.51	0.24	3.73	14.58	22.65
蓬溪县	Pengqi	55.67	0.79	14.19	0.19	3.41	17.08	30.68
射洪县	Shehong	92.65	0.89	9.61	0.30	3.24	42.35	45.71
大英县	Daying	48.23	0.55	11.40	0.18	3.73	16.72	34.67
内江市	**Neijiang**							
内江市中区	Neijiang Downtown	51.56	0.48	9.31	0.26	5.04	27.77	53.86
东兴区	Dongxing	76.05	0.91	11.97	0.70	9.20	35.10	46.15
威远县	Weiyuan	59.20	0.68	11.49	0.47	7.94	25.83	43.63
资中县	Zizhong	121.12	1.33	10.98	0.82	6.77	41.19	34.01
隆昌县	Longchang	64.53	0.91	14.10	0.52	8.06	29.04	45.00
乐山市	**Leshan**							
乐山市中区	Leshan Downtown	67.52	0.48	7.15	0.41	6.03	45.02	66.68
沙湾区	Shawan	17.97	0.15	8.49	0.12	6.49	8.48	47.19
五通桥区	Wutongqiao	32.45	0.24	7.30	0.21	6.44	16.29	50.20

12-2 续表2 continued

单位：万人 (10 000 persons)

县(市、区)	County (Municipalities, District)	年末常住人口 Total Resident Population (year-end)	出生人口 Birth Population 人口数 Population	出生率(‰) Birth Rate	死亡人口 Death Population 人口数 Population	死亡率(‰) Death Rate	城镇人口 Urban Population 人口数 Population	城镇化率(%) Proportion
金口河区	Jinkouhe	4.93	0.04	8.52	0.02	3.59	2.20	44.62
犍为县	Qianwei	42.98	0.48	11.25	0.32	7.45	14.16	32.95
井研县	Jingyan	28.89	0.32	11.24	0.28	9.58	9.43	32.64
夹江县	Jiajiang	33.35	0.27	7.95	0.23	6.94	11.91	35.71
沐川县	Muchuan	21.35	0.33	15.47	0.10	4.52	5.92	27.73
峨边县	Ebian	13.92	0.21	15.06	0.06	4.39	4.92	35.34
马边县	Mabian	17.94	0.44	24.28	0.10	5.63	3.93	21.91
峨眉山市	Emeishan	44.26	0.29	6.52	0.23	5.24	22.71	51.31
南充市	**Nanchong**							
顺庆区	Shunqing	70.71	0.59	8.30	0.34	4.82	56.27	79.58
高坪区	Gaoping	59.93	0.51	8.51	0.33	5.50	25.50	42.55
嘉陵区	Jialing	61.07	0.58	9.50	0.36	5.89	24.51	40.13
南部县	Nanbu	92.71	0.87	9.35	0.51	5.53	34.61	37.33
营山县	Yingshan	73.74	0.60	8.14	0.38	5.15	24.39	33.08
蓬安县	Pengan	56.48	0.48	8.58	0.32	5.60	18.54	32.83
仪陇县	Yilong	92.24	0.79	8.56	0.49	5.31	30.70	33.28
西充县	Xichong	52.46	0.46	8.77	0.31	5.91	17.23	32.84
阆中市	Langzhong	72.36	0.61	8.39	0.47	6.47	26.55	36.69
眉山市	**Meishan**							
东坡区	Dongpo	83.20	0.85	10.22	0.57	6.85	41.61	50.01
仁寿县	Renshou	122.37	1.49	12.18	1.00	8.17	37.71	30.82
彭山县	Pengshan	30.95	0.36	11.63	0.24	7.75	14.80	47.82
洪雅县	Hongya	30.43	0.36	11.83	0.24	7.89	11.14	36.61
丹棱县	Danling	14.24	0.14	9.83	0.07	4.92	4.98	34.97
青神县	Qingshen	16.65	0.16	9.65	0.07	4.18	5.76	34.59
宜宾市	**Yibin**							
翠屏区	Cuiping	84.80	0.70	8.25	0.43	5.07	60.14	70.92
南溪区	Nanxi	33.90	0.33	9.73	0.19	5.60	16.23	47.88
宜宾县	Yibin	76.86	1.00	13.01	0.69	8.98	23.03	29.96
江安县	Jiangan	41.50	0.53	12.77	0.37	8.92	16.48	39.71
长宁县	Changning	34.22	0.42	12.27	0.29	8.47	13.20	38.57
高县	Gaoxian	41.19	0.41	9.95	0.27	6.55	14.21	34.50
珙县	Gongxian	37.16	0.35	9.42	0.30	8.07	17.01	45.78
筠连县	Junlian	33.00	0.38	11.52	0.27	8.18	11.06	33.52
兴文县	Xingwen	38.42	0.51	13.27	0.30	7.81	12.18	31.70
屏山县	Pingshan	25.45	0.45	17.68	0.18	7.07	6.00	23.58
广安市	**Guangan**							
广安区	Guanganqu	61.25	1.22	19.92	0.67	10.94	25.47	41.58
前锋区	Qianfeng	25.15	0.52	20.68	0.19	7.55	6.83	27.16
岳池县	Yuechi	78.14	1.63	20.86	0.70	8.96	24.52	31.38
武胜县	Wusheng	58.87	0.96	16.31	0.40	6.79	18.72	31.80

12-2 续表3 continued

单位：万人 (10 000 persons)

县(市、区)	County (Municipalities, District)	年末常住人口 Total Resident Population (year-end)	出生人口 Birth Population		死亡人口 Death Population		城镇人口 Urban Population	
			人口数 Population	出生率(‰) Birth Rate	人口数 Population	死亡率(‰) Death Rate	人口数 Population	城镇化率(%) Proportion
邻水县	Linshui	70.90	1.19	16.78	0.58	8.18	22.56	31.82
华蓥市	Huaying	28.12	0.42	14.94	0.21	7.47	12.46	44.31
达州市	**Dazhou**							
通川区	Tongchuan	62.52	0.69	11.04	0.34	5.44	39.89	63.80
达川区	Dachuan	98.35	1.17	11.90	0.66	6.71	37.20	37.82
宣汉县	Xuanhan	101.15	1.46	14.43	0.74	7.32	34.69	34.30
开江县	Kaijiang	43.50	0.81	18.62	0.39	8.97	14.84	34.11
大竹县	Dazhu	88.35	1.15	13.02	0.79	8.94	31.68	35.86
渠县	Quxian	116.22	1.32	11.36	0.78	6.71	35.49	30.54
万源市	Wanyuan	41.19	0.62	15.05	0.33	8.01	14.59	35.42
雅安市	**Yaan**							
雨城区	Yucheng	35.98	0.30	8.42	0.17	4.59	20.58	57.19
名山区	Mingshan	26.49	0.24	8.99	0.14	5.46	8.87	33.50
荥经县	Yingjing	14.90	0.12	8.10	0.09	6.09	5.60	37.60
汉源县	Hanyuan	32.52	0.28	8.55	0.23	7.22	10.34	31.80
石棉县	Shimian	12.70	0.14	10.98	0.07	5.29	4.95	39.00
天全县	Tianquan	13.80	0.14	10.48	0.06	4.54	4.87	35.30
芦山县	Lushan	11.20	0.09	7.90	0.05	4.79	3.62	32.30
宝兴县	Baoxing	5.78	0.05	8.88	0.03	5.89	2.20	38.10
巴中市	**Bazhong**							
巴州区	Bazhou	70.94	0.70	9.87	0.39	5.50	41.78	58.89
恩阳区	Enyang	43.08	0.52	12.07	0.29	6.73	11.42	26.51
通江县	Tongjiang	69.34	0.77	11.10	0.39	5.62	19.30	27.83
南江县	Nanjiang	61.35	0.58	9.45	0.33	5.38	17.56	28.62
平昌县	Pingchang	87.01	1.15	13.22	0.61	7.01	25.28	29.05
资阳市	**Ziyang**							
雁江区	Yanjiang	87.94	1.25	14.21	0.56	6.37	40.62	46.19
安岳县	Anyue	112.26	2.01	17.90	0.78	6.95	33.82	30.13
乐至县	Lezhi	52.24	0.42	8.04	0.78	14.93	17.04	32.62
简阳市	Jianyang	104.68	1.26	12.04	1.09	10.41	40.26	38.46
阿坝州	**Aba**							
汶川县	Wenchuan	10.15	0.10	9.85	0.04	3.94	4.32	42.56
理县	Lixian	4.76	0.04	8.40	0.02	4.20	1.54	32.35
茂县	Maoxian	10.62	0.10	9.42	0.04	3.77	4.51	42.47
松潘县	Songpan	7.33	0.06	8.19	0.02	2.73	2.50	34.11
九寨沟县	Jiuzhaigou	8.14	0.09	11.06	0.03	3.69	3.80	46.68
金川县	Jinchuan	6.81	0.03	4.41	0.02	2.94	1.91	28.05
小金县	Xiaojin	7.84	0.06	7.65	0.03	3.83	2.51	32.02
黑水县	Heishui	6.15	0.05	8.13	0.02	3.25	1.96	31.87
马尔康县	Maerkang	5.89	0.04	6.79	0.02	3.40	2.78	47.20
壤塘县	Rangtang	4.00	0.02	5.00	0.01	2.50	0.75	18.75

12-2 续表4 continued

单位：万人 (10 000 persons)

县(市、区)	County (Municipalities, District)	年末常住人口 Total Resident Population (year-end)	出生人口 Birth Population		死亡人口 Death Population		城镇人口 Urban Population	
			人口数 Population	出生率(‰) Birth Rate	人口数 Population	死亡率(‰) Death Rate	人口数 Population	城镇化率(%) Proportion
阿坝县	Abaxian	7.42	0.06	8.09	0.02	2.70	1.73	23.32
若尔盖县	Ruoergai	7.61	0.08	10.51	0.03	3.94	1.91	25.10
红原县	Hongyuan	4.51	0.04	8.87	0.01	2.22	1.34	29.71
甘孜州	**Ganzi**							
康定县	Kangding	13.30	0.11	8.27	0.05	3.76	6.59	49.55
泸定县	Luding	8.75	0.08	9.14	0.03	3.43	3.37	38.51
丹巴县	Danba	6.98	0.04	5.73	0.02	2.87	1.91	27.36
九龙县	Jiulong	6.31	0.06	9.51	0.02	3.17	1.17	18.54
雅江县	Yajiang	5.12	0.06	11.72	0.02	3.91	0.97	18.95
道孚县	Daofu	5.65	0.06	10.62	0.02	3.54	1.46	25.84
炉霍县	Luhuo	4.76	0.06	12.61	0.02	4.20	1.33	27.94
甘孜县	Ganzixian	6.94	0.05	7.20	0.03	4.32	1.83	26.37
新龙县	Xinlong	5.12	0.06	11.72	0.02	3.91	0.64	12.50
德格县	Dege	8.26	0.09	10.90	0.03	3.63	1.08	13.08
白玉县	Baiyu	5.71	0.05	8.76	0.02	3.50	0.86	15.06
石渠县	Shiqu	9.77	0.09	9.21	0.03	3.07	1.35	13.82
色达县	Seda	5.94	0.05	8.42	0.01	1.68	1.13	19.02
理塘县	Litang	7.01	0.08	11.41	0.02	2.85	2.41	34.38
巴塘县	Batang	5.00	0.05	10.00	0.02	4.00	1.29	25.80
乡城县	Xiangcheng	3.31	0.02	6.04	0.02	6.04	0.82	24.77
稻城县	Daocheng	3.20	0.03	9.38	0.02	6.25	0.67	20.94
得荣县	Derong	2.65	0.02	7.55	0.01	3.77	0.49	18.49
凉山州	**Liangshan**							
西昌市	Xichang	74.40	0.89	11.96	0.24	3.23	41.15	55.31
木里县	Muli	13.10	0.11	8.40	0.06	4.58	1.70	12.98
盐源县	Yanyuan	35.40	0.40	11.30	0.18	5.08	9.50	26.84
德昌县	Dechang	21.60	0.29	13.43	0.14	6.48	6.78	31.39
会理县	Huili	43.70	0.32	7.32	0.30	6.86	16.53	37.83
会东县	Huidong	36.80	0.69	18.75	0.19	5.16	12.44	33.80
宁南县	Ningnan	17.70	0.31	17.51	0.06	3.39	5.03	28.42
普格县	Puge	15.80	0.40	25.32	0.08	5.06	3.19	20.19
布拖县	Buto	16.30	0.34	20.86	0.06	3.68	2.85	17.48
金阳县	Jinyang	16.70	0.34	20.36	0.09	5.39	2.35	14.07
昭觉县	Zhaojue	24.80	0.40	16.13	0.12	4.84	4.75	19.15
喜德县	Xide	16.60	0.17	10.24	0.05	3.01	3.77	22.71
冕宁县	Mianning	35.10	0.78	22.22	0.15	4.27	12.49	35.58
越西县	Yuexi	26.90	0.60	22.30	0.10	3.72	6.56	24.39
甘洛县	Ganluo	19.50	0.35	17.95	0.08	4.10	3.62	18.56
美姑县	Meigu	21.80	0.50	22.94	0.09	4.13	1.73	7.94
雷波县	Leibo	22.30	0.46	20.63	0.13	5.83	5.72	25.65

12-3 各县(市、区)就业人员和平均工资(2013年)
Employed Persons and Average Wages of Counties (Municipalities, Districts)(2013)

县(市、区)	Counties (Municipalities, Districts)	就业人员(万人) Number of Employed Persons (10 000 persons)	第一产业 Primary Industry	第二产业 Secondary Industry	第三产业 Tertiary Industry	非私营单位职工平均工资（元） Average Wages of non-private sector employees（yuan)
成都市	**Chengdu**					
锦江区	Jinjiang	48.05	0.55	10.37	37.13	53057
青羊区	Qingyang	59.87	0.21	16.76	42.90	63131
金牛区	Jinniu	63.85	0.03	19.22	44.60	53938
武侯区	Wuhou	84.18	0.06	18.31	65.81	63731
成华区	Chenghua	40.53	0.71	20.02	19.80	57595
龙泉驿区	Longquanyi	38.20	6.10	14.80	17.30	55552
青白江区	Qingbaijiang	24.64	5.45	9.52	9.67	44384
新都区	Xindu	51.22	7.97	26.74	16.51	52931
温江区	Wenjiang	24.10	4.13	7.11	12.86	45163
金堂县	Jintang	56.22	19.92	11.61	24.69	47600
双流县	Shuangliu	56.07	10.07	26.77	19.23	64129
郫县	Pixian	37.46	6.18	18.60	12.68	54484
大邑县	Dayi	33.99	8.39	13.73	11.87	40500
蒲江县	Pujiang	17.29	6.62	4.95	5.72	42825
新津县	Xinjin	20.45	5.22	7.31	7.92	46961
都江堰市	Dujiangyan	43.22	7.21	14.87	21.14	51373
彭州市	Pengzhou	51.23	20.42	16.32	14.49	44274
邛崃市	Qionglai	40.55	13.19	11.20	16.16	42213
崇州市	Chongzhou	52.10	12.00	25.40	14.70	43157
自贡市	**Zigong**					
自流井区	Ziliujing	25.85	1.45	6.75	17.65	50662
贡井区	Gongjing	14.10	5.67	2.71	5.72	37992
大安区	Daan	20.77	8.17	5.76	6.84	46081
沿滩区	Yantan	15.90	6.25	4.43	5.22	39104
荣县	Rongxian	34.27	15.85	6.70	11.72	47875
富顺县	Fushun	45.63	22.03	8.72	14.88	44400
攀枝花市	**Panzhihua**					
东区	East District	26.49	0.09	10.77	15.63	52889
西区	West District	7.55	0.01	4.89	2.65	44719
仁和区	Renhe	11.39	4.39	2.34	4.66	46298
米易县	Miyi	11.55	6.52	2.24	2.79	43737
盐边县	Yanbian	10.36	6.67	1.91	1.78	71995
泸州市	**Luzhou**					
江阳区	Jiangyang	43.00	11.00	17.50	14.50	48790
纳溪区	Naxi	30.00	13.00	8.00	9.00	47947
龙马潭区	Longmatan	20.90	5.60	6.30	9.00	38498
泸县	Luxian	66.02	33.73	19.41	12.88	43331
合江县	Hejiang	54.00	22.00	21.50	10.50	35186
叙永县	Xuyong	36.43	16.66	10.49	9.28	40310
古蔺县	Gulin	37.23	17.43	11.40	8.40	38232

12-3 续表1 continued

县(市、区)	Counties (Municipalities, Districts)	就业人员（万人）Number of Employed Persons (10 000 persons)	第一产业 Primary Industry	第二产业 Secondary Industry	第三产业 Tertiary Industry	非私营单位职工平均工资（元）Average Wages of non-private sector employees (yuan)
德阳市	**Deyang**					
旌阳区	Jinyang	36.10	8.10	11.70	16.30	**54136**
中江县	Zhongjiang	89.90	49.30	9.90	30.70	**46825**
罗江县	Luojiang	16.20	9.10	3.10	4.00	**37549**
广汉市	Guanghan	42.60	18.40	14.00	10.20	**50495**
什邡市	Shifang	24.20	8.50	9.10	6.60	**44078**
绵竹市	Mianzhu	31.20	11.20	9.10	10.90	**45323**
绵阳市	**Mianyang**					**48417**
涪城区	Fucheng	54.19	4.61	23.00	26.58	**46755**
游仙区	Youxian	31.98	11.84	9.77	10.37	**75130**
三台县	Santai	64.40	26.21	18.43	19.76	**44814**
盐亭县	Yanting	26.90	12.52	6.16	8.22	**36321**
安县	Anxian	23.80	9.61	6.56	7.63	**49115**
梓潼县	Zitong	19.20	8.47	4.73	6.00	**29352**
北川县	Beichuan	12.50	5.33	3.32	3.85	**40500**
平武县	Pingwu	10.78	7.99	1.24	1.55	**39831**
江油市	Jiangyou	49.59	18.38	15.78	15.43	**36716**
广元市	**Guangyuan**					
利州区	Lizhou	29.07	12.14	8.73	8.20	**46007**
昭化区	Zhaohua	13.58	6.40	2.86	4.32	**40331**
朝天区	Chaotian	12.57	6.98	2.47	3.12	**40995**
旺苍县	Wangcang	24.89	9.43	7.53	7.93	**42314**
青川县	Qingchuan	13.41	8.13	1.86	3.42	**42149**
剑阁县	Jiange	33.08	20.54	4.32	8.22	**42560**
苍溪县	Cangxi	42.80	25.20	7.80	9.80	**41545**
遂宁市	**Suining**					**39470**
船山区	Chuanshan	36.00	8.00	11.00	17.00	**44915**
安居区	Anju	41.20	16.37	11.87	12.96	**40250**
蓬溪县	Pengxi	39.00	11.00	12.00	15.00	**31803**
射洪县	Shehong	50.00	16.00	17.00	17.00	**39062**
大英县	Daying	25.00	10.74	6.25	8.01	**35466**
内江市	**Neijiang**					
内江市中区	Neijiang Downtov	24.79	8.87	5.37	10.55	**42128**
东兴区	Dongxing	48.48	19.32	13.43	15.73	**50435**
威远县	Weiyuan	36.67	12.98	11.00	12.69	**38644**
资中县	Zizhong	56.93	23.68	17.21	16.04	**41647**
隆昌县	Longchang	45.88	8.94	18.56	18.38	**31846**
乐山市	**Leshan**					**43236**
乐山市中区	Leshan Downtow	45.69	15.28	14.56	15.85	**42128**
沙湾区	Shawan	14.48	5.04	4.83	4.61	**46052**
五通桥区	Wutongqiao	21.00	7.28	6.33	7.39	**38968**

12-3 续表2 continued

县(市、区)	Counties (Municipalities, Districts)	就业人员(万人) Number of Employed Persons (10 000 persons)	第一产业 Primary Industry	第二产业 Secondary Industry	第三产业 Tertiary Industry	非私营单位职工平均工资（元）Average Wages of non-private sector employees (yuan)
金口河区	Jinkouhe	3.05	1.38	0.89	0.78	54167
犍为县	Qianwei	31.81	11.35	9.12	11.34	42397
井研县	Jinyan	21.18	8.80	4.65	7.73	39694
夹江县	Jiajiang	22.22	8.55	6.86	6.81	45257
沐川县	Muchuan	15.21	8.05	2.52	4.64	41672
峨边县	Ebian	8.82	4.72	1.35	2.75	46244
马边县	Mabian	11.15	6.24	0.92	3.99	42492
峨眉山市	Emeishan	30.35	11.98	7.25	11.12	42861
南充市	**Nanchong**					
顺庆区	Shunqing	39.39	9.81	9.13	20.45	46183
高坪区	Gaoping	39.67	13.23	6.15	20.29	42107
嘉陵区	Jialing	39.10	16.45	8.17	14.48	39387
南部县	Nanbu	81.62	30.71	22.63	28.28	36985
营山县	Yingshan	54.05	23.15	12.20	18.70	44344
蓬安县	Pengan	30.87	13.02	4.99	12.86	42922
仪陇县	Yilong	59.77	27.60	16.69	15.48	40937
西充县	Xichong	41.22	22.79	6.30	12.13	35365
阆中市	Langzhong	45.46	15.57	9.45	20.44	37401
眉山市	**Meishan**					
东坡区	Dongpo	51.33	24.06	12.11	15.16	48003
仁寿县	Renshou	84.30	38.00	18.40	27.90	39590
彭山县	Pengshan	21.41	7.78	6.29	7.34	41374
洪雅县	Hongya	20.29	11.23	3.38	5.68	43849
丹棱县	Danling	10.74	5.28	2.92	2.54	46253
青神县	Qingshen	13.07	5.63	5.10	2.34	41309
宜宾市	**Yibin**					
翠屏区	Cuiping	54.61	16.40	16.71	21.50	51538
南溪区	Nanxi	25.87	11.05	6.96	7.86	36786
宜宾县	Yibinxian	61.45	30.93	14.94	15.58	42797
江安县	Jiangan	29.96	14.42	7.48	8.06	36918
长宁县	Changning	24.25	11.16	6.42	6.67	34364
高县	Gaoxian	28.87	14.85	6.79	7.23	40278
珙县	Gongxian	28.31	13.39	7.36	7.56	42979
筠连县	Junlian	25.03	13.16	5.57	6.30	42952
兴文县	Xingwen	26.86	15.64	5.77	5.45	43797
屏山县	Pingshan	17.87	10.18	3.00	4.69	46078
广安市	**Guangan**					
广安区	Guanganqu	38.04	19.20	8.20	10.64	48876
前锋区	Qianfeng	19.35	6.75	6.16	6.44	43893
岳池县	Yuechi	48.18	24.83	8.02	15.33	42922
武胜县	Wusheng	38.98	19.10	9.38	10.50	50234

12-3 续表3 continued

县(市、区)	Counties (Municipalities, Districts)	就业人员（万人）Number of Employed Persons (10 000 persons)	第一产业 Primary Industry	第二产业 Secondary Industry	第三产业 Tertiary Industry	非私营单位职工平均工资（元）Average Wages of non-private sector employees (yuan)
邻水县	Linshui	45.28	21.50	10.68	13.10	42870
华蓥市	Huaying	18.02	7.51	5.55	4.96	52526
达州市	**Dazhou**					
通川区	Tongchuan	46.23	7.88	14.70	23.65	44621
达川区	Dachuan	61.61	30.26	17.21	14.14	35769
宣汉县	Xuanhan	64.34	28.66	6.72	28.96	34542
开江县	Kaijiang	33.20	14.10	7.20	11.90	31466
大竹县	Dazhu	52.99	19.74	17.43	15.82	42665
渠县	Quxian	64.00	23.30	15.90	24.80	40912
万源市	Wanyuan	29.30	12.60	4.10	12.60	37115
雅安市	**Yaan**					
雨城区	Yucheng	18.25	6.53	4.71	7.01	43502
名山区	Mingshan	14.37	8.97	2.57	2.83	46523
荥经县	Yingjing	10.80	3.40	3.70	3.70	31080
汉源县	Hanyuan	24.68	11.70	4.26	8.72	39220
石棉县	Shimian	7.13	3.12	1.23	2.78	47687
天全县	Tianquan	9.52	3.60	2.87	3.05	32926
芦山县	Lushan	7.65	3.70	1.71	2.24	37228
宝兴县	Baoxing	3.68	1.45	1.26	0.97	38397
巴中市	**Bazhong**					
巴州区	Bazhou	47.00	18.00	6.00	23.00	41319
恩阳区	Enyang	27.00	12.00	3.00	12.00	36850
通江县	Tongjiang	45.00	22.00	5.00	18.00	41063
南江县	Nanjiang	40.00	17.00	12.00	11.00	40223
平昌县	Pingchang	52.00	26.00	2.00	24.00	38615
资阳市	**Ziyang**					39386
雁江区	Yanjiang	53.63	16.09	19.53	18.01	42139
安岳县	Anyue	76.73	47.28	12.64	16.81	35540
乐至县	Lezhi	29.58	14.99	5.53	9.06	37710
简阳市	Jianyang	44.05	17.50	11.97	14.58	39053
阿坝州	**Aba**					
汶川县	Wenchuan	6.31	2.64	1.10	2.57	51660
理县	Lixian	3.37	2.13	0.31	0.93	47774
茂县	Maoxian	7.31	4.24	0.66	2.41	46540
松潘县	Songpan	4.74	2.73	0.34	1.67	48961
九寨沟县	Jiuzhaigou	4.86	2.24	0.19	2.43	51452
金川县	Jinchuan	4.27	2.38	0.37	1.52	56597
小金县	Xiaojin	5.44	3.14	0.52	1.78	51941
黑水县	Heishui	3.89	1.99	0.07	1.83	51600
马尔康县	Maerkang	3.92	1.42	0.31	2.19	61899
壤塘县	Rangtang	2.96	2.02	0.14	0.80	54793

12-3 续表4 continued

县(市、区)	Counties (Municipalities, Districts)	就业人员(万人) Number of Employed Persons (10 000 persons)	第一产业 Primary Industry	第二产业 Secondary Industry	第三产业 Tertiary Industry	非私营单位职工平均工资（元） Average Wages of non-private sector employees (yuan)
阿坝县	Abaxian	3.57	2.67	0.07	0.83	59520
若尔盖县	Ruoergai	4.93	3.91	0.06	0.96	50604
红原县	Hongyuan	2.53	1.80	0.07	0.66	60888
甘孜州	**Ganzi**					
康定县	Kangding	8.01	3.41	0.76	3.84	52295
泸定县	Luding	4.31	2.67	0.35	1.29	48793
丹巴县	Danba	4.19	2.98	0.20	1.01	49786
九龙县	Jiulong	4.16	3.15	0.11	0.90	46508
雅江县	Yajiang	2.97	2.45	0.09	0.43	47043
道孚县	Daofu	3.23	2.29	0.09	0.85	51204
炉霍县	Luhuo	2.79	2.15	0.05	0.59	46379
甘孜县	Ganzixian	4.01	2.90	0.03	1.08	47932
新龙县	Xinlong	2.39	1.82	0.10	0.47	51404
德格县	Dege	5.45	4.67	0.10	0.68	46342
白玉县	Baiyu	3.46	2.94	0.09	0.43	50862
石渠县	Shiqu	4.11	3.48	0.03	0.60	70014
色达县	Seda	3.27	2.68	0.06	0.53	60074
理塘县	Litang	4.08	3.20	0.19	0.69	57820
巴塘县	Batang	3.55	2.70	0.16	0.69	55808
乡城县	Xiangcheng	1.88	1.38	0.10	0.40	40766
稻城县	Daocheng	1.93	1.39	0.03	0.51	56671
得荣县	Derong	1.66	1.27	0.05	0.34	62718
凉山州	**Liangshan**					
西昌市	Xichang	46.56	20.28	6.00	20.28	52140
木里县	Muli	9.16	6.71	0.16	2.29	53621
盐源县	Yanyuan	24.21	19.93	1.25	3.03	44358
德昌县	Dechang	12.78	7.61	1.64	3.53	48858
会理县	Huili	31.46	6.58	8.37	16.51	48400
会东县	Huidong	26.92	17.90	2.77	6.25	47209
宁南县	Ningnan	13.49	8.80	1.68	3.01	43556
普格县	Puge	9.53	7.28	0.77	1.48	45979
布拖县	Butuo	10.07	8.13	0.50	1.44	53641
金阳县	Jinyang	9.50	7.64	0.58	1.28	50594
昭觉县	Zhaojue	15.58	12.64	0.83	2.11	45524
喜德县	Xide	10.54	7.94	0.96	1.64	42872
冕宁县	Mianning	24.75	17.46	2.08	5.21	46134
越西县	Yuexi	17.88	11.63	2.08	4.17	46411
甘洛县	Ganluo	11.94	9.24	0.79	1.91	46793
美姑县	Meigu	12.95	10.30	0.37	2.28	42989
雷波县	Leibo	16.77	12.06	1.59	3.12	42661

12-4 各县(市、区)地区生产总值(2013年)
Gross Domestic Product of Counties (Municipalities, District)(2013)

县(市、区)	Counties (Municipalities, Districts)	地区生产总值(万元) Gross Domestic Product (10 000 yuan)	第一产业 Primary Industry	第二产业 Secondary Industry	#工业 Industry	第三产业 Tertiary Industry	人均地区生产总值(元) Per Capita GDP (yuan)
成都市	**Chengdu**						
锦江区	Jinjiang	6615784	7053	969379	604044	5639352	95219
青羊区	Qingyang	7523749	640	1493158	828448	6029951	90105
金牛区	Jinniu	7524891	1665	1935043	1095999	5588183	62598
武侯区	Wuhou	6940218	366	1703953	1287503	5235899	63953
成华区	Chenghua	6044773	1934	1555777	1028411	4487062	64136
龙泉驿区	Longquanyi	8370609	272184	6740454	6444984	1357971	106105
青白江区	Qingbaijiang	3016013	134430	2237164	2084805	644419	76626
新都区	Xindu	5027476	236759	3154082	2829851	1636635	63631
温江区	Wenjiang	3355462	158878	1752289	1655902	1444295	72598
金堂县	Jintang	2263650	379304	1077192	661965	807154	31313
双流县	Shuangliu	7460634	342934	3838992	3309458	3278708	61965
郫县	Pixian	3602343	200925	2120617	1926963	1280801	47003
大邑县	Dayi	1485330	282817	636301	506910	566212	29383
蒲江县	Pujiang	881227	155945	436202	386337	289080	36175
新津县	Xinjin	1886805	146569	1096434	995372	643802	61721
都江堰市	Dujiangyan	2298590	224058	853740	542540	1220792	34534
彭州市	Pengzhou	2356851	399188	1221926	1157126	735737	30736
邛崃市	Qionglai	1654313	299648	758894	638686	595771	26847
崇州市	Chongzhou	1834032	285224	893497	647145	655311	27663
自贡市	**Zigong**						
自流井区	Ziliujing	2705412	41446	1525919	1374434	1138047	71572
贡井区	Gongjing	1030203	138145	661119	641834	230939	39156
大安区	Daan	1746538	127669	1275520	1242131	343349	45495
沿滩区	Yantan	1006219	143283	672992	625564	189944	35860
荣县	Rongxian	1600437	377386	818620	717017	404431	27076
富顺县	Fushun	1926620	366249	1031354	844813	529017	23235
攀枝花市	**Panzhihua**						
东区	Dongqu	3268560	5568	2261600	2077722	1001392	86470
西区	Xiqu	920661	8375	778554	751554	133732	58566
仁和区	Renhe	1700201	77902	1401065	1339916	221234	64256
米易县	Miyi	1080781	105537	728948	679582	246296	49261
盐边县	Yanbian	1038629	81463	801718	740990	155448	48762
泸州市	**Luzhou**						
江阳区	Jiangyang	3180620	184617	2054675	1887353	941328	53909
纳溪区	Naxi	1076001	175060	655668	621965	245273	23315
龙马潭区	Longmatan	1618843	89004	1160592	1092112	369247	45860
泸县	Luxian	2145254	416223	1256399	1182875	472632	25391
合江县	Hejiang	1385296	313094	618676	546251	453526	19647
叙永县	Xuyong	840928	189890	388574	357017	262464	14439
古蔺县	Gulin	1157302	188073	711150	689348	258079	16277

12-4 续表1 continued

县(市、区)	Counties (Municipalities, Districts)	地区生产总值(万元) Gross Domestic Product (10 000 yuan)	第一产业 Primary Industry	第二产业 Secondary Industry	#工业 Industry	第三产业 Tertiary Industry	人均地区生产总值(元) Per Capita GDP (yuan)
德阳市	**Deyang**						
旌阳区	Jinyang	4118488	270678	2658860	2429919	1188950	55580
中江县	Zhongjiang	2443489	709610	1061634	942254	672245	22315
罗江县	Luojiang	754822	182645	441821	392467	130356	33849
广汉市	Guanghan	2749759	303151	1717759	1633750	728849	46323
什邡市	Shifang	2070608	233609	1307346	1279236	529653	49834
绵竹市	Mianzhu	1859629	245876	1164383	1127235	449370	40471
绵阳市	**Mianyang**						
涪城区	Fucheng	5394763	193576	3359835	3075114	1841352	65013
游仙区	Youxian	1601189	244271	915432	798539	441486	32465
三台县	Santai	1780495	640778	496229	293640	643488	17035
盐亭县	Yanting	751286	303403	216684	103400	231199	17391
安县	Anxian	939249	243500	484915	413421	210834	24339
梓潼县	Zitong	739502	231128	330659	299006	177715	23948
北川县	Beichuan	344783	88464	140839	77628	115480	17052
平武县	Pingwu	312906	69893	170988	113124	72025	18213
江油市	Jiangyou	2687070	374631	1350160	1189400	962279	34035
广元市	**Guangyuan**						
利州区	Lizhou	1783370	91136	1008994	887576	683240	33491
昭化区	Zhaohua	369755	100678	174997	154016	94080	21021
朝天区	Chaotian	325731	67825	176179	159809	81727	17655
旺苍县	Wangcang	743599	140298	405196	377216	198105	18950
青川县	Qingchuan	261732	64492	112832	90811	84408	12792
剑阁县	Jiange	773072	221720	294596	230088	256756	16420
苍溪县	Cangxi	931933	256910	381535	222298	293488	16154
遂宁市	**Suining**						
船山区	Chuanshan	2097494	164562	1246047	1098320	686885	31598
安居区	Anju	902151	383610	279950	172167	238591	14017
蓬溪县	Pengxi	1000486	294161	453555	304418	252770	17991
射洪县	Shehong	2401146	328525	1562970	1453808	509651	25925
大英县	Daying	1082159	203192	653427	586764	225540	22461
内江市	**Neijiang**						
内江市中区	Neijiang Downtown	1900575	138369	1306299	1205418	455907	37442
东兴区	Dongxing	2007007	413041	1116817	995734	477149	26418
威远县	Weiyuan	2719042	357821	1932916	1888218	428305	44943
资中县	Zizhong	2165725	579875	1079301	1015735	506549	17965
隆昌县	Longchang	1901050	274114	1178819	1063633	448117	29533
乐山市	**Leshan**						
乐山市中区	Leshan Downtown	2430560	169616	1236648	1072985	1024296	36078
沙湾区	Shawan	1530153	79474	1285406	1208186	165273	84820
五通桥区	Wutongqiao	1311616	110056	978242	947090	223318	40733

12-4 续表2 continued

县(市、区)	Counties (Municipalities, Districts)	地区生产总值(万元) Gross Domestic Product (10 000 yuan)	第一产业 Primary Industry	第二产业 Secondary Industry	#工业 Industry	第三产业 Tertiary Industry	人均地区生产总值(元) Per Capita GDP (yuan)
金口河区	Jinkouhe	287646	15652	230663	219910	41331	58346
犍为县	Qianwei	1136282	205767	650854	621143	279661	26212
井研县	Jinyan	703842	186137	353185	335790	164520	24447
夹江县	Jiajiang	1088810	168840	620617	577766	299353	32511
沐川县	Muchuan	482428	111807	250348	222835	120273	22575
峨边县	Ebian	307469	40536	187133	182529	79800	22072
马边县	Mabian	277323	68064	126582	106847	82677	15536
峨眉山市	Emeishan	1791771	153446	1068383	1003333	569942	40547
南充市	**Nanchong**						
顺庆区	Shunqing	2542398	184861	1353580	1201117	1003957	35996
高坪区	Gaoping	1115224	228401	653146	569870	233677	18631
嘉陵区	Jialing	1107359	295066	586068	493361	226225	18153
南部县	Nanbu	2331960	484131	1365504	1089161	482325	25183
营山县	Yingshan	1242699	331783	630085	508255	280831	16894
蓬安县	Pengan	1187128	316839	610446	521626	259843	21041
仪陇县	Yilong	1337110	481064	547313	307110	308733	14512
西充县	Xichong	848685	268835	348479	241662	231371	16196
阆中市	Langzhong	1572965	380704	792434	590652	399827	21762
眉山市	**Meishan**						
东坡区	Dongpo	2938832	393958	1708625	1501479	836249	35403
仁寿县	Renshou	2842268	631069	1515584	1225025	695615	23286
彭山县	Pengshan	1019024	118254	624357	554137	276413	32946
洪雅县	Hongya	851501	136277	517008	475673	198216	28047
丹棱县	Danling	408685	89520	220575	176456	98590	28740
青神县	Qingshen	540114	76589	325887	292227	137638	32381
宜宾市	**Yibin**						
翠屏区	Cuiping	4654881	206193	3160694	2906277	1287994	55022
南溪区	Nanxi	924191	190092	517451	464786	216648	27588
宜宾县	Yibinxian	1810823	377351	974544	820122	458928	23539
江安县	Jiangan	1048722	204857	626748	583191	217117	25331
长宁县	Changning	980169	207097	520838	473373	252234	28685
高县	Gaoxian	980542	184986	600180	542894	195376	23828
珙县	Gongxian	1049943	150140	687802	659097	212001	28073
筠连县	Junlian	951413	168245	607038	579461	176130	28657
兴文县	Xingwen	679374	161584	305025	270177	212765	17785
屏山县	Pingshan	345787	135534	122316	92991	87937	13450
广安市	**Guangan**						
广安区	Guanganqu	1192897	224972	355688	168090	612237	19498
前锋区	Qianfeng	1255623	129080	955264	846949	171279	50045
岳池县	Yuechi	1577188	360757	725475	527159	490956	20202
武胜县	Wusheng	1574553	337083	805200	663382	432270	26774

12-4 续表3 continued

县(市、区)	Counties (Municipalities, Districts)	地区生产总值(万元) Gross Domestic Product (10 000 yuan)	第一产业 Primary Industry	第二产业 Secondary Industry	#工业 Industry	第三产业 Tertiary Industry	人均地区生产总值(元) Per Capita GDP (yuan)
邻水县	Linshui	1642823	342282	801507	625779	499034	23194
华蓥市	Huaying	1108352	105752	731070	626074	271530	39471
达州市	**Dazhou**						
通川区	Tongchuan	1834866	186952	1031779	915370	616135	30075
达川区	Dachuan	2026423	432356	1106273	982497	487794	20321
宣汉县	Xuanhan	2310796	508236	1291498	1141629	511062	22879
开江县	Kaijiang	950230	271590	442279	372909	236361	21905
大竹县	Dazhu	2325822	487671	1263410	1111372	574741	26400
渠县	Quxian	1923494	524021	888813	762198	510660	16578
万源市	Wanyuan	1083782	253332	590550	554034	239900	26395
雅安市	**Yaan**						
雨城区	Yucheng	1189500	134891	586164	519337	468445	33198
名山区	Mingshan	508663	145664	234255	203081	128744	19319
荥经县	Yingjing	502896	58813	316153	276465	127930	33751
汉源县	Hanyuan	536237	108017	289485	207625	138735	16439
石棉县	Shimian	586718	47644	447475	419414	91599	46198
天全县	Tianquan	388995	57989	239967	213269	91039	28229
芦山县	Lushan	256199	44849	152828	128682	58522	23081
宝兴县	Baoxing	205211	28444	141958	119252	34809	35565
巴中市	**Bazhong**						
巴州区	Bazhou	1037637	134949	409320	205181	493368	14664
恩阳区	Enyang	393398	128689	99959	81000	164750	9155
通江县	Tongjiang	821825	177128	363429	141865	281268	11859
南江县	Nanjiang	885863	154600	501549	288436	229714	14451
平昌县	Pingchang	1020699	194723	540353	424020	285623	11742
资阳市	**Ziyang**						
雁江区	Yanjiang	3518659	502880	2286210	2133226	729569	39917
安岳县	Anyue	2423043	796390	1043477	823781	583176	21523
乐至县	Lezhi	1534097	387295	779414	693951	367388	29277
简阳市	Jianyang	3447817	664459	1967845	1811006	815513	32877
阿坝州	**Aba**						
汶川县	Wenchuan	486464	25731	336860	300585	123873	48070
理县	Lixian	181616	15907	132266	116182	33443	38316
茂县	Maoxian	286920	38967	195282	172168	52671	27093
松潘县	Songpan	148409	27408	50658	24624	70343	20302
九寨沟县	Jiuzhaigou	201595	16978	65095	45040	119522	24827
金川县	Jinchuan	95266	22249	35424	5886	37593	14030
小金县	Xiaojin	103920	23099	37724	28378	43097	13289
黑水县	Heishui	180042	17569	133598	120262	28875	29371
马尔康县	Maerkang	187162	19556	30994	11097	136612	31884
壤塘县	Rangtang	62602	21742	11305	1294	29555	15690

12-4 续表4 continued

县(市、区)	Counties (Municipalities, Districts)	地区生产总值(万元) Gross Domestic Product (10 000 yuan)	第一产业 Primary Industry	第二产业 Secondary Industry	#工业 Industry	第三产业 Tertiary Industry	人均地区生产总值(元) Per Capita GDP (yuan)
阿坝县	Abaxian	82720	30002	15950	3145	36768	11178
若尔盖县	Ruoergai	130460	59783	23819	12285	46858	17188
红原县	Hongyuan	92269	31361	27014	17664	33894	20596
甘孜州	**Ganzi**						
康定县	Kangding	481035	40612	232460	134558	207963	36223
泸定县	Luding	182938	27715	98235	93288	56988	20931
丹巴县	Danba	119932	31226	50590	24339	38116	17182
九龙县	Jiulong	269822	23406	205846	182933	40570	42761
雅江县	Yajiang	77165	21880	27299	1581	27986	15071
道孚县	Daofu	63216	19823	8659	4491	34734	11209
炉霍县	Luhuo	46296	19954	5670	2889	20672	9726
甘孜县	Ganzixian	71326	36724	6264	1565	28338	10278
新龙县	Xinlong	67349	27740	10688	1436	28921	13154
德格县	Dege	61004	27883	9282	978	23839	7385
白玉县	Baiyu	104618	27245	57792	50057	19581	18322
石渠县	Shiqu	66386	35811	5588	812	24987	7303
色达县	Seda	50556	25601	4676	967	20279	8511
理塘县	Litang	82712	31632	13893	4206	37187	11799
巴塘县	Batang	93380	24174	43277	16074	25929	18789
乡城县	Xiangcheng	70422	18884	26762	6635	24776	21276
稻城县	Daocheng	52568	16355	15475	1618	20738	16428
得荣县	Derong	50557	16579	15210	1922	18768	19078
凉山州	**Liangshan**						
西昌市	Xichang	3735410	371653	1980233	1592724	1383524	50342
木里县	Muli	245058	49365	128484	56077	67209	18778
盐源县	Yanyuan	770642	150699	483647	355883	136296	21800
德昌县	Dechang	580942	142752	277800	182136	160390	26958
会理县	Huili	2056728	348177	1260399	1095206	448152	47119
会东县	Huidong	1134580	337573	570544	470721	226463	30915
宁南县	Ningnan	448485	123396	203309	145096	121780	25482
普格县	Puge	216157	70317	78483	41339	67357	13707
布拖县	Butuo	239311	60002	127759	100582	51550	14727
金阳县	Jinyang	242538	56520	130430	107628	55588	14567
昭觉县	Zhaojue	214503	83693	59163	29261	71647	8684
喜德县	Xide	197930	56678	82421	61235	58831	11960
冕宁县	Mianning	839948	168341	465742	271722	205865	23964
越西县	Yuexi	347079	100510	148110	105074	98459	12951
甘洛县	Ganluo	237708	53958	107413	82366	76337	12221
美姑县	Meigu	181698	70705	53912	27445	57081	8354
雷波县	Leibo	455305	94513	264230	138315	96562	20463

12-5 各县(市、区)地区生产总值指数(2013年)
Indices of Gross Domestic Product of Counties (Municipalities, District)(2013)

上年=100 (preceding year=100)

县(市、区)	Counties (Municipalities, Districts)	地区生产总值 Gross Domestic Product	第一产业 Primary Industry	第二产业 Secondary Industry	#工业 Industry	第三产业 Tertiary Industry	人均地区生产总值 Per Capita GDP
成都市	**Chengdu**						
锦江区	Jinjiang	107.0	90.2	97.2	103.1	109.1	106.7
青羊区	Qingyang	106.7	88.8	104.3	104.1	107.4	106.4
金牛区	Jinniu	106.6	87.2	104.7	103.5	107.3	106.5
武侯区	Wuhou	106.7	101.1	104.8	103.5	107.4	106.7
成华区	Chenghua	107.3	78.3	102.9	103.7	109.0	107.1
龙泉驿区	Longquanyi	119.0	102.0	122.7	123.3	110.0	117.1
青白江区	Qingbaijiang	109.7	102.8	109.9	110.1	110.3	108.2
新都区	Xindu	110.2	103.4	109.7	110.1	112.3	108.9
温江区	Wenjiang	110.4	103.3	110.2	110.4	111.5	109.7
金堂县	Jintang	111.8	103.8	115.8	115.7	110.5	111.3
双流县	Shuangliu	109.8	103.1	108.5	109.9	112.1	106.5
郫县	Pixian	110.2	103.0	109.2	109.8	113.3	109.2
大邑县	Dayi	111.4	104.2	115.0	114.8	110.5	110.8
蒲江县	Pujiang	110.7	103.9	113.5	113.7	110.4	109.4
新津县	Xinjin	111.1	103.5	113.3	113.9	109.0	110.2
都江堰市	Dujiangyan	109.8	104.1	113.0	113.3	108.6	109.1
彭州市	Pengzhou	111.2	104.0	113.4	113.7	111.3	110.8
邛崃市	Qionglai	109.6	104.3	111.3	113.5	109.8	109.2
崇州市	Chongzhou	111.2	103.8	114.7	114.6	110.1	111.0
自贡市	**Zigong**						
自流井区	Ziliujing	108.5	104.0	106.5	105.4	111.7	103.0
贡井区	Gongjing	112.7	104.0	114.3	113.8	113.0	112.1
大安区	Daan	112.6	103.9	113.8	113.6	111.1	112.4
沿滩区	Yantan	113.6	103.9	116.2	115.2	111.5	111.7
荣县	Rongxian	110.6	103.8	112.9	110.4	111.2	110.6
富顺县	Fushun	111.7	103.8	114.6	112.2	111.0	111.5
攀枝花市	**Panzhihua**						
东区	Dongqu	108.8	103.5	108.9	108.7	108.5	107.1
西区	Xiqu	108.7	103.3	109.0	108.6	106.8	112.9
仁和区	Renhe	114.5	104.0	116.2	116.2	107.6	113.6
米易县	Miyi	115.0	105.0	118.8	119.9	108.4	113.0
盐边县	Yanbian	108.5	104.6	109.0	108.0	107.5	107.7
泸州市	**Luzhou**						
江阳区	Jiangyang	111.9	104.2	112.5	111.1	111.7	110.4
纳溪区	Naxi	110.7	104.4	111.7	111.3	112.1	110.3
龙马潭区	Longmatan	113.1	104.3	114.1	113.5	111.7	112.0
泸县	Luxian	110.3	104.5	111.2	110.2	112.6	109.6
合江县	Hejiang	111.4	104.2	113.9	111.8	112.3	112.0
叙永县	Xuyong	109.7	104.2	109.9	108.7	113.1	110.0
古蔺县	Gulin	110.2	104.3	111.0	110.6	112.0	110.5

12-5 续表1 continued

上年=100 (preceding year=100)

县(市、区)	Counties (Municipalities, Districts)	地区生产总值 Gross Domestic Product	第一产业 Primary Industry	第二产业 Secondary Industry	#工业 Industry	第三产业 Tertiary Industry	人均地区生产总值 Per Capita GDP
德阳市	**Deyang**						
旌阳区	Jinyang	110.0	103.8	110.7	110.9	109.9	109.6
中江县	Zhongjiang	110.2	103.4	114.4	115.3	110.0	114.3
罗江县	Luojiang	110.0	104.0	112.3	113.4	109.1	107.8
广汉市	Guanghan	111.1	103.6	113.2	113.7	109.4	110.8
什邡市	Shifang	109.5	103.8	110.1	110.1	110.2	109.1
绵竹市	Mianzhu	110.2	104.2	111.4	112.0	110.0	110.8
绵阳市	**Mianyang**						
涪城区	Fucheng	113.5	103.4	116.2	116.2	109.2	114.0
游仙区	Youxian	111.2	103.5	114.1	114.2	109.3	110.4
三台县	Santai	101.3	103.8	93.9	87.2	108.4	101.2
盐亭县	Yanting	99.5	102.3	90.8	79.4	108.2	98.8
安县	Anxian	110.1	103.6	113.9	114.1	109.1	107.9
梓潼县	Zitong	109.8	103.8	113.6	113.4	109.2	109.3
北川县	Beichuan	109.7	103.6	113.0	110.3	109.1	108.6
平武县	Pingwu	109.6	103.7	112.2	110.2	108.9	109.1
江油市	Jiangyou	111.8	104.0	114.9	115.0	109.5	110.5
广元市	**Guangyuan**						
利州区	Lizhou	110.9	103.4	112.9	113.0	109.2	110.1
昭化区	Zhaohua	110.0	104.0	114.5	114.3	109.2	108.2
朝天区	Chaotian	110.8	104.3	115.8	115.3	107.8	109.0
旺苍县	Wangcang	110.3	103.4	114.0	113.6	108.3	109.5
青川县	Qingchuan	109.7	104.3	115.7	113.9	107.1	109.8
剑阁县	Jiange	109.7	103.4	115.9	113.9	109.1	108.2
苍溪县	Cangxi	110.6	103.5	115.7	116.0	111.1	109.0
遂宁市	**Suining**						
船山区	Chuanshan	111.8	103.0	113.8	112.7	110.3	111.3
安居区	Anju	110.3	103.6	117.9	112.3	110.9	110.2
蓬溪县	Pengxi	111.1	103.5	115.6	112.9	112.1	110.9
射洪县	Shehong	110.9	103.3	112.8	112.1	110.0	110.7
大英县	Daying	111.8	103.2	114.5	112.8	110.8	111.5
内江市	**Neijiang**						
内江市中区	Neijiang Downtown	110.0	103.9	110.4	110.6	110.3	108.6
东兴区	Dongxing	109.5	104.0	110.8	110.7	110.5	108.9
威远县	Weiyuan	112.6	104.2	114.1	114.0	111.5	115.7
资中县	Zizhong	109.5	103.8	111.5	111.3	110.2	108.8
隆昌县	Longchang	111.5	104.2	112.8	112.6	111.3	110.5
乐山市	**Leshan**						
乐山市中区	Leshan Downtown	111.0	103.0	111.4	111.8	111.9	110.2
沙湾区	Shawan	111.2	102.8	112.5	111.7	105.8	113.8
五通桥区	Wutongqiao	110.6	103.4	111.6	111.5	109.8	109.0

12-5 续表2 continued

上年=100 (preceding year=100)

县(市、区)	Counties (Municipalities, Districts)	地区生产总值 Gross Domestic Product	第一产业 Primary Industry	第二产业 Secondary Industry	#工业 Industry	第三产业 Tertiary Industry	人均地区生产总值 Per Capita GDP
金口河区	Jinkouhe	110.6	103.3	111.5	110.2	108.4	110.4
犍为县	Qianwei	110.8	103.9	112.0	111.7	113.0	111.6
井研县	Jinyan	109.0	104.0	111.1	111.3	109.8	108.4
夹江县	Jiajiang	110.4	102.7	112.0	111.6	111.2	110.9
沐川县	Muchuan	106.1	104.2	105.4	102.9	109.7	106.6
峨边县	Ebian	107.6	103.1	110.0	111.0	104.0	107.8
马边县	Mabian	108.8	103.2	111.8	112.1	108.6	108.1
峨眉山市	Emeishan	110.4	102.6	111.9	111.6	109.7	109.8
南充市	**Nanchong**						
顺庆区	Shunqing	111.3	103.7	112.0	111.7	111.5	111.1
高坪区	Gaoping	111.2	103.8	113.4	112.2	111.1	110.3
嘉陵区	Jialing	111.0	103.6	114.5	113.6	110.1	110.8
南部县	Nanbu	111.5	103.9	113.8	111.6	111.0	111.2
营山县	Yingshan	111.0	103.3	114.8	113.1	110.6	110.7
蓬安县	Pengan	109.0	103.3	111.2	110.1	110.3	108.7
仪陇县	Yilong	111.4	103.3	117.7	111.7	111.1	111.2
西充县	Xichong	111.1	103.6	115.6	112.0	110.4	110.8
阆中市	Langzhong	111.4	103.5	115.1	111.6	110.8	111.1
眉山市	**Meishan**						
东坡区	Dongpo	111.0	103.9	111.9	110.8	112.0	110.4
仁寿县	Renshou	110.7	103.7	112.7	110.8	111.8	111.3
彭山县	Pengshan	110.9	103.1	111.8	110.8	112.0	106.8
洪雅县	Hongya	110.5	103.5	111.6	110.7	112.4	109.7
丹棱县	Danling	110.4	103.2	112.2	110.7	112.3	110.3
青神县	Qingshen	110.5	103.3	111.5	110.7	111.9	111.2
宜宾市	**Yibin**						
翠屏区	Cuiping	108.8	103.3	108.2	106.6	111.0	108.3
南溪区	Nanxi	109.8	103.4	111.2	110.6	111.6	108.5
宜宾县	Yibinxian	113.2	103.4	117.7	120.1	110.8	115.3
江安县	Jiangan	109.6	103.8	110.6	110.1	111.8	108.1
长宁县	Changning	108.3	103.4	108.7	108.4	111.0	108.0
高县	Gaoxian	109.0	103.7	109.8	109.1	111.0	109.0
珙县	Gongxian	108.8	105.3	108.8	108.7	111.1	109.9
筠连县	Junlian	93.3	103.6	88.0	87.0	111.3	93.3
兴文县	Xingwen	105.4	104.4	102.2	100.1	111.5	104.3
屏山县	Pingshan	107.1	103.6	107.5	110.1	110.8	106.4
广安市	**Guangan**						
广安区	Guanganqu	110.1	103.7	113.0	109.5	110.5	109.9
前锋区	Qianfeng	112.3	103.6	113.7	113.8	110.6	111.8
岳池县	Yuechi	110.3	103.5	112.9	111.9	111.1	110.2
武胜县	Wusheng	110.8	103.7	113.4	112.5	111.0	110.5

12-5 续表3 continued

上年=100 (preceding year=100)

县(市、区)	Counties (Municipalities, Districts)	地区生产总值 Gross Domestic Product	第一产业 Primary Industry	第二产业 Secondary Industry	#工业 Industry	第三产业 Tertiary Industry	人均地区生产总值 Per Capita GDP
邻水县	Linshui	110.6	103.2	113.7	114.0	110.4	110.3
华蓥市	Huaying	110.9	103.4	112.0	112.4	110.5	110.4
达州市	**Dazhou**						
通川区	Tongchuan	109.6	104.2	110.1	108.8	110.3	106.2
达川区	Dachuan	110.3	103.7	112.3	110.8	110.2	111.6
宣汉县	Xuanhan	110.7	103.9	114.1	112.9	110.5	110.7
开江县	Kaijiang	109.4	103.6	112.4	110.9	110.0	109.2
大竹县	Dazhu	110.7	103.7	113.1	111.8	110.5	110.4
渠县	Quxian	110.4	103.7	113.2	110.8	110.6	110.3
万源市	Wanyuan	109.9	103.5	112.8	111.9	109.7	109.4
雅安市	**Yaan**						
雨城区	Yucheng	104.1	102.4	102.6	103.2	106.7	103.5
名山区	Mingshan	103.2	101.9	102.1	102.6	106.9	101.9
荥经县	Yingjing	101.6	102.9	99.7	100.0	106.3	101.2
汉源县	Hanyuan	104.6	103.6	104.1	108.7	106.5	104.7
石棉县	Shimian	109.2	102.8	110.4	111.0	107.0	108.8
天全县	Tianquan	101.6	101.5	100.9	101.4	103.5	101.1
芦山县	Lushan	100.5	100.3	98.2	92.8	108.2	99.4
宝兴县	Baoxing	101.0	100.4	100.3	100.0	105.0	100.9
巴中市	**Bazhong**						
巴州区	Bazhou	110.6	102.5	115.1	109.4	108.3	110.1
恩阳区	Enyang	110.4	103.2	123.8	118.4	108.9	110.0
通江县	Tongjiang	110.6	103.7	116.3	111.7	108.2	110.3
南江县	Nanjiang	110.6	103.6	113.9	111.0	109.3	110.3
平昌县	Pingchang	110.8	103.7	114.4	111.8	110.5	110.5
资阳市	**Ziyang**						
雁江区	Yanjiang	110.7	103.6	112.0	111.7	110.9	111.4
安岳县	Anyue	110.2	103.7	114.4	117.2	109.8	111.2
乐至县	Lezhi	110.6	103.7	113.6	112.0	110.5	111.5
简阳市	Jianyang	110.6	103.4	112.5	111.6	110.9	111.6
阿坝州	**Aba**						
汶川县	Wenchuan	103.9	106.4	102.1	102.0	108.6	103.3
理县	Lixian	116.6	104.6	120.2	123.7	109.6	115.6
茂县	Maoxian	110.8	108.0	111.4	112.8	110.6	110.2
松潘县	Songpan	111.3	105.5	116.4	129.4	110.4	110.9
九寨沟县	Jiuzhaigou	110.3	103.8	117.1	123.9	107.6	109.8
金川县	Jinchuan	115.3	105.3	128.2	115.6	111.3	114.2
小金县	Xiaojin	111.6	105.9	117.0	122.6	110.2	111.0
黑水县	Heishui	116.2	108.8	119.3	123.4	107.4	115.6
马尔康县	Maerkang	110.2	104.8	122.5	115.3	108.4	109.8
壤塘县	Rangtang	109.3	105.1	114.6	125.3	110.6	108.8

12-5 续表4 continued

上年=100 (preceding year=100)

县(市、区)	Counties (Municipalities, Districts)	地区生产总值 Gross Domestic Product	第一产业 Primary Industry	第二产业 Secondary Industry	#工业 Industry	第三产业 Tertiary Industry	人均地区生产总值 Per Capita GDP
阿坝县	Abaxian	110.9	104.5	124.6	115.6	111.5	110.5
若尔盖县	Ruoergai	109.4	103.3	120.3	121.3	112.0	108.8
红原县	Hongyuan	111.1	105.0	119.8	117.5	111.1	110.3
甘孜州	**Ganzi**						
康定县	Kangding	114.1	104.2	119.4	113.1	109.6	113.2
泸定县	Luding	110.9	108.5	113.3	112.7	108.0	108.8
丹巴县	Danba	114.2	106.1	120.0	111.0	112.6	106.3
九龙县	Jiulong	115.5	104.7	118.1	116.2	108.4	115.2
雅江县	Yajiang	115.6	102.2	133.7	130.6	109.5	114.7
道孚县	Daofu	111.7	99.6	144.8	117.5	110.4	111.1
炉霍县	Luhuo	111.1	101.1	132.0	126.1	114.8	110.4
甘孜县	Ganzixian	110.3	105.2	103.7	127.0	117.3	109.9
新龙县	Xinlong	115.2	104.1	149.4	123.4	113.8	114.7
德格县	Dege	110.4	102.9	117.9	124.1	114.4	110.1
白玉县	Baiyu	108.7	103.9	108.6	103.8	114.2	108.3
石渠县	Shiqu	108.1	102.5	99.5	122.5	117.3	98.5
色达县	Seda	109.0	104.3	102.8	123.4	114.7	108.8
理塘县	Litang	112.4	104.6	120.9	125.6	114.1	112.0
巴塘县	Batang	115.0	104.8	121.1	124.0	113.5	113.8
乡城县	Xiangcheng	114.1	104.8	120.3	108.5	113.8	114.5
稻城县	Daocheng	115.0	104.8	130.0	121.4	113.4	113.9
得荣县	Derong	113.1	104.0	121.3	121.4	113.4	113.1
凉山州	**Liangshan**						
西昌市	Xichang	112.3	105.0	119.9	120.1	104.1	111.6
木里县	Muli	111.3	104.8	118.9	146.0	102.0	110.4
盐源县	Yanyuan	105.5	104.7	107.0	97.5	101.2	105.2
德昌县	Dechang	113.9	104.7	123.0	117.3	106.6	113.4
会理县	Huili	111.5	104.8	115.5	112.9	105.6	111.0
会东县	Huidong	107.1	104.8	107.9	103.6	108.2	106.5
宁南县	Ningnan	114.9	104.9	124.5	124.0	109.9	113.8
普格县	Puge	109.3	104.7	120.6	102.8	101.6	109.0
布拖县	Butuo	111.1	104.7	115.6	115.8	107.5	110.8
金阳县	Jinyang	103.9	104.4	104.5	107.9	102.2	103.6
昭觉县	Zhaojue	110.7	104.7	128.2	117.7	103.8	110.0
喜德县	Xide	110.5	104.8	119.6	104.0	103.7	110.1
冕宁县	Mianning	114.7	104.7	122.0	125.9	106.8	114.2
越西县	Yuexi	108.1	104.8	110.0	105.0	108.3	107.7
甘洛县	Ganluo	88.7	104.8	76.6	75.2	104.5	88.5
美姑县	Meigu	104.3	104.8	102.8	93.2	105.2	103.8
雷波县	Leibo	106.5	104.8	108.0	123.8	103.5	106.0

12-6 各县(市、区)民营经济增加值(2013年)
Civillian-owned Value Added of Counties (Municipalities, District)(2013)

县(市、区)	Counties (Municipalities, Districts)	民营经济增加值(万元) Civilian-owned Value Added (10 000 yuan)	第一产业 Primary Industry	第二产业 Secondary Industry	#工业 Industry	第三产业 Tertiary Industry	人均民营经济增加值(元) Per Capita Civilian-owned Value Added (yuan)
成都市	**Chengdu**						
锦江区	Jinjiang	3792431		567051	327120	3225380	54583
青羊区	Qingyang	3606926	9	786943	364898	2819974	43197
金牛区	Jinniu	4296895	233	1324147	795003	2972515	35745
武侯区	Wuhou	4887653	293	1478021	1091249	3409339	45039
成华区	Chenghua	2940980	651	697571	385912	2242758	31204
龙泉驿区	Longquanyi	3665579	37406	2874243	2679824	753930	46464
青白江区	Qingbaijiang	1376853	29001	933515	875620	414337	34981
新都区	Xindu	3408023	73447	2346655	2080785	987921	43134
温江区	Wenjiang	1964467	12587	1246139	1183969	705741	42503
金堂县	Jintang	1448331	77720	875640	589551	494971	20035
双流县	Shuangliu	4842262	50260	3203960	2740619	1588042	40218
郫县	Pixian	2325246	8905	1466614	1362621	849727	30340
大邑县	Dayi	960717	146586	508547	416679	305584	19005
蒲江县	Pujiang	519924	61836	313268	287436	144820	21343
新津县	Xinjin	1437074	55166	989549	918805	392359	47009
都江堰市	Dujiangyan	1458866	79622	666879	456820	712365	21918
彭州市	Pengzhou	1298511	126898	749039	701211	422574	16934
邛崃市	Qionglai	1091755	114719	622652	515787	354384	17718
崇州市	Chongzhou	1210885	99859	770164	588110	340862	18264
自贡市	**Zigong**						
自流井区	Ziliujing	1222605	14312	661344	588572	546949	32344
贡井区	Gongjing	645304	41508	462935	447585	140861	24527
大安区	Daan	1041146	45499	775247	744744	220400	27120
沿滩区	Yantan	631976	49503	475240	431178	107233	22522
荣县	Rongxian	996475	114294	627495	527173	254686	16858
富顺县	Fushun	1057964	123361	601349	447657	333254	12759
攀枝花市	**Panzhihua**						
东区	Dongqu	1206452	3644	727333	632999	475475	31917
西区	Xiqu	443597	4552	346101	335193	92944	28219
仁和区	Renhe	981174	24539	844426	810211	112209	37081
米易县	Miyi	608747	30091	458963	436638	119693	27746
盐边县	Yanbian	449058	32650	328180	285634	88228	21083
泸州市	**Luzhou**						
江阳区	Jiangyang	1711208	35501	1149631	1022913	526076	29004
纳溪区	Naxi	628634	45329	443354	416175	139951	13622
龙马潭区	Longmatan	991989	33399	717268	656983	241322	28102
泸县	Luxian	1382212	129774	984831	922931	267607	16359
合江县	Hejiang	870386	90730	488185	428077	291471	12344
叙永县	Xuyong	496686	50003	305746	281815	140937	8528
古蔺县	Gulin	622827	55003	415414	399143	152410	8760

12-6 续表1 continued

县(市、区)	Counties (Municipalities, Districts)	民营经济增加值(万元) Civilian-owned Value Added (10 000 yuan)	第一产业 Primary Industry	第二产业 Secondary Industry	#工业 Industry	第三产业 Tertiary Industry	人均民营经济增加值(元) Per Capita Civilian-owned Value Added (yuan)
德阳市	**Deyang**						
旌阳区	Jinyang	1891343	111487	1138032	982441	641824	25524
中江县	Zhongjiang	1491304	306783	750892	684136	433629	13619
罗江县	Luojiang	489028	61330	367678	328926	60020	21930
广汉市	Guanghan	2015389	105449	1521919	1463180	388021	33952
什邡市	Shifang	1010487	81838	563110	535000	365539	24320
绵竹市	Mianzhu	1226542	87216	915852	879654	223474	26693
绵阳市	**Mianyang**						
涪城区	Fucheng	3175777	46938	1862145	1580099	1266694	38272
游仙区	Youxian	887164	82995	656285	589740	147884	17988
三台县	Santai	986427	170099	358242	241754	458086	9438
盐亭县	Yanting	400401	100257	176121	91050	124023	9269
安县	Anxian	530744	67759	347256	283237	115729	13753
梓潼县	Zitong	414228	64729	268577	237505	80922	13414
北川县	Beichuan	198116	24940	136922	76729	36254	9798
平武县	Pingwu	175964	20436	120111	66819	35417	10242
江油市	Jiangyou	1465555	114653	680978	556151	669924	18563
广元市	**Guangyuan**						
利州区	Lizhou	1011171	18033	595579	482328	397559	18989
昭化区	Zhaohua	204105	35145	126137	111441	42823	11603
朝天区	Chaotian	168403	15175	111651	97168	41577	9128
旺苍县	Wangcang	423851	39418	281437	256430	102996	10802
青川县	Qingchuan	151281	12215	100451	80633	38615	7394
剑阁县	Jiange	432920	73437	221656	159748	137827	9195
苍溪县	Cangxi	522814	78683	304278	219059	139853	9062
遂宁市	**Suining**						
船山区	Chuanshan	1282782	73278	913401	799799	296103	19325
安居区	Anju	553435	147165	263778	165163	142492	8599
蓬溪县	Pengxi	585549	93619	368922	300337	123008	10530
射洪县	Shehong	1387397	182316	920861	842698	284220	14979
大英县	Daying	632862	61364	444887	398823	126611	13135
内江市	**Neijiang**						
内江市中区	Neijiang Downtown	1113248	57293	811958	738921	243997	21932
东兴区	Dongxing	1157127	127994	805252	743211	223881	15231
威远县	Weiyuan	1612930	110606	1227816	1192169	274508	26660
资中县	Zizhong	1337922	200640	801458	746941	335824	11098
隆昌县	Longchang	1156200	125134	757225	666621	273841	17962
乐山市	**Leshan**						
乐山市中区	Leshan Downtown	1343827	91930	906211	778109	345686	19947
沙湾区	Shawan	530379	53038	406897	350984	70444	29400
五通桥区	Wutongqiao	977321	56433	798308	773016	122580	30352

12-6 续表2 continued

县(市、区)	Counties (Municipalities, Districts)	民营经济增加值(万元) Civilian-owned Value Added (10 000 yuan)	第一产业 Primary Industry	第二产业 Secondary Industry	#工业 Industry	第三产业 Tertiary Industry	人均民营经济增加值(元) Per Capita Civilian-owned Value Added (yuan)
金口河区	Jinkouhe	173274	5227	152944	144668	15103	35147
犍为县	Qianwei	667730	109424	421711	397319	136595	15403
井研县	Jinyan	488028	95264	312265	297927	80499	16951
夹江县	Jiajiang	725693	61565	500253	464896	163875	21669
沐川县	Muchuan	247522	36950	162786	140159	47786	11583
峨边县	Ebian	169169	19616	122463	118869	27090	12144
马边县	Mabian	143483	25126	90880	75224	27477	8038
峨眉山市	Emeishan	950926	67339	629744	577783	253843	21519
南充市	**Nanchong**						
顺庆区	Shunqing	1536941	87765	1040947	904838	408229	21760
高坪区	Gaoping	644616	98334	423767	349734	122515	10769
嘉陵区	Jialing	627858	106292	413213	364785	108353	10293
南部县	Nanbu	1485944	198375	1026625	813026	260944	16047
营山县	Yingshan	711351	172155	400555	309517	138641	9670
蓬安县	Pengan	705063	124089	466723	389489	114251	12497
仪陇县	Yilong	791372	227524	415943	224877	147905	8589
西充县	Xichong	496396	120926	276197	197301	99273	9473
阆中市	Langzhong	996359	172996	601923	439831	221440	13785
眉山市	**Meishan**						
东坡区	Dongpo	1846463	124204	1289430	1158572	432829	22244
仁寿县	Renshou	1673151	213693	1115155	889262	344303	13708
彭山县	Pengshan	621395	56052	404818	347308	160525	20090
洪雅县	Hongya	554881	72315	380816	358985	101750	18277
丹棱县	Danling	260802	37142	170697	155524	52963	18341
青神县	Qingshen	361512	60052	207029	185604	94431	21673
宜宾市	**Yibin**						
翠屏区	Cuiping	2108661	58259	1385687	1200242	664715	24925
南溪区	Nanxi	572074	57108	398230	345565	116736	17077
宜宾县	Yibinxian	1162548	148673	790024	678340	223851	15112
江安县	Jiangan	643915	61430	441518	412517	140967	15554
长宁县	Changning	631229	75790	389427	345873	166012	18473
高县	Gaoxian	638333	68039	465542	408256	104752	15512
珙县	Gongxian	592168	62683	422285	394512	107200	15833
筠连县	Junlian	614613	61410	457094	429517	96109	18512
兴文县	Xingwen	470476	57288	288814	253966	124374	12316
屏山县	Pingshan	205052	41890	107651	81393	55511	7976
广安市	**Guangan**						
广安区	Guanganqu	642873	59477	220275	101520	363121	10508
前锋区	Qianfeng	763299	34758	618110	552038	110431	30422
岳池县	Yuechi	847318	92583	442401	323411	312334	10853
武胜县	Wusheng	926319	82627	552801	463274	290891	15751

12-6 续表3 continued

县(市、区)	Counties (Municipalities, Districts)	民营经济增加值(万元) Civilian-owned Value Added (10 000 yuan)	第一产业 Primary Industry	第二产业 Secondary Industry	#工业 Industry	第三产业 Tertiary Industry	人均民营经济增加值(元) Per Capita Civilian-owned Value Added (yuan)
邻水县	Linshui	905283	85038	511255	406697	308990	12781
华蓥市	Huaying	688419	31068	473137	409975	184214	24516
达州市	**Dazhou**						
通川区	Tongchuan	1102102	56653	738423	657605	307026	18064
达川区	Dachuan	1240790	147981	820284	725236	272525	12443
宣汉县	Xuanhan	1199048	154832	761555	650848	282661	11872
开江县	Kaijiang	589964	92805	366165	307591	130994	13600
大竹县	Dazhu	1423058	167288	925677	814762	330093	16153
渠县	Quxian	1157260	177513	696627	619024	283120	9974
万源市	Wanyuan	646030	90459	423857	403471	131714	15734
雅安市	**Yaan**						
雨城区	Yucheng	605756	25523	320187	272447	260046	16906
名山区	Mingshan	304606	29894	203832	183554	70880	11569
荥经县	Yingjing	380283	17722	282816	258012	79745	25522
汉源县	Hanyuan	288207	21705	186176	138533	80326	8835
石棉县	Shimian	300308	16004	238645	215830	45659	23646
天全县	Tianquan	259891	19241	187269	170437	53381	18860
芦山县	Lushan	161551	9744	128172	112265	23635	14554
宝兴县	Baoxing	137066	10440	106296	91876	20330	23755
巴中市	**Bazhong**						
巴州区	Bazhou	600233	56482	253008	88118	290743	8483
恩阳区	Enyang	209995	57872	84235	70466	67888	4887
通江县	Tongjiang	465048	57159	212194	136403	195695	6711
南江县	Nanjiang	477778	51407	260838	177282	165533	7794
平昌县	Pingchang	575877	71270	326376	234106	178231	6625
资阳市	**Ziyang**						
雁江区	Yanjiang	2056879	169943	1561296	1482635	325640	23334
安岳县	Anyue	1142107	225439	663082	552299	253586	10145
乐至县	Lezhi	952540	173404	593382	546998	185754	18178
简阳市	Jianyang	2245517	299238	1605525	1533640	340754	21412
阿坝州	**Aba**						
汶川县	Wenchuan	238729	5898	197751	169243	35080	23590
理县	Lixian	75016	4575	61047	55959	9394	15826
茂县	Maoxian	93657	10648	63669	59540	19340	8844
松潘县	Songpan	56479	10985	23305	13290	22189	7726
九寨沟县	Jiuzhaigou	107094	5979	49470	39545	51645	13189
金川县	Jinchuan	40810	10766	18802	5297	11242	6010
小金县	Xiaojin	52133	9581	24297	18774	18255	6667
黑水县	Heishui	94992	6470	78285	70115	10237	15496
马尔康县	Maerkang	50909	11072	13697	6833	26140	8673
壤塘县	Rangtang	24386	14073	5159	1165	5154	6112

12-6 续表4 continued

县(市、区)	Counties (Municipalities, Districts)	民营经济增加值(万元) Civilian-owned Value Added (10 000 yuan)	第一产业 Primary Industry	第二产业 Secondary Industry	#工业 Industry	第三产业 Tertiary Industry	人均民营经济增加值(元) Per Capita Civilian-owned Value Added (yuan)
阿坝县	Abaxian	42924	23453	9597	1531	9874	5801
若尔盖县	Ruoergai	73335	50254	9749	6362	13332	9662
红原县	Hongyuan	51558	24466	14805	9830	12287	11508
甘孜州	**Ganzi**						
康定县	Kangding	206170	24570	99824	55572	81776	15525
泸定县	Luding	58855	10559	24209	22389	24087	6734
丹巴县	Danba	46264	15457	17492	7910	13315	6628
九龙县	Jiulong	90164	15284	65851	57075	9029	14289
雅江县	Yajiang	34437	15141	11341	514	7955	6726
道孚县	Daofu	27227	14828	3505	1621	8894	4827
炉霍县	Luhuo	17436	10675	2322	1054	4439	3663
甘孜县	Ganzixian	37464	25744	2654	563	9066	5398
新龙县	Xinlong	32147	22331	3923	546	5893	6279
德格县	Dege	33255	24258	3899	411	5098	4026
白玉县	Baiyu	30142	21387	4614	901	4141	5279
石渠县	Shiqu	37099	28649	1920	248	6530	4081
色达县	Seda	28223	21786	1798	314	4639	4751
理塘县	Litang	45577	30367	5762	1645	9448	6502
巴塘县	Batang	35941	13658	14454	4661	7829	7232
乡城县	Xiangcheng	25012	9631	9240	2196	6141	7556
稻城县	Daocheng	22685	10680	5131	558	6874	7089
得荣县	Derong	16434	7295	5835	653	3304	6202
凉山州	**Liangshan**						
西昌市	Xichang	1993699	116740	1185358	1009062	691601	26869
木里县	Muli	111236	14583	70527	36691	26126	8524
盐源县	Yanyuan	335449	49316	228154	175771	57979	9489
德昌县	Dechang	372779	47493	209419	125091	115867	17298
会理县	Huili	1244433	115907	907107	806481	221419	28509
会东县	Huidong	715091	96967	462283	363079	155841	19485
宁南县	Ningnan	280238	47722	169360	133198	63156	15923
普格县	Puge	102888	20836	55641	39119	26411	6524
布拖县	Butuo	130632	20326	93393	81139	16913	8039
金阳县	Jinyang	104886	20037	62213	51704	22636	6299
昭觉县	Zhaojue	113250	41697	43835	29153	27718	4585
喜德县	Xide	118332	22031	67435	57567	28866	7150
冕宁县	Mianning	531866	62895	343009	261016	125962	15174
越西县	Yuexi	210506	39664	124457	104191	46385	7855
甘洛县	Ganluo	140809	22392	87907	76238	30510	7240
美姑县	Meigu	101452	32735	46554	27352	22163	4664
雷波县	Leibo	241153	31118	167342	115465	42693	10838

12-7 各县(市、区)民营经济增加值指数(2013年)
Indices of Civillian-owned Value Added of Counties (Municipalities, District)(2013)

上年=100 (preceding year=100)

县(市、区)	Counties (Municipalities, Districts)	民营经济增加值 Civilian-owned Value Added	第一产业 Primary Industry	第二产业 Secondary Industry	#工业 Industry	第三产业 Tertiary Industry	人均民营经济增加值 Per Capita Civilian-owned Value Added
成都市	**Chengdu**						
锦江区	Jinjiang	108.2		99.1	104.9	110.1	107.9
青羊区	Qingyang	107.6	28.6	105.2	105.1	108.4	107.3
金牛区	Jinniu	107.2	79.1	104.2	105.6	108.7	107.2
武侯区	Wuhou	108.2	122.9	106.7	105.7	108.9	108.1
成华区	Chenghua	109.3	74.7	104.6	106.0	111.0	109.2
龙泉驿区	Longquanyi	118.0	83.8	120.2	121.0	114.5	116.1
青白江区	Qingbaijiang	112.5	101.6	111.8	112.5	114.7	111.0
新都区	Xindu	112.0	79.8	112.4	112.7	113.8	110.7
温江区	Wenjiang	112.4	64.6	113.5	113.9	111.5	111.7
金堂县	Jintang	113.5	105.2	117.1	116.9	108.5	113.0
双流县	Shuangliu	111.9	82.1	109.4	112.4	119.1	108.6
郫县	Pixian	112.2	92.2	111.5	112.2	114.0	111.2
大邑县	Dayi	113.0	105.7	117.3	117.6	108.7	112.4
蒲江县	Pujiang	113.7	103.9	114.5	113.7	116.8	112.4
新津县	Xinjin	114.2	102.6	116.0	116.9	111.2	113.2
都江堰市	Dujiangyan	112.7	105.5	117.4	117.3	109.1	112.0
彭州市	Pengzhou	112.7	107.6	115.6	115.8	108.8	112.4
邛崃市	Qionglai	111.9	108.9	114.0	116.1	108.9	111.5
崇州市	Chongzhou	112.3	100.7	114.7	117.0	110.7	112.1
自贡市	**Zigong**						
自流井区	Ziliujing	110.0	105.9	107.8	106.4	113.1	104.5
贡井区	Gongjing	114.6	105.2	115.7	115.1	113.5	114.0
大安区	Daan	114.6	103.7	115.8	115.4	112.4	114.4
沿滩区	Yantan	115.5	104.3	117.4	116.0	112.5	113.6
荣县	Rongxian	112.4	104.8	113.8	110.4	112.0	112.5
富顺县	Fushun	114.4	103.9	117.6	114.2	112.4	114.3
攀枝花市	**Panzhihua**						
东区	Dongqu	110.8	113.6	109.6	109.5	112.6	109.1
西区	Xiqu	110.6	103.8	111.5	111.6	107.3	115.0
仁和区	Renhe	115.7	104.3	116.9	116.9	109.4	114.8
米易县	Miyi	116.1	105.2	119.1	120.0	110.0	114.2
盐边县	Yanbian	110.2	105.0	111.0	109.2	109.0	109.4
泸州市	**Luzhou**						
江阳区	Jiangyang	114.6	102.6	115.9	114.1	112.5	113.1
纳溪区	Naxi	114.4	102.8	115.8	115.4	113.9	113.9
龙马潭区	Longmatan	115.2	109.8	116.4	115.4	112.4	114.1
泸县	Luxian	114.1	101.8	115.9	114.9	114.0	113.4
合江县	Hejiang	114.5	101.6	117.2	115.0	113.9	115.2
叙永县	Xuyong	113.0	102.3	114.0	112.7	115.1	113.3
古蔺县	Gulin	113.9	102.0	115.3	115.0	114.8	114.2

12-7 续表1 continued

上年=100 (preceding year=100)

县(市、区)	Counties (Municipalities, Districts)	民营经济增加值 Civilian-owned Value Added	第一产业 Primary Industry	第二产业 Secondary Industry	#工业 Industry	第三产业 Tertiary Industry	人均民营经济增加值 Per Capita Civilian-owned Value Added
德阳市	**Deyang**						
旌阳区	Jinyang	112.5	103.9	114.4	114.5	110.7	112.1
中江县	Zhongjiang	112.4	104.2	115.2	115.7	112.9	116.7
罗江县	Luojiang	112.2	103.4	113.1	113.9	114.9	110.0
广汉市	Guanghan	113.1	102.5	114.6	115.0	110.4	112.8
什邡市	Shifang	111.9	104.6	111.2	111.1	114.6	111.5
绵竹市	Mianzhu	112.7	104.4	114.0	114.9	110.0	113.4
绵阳市	**Mianyang**						
涪城区	Fucheng	115.9	104.5	118.7	118.8	112.0	116.4
游仙区	Youxian	113.7	104.6	116.6	116.8	107.7	112.9
三台县	Santai	103.9	105.7	98.7	95.0	109.5	103.9
盐亭县	Yanting	102.6	106.5	97.0	88.3	110.8	101.9
安县	Anxian	112.5	104.8	115.6	115.7	108.6	110.2
梓潼县	Zitong	112.4	104.9	116.2	116.4	107.9	112.0
北川县	Beichuan	112.2	104.7	114.5	111.3	108.8	111.1
平武县	Pingwu	112.0	104.8	113.9	111.6	109.7	111.5
江油市	Jiangyou	114.5	106.1	118.8	118.9	111.8	113.1
广元市	**Guangyuan**						
利州区	Lizhou	113.1	109.7	113.8	113.4	112.2	112.2
昭化区	Zhaohua	112.8	108.2	115.8	115.3	109.3	110.9
朝天区	Chaotian	112.9	104.5	114.9	113.8	111.7	111.1
旺苍县	Wangcang	112.6	104.6	114.5	113.8	110.8	111.7
青川县	Qingchuan	111.3	107.1	113.3	114.1	108.3	111.4
剑阁县	Jiange	111.8	99.4	117.7	115.1	110.9	110.3
苍溪县	Cangxi	112.0	104.0	116.3	117.2	108.0	110.4
遂宁市	**Suining**						
船山区	Chuanshan	113.9	103.0	115.3	113.8	111.9	113.3
安居区	Anju	112.8	104.2	117.1	113.1	112.7	112.6
蓬溪县	Pengxi	113.2	104.0	117.6	116.0	108.6	113.0
射洪县	Shehong	113.5	104.0	115.1	114.1	113.7	113.3
大英县	Daying	113.7	103.4	116.0	113.4	110.7	113.4
内江市	**Neijiang**						
内江市中区	Neijiang Downtown	111.8	104.1	112.0	112.4	112.4	110.3
东兴区	Dongxing	111.4	104.1	112.0	112.0	112.6	110.8
威远县	Weiyuan	114.6	104.3	115.6	115.5	113.5	117.7
资中县	Zizhong	111.4	103.9	112.6	112.3	112.1	110.7
隆昌县	Longchang	112.1	102.6	112.8	112.6	113.3	111.1
乐山市	**Leshan**						
乐山市中区	Leshan Downtown	113.2	101.3	114.1	114.5	113.7	112.3
沙湾区	Shawan	113.6	101.3	116.4	115.6	107.7	116.2
五通桥区	Wutongqiao	113.0	101.6	114.4	114.4	108.8	111.4

12-7 续表2 continued

上年=100 (preceding year=100)

县(市、区)	Counties (Municipalities, Districts)	民营经济增加值 Civilian-owned Value Added	第一产业 Primary Industry	第二产业 Secondary Industry	#工业 Industry	第三产业 Tertiary Industry	人均民营经济增加值 Per Capita Civilian-owned Value Added
金口河区	Jinkouhe	112.8	101.0	114.2	112.8	103.0	112.6
犍为县	Qianwei	113.3	102.2	116.6	116.3	111.5	114.0
井研县	Jinyan	111.5	104.0	114.3	114.6	109.1	110.8
夹江县	Jiajiang	112.9	102.5	114.9	114.5	110.4	113.4
沐川县	Muchuan	108.1	104.7	108.2	104.6	110.3	108.5
峨边县	Ebian	109.7	101.3	111.7	113.1	106.6	109.9
马边县	Mabian	111.0	101.1	114.9	115.4	106.8	110.3
峨眉山市	Emeishan	112.9	102.1	114.9	114.4	110.8	112.2
南充市	**Nanchong**						
顺庆区	Shunqing	113.3	106.2	114.6	114.1	111.5	113.1
高坪区	Gaoping	113.1	104.6	115.4	113.7	111.1	112.2
嘉陵区	Jialing	112.9	104.4	115.5	114.7	110.3	112.7
南部县	Nanbu	113.5	100.0	116.3	114.0	111.9	113.3
营山县	Yingshan	112.8	106.5	116.2	112.8	110.2	112.5
蓬安县	Pengan	111.0	112.7	110.9	109.3	109.8	110.8
仪陇县	Yilong	113.2	102.8	118.7	112.1	112.5	113.1
西充县	Xichong	113.0	90.5	122.2	120.8	112.1	112.6
阆中市	Langzhong	113.4	105.7	116.2	112.9	111.3	113.2
眉山市	**Meishan**						
东坡区	Dongpo	113.5	104.3	113.9	112.0	114.7	112.9
仁寿县	Renshou	113.1	104.1	114.7	111.3	113.1	113.8
彭山县	Pengshan	113.5	103.5	115.3	113.0	112.3	109.4
洪雅县	Hongya	112.9	103.8	114.5	113.4	112.6	112.0
丹棱县	Danling	112.7	103.6	114.2	113.5	113.7	112.5
青神县	Qingshen	112.9	103.6	115.6	113.8	112.6	113.5
宜宾市	**Yibin**						
翠屏区	Cuiping	112.4	100.0	112.0	110.9	114.6	111.9
南溪区	Nanxi	112.8	103.0	113.1	112.6	116.3	111.5
宜宾县	Yibinxian	112.2	101.7	113.6	114.3	113.3	114.3
江安县	Jiangan	112.3	104.2	115.0	112.6	106.8	110.7
长宁县	Changning	111.9	101.5	114.0	114.1	111.8	111.6
高县	Gaoxian	112.2	103.2	112.8	112.1	115.2	112.1
珙县	Gongxian	112.0	104.2	113.0	112.9	111.8	113.1
筠连县	Junlian	96.3	103.7	93.1	91.9	112.7	96.3
兴文县	Xingwen	106.7	103.0	104.8	102.8	113.0	105.5
屏山县	Pingshan	110.6	101.5	112.7	115.0	112.1	109.8
广安市	**Guangan**						
广安区	Guanganqu	113.5	105.1	119.0	114.0	111.8	113.3
前锋区	Qianfeng	113.5	106.0	114.2	114.1	112.0	112.9
岳池县	Yuechi	113.6	104.9	116.3	113.7	112.5	113.5
武胜县	Wusheng	114.3	103.8	116.2	116.3	113.9	114.0

12-7 续表3 continued

上年=100 (preceding year=100)

县(市、区)	Counties (Municipalities, Districts)	民营经济增加值 Civilian-owned Value Added	第一产业 Primary Industry	第二产业 Secondary Industry	#工业 Industry	第三产业 Tertiary Industry	人均民营经济增加值 Per Capita Civilian-owned Value Added
邻水县	Linshui	114.3	104.1	117.5	118.3	112.1	114.0
华蓥市	Huaying	113.7	103.6	114.6	114.9	113.3	113.3
达州市	**Dazhou**						
通川区	Tongchuan	112.4	103.6	113.0	110.8	112.7	109.0
达川区	Dachuan	113.4	104.1	115.8	114.5	110.4	114.7
宣汉县	Xuanhan	112.8	103.0	115.8	114.0	111.3	112.8
开江县	Kaijiang	112.6	102.9	115.3	115.0	110.9	112.3
大竹县	Dazhu	113.8	103.2	116.3	115.0	111.4	113.4
渠县	Quxian	113.6	103.7	116.9	115.2	111.1	113.5
万源市	Wanyuan	113.1	104.5	115.5	114.0	111.7	112.7
雅安市	**Yaan**						
雨城区	Yucheng	109.3	104.1	107.2	108.1	112.9	108.7
名山区	Mingshan	107.4	110.3	106.3	107.1	109.4	106.0
荥经县	Yingjing	104.3	103.8	103.5	103.6	108.0	103.9
汉源县	Hanyuan	108.6	102.1	109.7	114.4	107.8	108.7
石棉县	Shimian	111.5	102.9	112.4	113.6	110.0	111.0
天全县	Tianquan	105.5	106.2	105.1	105.4	107.0	105.0
芦山县	Lushan	102.7	102.1	102.2	97.3	106.2	101.6
宝兴县	Baoxing	104.0	100.8	103.6	103.4	108.3	103.8
巴中市	**Bazhong**						
巴州区	Bazhou	113.1	102.7	121.1	112.6	104.7	112.6
恩阳区	Enyang	112.6	102.7	123.3	119.3	109.5	112.1
通江县	Tongjiang	112.4	103.5	117.0	113.7	110.0	112.1
南江县	Nanjiang	112.6	103.8	115.5	113.0	111.3	112.3
平昌县	Pingchang	113.0	103.9	116.8	113.9	111.3	112.7
资阳市	**Ziyang**						
雁江区	Yanjiang	112.8	102.4	113.8	113.6	113.1	113.5
安岳县	Anyue	112.4	102.1	116.1	114.4	111.9	113.5
乐至县	Lezhi	112.4	102.5	115.4	114.4	111.3	113.3
简阳市	Jianyang	113.0	102.5	114.3	113.8	113.0	114.0
阿坝州	**Aba**						
汶川县	Wenchuan	110.1	108.1	109.9	107.9	111.3	109.5
理县	Lixian	120.1	107.7	122.7	125.1	110.9	119.1
茂县	Maoxian	112.8	93.9	118.4	118.8	107.9	112.1
松潘县	Songpan	114.1	107.5	121.4	134.0	110.8	113.6
九寨沟县	Jiuzhaigou	110.8	103.0	119.0	123.9	104.5	110.2
金川县	Jinchuan	118.2	105.8	132.1	113.5	111.9	117.1
小金县	Xiaojin	113.8	107.5	121.0	127.8	108.6	113.2
黑水县	Heishui	118.9	107.5	121.6	125.3	108.1	118.4
马尔康县	Maerkang	112.4	105.9	122.0	115.3	110.7	112.0
壤塘县	Rangtang	109.7	106.1	119.5	128.3	111.6	109.1

12-7 续表4 continued

上年=100 (preceding year=100)

县(市、区)	Counties (Municipalities, Districts)	民营经济增加值 Civilian-owned Value Added	第一产业 Primary Industry	第二产业 Secondary Industry	#工业 Industry	第三产业 Tertiary Industry	人均民营经济增加值 Per Capita Civilian-owned Value Added
阿坝县	Abaxian	111.3	104.8	128.0	115.9	115.2	110.9
若尔盖县	Ruoergai	109.9	103.3	149.0	167.1	113.5	109.3
红原县	Hongyuan	111.8	105.0	128.8	114.0	110.2	111.1
甘孜州	**Ganzi**						
康定县	Kangding	114.3	105.1	120.9	114.5	108.3	113.4
泸定县	Luding	110.4	108.8	118.2	117.6	104.1	108.2
丹巴县	Danba	113.2	107.2	124.2	116.4	106.2	105.4
九龙县	Jiulong	115.5	104.8	119.3	117.0	105.3	115.2
雅江县	Yajiang	113.5	102.5	134.1	132.6	106.6	112.6
道孚县	Daofu	108.4	100.4	149.5	117.8	106.3	107.8
炉霍县	Luhuo	106.4	102.0	134.5	127.8	103.4	105.7
甘孜县	Ganzixian	104.7	105.3	103.7	127.6	103.6	104.2
新龙县	Xinlong	110.0	104.7	151.6	126.5	104.9	109.6
德格县	Dege	107.4	102.9	134.2	144.8	106.7	107.1
白玉县	Baiyu	110.6	104.6	145.6	124.6	104.2	110.2
石渠县	Shiqu	104.7	103.8	113.8	124.5	105.1	95.4
色达县	Seda	104.9	104.4	111.8	125.2	103.6	104.7
理塘县	Litang	107.0	104.6	121.9	125.9	104.2	106.7
巴塘县	Batang	112.3	105.7	123.1	128.4	104.3	111.2
乡城县	Xiangcheng	114.3	106.9	128.6	108.8	105.3	114.7
稻城县	Daocheng	111.1	105.3	137.5	123.2	104.8	110.0
得荣县	Derong	109.7	106.4	122.9	123.1	96.4	109.7
凉山州	**Liangshan**						
西昌市	Xichang	115.2	105.0	124.0	123.6	103.5	114.4
木里县	Muli	114.2	104.8	119.8	140.5	105.2	113.4
盐源县	Yanyuan	107.5	104.7	107.8	99.1	108.6	107.2
德昌县	Dechang	116.3	104.7	123.1	116.3	108.7	115.7
会理县	Huili	114.2	105.1	117.5	115.3	106.1	113.7
会东县	Huidong	109.8	104.8	110.6	105.5	110.1	109.2
宁南县	Ningnan	117.6	105.2	124.2	124.1	110.6	116.6
普格县	Puge	111.1	104.7	114.6	103.4	108.4	110.8
布拖县	Butuo	114.0	104.7	117.3	117.1	107.5	113.7
金阳县	Jinyang	106.7	104.4	107.6	110.2	106.6	106.4
昭觉县	Zhaojue	112.5	104.7	126.5	117.6	102.4	111.8
喜德县	Xide	111.5	104.8	118.3	109.4	101.6	111.2
冕宁县	Mianning	117.6	106.4	123.5	124.1	108.1	117.1
越西县	Yuexi	108.6	104.8	109.7	105.8	108.9	108.2
甘洛县	Ganluo	90.4	104.8	84.5	84.1	105.6	90.1
美姑县	Meigu	104.6	105.1	103.4	93.4	106.8	104.1
雷波县	Leibo	109.4	104.8	110.9	120.2	106.4	108.9

12-8 各县(市、区)固定资产投资和建筑业情况(2013年)

Investment in Fixed Assets and Construction of Counties (Municipalities, Districts)(2013)

县(市、区)	Counties (Municipalities, Districts)	全社会固定资产投资额(万元) Total Investment (10 000 yuan)	房地产开发投资额(万元) Real Estate Investment (10 000 yuan)	建筑企业单位数(个) Number of Construction Enterprises	建筑业从业人员(人) Persons Engaged in Construction Enterprises (person)	建筑业总产值(万元) Gross Output Value of Construction Enterprises (10 000 yuan)	商品房销售额(万元) Total Sales of Commercial Houses (10 000 yuan)
成都市	**Chengdu**						
锦江区	Jinjiang	3640559	2371455	124	93858	3799664	1692555
青羊区	Qingyang	2931561	1415939	172	129811	4747482	1567046
金牛区	Jinniu	3366480	995221	287	128778	6968699	556850
武侯区	Wuhou	3529575	1467644	170	41775	1963722	1334811
成华区	Chenghua	3828805	2434853	109	37250	2316354	2233087
龙泉驿区	Longquanyi	5008673	1312567	60	44399	1499834	1228294
青白江区	Qingbaijiang	2668039	320948	27	15623	754960	296891
新都区	Xindu	4434220	2025814	59	76134	1761445	2077584
温江区	Wenjiang	3100824	1652754	34	5588	651549	1334600
金堂县	Jintang	2506160	597816	30	16171	422104	613195
双流县	Shuangliu	6850144	1784297	96	58412	1267900	2369077
郫县	Pixian	3080257	1349519	30	13426	1043590	1776748
大邑县	Dayi	1777153	278118	27	17132	2724948	165277
蒲江县	Pujiang	1007650	139359	12	4464	98810	110150
新津县	Xinjin	2411908	254520	28	19568	423582	259460
都江堰市	Dujiangyan	1684918	505171	60	17541	810624	328328
彭州市	Pengzhou	1764522	100979	39	5208	131779	72627
邛崃市	Qionglai	1871889	222018	25	14349	495506	263100
崇州市	Chongzhou	1770288	218041	34	11932	371179	183610
自贡市	**Zigong**						
自流井区	Ziliujing	1361183	334348	50	34873	705941	506194
贡井区	Gongjing	436992	34340	4	1037	19021	66151
大安区	Daan	784017	59122	18	6361	108622	79305
沿滩区	Yantan	809107	113068	16	13448	152688	124732
荣县	Rongxian	916604	84031	13	10573	209829	117222
富顺县	Fushun	1008188	152850	32	28157	377875	137458
攀枝花市	**Panzhihua**						
东区	East District	1633375	225364	68	68248	1670694	312002
西区	West District	760534	19452	5	1959	22978	3656
仁和区	Renhe	1352881	145444	11	4257	85192	113135
米易县	Miyi	952857	84890	3	1025	20358	191000
盐边县	Yanbian	757730	36474	4	1093	21731	59522
泸州市	**Luzhou**						
江阳区	Jiangyang	2181000	512788	56	33217	958221	651570
纳溪区	Naxi	992061	35821	13	9265	214639	91811
龙马潭区	Longmatan	1213765	169295	26	35148	728925	331810
泸县	Luxian	1478500	149248	31	80798	1520722	122748
合江县	Hejiang	128 2000	225261	17	19044	562780	262185
叙永县	Xuyong	490430	51710	4	555	18373	45542
古蔺县	Gulin	102 5800	16 5054	2	60	81240	110369

12-8 续表1 continued

县(市、区)	Counties (Municipalities, Districts)	全社会固定资产投资额(万元) Total Investment (10 000 yuan)	房地产开发投资额(万元) Real Estate Investment (10 000 yuan)	建筑企业单位数(个) Number of Construction Enterprises	建筑业从业人员(人) Persons Engaged in Construction Enterprises (person)	建筑业总产值(万元) Gross Output Value of Construction Enterprises (10 000 yuan)	商品房销售额(万元) Total Sales of Commercial Houses (10 000 yuan)
德阳市	**Deyang**						
旌阳区	Jinyang	2301445	510854	109	46900	1188700	550122
中江县	Zhongjiang	982160	82058	14	5626	86894	120351
罗江县	Luojiang	948624	9959	6	362	10293	20896
广汉市	Guanghan	1337104	118324	46	44840	779913	151848
什邡市	Shifang	1209169	32538	21	5221	77186	47218
绵竹市	Mianzhu	1295027	72835	22	12323	145578	75954
绵阳市	**Mianyang**						
涪城区	Fucheng	3563425	1040711	196	23518	1050380	1081677
游仙区	Youxian	1346059	105693	39	11569	530466	20193
三台县	Santai	790840	144070	26	23956	464765	121717
盐亭县	Yanting	529495	67552	9	11126	127333	39276
安县	Anxian	877183	80209	9	909	60476	48536
梓潼县	Zitong	589234	3027	5	677	18075	3683
北川县	Beichuan	354977	7875	4	755	12746	3520
平武县	Pingwu	516251	24579	4	987	21050	11573
江油市	Jiangyou	1442571	225663	39	13705	343888	186809
广元市	**Guangyuan**						
利州区	Lizhou	1826836	466366	96	29970	580347	286661
昭化区	Zhaohua	309203		5	2339	50180	
朝天区	Chaotian	334022	9350	5	2289	41047	1988
旺苍县	Wangcang	588909	10970	9	2524	58089	16801
青川县	Qingchuan	361764	5110	1	86	2843	
剑阁县	Jiange	611080	59515	5	791	38318	42988
苍溪县	Cangxi	969333	35360	20	4904	123982	34076
遂宁市	**Suining**						
船山区	Chuanshan	3415798	343565	97	28849	637656	529637
安居区	Anju	871690	10443	6	3397	69260	25466
蓬溪县	Pengxi	966722	152196	12	21858	357762	190702
射洪县	Shehong	1453052	294086	14	10140	274025	219754
大英县	Daying	1333166	59644	19	17443	231257	55633
内江市	**Neijiang**						
内江市中区	Neijiang Downtov	1190284	146979	38	18012	445224	152091
东兴区	Dongxing	1251139	143893	24	17012	304395	217515
威远县	Weiyuan	1235585	157356	19	8679	153660	216540
资中县	Zizhong	1081174	193450	19	5447	128912	90306
隆昌县	Longchang	1001167	144770	19	29854	370435	141088
乐山市	**Leshan**						
乐山市中区	Leshan Downtow	1844360	439906	70	28115	698541	520439
沙湾区	Shawan	1232139	2416	3	991	18418	2566
五通桥区	Wutongqiao	1237328	111999	10	3801	93259	69015

12-8 续表2 continued

县(市、区)	Counties (Municipalities, Districts)	全社会固定资产投资额(万元) Total Investment (10 000 yuan)	房地产开发投资额(万元) Real Estate Investment (10 000 yuan)	建筑企业单位数(个) Number of Construction Enterprises	建筑业从业人员(人) Persons Engaged in Construction Enterprises (person)	建筑业总产值(万元) Gross Output Value of Construction Enterprises (10 000 yuan)	商品房销售额(万元) Total Sales of Commercial Houses (10 000 yuan)
金口河区	Jinkouhe	214352		1	50	320	
犍为县	Qianwei	577073	104743	9	2921	55293	98514
井研县	Jinyan	298621	42530	9	2626	41087	35081
夹江县	Jiajiang	749935	87269	7	2846	44877	77335
沐川县	Muchuan	318218	34539	3	1054	26025	28070
峨边县	Ebian	147357		2	1898	9990	
马边县	Mabian	277969	6670	3	537	8767	5707
峨眉山市	Emeishan	972821	271822	23	5624	110616	146437
南充市	**Nanchong**						
顺庆区	Shunqing	2456010	729264	73	16242	10721471	1003079
高坪区	Gaoping	1177593	128207	14	7538	1381422	226637
嘉陵区	Jialing	1042953	68212	18	5023	1401443	101086
南部县	Nanbu	1881276	327674	25	20076	12232303	206080
营山县	Yingshan	507845	189641	14	8486	1920594	186349
蓬安县	Pengan	790126	61625	13	9106	1743135	103198
仪陇县	Yilong	955005	117635	13	13781	6516532	55473
西充县	Xichong	657730	203156	7	5675	2017377	33776
阆中市	Langzhong	1559899	253690	29	18298	5138819	322781
眉山市	**Meishan**						
东坡区	Dongpo	2403946	473339	52	28206	614572	549367
仁寿县	Renshou	2031626	330590	24	25572	494024	349547
彭山县	Pengshan	1476775	343140	11	11227	217183	134555
洪雅县	Hongya	765103	72190	8	2971	68276	70515
丹棱县	Danling	435801	30737	5	2585	73138	30958
青神县	Qingshen	447953	53090	6	6247	93360	81113
宜宾市	**Yibin**						
翠屏区	Cuiping	1634386	553260	94	21363	388626	519261
南溪区	Nanxi	942472	188739	11	10704	197331	402871
宜宾县	Yibinxian	1750257	231389	17	25645	454861	236396
江安县	Jiangan	1002696	68457	9	10790	205506	83494
长宁县	Changning	841677	105811	8	10631	153037	72721
高县	Gaoxian	861794	81575	7	5849	161968	123523
珙县	Gongxian	787178	39095	9	6703	81574	29550
筠连县	Junlian	508671	40647	5	2292	60158	47131
兴文县	Xingwen	609448	96221	9	2530	42296	99051
屏山县	Pingshan	415632	6147	2	998	36040	8532
广安市	**Guangan**						
广安区	Guanganqu	1189313	264670	32	19354	669164	482577
前锋区	Qianfeng	1242756		2	2239	52654	
岳池县	Yuechi	1038162	64345	17	24076	498734	118102
武胜县	Wusheng	973014	113800	21	15968	378515	115849

12-8 续表3 continued

县(市、区)	Counties (Municipalities, Districts)	全社会固定资产投资额(万元) Total Investment (10 000 yuan)	房地产开发投资额(万元) Real Estate Investment (10 000 yuan)	建筑企业单位数(个) Number of Construction Enterprises	建筑业从业人员(人) Persons Engaged in Construction Enterprises (person)	建筑业总产值(万元) Gross Output Value of Construction Enterprises (10 000 yuan)	商品房销售额(万元) Total Sales of Commercial Houses (10 000 yuan)
邻水县	Linshui	1278986	146376	10	15195	248808	220965
华蓥市	Huaying	1001801	63356	17	37884	831200	57629
达州市	**Dazhou**						
通川区	Tongchuan	1198469	270970	34	26494	467020	285362
达川区	Dachuan	1865536	269547	19	16170	5269048	308291
宣汉县	Xuanhan	1730258	105269	14	18110	411922	104602
开江县	Kaijiang	781257	30804	9	11749	230551	43567
大竹县	Dazhu	1795408	156230	13	12679	391672	290494
渠县	Quxian	1756350	151161	20	11345	431522	114074
万源市	Wanyuan	901311	21296	3	1455	35400	3452
雅安市	**Yaan**						
雨城区	Yucheng	482012	143991	27	3136	61535	155247
名山区	Mingshan	474980	29367	4		26697	
荥经县	Yingjing	392992	63745	4	5828	46866	40031
汉源县	Hanyuan	512471	1260	8	873	13996	
石棉县	Shimian	522781		2	569	11646	
天全县	Tianquan	425403	11833				23013
芦山县	Lushan	351017	21230	2	379	6509	
宝兴县	Baoxing	343033					
巴中市	**Bazhong**						
巴州区	Bazhou	1893322	249312	51	34063	1385510	223915
恩阳区	Enyang	410252		1	870	25600	
通江县	Tongjiang	1123776	38473	14	6034	491157	37413
南江县	Nanjiang	1591713	95585	15	16385	630012	198893
平昌县	Pingchang	1491020	256570	13	14725	477835	152476
资阳市	**Ziyang**						
雁江区	Yanjiang	2366000	506260	34	17832	579781	515260
安岳县	Anyue	1560109	245592	17	18215	308937	258935
乐至县	Lezhi	1440228	280155	10	4373	214605	174408
简阳市	Jianyang	2240483	337811	34	18828	531736	671039
阿坝州	**Aba**						
汶川县	Wenchuan	430073	40360	8	1528	43752	3000
理县	Lixian	300113	3500	1			
茂县	Maoxian	420061		2	403	12820	
松潘县	Songpan	423949		2	3207	3829	
九寨沟县	Jiuzhaigou	300072		1	987	8222	
金川县	Jinchuan	421009		2	448	2302	30789
小金县	Xiaojin	174109	33160	3	230	5377	
黑水县	Heishui	182384		1	40	715	
马尔康县	Maerkang	394701		4	240	6668	
壤塘县	Rangtang	122104	3500	1	58	528	

12-8 续表4 continued

县(市、区)	Counties (Municipalities, Districts)	全社会固定资产投资额(万元) Total Investment (10 000 yuan)	房地产开发投资额(万元) Real Estate Investment (10 000 yuan)	建筑企业单位数(个) Number of Construction Enterprises	建筑业从业人员(人) Persons Engaged in Construction Enterprises (person)	建筑业总产值(万元) Gross Output Value of Construction Enterprises (10 000 yuan)	商品房销售额(万元) Total Sales of Commercial Houses (10 000 yuan)
阿坝县	Abaxian	176253		1	78	1818	
若尔盖县	Ruoergai	180370		1			1104
红原县	Hongyuan	170030	200				
甘孜州	**Ganzi**						
康定县	Kangding	955676	19815	10	2482	477812	11032
泸定县	Luding	290533		4	179	29857	
丹巴县	Danba	265489					
九龙县	Jiulong	251409		2		76000	
雅江县	Yajiang	330564		2	128	18107	
道孚县	Daofu	80440					
炉霍县	Luhuo	40329					
甘孜县	Ganzixian	86206					
新龙县	Xinlong	115535					
德格县	Dege	69175					
白玉县	Baiyu	102944					
石渠县	Shiqu	68726					
色达县	Seda	35400					
理塘县	Litang	85563		1		31000	
巴塘县	Batang	186514		1		117589	
乡城县	Xiangcheng	200313					
稻城县	Daocheng	266441					
得荣县	Derong	85532					
凉山州	**Liangshan**						
西昌市	Xichang	2850600	176378	36	16157	722799	
木里县	Muli	753077					
盐源县	Yanyuan	370212					
德昌县	Dechang	571011					
会理县	Huili	740247					
会东县	Huidong	571315					
宁南县	Ningnan	552189					
普格县	Puge	125384					
布拖县	Butuo	140192					
金阳县	Jinyang	132004					
昭觉县	Zhaojue	155718	27				
喜德县	Xide	105030					
冕宁县	Mianning	447030					
越西县	Yuexi	225420					
甘洛县	Ganluo	118446					
美姑县	Meigu	140165					
雷波县	Leibo	851314					

12-9 各县(市、区)农村经济情况(2013年)
Basic Statistics on Agriculture of Counties (Municipalities, Districts)(2013)

县(市、区)	Counties (Municipalities, Districts)	乡村从业人员(万人) Rural Employed Persons (10 000 persons)	年末实有耕地面积(公顷) Cultivated Land Area (year-end) (hectare)	有效灌溉面积(公顷) Irrigated Land Area (hectare)	农林牧渔业总产值(万元) Gross Output Value of Farming, Forestry, Animal Husbandry and Fishery (10 000 yuan)	农业机械总动力(万千瓦) Total Agricultural Machinery Power (10 000 kw)	化肥施用量(折纯量)(吨) Consumption of Chemical Fertilizers (ton)	农村用电量(万千瓦小时) Electricity Consumed in Rural Areas (10 000 kwh)
成都市	**Chengdu**							
锦江区	Jinjiang	1.9	718	960	11823		58	7152
青羊区	Qingyang	1.7	95	470	919		23	4601
金牛区	Jinniu	2.7	541	500	2730		87	8150
武侯区	Wuhou	2.6	197	220	836		31	5854
成华区	Chenghua	3.6	202	1570	3750		200	7960
龙泉驿区	Longquanyi	16.9	7123	8050	2091	18.1	4173	20336
青白江区	Qingbaijiang	18.2	13695	11900	488327	13.6	5425	15496
新都区	Xindu	31.7	20716	20820	222932	28.0	11144	35040
温江区	Wenjiang	9.7	11129	13940	378526	16.7	3640	6195
金堂县	Jintang	43.4	43051	36720	231917	22.7	21940	9354
双流县	Shuangliu	45.2	35473	34050	574878	35.0	7274	62714
郫县	Pixian	19.6	20174	18700	611589	22.1	14026	24268
大邑县	Dayi	26.4	21698	19430	339482	22.8	7802	14194
蒲江县	Pujiang	13.4	16607	12320	487736	14.8	6142	5137
新津县	Xinjin	15.7	12045	13490	261620	17.1	6320	8885
都江堰市	Dujiangyan	25.6	16340	20070	269994	23.0	12035	24033
彭州市	Pengzhou	29.9	34258	38150	330213	36.2	21361	25322
邛崃市	Qionglai	33.1	34865	30000	624425	33.1	17304	12176
崇州市	Chongzhou	36.8	32447	29650	531071	39.0	17329	26699
自贡市	**Zigong**							
自流井区	Ziliujing	4.6	3750	2490	66816	3.4	3380	1866
贡井区	Gongjing	12.1	14666	7010	219531	10.5	12270	5337
大安区	Daan	18.3	14202	6010	206751	11.1	9667	10264
沿滩区	Yantan	17.4	17255	8590	224372	11.2	16406	6820
荣县	Rongxian	31.4	39824	33560	588435	40.4	23452	10059
富顺县	Fushun	55.1	48667	30660	581981	27.3	26728	8558
攀枝花市	**Panzhihua**							
东区	East District	0.6	186	190	10776	4.2	254	2980
西区	West District	0.7	389	500	15822	1.0	200	485
仁和区	Renhe	8.0	10029	7490	132296	23.1	8806	4869
米易县	Miyi	10.8	16412	13300	167541	20.9	7997	6127
盐边县	Yanbian	10.6	14342	9920	154377	16.2	11251	4976
泸州市	**Luzhou**							
江阳区	Jiangyang	24.8	16416	8860	290597	25.2	14150	11282
纳溪区	Naxi	25.2	22502	13700	278709	17.6	9638	5523
龙马潭区	Longmatan	11.5	9802	7280	148160	15.0	6293	4259
泸县	Luxian	63.0	44998	32580	678564	53.3	35920	21068
合江县	Hejiang	46.9	38106	27240	510918	33.6	11718	12900
叙永县	Xuyong	36.7	36736	19980	305315	32.2	18638	12283
古蔺县	Gulin	47.9	42212	22700	307338	17.0	14912	5336

12-9续表1continued

县(市、区)	Counties (Municipalities, Districts)	乡村从业人员(万人) Rural Employed Persons (10 000 persons)	年末实有耕地面积(公顷) Cultivated Land Area (year-end) (hectare)	有效灌溉面积(公顷) Irrigated Land Area (hectare)	农林牧渔业总产值(万元) Gross Output Value of Farming, Forestry, Animal Husbandry and Fishery (10 000 yuan)	农业机械总动力(万千瓦) Total Agricultural Machinery Power (10 000 kw)	化肥施用量(折纯量)(吨) Consumption of Chemical Fertilizers (ton)	农村用电量(万千瓦小时) Electricity Consumed in Rural Areas (10 000 kwh)
德阳市	**Deyang**							
旌阳区	Jinyang	23.9	23471	21140	467013	33.7	16234	51332
中江县	Zhongjiang	82.0	69045	44570	1149391	59.5	81133	37999
罗江县	Luojiang	13.0	16846	12820	308668	21.9	19710	11453
广汉市	Guanghan	28.3	28163	25500	515999	24.7	25784	51212
什邡市	Shifang	21.6	20214	17950	380686	24.8	25173	20801
绵竹市	Mianzhu	24.8	26879	23430	414847	24.1	25127	28599
绵阳市	**Mianyang**							
涪城区	Fucheng	14.1	11992	10440	319947	24.5	17694	18073
游仙区	Youxian	23.5	25085	24810	403136	28.6	26104	10165
三台县	Santai	79.1	79420	71540	1058568	55.0	53112	21685
盐亭县	Yanting	28.3	36827	20890	502248	32.6	42951	10241
安县	Anxian	24.5	29829	23050	400873	34.7	16205	9103
梓潼县	Zitong	15.6	28990	21080	380540	30.6	15333	8090
北川县	Beichuan	14.8	11593	1750	144924	8.4	8510	2954
平武县	Pingwu	9.2	20316	2120	115949	10.0	6591	4900
江油市	Jiangyou	40.9	38041	37000	623489	57.2	30572	19537
广元市	**Guangyuan**							
利州区	Lizhou	11.6	7874	4570	163704	23.4	10590	4501
昭化区	Zhaohua	12.3	16730	8040	181724	28.1	17679	3039
朝天区	Chaotian	10.5	15114	1470	128098	17.0	9139	2603
旺苍县	Wangcang	20.6	18515	8220	232408	27.0	11725	3750
青川县	Qingchuan	10.3	20509	4360	139027	9.2	4889	2698
剑阁县	Jiange	32.3	52987	34550	386316	74.6	42105	8245
苍溪县	Cangxi	36.1	37043	23370	437035	73.4	24298	5684
遂宁市	**Suining**							
船山区	Chuanshan	18.6	15335	10980	244461	14.3	11015	3398
安居区	Anju	38.8	42987	34140	624679	30.2	38435	4480
蓬溪县	Pengxi	30.6	33679	20340	490596	21.4	41245	7540
射洪县	Shehong	44.4	41142	32780	533527	27.0	34542	14519
大英县	Daying	23.7	20941	18180	333648	19.9	20499	4838
内江市	**Neijiang**							
内江市中区	Neijiang Downtown	18.2	12839	11100	237088	15.4	8974	9984
东兴区	Dongxing	46.5	37154	17650	682799	22.6	40154	10100
威远县	Weiyuan	30.5	29501	31060	593476	35.7	18718	25655
资中县	Zizhong	57.6	58501	33840	964112	44.3	44721	24872
隆昌县	Longchang	37.1	26528	26220	460981	28.0	11886	17350
乐山市	**Leshan**							
乐山市中区	Leshan Downtown	19.9	14418	15490	303107	31.5	8565	13595
沙湾区	Shawan	7.7	5065	5160	129468	17.1	18001	9252
五通桥区	Wutongqiao	11.5	10641	9890	192941	11.5	4528	6507

12-9续表2continued

县(市、区)	Counties (Municipalities, Districts)	乡村从业人员(万人) Rural Employed Persons (10 000 persons)	年末实有耕地面积(公顷) Cultivated Land Area (year-end) (hectare)	有效灌溉面积(公顷) Irrigated Land Area (hectare)	农林牧渔业总产值(万元) Gross Output Value of Farming, Forestry, Animal Husbandry and Fishery (10 000 yuan)	农业机械总动力(万千瓦) Total Agricultural Machinery Power (10 000 kw)	化肥施用量(折纯量)(吨) Consumption of Chemical Fertilizers (ton)	农村用电量(万千瓦小时) Electricity Consumed in Rural Areas (10 000 kwh)
金口河区	Jinkouhe	2.3	2503	330	26447	2.8	616	903
犍为县	Qianwei	23.5	26773	21300	355559	30.5	11721	11864
井研县	Jinyan	19.4	28133	27310	318534	24.3	14594	9005
夹江县	Jiajiang	18.7	13912	18410	260491	38.8	14820	13411
沐川县	Muchuan	14.0	13932	7590	200490	10.8	6310	6228
峨边县	Ebian	7.7	6535	1540	60482	10.2	2372	3011
马边县	Mabian	9.9	14129	4590	123126	4.6	7136	4468
峨眉山市	Emeishan	17.0	13629	16330	266755	25.3	6240	18858
南充市	**Nanchong**							
顺庆区	Shunqing	14.8	12731	11280	344713	10.1	13079	4360
高坪区	Gaoping	24.7	20614	12930	388508	17.4	15076	3501
嘉陵区	Jialing	31.8	33574	11470	502617	24.5	27079	8219
南部县	Nanbu	73.4	54468	38870	828008	37.4	21630	16315
营山县	Yingshan	40.3	37566	17830	557187	31.0	35975	7250
蓬安县	Pengan	29.4	30114	19340	512452	28.5	31695	5790
仪陇县	Yilong	53.9	42915	30600	796310	33.6	28455	5589
西充县	Xichong	33.3	35409	23410	441193	21.2	15547	5912
阆中市	Langzhong	35.9	34960	21630	625927	38.4	35467	5285
眉山市	**Meishan**							
东坡区	Dongpo	40.5	43691	46510	647697	55.8	49634	30271
仁寿县	Renshou	77.0	79536	70490	1063848	76.0	66058	22644
彭山县	Pengshan	15.7	14904	16300	205398	26.8	11509	3969
洪雅县	Hongya	18.1	12811	13220	233828	28.1	8780	6548
丹棱县	Danling	7.7	10195	8560	149713	19.7	5132	4493
青神县	Qingshen	10.8	9422	6290	131131	19.3	5904	4305
宜宾市	**Yibin**							
翠屏区	Cuiping	28.2	21140	16440	329363	25.5	12358	12532
南溪区	Nanxi	20.4	17991	10620	313585	19.7	9229	6207
宜宾县	Yibinxian	48.4	54939	26350	627215	50.0	19829	33012
江安县	Jiangan	31.5	24383	15130	328365	17.8	8662	5104
长宁县	Changning	23.8	21922	17200	330369	25.4	6855	10456
高县	Gaoxian	30.2	25730	20940	310013	14.5	12702	9009
珙县	Gongxian	21.9	16066	11820	271442	20.0	7689	5836
筠连县	Junlian	19.1	22340	11930	281326	13.9	4260	11750
兴文县	Xingwen	26.7	21379	15500	264382	16.4	8943	6353
屏山县	Pingshan	17.0	16550	14290	230398	13.1	6965	5045
广安市	**Guangan**							
广安区	Guanganqu	35.8	31303	19180	384390	38.0	21537	7449
前锋区	Qianfeng	15.2	11454	5600	220969	17.0	11730	6670
岳池县	Yuechi	54.2	48254	23570	599595	42.8	21856	13214
武胜县	Wusheng	38.1	31853	23410	576781	27.3	16719	10070

12-9续表3continued

县(市、区)	Counties (Municipalities, Districts)	乡村从业人员(万人) Rural Employed Persons (10 000 persons)	年末实有耕地面积(公顷) Cultivated Land Area (year-end) (hectare)	有效灌溉面积(公顷) Irrigated Land Area (hectare)	农林牧渔业总产值(万元) Gross Output Value of Farming, Forestry, Animal Husbandry and Fishery (10 000 yuan)	农业机械总动力(万千瓦) Total Agricultural Machinery Power (10 000 kw)	化肥施用量(折纯量)(吨) Consumption of Chemical Fertilizers (ton)	农村用电量(万千瓦小时) Electricity Consumed in Rural Areas (10 000 kwh)
邻水县	Linshui	42.6	41428	11060	602119	44.0	27723	5925
华蓥市	Huaying	13.8	8905	5290	176041	18.7	10495	3980
达州市	**Dazhou**							
通川区	Tongchuan	18.0	16383	6330	295389	20.4	12346	7805
达川区	Dachuan	59.2	48675	20760	683902	40.3	28693	25875
宣汉县	Xuanhan	51.4	60154	41040	797233	42.3	41157	9967
开江县	Kaijiang	27.2	24120	13160	432346	26.1	16865	11688
大竹县	Dazhu	46.9	60209	25600	784430	32.6	49093	8863
渠县	Quxian	56.0	65263	28790	829095	34.4	44277	9613
万源市	Wanyuan	26.4	31385	12300	400607	24.3	24960	6438
雅安市	**Yaan**							
雨城区	Yucheng	13.6	6225	6840	219808	39.9	4248	11407
名山区	Mingshan	14.4	9077	17480	267113	26.8	12406	3329
荥经县	Yingjing	7.1	6285	3090	100172	15.7	4160	4259
汉源县	Hanyuan	18.2	17681	10080	187715	23.6	13913	6400
石棉县	Shimian	5.2	3515	3150	72805	12.9	2492	4005
天全县	Tianquan	7.4	6377	7460	98136	11.7	5352	4818
芦山县	Lushan	6.2	4439	3480	79104	16.1	4508	3072
宝兴县	Baoxing	3.0	2494	420	50633	9.5	2679	4664
巴中市	**Bazhong**							
巴州区	Bazhou	28.3	21282	12980	237193	24.2	31827	7509
恩阳区	Enyang	29.2	23870	15150	226311	23.7	33228	6498
通江县	Tongjiang	34.1	37222	16380	311964	28.5	24177	4936
南江县	Nanjiang	29.7	28531	11820	273061	33.0	21019	5910
平昌县	Pingchang	42.7	41649	27030	347057	43.6	32301	7565
资阳市	**Ziyang**							
雁江区	Yanjiang	48.5	64493	43630	873701	43.4	22914	12324
安岳县	Anyue	79.4	74720	45260	1257156	70.6	16120	24000
乐至县	Lezhi	38.2	43901	25174	699394	30.6	16000	9500
简阳市	Jianyang	60.8	85688	57824	1097265	55.3	35725	33956
阿坝州	**Aba**							
汶川县	Wenchuan	3.8	3342	1050	35646	6.0	2146	3273
理县	Lixian	2.5	2441	1280	23659	4.4	616	916
茂县	Maoxian	5.6	6361	4050	56719	4.7	2938	3679
松潘县	Songpan	3.6	8402	670	39060	5.4	1054	2490
九寨沟县	Jiuzhaigou	3.0	3778	1130	24425	7.7	583	1380
金川县	Jinchuan	3.5	3869	2750	31576	6.0	1446	1524
小金县	Xiaojin	4.4	8513	2050	31877	11.3	881	1787
黑水县	Heishui	3.1	6488	510	24175	5.9	1836	2768
马尔康县	Maerkang	1.9	3963	690	27457	8.0	274	1782
壤塘县	Rangtang	2.2	1883	220	28712	3.7	1	472

12-9续表4continued

县(市、区)	Counties (Municipalities, Districts)	乡村从业人员(万人) Rural Employed Persons (10 000 persons)	年末实有耕地面积(公顷) Cultivated Land Area (year-end) (hectare)	有效灌溉面积(公顷) Irrigated Land Area (hectare)	农林牧渔业总产值(万元) Gross Output Value of Farming, Forestry, Animal Husbandry and Fishery (10 000 yuan)	农业机械总动力(万千瓦) Total Agricultural Machinery Power (10 000 kw)	化肥施用量(折纯量)(吨) Consumption of Chemical Fertilizers (ton)	农村用电量(万千瓦小时) Electricity Consumed in Rural Areas (10 000 kwh)
阿坝县	Abaxian	2.8	7067	10	38992	2.8	34	182
若尔盖县	Ruoergai	4.3	4121	690	78253	6.3	158	577
红原县	Hongyuan	2.0	159	130	41123	0.8	121	140
甘孜州	**Ganzi**							
康定县	Kangding	4.4	9161	1190	53647	9.4	101	1098
泸定县	Luding	3.1	4882	2190	43330	5.6	939	2366
丹巴县	Danba	3.5	2632	1920	39656	7.3	329	1562
九龙县	Jiulong	3.4	3787	1280	30232	6.7	444	876
雅江县	Yajiang	2.5	3038	710	27692	8.1	59	65
道孚县	Daofu	2.7	7698	1980	27870	6.7	166	1234
炉霍县	Luhuo	2.4	4564	700	25851	3.9	38	357
甘孜县	Ganzixian	3.4	13388	1500	44344	6.3	105	61
新龙县	Xinlong	1.9	4328	10	36489	5.8	45	318
德格县	Dege	4.9	4999	900	36568	1.1	71	225
白玉县	Baiyu	3.0	5586	400	34771	4.7	45	383
石渠县	Shiqu	3.6	5806	170	45252	1.7	54	76
色达县	Seda	2.8	1187	70	34347	0.9	30	20
理塘县	Litang	3.5	4287	400	39616	7.2	85	406
巴塘县	Batang	3.0	4906	2130	30804	1.9	274	101
乡城县	Xiangcheng	1.5	2312	1880	24196	4.5	160	674
稻城县	Daocheng	1.5	3438	1550	20894	5.7	63	225
得荣县	Derong	1.4	3628	1190	22403	2.8	257	44
凉山州	**Liangshan**							
西昌市	Xichang	25.8	35031	31980	604603	58.1	16002	8578
木里县	Muli	8.0	15311	4150	85830	9.1	1136	418
盐源县	Yanyuan	21.4	37965	14510	245846	40.1	7302	8366
德昌县	Dechang	10.2	15899	11340	235577	21.5	8153	3828
会理县	Huili	26.1	33256	22090	579279	47.6	20128	5616
会东县	Huidong	22.9	32688	13250	555558	29.6	21735	5280
宁南县	Ningnan	10.8	14233	13060	206020	8.3	7471	12889
普格县	Puge	8.2	13668	4980	114676	7.7	4030	1586
布拖县	Butuo	9.2	14959	1670	97805	2.0	1985	490
金阳县	Jinyang	8.6	15659	2030	107513	6.8	2309	1428
昭觉县	Zhaojue	14.3	21164	3510	138232	11.3	3519	2778
喜德县	Xide	9.4	14774	2870	94378	7.8	3479	915
冕宁县	Mianning	21.6	26028	17180	278934	15.0	9454	5204
越西县	Yuexi	16.0	16613	6650	168909	8.2	7920	3750
甘洛县	Ganluo	10.3	13893	4180	91804	4.9	10763	2065
美姑县	Meigu	11.9	18435	1950	119081	3.2	5279	1125
雷波县	Leibo	15.0	16262	3480	154190	13.1	2580	2560

12-10 各县(市、区)规模以上工业经济情况(2013年)
Basic Statistics on Industrial Enterprises above Designated Size of Counties (Municipalities, Districts)(2013)

单位：万元 (10 000 yuan)

县(市、区)	Counties (Municipalities, Districts)	工业企业单位数(个) Number of Industrial Enterprises (unit)	工业总产值 Gross Industrial Output Value	主营业务收入 Sales Revenue	利润总额 Total Profits	利税总额 Total Profits and Taxes
成都市	**Chengdu**					
锦江区	Jinjiang	16	344900	374800	32000	60200
青羊区	Qingyang	32	819609	976933	97645	135291
金牛区	Jinniu	73	2056166	2036533	141661	225990
武侯区	Wuhou	80	1727125	1599037	174889	234199
成华区	Chenghua	40	1276969	1505964	67413	94127
龙泉驿区	Longquanyi	212	14811916	15448232	1655334	4671600
青白江区	Qingbaijiang	257	4532128	3911400	-83000	-3600
新都区	Xindu	357	6040441	6013320	390092	689872
温江区	Wenjiang	211	3415300	3273976	245900	379900
金堂县	Jintang	138	1663000	1511826	48875	123328
双流县	Shuangliu	386	10328112	8785478	149234	678199
郫县	Pixian	337	5100258	4752331	323392	511430
大邑县	Dayi	111	1662231	1524546	76885	130248
蒲江县	Pujiang	84	796994	658576	22483	41424
新津县	Xinjin	130	3429200	3346000	151800	297100
都江堰市	Dujiangyan	98	1468927	1416806	68156	128700
彭州市	Pengzhou	162	2405800	1873300	-146900	-81700
邛崃市	Qionglai	142	1629552	1717374	100476	229543
崇州市	Chongzhou	133	1939434	1903661	135663	173435
自贡市	**Zigong**					
自流井区	Ziliujing	79	2356887	2310673	92728	181296
贡井区	Gongjing	87	2904405	2986439	73709	247889
大安区	Daan	97	4701336	4653151	243323	468182
沿滩区	Yantan	86	2142362	1965476	126074	227899
荣县	Rongxian	82	1646038	1586070	41862	108587
富顺县	Fushun	109	2153676	1973328	116798	178367
攀枝花市	**Panzhihua**					
东区	East District	79	6481837	8956398	-252564	22211
西区	West District	64	1961053	1886423	4659	58322
仁和区	Renhe	134	3336896	2903646	16107	82539
米易县	Miyi	34	1130571	1020759	202249	250624
盐边县	Yanbian	45	1460834	1331777	164766	283693
泸州市	**Luzhou**					
江阳区	Jiangyang	106	4203819	3499782	592686	887409
纳溪区	Naxi	93	1377067	1370422	35954	82285
龙马潭区	Longmatan	120	3373806	3321870	202165	465329
泸县	Luxian	125	2266846	2265988	173180	263467
合江县	Hejiang	82	823527	812882	29810	59687
叙永县	Xuyong	49	314312	310703	10465	28252
古蔺县	Gulin	21	1922417	1189135	159715	303252

12-10 续表1 continued

单位：万元 (10 000 yuan)

县(市、区)	Counties (Municipalities, Districts)	工业企业单位数(个) Number of Industrial Enterprises (unit)	工业总产值 Gross Industrial Output Value	主营业务收入 Sales Revenue	利润总额 Total Profits	利税总额 Total Profits and Taxes
德阳市	**Deyang**					
旌阳区	Jinyang	357	7775573	7353286	129444	416512
中江县	Zhongjiang	175	2437534	2376647	111191	186895
罗江县	Luojiang	87	1510536	1464387	10474	42929
广汉市	Guanghan	316	6422267	6282597	882495	1097951
什邡市	Shifang	138	3631211	3248350	194888	848299
绵竹市	Mianzhu	134	4454826	4156968	256212	548999
绵阳市	**Mianyang**					
涪城区	Fucheng	210	8670400	10662774	349291	807943
游仙区	Youxian	106	2611500	2296427	151229	243503
三台县	Santai	111	445400	552285	31459	48421
盐亭县	Yanting	46	62400	269998	5745	11314
安县	Anxian	73	1445900	1310318	66738	142937
梓潼县	Zitong	47	742100	761617	14624	31037
北川县	Beichuan	21	195400	176737	7303	14574
平武县	Pingwu	26	220900	196348	19511	33766
江油市	Jiangyou	195	3835200	3604792	168814	371259
广元市	**Guangyuan**					
利州区	Lizhou	141	2853959	2806935	148116	219584
昭化区	Zhaohua	30	516472	541092	24950	42566
朝天区	Chaotian	25	414625	414091	56190	74191
旺苍县	Wangcang	61	993253	986660	36246	85337
青川县	Qingchuan	29	200872	193687	11100	16356
剑阁县	Jiange	46	649924	632353	24629	41805
苍溪县	Cangxi	39	620567	607869	15842	29372
遂宁市	**Suining**					
船山区	Chuanshan	170	4632851	4700455	334822	608736
安居区	Anju	34	418060	393952	35011	49735
蓬溪县	Pengxi	63	801220	789637	69568	93000
射洪县	Shehong	109	3321600	3712100	266800	424739
大英县	Daying	79	2208785	2176616	144531	350919
内江市	**Neijiang**					
内江市中区	Neijiang Downtown	96	4024482	4027425	221522	518604
东兴区	Dongxing	54	1354704	1339618	108606	203463
威远县	Weiyuan	108	5883571	6015360	214433	385648
资中县	Zizhong	106	2214686	2242786	215269	369576
隆昌县	Longchang	97	2943239	2901687	196280	340547
乐山市	**Leshan**					
乐山市中区	Leshan Downtown	91	1857277	1588032	-18418	28669
沙湾区	Shawan	84	3147772	2841707	97409	176750
五通桥区	Wutongqiao	78	2664054	2636313	238562	301735

12-10 续表2 continued

单位：万元 (10 000 yuan)

县(市、区)	Counties (Municipalities, Districts)	工业企业单位数(个) Number of Industrial Enterprises (unit)	工业总产值 Gross Industrial Output Value	主营业务收入 Sales Revenue	利润总额 Total Profits	利税总额 Total Profits and Taxes
金口河区	Jinkouhe	15	723947	729791	26884	59018
犍为县	Qianwei	66	1704217	1634935	84030	174911
井研县	Jinyan	63	1259799	1198121	54155	73959
夹江县	Jiajiang	90	1464619	1355017	64241	107487
沐川县	Muchuan	39	389340	369749	-6834	13350
峨边县	Ebian	24	365484	353603	6399	22087
马边县	Mabian	24	193947	168385	5541	25423
峨眉山市	Emeishan	79	2559312	2354771	133769	217710
南充市	**Nanchong**					
顺庆区	Shunqing	75	4055095	4145092	336900	715070
高坪区	Gaoping	75	1964683	2094037	101745	199034
嘉陵区	Jialing	70	2744530	2761015	177798	303041
南部县	Nanbu	90	2580579	2576973	239035	339723
营山县	Yingshan	39	1376582	1373869	90513	176095
蓬安县	Pengan	61	2019292	1969524	77789	180593
仪陇县	Yilong	51	1239164	1243450	86067	153193
西充县	Xichong	63	1097287	1092667	66027	100395
阆中市	Langzhong	54	1073604	1089554	56292	112135
眉山市	**Meishan**					
东坡区	Dongpo	189	3779254	3766260	124657	212001
仁寿县	Renshou	178	2828178	2824249	379647	569971
彭山县	Pengshan	99	2135919	2065172	116365	225088
洪雅县	Hongya	41	436912	430590	11497	33849
丹棱县	Danling	46	439115	414764	16076	25338
青神县	Qingshen	56	617942	601074	31640	48717
宜宾市	**Yibin**					
翠屏区	Cuiping	62	7055492	8513786	1354647	1980974
南溪区	Nanxi	67	1222329	1193725	76364	131303
宜宾县	Yibinxian	84	1989180	1914998	235532	346357
江安县	Jiangan	53	1779519	1681456	142315	179780
长宁县	Changning	54	1276943	1225069	68594	118437
高县	Gaoxian	57	1317545	1301140	99443	160632
珙县	Gongxian	59	1145499	948536	76148	137748
筠连县	Junlian	35	508204	503599	47882	101073
兴文县	Xingwen	47	486656	498199	41201	68748
屏山县	Pingshan	23	256948	249352	10651	24445
广安市	**Guangan**					
广安区	Guanganqu	20	451989	492575	16343	37529
前锋区	Qianfeng	90	2910582	2977208	140458	217116
岳池县	Yuechi	77	1600742	1618370	125619	211272
武胜县	Wusheng	83	2376023	2364904	131306	179477

12-10 续表3 continued

单位：万元 (10 000 yuan)

县(市、区)	Counties (Municipalities, Districts)	工业企业单位数(个) Number of Industrial Enterprises (unit)	工业总产值 Gross Industrial Output Value	主营业务收入 Sales Revenue	利润总额 Total Profits	利税总额 Total Profits and Taxes
邻水县	Linshui	102	1844217	1807184	54742	99020
华蓥市	Huaying	104	2154563	2103251	139863	217331
达州市	**Dazhou**					
通川区	Tongchuan	54	2335372	3082897	56707	137583
达川区	Dachuan	104	1912665	1837519	76362	111410
宣汉县	Xuanhan	68	1892884	1852821	618408	676613
开江县	Kaijiang	50	479531	474700	14600	16800
大竹县	Dazhu	112	1719964	1674388	95785	186166
渠县	Quxian	64	1371422	1286119	23266	51468
万源市	Wanyuan	49	537257	504684	7290	24430
雅安市	**Yaan**					
雨城区	Yucheng	52	876165	854719	85393	127041
名山区	Mingshan	42	577553	537074	23335	38712
荥经县	Yingjing	63	549020	520928	8778	29021
汉源县	Hanyuan	23	628725	645746	123957	211926
石棉县	Shimian	40	696574	589016	47850	96632
天全县	Tianquan	42	282939	198331	-2124	10396
芦山县	Lushan	39	239838	235721	7024	15578
宝兴县	Baoxing	34	235690	198667	21136	31197
巴中市	**Bazhong**					
巴州区	Bazhou	45	726857	720306	25134	48385
恩阳区	Enyang	16	293855	258471	11173	15843
通江县	Tongjiang	40	527363	490753	10721	19401
南江县	Nanjiang	33	765200	726200	32300	74500
平昌县	Pingchang	36	1475556	1430045	12254	93867
资阳市	**Ziyang**					
雁江区	Yanjiang	152	7904721	7705035	630126	966045
安岳县	Anyue	172	3172873	3146662	329860	490755
乐至县	Lezhi	111	2642849	2607174	277713	372128
简阳市	Jianyang	193	6561780	6443372	458424	719356
阿坝州	**Aba**					
汶川县	Wenchuan	27	742921	575993	17841	47097
理县	Lixian	12	183407	162245	-2420	12404
茂县	Maoxian	20	480446	400211	-23899	-7369
松潘县	Songpan	5	34214	33775	9031	12957
九寨沟县	Jiuzhaigou	3	58425	37680	-379	4931
金川县	Jinchuan	2	4204	4067	73	446
小金县	Xiaojin	6	56461	32499	610	2579
黑水县	Heishui	8	141226	93763	-5824	9953
马尔康县	Maerkang	4	13851	11384	-58	1183
壤塘县	Rangtang					

12-10 续表4 continued

单位：万元 (10 000 yuan)

县(市、区)	Counties (Municipalities, Districts)	工业企业单位数(个) Number of Industrial Enterprises (unit)	工业总产值 Gross Industrial Output Value	主营业务收入 Sales Revenue	利润总额 Total Profits	利税总额 Total Profits and Taxes
阿坝县	Abaxian					
若尔盖县	Ruoergai	3	27080	16479	1338	2066
红原县	Hongyuan	5	45475	20617	904	1180
甘孜州	**Ganzi**					
康定县	Kangding	16	230200	232631	51564	76226
泸定县	Luding	6	129420	126530	-8560	6621
丹巴县	Danba	6	15618	11326	-1465	-803
九龙县	Jiulong	9	225415	212031	59940	93946
雅江县	Yajiang					
道孚县	Daofu					
炉霍县	Luhuo	1	2176		531	778
甘孜县	Ganzixian					
新龙县	Xinlong					
德格县	Dege					
白玉县	Baiyu	1	64556	51645	19494	31067
石渠县	Shiqu					
色达县	Seda					
理塘县	Litang					
巴塘县	Batang	4	19688	19689	-949	202
乡城县	Xiangcheng	2	14221	16573	1945	3194
稻城县	Daocheng	1	2475	2010	130	251
得荣县	Derong					
凉山州	**Liangshan**					
西昌市	Xichang	64	4290000		-51759	89310
木里县	Muli	2	90000		11224	12785
盐源县	Yanyuan	28	1000000		54393	92633
德昌县	Dechang	35	760000		100030	129384
会理县	Huili	72	2630000		108746	208717
会东县	Huidong	29	1100000		68238	158253
宁南县	Ningnan	27	560000		38188	70323
普格县	Puge	6	200000		5228	9383
布拖县	Butuo	4	190000		36234	56103
金阳县	Jinyang	12	160000		9228	31655
昭觉县	Zhaojue	9	120000		2749	9263
喜德县	Xide	14	130000		4248	9671
冕宁县	Mianning	36	640000		40201	69642
越西县	Yuexi	17	390000		35868	55798
甘洛县	Ganluo	14	80000		2611	13953
美姑县	Meigu	8	90000		6457	13505
雷波县	Leibo	11	470000		21453	37820

12-11 各县(市、区)财政、金融和贸易情况(2013年)
Basic Statistics on Finance, Banking and Trade by Counties (Municipalities, Districts)(2013)

单位：万元 (10 000 yuan)

县(市、区)	Counties (Municipalities, Districts)	地方公共财政收入 Local Government Public-budgetary Revenue	地方公共财政支出 Local Government Public-budgetary Expenditure	年末金融机构各项存款余额 Total Deposits Balances of Financial Institutions	年末金融机构各项贷款余额 Total Loans Balances of Financial Institutions	社会消费品零售总额 Total Retail Sales of Consumer Goods	出口总额(万美元) Total Export (USD 10 000)
成都市	**Chengdu**						
锦江区	Jinjiang	450937	463907			6100966	133135
青羊区	Qingyang	457603	452709			5482736	157727
金牛区	Jinniu	451246	502383			5420712	156026
武侯区	Wuhou	523708	558411			5435924	209400
成华区	Chenghua	475962	446634			2612400	8536
龙泉驿区	Longquanyi	491744	531038	6658245	4231672	920800	60065
青白江区	Qingbaijiang	180670	252310	2393570	1478506	519195	41846
新都区	Xindu	401704	538645	5887035	2688504	1140963	36264
温江区	Wenjiang	285111	353684	4958066	2513551	724534	29617
金堂县	Jintang	141618	326472	2339519	1241426	536200	9217
双流县	Shuangliu	645970	805501	11222934	5981916	1856313	291810
郫县	Pixian	357362	452617	4906403	2756596	757476	49709
大邑县	Dayi	112545	251307	2164878	958400	412397	17217
蒲江县	Pujiang	43086	142240	1224260	548418	209130	7045
新津县	Xinjin	153139	238163	2000517	1869331	504866	32904
都江堰市	Dujiangyan	165270	312535	4506572	2739875	890435	16139
彭州市	Pengzhou	155484	383333	3620251	1825763	592165	17100
邛崃市	Qionglai	94724	327092	2734298	1303268	540702	5069
崇州市	Chongzhou	111555	310604	3195390	1455684	578666	15209
自贡市	**Zigong**						
自流井区	Ziliujing	7265	93830			1411299	31255
贡井区	Gongjing	10595	96689			346593	4200
大安区	Daan	9537	126973			455760	17800
沿滩区	Yantan	12661	125197			369492	800
荣县	Rongxian	53369	247016	1538620	584747	554962	1000
富顺县	Fushun	60966	287466	2046094	771884	765506	6500
攀枝花市	**Panzhihua**						
东区	East District	74040	138700	4853320	4484685	1337426	3947
西区	West District	14825	82649	961152	436234	252751	
仁和区	Renhe	60974	140757	832110	387469	260708	3724
米易县	Miyi	82053	182518	700548	393171	226829	3281
盐边县	Yanbian	57910	141716	494656	387716	115609	1354
泸州市	**Luzhou**						
江阳区	Jiangyang	130215	277521	5520660	3502422	1207890	3932
纳溪区	Naxi	64018	197966	1111853	815358	478087	2330
龙马潭区	Longmatan	92779	195360	2221180	781085	381586	11151
泸县	Luxian	88000	321905	2007606	712241	693214	2243
合江县	Hejiang	68538	290061	1682700	790200	567109	395
叙永县	Xuyong	43541	283395	797698	401363	391834	152
古蔺县	Gulin	148550	373299	766494	665061	399707	256

12-11 续表1 continued

单位：万元 (10 000 yuan)

县(市、区)	Counties (Municipalities, Districts)	地方公共财政收入 Local Government Public-budgetary Revenue	地方公共财政支出 Local Government Public-budgetary Expenditure	年末金融机构各项存款余额 Total Deposits Balances of Financial Institutions	年末金融机构各项贷款余额 Total Loans Balances of Financial Institutions	社会消费品零售总额 Total Retail Sales of Consumer Goods	出口总额(万美元) Total Export (USD 10 000)
德阳市	**Deyang**						
旌阳区	Jinyang	182241	306667	7418589	4483644	1166372	52937
中江县	Zhongjiang	61401	411452	2530378	953736	1157009	9570
罗江县	Luojiang	24033	104224	673542	381071	176236	1322
广汉市	Guanghan	130238	282997	3261662	1669849	1041145	70925
什邡市	Shifang	131161	205981	1975339	1327707	546307	55302
绵竹市	Mianzhu	125548	270345	2140019	1181268	589592	45200
绵阳市	**Mianyang**						
涪城区	Fucheng	93039	217556	12735917	6843348	1836420	134265
游仙区	Youxian	45031	187731	1336920	718363	633340	34012
三台县	Santai	63548	386266	2459101	974404	1182153	4033
盐亭县	Yanting	24023	210543	990973	385375	539330	252
安县	Anxian	44468	187400	1257044	723316	421607	4577
梓潼县	Zitong	20365	172656	694639	381049	486375	409
北川县	Beichuan	30079	179222	964378	798885	138126	98
平武县	Pingwu	25066	137775	657100	534712	86842	469
江油市	Jiangyou	135006	314287	3125511	1380782	1175843	2213
广元市	**Guangyuan**						
利州区	Lizhou	43731	185942	3829548	2007202	941490	2431
昭化区	Zhaohua	12057	128691	507051	233323	111398	440
朝天区	Chaotian	14268	127255	351199	179765	92384	404
旺苍县	Wangcang	31518	224122	998296	286487	278551	820
青川县	Qingchuan	11829	148586	723818	329939	122489	500
剑阁县	Jiange	34434	259099	1186082	457546	312807	1433
苍溪县	Cangxi	32612	320304	1759094	663181	334654	1651
遂宁市	**Suining**						
船山区	Chuanshan	84572	274518	3650166	2554626	1035462	21294
安居区	Anju	29516	230658	1051576	385638	308620	3761
蓬溪县	Pengxi	28548	237883	1169073	490820	577153	2281
射洪县	Shehong	76413	300723	2127216	1006472	687415	8009
大英县	Daying	38141	180555	935880	552670	459472	5308
内江市	**Neijiang**						
内江市中区	Neijiang Downtow	32072	172730	2639294	1201677	895747	10634
东兴区	Dongxing	39075	238199	2769096	1260776	453910	5508
威远县	Weiyuan	84308	268017	1657711	1095380	571827	2814
资中县	Zizhong	64113	353183	2077407	865281	636079	2450
隆昌县	Longchang	53960	251071	1632367	718027	603651	10140
乐山市	**Leshan**						
乐山市中区	Leshan Downtow	85260	190062	7163741	4119056	1198970	27712
沙湾区	Shawan	62568	108294	553868	743437	198312	257
五通桥区	Wutongqiao	47099	122660	919220	561352	388322	44766

12-11 续表2 continued

单位：万元 (10 000 yuan)

县(市、区)	Counties (Municipalities, Districts)	地方公共财政收入 Local Government Public-budgetary Revenue	地方公共财政支出 Local Government Public-budgetary Expenditure	年末金融机构各项存款余额 Total Deposits Balances of Financial Institutions	年末金融机构各项贷款余额 Total Loans Balances of Financial Institutions	社会消费品零售总额 Total Retail Sales of Consumer Goods	出口总额(万美元) Total Export (USD 10 000)
金口河区	Jinkouhe	16645	55884	62767	125805	55144	59
犍为县	Qianwei	40238	183430	1178794	606127	403190	104
井研县	Jinyan	23186	138740	913627	615634	244631	1452
夹江县	Jiajiang	48755	135437	1278584	566599	363548	527
沐川县	Muchuan	17480	116205	419946	333372	149525	456
峨边县	Ebian	26315	112376	331917	251722	104563	13
马边县	Mabian	24638	118336	348979	195011	82603	14
峨眉山市	Emeishan	131056	227254	2095637	1223030	706799	7284
南充市	**Nanchong**						
顺庆区	Shunqing	100089	275411	6274337	3217369	1405820	52793
高坪区	Gaoping	39681	242200	1252000	601500	555994	6127
嘉陵区	Jialing	42860	252023	1313000	690000	295410	3500
南部县	Nanbu	70339	390789	2085157	756490	683567	391
营山县	Yingshan	37213	312524	1889980	540278	554717	
蓬安县	Pengan	32934	242525	1361851	509805	347630	2296
仪陇县	Yilong	43913	354356	1807263	667178	402201	1
西充县	Xichong	34950	261480	1201595	380482	385816	32
阆中市	Langzhong	65325	397501	2006436	920100	602569	306
眉山市	**Meishan**						
东坡区	Dongpo	131588	329070	4281176	2425750	996186	7480
仁寿县	Renshou	150483	515100	3338092	1322314	1004833	2105
彭山县	Pengshan	105160	199298	1432574	640648	297740	955
洪雅县	Hongya	63092	204008	1013570	494603	250021	2437
丹棱县	Danling	22347	116000	474374	178453	134896	903
青神县	Qingshen	31155	120095	620342	262045	147393	2660
宜宾市	**Yibin**						
翠屏区	Cuiping	185705	309046	8249403	3398848	1745664	48299
南溪区	Nanxi	60405	182325	802006	557479	399044	1832
宜宾县	Yibinxian	72393	308572	1766998	1232091	603252	845
江安县	Jiangan	51899	189579	855817	431454	423578	
长宁县	Changning	40093	172142	688420	368459	473447	4673
高县	Gaoxian	43455	174743	806172	362526	329232	202
珙县	Gongxian	54913	174401	704933	420612	366835	138
筠连县	Junlian	50325	167220	568385	293857	224893	211
兴文县	Xingwen	51317	190377	562302	311542	293247	25
屏山县	Pingshan	32439	140239	741910	243417	113236	20
广安市	**Guangan**						
广安区	Guanganqu	40206	237000	4227626	1819064	763122	24295
前锋区	Qianfeng	25131	112984			115486	26850
岳池县	Yuechi	62488	312441	2244718	679045	668119	13905
武胜县	Wusheng	61235	248807	1806736	602860	502673	10760

12-11 续表3 continued

单位：万元 (10 000 yuan)

县(市、区)	Counties (Municipalities, Districts)	地方公共财政收入 Local Government Public-budgetary Revenue	地方公共财政支出 Local Government Public-budgetary Expenditure	年末金融机构各项存款余额 Total Deposits Balances of Financial Institutions	年末金融机构各项贷款余额 Total Loans Balances of Financial Institutions	社会消费品零售总额 Total Retail Sales of Consumer Goods	出口总额(万美元) Total Export (USD 10 000)
邻水县	Linshui	58058	331433	1656121	622770	640791	8672
华蓥市	Huaying	38778	170036	1204065	523052	230601	13710
达州市	**Dazhou**						
通川区	Tongchuan	53132	168165	5125163	2289918	1032131	1033
达川区	Dachuan	82132	388370	1870657	997857	805939	6749
宣汉县	Xuanhan	100116	430777	2141813	773903	755022	1030
开江县	Kaijiang	37406	207669	1068209	313033	394538	830
大竹县	Dazhu	91873	361353	2343968	876341	737826	1464
渠县	Quxian	66933	394968	2323007	762371	847595	1010
万源市	Wanyuan	33042	266613	1109166	551017	357229	1589
雅安市	**Yaan**						
雨城区	Yucheng	13106	241426	3637979	1787420	515871	4024
名山区	Mingshan	9915	242906	798418	405500	186588	2055
荥经县	Yingjing	12025	221448	626740	285306	154461	88
汉源县	Hanyuan	35227	213666	1152576	404176	208603	200
石棉县	Shimian	30001	132246	583679	493896	132943	
天全县	Tianquan	7764	334072	654993	411816	134275	75
芦山县	Lushan	4644	349176	607568	203941	74997	77
宝兴县	Baoxing	7304	218547	366940	132351	55415	200
巴中市	**Bazhong**						
巴州区	Bazhou	53203	283382	2603770	1127423	610918	1900
恩阳区	Enyang	11689	182092	662841	96938	121517	
通江县	Tongjiang	29236	336556	1047762	392163	344417	2397
南江县	Nanjiang	54128	335157	1286560	497083	323410	2590
平昌县	Pingchang	49528	380262	1185176	535713	402706	
资阳市	**Ziyang**						
雁江区	Yanjiang	100456	323000	3711492	2099820	865019	9395
安岳县	Anyue	92047	421664	2382126	1053338	918120	1422
乐至县	Lezhi	60136	258690	1510201	603056	593013	1115
简阳市	Jianyang	140311	428486	3234931	1493947	989221	12970
阿坝州	**Aba**						
汶川县	Wenchuan	33836	168321	730278	284801	63582	1597
理县	Lixian	11360	73046	216144	155984	24145	
茂县	Maoxian	19958	120865	379012	152414	55143	14
松潘县	Songpan	12087	101991	251937	143907	44413	
九寨沟县	Jiuzhaigou	16880	105626	366584	336424	81303	
金川县	Jinchuan	4035	121338	204390	43329	30127	
小金县	Xiaojin	5088	95548	256771	128079	36215	554
黑水县	Heishui	10119	81818	222106	126531	26421	
马尔康县	Maerkang	11512	95218	1122345	232321	59964	112
壤塘县	Rangtang	1495	90562	133698	14454	14490	

12-11 续表4 continued

单位：万元 (10 000 yuan)

县(市、区)	Counties (Municipalities, Districts)	地方公共财政收入 Local Government Public-budgetary Revenue	地方公共财政支出 Local Government Public-budgetary Expenditure	年末金融机构各项存款余额 Total Deposits Balances of Financial Institutions	年末金融机构各项贷款余额 Total Loans Balances of Financial Institutions	社会消费品零售总额 Total Retail Sales of Consumer Goods	出口总额(万美元) Total Export (USD 10 000)
阿坝县	Abaxian	3005	122572	163982	33013	32648	
若尔盖县	Ruoergai	3700	124573	169551	67011	32602	
红原县	Hongyuan	2736	88305	135123	146131	21228	
甘孜州	**Ganzi**						
康定县	Kangding	35678	140557	1620358	671411	116300	301
泸定县	Luding	15384	108686	382406	288724	174246	222
丹巴县	Danba	13213	100501	215080	173473	29242	
九龙县	Jiulong	23036	89152	174274	180622	14892	
雅江县	Yajiang	13088	90434	173014	54814	16849	239
道孚县	Daofu	5741	101388	115645	17351	13133	
炉霍县	Luhuo	3039	91854	127890	15657	16849	
甘孜县	Ganzixian	4020	108425	167512	11522	34382	
新龙县	Xinlong	4842	85581	119504	6711	8001	
德格县	Dege	2181	91666	152082	10428	12613	
白玉县	Baiyu	11111	107816	156278	17348	14993	
石渠县	Shiqu	3235	147154	166338	22556	20008	
色达县	Seda	3017	106170	154231	16697	11487	
理塘县	Litang	5124	127471	176332	21673	30550	92
巴塘县	Batang	6399	87211	167129	20904	26387	
乡城县	Xiangcheng	5703	66331	94830	99063	13546	108
稻城县	Daocheng	4735	96732	149999	36707	12637	79
得荣县	Derong	2466	82233	116986	10350	7406	
凉山州	**Liangshan**						
西昌市	Xichang	288171	469349	4343313	2691415	1721203	1267
木里县	Muli	44768	145028	376988	359887	49283	
盐源县	Yanyuan	77106	208171	569303	160553	148252	
德昌县	Dechang	48360	136823	517547	202201	181695	1885
会理县	Huili	140133	258777	1083155	509221	385475	302
会东县	Huidong	85566	203875	632616	192247	326195	
宁南县	Ningnan	38506	132436	385049	129738	136535	
普格县	Puge	14014	106857	263317	47068	65356	4058
布拖县	Butuo	11507	105783	185191	17236	31790	
金阳县	Jinyang	12559	104201	236157	29224	48050	
昭觉县	Zhaojue	11509	142070	259360	40279	48756	72
喜德县	Xide	10920	119681	247073	33991	52019	116
冕宁县	Mianning	58122	187151	646431	191672	293690	50
越西县	Yuexi	23111	140367	363948	91867	117881	
甘洛县	Ganluo	13580	124702	297468	61344	66792	
美姑县	Meigu	14068	113108	221674	38960	38999	
雷波县	Leibo	42296	161559	420623	76577	85202	

12-12 各县(市、区)公路里程、电话用户和利用外资情况(2013年)
Basic Statistics on Highway, Telephone Subscribers and Utilization of Foreign Capital by Counties (Municipalities, Districts)(2013)

县(市、区)	Counties (Municipalities, Districts)	公路里程 (公里) Length of Highway (km)	#等级公路 Express-way and Class I to IV Highway	固定电话用户 (户) Local Tele-phone Subsc-ribers (year-end) (subscribers)	移动电话用户 (户) Number of Mobile Telephones Subscribers (year-end) (subscribers)	实际利用外资金额 (万美元) Foreign Capital Actually Used (USD 10 000)
成都市	**Chengdu**					
锦江区	Jinjiang					184576
青羊区	Qingyang					128081
金牛区	Jinniu					86948
武侯区	Wuhou					111773
成华区	Chenghua					116263
龙泉驿区	Longquanyi	1612	1096	108000	759000	75000
青白江区	Qingbaijiang	874	849	85915	441694	30160
新都区	Xindu	1055	1006	186234	1191484	22787
温江区	Wenjiang	920	904	140775	894100	16519
金堂县	Jintang	2052	1916	85000	80000	11689
双流县	Shuangliu	2575	2548	261200	1200000	35943
郫县	Pixian	1180	1169	167956	496785	22003
大邑县	Dayi	1507	1507	64980	488104	4121
蒲江县	Pujiang	1493	1261	82146	175325	10250
新津县	Xinjin	725	725	43012	280000	22673
都江堰市	Dujiangyan	1581	1542	108638	559304	4725
彭州市	Pengzhou	1933	1835	90000	790000	8057
邛崃市	Qionglai	2245	1864	48000	484315	3881
崇州市	Chongzhou	1686	1474	94890	138100	14322
自贡市	**Zigong**					
自流井区	Ziliujing	285	195	164211	498216	440
贡井区	Gongjing	575	468	41971	176683	1294
大安区	Daan	812	734	50331	219578	200
沿滩区	Yantan	704	530	32622	186629	50
荣县	Rongxian	1687	1496	78856	365630	50
富顺县	Fushun	2298	1370	89437	449014	244
攀枝花市	**Panzhihua**					
东区	East District	205	187	213186	854070	11130
西区	West District	138	133	39567	148318	
仁和区	Renhe	958	699	24153	97198	
米易县	Miyi	1431	673	33916	101834	
盐边县	Yanbian	1786	1267	19991	78977	
泸州市	**Luzhou**					
江阳区	Jiangyang	878	621	153394	724269	1239
纳溪区	Naxi	1232	1051	37510	285910	866
龙马潭区	Longmatan	691	256	73183	441139	1240
泸县	Luxian	2603	1567	70596	520811	625
合江县	Hejiang	2171	1723	67090	488806	650
叙永县	Xuyong	3002	2173	53022	371867	325
古蔺县	Gulin	2684	1523	50205	415499	348

12-12 续表1 continued

县(市、区)	Counties (Municipalities, Districts)	公路里程 (公里) Length of Highway (km)	#等级公路 Expressway and Class I to IV Highway	固定电话用户(户) Local Telephone Subscribers (year-end) (subscribers)	移动电话用户(户) Number of Mobile Telephones Subscribers (year-end) (subscribers)	实际利用外资金额(万美元) Foreign Capital Actually Used (USD 10 000)
德阳市	**Deyang**					
旌阳区	Jinyang	799	774	192371	945976	7844
中江县	Zhongjiang	2762	2409	63718	616233	1200
罗江县	Luojiang	628	569	23035	178810	1200
广汉市	Guanghan	1182	1120	110237	568857	4000
什邡市	Shifang	1258	969	62728	390168	3750
绵竹市	Mianzhu	1533	1500	57680	291092	2300
绵阳市	**Mianyang**					
涪城区	Fucheng	1187	1009	396453	1665423	12770
游仙区	Youxian	1905	1874	9201	435841	1601
三台县	Santai	3226	1227	86644	712957	1360
盐亭县	Yanting	2388	1172	26694	272288	300
安县	Anxian	2120	2113	43911	315790	1243
梓潼县	Zitong	2003	1253	32742	236581	450
北川县	Beichuan	2595	1348	18126	167666	1600
平武县	Pingwu	1524	1137	13104	131564	310
江油市	Jiangyou	2626	1744	132755	763599	4500
广元市	**Guangyuan**					
利州区	Lizhou	1954	1352	174338	729536	1500
昭化区	Zhaohua	2192	1371	12150	121032	120
朝天区	Chaotian	2198	1168	12189	124882	150
旺苍县	Wangcang	2637	1750	48137	294316	140
青川县	Qingchuan	2433	1711	16687	159893	110
剑阁县	Jiange	3333	2656	49421	339706	110
苍溪县	Cangxi	3390	2606	86923	448047	980
遂宁市	**Suining**					
船山区	Chuanshan	1115	984	156975	733466	4702
安居区	Anju	1680	1511	16982	239930	200
蓬溪县	Pengxi	1761	1546	32233	290204	200
射洪县	Shehong	2705	1895	86198	481104	201
大英县	Daying	1480	1419	29521	254221	201
内江市	**Neijiang**					
内江市中区	Neijiang Downtown	924	507	55185	449708	6900
东兴区	Dongxing	1611	1193	151998	510914	480
威远县	Weiyuan	2536	1728	89287	433758	2400
资中县	Zizhong	3582	2118	85152	556378	100
隆昌县	Longchang	1470	963	92847	412286	100
乐山市	**Leshan**					
乐山市中区	Leshan Downtown	785	681	205914	854160	5620
沙湾区	Shawan	577	577	30648	152805	835
五通桥区	Wutongqiao	669	485	60446	233735	821

12-12 续表2 continued

县(市、区)	Counties (Municipalities, Districts)	公路里程 (公里) Length of Highway (km)	#等级公路 Express-way and Class I to IV Highway	固定电话用户(户) Local Tele-phone Subsc-ribers (year-end) (subscribers)	移动电话用户(户) Number of Mobile Telephones Subscribers (year-end) (subscribers)	实际利用外资金额(万美元) Foreign Capital Actually Used (USD 10 000)
金口河区	Jinkouhe	323	315	6683	40728	
犍为县	Qianwei	1491	1046	59489	341506	1465
井研县	Jinyan	940	767	42715	222313	
夹江县	Jiajiang	1050	980	72777	293639	808
沐川县	Muchuan	3169	3129	21347	156045	
峨边县	Ebian	1061	955	14679	92528	
马边县	Mabian	757	757	12441	119352	
峨眉山市	Emeishan	791	754	112827	424463	1044
南充市	**Nanchong**					
顺庆区	Shunqing	924	924	176846	845645	2635
高坪区	Gaoping	1236	1110	55366	313743	171
嘉陵区	Jialing	2088	1868	65811	362862	2835
南部县	Nanbu	4136	3692	92376	540269	151
营山县	Yingshan	2528	2458	66903	360310	
蓬安县	Pengan	1901	1881	41445	291584	
仪陇县	Yilong	2988	2988	64521	445175	102
西充县	Xichong	2071	1538	43547	262881	
阆中市	Langzhong	3502	2363	107758	463136	
眉山市	**Meishan**					
东坡区	Dongpo	1315	1251	157857	786570	5105
仁寿县	Renshou	3075	1936	111167	798178	3108
彭山县	Pengshan	573	407	54511	273602	4957
洪雅县	Hongya	1461	1209	40217	249951	131
丹棱县	Danling	493	421	23658	130415	272
青神县	Qingshen	483	483	29772	152917	1065
宜宾市	**Yibin**					
翠屏区	Cuiping	1917	1733	232317	1007325	2700
南溪区	Nanxi	1328	1295	65095	233597	700
宜宾县	Yibinxian	3762	2603	40663	517189	
江安县	Jiangan	1659	1461	35056	267450	
长宁县	Changning	1872	878	36067	250187	49
高县	Gaoxian	1561	1420	37375	275247	500
珙县	Gongxian	1988	1858	41929	273683	
筠连县	Junlian	1407	1025	29298	241259	600
兴文县	Xingwen	1263	1263	35303	252387	
屏山县	Pingshan	1506	1329	17640	164430	
广安市	**Guangan**					
广安区	Guanganqu	1845	1476	102852	541058	150
前锋区	Qianfeng	884	675	14854	101125	1714
岳池县	Yuechi	2439	1984	59176	470806	271
武胜县	Wusheng	1579	1415	45764	324217	241

12-12 续表3 continued

县(市、区)	Counties (Municipalities, Districts)	公路里程 (公里) Length of Highway (km)	#等级公路 Expressway and Class I to IV Highway	固定电话用户 (户) Local Telephone Subscribers (year-end) (subscribers)	移动电话用户 (户) Number of Mobile Telephones Subscribers (year-end) (subscribers)	实际利用外资金额 (万美元) Foreign Capital Actually Used (USD 10 000)
邻水县	Linshui	2488	2343	66716	427198	67
华蓥市	Huaying	817	783	40427	228430	1661
达州市	**Dazhou**					
通川区	Tongchuan	953	590	137301	620511	450
达川区	Dachuan	3430	3342	105282	642845	250
宣汉县	Xuanhan	4155	3702	77352	556336	
开江县	Kaijiang	1743	1436	40617	236956	
大竹县	Dazhu	2992	2439	85166	479535	520
渠县	Quxian	2981	2671	90068	497589	200
万源市	Wanyuan	3196	2649	47678	299361	
雅安市	**Yaan**					
雨城区	Yucheng	925	825	85200	382664	
名山区	Mingshan	783	749	28538	192762	
荥经县	Yingjing	573	491	16688	113645	
汉源县	Hanyuan	1507	1481	29026	237191	
石棉县	Shimian	747	730	18204	108997	200
天全县	Tianquan	620	546	14454	105262	
芦山县	Lushan	447	386	13822	88856	800
宝兴县	Baoxing	570	450	6870	48739	
巴中市	**Bazhong**					
巴州区	Bazhou	2788	2538	92195	734541	250
恩阳区	Enyang	2514	2561	49220	52944	
通江县	Tongjiang	3494	3494	45638	444430	352
南江县	Nanjiang	3921	3739	79401	405300	
平昌县	Pingchang	3759	3710	54800	467600	
资阳市	**Ziyang**					
雁江区	Yanjiang	3937	2568	118113	654805	8252
安岳县	Anyue	6001	4387	70886	614205	200
乐至县	Lezhi	2165	1780	35080	324886	400
简阳市	Jianyang	2634	2313	109360	730476	1200
阿坝州	**Aba**					
汶川县	Wenchuan	645	617	12958	116943	
理县	Lixian	689	670	6894	41702	
茂县	Maoxian	1118	993	15895	106352	
松潘县	Songpan	736	719	11996	64518	
九寨沟县	Jiuzhaigou	873	837	25582	69659	
金川县	Jinchuan	1300	1283	5954	53675	
小金县	Xiaojin	1299	1299	6487	60325	
黑水县	Heishui	1428	1300	5123	32906	
马尔康县	Maerkang	1125	1077	16850	78209	
壤塘县	Rangtang	713	673	2339	19149	

12-12 续表4 continued

县(市、区)	Counties (Municipalities, Districts)	公路里程 (公里) Length of Highway (km)	#等级公路 Express-way and Class I to IV Highway	固定电话用户 (户) Local Tele-phone Subsc-ribers (year-end) (subscribers)	移动电话用户 (户) Number of Mobile Telephones Subscribers (year-end) (subscribers)	实际利用外资金额 (万美元) Foreign Capital Actually Used (USD 10 000)
阿坝县	Abaxian	969	823	4915	73110	
若尔盖县	Ruoergai	1265	1254	4997	49220	
红原县	Hongyuan	974	813	3997	45625	
甘孜州	**Ganzi**					
康定县	Kangding	1800	1608	30019	182327	2045
泸定县	Luding	784	689	12741	79149	
丹巴县	Danba	1439	1283	4125	47959	
九龙县	Jiulong	1338	1232	4930	46918	
雅江县	Yajiang	1584	1151	3401	39684	
道孚县	Daofu	1550	1431	2954	30425	
炉霍县	Luhuo	1431	1192	2927	31775	
甘孜县	Ganzixian	2107	2107	3878	41182	
新龙县	Xinlong	1109	1109	1751	21883	
德格县	Dege	1814	1636	2111	38473	
白玉县	Baiyu	1962	1930	2498	30548	
石渠县	Shiqu	1709	433	1300	38255	
色达县	Seda	1255	914	2515	41258	
理塘县	Litang	1665	1588	3494	39181	
巴塘县	Batang	1731	1386	3470	33161	
乡城县	Xiangcheng	919	498	2575	24126	
稻城县	Daocheng	1355	1268	3365	24986	
得荣县	Derong	1400	989	1851	18497	
凉山州	**Liangshan**					
西昌市	Xichang	1231	826	161934	1027712	10
木里县	Muli	1945	595	3855	55964	
盐源县	Yanyuan	2019	1391	12409	191024	2252
德昌县	Dechang	765	656	18787	147008	1758
会理县	Huili	1910	947	37209	296192	
会东县	Huidong	1536	1299	17334	197190	
宁南县	Ningnan	880	616	12964	144166	
普格县	Puge	839	728	5175	65377	
布拖县	Butuo	846	516	3258	52888	
金阳县	Jinyang	1388	1073	4811	56785	
昭觉县	Zhaojue	861	632	6050	79928	
喜德县	Xide	1093	973	6631	53520	9
冕宁县	Mianning	896	862	23034	233557	
越西县	Yuexi	711	650	13793	118054	
甘洛县	Ganluo	852	655	9666	88277	
美姑县	Meigu	1433	1135	4207	78191	
雷波县	Leibo	1412	1113	10557	120678	161

12-13 各县(市、区)教育情况(2013年)
Basic Statistics on Education of Counties (Municipalities, Districts)(2013)

县(市、区)	Counties (Municipalities, Districts)	小学学校数(个) Number of Primary Schools (unit)	小学在校学生(人) Students Enrollment of Primary Schools (person)	小学专任教师(人) Full-time Teachers in Primary Schools (person)	普通中学学校数(个) Number of Regular Secondary Schools (unit)	普通中学在校学生(人) Students Enrollment of Regular Secondary Schools (person)	普通中学专任教师(人) Full-time Teachers in Regular Secondary Schools (person)
成都市	**Chengdu**						
锦江区	Jinjiang	31	29254	1860	12	27371	2192
青羊区	Qingyang	33	39737	2031	18	23023	1751
金牛区	Jinniu	45	66188	3062	29	44543	2967
武侯区	Wuhou	39	64608	2399	30	33603	3436
成华区	Chenghua	25	45702	2074	22	27399	1829
龙泉驿区	Longquanyi	38	42138	2391	19	31522	2518
青白江区	Qingbaijiang	10	19464	1087	15	21179	1618
新都区	Xindu	30	53241	2222	39	38505	3141
温江区	Wenjiang	10	23890	1242	16	20362	1621
金堂县	Jintang	48	46613	2761	28	37800	2494
双流县	Shuangliu	33	58689	2983	43	55496	5361
郫县	Pixian	14	46189	659	42	39112	4093
大邑县	Dayi	16	19978	1340	22	19647	1882
蒲江县	Pujiang	7	9324	717	15	11125	1070
新津县	Xinjin	16	13651	887	16	14929	1248
都江堰市	Dujiangyan	24	26820	1950	26	26456	2269
彭州市	Pengzhou	22	31393	2024	31	29728	2521
邛崃市	Qionglai	29	22336	1840	32	27949	2137
崇州市	Chongzhou	31	25913	1661	18	20348	2425
自贡市	**Zigong**						
自流井区	Ziliujing	19	22887	1322	15	22461	1497
贡井区	Gongjing	14	11862	672	14	7998	640
大安区	Daan	72	20919	1102	15	11793	746
沿滩区	Yantan	12	19341	905	12	9462	563
荣县	Rongxian	27	28007	1654	29	22928	1743
富顺县	Fushun	100	66385	2590	57	48198	2870
攀枝花市	**Panzhihua**						
东区	East District	13	22259	1189	20	24544	1576
西区	West District	7	9970	606	10	15559	956
仁和区	Renhe	15	15597	1069	13	19637	1214
米易县	Miyi	13	15819	1111	10	14728	1039
盐边县	Yanbian	16	16084	1080	7	11846	755
泸州市	**Luzhou**						
江阳区	Jiangyang	18	50713	2030	30	40533	2512
纳溪区	Naxi	14	33701	1513	14	19453	1303
龙马潭区	Longmatan	11	26595	1203	17	15719	1137
泸县	Luxian	31	80517	3433	54	58792	3369
合江县	Hejiang	89	75097	2490	25	35700	1933
叙永县	Xuyong	38	63970	2804	37	34861	1742
古蔺县	Gulin	69	70100	3471	41	47712	2636

12-13 续表1 continued

县(市、区)	Counties (Municipalities, Districts)	小学学校数(个) Number of Primary Schools (unit)	小学在校学生(人) Students Enrollment of Primary Schools (person)	小学专任教师(人) Full-time Teachers in Primary Schools (person)	普通中学学校数(个) Number of Regular Secondary Schools (unit)	普通中学在校学生(人) Students Enrollment of Regular Secondary Schools (person)	普通中学专任教师(人) Full-time Teachers in Regular Secondary Schools (person)
德阳市	**Deyang**						
旌阳区	Jinyang	36	33911	2210	27	35094	2456
中江县	Zhongjiang	206	60330	3409	60	49146	3480
罗江县	Luojiang	22	9078	672	8	8603	707
广汉市	Guanghan	39	23396	1642	27	21293	1880
什邡市	Shifang	29	14878	1408	16	15720	1398
绵竹市	Mianzhu	30	17444	1386	13	16579	1237
绵阳市	**Mianyang**						
涪城区	Fucheng	41	56547	2950	40	94329	5695
游仙区	Youxian	31	22853	1694	18	23993	1649
三台县	Santai	105	54369	3558	78	54297	4549
盐亭县	Yanting	50	18437	1722	25	17353	1505
安县	Anxian	30	19938	1293	17	17121	1313
梓潼县	Zitong	34	12509	1145	9	11294	968
北川县	Beichuan	25	9874	866	11	10159	776
平武县	Pingwu	44	7048	845	8	6585	551
江油市	Jiangyou	76	32192	2695	28	34777	2403
广元市	**Guangyuan**						
利州区	Lizhou	39	30545	1595	27	36465	3032
昭化区	Zhaohua	25	5798	831	13	7345	836
朝天区	Chaotian	24	9354	674	12	10520	803
旺苍县	Wangcang	36	24252	1844	22	23014	1841
青川县	Qingchuan	27	9232	1022	21	10861	1470
剑阁县	Jiange	54	24261	1838	35	27886	2496
苍溪县	Cangxi	47	38472	2390	49	37367	3679
遂宁市	**Suining**						
船山区	Chuanshan	36	39378	2610	30	44033	3242
安居区	Anju	46	27759	2121	29	25613	2211
蓬溪县	Pengxi	37	27088	2271	37	26350	2271
射洪县	Shehong	70	39020	3451	45	40185	3653
大英县	Daying	30	23418	1384	27	22521	1636
内江市	**Neijiang**						
内江市中区	Neijiang Downtown	62	31229	1644	26	32743	2178
东兴区	Dongxing	57	50218	2077	32	23413	2275
威远县	Weiyuan	53	34824	2061	36	30279	2854
资中县	Zizhong	78	68500	2429	59	48481	4351
隆昌县	Longchang	56	45022	2224	30	30648	2230
乐山市	**Leshan**						
乐山市中区	Leshan Downtown	33	30088	1612	38	32290	2330
沙湾区	Shawan	9	7487	316	16	7730	587
五通桥区	Wutongqiao	22	9555	697	15	9350	744

12-13 续表2 continued

县(市、区)	Counties (Municipalities, Districts)	小学学校数(个) Number of Primary Schools (unit)	小学在校学生(人) Students Enrollment of Primary Schools (person)	小学专任教师(人) Full-time Teachers in Primary Schools (person)	普通中学学校数(个) Number of Regular Secondary Schools (unit)	普通中学在校学生(人) Students Enrollment of Regular Secondary Schools (person)	普通中学专任教师(人) Full-time Teachers in Regular Secondary Schools (person)
金口河区	Jinkouhe	9	2218	172	6	2069	173
犍为县	Qianwei	70	23661	1510	28	20260	1746
井研县	Jinyan	34	17755	1213	29	13256	1166
夹江县	Jiajiang	25	12373	979	22	11351	971
沐川县	Muchuan	17	14889	466	16	9764	662
峨边县	Ebian	46	10134	613	14	4932	540
马边县	Mabian	65	21562	1049	12	7998	518
峨眉山市	Emeishan	30	17352	1154	21	18098	1324
南充市	**Nanchong**						
顺庆区	Shunqing	28	37080	1536	38	48762	3240
高坪区	Gaoping	36	31168	2236	37	38549	3351
嘉陵区	Jialing	29	32179	1530	46	26186	3374
南部县	Nanbu	29	61777	2013	86	61401	5591
营山县	Yingshan	23	47485	1414	70	39987	3797
蓬安县	Pengan	39	32274	1634	39	28485	2443
仪陇县	Yilong	46	60051	2554	66	52879	4858
西充县	Xichong	10	21843	976	50	30039	4082
阆中市	Langzhong	18	34169	1144	77	35122	4672
眉山市	**Meishan**						
东坡区	Dongpo	51	33164	2440	44	37335	2745
仁寿县	Renshou	88	65805	4441	125	64981	4960
彭山县	Pengshan	15	11405	920	15	10869	863
洪雅县	Hongya	23	12878	875	19	12777	1001
丹棱县	Danling	12	5702	399	7	4965	436
青神县	Qingshen	12	6139	599	16	6721	601
宜宾市	**Yibin**						
翠屏区	Cuiping	30	57497	3162	43	52567	4074
南溪区	Nanxi	17	24619	1636	20	22447	1557
宜宾县	Yibinxian	61	65626	3540	52	47100	3467
江安县	Jiangan	51	30977	1628	27	22937	1559
长宁县	Changning	38	28374	1483	21	18610	1322
高县	Gaoxian	74	32873	1570	22	21812	1449
珙县	Gongxian	21	28989	1495	31	17383	1176
筠连县	Junlian	11	35063	1835	34	21740	1492
兴文县	Xingwen	32	41282	1958	29	27739	1613
屏山县	Pingshan	12	20199	1185	21	13276	1023
广安市	**Guangan**						
广安区	Guanganqu	34	48416	2621	58	63588	3495
前锋区	Qianfeng	20	20442	976	19	14371	870
岳池县	Yuechi	78	63248	3297	68	52674	3057
武胜县	Wusheng	54	41993	2245	50	39358	2408

12-13 续表3 continued

县(市、区)	Counties (Municipalities, Districts)	小学学校数(个) Number of Primary Schools (unit)	小学在校学生(人) Students Enrollment of Primary Schools (person)	小学专任教师(人) Full-time Teachers in Primary Schools (person)	普通中学学校数(个) Number of Regular Secondary Schools (unit)	普通中学在校学生(人) Students Enrollment of Regular Secondary Schools (person)	普通中学专任教师(人) Full-time Teachers in Regular Secondary Schools (person)
邻水县	Linshui	34	61116	2905	59	59249	3522
华蓥市	Huaying	11	21804	1294	21	18852	1277
达州市	**Dazhou**						
通川区	Tongchuan	146	48601	2302	29	22620	1448
达川区	Dachuan	196	82104	3850	68	53807	3317
宣汉县	Xuanhan	480	91770	4586	67	64643	3567
开江县	Kaijiang	149	35829	2007	29	26324	1697
大竹县	Dazhu	185	68349	3168	51	47784	2849
渠县	Quxian	244	64928	5356	99	60300	4663
万源市	Wanyuan	247	36059	1930	34	30620	1679
雅安市	**Yaan**						
雨城区	Yucheng	32	20641	1441	9	16047	969
名山区	Mingshan	17	14087	808	16	9186	767
荥经县	Yingjing	27	10996	550	6	5417	409
汉源县	Hanyuan	33	18643	1215	13	14047	950
石棉县	Shimian	23	10066	598	6	5238	363
天全县	Tianquan	24	9753	700	7	7433	583
芦山县	Lushan	16	7259	736	6	5676	351
宝兴县	Baoxing	17	3318	429	5	2359	191
巴中市	**Bazhong**						
巴州区	Bazhou	26	47633	2660	51	63967	3271
恩阳区	Enyang	22	25803	1067	40	25486	1390
通江县	Tongjiang	75	43373	2670	28	49749	2497
南江县	Nanjiang	62	41493	2348	41	43900	2113
平昌县	Pingchang	67	55986	5462	14	54880	1955
资阳市	**Ziyang**						
雁江区	Yanjiang	123	60723	2771	72	38671	3328
安岳县	Anyue	51	91520	2897	89	54558	3788
乐至县	Lezhi	60	34043	1992	42	25973	2178
简阳市	Jianyang	29	76939	2145	104	60952	4155
阿坝州	**Aba**						
汶川县	Wenchuan	15	4488	680	5	6897	617
理县	Lixian	11	2300	402	4	1651	209
茂县	Maoxian	24	7579	706	4	5925	538
松潘县	Songpan	22	4807	494	8	3116	304
九寨沟县	Jiuzhaigou	18	5005	415	3	4151	355
金川县	Jinchuan	34	3680	481	6	3076	301
小金县	Xiaojin	23	4917	474	5	4482	317
黑水县	Heishui	15	4306	352	2	1906	159
马尔康县	Maerkang	20	3510	456	6	3919	354
壤塘县	Rangtang	11	4331	323	3	1573	96

12-13 续表4 continued

县(市、区)	Counties (Municipalities, Districts)	小学学校数(个) Number of Primary Schools (unit)	小学在校学生(人) Students Enrollment of Primary Schools (person)	小学专任教师(人) Full-time Teachers in Primary Schools (person)	普通中学学校数(个) Number of Regular Secondary Schools (unit)	普通中学在校学生(人) Students Enrollment of Regular Secondary Schools (person)	普通中学专任教师(人) Full-time Teachers in Regular Secondary Schools (person)
阿坝县	Abaxian	29	8607	545	2	2097	121
若尔盖县	Ruoergai	29	8527	552	6	5916	306
红原县	Hongyuan	14	4911	388	2	2627	173
甘孜州	**Ganzi**						
康定县	Kangding	39	9267	633	7	7873	629
泸定县	Luding	52	6268	549	6	5372	392
丹巴县	Danba	48	4738	461	3	2947	235
九龙县	Jiulong	40	7995	469	3	3905	155
雅江县	Yajiang	42	5321	326	2	2206	112
道孚县	Daofu	41	4779	339	2	1477	95
炉霍县	Luhuo	26	5523	338	2	1581	126
甘孜县	Ganzixian	34	5201	382	3	2524	221
新龙县	Xinlong	27	4194	388	1	738	64
德格县	Dege	37	7024	517	2	894	107
白玉县	Baiyu	20	4733	346	2	567	73
石渠县	Shiqu	41	7313	449	2	851	95
色达县	Seda	18	3365	254	1	875	74
理塘县	Litang	36	7464	497	2	1411	106
巴塘县	Batang	49	5685	451	5	3076	259
乡城县	Xiangcheng	15	2976	273	1	1330	108
稻城县	Daocheng	25	2911	264	2	1087	98
得荣县	Derong	24	2306	251	1	1082	101
凉山州	**Liangshan**						
西昌市	Xichang	160	69702	3265	32	55830	3023
木里县	Muli	23	13874	978	12	6238	363
盐源县	Yanyuan	70	39303	1772	13	26139	1236
德昌县	Dechang	48	18223	968	12	10848	727
会理县	Huili	141	32169	1726	18	26683	1402
会东县	Huidong	142	40797	1564	21	22566	1088
宁南县	Ningnan	94	17075	906	8	10649	636
普格县	Puge	53	26944	973	6	6136	337
布拖县	Butuo	28	23386	942	5	3815	191
金阳县	Jinyang	38	23978	1024	8	5473	285
昭觉县	Zhaojue	62	34344	1568	9	9366	511
喜德县	Xide	123	29108	1263	9	8472	400
冕宁县	Mianning	103	38842	1810	16	22289	9758
越西县	Yuexi	98	41651	1449	11	10644	690
甘洛县	Ganluo	86	24655	1171	11	9493	502
美姑县	Meigu	149	31693	1128	6	6232	480
雷波县	Leibo	64	29133	1160	11	9064	638

13

农业

AGRICULTURE

13-1 农林牧渔业总产值
Gross Output Value of Farming, Forestry, Animal Husbandry and Fishery

单位：亿元 (100 million yuan)

年 份 Year	农林牧渔业 总产值 Total	农 业 Farming	林 业 Forestry	牧 业 Animal Husbandry	渔 业 Fishery	农林牧渔业服务业 Services
1980	136.92	98.07	4.21	34.07	0.57	
1981	147.02	105.41	5.34	35.63	0.64	
1982	177.53	133.84	5.81	37.07	0.81	
1983	193.77	142.76	7.02	42.83	1.16	
1984	211.93	151.54	12.21	46.79	1.39	
1985	234.82	161.14	13.09	58.74	1.85	
1986	254.33	168.46	13.18	69.74	2.95	
1987	294.59	187.84	13.66	89.18	3.91	
1988	361.11	213.69	15.99	126.02	5.41	
1989	400.40	238.04	16.75	139.24	6.37	
1990	484.31	301.46	18.51	157.04	7.30	
1991	513.43	317.43	19.43	168.41	8.16	
1992	565.62	344.52	22.23	189.41	9.46	
1993	660.69	389.21	24.90	234.30	12.28	
1994	930.80	521.00	28.48	365.33	15.99	
1995	1113.96	645.17	34.32	413.84	20.63	
1996	1274.32	750.07	38.58	461.32	24.35	
1997	1395.43	798.22	41.31	527.60	28.30	
1998	1455.19	823.72	45.87	554.15	31.45	
1999	1444.86	792.80	45.34	572.63	34.09	
2000	1483.52	785.37	49.13	611.76	37.26	
2001	1534.89	769.95	50.85	673.10	41.00	
2002	1651.53	807.43	54.60	743.91	45.59	
2003	1784.49	804.70	59.26	832.34	53.34	34.85
2004	2252.28	987.70	62.65	1097.62	65.75	38.56
2005	2457.46	1037.20	69.94	1230.18	78.49	41.64
2006	2602.10	1075.08	76.75	1317.41	87.16	45.70
2007	3370.17	1316.60	87.20	1827.07	85.80	53.50
2008	3686.20	1710.80	105.32	1708.42	103.68	57.98
2009	3689.81	1806.06	112.52	1596.72	119.05	55.46
2010	4081.81	2069.33	112.90	1705.16	129.83	64.60
2011	4932.73	2454.26	130.10	2127.20	147.16	74.01
2012	5433.12	2764.90	151.50	2269.86	163.77	83.09
2013	5620.26	2903.48	179.43	2267.56	177.49	92.30

注：本表按当年价格计算；2003年起执行新国民经济行业分类标准，总产值包括农林牧渔服务业产值。

a) Data in this table are calculated at current prices.The new classification for national standard of industry classification has been implemented since 2003 and the gross output value includes the serivces in support of agriculture,forestry, animal husbandry and fishery.

13-2 农林牧渔业总产值指数
Indices of Gross Output Value of Farming, Forestry, Animal Husbandry and Fishery

(1952年=100) (1952=100)

年 份 Year	农林牧渔业总产值 Total	农 业 Farming	林 业 Forestry	牧 业 Animal Husbandry	渔 业 Fishery	农林牧渔业服务业 Services
1952	100.0	100.0	100.0	100.0		
1957	143.2	139.6	172.7	160.7	100.0	
1962	117.0	113.7	389.4	91.3	210.3	
1965	142.6	126.0	462.4	196.1	286.2	
1970	160.8	151.5	422.0	176.1	258.6	
1978	206.0	186.8	330.9	306.7	372.4	
1980	242.2	201.9	373.4	482.9	400.0	
1985	332.7	251.1	933.0	756.5	1272.4	
1990	409.4	290.8	742.2	1104.3	2386.2	
1991	427.6	300.5	742.9	1179.3	2589.7	
1992	445.7	308.2	800.4	1255.7	2831.0	
1993	450.2	299.4	812.4	1341.1	3210.3	
1994	465.3	297.1	859.6	1461.1	3586.2	
1995	504.9	321.2	932.6	1584.8	4369.0	
1996	533.3	338.0	1004.6	1674.3	4893.1	
1997	559.4	351.8	1031.2	1772.2	5481.2	
1998	584.5	361.4	1061.6	1889.9	6126.0	
1999	605.8	368.7	1048.3	1997.8	6855.0	
2000	636.0	379.2	1080.7	2144.1	7717.7	
2001	651.3	369.0	1083.2	2318.2	8521.1	
2002	695.3	387.3	1145.4	2512.5	9551.7	100.0
2003	738.5	394.6	1257.0	2744.7	11309.2	108.0
2004	790.9	410.8	1303.5	3019.2	12756.8	113.9
2005	842.4	421.6	1422.0	3304.8	14382.0	122.1
2006	873.7	416.7	1525.5	3540.1	15689.3	132.2
2007	904.1	436.3	1604.8	3610.9	16944.4	141.7
2008	933.9	447.6	1652.9	3744.5	17961.1	147.7
2009	973.5	468.3	1743.8	3886.8	18889.8	149.7
2010	1017.3	492.2	1841.5	4022.8	19807.8	167.6
2011	1064.1	520.7	2020.1	4127.4	21134.9	183.7
2012	1112.0	545.2	2187.8	4284.2	22572.1	201.2
2013	1149.8	564.8	2378.1	4395.6	23926.4	219.1

注：本表按可比价格计算；2003年起按新口径计算；2004年起指数按可比价格缩减法计算。

a) Data in this table are calculated at comparable prices, the data are calculated at the new range since 2003.The data are calculated at comparable prices by deflation approach since 2004.

13-3 各市(州)农林牧渔业总产值(2013年)
Gross Output Value of Farming, Forestry, Animal Husbandry and Fishery by Region(2013)

单位：亿元 (100 million yuan)

市(州)	Region	农林牧渔业总产值 Total	农 业 Farming	林 业 Forestry	牧 业 Animal Husbandry	渔 业 Fishery	农林牧渔业服务业 Services
全 省	**Sichuan**	**5620.3**	**2903.5**	**179.4**	**2267.6**	**177.5**	**92.3**
成都市	Chengdu	584.5	308.2	9.2	235.1	15.4	16.6
自贡市	Zigong	188.8	91.8	14.8	71.0	9.0	2.2
攀枝花市	Panzhihua	48.2	28.2	0.8	14.6	3.9	0.7
泸州市	Luzhou	251.9	133.8	9.1	96.5	9.0	3.5
德阳市	Deyang	323.7	138.5	7.3	161.6	7.8	8.5
绵阳市	Mianyang	395.0	199.3	13.6	161.2	14.0	6.9
广元市	Guangyuan	166.9	79.6	5.5	71.1	7.1	3.6
遂宁市	Suining	222.8	104.6	8.3	97.5	8.2	4.2
内江市	Neijiang	293.8	134.2	9.7	128.4	17.0	4.5
乐山市	Leshan	223.8	98.5	11.9	101.1	9.1	3.2
南充市	Nanchong	499.7	217.7	12.6	250.7	14.4	4.3
眉山市	Meishan	243.2	109.7	6.5	108.8	13.4	4.8
宜宾市	Yibin	328.6	153.4	13.5	145.1	11.8	4.8
广安市	Guangan	255.9	128.4	6.9	103.9	12.9	3.8
达州市	Dazhou	421.4	232.0	12.5	160.2	10.5	6.2
雅安市	Yaan	105.6	53.5	9.4	39.7	1.4	1.6
巴中市	Bazhong	139.6	65.9	4.2	60.8	6.1	2.6
资阳市	Ziyang	392.7	155.2	10.3	208.1	13.9	5.2
阿坝藏族羌族自治州	Aba	48.2	14.6	3.5	27.7		2.4
甘孜藏族自治州	Ganzi	61.8	23.0	3.1	34.9		0.8
凉山彝族自治州	Liangshan	387.8	206.9	16.4	154.2	4.6	5.7

注：本表按当年价格及新口径计算。

a) Data in this table are calculated at current prices and new range.

13-4 各市(州)农林牧渔业总产值指数（2013年）
Indices of Gross Output Value of Farming, Forestry, Animal Husbandry and Fishery by Region(2013)

(上年=100) (preceding year=100)

市(州)	Region	农林牧渔业总产值 Total	农业 Farming	林业 Forestry	牧业 Animal Husbandry	渔业 Fishery	农林牧渔业服务业 Services
全 省	**Sichuan**	103.4	103.6	108.7	102.6	106.0	108.9
成都市	Chengdu	103.5	106.9	104.6	99.1	102.3	107.2
自贡市	Zigong	103.9	104.5	102.5	103.0	107.3	104.0
攀枝花市	Panzhihua	104.6	105.1	104.3	103.7	104.2	105.6
泸州市	Luzhou	104.4	105.0	108.6	103.0	105.6	105.0
德阳市	Deyang	103.9	103.6	101.5	104.1	104.6	104.4
绵阳市	Mianyang	103.6	103.4	103.3	103.8	103.4	103.5
广元市	Guangyuan	103.8	104.8	102.2	102.5	105.4	106.6
遂宁市	Suining	103.8	101.5	105.5	106.6	102.4	103.2
内江市	Neijiang	104.5	105.1	103.7	103.7	105.7	103.5
乐山市	Leshan	103.6	103.9	105.7	103.0	106.6	106.8
南充市	Nanchong	104.8	104.7	104.3	104.8	105.8	104.6
眉山市	Meishan	104.3	104.4	105.7	103.8	107.8	104.0
宜宾市	Yibin	103.7	103.9	107.9	103.0	105.0	105.3
广安市	Guangan	103.6	103.0	105.7	103.4	107.8	106.6
达州市	Dazhou	103.8	103.6	103.6	103.9	103.8	105.1
雅安市	Yaan	102.1	101.7	108.2	101.0	103.7	103.5
巴中市	Bazhong	103.4	103.0	104.7	103.4	106.4	104.3
资阳市	Ziyang	103.5	104.4	112.3	101.8	111.9	108.0
阿坝藏族羌族自治州	Aba	105.0	104.4	103.5	105.4	106.1	106.0
甘孜藏族自治州	Ganzi	106.4	111.9	98.6	103.8	99.8	108.8
凉山彝族自治州	Liangshan	104.9	104.9	106.9	104.6	105.4	106.4

13-5 主要农业机械和农产品加工机械拥有量
Main Agricultural Machinery and Main Machinery for Processing Farm Products

(年底数)

(year-end)

年 份 Year	农业机械总动力(万千瓦) Total Power of Agricultural Machinery (10 000 kw)	农用运输车 Transport Machinery for Agricultural Use		农用大中型拖拉机 Large and Medium Agricultural Tractors		农用小型拖拉机 Mini Agricultural Tractors	
		数量(辆) Number (unit)	动力(万千瓦) Capacity (10 000 kw)	数量(台) Number (unit)	动力(万千瓦) Capacity (10 000 kw)	数量(万台) Number (10 000 units)	动力(万千瓦) Capacity (10 000 kw)
1978	350.21	1175	7.90	14571	42.52	5.22	45.91
1979	434.74	2256	15.17	17790	48.18	6.99	61.47
1980	500.34	3911	25.34	19233	52.59	8.37	74.19
1981	548.37	5080	32.75	20076	55.29	9.00	80.70
1982	575.65	5542	35.67	20034	55.24	9.35	84.66
1983	609.82	7408	47.84	19932	55.15	9.97	91.78
1984	649.40	12781	84.97	19099	53.34	10.70	100.31
1985	700.42	18807	126.52	18496	51.67	11.53	109.74
1986	772.77	22654	154.24	18469	51.55	13.10	127.54
1987	828.98	25395	171.77	17939	50.57	14.56	145.39
1988	887.72	28336	190.77	16900	48.36	15.69	160.88
1989	918.92	30568	202.99	15064	43.51	15.90	163.74
1990	956.00	29707	209.45	12788	37.64	15.51	161.06
1991	1007.23	32288	236.01	10553	31.62	15.17	159.81
1992	1035.60	33063	247.08	8662	25.81	14.75	156.59
1993	1066.35	34571	263.71	7545	23.28	14.47	154.38
1994	1165.11	39253	304.55	6625	21.17	14.16	152.45
1995	1209.73	42563	330.07	5632	18.05	13.78	149.09
1996	1263.26	42878	343.77	4997	16.13	13.81	149.98
1997	1348.21	44970	361.96	6644	18.16	13.84	151.56
1998	1468.33	47137	374.06	10144	23.48	13.98	155.43
1999	1606.90	49950	386.98	14833	37.58	14.26	159.14
2000	1679.65	87401	296.44	29645	74.59	13.29	149.22
2001	1735.10	90226	302.04	33606	86.87	13.06	148.74
2002	1803.68	92175	306.31	42156	108.21	13.09	150.99
2003	1891.06	94049	298.20	46882	128.02	12.25	141.09
2004	2006.78	96479	299.35	51585	143.82	12.59	151.29
2005	2181.70	97859	297.13	12728	35.18	12.48	155.94
2006	2344.87	97622	294.84	15936	40.74	12.83	161.15
2007	2523.05	100610	298.93	20151	49.81	13.35	171.61
2008	2687.55	109171	288.78	55488	122.75	11.43	143.11
2009	2952.66	104123	312.40	77809	179.10	11.84	147.96
2010	3155.14	105112	308.03	91112	206.02	12.03	147.37
2011	3426.10	117801	371.08	107484	246.51	12.47	147.99
2012	3694.03	125754	403.68	115036	267.45	12.55	141.66
2013	3953.09	127666	411.45	121753	291.65	11.91	134.40

注：1999年及以前年份“农用运输车”统计口径为“农用载重汽车”。

a) Data on transport machinery for agriculture use refer to agricultural camion before 1999.

13-5 续表 continued

(年底数) (year-end)

年 份 Year	农用排灌动力机械 Drainage and Irrigation Machinery		大中型拖拉机配套农具 (万部) Large and Medium Tractor Towing (10 000 units)	联合收割机 (台) Combine Harvester (unit)	机动脱粒机 (万台) Motorized Threshing Machines (10000 units)
	数量 Number (万台) (10 000 units)	动力 Capacity (万千瓦) (10 000 kw)			
1978	14.18	144.27	2.71	21	6.69
1979	17.67	179.07	3.17	39	7.99
1980	19.58	197.15	3.29	51	9.04
1981	20.78	209.30	3.40	50	9.77
1982	20.99	213.02	3.28	51	8.14
1983	20.18	207.50	2.96	49	6.80
1984	18.62	195.82	2.40	46	5.37
1985	17.60	193.99	2.08	32	4.47
1986	18.97	198.19	1.90	36	4.04
1987	20.05	205.03	1.79	31	3.80
1988	20.52	209.75	1.60	38	3.78
1989	20.37	211.46	1.36	52	4.09
1990	20.18	215.61	1.16	127	5.05
1991	20.85	220.83	0.99	147	5.86
1992	21.86	222.39	0.88	210	6.72
1993	21.13	221.63	0.70	321	7.76
1994	24.62	238.58	0.65	368	11.80
1995	23.47	233.12	0.57	428	12.81
1996	22.11	228.91	0.54	738	13.67
1997	23.93	237.21	0.63	1450	19.19
1998	28.67	268.37	0.59	2150	27.62
1999	32.96	296.15	0.64	2681	33.31
2000	35.35	313.49	0.79	3258	38.25
2001	37.55	320.25	0.89	3587	40.44
2002	39.80	330.06	0.72	4100	45.82
2003	39.97	328.37	0.88	4719	45.60
2004	42.14	348.07	0.83	5400	55.70
2005	46.04	372.18	1.26	5830	69.87
2006	46.92	381.64	0.98	6831	72.61
2007	50.30	400.12	1.29	7621	80.00
2008	52.00	414.09	2.02	8501	96.14
2009	56.05	424.13	2.60	9958	103.28
2010	57.14	440.45	3.19	11996	107.62
2011	64.29	463.20	3.90	14086	115.85
2012	84.59	513.45	4.43	18499	126.65
2013	89.55	532.16	5.04	22498	135.25

13-6 各市(州)主要农业机械和农产品加工机械拥有量(2013年)

Agricultural Machinery and Machinery for Processing Farm Products by Region(2013)

(年底数)　　　　(year-end)

市(州)	Region	农业机械总动力(万千瓦) Total Power of Agricultural Machinery (10 000 kw)	农用运输车 Transportation Machinery for Agricultural Use		农用大中型拖拉机 Large and Medium Agricultural Tractors		农用小型拖拉机 Mini Agricultural Tractors	
			数量(辆) Number (unit)	动力(万千瓦) Capacity (10 000 kw)	数量(台) Number (unit)	动力(万千瓦) Capacity (10 000 kw)	数量(台) Number (unit)	动力(万千瓦) Capacity (10 000 kw)
全　省	**Sichuan**	**3953.09**	**127666**	**411.45**	**121753**	**291.65**	**119069**	**134.40**
成都市	Chengdu	342.21	8984	27.69	10418	37.21	26272	31.48
自贡市	Zigong	103.87	4740	27.69	64	0.11	42	0.06
攀枝花市	Panzhihua	65.31	990	27.69	3097	6.10	3408	2.93
泸州市	Luzhou	193.90	11730	27.69	44	0.13	27	0.03
德阳市	Deyang	188.74	5714	27.69	13320	30.48	8077	9.30
绵阳市	Mianyang	281.44	6419	27.69	10322	23.14	12644	13.22
广元市	Guangyuan	252.69	4293	27.69	6747	15.26	3346	2.96
遂宁市	Suining	112.80	6089	27.69	2591	9.60	1377	1.62
内江市	Neijiang	145.91	11480	27.69	74	0.19	541	0.58
乐山市	Leshan	207.44	6142	27.69	3780	14.72	1902	2.02
南充市	Nanchong	241.99	4437	27.69	1222	2.39	1340	1.58
眉山市	Meishan	225.72	9214	27.69	3026	9.29	3781	4.99
宜宾市	Yibin	216.26		27.69	179	0.33	503	0.54
广安市	Guangan	187.83	8188	27.69	288	0.93	964	1.36
达州市	Dazhou	220.49	10877	27.69	1409	5.12	602	0.73
雅安市	Yaan	156.21	6151	27.69	1171	2.62	3848	4.99
巴中市	Bazhong	152.95	5127	27.69	3279	12.25	740	0.93
资阳市	Ziyang	199.94	9577	27.69	496	1.51	2150	2.12
阿坝藏族羌族自治州	Aba	73.05	1084	27.69	14420	24.12	16321	17.52
甘孜藏族自治州	Ganzi	90.14	2227	27.69	20530	36.40	13833	16.36
凉山彝族自治州	Liangshan	294.19	4203	27.69	25276	59.75	17351	19.10

13-6 续表1 continued

(年底数) (year-end)

市(州)	Region	农用排灌动力机械 Drainage and Irrigation Machinery 数量(万台) Number (10 000 units)	农用排灌动力机械 动力(万千瓦) Capacity (10 000 kw)	#柴油机 Diesel Engines 数量(万台) Number (10 000 units)	#柴油机 Diesel Engines 动力(万千瓦) Capacity (10 000 kw)	大中型拖拉机配套农具(部) Large and Medium Tractor Towing Farm Machinery (unit)	小型拖拉机配套农具(部) Mini & Walking Agricultural Tractor Towing Farm Machinery (unit)	机引犁(台) Tractor Towing Plough (unit)
全　省	**Sichuan**	**89.55**	**532.16**	**49.96**	**307.97**	**50424**	**113336**	**76653**
成都市	Chengdu	4.27	27.15	1.34	9.94	8220	28828	6880
自贡市	Zigong	2.52	15.73	2.30	10.87	1		
攀枝花市	Panzhihua	0.44	3.79	0.17	1.23	943	1822	
泸州市	Luzhou	5.61	29.34	5.36	23.51	32	29	3
德阳市	Deyang	2.47	28.09	0.60	5.90	5580	11282	2371
绵阳市	Mianyang	2.24	32.67	1.15	8.74	6553	12406	1038
广元市	Guangyuan	2.48	21.44	2.16	12.93	1456	5100	21627
遂宁市	Suining	3.54	23.05	1.21	9.95	3546	1856	4603
内江市	Neijiang	4.68	28.63	3.50	18.48	52	149	
乐山市	Leshan	3.65	25.20	2.47	13.94	1148	2903	1416
南充市	Nanchong	6.27	61.62	5.96	50.25	1116	803	7215
眉山市	Meishan	6.38	28.62	2.19	17.69	3660	9026	9857
宜宾市	Yibin	6.46	33.00	4.03	22.70	11	70	51
广安市	Guangan	4.66	26.58	3.49	17.87	181	3949	1133
达州市	Dazhou	19.29	41.66	2.89	14.21	372	577	212
雅安市	Yaan	1.28	10.30	0.64	4.73	112	1799	508
巴中市	Bazhong	6.17	34.11	4.69	27.89	137	294	268
资阳市	Ziyang	4.39	39.71	3.83	23.92	226	1578	273
阿坝藏族羌族自治州	Aba	0.06	1.07	0.04	0.22	714	3450	1418
甘孜藏族自治州	Ganzi	0.22	1.01	0.08	0.36	5815	14808	11264
凉山彝族自治州	Liangshan	2.47	19.40	1.86	12.63	10549	12607	6516

13-6 续表2 continued

(年底数) (year-end)

市(州)	Region	机引耙 (台) Tractor Towing Harrow (unit)	播种机 (台) Tractor Towing Planter (unit)	粮食加工机械 (万台) Flour and Rice Mill (10 000 units)	机动脱粒机 (万台) Motorized Threshing Machines (10 000 units)	油料加工机械 (台) Oil Press Machines (unit)	饲草料加工机械 (台) Forage Press Machines (unit)
全　省	**Sichuan**	**26826**	**19265**	**167.41**	**135.25**	**61464**	**578427**
成都市	Chengdu	1293	4800	4.75	6.92	1863	9087
自贡市	Zigong		10	9.25	8.67	1047	12205
攀枝花市	Panzhihua		1	2.03	0.33	3	21926
泸州市	Luzhou	123	63	9.53	5.02	9748	44691
德阳市	Deyang	2072	4751	2.13	2.34	1162	4546
绵阳市	Mianyang	444	541	9.14	7.18	3375	10237
广元市	Guangyuan	6512	271	16.09	10.20	3640	47605
遂宁市	Suining	1977	35	3.37	6.67	3261	11055
内江市	Neijiang			4.08	1.83	1458	15208
乐山市	Leshan	1674	132	5.45	4.75	980	21654
南充市	Nanchong	2862	168	7.08	9.77	8446	27877
眉山市	Meishan	7555	305	5.18	10.09	3427	19374
宜宾市	Yibin	16	2	27.99	10.34	2293	86952
广安市	Guangan	1063	26	11.67	13.97	1870	19609
达州市	Dazhou	168	522	21.38	9.20	6098	33734
雅安市	Yaan	148		2.90	1.54	752	4176
巴中市	Bazhong	255	286	9.55	5.12	5336	91022
资阳市	Ziyang	244	1838	6.01	16.04	3950	19655
阿坝藏族羌族自治州	Aba	63	33	0.32	0.67	228	947
甘孜藏族自治州	Ganzi	37	1917	0.39	0.98	52	5807
凉山彝族自治州	Liangshan	320	3564	9.13	3.64	2475	71060

13-7 机耕面积、灌溉面积、化肥施用量和农村用电量情况
Area Ploughed by Tractors and Irrigated, Consumption of Chemical Fertilizers, Electricity Consumption in Rural Areas

年份 Year	机耕面积(万公顷) Area Ploughed by Tractors (10 000 hectares)	有效灌溉面积(万公顷) Irrigated Area (10 000 hectares)	化肥施用量(万吨) Consumption of Chemical Fertilizers (10 000 tons)	氮肥 Nitrogenous Fertilizer	磷肥 Phosphate Fertilizer	钾肥 Potash Fertilizer	复合肥 Compound Fertilizer	农村用电量(亿千瓦时) Electricity Consumed in Rural Area (100 million kwh)
1952		53.7	0.4	0.4				
1957	0.4	86.4	1.0	0.7	0.3			
1962	2.6	106.9	4.0	3.0	1.0			
1965	2.6	120.9	11.3	8.4	2.8	0.1		
1970	4.6	139.3	11.5	8.5	2.8	0.2		
1975	45.3	175.0	23.0	17.1	5.6	0.3		
1978	86.5	198.9	62.5	46.4	15.7	0.4		7.7
1980	67.9	211.4	80.4	52.6	24.0	1.0	1.1	9.4
1985	51.7	215.4	103.1	82.6	16.4	1.7	2.1	19.3
1990	59.2	222.6	143.9	101.4	28.2	2.6	11.7	33.0
1991	64.3	224.1	154.3	103.0	32.0	3.5	15.7	37.4
1992	66.3	225.3	154.0	100.2	32.2	4.3	17.2	40.6
1993	65.4	226.5	158.1	99.5	33.2	5.4	20.0	46.2
1994	70.8	227.9	170.0	104.9	35.1	6.2	23.7	53.8
1995	71.6	230.1	182.9	111.0	37.4	7.0	27.3	61.2
1996	70.1	232.5	192.8	117.8	38.4	7.4	29.2	64.1
1997	84.4	239.1	201.3	121.3	40.0	8.4	31.6	68.4
1998	85.6	239.1	205.3	123.7	40.3	8.8	32.5	73.5
1999	98.3	242.8	210.3	124.2	40.4	9.3	36.4	78.8
2000	93.7	246.9	212.6	123.0	42.0	10.0	37.5	82.8
2001	95.1	248.7	212.0	121.8	41.9	10.4	37.9	89.5
2002	95.4	250.1	209.6	118.5	42.3	11.0	37.8	93.0
2003	98.1	250.3	208.4	117.5	41.9	11.6	37.4	99.9
2004	98.8	250.3	214.7	120.2	42.9	12.2	39.3	107.8
2005	107.5	249.5	220.9	121.8	45.1	12.9	40.6	112.9
2006	115.0	248.7	228.2	124.7	46.6	13.7	43.0	117.7
2007	121.1	250.0	238.2	127.9	48.0	14.8	46.6	123.3
2008	182.2	250.7	242.8	128.6	48.9	15.8	48.0	128.2
2009	196.5	252.4	248.0	130.7	49.7	16.4	50.3	133.8
2010	219.0	255.3	248.0	129.6	49.2	16.4	51.1	141.7
2011	275.5	260.1	251.2	128.8	50.6	17.3	53.2	148.6
2012	330.3	256.6	252.8	127.9	50.7	17.5	55.0	156.0
2013	409.5	261.7	251.1	126.1	50.3	17.7	55.0	163.5

13-8 各市(州)农业机械化、农村用电量和化肥施用量情况(2013年)
Basic Statistics of Mechanization, Electrification of Agriculture and Consumption of Chemical Fertilizers by Region(2013)

市(州)	Region	农业机械化情况 Mechanization of Agriculture 机耕面积(万公顷) Area Ploughed by Tractors (10 000 hectares)	机播面积(万公顷) Area Sown by Machines (10 000 hectares)	机收面积(万公顷) Area Harvested by Machines (10 000 hectares)	农村用电量(亿千瓦时) Electricity Consumed in Rural Area (100 million kwh)	化肥施用量(万吨) Consump-tion of Chemical Fertilizers (100 million tons)	氮肥 Nitrogenous Fertilizer	磷肥 Phosphate Fertilizer	钾肥 Potash Fertilizer	复合肥 Compound Fertilizer
全 省	**Sichuan**	**409.47**	**50.64**	**182.09**	**163.51**	**251.14**	**126.09**	**50.27**	**17.73**	**55.00**
成都市	Chengdu	40.76	7.48	51.53	32.42	15.64	6.13	3.24	2.00	4.26
自贡市	Zigong	17.42	0.41	1.32	4.29	9.19	4.27	2.54	0.91	1.47
攀枝花市	Panzhihua	4.85	0.00	0.56	1.94	2.85	1.06	0.29	0.32	1.18
泸州市	Luzhou	17.71	0.93	3.28	7.27	11.13	5.54	2.10	0.63	2.63
德阳市	Deyang	29.85	8.60	17.66	20.14	19.32	9.95	3.49	0.98	4.62
绵阳市	Mianyang	24.78	4.87	16.07	10.47	21.71	10.45	5.78	1.08	4.39
广元市	Guangyuan	21.98	1.08	9.12	3.05	12.04	5.84	2.37	0.91	2.08
遂宁市	Suining	18.60	1.20	8.00	3.48	14.57	7.34	3.07	1.02	3.00
内江市	Neijiang	13.09	2.54	3.39	8.80	12.45	7.93	2.79	0.30	1.36
乐山市	Leshan	20.00	0.76	3.96	9.71	9.49	5.29	1.57	0.38	2.25
南充市	Nanchong	30.30	3.11	5.62	6.22	22.40	11.59	5.36	1.07	4.26
眉山市	Meishan	26.44	4.58	13.98	7.22	14.70	5.84	2.03	2.27	4.46
宜宾市	Yibin	22.12	0.74	1.02	10.53	9.75	3.97	1.85	0.87	3.05
广安市	Guangan	15.78	1.90	9.65	4.73	11.01	7.00	2.38	0.73	0.87
达州市	Dazhou	21.29	1.85	12.44	8.02	21.74	12.46	3.61	1.58	3.88
雅安市	Yaan	6.01	0.41	1.32	4.20	4.98	2.42	0.68	0.52	1.34
巴中市	Bazhong	17.50	2.90	7.91	3.24	14.26	6.78	2.41	1.12	3.95
资阳市	Ziyang	28.52	1.63	4.83	7.98	9.08	5.43	1.93	0.08	1.63
阿坝藏族羌族自治州	Aba	2.77	0.76	0.51	2.10	1.21	0.55	0.33	0.05	0.26
甘孜藏族自治州	Ganzi	4.70	2.12	2.07	1.01	0.33	0.24	0.04	0.01	0.04
凉山彝族自治州	Liangshan	25.00	2.78	7.83	6.69	13.32	6.00	2.41	0.89	4.02

13-9 耕地面积和农作物总播种面积
Area under Cultivation and Total Sown Area of Farm Crops

单位：万公顷 (10 000 hectares)

年份 Year	耕地面积 Cultivated Area	水田 Paddy Fields	旱地 Dry Fields	农作物总播种面积 Total Sown Area	粮食作物播种面积 Sown Area of Grain Crops	#谷物 Cereal	#稻谷 Rice	#小麦 Wheat	#玉米 Corn
2006	391.66	207.94	183.72	953.08	644.90	475.80	204.91	123.46	128.98
2007	394.59	208.58	186.01	939.09	643.76	474.04	200.92	125.06	131.86
2008	395.95	208.17	187.79	943.00	642.20	475.25	201.36	122.74	131.81
2009	397.61	207.74	189.87	947.10	641.38	472.98	200.48	121.86	132.90
2010	401.07	209.58	191.49	947.30	640.13	471.68	198.52	120.45	134.92
2011	398.34	206.93	191.41	956.00	643.70	472.64	198.72	120.06	135.70
2012	399.15	206.41	192.73	964.32	646.54	472.62	197.73	118.96	136.46
2013	399.38	206.36	193.03	968.22	646.99	475.83	199.07	121.60	137.80

13-9续表 continued

单位：万公顷 (10 000 hectares)

年份 Year	#豆类 Soybeans	#薯类 Tubers	油料 Oil bearing Crops	#花生 Peanut	#油菜籽 Rapeseeds	棉花 Cotton	甘蔗 Sugarcane	麻类 Fiber Crops	烟叶 Tobacco	#烤烟 Fluecured Tobacco
2006	45.17	123.94	106.95	26.09	79.74	2.45	2.64	4.00	8.88	6.86
2007	46.79	122.93	106.61	25.78	79.73	2.16	2.56	3.98	7.75	5.72
2008	46.80	120.15	115.51	25.62	88.62	1.85	2.30	3.89	11.02	9.10
2009	46.06	122.34	120.53	25.63	93.66	1.62	1.99	3.78	12.15	10.23
2010	45.34	123.11	121.89	25.93	94.72	1.62	1.95	3.56	10.81	8.82
2011	46.46	124.61	123.28	25.86	96.42	1.60	1.67	3.38	11.71	9.84
2012	49.87	124.05	124.76	25.83	98.14	1.46	1.48	3.16	12.20	10.40
2013	47.13	124.03	126.55	25.99	99.80	1.38	1.40	3.10	12.00	10.31

13-10 各市(州)耕地面积和有效灌溉面积(2013年)
Area under Cultivation and Effective Irrigation by Region(2013)

单位：千公顷 (1000 hectares)

市(州)	Region	年末实有耕地面积 Cultivated Area (year-end)	水田 Paddy Fields	旱地 Dry Fields	年内减少耕地面积 Decrease in Cultivated Area	#国家基建占地 Capital Construction	有效灌溉面积 Effective Irrigated Areas
全 省	**Sichuan**	**3993.83**	**2063.58**	**1930.25**	**13.51**	**7.47**	**2616.54**
成都市	Chengdu	321.54	241.13	80.41	2.95	2.27	311.01
自贡市	Zigong	138.36	86.28	52.09	0.20	0.19	88.32
攀枝花市	Panzhihua	41.36	16.35	25.01	0.18	0.06	31.40
泸州市	Luzhou	210.77	147.85	62.92	0.35	0.23	132.34
德阳市	Deyang	184.62	121.40	63.22	0.65	0.27	145.41
绵阳市	Mianyang	282.09	128.25	153.84	0.70	0.36	212.68
广元市	Guangyuan	168.77	72.49	96.28	0.27	0.21	84.58
遂宁市	Suining	154.08	56.88	97.21	0.50	0.43	116.42
内江市	Neijiang	164.52	86.57	77.95	0.17	0.11	119.87
乐山市	Leshan	149.67	87.41	62.27	0.47	0.25	127.94
南充市	Nanchong	302.35	146.04	156.31	0.99	0.49	187.36
眉山市	Meishan	170.56	117.16	53.40	0.47	0.31	161.37
宜宾市	Yibin	242.44	149.14	93.30	0.81	0.58	160.22
广安市	Guangan	173.20	123.61	49.59	1.90	0.20	88.11
达州市	Dazhou	306.19	176.82	129.37	0.42	0.30	147.98
雅安市	Yaan	56.09	27.23	28.87	0.68	0.09	52.00
巴中市	Bazhong	152.55	95.36	57.19	0.31	0.20	83.36
资阳市	Ziyang	268.80	104.03	164.77	0.73	0.63	171.89
阿坝藏族羌族自治州	Aba	60.39	0.01	60.38	0.08	0.04	15.23
甘孜藏族自治州	Ganzi	89.63	0.69	88.93	0.02	0.02	20.17
凉山彝族自治州	Liangshan	355.84	78.89	276.95	0.67	0.25	158.88

13-11 主要农产品产量
Output of Major Farm Products

单位：万吨 (10 000 tons)

年份 Year	粮食 Grain Crops	#谷物 Cereal	#稻谷 Rice	#小麦 Wheat	#玉米 Corn
2006	2859.8	2371.1	1337.2	426.7	551.7
2007	3026.9	2514.5	1420.0	432.2	601.5
2008	3140.3	2607.1	1498.0	413.5	634.7
2009	3194.7	2631.2	1520.2	410.3	640.9
2010	3223.5	2652.7	1512.4	413.3	666.5
2011	3292.3	2717.8	1527.4	421.9	698.5
2012	3315.7	2723.0	1536.1	421.0	698.4
2013	3387.1	2815.3	1549.5	421.3	762.4

13-11续表1 continued

单位：万吨 (10 000 tons)

年份 Year	#豆类 Soybeans	#薯类 Tubers	油料 Oil bearing Crops	#花生 Peanut	#油菜籽 Rapeseeds	棉花 Cotton
2006	91.6	397.1	217.27	47.10	168.95	1.57
2007	99.7	412.7	228.47	55.08	172.11	1.67
2008	104.6	428.6	249.94	59.00	189.42	1.55
2009	101.0	462.5	261.76	60.10	199.91	1.49
2010	100.0	470.8	268.52	61.53	205.21	1.42
2011	100.9	473.6	278.45	62.75	214.37	1.46
2012	109.0	483.7	286.56	63.41	222.09	1.33
2013	92.1	479.7	290.44	65.39	224.04	1.31

13-11续表2 continued

单位：万吨 (10 000 tons)

年份 Year	甘蔗 Sugarcane	麻类 Fiber Crops	烟叶 Tobacco	#烤烟 Fluecured Tobacco	蚕茧产量 Yield of Silkworm Cocoons	茶叶产量 Yield of Tea
2006	124.61	6.58	20.01	15.39	9.83	11.29
2007	126.98	6.90	16.91	12.13	10.87	13.03
2008	116.28	6.80	22.84	18.20	10.55	13.93
2009	93.92	6.58	25.96	21.04	10.70	15.47
2010	93.40	6.41	24.53	19.42	11.08	16.93
2011	76.67	6.10	24.93	20.04	11.22	18.62
2012	61.34	5.74	27.45	22.71	11.35	20.92
2013	56.94	5.61	25.07	20.56	11.29	21.95

13-11续表3 continued

单位：万吨 (10 000 tons)

年份 Year	园林水果 Garden Fruits	苹果 Yield of Apples	柑桔 Yield of Citrus	梨 Yield of Pears	其他 Yield of Other Fruits	水产品 Output of Aquatic Products
2006	423.81	24.80	205.78	74.60	118.63	108.26
2007	474.45	29.70	232.48	81.98	130.30	121.24
2008	517.02	38.90	257.57	82.13	138.41	130.34
2009	568.33	40.89	277.35	84.52	165.56	100.13
2010	599.57	42.93	292.94	87.34	176.36	105.06
2011	642.95	44.68	316.40	90.34	191.54	112.15
2012	684.93	47.74	337.75	93.96	205.48	118.91
2013	718.73	51.87	343.62	96.29	226.95	126.06

13-12 各市(州)粮食播种面积和产量
Sown Area and Output of Grain by Region

面积单位：千公顷 (1 000 hectares)

产量单位：万吨 (10 000 tons)

市(州)	Region	2006		2007		2008	
		播种面积 Sown Area	产量 Yield	播种面积 Sown Area	产量 Yield	播种面积 Sown Area	产量 Yield
全　省	**Sichuan**	**6449.0**	**2859.8**	**6437.6**	**3026.9**	**6422.0**	**3140.3**
成都市	Chengdu	467.4	253.5	463.0	261.9	459.6	267.9
自贡市	Zigong	201.4	107.8	208.4	109.8	208.6	116.1
攀枝花市	Panzhihua	36.9	19.7	38.8	20.2	37.9	20.7
泸州市	Luzhou	345.9	167.8	352.3	175.2	352.8	181.8
德阳市	Deyang	307.5	166.8	297.1	174.0	295.4	175.2
绵阳市	Mianyang	404.1	183.9	410.7	198.1	409.1	200.4
广元市	Guangyuan	247.8	115.3	253.8	119.5	251.9	121.8
遂宁市	Suining	325.5	124.3	295.7	135.6	294.9	142.9
内江市	Neijiang	290.3	122.4	298.5	129.2	299.7	137.5
乐山市	Leshan	229.3	89.7	227.6	96.1	227.2	99.6
南充市	Nanchong	582.4	248.5	549.1	273.5	545.3	283.6
眉山市	Meishan	285.9	143.2	293.0	148.5	291.5	153.3
宜宾市	Yibin	378.9	191.5	387.2	195.4	387.9	201.9
广安市	Guangan	321.8	143.8	328.3	161.2	330.9	171.1
达州市	Dazhou	533.0	225.8	531.7	245.0	527.3	257.7
雅安市	Yaan	115.5	48.8	118.7	50.1	116.7	47.2
巴中市	Bazhong	307.3	132.9	301.9	139.7	304.8	147.2
资阳市	Ziyang	537.2	184.1	518.3	190.1	518.8	203.5
阿坝藏族羌族自治州	Aba	51.6	12.8	52.7	15.1	52.5	13.4
甘孜藏族自治州	Ganzi	64.6	14.6	65.2	15.6	64.7	16.9
凉山彝族自治州	Liangshan	414.6	162.6	445.6	173.1	444.7	180.5

13-12 续表 continued

面积单位：千公顷 (1 000 hectares)
产量单位：万吨 (10 000 tons)

市(州)	Region	2009		2010		2011		2012	
		播种面积 Sown Area	产量 Yield	播种面积 Sown Area	产量 Yield	播种面积 Sown Area	产量 Yield	播种面积 Sown Area	产量 Yield
全 省	**Sichuan**	**6413.8**	**3194.7**	**6401.3**	**3223.5**	**6437.0**	**3292.3**	**6465.4**	**3315.7**
成都市	Chengdu	456.3	270.8	448.0	265.5	426.8	259.9	409.4	250.0
自贡市	Zigong	209.3	117.0	209.7	118.8	213.0	119.0	215.0	122.1
攀枝花市	Panzhihua	37.5	20.8	38.5	20.7	39.0	21.2	39.6	21.3
泸州市	Luzhou	352.1	184.7	353.4	186.8	356.8	186.6	362.9	191.8
德阳市	Deyang	295.1	179.3	292.6	179.9	293.6	184.9	294.9	186.2
绵阳市	Mianyang	409.3	204.8	406.3	206.7	409.7	213.9	412.0	215.2
广元市	Guangyuan	251.1	125.0	250.4	126.7	253.9	130.3	256.2	132.1
遂宁市	Suining	293.9	144.6	292.5	146.3	295.0	151.0	297.3	152.3
内江市	Neijiang	299.4	138.5	299.9	141.2	303.4	144.8	305.6	146.4
乐山市	Leshan	228.5	101.5	228.9	102.9	226.8	105.1	228.1	105.7
南充市	Nanchong	546.5	288.6	545.0	292.7	552.5	299.2	559.5	301.7
眉山市	Meishan	291.4	155.5	291.2	156.5	293.2	161.2	294.5	162.5
宜宾市	Yibin	384.4	204.0	383.3	206.2	388.0	208.7	388.0	210.7
广安市	Guangan	330.7	174.0	330.4	176.4	333.7	180.4	336.0	182.0
达州市	Dazhou	527.3	262.3	527.0	263.8	534.6	272.4	538.3	274.3
雅安市	Yaan	114.6	48.0	112.2	45.4	113.0	46.6	113.1	46.6
巴中市	Bazhong	306.7	153.0	307.7	156.4	311.8	162.4	314.6	164.1
资阳市	Ziyang	515.4	204.8	510.0	207.6	508.8	212.2	511.4	214.3
阿坝藏族羌族自治州	Aba	52.4	14.6	51.2	14.9	51.6	15.4	52.4	15.6
甘孜藏族自治州	Ganzi	65.1	17.2	67.8	18.3	68.9	20.0	69.9	21.3
凉山彝族自治州	Liangshan	446.6	185.7	455.3	189.8	462.8	197.0	466.7	199.3

13-13 各市(州)经济作物播种面积和产量(2013年)
Economic Crops Sown Area and Output By Region(2013)

面积单位：公顷 (hectares)
产量单位：吨 (tons)

市(州)	Region	棉花 Cotton		油料 Oil bearing Crops		#花生 Peanut		#油菜籽 Rapeseeds		麻类 Fiber Crops	
		播种面积 Sown Area	产量 Yield	播种面积 Sown Area	产量 Yield	播种面积 Sown Area	产量 Yield	播种面积 Sown Area	产量 Yield	播种面积 Sown Area	产量 Yield
全　省	**Sichuan**	**13848**	**13050**	**1265476**	**2904439**	**259853**	**653859**	**997960**	**2240360**	**31049**	**56102**
成都市	Chengdu	3	8	110351	267534	8461	26728	101846	240700		
自贡市	Zigong			26369	53915	7855	18309	18487	35536	147	469
攀枝花市	Panzhihua			2410	3550	750	1084	1654	2454		
泸州市	Luzhou			23898	42686	2782	5979	20821	36448	24	13
德阳市	Deyang	241	186	73498	196797	10642	31055	62825	165690		
绵阳市	Mianyang	542	530	138241	338338	28197	88542	109739	249448	340	482
广元市	Guangyuan			77069	200949	20463	78280	56432	122329	1	3
遂宁市	Suining	9407	9116	56557	149027	14654	37455	41497	111128	3	5
内江市	Neijiang			50343	101354	15053	28911	35286	72441	50	47
乐山市	Leshan	3	3	43594	70350	3787	7959	39755	62349	3	1
南充市	Nanchong	2015	1419	145986	369328	59837	133617	84972	234210	349	638
眉山市	Meishan	833	875	54990	110357	6505	15848	48371	94314		
宜宾市	Yibin			49594	95179	15490	36138	33888	58785	69	114
广安市	Guangan			63985	130940	12809	31293	51063	99513	243	514
达州市	Dazhou			126439	310349	20179	43076	104927	265227	29435	53465
雅安市	Yaan			20183	34742	528	1480	19258	32644	3	8
巴中市	Bazhong			68660	134043	6795	14802	60894	118260	253	170
资阳市	Ziyang	803	913	100638	233168	23310	49657	77305	183498	20	52
阿坝藏族羌族自治州	Aba			3893	5261			3714	4990	1	1
甘孜藏族自治州	Ganzi	1		5341	11732	53	125	5266	11571	6	9
凉山彝族自治州	Liangshan			23437	44840	1703	3521	19960	38825	102	111

13-13续表1 continued

面积单位：公顷 (hectares)
产量单位：吨 (tons)

市(州)	Region	糖 料 Sugar Crops 播种面积 Sown Area	产量 Yield	#甘 蔗 Sugarcane 播种面积 Sown Area	产量 Yield	烟叶(未加工烟草) Tobacco(unmanufactured) 播种面积 Sown Area	产量 Yield	中草药材 Medicinal Herbs 播种面积 Sown Area	产量 Yield
全 省	**Sichuan**	**14101**	**571315**	**14012**	**569424**	**119953**	**250735**	**104062**	**403841**
成都市	Chengdu	176	7685	176	7685	327	1043	11604	57347
自贡市	Zigong	1027	31128	1027	31128			920	4990
攀枝花市	Panzhihua	748	88687	748	88687	9458	19343	570	1350
泸州市	Luzhou	1626	70724	1626	70724	15742	20278	2487	15086
德阳市	Deyang	229	9740	229	9740	3222	11983	10277	35764
绵阳市	Mianyang	304	12906	304	12906	10	18	7072	24117
广元市	Guangyuan	72	926	72	926	6031	11331	7716	40239
遂宁市	Suining	53	2128	53	2128	32	76	2501	11897
内江市	Neijiang	1173	45163	1173	45163	5	12	527	939
乐山市	Leshan	782	29229	782	29229	813	1363	11584	46251
南充市	Nanchong	1250	26028	1250	26028	650	2493	11275	43680
眉山市	Meishan	678	26127	678	26127	446	958	2584	10183
宜宾市	Yibin	1679	46375	1679	46375	10590	20548	2661	5840
广安市	Guangan	1037	26370	1037	26370	1019	2774	2487	7232
达州市	Dazhou	738	18589	738	18589	5245	11346	10811	31366
雅安市	Yaan	7	184	7	184	478	1284	6123	24106
巴中市	Bazhong	863	20529	863	20529	1747	4756	5918	18466
资阳市	Ziyang	587	18939	587	18939	200	283	3103	12069
阿坝藏族羌族自治州	Aba	89	1891			1	1	2254	4291
甘孜藏族自治州	Ganzi					3	3	169	334
凉山彝族自治州	Liangshan	983	87967	983	87967	63934	140842	1419	8294

13-13续表2 continued

产量单位：吨 (tons)

市(州)	Region	蚕茧产量 Yield of Silkworm Cocoons	茶叶产量 Yield of Tea	园林水果产量 Yield of Graden Fruits	苹果 Yield of Apples	柑桔 Yield of Citrus	梨 Yield of Pears	其他 Yield of Other Fruits	水产品产量 Output of Aquatic Products
全　省	**Sichuan**	**112919**	**219536**	**7187296**	**518661**	**3436160**	**962939**	**2269536**	**1260578**
成都市	Chengdu	4421	17949	1067760	4436	441583	134320	487421	90507
自贡市	Zigong	2493	9919	220317		193179	14984	12154	58900
攀枝花市	Panzhihua	3235	108	170297	210	5835	15547	148705	19000
泸州市	Luzhou	2419	8636	151070	1902	70584	13517	65067	69020
德阳市	Deyang	4388	590	171207	4818	63098	50044	53247	53120
绵阳市	Mianyang	11297	3260	212323	2672	100818	32012	76821	98012
广元市	Guangyuan	3664	6024	340490	17837	80793	149131	92729	53000
遂宁市	Suining	577	188	59914	878	39579	12990	6467	45800
内江市	Neijiang	3267	1884	354834	133	265200	31055	58446	91274
乐山市	Leshan	1794	31188	148130	10	85927	9742	52451	79297
南充市	Nanchong	20135	17	530006	2365	405483	41681	80477	97910
眉山市	Meishan	4991	20262	810727	244	506425	68498	235560	98770
宜宾市	Yibin	14694	42884	479648	306	300522	91020	87800	81600
广安市	Guangan	3235	687	189883	57	153739	16991	19096	60220
达州市	Dazhou	320	8286	297455	3106	213678	25394	55277	85114
雅安市	Yaan	995	64431	260442	37794	36951	120096	65601	9600
巴中市	Bazhong	1012	2401	51658	4895	24835	10232	11696	59815
资阳市	Ziyang	5276		509721		423581	20872	65268	84000
阿坝藏族羌族自治州	Aba		49	120063	64778		14394	40891	145
甘孜藏族自治州	Ganzi	15	8	12239	7643	485	1278	2833	220
凉山彝族自治州	Liangshan	24691	765	1029112	364577	23865	89141	551529	25254

13-14 牲畜饲养情况
Number of Livestock

年 份 Year	生猪出栏头数 (万头) Slaughtered Fattened Hogs (10 000 heads)	猪年末头数 (万头) Hogs (year-end) (10 000 heads)	牛年末头数 (万头) Cattle and Buffaloes (10 000 heads)	羊年末只数 (万只) Sheep and Goats (year-end) (10 000 heads)	大牲畜年末头数 (万头) Large Animals (year-end) (10 000 heads)	#役畜 Draught Animal	#马 Horses
2006	6905.58	5100.24	985.67	1629.32	110.48	44.37	91.10
2007	6014.67	5300.13	986.39	1710.74	115.34	52.29	94.71
2008	6429.41	5328.03	964.31	1720.08	115.54	52.03	94.94
2009	6915.35	5123.10	968.16	1723.64	118.33	53.94	97.79
2010	7175.20	5162.70	968.58	1658.96	120.55	52.93	99.35
2011	7000.64	5101.73	988.62	1660.80	116.46	52.12	96.78
2012	7170.76	5132.43	940.23	1671.90	102.18	48.35	84.59
2013	7311.20	5012.12	947.10	1692.46	101.01	47.97	83.00

13-15 畜产品产量
Output of Livestock Products

年份 Year	肉类总产量 (万吨) Output of Meat (10 000 tons)	#猪肉 Pork	#牛肉 Beef	#羊肉 Mutton	#禽肉 Poultry	禽蛋产量 (万吨) Output of Poultry Eggs (10 000 tons)	奶类产量 (万吨) Output of Milk (10 000 tons)	#牛奶 Milk	蜂蜜产量 (吨) Output of Honey (ton)	绵羊毛产量 (吨) Output of Sheep Wool (ton)
2006	622.67	481.42	28.34	21.36	68.07	140.69	62.71	62.23	38863	6047
2007	565.39	407.76	28.63	23.88	78.82	145.21	65.70	65.19	42041	6446
2008	590.12	434.61	28.73	24.06	80.77	142.96	66.92	66.38	41923	6627
2009	630.89	472.54	28.93	24.32	81.49	143.98	69.00	68.51	45044	6949
2010	656.35	492.40	29.42	24.80	84.12	144.86	71.32	70.82	43048	7060
2011	650.83	484.69	28.90	23.91	86.73	145.04	72.38	71.93	45874	7152
2012	670.12	496.47	29.29	24.00	93.02	146.42	71.96	71.55	44792	6034
2013	689.99	510.24	30.79	24.52	96.13	145.47	70.53	70.04	45442	6106

13-16 各市(州)生猪出栏头数
Slaughtered Fattened Hogs by Region

单位：万头 (10 000 heads)

市(州)	Region	2006	2007	2008	2009	2010	2011	2012
全　省	**Sichuan**	**6905.58**	**6014.67**	**6429.41**	**6915.35**	**7175.20**	**7000.64**	**7170.76**
成都市	Chengdu	713.88	626.19	664.43	707.87	731.31	712.91	725.14
自贡市	Zigong	221.15	190.34	205.24	217.95	223.84	218.44	223.55
攀枝花市	Panzhihua	61.05	51.43	53.29	57.02	58.63	58.02	59.74
泸州市	Luzhou	337.19	302.89	327.96	349.56	359.90	350.40	358.30
德阳市	Deyang	386.33	321.76	310.26	332.57	342.43	335.03	342.82
绵阳市	Mianyang	361.54	321.56	333.16	358.77	371.48	362.29	370.73
广元市	Guangyuan	360.50	327.60	315.50	343.30	352.60	346.70	360.70
遂宁市	Suining	332.70	296.40	331.30	356.10	368.80	360.20	368.20
内江市	Neijiang	287.31	254.75	280.64	300.53	310.51	301.41	309.04
乐山市	Leshan	343.22	284.89	304.95	323.33	335.05	325.22	332.93
南充市	Nanchong	561.29	479.08	523.91	591.63	608.62	594.71	608.80
眉山市	Meishan	267.32	233.94	258.82	281.11	290.54	283.44	290.45
宜宾市	Yibin	431.72	382.20	410.53	439.06	453.17	440.35	450.30
广安市	Guangan	400.74	345.52	367.98	394.43	408.25	397.87	408.49
达州市	Dazhou	492.21	416.37	440.03	466.86	481.06	467.41	477.96
雅安市	Yaan	115.90	97.92	108.85	115.83	119.96	117.19	119.96
巴中市	Bazhong	353.94	305.32	331.30	353.78	365.25	355.58	364.07
资阳市	Ziyang	436.58	381.69	413.77	445.16	463.29	453.00	463.10
阿坝藏族羌族自治州	Aba	28.93	24.71	25.57	28.18	29.17	30.46	33.14
甘孜藏族自治州	Ganzi	19.20	16.60	17.20	18.40	20.10	21.00	22.30
凉山彝族自治州	Liangshan	392.90	353.49	404.70	433.90	481.22	469.01	481.04

13-17 林产品产量及造林面积
Output of Major Forest Products and Area under Afforestation

年份 Year	林产品产量（吨） Output of Major Forest Products (ton)					造林面积（万公顷） Area under Afforestation (10 000 hectares)	#退耕造林面积 Woodland Restored from Cultivated Land
	生漆 Lacquer	油桐籽 Tung-oil Seeds	油茶籽 Tea-oil Seeds	核桃 Walnuts	竹笋干 Bamboo Shoots		
1952	85	94011	5643	2933	279	2.13	
1957	128	80337	15276	8703	604	10.18	
1962	43	36729	2793	3075	2046	12.72	
1965	114	47777	2223	1750	604	11.57	
1970	175	57101	1141	4162	976	15.41	
1975	132	63946	3288	5474	1022	21.59	
1978	160	114035	8439	9060	906	20.05	
1980	313	61994	5282	9468	1119	20.29	
1985	127	53921	2242	7222	1437	47.44	
1990	507	49580	1878	15655	2946	26.50	
1991	301	53539	1800	12736	3574	27.00	
1992	300	61264	1960	13740	3236	27.40	
1993	327	67628	1854	16284	3591	26.30	
1994	565	70442	3049	21928	4563	25.10	
1995	302	60726	4047	22928	5378	25.00	
1996	377	54743	2922	24819	6146	25.60	
1997	472	41498	3903	22059	5593	28.15	
1998	549	40544	6479	28711	6100	38.51	
1999	1274	39626	4273	23842	7886	40.46	14.01
2000	826	46534	4372	32095	8914	48.91	8.04
2001	611	37149	4278	32744	9925	51.66	11.32
2002	1091	53152	10228	70534	23722	69.46	21.81
2003	1319	50299	11854	77004	28250	72.32	27.93
2004	1091	39276	4037	56731	40696	37.01	3.06
2005	725	30314	2464	59272	62190	24.19	7.33
2006	1335	36748	3578	61112	48895	10.49	1.23
2007	909	31352	10272	76721	40434	33.23	0.43
2008	841	28277	3358	91170	62826	57.46	
2009	819	24236	3426	123683	51349	48.78	
2010	675	22041	4360	126109	78952	38.22	
2011	663	23923	4649	176710	128841	25.19	
2012	546	17281	4180	211944	42292	11.22	
2013	583	15276	5361	245876	87855	12.62	

13-18 受灾面积和成灾面积
Area Covered and Affected by Natural Disaster

单位:万公顷 (10 000 hectares)

年 份 Year	受灾面积 Area Covered by Natural Disaster	成灾面积 Area Affected by Natural Disaster	水 灾 Flood		旱 灾 Drought	
			受灾面积 Area Covered	成灾面积 Area Affected	受灾面积 Area Covered	成灾面积 Area Affected
1952	53.8	30.1	7.6	4.2	46.2	25.9
1957	28.8	16.3	2.6	1.5	25.0	14.2
1962	193.6	109.9	22.0	10.2	157.1	94.2
1965	80.6	45.5	11.1	6.3	55.9	37.9
1975	110.0	62.1	13.8	7.5	92.7	51.4
1978	302.7	273.5	7.0	4.0	273.4	185.8
1980	201.5	112.9	51.8	26.9	83.0	42.3
1985	299.3	168.2	30.5	18.4	137.5	83.3
1990	322.8	169.4	63.7	33.0	181.5	93.2
1991	320.2	166.5	90.1	50.3	124.8	65.7
1992	343.2	185.5	73.3	39.9	131.8	84.4
1993	412.6	247.2	82.0	42.7	224.3	142.9
1994	437.4	302.6	19.2	11.8	336.7	243.5
1995	288.1	185.7	89.3	51.7	163.0	92.8
1996	393.2	221.9	56.3	31.8	174.3	103.5
1997	311.5	174.9	47.2	22.3	194.9	117.5
1998	316.3	172.7	141.6	81.9	141.6	71.2
1999	297.3	163.3	81.6	45.3	117.2	63.7
2000	432.0	251.3	82.3	42.2	309.3	186.0
2001	444.9	299.9	93.5	59.0	325.4	224.5
2002	241.9	135.3	92.8	59.8	90.3	44.7
2003	259.2	203.2	94.2	78.6	124.1	95.8
2004	149.0	22.9	70.1	70.0	30.4	4.0
2005	294.3	119.8	87.6	46.4	31.7	15.7
2006	156.6	21.6	79.2	10.1	40.2	2.6
2007	260.1	22.0	89.8	11.0	138.1	8.2
2008	141.2	6.7	20.6	1.6	10.7	0.3
2009	245.9	46.9	110.5	20.3	128.8	26.4
2010	232.4	85.1	150.8	42.3	62.8	38.4
2011	206.3	112.1	72.4	37.8	98.7	56.3
2012	201.2	119.3	113.4	58.9	97.5	63.2
2013	244.2	125.8	88.2	51.2	135.4	63.1

注：2004年以后成灾面积实际为绝收面积.

a) The data of area affected is actually the date of area affected absolutely in 2004.

13-19 农垦系统国营农场基本情况
Basic Statistics on State Farms of Land Reclamation

指 标	Item	2008	2009	2010	2011	2012	2013
农垦企业个数 (个)	Number of State Farms of Land Reclamation (unit)	50	49	48	47	46	43
#农场	Number of Agricultural Farms	44	40	40	39	38	36
年末职工人数 (人)	Number of Staff and Workers (year-end) (person)	4068	3558	3496	7372	7642	7346
年末耕地面积 (亩)	Cultivated Area(year-end) (mu)	32775	37597	12735	12881	13487	13487
#当年开荒面积 (亩)	Newly Reclaimed Wasteland in the Year (mu)						
工农业总产值(当年价) (万元)	Gross Industrial and Agricultural Output Value (current price) (10 000 yuan)	34856	37218	43561	40576	29427	33430
粮食产量 (吨)	Yield of Grain (ton)	835	1817	7640	3957	4451	4310
猪出栏头数 (头)	Number of Slaughtered Fattened Hogs (head)	6896	4952	7300	6259	7058	7172
猪年末头数 (头)	Number of Hogs (year-end) (head)	7287	6621	5700	5512	13944	14160
猪肉产量 (吨)	Output of Pork (ton)	609	452	605	644	592	538
牛年末头数 (万头)	Number of Cattle and Buffalos (year-end) (10 000 heads)	11	11	7	7	7	7
羊年末只数 (万只)	Number of Sheep and Goats (year-end) (10 000 heads)	3	3	2	3	2	2
牛奶产量 (吨)	Output of Milk (ton)	6934	7344	8425	10271	11864	8906
羊毛产量 (吨)	Output of Wool (ton)	13	13	14	14	15	6
茶叶产量 (吨)	Output of Tea (ton)	671	640	785	852	898	994
水果产量 (吨)	Output of Fruits (ton)	2742	4017	3094	1765	1904	2087
大中型拖拉机拥有量 (台)	Large and Medium Agricultural Tractors (set)	15	10				
手扶拖拉机拥有量 (台)	Mini and Walking Agricultural Tractors (set)	4	2	6	6	8	7

主要统计指标解释

农林牧渔业总产值 指以货币表现的农、林、牧、渔业全部产品和对农林牧渔业生产活动进行的各种支持性服务活动的价值总量，它反映一定时期内农林牧渔业生产总规模和总成果。农林牧渔业总产值的计算方法通常是按农、林、牧、渔业产品及其副产品的产量分别乘以各自单位产品价格求得；少数生产周期较长，当年没有产品或产品产量不易统计的，则采用间接方法匡算其产值；然后将四业产品产值及农林牧渔服务业产值相加即为农林牧渔业总产值。

粮食产量 指农业生产经营者日历年度内生产的全部粮食数量。按收获季节包括夏收粮食、早稻和秋收粮食，按作物品种包括谷物、薯类和豆类。其产量计算方法：谷物一律按脱粒后的原粮计算，豆类按去豆荚后的干豆计算；薯类(包括甘薯和马铃薯，不包括芋头和木薯)1963 年以前按每 4 公斤鲜薯折 1 公斤粮食计算，从 1964 年开始改为按每 5 公斤鲜薯折 1 公斤粮食计算。城市郊区作为蔬菜的薯类(如马铃薯等)按鲜品计算，并且不作粮食统计。2006 年粮食产量为第二次全国农业普查国家统计局核定数据，2007 年及以后为国家统计局核定的抽样调查数据。

棉花产量 指全社会的产量。包括春播棉和夏播棉。产量按皮棉计算。不包括木棉。

油料产量 指全部油料作物的生产量。包括花生、油菜籽、芝麻、向日葵籽、胡麻籽(亚麻籽)和其他油料。不包括大豆、木本油料和野生油料。花生以带壳干花生计算。

水产品产量 指渔业（捕捞和养殖）生产活动的最终有效成果，包括全部海水和淡水鱼类、甲壳类（虾、蟹）、贝类、头足类、藻类和其他类渔业产品的最终产量。

猪、牛、羊肉产量 指当年出栏并已屠宰、除去头蹄下水后带骨肉(即胴体重)的重量。

期初(末)畜禽存栏头(只)数 指报告期初(末)农村各种合作经济组织和国营农场、农民个人、机关、团体、学校、工矿企业、部队等单位以及城镇居民饲养的大牲畜、猪、羊、家禽等畜禽的存栏数。

耕地 指种植农作物的土地，包括熟地，新开发、复垦、整理地，休闲地（含轮歇地、轮作地）；以种植农作物（含蔬菜）为主，间有零星果树、桑树或其他树木的土地；平均每年能保证收获一季的已垦滩地和海涂。耕地中包括南方宽度＜1.0 米，北方宽度＜2.0 米固定的沟、渠、路和地坎（埂）；临时种植药材、草皮、花卉、苗木等的耕地，以及其他临时改变用途的耕地。

农作物播种面积 指农业生产经营者应在日历年度内收获农作物在全部土地（耕地或非耕地）上的播种或移植面积。凡是本年内收获的农作物，无论是本年还是上年播种，都算为播种面积，但不包括本年播种，下年收获的农作物面积。

有效灌溉面积 指具有一定的水源，地块比较平整，灌溉工程或设备已经配套，在一般年景下能够进行正常灌溉的耕地面积。

农用化肥施用量 指本年内实际用于农业生产的化肥数量，包括氮肥、磷肥、钾肥和复合肥。化肥施用量要求按折纯量计算数量。折纯量是指把氮肥、磷肥、钾肥分别按含氮、含五氧化二磷、含氧化钾的百分之百成份进行折算后的数量。复合肥按其所含主要成分折算。

农业机械总动力 指全部农业机械动力的额定功率之和。农业机械是指用于种植业、畜牧业、渔业、农产品初加工、农用运输和农田基本建设等活动的机械及设备。农机总动力按使用能源不同分为以下四部分：

柴油发动机动力：指全部柴油发动机额定功率之和；

汽油发动机动力：指全部汽油发动机额定功率之和；

电动机动力：指全部电动机（含潜水电泵的电动机）额定功率之和；

其他机械动力：指采用柴油、汽油、电力之外的其他能源，如水力、风力、煤炭、太阳能等动力机械功率之和。

Explanatory Notes on Main Statistical Indicators

Gross Output Value of Farming, Forestry, Animal Husbandry and Fishery refers to the total value of products of agriculture, forestry, animal husbandry and fishery, and total value of services in support of agriculture, forestry, animal husbandry and fishery activities. It reflects the total scale and total result of agricultural production during a given period. Gross output value of agriculture is obtained by first multiplying the output of each product or by product by its price, resulting in the output value of each single item. For a small number of products, annual output of which is not available or difficult to get due to the long production or growing process involved, the output value is estimated through an indirect approach. The sum of output values of all products of agriculture, forestry, animal husbandry and fishery and services in support to those industries is then equal to the gross output value of agriculture.

Grain Output refers to the total output of grains produced by agricultural producers within a calendar year. It includes summer grain, early rice and autumn grain if classified by harvest seasons; it covers cereal, tubers and beans if classified by type of crops. Output of cereal should be limited to husked grain only. Output of beans refers to dry beans without pods. The output of tubers (sweet potatoes and potatoes, not including taros and cassava) are converted into that of grain at the ratio 4:1, i.e. 4 kilograms of fresh tubers were equivalent to 1 kilogram of grain up to 1963. Since 1964 the ratio for conversion has been 5:1. Tubers supplied as vegetables (such as potatoes) in cities and suburbs are calculated as fresh vegetables and their output is not included in the output of grain. Data of grain output in 2006 are approved by National Bureau of Statistics in the second national agricultural census, in 2007 and later approved by the National Bureau of Statistics in survey data.

Cotton Output refers to the cotton production in the whole country including cotton sown in spring and in autumn. Output is measured as the weight of ginned cotton, excluding ceiba.

Yield of Oil-bearing Crops refers to the total yield of oil bearing crops of various kinds, including peanuts, (dry, in shell) rape seeds, sesame, sunflower seeds, flax seeds, and other oil bearing crops. Soybeans, oil-bearing woody plants, and wild oil-bearing crops are not included.

Output of Aquatic Products refers to final output actually yielded from fishing production (fishery and breeding), including all output of marine and freshwater fish, crustaceans (shrimps, crabs), shellfish, cephalopod, seaweed and other fishery products.

Output of Pork, Beef, and Mutton refers to the meat of slaughtered hogs, cattle, sheep and goats with head, feet, and offal taken away.

Number of Livestock or Poultry in Stock at Beginning (or End) refers to the total number of large animals, pigs, sheep, fowls, etc. raised by rural cooperative organizations, state farms, rural individuals, government agencies, schools, industrial and mining enterprises, army, and urban residents at the beginning (or end) of the reference period.

Arable Land refers to the area of land mainly for the regular cultivation of farm crops (including vegetables), with some fruit trees, mulberry trees and others, covers cultivated land, newly-developed land, reclaimed land, consolidated land, fallow, beach land that can guarantee one harvest per year on average. It also covers fixed ditch, canal, road and sill (ridge) with width less than 1 meter in the South and 2 meters in the North, lands planted temporarily with herbs, grass, flowers and nursery stocks, and other cultivated land with temporary change of use.

Sown Area of Crops refers to area of all land (cultivated or non-cultivated area) sown or transplanted with crops that are harvested within the calendar year by agricultural producers. All crops harvested within the year are counted as sown area, regardless of being sown in this year or the previous year. Crops sown this year but will be harvested in the coming year are excluded.

Irrigated Area refers to areas that are effectively irrigated, i.e. level land, which has water source and complete sets of irrigation facilities to lift and move adequate water for irrigation purpose under normal conditions.

Consumption of Chemical Fertilizers in Agriculture refers to the quantity of chemical fertilizers applied in agriculture in the year, including nitrogenous fertilizer, phosphate fertilizer, potash fertilizer, and compound fertilizer. The consumption of chemical fertilizers is required in calculation to convert the gross weight into weight containing 100% effective component (e.g. 100% nitrogen content in nitrogenous fertilizer, 100% phosphorous pent oxide contents in phosphate fertilizer, 100% potassium oxide contents in potash fertilizer). Compound fertilizer is converted with its major component.

Total Power of Farm Machinery refers to the total rated capacity of all agricultural machinery. Agricultural machinery refers to the machineries and equipment which are used for activities of planting, animal husbandry, fishery, primary processing of agricultural products, agricultural transport and infrastructure construction of farmland. Total power of agricultural machinery is grouped into four parts according to the energy used:

Diesel engine power refers to the total rated capacity of all diesel engines.

Gasoline engine power refers to the total rated capacity of all gasoline engines.

Motor power refers to the total rated capacity of all motors (include submersible pump motors).

Other mechanical powers refer to the total mechanical capacity of the sources of energy besides diesel, gasoline and motor power, such as hydro power, wind power, coal and solar energy.

14

工业

INDUSTRY

14-1 规模以上工业企业主要指标(2013年)
Main Indicators of Industrial Enterprises above Designated Size(2013)

分 类	Item	企业单位数(个) Number of Enterprises	总产值(当年价)(亿元) Gross Output Value (at current prices) (100 million yuan)	资产总计(亿元) Total Assets (100 million yuan)	主营业务收入(亿元) Revenue From Principal Business (100 million yuan)	利润总额(亿元) Total Profits (100 million yuan)	全部从业人员年平均人数(万人) Annual Average Number of Employed Persons (10 000 persons)
总 计	**Total**	**12998**	**35328.55**	**36239.56**	**35686.14**	**2328.99**	**385.05**
按轻重工业分	**Grouped by Light &Heavy Industries**						
轻工业	Light Industry	4687	11645.15	7933.07	11442.96	889.27	132.11
重工业	Heavy Industry	8311	23683.40	28306.49	24243.18	1439.71	252.93
按企业规模分	**Grouped by Size of Enterprises**						
大型企业	Large-sized Enterprises	374	13406.26	17581.23	14170.56	951.62	143.79
中型企业	Medium-sized Enterprises	2261	9464.98	8462.84	9336.13	616.09	123.37
小型企业	Small-sized Enterprises	10363	12457.31	10195.50	12179.44	761.27	117.88
按登记注册类型分	**Grouped by Status of Registration**						
内资企业	Domestic Funded Enterprises	12412	30427.82	31900.89	30787.68	1839.11	347.35
国有企业	State-owned Enterprises	163	1751.22	3828.69	1859.38	54.78	25.33
集体企业	Collective Owned Enterprises	136	148.65	51.66	145.76	8.85	2.45
股份合作企业	Cooperative Share-holding Enterprises	73	92.10	44.41	89.68	5.46	1.39
联营企业	Joint-owned Enterprises	11	10.75	6.33	12.68	0.82	0.21
有限责任公司	Companies Limited with Liabilities	4203	13061.59	17019.66	13293.14	732.54	146.31
国有独资企业	Exclusively State-owned Enterprises	127	1429.46	1902.18	1525.47	61.43	14.48
其他有限责任公司	Other limited-liability Companies	4076	11632.13	15117.47	11767.67	671.12	131.83
股份有限公司	Shares Holding limited Companies	592	2717.41	4188.18	2970.96	184.58	32.93
私营企业	Private Enterprises	7116	12442.43	6675.35	12216.63	837.81	136.37
私营独资企业	Exclusively Private Enterprises	809	984.31	381.64	965.20	69.57	13.29
私营合伙企业	Private Partnership Enterprises	208	211.71	85.33	209.75	14.97	3.67
私营有限责任公司	Private Limited Enterprises	5696	10248.98	5465.71	10077.93	663.78	107.85
私营股份有限公司	Private Share Holding Limited	403	997.43	742.67	963.75	89.50	11.56
其他企业	Other Enterprises	118	203.68	86.61	199.46	14.26	2.36
港、澳、台商投资企业	Enterprises Funded by Hongkong, Macao and Taiwan	203	2149.31	1913.92	2159.09	216.67	20.18
合资经营企业(港或澳、台资)	Joint-ventures Enterprises	92	332.96	483.30	340.43	27.20	3.00
合作经营企业(港或澳、台资)	Cooperative Enterprises	2	12.78	20.78	12.18	0.35	0.10
港、澳、台商独资企业	Sole Funded Corporations	100	1789.04	1385.97	1792.01	187.83	16.80
港、澳、台商股份有限公司	Shares Holding limited Companies	9	14.52	23.86	14.46	1.29	0.28
外商投资企业	Foreign-funded Enterprises	381	2745.71	2414.47	2733.13	272.57	17.40
中外合资经营企业	Sino-foreign Joint Ventures	212	1440.73	1235.93	1461.39	170.75	8.08
中外合作经营企业	Sino-foreign Cooperative Enterprises	8	7.33	7.55	7.26	0.90	0.15
外资企业	Exclusively Foreign-funded Enterprises	145	913.91	747.33	887.89	66.85	7.98
外商投资股份有限公司	Foreign-funded Shares Holding limited Companies	14	382.88	422.32	375.68	34.07	1.18

14-2 按行业分规模以上工业企业主要指标(2013年)

单位：亿元

行　业	Sector	企业单位数（个）Number of Enterprise (unit)
总　计	**Total**	**12998**
煤炭开采和洗选业	Coal Mining and Dressing	777
石油和天然气开采业	Petroleum and Natural Gas Extraction	10
黑色金属矿采选业	Ferrous Metals Mining and Dressing	129
有色金属矿采选业	Nonferrous Metals Mining and Dressing	112
非金属矿采选业	Nonmetal Minerals Mining and Dressing	207
开采辅助活动	Mining Support Activities	5
其他采矿业	Other Mining and Dressing	2
农副食品加工业	Farm Byproducts Processing	1075
食品制造业	Food Production	410
酒、饮料和精制茶制造业	Wine,Beverage and Refined Tea Production	596
烟草制品业	Tobacco Processing	3
纺织业	Textile Industry	378
纺织服装、服饰业	Garments, Apparel Production	127
皮革、毛皮、羽毛及其制品和制鞋业	Leather, Furs, Down and RelatedProducts,Shoes Production	156
木材加工和木、竹、藤、棕、草制品业	Timber Processing, Bamboo, Cane, Palm Fiber and Straw Products	223
家具制造业	Furniture Manufacturing	244
造纸和纸制品业	Papermaking and Paper Products	288
印刷和记录媒介复制业	Printing and Record Medium Reproduction	195
文教、工美、体育和娱乐用品制造业	Cultural and Educational, Industrial Arts,Sports,Entertainment Products	42
石油加工、炼焦和核燃料加工业	Petroleum Processing, Coking and Nuclear Fuel Processing	57
化学原料和化学制品制造业	Raw Chemical Materials and Chemical Products	862
医药制造业	Medical and Pharmaceutical Products	379
化学纤维制造业	Chemical Fiber	22
橡胶和塑料制品业	Rubber and Plactics Products	499
非金属矿物制品业	Nonmetal Mineral Products	1509
黑色金属冶炼和压延加工业	Smelting and Pressing of Ferrous Metals	449
有色金属冶炼和压延加工业	Smelting and Pressing of Nonferrous Metals	191
金属制品业	Metal Products	541
通用设备制造业	Ordinary Machinery Manufacturing	798
专用设备制造业	For Special Purposes Equipment Manufacturing	550
汽车制造业	Automobile Manufacturing	417
铁路、船舶、航空航天和其他运输设备制造业	Railways, Shipbuilding, Aerospace and other Transportation Equipment Manufacturing Industry	140
电气机械和器材制造业	Electric Equipment and Machinery	518
计算机、通信和其他电子设备制造业	Telecommunication Equipment, Computer and Other Electronic Equipment	306
仪器仪表制造业	Instruments Machinery	64
其他制造业	Other Manufacture	36
废弃资源综合利用业	Reclaiming and Processing of Abandoned Resource and Waste Material	36
金属制品、机械和设备修理业	Metal Products,Machinery and Equipment Repair Industry	18
电力、热力生产和供应业	Production and Supply of Electric Power and Heat	396
燃气生产和供应业	Production and Supply of Gas	152
水的生产和供应业	Production and Supply of Tap Water	79

Main Indicators of Industrial Enterprises above Designated Size by Industrial Sector(2013)

(100 million yuan)

工业总产值 Gross Industrial Output Value	资产总计 Total Assets	流动资产合计 Circulating Funds	固定资产原价 Original Value of Fixed Assets	负债合计 Total Liabilities	流动负债合计 Liquid Liabilities
35328.55	**36239.56**	**14841.33**	**20574.50**	**22204.87**	**13935.65**
934.51	932.79	416.55	559.90	639.71	435.22
115.41	1617.06	147.35	677.95	814.12	501.85
539.52	497.62	256.12	137.88	320.66	264.16
338.06	312.30	135.13	134.80	174.23	149.92
351.33	245.05	101.94	112.33	140.48	92.11
327.84	482.24	326.34	218.29	247.95	246.42
1.83	1.44	0.31	1.26	0.91	0.32
2529.25	968.73	495.20	640.94	513.16	360.63
786.60	426.05	183.25	231.35	184.08	136.76
2477.69	2095.73	1370.93	728.01	935.96	791.91
259.30	142.22	87.17	79.40	70.61	68.14
838.06	421.86	173.46	284.28	198.92	136.82
188.87	88.81	41.45	47.59	31.01	21.56
280.39	127.71	65.56	71.22	79.78	58.18
293.29	229.18	97.44	122.25	116.65	75.63
396.89	245.22	119.65	153.30	123.08	96.51
470.30	299.39	131.41	174.35	185.64	134.70
255.92	179.83	92.61	121.32	75.62	62.69
93.26	32.91	15.31	18.55	15.10	8.99
557.11	623.23	155.55	187.34	320.24	194.54
2322.69	2344.39	906.37	1402.20	1300.37	980.00
1009.22	879.46	529.87	373.44	421.36	304.62
166.99	160.14	78.27	95.88	126.18	110.10
766.34	428.62	226.75	252.32	222.75	175.54
2323.83	1898.01	799.94	1287.47	1063.25	788.93
2461.06	2444.88	1063.57	2013.91	1758.45	1274.47
763.60	549.91	294.17	235.92	394.64	331.58
912.54	650.32	390.13	258.21	370.21	310.86
1667.93	1516.68	1064.48	564.98	1013.91	922.30
1137.93	1195.34	753.56	514.63	788.20	633.46
1926.90	1451.64	820.88	614.71	825.60	663.07
508.67	554.53	326.86	249.04	304.79	278.10
1030.08	914.63	554.99	350.63	552.28	458.66
3643.12	3212.15	1524.35	1955.90	1829.60	1280.54
62.94	66.92	47.30	15.28	32.54	31.17
106.69	226.33	145.51	78.94	197.67	142.06
113.80	55.05	27.74	24.62	39.31	27.52
58.77	115.55	67.78	37.25	62.00	53.59
1992.10	6910.50	574.86	5205.56	5353.01	1122.71
226.04	264.07	116.14	124.72	142.46	108.63
91.85	431.11	115.12	216.59	218.40	100.66

14-2 续表

单位：亿元

行 业	Sector	所有者权益 Owner' Equity
总 计	**Total**	**13491.64**
煤炭开采和洗选业	Coal Mining and Dressing	287.72
石油和天然气开采业	Petroleum and Natural Gas Extraction	809.45
黑色金属矿采选业	Ferrous Metals Mining and Dressing	175.54
有色金属矿采选业	Nonferrous Metals Mining and Dressing	137.90
非金属矿采选业	Nonmetal Minerals Mining and Dressing	98.18
开采辅助活动	Mining Support Activities	234.29
其他采矿业	Other Mining and Dressing	0.54
农副食品加工业	Farm Byproducts Processing	449.56
食品制造业	Food Production	234.67
酒、饮料和精制茶制造业	Wine,Beverage and Refined Tea Production	1155.56
烟草制品业	Tobacco Processing	71.61
纺织业	Textile Industry	215.95
纺织服装、服饰业	Garments, Apparel Production	57.00
皮革、毛皮、羽毛及其制品和制鞋业	Leather, Furs, Down and RelatedProducts,Shoes Production	47.65
木材加工和木、竹、藤、棕、草制品业	Timber Processing, Bamboo, Cane, Palm Fiber and Straw Products	112.10
家具制造业	Furniture Manufacturing	117.52
造纸和纸制品业	Papermaking and Paper Products	108.64
印刷和记录媒介复制业	Printing and Record Medium Reproduction	102.78
文教、工美、体育和娱乐用品制造业	Cultural and Educational, Industrial Arts,Sports,Entertainment Products	17.43
石油加工、炼焦和核燃料加工业	Petroleum Processing, Coking and Nuclear Fuel Processing	299.61
化学原料和化学制品制造业	Raw Chemical Materials and Chemical Products	1030.66
医药制造业	Medical and Pharmaceutical Products	454.34
化学纤维制造业	Chemical Fiber	33.86
橡胶和塑料制品业	Rubber and Plactics Products	203.85
非金属矿物制品业	Nonmetal Mineral Products	801.36
黑色金属冶炼和压延加工业	Smelting and Pressing of Ferrous Metals	682.47
有色金属冶炼和压延加工业	Smelting and Pressing of Nonferrous Metals	152.36
金属制品业	Metal Products	276.54
通用设备制造业	Ordinary Machinery Manufacturing	493.56
专用设备制造业	For Special Purposes Equipment Manufacturing	401.43
汽车制造业	Automobile Manufacturing	612.43
铁路、船舶、航空航天和其他运输设备制造业	Railways, Shipbuilding, Aerospace and other Transportation Equipment Manufacturing Industry	250.44
电气机械和器材制造业	Electric Equipment and Machinery	354.97
计算机、通信和其他电子设备制造业	Telecommunication Equipment, Computer and Other Electronic Equipment	1279.41
仪器仪表制造业	Instruments Machinery	27.61
其他制造业	Other Manufacture	27.08
废弃资源综合利用业	Reclaiming and Processing of Abandoned Resource and Waste Material	15.74
金属制品、机械和设备修理业	Metal Products,Machinery and Equipment Repair Industry	53.55
电力、热力生产和供应业	Production and Supply of Electric Power and Heat	1273.18
燃气生产和供应业	Production and Supply of Gas	120.52
水的生产和供应业	Production and Supply of Tap Water	212.60

continued

(100 million yuan)

主营业务收入 Main Business Revenue	主营业务成本 Main Business Cost	主营业务税金及附加 Main Business Tax and Charges	利润总额 Total Profits	本年应交增值税 Value-added Tax Payable	全部从业人员年平均人数(万人) Annual Average Employed Persons (10 000 persons)
35686.14	**29660.84**	**594.44**	**2328.99**	**1359.69**	**385.05**
909.19	760.08	10.17	51.53	47.33	27.47
515.28	348.82	14.78	30.02	5.79	3.53
509.09	398.90	6.09	46.07	22.36	3.56
308.09	241.24	3.12	29.79	17.41	3.52
345.56	273.03	9.30	25.99	19.29	4.50
443.42	430.37	5.00	3.85	19.28	2.04
1.76	1.57	0.01	0.01	0.02	0.02
2494.06	2173.10	14.75	147.01	62.55	22.28
768.92	627.82	5.65	61.66	28.92	9.69
2439.22	1797.07	125.42	299.85	124.22	22.18
255.61	82.56	142.60	17.34	27.57	0.53
826.31	725.04	6.12	49.01	25.56	12.93
181.68	152.00	1.18	14.27	6.23	3.12
269.60	230.86	1.56	18.29	7.29	6.59
289.71	245.83	2.03	20.21	8.39	3.92
381.07	292.83	3.05	26.29	13.33	8.55
455.99	396.20	2.84	26.94	14.26	5.90
249.92	201.92	2.43	24.78	11.26	3.71
88.54	77.66	0.61	4.05	2.16	1.13
561.23	475.43	26.72	5.48	23.64	1.98
2250.78	1922.18	11.16	122.58	63.46	22.74
967.70	712.09	9.17	98.11	48.82	12.53
182.52	162.64	1.32	8.60	3.31	1.78
762.44	641.79	4.71	49.41	23.42	9.27
2268.54	1910.73	22.69	148.52	84.01	30.81
2661.31	2468.39	12.72	-16.72	60.81	21.87
763.40	712.85	1.66	25.38	15.37	4.71
900.78	766.09	6.73	57.81	29.78	9.99
1657.51	1360.51	11.82	106.53	64.38	17.25
1166.67	957.50	10.73	71.81	39.74	13.78
1896.46	1538.82	81.36	187.64	79.10	14.18
532.39	454.35	2.86	26.12	12.04	7.51
1006.31	841.98	6.40	52.50	33.27	11.66
3742.00	3212.81	9.88	241.03	167.80	30.94
61.51	47.22	0.35	4.83	2.72	0.88
96.86	82.74	0.78	5.59	1.77	1.23
107.38	90.64	0.77	6.68	3.58	1.01
56.49	42.58	0.37	3.71	1.68	0.99
1987.33	1559.31	11.98	179.28	124.42	20.59
230.56	181.83	2.37	29.15	8.47	2.24
92.94	61.46	1.17	18.01	4.88	1.96

14-3 按行业分国有控股工业企业主要指标(2013年)

单位：亿元

行 业	Sector	企业单位数(个) Number of Enterprise (unit)
总 计	**Total**	**914**
煤炭开采和洗选业	Coal Mining and Dressing	19
石油和天然气开采业	Petroleum and Natural Gas Extraction	10
黑色金属矿采选业	Ferrous Metals Mining and Dressing	10
有色金属矿采选业	Nonferrous Metals Mining and Dressing	19
非金属矿采选业	Nonmetal Minerals Mining and Dressing	8
开采辅助活动	Mining Support Activities	3
其他采矿业	Other Mining and Dressing	
农副食品加工业	Farm Byproducts Processing	20
食品制造业	Food Production	11
酒、饮料和精制茶制造业	Wine,Beverage and Refined Tea Production	17
烟草制品业	Tobacco Processing	2
纺织业	Textile Industry	9
纺织服装、服饰业	Garments, Apparel Production	5
皮革、毛皮、羽毛及其制品和制鞋业	Leather, Furs, Down and RelatedProducts,Shoes Production	
木材加工和木、竹、藤、棕、草制品业	Timber Processing, Bamboo, Cane, Palm Fiber and Straw Products	4
家具制造业	Furniture Manufacturing	
造纸和纸制品业	Papermaking and Paper Products	5
印刷和记录媒介复制业	Printing and Record Medium Reproduction	7
文教、工美、体育和娱乐用品制造业	Cultural and Educational, Industrial Arts,Sports,Entertainment Products	2
石油加工、炼焦和核燃料加工业	Petroleum Processing, Coking and Nuclear Fuel Processing	10
化学原料和化学制品制造业	Raw Chemical Materials and Chemical Products	53
医药制造业	Medical and Pharmaceutical Products	18
化学纤维制造业	Chemical Fiber	2
橡胶和塑料制品业	Rubber and Plactics Products	11
非金属矿物制品业	Nonmetal Mineral Products	73
黑色金属冶炼和压延加工业	Smelting and Pressing of Ferrous Metals	15
有色金属冶炼和压延加工业	Smelting and Pressing of Nonferrous Metals	15
金属制品业	Metal Products	18
通用设备制造业	Ordinary Machinery Manufacturing	32
专用设备制造业	For Special Purposes Equipment Manufacturing	31
汽车制造业	Automobile Manufacturing	37
铁路、船舶、航空航天和其他运输设备制造业	Railways, Shipbuilding, Aerospace and other Transportation Equipment Manufacturing Industry	25
电气机械和器材制造业	Electric Equipment and Machinery	25
计算机、通信和其他电子设备制造业	Telecommunication Equipment, Computer and Other Electronic Equipment	41
仪器仪表制造业	Instruments Machinery	4
其他制造业	Other Manufacture	4
废弃资源综合利用业	Reclaiming and Processing of Abandoned Resource and Waste Material	2
金属制品、机械和设备修理业	Metal Products,Machinery and Equipment Repair Industry	5
电力、热力生产和供应业	Production and Supply of Electric Power and Heat	233
燃气生产和供应业	Production and Supply of Gas	56
水的生产和供应业	Production and Supply of Tap Water	53

Main Indicators of State-holding Industrial Enterprises by Industrial Sector(2013)

(100 million yuan)

工业总产值 Gross Industrial Output Value	资产总计 Total Assets	流动资产合计 Circulating Funds	固定资产原价 Original Value of Fixed Assets	负债合计 Total Liabilities	流动负债合计 Liquid Liabilities
8760.35	**17343.43**	**5635.05**	**9389.16**	**11568.57**	**6094.28**
112.95	333.96	110.62	175.02	255.91	154.59
115.41	1617.06	147.35	677.95	814.12	501.85
156.11	107.79	37.43	25.21	55.04	36.00
129.10	140.56	50.61	58.56	61.50	54.72
76.29	45.51	27.25	8.02	22.54	9.91
327.07	481.94	326.13	218.11	247.79	246.26
51.69	14.69	6.82	6.93	7.81	6.54
23.20	12.24	5.81	4.87	7.61	4.84
900.77	1002.93	706.64	334.11	303.74	254.28
258.47	141.99	87.00	79.31	70.49	68.01
16.80	11.67	5.66	6.15	6.01	5.30
7.78	13.27	4.71	9.01	5.43	3.20
5.68	2.66	1.26	1.24	2.04	1.28
6.88	14.97	4.07	6.77	11.46	11.07
41.22	45.57	23.07	42.20	9.32	8.78
34.26	4.84	3.03	2.46	1.92	1.82
259.30	463.29	83.02	76.94	227.38	135.63
366.49	613.71	190.69	368.83	381.25	288.34
48.09	77.04	31.65	26.47	35.28	24.32
89.11	102.49	56.78	58.06	85.23	73.09
33.21	38.59	17.46	21.00	25.49	23.47
276.01	347.38	140.62	240.89	235.24	181.21
692.87	1203.86	339.49	833.22	895.36	585.89
119.07	86.25	43.90	58.87	62.79	55.78
70.52	93.45	62.07	34.43	56.18	49.11
336.48	709.89	577.45	142.44	572.16	550.06
103.62	347.31	174.54	138.97	286.15	200.63
651.79	511.47	304.94	219.11	256.41	234.42
263.70	411.57	252.93	182.53	240.58	235.47
120.84	291.02	209.13	89.32	241.39	207.73
917.36	1104.55	784.54	279.64	750.15	596.66
11.87	13.57	12.63	1.04	9.55	9.39
61.83	209.29	138.45	63.32	191.38	136.82
16.77	8.22	3.61	4.99	5.38	1.72
41.49	79.77	55.01	30.06	48.38	43.58
1829.68	6205.69	461.78	4605.74	4872.09	971.43
119.90	131.71	68.63	64.77	72.72	55.89
66.68	301.65	78.25	192.57	135.28	65.21

14-3 续表

单位：亿元

行　业	Sector	所有者权益 Owners' Equity
总　计	**Total**	**5486.79**
煤炭开采和洗选业	Coal Mining and Dressing	77.68
石油和天然气开采业	Petroleum and Natural Gas Extraction	809.45
黑色金属矿采选业	Ferrous Metals Mining and Dressing	52.73
有色金属矿采选业	Nonferrous Metals Mining and Dressing	79.05
非金属矿采选业	Nonmetal Minerals Mining and Dressing	22.98
开采辅助活动	Mining Support Activities	234.15
其他采矿业	Other Mining and Dressing	
农副食品加工业	Farm Byproducts Processing	6.46
食品制造业	Food Production	4.55
酒、饮料和精制茶制造业	Wine,Beverage and Refined Tea Production	699.18
烟草制品业	Tobacco Processing	71.51
纺织业	Textile Industry	5.89
纺织服装、服饰业	Garments, Apparel Production	7.84
皮革、毛皮、羽毛及其制品和制鞋业	Leather, Furs, Down and RelatedProducts,Shoes Production	
木材加工和木、竹、藤、棕、草制品业	Timber Processing, Bamboo, Cane, Palm Fiber and Straw Products	0.62
家具制造业	Furniture Manufacturing	
造纸和纸制品业	Papermaking and Paper Products	3.50
印刷和记录媒介复制业	Printing and Record Medium Reproduction	36.25
文教、工美、体育和娱乐用品制造业	Cultural and Educational, Industrial Arts,Sports,Entertainment Products	2.93
石油加工、炼焦和核燃料加工业	Petroleum Processing, Coking and Nuclear Fuel Processing	235.46
化学原料和化学制品制造业	Raw Chemical Materials and Chemical Products	227.62
医药制造业	Medical and Pharmaceutical Products	41.74
化学纤维制造业	Chemical Fiber	17.26
橡胶和塑料制品业	Rubber and Plactics Products	13.10
非金属矿物制品业	Nonmetal Mineral Products	107.51
黑色金属冶炼和压延加工业	Smelting and Pressing of Ferrous Metals	308.50
有色金属冶炼和压延加工业	Smelting and Pressing of Nonferrous Metals	22.13
金属制品业	Metal Products	37.43
通用设备制造业	Ordinary Machinery Manufacturing	137.67
专用设备制造业	For Special Purposes Equipment Manufacturing	60.08
汽车制造业	Automobile Manufacturing	255.05
铁路、船舶、航空航天和其他运输设备制造业	Railways, Shipbuilding, Aerospace and other Transportation Equipment Manufacturing Industry	171.00
电气机械和器材制造业	Electric Equipment and Machinery	49.59
计算机、通信和其他电子设备制造业	Telecommunication Equipment, Computer and Other Electronic Equipment	353.21
仪器仪表制造业	Instruments Machinery	3.92
其他制造业	Other Manufacture	16.41
废弃资源综合利用业	Reclaiming and Processing of Abandoned Resource and Waste Material	2.84
金属制品、机械和设备修理业	Metal Products,Machinery and Equipment Repair Industry	31.39
电力、热力生产和供应业	Production and Supply of Electric Power and Heat	1054.64
燃气生产和供应业	Production and Supply of Gas	58.83
水的生产和供应业	Production and Supply of Tap Water	166.66

continued

(100 million yuan)

主营业务收入 Main Business Revenue	主营业务成本 Main Business Cost	主营业务税金及附加 Main Business Tax and Charges	利润总额 Total Profits	本年应交增值税 Value-added Tax Payable	全部从业人员年平均人数 (万人) Annual Average Employed Persons (10 000 persons)
9545.34	**7714.20**	**288.03**	**506.85**	**421.61**	**98.20**
96.20	72.73	1.72	-0.79	8.89	7.27
515.28	348.82	14.78	30.02	5.79	3.53
146.12	106.70	1.76	12.01	8.08	0.82
111.35	89.73	0.67	6.56	5.01	1.05
76.87	61.79	3.29	3.71	7.18	0.56
442.69	429.81	4.98	3.83	19.26	2.04
52.06	47.83	0.11	1.01	0.63	0.34
22.12	17.97	0.15	1.33	0.72	0.37
952.39	660.56	42.29	182.28	56.84	8.43
254.77	81.79	142.60	17.35	27.54	0.51
15.80	14.63	0.06	0.46	0.64	0.38
5.92	4.89	0.02	0.36	0.21	0.34
5.59	4.42	0.12	0.28	0.19	0.10
6.82	6.23	0.01	-1.36	0.17	0.21
40.96	27.65	0.40	8.78	3.20	0.45
30.84	29.94	0.05	0.21	0.46	0.16
257.30	221.16	16.66	-15.36	8.76	0.75
387.30	349.73	1.14	-5.71	9.90	4.99
45.79	30.29	0.39	5.51	2.30	0.62
106.41	98.45	0.93	3.43	0.64	1.19
38.50	33.87	0.14	0.30	1.05	0.53
278.40	232.20	2.00	14.08	9.61	3.99
807.23	758.63	5.39	-59.18	20.63	9.99
127.78	123.48	0.35	-2.39	1.79	0.89
88.02	79.06	0.48	2.31	2.02	1.21
374.43	307.96	2.55	17.42	16.91	3.34
103.23	101.63	0.57	-30.74	2.00	2.65
647.55	515.82	23.92	90.11	26.28	3.51
286.50	251.66	0.85	9.31	4.30	4.69
132.48	109.11	0.96	-4.99	5.99	1.77
951.45	797.69	6.21	23.77	42.92	7.81
10.14	8.25	0.05	-0.47	0.41	0.11
52.45	45.61	0.03	2.07	0.31	0.75
16.71	16.43	0.02	0.08	0.17	0.14
38.74	31.38	0.06	0.92	0.54	0.81
1832.68	1452.26	10.49	163.02	112.91	19.07
120.33	97.83	1.10	16.05	3.57	1.21
66.15	46.19	0.73	11.26	3.77	1.63

14-4 按行业分大中型工业企业主要指标(2013年)

单位：亿元

行　业	Sector	企业单位数（个）Number of Enterprise (unit)
总　计	**Total**	**2635**
煤炭开采和洗选业	Coal Mining and Dressing	222
石油和天然气开采业	Petroleum and Natural Gas Extraction	6
黑色金属矿采选业	Ferrous Metals Mining and Dressing	30
有色金属矿采选业	Nonferrous Metals Mining and Dressing	37
非金属矿采选业	Nonmetal Minerals Mining and Dressing	26
开采辅助活动	Mining Support Activities	3
其他采矿业	Other Mining and Dressing	
农副食品加工业	Farm Byproducts Processing	168
食品制造业	Food Production	98
酒、饮料和精制茶制造业	Wine,Beverage and Refined Tea Production	110
烟草制品业	Tobacco Processing	1
纺织业	Textile Industry	122
纺织服装、服饰业	Garments, Apparel Production	29
皮革、毛皮、羽毛及其制品和制鞋业	Leather, Furs, Down and RelatedProducts,Shoes Production	61
木材加工和木、竹、藤、棕、草制品业	Timber Processing, Bamboo, Cane, Palm Fiber and Straw Products	27
家具制造业	Furniture Manufacturing	78
造纸和纸制品业	Papermaking and Paper Products	51
印刷和记录媒介复制业	Printing and Record Medium Reproduction	28
文教、工美、体育和娱乐用品制造业	Cultural and Educational, Industrial Arts,Sports,Entertainment Products	15
石油加工、炼焦和核燃料加工业	Petroleum Processing, Coking and Nuclear Fuel Processing	17
化学原料和化学制品制造业	Raw Chemical Materials and Chemical Products	170
医药制造业	Medical and Pharmaceutical Products	100
化学纤维制造业	Chemical Fiber	8
橡胶和塑料制品业	Rubber and Plactics Products	60
非金属矿物制品业	Nonmetal Mineral Products	242
黑色金属冶炼和压延加工业	Smelting and Pressing of Ferrous Metals	77
有色金属冶炼和压延加工业	Smelting and Pressing of Nonferrous Metals	32
金属制品业	Metal Products	71
通用设备制造业	Ordinary Machinery Manufacturing	127
专用设备制造业	For Special Purposes Equipment Manufacturing	99
汽车制造业	Automobile Manufacturing	128
铁路、船舶、航空航天和其他运输设备制造业	Railways, Shipbuilding, Aerospace and other Transportation Equipment Manufacturing Industry	41
电气机械和器材制造业	Electric Equipment and Machinery	80
计算机、通信和其他电子设备制造业	Telecommunication Equipment, Computer and Other Electronic Equipment	108
仪器仪表制造业	Instruments Machinery	5
其他制造业	Other Manufacture	6
废弃资源综合利用业	Reclaiming and Processing of Abandoned Resource and Waste Material	4
金属制品、机械和设备修理业	Metal Products,Machinery and Equipment Repair Industry	5
电力、热力生产和供应业	Production and Supply of Electric Power and Heat	109
燃气生产和供应业	Production and Supply of Gas	16
水的生产和供应业	Production and Supply of Tap Water	18

Main Indicators of Large and Medium-sized Industrial Enterprises by Industrial Sector(2013)

(100 million yuan)

工业总产值 Gross Industrial Output Value	资产总计 Total Assets	流动资产合计 Circulating Funds	固定资产原价 Original Value of Fixed Assets	负债合计 Total Liabilities	流动负债合计 Liquid Liabilities
22871.24	**26044.06**	**10838.81**	**14662.95**	**15808.26**	**10227.38**
404.38	641.91	266.40	336.81	465.86	306.66
99.84	1605.36	140.77	669.36	810.41	499.57
383.21	342.49	176.84	102.10	213.52	185.00
215.15	211.79	77.36	97.23	108.19	90.87
152.00	108.26	47.15	57.13	67.92	56.46
327.07	481.94	326.13	218.11	247.79	246.26
1255.32	483.77	237.41	387.51	254.60	164.85
463.04	258.19	106.96	147.69	104.34	83.37
1722.46	1651.92	1061.95	593.51	658.84	542.42
252.36	138.83	84.94	77.24	70.20	67.72
566.96	299.65	112.71	225.85	135.33	89.17
103.79	47.61	22.73	30.52	16.79	11.23
175.89	85.96	46.63	50.57	55.00	44.06
100.27	107.88	37.56	68.10	48.48	24.63
261.23	169.80	85.94	107.70	93.12	73.30
212.92	166.77	63.29	110.21	103.14	75.30
108.01	98.03	52.95	66.82	32.93	28.07
66.07	17.14	9.33	9.04	8.93	5.28
442.15	570.89	125.91	164.36	293.20	174.68
1456.66	1791.16	628.05	1118.95	990.39	741.34
639.34	620.82	387.02	229.37	292.30	193.47
146.17	139.25	68.92	86.94	112.89	100.70
308.27	184.99	92.34	124.96	96.96	72.76
1044.88	1077.43	427.44	830.31	583.98	422.61
1905.41	2173.25	915.58	1855.98	1586.38	1129.39
408.78	363.16	178.88	168.68	242.70	201.10
361.53	345.57	212.06	144.44	188.39	157.31
874.75	1143.30	845.56	392.02	809.42	755.64
602.84	877.92	554.55	379.80	615.83	481.75
1573.45	1230.43	702.81	520.51	713.85	572.82
354.55	476.75	277.38	225.22	262.32	242.52
539.65	591.41	370.29	230.30	364.00	310.06
3444.03	3032.49	1412.80	1892.53	1739.99	1203.12
23.01	25.70	21.43	4.39	13.61	13.14
75.14	211.09	138.97	71.69	191.63	137.07
57.54	34.07	16.71	14.78	27.77	16.64
42.77	81.70	56.52	30.36	49.11	44.30
1573.86	3815.23	340.74	2642.77	2971.80	556.29
68.32	89.82	45.22	41.38	45.04	36.01
58.15	250.35	62.56	137.72	121.30	70.42

14-4 续表

单位：亿元

行　业	Sector	所有者权益 Owners' Equity
总　计	**Total**	**9811.84**
煤炭开采和洗选业	Coal Mining and Dressing	174.96
石油和天然气开采业	Petroleum and Natural Gas Extraction	801.47
黑色金属矿采选业	Ferrous Metals Mining and Dressing	128.38
有色金属矿采选业	Nonferrous Metals Mining and Dressing	103.59
非金属矿采选业	Nonmetal Minerals Mining and Dressing	40.13
开采辅助活动	Mining Support Activities	234.15
其他采矿业	Other Mining and Dressing	
农副食品加工业	Farm Byproducts Processing	226.50
食品制造业	Food Production	148.01
酒、饮料和精制茶制造业	Wine,Beverage and Refined Tea Production	993.19
烟草制品业	Tobacco Processing	68.63
纺织业	Textile Industry	160.47
纺织服装、服饰业	Garments, Apparel Production	30.64
皮革、毛皮、羽毛及其制品和制鞋业	Leather, Furs, Down and RelatedProducts,Shoes Production	31.02
木材加工和木、竹、藤、棕、草制品业	Timber Processing, Bamboo, Cane, Palm Fiber and Straw Products	58.61
家具制造业	Furniture Manufacturing	75.32
造纸和纸制品业	Papermaking and Paper Products	61.23
印刷和记录媒介复制业	Printing and Record Medium Reproduction	64.91
文教、工美、体育和娱乐用品制造业	Cultural and Educational, Industrial Arts,Sports,Entertainment Products	8.00
石油加工、炼焦和核燃料加工业	Petroleum Processing, Coking and Nuclear Fuel Processing	277.03
化学原料和化学制品制造业	Raw Chemical Materials and Chemical Products	797.89
医药制造业	Medical and Pharmaceutical Products	327.20
化学纤维制造业	Chemical Fiber	26.36
橡胶和塑料制品业	Rubber and Plactics Products	90.44
非金属矿物制品业	Nonmetal Mineral Products	473.19
黑色金属冶炼和压延加工业	Smelting and Pressing of Ferrous Metals	585.92
有色金属冶炼和压延加工业	Smelting and Pressing of Nonferrous Metals	119.02
金属制品业	Metal Products	158.92
通用设备制造业	Ordinary Machinery Manufacturing	331.94
专用设备制造业	For Special Purposes Equipment Manufacturing	261.28
汽车制造业	Automobile Manufacturing	513.26
铁路、船舶、航空航天和其他运输设备制造业	Railways, Shipbuilding, Aerospace and other Transportation Equipment Manufacturing Industry	212.89
电气机械和器材制造业	Electric Equipment and Machinery	222.47
计算机、通信和其他电子设备制造业	Telecommunication Equipment, Computer and Other Electronic Equipment	1188.80
仪器仪表制造业	Instruments Machinery	12.10
其他制造业	Other Manufacture	17.97
废弃资源综合利用业	Reclaiming and Processing of Abandoned Resource and Waste Material	6.30
金属制品、机械和设备修理业	Metal Products,Machinery and Equipment Repair Industry	32.59
电力、热力生产和供应业	Production and Supply of Electric Power and Heat	573.30
燃气生产和供应业	Production and Supply of Gas	44.69
水的生产和供应业	Production and Supply of Tap Water	129.04

continued

(100 million yuan)

主营业务收入 Main Business Revenue	主营业务成本 Main Business Cost	主营业务税金及附加 Main Business Tax and Charges	利润总额 Total Profits	本年应交增值税 Value-added Tax Payable	全部从业人员年平均人数（万人） Annual Average Employed Persons (10 000 persons)
23506.70	**19418.54**	**453.87**	**1567.71**	**951.74**	**267.16**
386.84	307.16	5.49	17.45	27.31	19.24
508.79	346.08	14.48	27.70	5.24	3.47
360.32	280.98	4.42	34.79	15.19	2.44
192.45	150.83	1.84	18.65	11.04	2.43
153.39	121.18	5.40	10.20	11.13	2.84
442.69	429.81	4.98	3.83	19.26	2.04
1233.19	1060.16	7.89	85.10	32.16	12.97
460.83	368.90	3.32	44.33	19.90	6.03
1663.02	1162.41	74.88	248.00	98.88	16.80
248.56	76.44	142.58	16.86	27.37	0.50
552.30	481.89	4.02	36.16	18.95	9.33
98.87	81.80	0.63	9.22	4.31	1.75
166.91	141.09	0.80	12.69	5.03	5.29
103.85	85.84	0.71	8.43	3.00	1.57
249.10	181.97	1.81	17.79	9.21	6.35
205.42	177.03	0.99	13.57	7.68	2.79
104.15	80.25	1.01	14.75	5.80	1.85
62.65	55.99	0.44	2.24	1.47	0.81
445.91	374.13	23.94	-0.71	18.51	1.60
1419.25	1212.05	6.55	75.35	40.47	15.57
615.36	429.91	6.83	72.95	36.38	8.91
161.99	144.82	1.29	6.80	3.02	1.64
312.00	260.43	1.74	23.98	10.01	4.49
1026.93	859.01	11.30	75.94	42.19	16.40
2113.33	1981.80	9.29	-40.52	45.21	17.82
410.74	383.27	0.83	18.30	9.03	2.94
372.75	310.53	2.61	29.18	13.21	5.14
892.09	730.01	6.56	58.09	35.39	10.01
637.51	524.47	4.63	29.36	21.95	8.79
1552.67	1244.35	78.89	166.03	68.09	10.71
377.98	323.60	1.50	17.76	6.82	6.29
531.63	434.80	3.82	25.72	19.65	7.28
3550.58	3052.71	8.71	230.51	161.79	28.25
21.17	17.09	0.12	1.08	0.98	0.28
65.74	56.21	0.47	3.62	1.18	0.95
57.29	47.76	0.27	2.79	1.42	0.71
40.16	32.33	0.08	1.17	0.67	0.84
1579.21	1318.28	7.36	122.76	86.83	18.00
70.93	55.37	0.59	10.96	2.39	0.92
58.17	35.83	0.80	14.82	3.61	1.13

14-5 按行业分规模以上工业企业主要经济效益指标(2013)
Main Indicators on Economic Benefit of Industrial Enterprises above Designated Size by Industrial Sector(2013)

单位：% (%)

行 业	Sector	总资产贡献率 Ratio of Profits, Taxes and Interests to Average Assets	资产负债率 Ratio of Debts to Assets	工业成本费用利润率 Ratio of Profits to Industrial Cost	产品销售率 Sales Ratio of Products
总 计	**Total**	**13.26**	**61.27**	**7.02**	**97.78**
煤炭开采和洗选业	Coal Mining and Dressing	13.50	68.58	5.93	99.34
石油和天然气开采业	Petroleum and Natural Gas Extraction	4.51	50.35	6.53	100.16
黑色金属矿采选业	Ferrous Metals Mining and Dressing	16.54	64.44	9.98	96.34
有色金属矿采选业	Nonferrous Metals Mining and Dressing	17.33	55.79	10.76	94.35
非金属矿采选业	Nonmetal Minerals Mining and Dressing	23.60	57.33	8.39	98.25
开采辅助活动	Mining Support Activities	5.26	51.42	0.87	99.74
其他采矿业	Other Mining and Dressing	6.39	62.96	0.50	86.94
农副食品加工业	Farm Byproducts Processing	25.40	52.97	6.22	98.50
食品制造业	Food Production	23.99	43.21	8.69	98.61
酒、饮料和精制茶制造业	Wine,Beverage and Refined Tea Production	26.56	44.66	14.27	94.23
烟草制品业	Tobacco Processing	132.72	49.65	17.44	98.14
纺织业	Textile Industry	21.18	47.15	6.32	98.58
纺织服装、服饰业	Garments, Apparel Production	25.58	34.92	8.32	98.51
皮革、毛皮、羽毛及其制品和制鞋业	Leather, Furs, Down and RelatedProducts,Shoes Production	23.63	62.47	7.36	98.13
木材加工和木、竹、藤、棕、草制品业	Timber Processing, Bamboo, Cane, Palm Fiber and Straw Products	14.84	50.90	7.29	99.47
家具制造业	Furniture Manufacturing	19.93	50.19	7.41	97.54
造纸和纸制品业	Papermaking and Paper Products	16.53	62.01	6.27	96.60
印刷和记录媒介复制业	Printing and Record Medium Reproduction	22.47	42.05	10.92	98.41
文教、工美、体育和娱乐用品制造业	Cultural and Educational, Industrial Arts, Sports,Entertainment Products	22.16	45.89	4.75	95.74
石油加工、炼焦和核燃料加工业	Petroleum Processing, Coking and Nuclear Fuel Processing	9.41	51.38	1.05	98.75
化学原料和化学制品制造业	Raw Chemical Materials and Chemical Products	10.13	55.47	5.69	95.97
医药制造业	Medical and Pharmaceutical Products	18.98	47.91	11.26	96.38
化学纤维制造业	Chemical Fiber	10.68	78.79	4.81	97.36
橡胶和塑料制品业	Rubber and Plactics Products	19.67	51.97	6.92	98.42
非金属矿物制品业	Nonmetal Mineral Products	15.20	56.02	7.05	97.37
黑色金属冶炼和压延加工业	Smelting and Pressing of Ferrous Metals	4.47	71.92	-0.61	98.04
有色金属冶炼和压延加工业	Smelting and Pressing of Nonferrous Metals	9.48	71.77	3.35	97.35
金属制品业	Metal Products	16.25	56.93	6.81	98.56
通用设备制造业	Ordinary Machinery Manufacturing	13.08	66.85	6.95	98.23
专用设备制造业	For Special Purposes Equipment Manufacturing	11.88	65.94	6.58	97.04
汽车制造业	Automobile Manufacturing	24.69	56.87	10.72	98.21
铁路、船舶、航空航天和其他运输设备制造业	Railways, Shipbuilding, Aerospace and other Transportation Equipment Manufacturing Industry	8.25	54.96	5.06	99.27
电气机械和器材制造业	Electric Equipment and Machinery	11.48	60.38	5.50	97.80
计算机、通信和其他电子设备制造业	Telecommunication Equipment, Computer and Other Electronic Equipment	13.52	56.96	7.08	98.97
仪器仪表制造业	Instruments Machinery	12.56	48.62	8.42	99.13
其他制造业	Other Manufacture	4.01	87.33	6.22	95.05
废弃资源综合利用业	Reclaiming and Processing of Abandoned Resource and Waste Material	21.95	71.41	6.95	92.28
金属制品、机械和设备修理业	Metal Products,Machinery and Equipment Repair Industry	5.95	53.65	6.35	99.84
电力、热力生产和供应业	Production and Supply of Electric Power and Heat	6.70	77.46	10.08	100.02
燃气生产和供应业	Production and Supply of Gas	15.89	53.95	13.31	96.58
水的生产和供应业	Production and Supply of Tap Water	6.11	50.66	21.82	99.75

14-6 按行业分国有控股工业企业主要经济效益指标(2013年)
Main Indicators on Economic Benefit of State-holding Industrial Enterprises by Industrial Sector(2013)

单位：%　(%)

行 业	Sector	总资产贡献率 Ratio of Profits, Taxes and Interests to Average Assets	资产负债率 Ratio of Debts to Assets	工业成本费用利润率 Ratio of Profits to Industrial Cost	产品销售率 Sales Ratio of Products
总 计	**Total**	**8.42**	**66.70**	**5.63**	**97.80**
煤炭开采和洗选业	Coal Mining and Dressing	5.31	76.63	-0.69	96.69
石油和天然气开采业	Petroleum and Natural Gas Extraction	4.51	50.35	6.53	100.16
黑色金属矿采选业	Ferrous Metals Mining and Dressing	22.01	51.06	9.05	97.40
有色金属矿采选业	Nonferrous Metals Mining and Dressing	10.18	43.76	6.31	89.46
非金属矿采选业	Nonmetal Minerals Mining and Dressing	31.23	49.52	5.42	98.40
开采辅助活动	Mining Support Activities	5.25	51.41	0.87	99.75
其他采矿业	Other Mining and Dressing				
农副食品加工业	Farm Byproducts Processing	13.94	53.16	1.96	100.28
食品制造业	Food Production	18.76	62.15	6.42	95.08
酒、饮料和精制茶制造业	Wine,Beverage and Refined Tea Production	27.48	30.29	23.00	90.81
烟草制品业	Tobacco Processing	132.91	49.64	17.60	98.13
纺织业	Textile Industry	11.21	51.55	2.97	98.89
纺织服装、服饰业	Garments, Apparel Production	4.49	40.95	4.13	105.06
皮革、毛皮、羽毛及其制品和制鞋业	Leather, Furs, Down and RelatedProducts,Shoes Production				
木材加工和木、竹、藤、棕、草制品业	Timber Processing, Bamboo, Cane, Palm Fiber and Straw Products	24.75	76.56	5.43	98.44
家具制造业	Furniture Manufacturing				
造纸和纸制品业	Papermaking and Paper Products	-4.77	76.50	-16.68	98.44
印刷和记录媒介复制业	Printing and Record Medium Reproduction	27.17	20.44	26.32	101.45
文教、工美、体育和娱乐用品制造业	Cultural and Educational, Industrial Arts, Sports,Entertainment Products	15.76	39.57	0.64	92.78
石油加工、炼焦和核燃料加工业	Petroleum Processing, Coking and Nuclear Fuel Processing	2.40	49.08	-5.98	98.31
化学原料和化学制品制造业	Raw Chemical Materials and Chemical Products	2.75	62.12	-1.42	95.39
医药制造业	Medical and Pharmaceutical Products	11.19	45.80	13.74	94.99
化学纤维制造业	Chemical Fiber	7.65	83.16	3.22	98.13
橡胶和塑料制品业	Rubber and Plactics Products	5.74	66.06	0.71	100.11
非金属矿物制品业	Nonmetal Mineral Products	9.61	67.72	5.30	99.15
黑色金属冶炼和压延加工业	Smelting and Pressing of Ferrous Metals	-0.26	74.37	-6.43	98.92
有色金属冶炼和压延加工业	Smelting and Pressing of Nonferrous Metals	2.03	72.80	-1.75	99.59
金属制品业	Metal Products	6.07	60.11	2.61	102.88
通用设备制造业	Ordinary Machinery Manufacturing	5.29	80.60	4.96	99.71
专用设备制造业	For Special Purposes Equipment Manufacturing	-5.83	82.39	-23.90	86.46
汽车制造业	Automobile Manufacturing	27.71	50.13	15.76	98.09
铁路、船舶、航空航天和其他运输设备制造业	Railways, Shipbuilding, Aerospace and other Transportation Equipment Manufacturing Industry	4.15	58.45	3.21	99.79
电气机械和器材制造业	Electric Equipment and Machinery	2.69	82.95	-3.51	102.63
计算机、通信和其他电子设备制造业	Telecommunication Equipment, Computer and Other Electronic Equipment	7.51	67.91	2.58	98.20
仪器仪表制造业	Instruments Machinery	0.67	70.39	-4.38	102.43
其他制造业	Other Manufacture	1.40	91.45	4.11	93.99
废弃资源综合利用业	Reclaiming and Processing of Abandoned Resource and Waste Material	3.28	65.42	0.45	100.00
金属制品、机械和设备修理业	Metal Products,Machinery and Equipment Repair Industry	2.92	60.65	2.10	99.93
电力、热力生产和供应业	Production and Supply of Electric Power and Heat	6.65	78.51	9.95	100.09
燃气生产和供应业	Production and Supply of Gas	16.24	55.22	13.49	98.80
水的生产和供应业	Production and Supply of Tap Water	5.7	44.85	17.95	98.92

14-7 按行业分大中型工业企业主要经济效益指标(2013年)
Main Indicators on Economic Benefit of Large-scale and Medium-scale Industrial Enterprises by Industrial Sector(2013)

单位：% (%)

行业	Sector	总资产贡献率 Ratio of Profits, Taxes and Interests to Average Assets	资产负债率 Ratio of Debts to Assets	工业成本费用利润率 Ratio of Profits to Industrial Cost	产品销售率 Sales Ratio of Products
总计	**Total**	**12.73**	**60.70**	**7.16**	**97.77**
煤炭开采和洗选业	Coal Mining and Dressing	9.73	72.57	4.55	98.75
石油和天然气开采业	Petroleum and Natural Gas Extraction	4.34	50.48	6.08	99.87
黑色金属矿采选业	Ferrous Metals Mining and Dressing	17.51	62.34	10.67	96.51
有色金属矿采选业	Nonferrous Metals Mining and Dressing	16.13	51.08	10.73	93.06
非金属矿采选业	Nonmetal Minerals Mining and Dressing	25.87	62.74	7.34	97.86
开采辅助活动	Mining Support Activities	5.25	51.41	0.87	99.75
其他采矿业	Other Mining and Dressing				
农副食品加工业	Farm Byproducts Processing	28.62	52.63	7.31	98.77
食品制造业	Food Production	27.30	40.41	10.48	99.46
酒、饮料和精制茶制造业	Wine,Beverage and Refined Tea Production	25.71	39.88	17.47	92.67
烟草制品业	Tobacco Processing	135.45	50.56	18.23	98.07
纺织业	Textile Industry	21.79	45.16	6.99	98.58
纺织服装、服饰业	Garments, Apparel Production	30.97	35.27	9.68	99.00
皮革、毛皮、羽毛及其制品和制鞋业	Leather, Furs, Down and RelatedProducts,Shoes Production	24.33	63.98	8.36	99.05
木材加工和木、竹、藤、棕、草制品业	Timber Processing, Bamboo, Cane, Palm Fiber and Straw Products	12.81	44.94	8.49	98.49
家具制造业	Furniture Manufacturing	19.85	54.84	7.76	97.17
造纸和纸制品业	Papermaking and Paper Products	15.20	61.85	6.97	96.13
印刷和记录媒介复制业	Printing and Record Medium Reproduction	22.75	33.59	15.89	99.05
文教、工美、体育和娱乐用品制造业	Cultural and Educational, Industrial Arts, Sports,Entertainment Products	26.35	52.10	3.64	94.82
石油加工、炼焦和核燃料加工业	Petroleum Processing, Coking and Nuclear Fuel Processing	7.69	51.36	-0.17	98.06
化学原料和化学制品制造业	Raw Chemical Materials and Chemical Products	8.53	55.29	5.50	95.21
医药制造业	Medical and Pharmaceutical Products	19.92	47.08	13.36	96.68
化学纤维制造业	Chemical Fiber	10.65	81.07	4.26	97.63
橡胶和塑料制品业	Rubber and Plactics Products	20.70	52.41	8.16	99.26
非金属矿物制品业	Nonmetal Mineral Products	13.83	54.20	8.02	96.85
黑色金属冶炼和压延加工业	Smelting and Pressing of Ferrous Metals	2.85	73.00	-1.82	98.15
有色金属冶炼和压延加工业	Smelting and Pressing of Nonferrous Metals	9.62	66.83	4.43	97.52
金属制品业	Metal Products	14.86	54.51	8.32	98.61
通用设备制造业	Ordinary Machinery Manufacturing	9.36	70.80	7.02	99.21
专用设备制造业	For Special Purposes Equipment Manufacturing	8.19	70.15	4.81	95.55
汽车制造业	Automobile Manufacturing	25.95	58.02	11.64	98.31
铁路、船舶、航空航天和其他运输设备制造业	Railways, Shipbuilding, Aerospace and other Transportation Equipment Manufacturing Industry	6.15	55.02	4.76	100.03
电气机械和器材制造业	Electric Equipment and Machinery	9.83	61.55	5.13	98.01
计算机、通信和其他电子设备制造业	Telecommunication Equipment, Computer and Other Electronic Equipment	13.66	57.38	7.15	99.27
仪器仪表制造业	Instruments Machinery	9.24	52.94	5.15	101.02
其他制造业	Other Manufacture	2.88	90.78	5.86	95.00
废弃资源综合利用业	Reclaiming and Processing of Abandoned Resource and Waste Material	15.22	81.51	5.57	92.56
金属制品、机械和设备修理业	Metal Products,Machinery and Equipment Repair Industry	3.38	60.11	2.61	100.20
电力、热力生产和供应业	Production and Supply of Electric Power and Heat	7.62	77.89	8.51	100.16
燃气生产和供应业	Production and Supply of Gas	16.14	50.15	15.24	99.67
水的生产和供应业	Production and Supply of Tap Water	8.26	48.45	30.96	99.93

14-8 各市(州)规模以上工业企业主要指标
Main Indicators of Industrial Enterprises above Designated Size by Region

单位：亿元 (100 million yuan)

年 份 / 市(州)	Year / Region	企业单位数(个) Number of Enterprise (unit)	工业总产值 Gross Industrial Output Value	资产总计 Total Assets	流动资产合计 Circulating Funds	固定资产原价 Original Value of Fixed Assets	负债合计 Total Liabilities	流动负债合计 Liquid Liabilities
1998		4980	1918.37	3901.41	1697.45	2333.82	2533.99	1674.19
1999		4538	1895.82	4468.41	1753.12	2915.58	2845.91	1701.77
2000		4394	2076.96	4586.11	1845.51	2917.04	2955.77	1773.71
2001		4572	2304.51	4862.54	1980.49	3115.87	3054.15	1919.52
2002		4908	2737.35	5245.63	2130.16	3204.04	3239.96	2054.99
2003		5448	3404.28	6024.49	2476.34	3658.81	3696.53	2418.37
2004		7413	4711.77	6817.78	2874.36	4346.45	4306.81	2970.85
2005		7959	6178.03	7908.62	3309.89	4845.07	4934.81	3354.28
2006		8995	7934.41	9182.08	3890.88	5289.43	5588.76	3766.54
2007		10709	11047.04	11690.21	4971.06	6769.68	6956.94	4792.47
2008		13725	14761.00	15589.47	6458.42	8042.60	9241.79	6228.80
2009		13267	18107.65	17986.99	7447.84	10073.14	10832.20	7126.69
2010		13706	23147.38	22564.76	9321.70	13695.10	13889.83	9502.58
2011		12085	30485.09	26113.61	11248.78	15442.86	15991.15	11119.10
2012		12719	31033.22	30362.89	13344.68	17035.75	18721.46	12768.70
2013		12998	35328.55	36239.56	14841.33	20574.50	22204.87	13935.65
成都市	Chengdu	3237	10426.32	12606.49	5050.43	5815.75	7175.22	4436.74
自贡市	Zigong	554	1520.27	1067.68	660.24	518.71	688.37	584.07
攀枝花市	Panzhihua	376	1429.22	2099.09	801.51	1102.76	1463.30	1111.70
泸州市	Luzhou	605	1528.64	1117.77	652.10	413.93	671.67	516.10
德阳市	Deyang	1207	2528.87	2356.22	1448.03	793.29	1608.06	1368.79
绵阳市	Mianyang	730	2000.75	2163.59	1280.06	826.35	1434.48	1084.05
广元市	Guangyuan	371	624.97	496.47	139.95	373.76	342.09	127.92
遂宁市	Suining	458	1131.02	585.87	237.79	332.68	212.03	155.85
内江市	Neijiang	461	1642.07	974.72	436.73	1588.71	483.85	328.72
乐山市	Leshan	633	1584.26	1706.68	705.83	1479.81	1145.75	806.86
南充市	Nanchong	578	1813.09	1159.52	430.79	805.64	511.11	189.83
眉山市	Meishan	609	1023.73	818.45	311.51	468.16	448.05	308.52
宜宾市	Yibin	545	1772.40	2759.05	1065.26	1555.71	1700.51	863.07
广安市	Guangan	476	1133.81	512.28	174.83	359.36	295.87	159.95
达州市	Dazhou	510	890.29	960.79	252.58	829.95	679.75	506.51
雅安市	Yaan	330	399.93	948.93	186.25	782.06	678.83	286.73
巴中市	Bazhong	172	374.67	120.81	45.13	79.07	65.50	42.45
资阳市	Ziyang	619	1923.87	817.91	408.52	362.16	396.81	342.40
阿坝藏族羌族自治州	Aba	95	178.77	503.39	88.52	425.57	372.73	147.94
甘孜藏族自治州	Ganzi	51	70.38	354.88	47.63	258.81	248.40	98.16
凉山彝族自治州	Liangshan	381	1331.24	2108.97	417.65	1402.25	1582.49	469.29

14-8 续表 continued

单位：亿元 (100 million yuan)

年 份 市(州)	Year Region	所有者权益合计 Owners' Equity	主营业务收入 Main Business Revenue	主营业务成本 Main Business Cost	主营业务税金及附加 Main Business Tax and Charges	利润总额 Total Profits	本年应交增值税 Value-added Tax Payable	全部从业人员年平均人数(万人) Annual Average Employed Persons (10 000 persons)
1998		1367.42				39.70	91.88	252.79
1999		1622.50				26.42	108.03	230.03
2000		1630.26				71.32	112.69	208.00
2001		1808.39				84.77	117.01	195.97
2002		2005.67				122.60	131.10	191.62
2003		2326.96				153.08	164.61	201.62
2004		2510.36	4633.36	3766.65	72.58	188.51	200.82	209.77
2005		2966.06	6008.12	4900.53	89.36	326.65	241.67	219.00
2006		3589.27	7711.35	6296.60	111.29	448.07	314.03	233.53
2007		4733.27	10611.52	8572.00	164.12	700.05	419.08	257.46
2008		6347.68	14286.43	11748.93	215.29	844.56	642.49	297.54
2009		7077.73	17486.41	14400.22	319.94	1123.48	644.24	311.38
2010		8571.93	23062.82	19003.96	385.73	1661.85	945.28	351.67
2011		10049.11	29887.91	24721.71	450.44	2197.84	1189.55	380.48
2012		11471.16	31427.16	25755.76	515.46	2333.76	1283.83	391.44
2013		13491.64	35686.14	29660.84	594.44	2328.99	1359.69	385.05
成都市	Chengdu	5056.22	10783.98	8889.82	273.33	672.15	443.75	111.04
自贡市	Zigong	373.19	1513.11	1239.80	11.27	77.93	60.00	14.70
攀枝花市	Panzhihua	633.85	1627.64	1399.93	12.65	60.29	57.15	15.88
泸州市	Luzhou	446.11	1404.23	1114.94	68.20	122.36	61.95	12.94
德阳市	Deyang	725.35	2406.47	2029.92	20.18	152.77	75.03	25.74
绵阳市	Mianyang	722.81	1979.56	1655.77	16.25	99.15	92.54	22.92
广元市	Guangyuan	149.34	618.27	533.33	5.26	31.71	13.94	6.84
遂宁市	Suining	361.16	1176.50	1013.58	19.29	86.60	48.98	11.17
内江市	Neijiang	484.69	1652.69	1434.36	12.85	95.61	73.02	18.60
乐山市	Leshan	546.36	1512.64	1308.93	8.51	78.79	43.50	17.59
南充市	Nanchong	610.04	1834.82	1499.03	40.69	123.22	63.30	20.82
眉山市	Meishan	358.41	1010.21	867.98	5.34	67.99	37.93	13.42
宜宾市	Yibin	1054.98	1860.20	1469.95	36.07	221.60	74.01	22.72
广安市	Guangan	206.62	1136.35	996.03	8.53	60.83	26.68	10.05
达州市	Dazhou	275.38	1077.39	888.32	10.94	89.47	24.02	13.98
雅安市	Yaan	261.88	378.16	294.06	2.89	31.03	22.30	5.34
巴中市	Bazhong	54.26	363.08	292.73	11.67	9.58	10.89	5.19
资阳市	Ziyang	413.94	1911.51	1584.24	17.08	161.28	59.31	23.60
阿坝藏族羌族自治州	Aba	130.65	138.87	112.15	0.82	-0.28	8.15	1.43
甘孜藏族自治州	Ganzi	106.12	68.80	40.73	0.75	12.95	7.44	0.60
凉山彝族自治州	Liangshan	520.28	1231.64	995.24	11.86	73.95	55.80	10.47

14-9 各市(州)国有控股工业企业主要指标
Main Indicators of State-holding Industrial Enterprises by Region

单位：亿元 (100 million yuan)

年 份 市(州)	Year Region	企业单位数(个) Number of Enterprise (unit)	工业总产值 Gross Industrial Output Value	资产总计 Total Assets	流动资产合计 Circulating Funds	固定资产原价 Original Value of Fixed Assets	负债合计 Total Liabilities	流动负债合计 Liquid Liabilities
1998		2372	1255.86	3080.34	1314.34	1923.21	1994.47	1252.47
1999		2065	1200.66	3548.38	1328.96	2442.68	2258.93	1244.29
2000		1699	1249.62	3522.23	1347.30	2383.24	2299.29	1260.77
2001		1485	1337.99	3616.84	1392.49	2506.88	2315.25	1348.07
2002		1324	1466.77	3709.04	1409.16	2442.48	2347.13	1358.96
2003		1065	1609.79	3846.39	1455.26	2627.61	2450.16	1470.03
2004		1057	1915.87	3801.84	1405.99	2896.33	2529.36	1566.75
2005		928	2488.53	4473.03	1683.30	3260.59	2877.77	1795.29
2006		933	3126.31	5109.55	1943.60	3428.41	3232.76	1952.59
2007		878	3849.12	6325.71	2448.14	4366.82	4019.44	2453.22
2008		1006	4712.85	8515.93	3098.43	4606.00	5401.06	3214.03
2009		971	5212.04	9499.46	3572.94	5401.57	6137.14	3674.12
2010		921	6201.13	11429.22	4134.86	6655.41	7641.93	4772.31
2011		851	7759.56	13189.13	4918.31	7338.88	8752.85	5711.90
2012		888	8149.60	14797.73	5412.38	8398.72	9864.31	5976.14
2013		914	8760.35	17343.43	5635.05	9389.16	11568.57	6094.28
成都市	Chengdu	261	3110.59	6093.59	1677.68	2481.46	3584.37	1746.88
自贡市	Zigong	22	247.69	383.97	264.08	120.36	271.90	245.93
攀枝花市	Panzhihua	22	533.24	1306.81	325.64	816.02	867.42	612.10
泸州市	Luzhou	41	473.99	461.74	233.79	222.88	246.29	155.87
德阳市	Deyang	48	392.84	906.33	634.03	275.22	747.99	649.34
绵阳市	Mianyang	60	1055.07	1311.06	846.40	486.06	930.97	705.18
广元市	Guangyuan	28	125.35	290.85	53.20	243.97	230.29	44.94
遂宁市	Suining	14	71.56	157.01	67.95	84.05	73.68	59.17
内江市	Neijiang	16	92.61	132.61	49.39	145.19	95.49	60.52
乐山市	Leshan	48	126.12	344.58	111.06	260.14	262.59	139.34
南充市	Nanchong	49	306.09	262.98	71.85	215.32	146.42	52.05
眉山市	Meishan	21	85.70	101.49	27.95	98.82	77.06	41.34
宜宾市	Yibin	50	843.53	2049.48	773.53	992.02	1281.55	572.69
广安市	Guangan	14	76.03	205.65	50.97	202.17	135.09	58.55
达州市	Dazhou	33	92.95	551.08	100.02	442.10	431.89	335.75
雅安市	Yaan	29	132.10	581.73	64.31	605.12	455.68	179.58
巴中市	Bazhong	23	152.94	39.96	13.45	35.34	25.76	15.42
资阳市	Ziyang	15	98.74	103.95	60.60	40.40	71.23	66.33
阿坝藏族羌族自治州	Aba	24	65.49	308.35	23.67	311.02	235.94	65.91
甘孜藏族自治州	Ganzi	19	43.15	263.64	19.63	208.01	194.46	67.65
凉山彝族自治州	Liangshan	77	634.56	1486.57	165.86	1103.48	1202.49	219.73

14-9 续表 continued

单位：亿元 (100 million yuan)

年 份 市(州)	Year Region	所有者权益合计 Creditors' Equity	主营业务收入 Main Business Revenue	主营业务成本 Main Business Cost	主营业务税金及附加 Main Business Tax and Charges	利润总额 Total Profits	本年应交增值税 Value-added Tax Payable	全部从业人员年平均人数(万人) Annual Average Employed Persons (10 000 persons)
1998		1085.87				23.27	68.38	179.70
1999		1289.45				6.76	81.29	159.84
2000		1222.86				37.79	78.87	132.09
2001		1301.58				45.04	80.01	117.57
2002		1361.91				63.32	84.50	101.76
2003		1396.23				67.58	101.21	93.67
2004		1271.88	1925.02	1507.99	48.93	97.70	108.71	79.11
2005		1587.51	2506.44	1969.58	59.28	166.71	127.49	80.00
2006		1872.75	3135.60	2471.32	70.29	216.68	159.88	82.44
2007		2306.27	3926.09	3096.90	97.13	305.85	184.51	83.86
2008		3114.87	4765.38	3874.58	110.67	198.13	218.32	87.08
2009		3347.13	5296.72	4221.47	180.53	295.09	227.59	88.01
2010		3777.87	6424.93	5132.85	202.92	478.18	327.43	90.16
2011		4414.98	7895.50	6308.18	245.71	538.74	359.19	93.40
2012		4906.05	8689.36	6962.15	299.71	589.29	400.41	97.05
2013		5486.79	9545.34	7714.20	288.03	506.85	421.61	98.20
成都市	Chengdu	2246.39	3529.30	2886.10	189.09	132.81	144.63	33.47
自贡市	Zigong	112.06	246.16	211.79	1.33	9.78	6.60	2.55
攀枝花市	Panzhihua	439.39	693.02	610.21	5.91	-11.94	23.31	8.31
泸州市	Luzhou	215.46	389.40	287.16	14.34	53.38	22.46	4.22
德阳市	Deyang	158.35	422.23	356.41	3.64	-13.59	19.29	5.28
绵阳市	Mianyang	379.86	1073.44	915.50	7.08	26.43	55.01	10.24
广元市	Guangyuan	57.57	122.04	101.68	0.63	5.93	4.31	1.80
遂宁市	Suining	83.33	115.72	97.28	1.91	6.33	2.65	1.76
内江市	Neijiang	37.36	94.07	82.83	0.35	1.73	2.90	1.75
乐山市	Leshan	73.30	125.47	99.58	1.07	-4.53	9.01	2.46
南充市	Nanchong	109.42	309.21	249.83	16.37	21.19	11.66	2.51
眉山市	Meishan	23.96	89.34	81.87	0.35	-0.08	3.85	1.20
宜宾市	Yibin	767.93	963.58	734.04	22.43	152.14	45.16	9.73
广安市	Guangan	69.05	81.31	64.59	0.65	7.16	5.25	1.44
达州市	Dazhou	119.36	212.97	114.90	4.24	59.62	4.08	2.90
雅安市	Yaan	122.13	132.51	88.74	1.36	16.78	13.78	0.98
巴中市	Bazhong	14.20	148.86	106.72	9.11	2.51	4.92	1.36
资阳市	Ziyang	32.72	112.44	103.85	1.02	0.29	2.02	1.89
阿坝藏族羌族自治州	Aba	72.41	60.31	43.20	0.47	0.36	5.67	0.45
甘孜藏族自治州	Ganzi	68.78	41.46	22.54	0.48	8.04	6.02	0.31
凉山彝族自治州	Liangshan	283.79	582.48	455.38	6.19	32.50	29.02	3.60

14-10 各市(州)大中型工业企业主要指标
Main Indicators of Large and Medium-Sized Industrial Enterprises by Region

单位：亿元 (100 million yuan)

年 份 市(州)	Year Region	企业单位数(个) Number of Enterprise (unit)	工业总产值 Gross Industrial Output Value	资产总计 Total Assets	流动资产合计 Circulating Funds	固定资产原价 Original Value of Fixed Assets	负债合计 Total Liabilities	流动负债合计 Liquid Liabilities
1998		870	1302.83	2938.50	1300.17	1778.60	1854.56	1179.64
1999		836	1330.50	3574.60	1379.53	2398.73	2225.70	1241.21
2000		783	1401.66	3607.02	1421.73	2374.75	2305.85	1285.79
2001		884	1622.00	3918.90	1572.97	2574.24	2438.89	1466.63
2002		972	1948.88	4231.06	1690.32	2641.97	2593.73	1585.30
2003		843	2395.92	4707.48	1943.03	2910.60	2886.08	1874.30
2004		909	3075.00	4879.50	2088.53	3314.60	3112.58	958.57
2005		984	3960.28	5689.02	2452.25	3700.42	3565.22	2464.06
2006		1050	4975.58	6557.26	2823.62	3821.43	3986.70	2762.09
2007		1228	6591.38	8427.97	3666.10	4949.00	5031.63	3496.33
2008		1423	8432.09	10881.79	4556.76	5376.74	6566.77	4462.80
2009		1603	10174.12	12490.71	5346.84	6630.78	7638.68	5156.30
2010		1989	13696.65	15940.79	6874.81	9124.91	9956.92	6872.76
2011		2790	19954.10	19695.11	8621.32	11471.96	12187.05	8752.14
2012		2769	19648.53	21074.33	9714.15	11876.04	13376.19	9429.04
2013		2635	22871.24	26044.06	10838.81	14662.95	15808.26	10227.38
成都市	Chengdu	644	7836.66	10297.19	3691.31	4981.91	5818.69	3315.92
自贡市	Zigong	109	746.14	810.71	520.94	354.64	559.59	474.34
攀枝花市	Panzhihua	65	966.11	1761.26	587.48	989.98	1221.49	920.98
泸州市	Luzhou	74	787.81	726.15	373.18	307.77	404.35	264.04
德阳市	Deyang	133	1338.20	1786.92	1125.06	579.88	1276.77	1106.34
绵阳市	Mianyang	111	1452.46	1678.99	1066.64	556.48	1130.93	898.73
广元市	Guangyuan	46	245.67	183.09	72.10	167.29	165.27	79.35
遂宁市	Suining	87	600.92	359.22	134.87	224.87	139.58	105.58
内江市	Neijiang	162	1178.16	804.88	377.90	1239.83	425.27	286.30
乐山市	Leshan	161	1117.83	1198.65	484.27	1133.58	801.49	599.59
南充市	Nanchong	237	1255.50	772.34	307.63	548.52	333.34	118.90
眉山市	Meishan	113	392.62	405.43	150.99	250.43	219.61	159.68
宜宾市	Yibin	164	1385.47	1724.20	968.82	925.73	877.74	676.53
广安市	Guangan	83	442.51	321.34	101.42	251.19	197.37	104.39
达州市	Dazhou	106	434.77	745.42	174.94	644.84	560.50	436.02
雅安市	Yaan	37	124.69	157.84	72.99	61.42	84.62	63.93
巴中市	Bazhong	38	226.49	45.75	16.18	41.51	25.16	15.32
资阳市	Ziyang	172	1323.18	586.86	299.14	265.35	297.33	260.71
阿坝藏族羌族自治州	Aba	7	72.86	65.60	26.15	37.66	44.88	24.14
甘孜藏族自治州	Ganzi	4	25.41	79.31	15.91	44.72	43.88	11.32
凉山彝族自治州	Liangshan	82	917.79	1532.92	270.88	1055.36	1180.38	305.25

14-10 续表 continued

单位：亿元 (100 million yuan)

年 份 市(州)	Year Region	所有者权益合计 Owners' Equity	主营业务收入 Main Business Revenue	主营业务成本 Main Business Cost	主营业务税金及附加 Main Business Tax and Charges	利润总额 Total Profits	本年应交增值税 Value-added Tax Payable	全部从业人员年平均人数(万人) Annual Average Employed Persons (10 000 persons)
1998		1083.94				46.47	67.60	160.77
1999		1348.91				26.68	83.50	149.23
2000		1301.09				57.64	84.30	126.57
2001		1480.01				71.57	89.16	119.39
2002		1637.34				99.72	101.24	115.18
2003		1821.40				122.44	129.67	125.64
2004		1766.31	3068.51	2437.99	60.71	154.96	149.12	119.10
2005		2116.05	3934.89	3138.94	73.74	245.57	175.52	128.00
2006		2566.51	4941.02	3962.09	87.14	332.77	227.13	134.79
2007		3396.35	6511.90	5171.48	126.96	496.14	284.06	146.44
2008		4315.03	8262.77	6761.45	146.08	483.25	372.16	159.86
2009		4812.08	9964.93	8093.80	233.40	668.87	388.56	175.95
2010		5935.53	13854.97	11240.86	284.39	1069.06	609.75	211.98
2011		7446.71	19862.11	16271.38	358.56	1510.47	846.44	271.53
2012		7651.59	19928.38	16161.68	395.52	1585.57	885.99	276.54
2013		9811.84	23506.70	19418.54	453.87	1567.71	951.74	267.16
成都市	Chengdu	4108.57	8286.39	6779.31	255.65	535.05	363.39	82.58
自贡市	Zigong	248.10	732.26	612.81	4.53	39.22	24.52	8.85
攀枝花市	Panzhihua	539.08	1194.59	1027.73	10.19	24.84	42.12	12.95
泸州市	Luzhou	321.80	637.50	467.04	24.37	77.09	37.39	7.79
德阳市	Deyang	496.54	1284.56	1044.63	12.73	88.50	50.60	15.62
绵阳市	Mianyang	546.33	1438.08	1207.21	12.12	59.20	71.78	16.92
广元市	Guangyuan	15.21	246.10	213.72	1.76	11.14	6.65	3.53
遂宁市	Suining	218.34	648.96	564.31	14.10	45.46	27.95	6.40
内江市	Neijiang	375.27	1189.61	1045.92	8.20	58.98	51.58	14.73
乐山市	Leshan	391.31	1065.84	926.74	5.16	56.96	29.01	12.01
南充市	Nanchong	433.24	1267.75	1036.82	30.93	85.92	46.17	15.26
眉山市	Meishan	181.40	392.65	332.95	2.53	25.09	14.53	7.41
宜宾市	Yibin	846.46	1478.39	1174.27	30.73	184.42	64.79	18.15
广安市	Guangan	120.84	443.30	382.77	2.80	28.95	13.43	5.68
达州市	Dazhou	184.51	630.49	493.37	6.68	71.41	13.64	8.02
雅安市	Yaan	73.03	119.62	101.86	0.58	5.83	4.50	2.41
巴中市	Bazhong	20.47	219.62	168.18	10.16	4.43	7.81	3.55
资阳市	Ziyang	287.03	1311.40	1084.00	12.14	114.90	40.88	17.85
阿坝藏族羌族自治州	Aba	20.73	59.52	58.07	0.14	-3.16	1.37	0.51
甘孜藏族自治州	Ganzi	35.43	25.31	14.91	0.26	6.36	2.86	0.21
凉山彝族自治州	Liangshan	348.16	834.73	681.93	8.11	47.11	36.76	6.72

14-11 各市(州)规模以上工业企业主要经济效益指标(2013年)
Main Indicators on Economic Benefit of Industrial Enterprises above Designated Size by Region(2013)

市(州)	Region	总资产贡献率 (%) Ratio of Profits, Taxes and Interests to Average Assets (%)	资产负债率 (%) Ratio of Debts to Assets (%)	工业成本费用利润率 (%) Ratio of Profits to Industrial Cost (%)	产品销售率 (%) Sales Ratio of Products (%)
全　省	**Sichuan**	**13.26**	**61.27**	**7.02**	**97.78**
成都市	Chengdu	11.87	56.92	6.75	98.54
自贡市	Zigong	16.41	64.47	5.59	98.76
攀枝花市	Panzhihua	8.41	69.71	3.83	97.38
泸州市	Luzhou	23.72	60.09	9.96	93.57
德阳市	Deyang	11.79	68.25	6.77	95.60
绵阳市	Mianyang	10.86	66.30	5.24	96.85
广元市	Guangyuan	12.22	68.91	5.37	98.57
遂宁市	Suining	27.91	36.19	8.05	98.01
内江市	Neijiang	21.03	49.64	6.17	98.84
乐山市	Leshan	9.29	67.13	5.42	97.33
南充市	Nanchong	21.61	44.08	7.39	98.74
眉山市	Meishan	15.20	54.74	7.18	97.31
宜宾市	Yibin	12.67	61.63	13.33	98.42
广安市	Guangan	20.58	57.76	5.72	99.35
达州市	Dazhou	15.44	70.75	9.04	99.95
雅安市	Yaan	8.86	71.54	8.89	96.29
巴中市	Bazhong	28.63	54.22	2.75	96.53
资阳市	Ziyang	31.04	48.51	8.91	98.53
阿坝藏族羌族自治州	Aba	5.14	74.04	-0.20	87.31
甘孜藏族自治州	Ganzi	8.53	70.00	22.31	100.82
凉山彝族自治州	Liangshan	8.75	75.04	6.20	96.58

14-12 各市(州)国有控股工业企业主要经济效益指标(2013年)

Main Indicators on Economic Benefit of State-holding Industrial Enterprises by Region(2013)

市(州)	Region	总资产贡献率 (%) Ratio of Profits, Taxes and Interests to Average Assets (%)	资产负债率 (%) Ratio of Debts to Assets (%)	工业成本费用利润率 (%) Ratio of Profits to Industrial Cost (%)	产品销售率 (%) Sales Ratio of Products (%)
全　省	**Sichuan**	**8.42**	**66.70**	**5.63**	**97.80**
成都市	Chengdu	8.59	58.82	4.05	99.20
自贡市	Zigong	5.19	70.81	4.05	98.58
攀枝花市	Panzhihua	3.95	66.38	-1.69	99.21
泸州市	Luzhou	20.59	53.34	16.08	84.95
德阳市	Deyang	1.94	82.53	-3.23	96.66
绵阳市	Mianyang	7.88	71.01	2.49	98.23
广元市	Guangyuan	5.96	79.18	4.91	98.97
遂宁市	Suining	7.99	46.93	5.60	94.41
内江市	Neijiang	6.02	72.01	1.82	99.48
乐山市	Leshan	3.25	76.21	-3.63	92.71
南充市	Nanchong	20.73	55.68	7.75	98.85
眉山市	Meishan	7.32	75.94	-0.09	99.32
宜宾市	Yibin	10.95	62.53	18.00	98.94
广安市	Guangan	8.52	65.69	9.11	99.78
达州市	Dazhou	14.80	78.37	37.66	98.73
雅安市	Yaan	8.92	78.33	14.56	98.79
巴中市	Bazhong	44.01	64.47	1.77	97.03
资阳市	Ziyang	4.56	68.52	0.24	101.74
阿坝藏族羌族自治州	Aba	6.18	76.52	0.62	99.07
甘孜藏族自治州	Ganzi	8.22	73.76	22.79	100.56
凉山彝族自治州	Liangshan	6.73	80.89	5.54	96.41

14-13 各市(州)大中型工业企业主要经济效益指标(2013年)
Main Indicators on Economic Benefit of Large-scale and Medium-scale Industrial by Region(2013)

市(州)	Region	总资产贡献率 (%) Ratio of Profits, Taxes and Interests to Average Assets (%)	资产负债率 (%) Ratio of Debts to Assets (%)	工业成本费用利润率 (%) Ratio of Profits to Industrial Cost (%)	产品销售率 (%) Sales Ratio of Products (%)
全　省	**Sichuan**	**12.73**	**60.70**	**7.16**	**97.77**
成都市	Chengdu	12.04	56.51	7.07	98.88
自贡市	Zigong	9.85	69.02	5.71	98.64
攀枝花市	Panzhihua	6.69	69.35	2.12	97.53
泸州市	Luzhou	20.41	55.68	14.16	88.16
德阳市	Deyang	9.72	71.45	7.34	95.01
绵阳市	Mianyang	9.59	67.36	4.25	97.00
广元市	Guangyuan	13.34	90.27	4.65	99.11
遂宁市	Suining	25.64	38.86	7.63	98.24
内江市	Neijiang	17.25	52.84	5.23	98.97
乐山市	Leshan	9.04	66.87	5.55	97.71
南充市	Nanchong	23.01	43.16	7.48	98.50
眉山市	Meishan	11.89	54.17	6.71	97.44
宜宾市	Yibin	16.99	50.91	13.79	98.22
广安市	Guangan	16.05	61.42	6.94	98.44
达州市	Dazhou	14.96	75.19	12.67	99.61
雅安市	Yaan	8.00	53.61	4.93	96.89
巴中市	Bazhong	51.28	54.99	2.11	96.74
资阳市	Ziyang	30.55	50.67	9.26	98.45
阿坝藏族羌族自治州	Aba	-0.01	68.41	-5.11	83.60
甘孜藏族自治州	Ganzi	13.71	55.33	31.75	104.52
凉山彝族自治州	Liangshan	8.03	77.00	5.66	96.90

14-14 规模以上工业企业主要产品产量
Output of Major Products of Industrial Enterprises above Designated Size

产品名称	Item	2005	2010	2011	2012	2013
化学纤维 (万吨)	Chemical Fiber (10 000 tons)	26.56	51.22	61.21	72.58	94.24
纱 (万吨)	Yarn (10 000 tons)	25.48	70.81	96.86	85.55	88.87
布 (亿米)	Cloth (100 million m)	7.07	14.90	16.68	14.19	17.15
丝织品 (万米)	Silk Knit Goods (10 000 m)	11330	23042	23421	26534	25195
服装 (万件)	Garments (10 000 pcs)	2764	9933	11937	15397	13641
机制纸及纸板 (万吨)	Machine-made Paper and Paperboard (10 000 tons)	110.59	342.86	369.24	237.09	212.30
合成洗涤剂 (吨)	Synthetic Detergents (ton)	525075	766647	695841	712458	950261
原电池 (万只)	Battery (10 000 pcs)	5754	37980	41933	47147	58593
原盐 (万吨)	Salt (10 000 tons)	412.11	763.18	1037.65	476.44	502.88
卷烟 (亿支)	Cigarettes (100 million pieces)	685.05	914.24	944.16	978.85	998.66
乳制品 (吨)	Dairy Products (ton)	150432	579963	780055	772171	949209
白酒(商品量) (万吨)	Liquor (10 000 tons)	57.83	229.80	309.39	295.18	336.36
啤酒 (万吨)	Beer (10 000 tons)	126.22	158.30	192.05	196.00	238.26
软饮料 (万吨)	Soft Drink (10 000 tons)	120.41	495.91	644.66	745.45	1104.50
食用植物油 (万吨)	Vegetable Oil (10 000 tons)	40.83	117.73	162.30	138.97	134.71
配、混合饲料 (万吨)	Mingled Feedstuff (10 000 tons)	449.94	701.16	1154.14	1113.33	1091.22
中成药 (吨)	Traditional Chinese Medicine (ton)	98254	298113	389745	347547	421003
化学原料药 (吨)	Chemical Medicine (ton)	53994	26716	34690	142423	78289
塑料制品 (吨)	Plastics Goods (ton)	471729	2542933	2293259	2556047	3003773
家用电冰箱 (万台)	Household Refrigerators (10 000 units)	23.00	81.22	66.99	68.85	89.66
房间空气调节器 (台)	Air Conditioner (unit)	1452260	1194903	1165506	1082255	1397096
电视机 (万台)	Television Sets (10 000 units)	781.61	1208.90	1116.35	1028.50	991.62
# 彩色电视机 (万台)	Color Television Sets (10 000 units)	781.61	1208.90	1116.35	1028.50	991.62
原油 (万吨)	Crude Oil (10 000 tons)	13.92	15.12	16.17	17.52	22.36
柴油 (万吨)	Diesel Oil (10 000 tons)	49.23	83.30	86.60	86.00	59.11

14-14续表 continued

产品名称		Item		2005	2010	2011	2012	2013
汽油	(万吨)	Gasoline	(10 000 tons)	28.16	57.76	76.16	65.21	74.07
天然气	(亿立方米)	Natural Gas	(100 million cu.m)	135.24	234.16	267.76	242.11	213.13
发电量	(亿千瓦小时)	Electricity	(100 million kwh)	958.03	1683.82	1845.06	2002.43	2448.33
#水电	(亿千瓦小时)	Hydropower	(100 million kwh)	616.99	1103.37	1245.31	1410.69	1830.71
焦炭	(万吨)	Coke	(10 000 tons)	827.94	1157.09	1278.87	1299.69	1450.66
生铁	(万吨)	Pig Iron	(10 000 tons)	1060.50	1593.81	1714.99	1670.22	2011.40
钢	(万吨)	Steel	(10 000 tons)	1094.45	1580.99	1728.64	1674.28	2424.74
成品钢材	(万吨)	Rolled Steel Products	(10 000 tons)	1172.72	1976.55	2233.29	2281.62	2785.22
铁合金	(万吨)	Ferroalloy	(10 000 tons)	106.62	238.89	201.05	206.92	245.57
水泥	(万吨)	Cement	(10 000 tons)	4194.74	13227.55	14501.08	13342.06	13897.09
平板玻璃	(万重量箱)	Plate Glass	(10 000 wt.cases)	1304.94	4275.94	4892.38	4093.16	4007.53
硫酸	(万吨)	Sulfuric Acid	(10 000 tons)	324.85	388.22	422.99	527.56	590.97
浓硝酸	(万吨)	Concentrated Nitric Acid	(10 000 tons)	5.43	8.43	8.08	8.09	7.88
碳酸钠(纯碱)	(万吨)	Soda Ash	(10 000 tons)	106.51	169.78	167.76	167.84	111.60
氢氧化钠(烧碱)	(万吨)	Caustic Soda	(10 000 tons)	75.49	106.93	117.91	123.21	180.57
合成氨	(万吨)	Synthetic Ammonia	(10 000 tons)	374.47	403.34	345.47	383.95	417.54
农用氮、磷、钾化学肥料总计	(折纯)(万吨)	Chemical Fertilizers	(10 000 tons)	428.82	510.12	470.68	425.28	439.98
#氮肥	(万吨)	Nitrogen Fertilizers	(10 000 tons)	337.60	414.76	379.59	332.85	336.13
化学农药	(吨)	Chemical Pesticide	(ton)	38779	128105	125239	96340	150020
电石(折合量)	(万吨)	Calcium carbide	(10 000 tons)	65.76	75.98	72.31	70.70	79.60
塑料	(万吨)	Plastics	(10 000 tons)	61.52	104.37	105.25	107.92	117.09
轮胎外胎	(万条)	Tyres	(10 000 pcs)	615.33	1558.12	1531.16	1922.85	2107.62
发电设备(500千瓦及以上)	(万千瓦)	Power Generating Equipment (each above 500kw)	(10000 kw)	2327.64	3781.54	4413.27	3708.19	3884.64
变压器	(万千伏安)	Transformer	(10 000 kva)	846.77	1151.61	1368.81	1548.56	1907.77
金属切削机床	(万台)	Metal-cutting Machine Tools	(10 000 units)	0.79	0.73	0.87	0.51	0.52
汽车	(辆)	Motor Vehicles	(unit)	56606	102850	188463	396792	807133

主要统计指标解释

工业 指从事自然资源的开采，对采掘品和农产品进行加工和再加工的物质生产部门。具体包括：(1)对自然资源的开采，如采矿、晒盐等(但不包括禽兽捕猎和水产捕捞)；(2)对农副产品的加工、再加工，如粮油加工、食品加工、缫丝、纺织、制革等；(3)对采掘品的加工、再加工，如炼铁、炼钢、化工生产、石油加工、机器制造、木材加工等，以及电力、自来水、煤气的生产和供应等；(4)对工业品的修理、翻新，如机器设备的修理、交通运输工具(如汽车)的修理等。

工业统计调查单位为独立核算法人工业企业。

本篇资料的统计范围：1998 年至 2006 年为全部国有及年主营业务收入在 500 万元以上非国有工业企业；2007 至 2010 年为年主营业务收入在 500 万元以上工业企业（即规模以上工业企业)；2011 年开始为年主营业务收入在 2000 万元及以上的工业企业（即规模以上工业企业)。

国有及国有控股企业 指国有企业加上国有控股企业。国有企业(即原全民所有制工业或国营工业)指企业全部资产归国家所有，并按《中华人民共和国企业法人登记管理条例》规定登记注册的非公司制的经济组织。包括国有企业、国有独资公司和国有联营企业。1957 年以前的公私合营和私营工业，后均改造为国营工业，1992 年改为国有工业，这部分工业的资料不单独分列时，均包括在国有企业内。国有控股企业是对混合所有制经济的企业进行的“国有控股”分类。它是指这些企业的全部资产中国有资产(股份)相对其他所有者中的任何一个所有者占资(股)最多的企业。该分组反映了国有经济控股情况。

本篇涉及的其他企业登记注册类型的解释详见综合篇

轻工业 指主要提供生活消费品和制作手工工具的工业。按其所使用的原料不同，可分为两大类：(1)以农产品为原料的轻工业，是指直接或间接以农产品为基本原料的轻工业。主要包括食品制造、饮料制造、烟草加工、纺织、缝纫、皮革和毛皮制作、造纸以及印刷等工业；(2)以非农产品为原料的轻工业，是指以工业品为原料的轻工业。主要包括文教体育用品、化学药品制造、合成纤维制造、日用化学制品、日用玻璃制品、日用金属制品、手工工具制造、医疗器械制造、文化和办公用机械制造等工业。

重工业 指为国民经济各部门提供物质技术基础的主要生产资料的工业。按其生产性质和产品用途，可以分为下列三类：(1)采掘(伐)工业，是指对自然资源的开采，包括石油开采、煤炭开采、金属矿开采、非金属矿开采等工业；(2)原材料工业，指向国民经济各部门提供基本材料、动力和燃料的工业。包括金属冶炼及加工、炼焦及焦炭、化学、化工原料、水泥、人造板以及电力、石油和煤炭加工等工业；(3)加工工业，是指对工业原材料进行再加工制造的工业。包括装备国民经济各部门的机械设备制造工业、金属结构、水泥制品等工业，以及为农业提供的生产资料如化肥、农药等工业。

根据上述划分原则，修理业中以重工业产品为修理作业对象的划为重工业，反之划为轻工业。

工业总产值 是工业企业在一定时期内生产的以货币形式表现的工业最终产品或提供工业性劳务活动的总价值量。它反映一定时期内工业生产的总规模和总水平。

计算原则：(1)工业生产的原则，即凡是企业在报告期内生产的最终产品和提供的劳务，均应包括在内。其中的最终产品，不管是否在报告期内销售，只要是报告期内生产的，就应包括在内。凡不是工业生产的产品，均不得计入工业总产值。(2)最终产品的原则，即企业生产的成品价值必须是本企业生产的，经检验合格不需再进行任何加工的最终产品。企业对外销售的半成品也应视为最终产品计入工业总产值。而在本企业内各车间转移的半成品和在制品只能计算其期末期初差额价值。(3)工厂法原则，即以法人工业企业作为一个整体计算工业总产值，是其报告期内生产的最终产品和提供劳务的总价值量。

内容及计算方法：1995 年全国工业普查对工业总产值(原规定)的内容及计算原则和方法做了某些修订，修订后的工业总产值(新规定)包括三项内容，即本期生产成品价值、对外加工费收入、在制品半成品期末期初差额价值三部分。

工业增加值 指工业企业在报告期内以货币表现的工业生产活动的最终成果。

工业增加值有两种计算方法：一是生产法，即工业总产出减去工业中间投入加上应交增值税；二是收入法，即从收入的角度出发，根据生产要素在生产过程中应得到的收入份额计算，具体构成项目有固定资产折旧、劳动者报酬、生产税净额、营业盈余，这种方法也称要素分配法。本年鉴中的工业增加值是以生产法计算的。

生产法工业增加值的计算方法为： 工业增加值= 工业总产出- 工业中间投入+ 应交增值税

资产总计 指企业过去的交易或者事项形成的、由企业拥有或者控制的、预期会给企业带来经济利益的资源。资产一般按流动性分为流动资产和非流动资产。其中流动资产可分为货币资金、交易性金融资产、应收票据、应收账款、预付款项、其他应收款、存货等；非流动资产可分为长期股权投资、固定资产、无形资产及其他非流动资产等。根据会计“资产负债表”中“资产总计”项目的期末余额数填报。

流动资产合计 资产满足以下条件之一应归为流动资产：（1）预计在一个正常营业周期中变现、出售或耗用，主要包括存货、应收账款等；（2）主要为交易目的而持有；（3）预计在资产负债表日起一年内（含一年）变现；（4）自资产负债日起一年内，交换其他资产或清偿负债的能力不受限制的现金或现金等价物。包括货币资金、应收票据、应收账款、存货等项目。根据会计“资产负债表”中“流动资产合计”项目的期末余额数填报。

固定资产原价 指固定资产的成本，包括企业在购置、自行建造、安装、改建、扩建、技术改造某项固定资产时所发生的全部支出总额。根据会计“固定资产”科目的期末借方余额填报。

负债合计 指企业过去的交易或者事项形成的，预期会导致经济利益流出企业的现时义务。负债一般按偿还期长短分为流动负债和非流动负债。根据会计“资产负债表”中“负债合计”项目的期末余额数填报。

所有者权益合计 指企业资产扣除负债后由所有者享有的剩余权益。公司的所有者权益又称股东权益。包括实收资本、资本公积、盈余公积、未分配利润等。根据会计“资产负债表”中“所有者权益合计”项目的期末余额数填报。

主营业务收入 指企业确认的销售商品、提供劳务等主营业务的收入。根据会计“主营业务收入”科目的期末贷方余额填报。

利润总额 指企业在一定会计期间的经营成果，是生产经营过程中各种收入扣除各种耗费后的盈余，反映企业在报告期内实现的盈亏总额。根据会计“利润表”中“利润总额”项目的本期金额数填报。

总资产贡献率 反映企业全部资产的获利能力，是企业经营业绩和管理水平的集中体现，是评价和考核企业盈利能力的核心指标。计算公式为：

总资产贡献率(%)＝(利润总额+税金总额+利息支出)/平均资产总额×100%

公式中：税金总额为主营业务税金及附加与应交增值税之和；平均资产总额为期初期末资产之和的算术平均值。

资产负债率 该指标既反映企业经营风险的大小，也反映企业利用债权人提供的资金从事经营活动的能力。计算公式为：

资产负债率(%)＝(负债总额/资产总额)×100%

成本费用利润率 反映企业投入的生产成本及费用的经济效益，同时也反映企业降低成本所取得的经济效益。计算公式为：

成本费用利润率(%)＝(利润总额/成本费用总额)×100%

流动资产周转次数 指在一定时期内流动资产完成的周转次数，反映投入工业企业流动资金的周转速度。计算公式为：

流动资产周转次数＝主营业务收入/全部流动资产平均余额

产品销售率 该指标反映工业产品已实现销售的程度，是分析工业产销衔接情况，研究工业产品满足社会需求程度的指标。计算公式为：

产品销售率(%)＝(工业销售产值/工业总产值) ×100%

Explanatory Notes on Main Statistical Indicators

Industry refers to the material production sector which is engaged in extraction of natural resources and processing and reprocessing of minerals and agricultural products, including (1) extraction of natural resources, such as mining, salt production, logging (but not including hunting and fishing); (2) processing and reprocessing of farm and sideline produces, such as rice husking, flour milling, wine making, oil pressing, cotton ginning, silk reeling, spinning and weaving, and leather making; (3) manufacture of industrial products, such as steel making, iron smelting, chemicals manufacturing, petroleum processing, machine building, timber processing; water and gas production and electricity generation and supply; (4)repairing of industrial products such as the repairing of machinery and means of transport (including cars).

In industrial statistics surveys, the units of enquiry are corporate industrial enterprises with independent accounting systems.

The statistical range of the data: From 1998 to 2006 including all the state-owned Industrial Enterprises, and Non-state-owned Industrial Enterprises with main business income above 5 million yuan (RMB). From 2007 to 2010 including the industrial enterprises with annual main business income above 5 million yuan (RMB) (Industrial Enterprises above Designated Size). From 2011 including the industrial enterprises with annual main business income above 20 million yuan (RMB) (Industrial Enterprises above Designated Size).

State-owned and State-holding Enterprises refer to state-owned enterprises plus State-holding enterprises. State-owned enterprises (originally known as State-run enterprises with ownership by the whole society) are non-corporate economic entities registered in accordance with the Regulation of the People's Republic of China on the Management of Registration of Legal Enterprises, where all assets are owned by the State. Included in this category are State-owned enterprises, State-funded corporations and State-owned joint-operation enterprises. Joint State-private industries and private industries, which existed before 1957, were transformed into state-run industries since 1957, and into State-owned industries after 1992. Statistics on those enterprises are included in the State-owned industries instead of being grouped them separately. State-holding enterprises are a sub-classification of enterprises with mixed ownership, referring to enterprises where the percentage of State assets (or shares by the State) is larger than any other single share holder of the same enterprise. This sub-classification illustrates the control of the State over a particular industry.

For explanation of enterprises of other types of registration covered in this chapter, please refer to General Survey.

Light Industry refers to the industry that produces consumer goods and hand tools. It consists of two categories, depending on the materials used:

(1) Industries using farm products as raw materials. These are branches of light industry which directly or indirectly use farm products as basic raw materials, including the manufacture of food and beverages, tobacco processing, textile, clothing, fur and leather manufacturing, paper making, printing, etc.

(2) Industries using non farm products as raw materials. These are branches of light industry which use manufactured goods as raw materials, including the manufacture of cultural, educational articles and sports goods, chemicals, synthetic fiber, chemical products for daily use, glass products for daily use, metal products for daily use, hand tools, medical apparatus and instruments, and the manufacture of cultural and clerical machinery.

Heavy Industry refers to the industry, which produces capital goods, and provides various sectors of the national economy with necessary material and technical basis. It consists of the following three branches according to the purpose of production or the use of products:

(1)Mining, quarrying and logging industry refers to the industry that extracts natural resources, including extraction of petroleum, coal, metal and non-metal ores and logging.

(2) Raw materials industry refers to the industry that provides various sectors of the national economy with raw materials, fuels and power. It includes smelting and processing of metals, coking and coke chemistry, chemical materials and building materials such as cement, plywood, and power, petroleum refining and coal dressing.

(3) Manufacturing industry refers to the industry that processes raw materials. It includes machine-building industry, which

equips sectors of the national economy, industries of metal structure and cement products, industries producing means of agricultural production, such as chemical fertilizers and pesticides.

According to the above principle of classification, the repairing trades which are engaged primarily in repairing products of heavy industry are classified into heavy industry while these engaged in repairing products of light industry are classified into light industry.

Gross Industrial Output Value is the total volume of final industrial products produced and industrial services provided during a given period in monetary terms. It reflects the total achievements and overall scale of industrial production during a given period.

Principles for calculation:

(1) Statistics on industrial production follow the principle that all final industrial products produced and industrial services provided during the reference period are to be included. The final industrial products are included as long as being produced during the reference period, no matter whether they are sold or not during the reference period. The gross industrial output value will not cover those products that are not from industrial production.

(2)Determination of final products follows the principle that all products that are included in the calculation of gross industrial output value are the final products of the enterprise which have been accepted through quality check and require no further processing. The intermediate products sold by enterprises are considered as the final products of the enterprise and counted into the gross industrial output value. However, for the intermediate products being transferred among workshops and the work-in-progress products, only the balance value from the beginning to the end of the period is calculated.

(3)Gross industrial output value is calculated following the principle of factory approach, i.e. industrial enterprise with legal entity is used as a whole in calculating the gross industrial output value, which will cover the total value of final industrial products produced and industrial services provided by these enterprises during the reference period.

Value-added of Industry refers to the final results of industrial production of industrial enterprises in money terms during the reference period.

Industrial value-added can be calculated by two approaches: the production approach, i.e. gross industrial output value minus intermediate input plus value-added tax, and the income approach, i.e. income for various factors used in the course of production, including depreciation of fixed assets, remuneration of labourers, net of production tax, and operating surplus. Value-added of industry in the Yearbook is calculated by production approach as following:

Value-added of industry = gross industrial output – industrial intermediate input + value-added tax

Total Assets refer to all resources that are owned or controlled by enterprises through previous trades or transactions with expectation of making economic profits. Classified by the degree of liquidity, total assets include current assets, and non-current assets. Current assets can be classified into monetary assets, trading financial assets, notes receivable, accounts receivable, advanced payments, other prepaid money and inventories. Non-current assets can be divided into long-term equity investment, fixed assets, intangible assets and other non-current assets. Data on this indicator can be obtained by the year-end figures of total assets in the *Assets and Liability Table* of accounting records of enterprises.

Total of Working Capitals refer to the assets that meet one of the following requirements: (1) expected to be cashed, sold or used in a normal operation cycle, mainly including inventory and accounts receivable; (2) be owned for trading purpose mainly; (3) expected to be cashed in one year (including one year) from the day of the *Assets and Liability Table*; (4) unlimited cash or cash equivalents that can be exchanged with other assets or being capable of settling debts during one year since the day of *Assets and Liability Table*. Included are monetary assets, notes receivable, accounts receivable and inventories. Data on this indicator can be obtained by the year-end figures of total current assets in the *Assets and Liability Table* of the accounting records of enterprises.

Original Value of Fixed Assets refers to the cost of fixed assets, or the total expenditure of an enterprise spent on certain fixed assets, through purchase, construction, installation, transformation, expansion or technical upgrading. It is reported according to the year-end debit balance of fixed assets of accounting records.

Total Liabilities refer to payable liabilities of enterprises that accumulated from previous trades or transactions with expectation of economic profits leaking out. In terms of payment, it can be divided into liquid liabilities and long-term liabilities. Data on this item is obtained from the year-end figures on total liabilities from the Assets and Liability Table of the accounting record of the enterprises.

Owner's Equity refers to the residual ownership of enterprise investors by deducting total liabilities from the total assets, including the paid-in capital, accumulation of capital, operating surplus and non-distributed profits. Data are obtained from the year-end figures on "total equity" from the Assets and Liability Table of the accounting record of enterprise.

Revenue from Principal Business refers to the annual accumulation of the corresponding item in the "profit table" of the accountant. For enterprises that do not follow the 2001 Enterprise Accounting Standards, the year-end accumulation of revenue from the sales of products is used as a substitute.

Total Profits refers to the operation results in a certain accounting period, and it is the balance of various incomes minus various spending in the course of operation, reflecting the total profits and losses of enterprises in reporting period. Data are obtained from the amount of "total profits" in the "profit table" of the accounting record of enterprise.

Ratio of Profits, Taxes and Interests to Average Assets reflects the profit-making capability of all assets of the enterprise and is a key indicator manifesting the performance and management and evaluating the profit-making potential of the enterprise. It is calculated as follows:

Ratio of profits, taxes and interests to average as sets (%) =[(total profits + total taxes + interest payment) / average assets]× 100%

In the above formula, total taxes is the sum of tax and extra charges from principal business and value-added tax payable; and average assets is the arithmetic mean of the sum of beginning assets and ending assets.

Ratio of Debts to Assets reflects both the operation risk and the capability of the enterprise in making use of the capital from the creditors. It is calculated as follows:

Ratio of debts to assets (%) = (total debts / total assets)×100%

Ratio of Profits to Total Industrial Costs refers to the ratio of profits realized in a given period to the total costs in the same period, which reflects the economic efficiency of input cost and is calculated as follows:

Ratio of profits to total industrial cost (%)=(total profits/total cost s)× 100%

Turnover of Working Capital refers to the number of times of turnover of working capital in a given period of time, which reflects the speed of the turnover of working capital of industrial enterprises, and is calculated as follows:

Turnover of working capital=(main business income)/(average balance of total current assets)

Ratio of Sales to Gross Output Value reflects the degree at which industrial products are sold. It helps to analyze the linkage between production and sales and the extent of the needs of the society that has been met by the supply of industrial products. It is calculated as follows:

Ratio of Sales to Gross Output Value=[Industrial sales /Gross industrial output value]× 100%

15 建筑业

CONSTRUCTION

15-1 建筑业企业个数、产值、人数及竣工面积

Number of Enterprises, Gross Output Value, Number of Persons Engaged and Floor Space of Buildings Completed of Construction

年 份 Year	企业个数 (个) Number of Enterprises (unit)	总产值 (亿元) Gross Output Value (100 million yuan)	从业人员数 (万人) Annual Average Persons Engaged (10 000 persons)	竣工房屋建筑面积 (万平方米) Floor Space of Buildings Completed (10 000 sq.m)
1952	41	0.63	3.54	20.21
1957	87	2.82	14.61	136.38
1962	133	1.58	12.14	48.01
1965	187	7.82	28.93	218.01
1970	222	9.16	43.12	238.60
1975	252	10.36	43.05	272.03
1978	276	13.17	42.38	556.56
1980	325	13.36	39.03	501.02
1985	555	31.85	49.45	835.24
1990	756	67.11	60.21	1060.60
1991	829	77.09	62.97	581.90
1992	871	93.37	70.66	705.20
1993	1090	181.79	80.10	1734.00
1994	1144	230.34	102.50	2068.00
1995	1144	279.10	89.70	2081.00
1996	2725	468.66	160.50	4537.00
1997	2779	520.64	154.24	5638.48
1998	3028	597.76	159.20	5017.25
1999	3050	649.52	160.13	5429.28
2000	3305	713.81	158.10	5839.32
2001	3125	822.87	171.85	7029.93
2002	3475	1078.25	200.42	8491.14
2003	3498	1235.04	212.68	8784.56
2004	4183	1321.22	173.84	8837.99
2005	4073	1480.88	181.80	8692.18
2006	3924	1768.87	188.50	9177.55
2007	3887	2130.17	204.71	9630.60
2008	4559	2624.96	235.78	9797.98
2009	4386	3374.06	265.24	11393.53
2010	4334	4200.86	335.53	12086.29
2011	4318	5305.89	249.46	13663.11
2012	4283	6292.67	230.23	15768.08
2013	4271	7277.41	262.65	18211.86

注：2003年建筑业统计数据仅包括当年有工作量的建筑业企业，2004年建筑业统计数据是普查数据。

a) The figure of construction enterprises of 2003 only include the enterprises which had taken in 2003.The figure of 2004 was obtained from surveys.

15-2 建筑业企业基本情况

指　标		Item		合 计 Total Enterprises 2012	2013	#国有企业 State-owned 2012	2013
建筑业企业个数	(个)	Number of Construction Enterprises		4283	4271	233	211
从业人员平均人数	(万人)	Average Number of Persons Employed	(10 000 persons)	219.01	250.16	32.05	34.07
自有固定资产原价	(万元)	Fixed Assets Owned (original value)	(10 000 yuan)	6052568	6485144	1327979	1246618
自有固定资产净价	(万元)	Fixed Assets Owned (net value)	(10 000 yuan)	3547705	3690129	718148	634802
自有机械设备净值	(万元)	Machinery Equipment Owned (net value)	(10 000 yuan)	1753799	3364227	431663	1995682
自有机械设备台数	(台)	Number of Machinery and Equipment Owned	(set)	310260	314389	63518	53654
自有机械设备总功率	(万千瓦)	Total Power of Machinery and Equipment Owned	(10 000 kw)	774.81	795.45	211.12	170.02
建筑业总产值	(万元)	Gross Output Value of Construction	(10 000 yuan)	62926651	72774103	14033097	13980290
竣工产值	(万元)	Output Value of Completed Projects	(10 000 yuan)	33341725	39256865	6042631	7335487
房屋建筑施工面积	(万平方米)	Floor Space of Buildings under Construction	(10 000 sq.m)	38551	47378	9218	11071
房屋建筑竣工面积	(万平方米)	Floor Space of Buildings Completed	(10 000 sq.m)	15768	18212	2388	2914
利润总额	(万元)	Total Profits	(10 000 yuan)	2022142	2532794	357184	339132
税金总额	(万元)	Total Tax	(10 000 yuan)	2104559	2450845	420466	436063
利税总额	(万元)	Total Pre-Tax Profits	(10 000 yuan)	4126701	4983638	777650	775195
按总产值计算的劳动生产率	(元/人)	Overall Labor Productivity	(yuan/person)	248614	256843	288960	297466
技术装备率	(元/人)	Value of Machinery per Labourer	(yuan/person)	8000	13576	12115	52625
动力装备率	(千瓦/人)	Power of Machinery per Labourer	(kw/person)	3.53	3.21	5.93	4.48
房屋建筑面积竣工率	(%)	Rate of Floor Space of Buildings Completed	(%)	40.90	38.44	25.91	26.32
产值利润率	(%)	Ratio of Profit to Gross Output Value	(%)	3.21	3.48	2.55	2.43
产值利税率	(%)	Ratio of Pre-tax Profit to Gross Output Value	(%)	6.56	6.85	5.54	5.54

Main Indicators on Construction Enterprises

#集体企业 Collective Owned		#股份有限公司 Share-holding Corporations		#其他有限责任公司 Other Ltd.Company		#港澳台商投资 Funded by Entrepreneurs from Hong Kong, Macao and Taiwan		#外商投资 Foreign Funded	
2012	2013	2012	2013	2012	2013	2012	2013	2012	2013
321	247	225	220	1374	1456	6	5	6	6
18.02	14.24	19.64	21.24	70.55	87.13	0.11	0.88	0.01	0.02
318872	258734	770563	768732	1976053	2383505	1560	6376	379	368
208544	158915	391753	397796	1161266	1354817	721	4547	167	116
76447	52777	227818	221685	653607	677866	59	225	25	21
28969	20341	23881	21376	108795	115108	100	206	10	10
35.28	27.70	75.87	77.63	272.82	319.42	0.08	0.21		15
3597151	2941702	7926968	9740631	21444133	27345884	12890	24319	3920	4490
2679233	2144916	2777029	3792671	11883651	13795105	11899	5356	3285	3065
2337	2123	4568	5979	11575	15160		2.61		
1347	1156	1673	1857	5002	5868				
124822	104880	473252	493283	538485	875856	119	487	890	1080
126085	108886	396611	406372	656876	864925	164	819	145	174
250907	213766	869863	899655	1195361	1740781	283	1306	1035	1254
199516	204824	341090	417056	242055	260645	131263	237955	426087	295395
4353	3518	10811	10204	8854	7767	496	1962	1953	1338
2.01	1.85	3.60	3.57	3.70	3.66	0.67	1.85		0.1
57.64	54.45	36.62	31.05	43.21	38.71				
3.47	3.57	5.97	5.06	2.51	3.20	0.92	2.00	22.70	24.05
6.98	7.27	10.97	9.24	5.57	6.37	2.20	5.37	26.40	27.93

15-3 各市(州)建筑业企业个数(2013年)
Number of Construction Enterprises by Region(2013)

市(州)及分组	Region and Group	企业个数(个) Number of Enterprises	国有企业 State-Owned	中央企业 Central	地方企业 Local	集体企业 Collective Owned	其他企业 Other	#股份有限公司 Share-holding Corporations	#其他有限责任公司 Other Ltd. Company
全　省	**Sichuan**	**4271**	**211**	**26**	**185**	**247**	**3813**	**220**	**1456**
按市(州)分	**Grouped by Region**								
成都市	Chengdu	1478	86	18	68	57	1335	87	540
自贡市	Zigong	133	6		6	16	111	9	34
攀枝花市	Panzhihua	91	5	4	1	7	79		27
泸州市	Luzhou	164	8		8	22	134	2	70
德阳市	Deyang	255	7	2	5	9	239	3	87
绵阳市	Mianyang	386	13	1	12	4	369	9	135
广元市	Guangyuan	172	4		4	13	155	4	41
遂宁市	Suining	148	2		2	11	135	17	55
内江市	Neijiang	119	8	1	7	14	97	21	41
乐山市	Leshan	147	7		7	4	136	6	43
南充市	Nanchong	249	15		15	18	216	21	69
眉山市	Meishan	134	6		6	3	125	6	42
宜宾市	Yibin	213	5		5	10	198	10	48
广安市	Guangan	99	4		4	7	88		8
达州市	Dazhou	124	9		9	13	102	8	51
雅安市	Yaan	52	5		5	4	43	2	22
巴中市	Bazhong	97	9		9	12	76	6	43
资阳市	Ziyang	122	4		4	14	104	3	65
阿坝藏族羌族自治州	Aba	27	3		3	4	20	1	13
甘孜藏族自治州	Ganzi	26	2		2	5	19	1	11
凉山彝族自治州	Liangshan	35	3		3		32	4	11
按资质等级分	**Grouped by Qualification Grade**								
总承包企业	The General Contractor	2424	156	19	137	181	2087	154	849
特级企业	The Special Grade	10	2		2		8	2	5
一级企业	The first Grade	199	41	13	28	3	155	21	82
二级企业	The Second Grade	1189	62	2	60	51	1076	76	421
三级企业	The Third Grade	1026	51	4	47	127	848	55	341
专业承包企业	The Specialized Contractor	1415	54	7	47	56	1305	42	471
一级企业	The first Grade	116	6	2	4	2	108	2	60
二级企业	The Second Grade	484	23	5	18	11	450	18	156
三级企业及其他	The Third Grade & Other	815	25		25	43	747	22	255
劳务分包企业	The Subcontractor of Labour Services	432	1		1	10	421	24	136
一级企业	The first Grade	260				2	258	16	84
二级企业	The Second Grade	118				1	117	7	38
不分等级	Not Classified by Grade	54	1		1	7	46	1	14

15-4 各市(州)建筑业企业从业人员(2013年)
Number of Persons Employed in Construction Enterprises by Region(2013)

单位：万人 (10 000 persons)

市(州)及分组	Region and Group	合计 Total	国有企业 State-owned	中央企业 Central	地方企业 Local	集体企业 Collective Owned	其他企业 Other	#股份有限公司 Share-holding Corporations	#其他股份有限公司 Other Ltd. Company
全　省	**Sichuan**	**262.65**	**39.12**	**5.94**	**33.19**	**15.11**	**208.42**	**22.17**	**91.63**
按市(州)分	**Grouped by Region**								
成都市	Chengdu	90.10	25.81	4.43	21.37	2.28	62.01	9.97	32.96
自贡市	Zigong	9.44	1.74		1.74	0.44	7.27	1.39	1.65
攀枝花市	Panzhihua	7.65	0.29	0.24	0.05	0.48	6.89		5.49
泸州市	Luzhou	21.99	2.94		2.94	2.81	16.23	0.13	7.77
德阳市	Deyang	12.87	1.32	0.12	1.20	0.28	11.27	0.22	4.48
绵阳市	Mianyang	15.00	1.68	0.96	0.72	0.05	13.27	0.25	6.15
广元市	Guangyuan	5.09	0.05		0.05	0.61	4.44	0.07	1.30
遂宁市	Suining	8.90	0.08		0.08	1.47	7.35	1.77	2.26
内江市	Neijiang	8.48	0.34	0.19	0.15	0.74	7.40	2.60	2.41
乐山市	Leshan	5.42	0.11		0.11	0.07	5.24	0.53	1.91
南充市	Nanchong	15.44	1.83		1.83	0.75	12.86	1.64	3.42
眉山市	Meishan	8.31	0.45		0.45	0.16	7.69	0.32	2.44
宜宾市	Yibin	10.57	0.06		0.06	0.43	10.08	1.75	3.09
广安市	Guangan	11.54	0.31		0.31	0.74	10.49		0.21
达州市	Dazhou	10.94	0.61		0.61	1.68	8.65	0.87	4.82
雅安市	Yaan	1.22	0.02		0.02	0.05	1.16	0.05	0.80
巴中市	Bazhong	9.08	0.83		0.83	1.01	7.24	0.31	4.99
资阳市	Ziyang	7.68	0.56		0.56	0.97	6.14	0.20	4.67
阿坝藏族羌族自治州	Aba	0.67	0.07		0.07	0.04	0.56	0.01	0.22
甘孜藏族自治州	Ganzi	0.42	0.02		0.02	0.05	0.36		0.21
凉山彝族自治州	Liangshan	1.84	0.02		0.02		1.82	0.09	0.38
按资质等级分	**Grouped by Qualification Grade**								
总承包企业	The General Contractor	226.69	36.79	4.74	32.05	13.81	176.09	21.32	74.89
特级企业	The Special Grade	6.12	1.61		1.60		4.52	3.09	1.34
一级企业	The first Grade	71.56	28.75	4.56	24.19	1.13	41.68	6.33	23.48
二级企业	The Second Grade	106.37	4.66	0.01	4.66	6.28	95.42	8.94	36.51
三级企业	The Third Grade	42.64	1.77	0.17	1.60	6.40	34.47	2.96	13.56
专业承包企业	The Specialized Contractor	22.24	2.33	1.20	1.14	1.18	18.72	0.43	12.33
一级企业	The first Grade	8.42	1.20	0.98	0.23	0.03	7.18	0.12	6.35
二级企业	The Second Grade	8.07	0.65	0.22	0.43	0.56	6.84	0.21	3.74
三级企业及其他	The Third Grade & Other	5.75	0.48		0.48	0.59	4.68	0.10	2.24
劳务分包企业	The Subcontractor of Labour Services	13.72				0.11	13.62	0.42	4.39
一级企业	The first Grade	10.89				0.05	10.84	0.37	3.97
二级企业	The Second Grade	1.72				0.02	1.72	0.04	0.35
不分等级	Not Classified by Grade	1.12				0.04	1.08	0.01	0.07

15-5 各市(州)建筑业企业施工、竣工房屋面积(2013年)
Floor Space of Buildings under Construction and Completed of Construction Enterprises by Region(2013)

市(州)及分组	Region and Group	房屋建筑施工面积(万平方米) Floor Space of Buildings under Construction (10 000 sq.m)	#本年新开工 Newly-started Buildings	#投标承包面积 Bidden and Contracted	房屋建筑竣工面积(万平方米) Floor Space of Buildings Completed (10 000 sq.m)	#住宅 Residential Housing	房屋面积竣工率(%) Rate of Floor Space Completed (%)
全　省	**Sichuan**	**47377.67**	**21835.04**	**30983.83**	**18211.86**	**13537.92**	**38.44**
按市(州)分	**Grouped by Region**						
成都市	Chengdu	22115.29	7929.29	15090.20	5787.99	3977.28	26.17
自贡市	Zigong	1337.10	746.18	1107.60	460.45	348.36	34.44
攀枝花市	Panzhihua	543.93	152.43	449.32	277.10	238.41	50.94
泸州市	Luzhou	3652.50	2080.32	1872.15	1704.97	1180.40	46.68
德阳市	Deyang	2124.82	840.16	1756.55	843.84	662.78	39.71
绵阳市	Mianyang	2149.56	1107.11	1262.16	703.27	518.85	32.72
广元市	Guangyuan	591.40	268.75	283.42	203.92	122.70	34.48
遂宁市	Suining	1115.87	722.84	607.20	707.89	509.90	63.44
内江市	Neijiang	1041.99	549.83	798.39	500.13	393.60	48.00
乐山市	Leshan	897.37	457.29	460.52	387.70	289.17	43.20
南充市	Nanchong	2936.77	1876.19	1777.29	1897.44	1617.85	64.61
眉山市	Meishan	1154.33	709.24	727.74	670.15	459.12	58.06
宜宾市	Yibin	1281.63	796.04	725.14	675.72	485.87	52.72
广安市	Guangan	1373.97	777.12	489.41	737.57	665.07	53.68
达州市	Dazhou	1925.55	1011.24	1553.33	807.62	701.48	41.94
雅安市	Yaan	133.09	78.43	119.12	75.33	46.18	56.60
巴中市	Bazhong	1693.16	1049.16	1028.95	1034.10	739.57	61.07
资阳市	Ziyang	983.24	509.19	662.90	545.93	441.28	55.52
阿坝藏族羌族自治州	Aba	47.42	18.52	23.82	31.21	16.63	65.81
甘孜藏族自治州	Ganzi	37.99	15.98	32.09	15.63	5.41	41.15
凉山彝族自治州	Liangshan	240.71	139.73	156.53	143.90	118.01	59.78
按资质等级分	**Grouped by Qualification Grade**						
总承包企业	The General Contractor	46525.13	21261.48	30636.17	17697.37	13228.95	38.04
特级企业	The Special Grade	4205.32	1462.05	3466.42	819.68	442.16	19.49
一级企业	The first Grade	19885.55	7037.76	14527.49	5119.82	3978.15	25.75
二级企业	The Second Grade	16018.50	8629.73	8982.72	7817.38	5912.74	48.80
三级企业	The Third Grade	6415.76	4131.94	3659.54	3940.49	2895.90	61.42
专业承包企业	The Specialized Contractor	852.54	573.54	347.66	514.49	308.95	60.35
一级企业	The first Grade	183.06	79.19	71.60	64.90	9.74	35.45
二级企业	The Second Grade	422.19	316.08	153.04	327.75	217.29	77.63
三级企业及其他	The Third Grade & Other	247.29	178.27	123.02	121.84	81.92	49.27

15-6 各市(州)建筑业企业动力装备情况(2013年)

Power of Machinery and Equipment Owned of Construction Enterprises by Region(2013)

市(州)及分组	Region and Group	自有机械设备总台数(台) Number of Machinery and Equipment Owned (unit)	自有机械设备总功率(万千瓦) Total Power of Machinery and Equipment Owned (10 000 kw)	自有机械设备净值(万元) Net Value of Machinery and Equipment Owned (10 000 yuan)	技术装备率(元/人) Value of Machinery per Laborer (yuan/person)	动力装备率(千瓦/人) Power of Machinery per Laborer (kw/person)
全 省	**Sichuan**	**314389**	**795.45**	**3364227**	**13576**	**3.21**
按市(州)分	**Grouped by Region**					
成都市	Chengdu	114501	466.11	2608083	29566	5.28
自贡市	Zigong	5516	10.20	22982	2585	1.15
攀枝花市	Panzhihua	7308	22.70	74829	9784	2.97
泸州市	Luzhou	20652	23.58	65552	3088	1.11
德阳市	Deyang	12943	23.47	59540	5164	2.04
绵阳市	Mianyang	11522	19.88	49740	4156	1.66
广元市	Guangyuan	5824	13.37	29165	6187	2.84
遂宁市	Suining	6843	12.33	34179	3840	1.39
内江市	Neijiang	11038	17.87	33569	4249	2.26
乐山市	Leshan	12000	15.77	39365	7331	2.94
南充市	Nanchong	17844	30.84	53638	4539	2.61
眉山市	Meishan	12830	21.84	33211	4425	2.91
宜宾市	Yibin	10970	14.70	29843	3058	1.51
广安市	Guangan	21381	39.39	82894	7202	3.42
达州市	Dazhou	13725	22.93	47319	4469	2.17
雅安市	Yaan	4451	7.75	13709	10758	6.08
巴中市	Bazhong	6001	13.10	43457	4940	1.49
资阳市	Ziyang	5910	11.98	17565	2409	1.64
阿坝藏族羌族自治州	Aba	10758	1.15	4664	6955	1.72
甘孜藏族自治州	Ganzi	706	3.05	6553	16942	7.87
凉山彝族自治州	Liangshan	1666	3.46	14369	7801	1.88
按资质等级分	**Grouped by Qualification Grade**					
总承包企业	The General Contractor	287052	741.31	3228024	14313	3.29
特级企业	The Special Grade	23012	120.50	287256	46960	19.70
一级企业	The first Grade	103911	329.46	2298538	32665	4.68
二级企业	The Second Grade	115068	211.07	442190	4157	1.98
三级企业及其他	The Third Grade & Other	45061	80.28	200040	4689	1.88
专业承包企业	The Specialized Contractor	27337	54.14	136203	6113	2.43
一级企业	The first Grade	16924	38.28	89066	10599	4.56
二级企业	The Second Grade	5851	8.68	32509	4030	1.08
三级企业	The Third Grade	4562	7.18	14628	2518	1.24

15-7 各市(州)建筑业企业总产值(2013年)

单位：万元

市(州)及分组	Region and Group	建筑业总产值 Total Output Value	国有企业 State-owned	中央企业 Central	地方企业 Local	集体企业 Collective Owned
全　省	**Sichuan**	**72774103**	**13980290**	**4187138**	**9793152**	**2941702**
按市(州)分	**Grouped by Region**					
成都市	Chengdu	36570771	10369483	3632542	6736941	513987
自贡市	Zigong	1604078	333055		333055	48601
攀枝花市	Panzhihua	1821553	88011	77212	10799	84675
泸州市	Luzhou	4108709	620012		620012	427252
德阳市	Deyang	2363317	546998	44088	502910	24765
绵阳市	Mianyang	2807690	506258	341074	165184	6629
广元市	Guangyuan	911569	13806		13806	115662
遂宁市	Suining	1556025	24172		24172	168509
内江市	Neijiang	1440762	118537	92222	26315	74278
乐山市	Leshan	1152511	21826		21826	7914
南充市	Nanchong	4339852	579981		579981	297358
眉山市	Meishan	1552882	86374		86374	40129
宜宾市	Yibin	1829460	3614		3614	96198
广安市	Guangan	2687220	91095		91095	102131
达州市	Dazhou	2457807	149751		149751	276234
雅安市	Yaan	168340	4708		4708	2518
巴中市	Bazhong	2921030	316623		316623	402426
资阳市	Ziyang	1580879	77066		77066	228963
阿坝藏族羌族自治州	Aba	86027	20455		20455	11815
甘孜藏族自治州	Ganzi	74473	2147		2147	11657
凉山彝族自治州	Liangshan	739148	6318		6318	
按新资质等级分	**Grouped by Qualification Grade**					
总承包企业	The General Contractor	65850244	12122427	2963362	9159065	2684290
特级企业	The Special Grade	9182739	1754479		1754479	
一级企业	The first Grade	25271956	8753588	2923664	5829924	237210
二级企业	The Second Grade	21866001	1199997	5210	1194787	1148980
三级企业	The Third Grade	9529548	414363	34488	379875	1298101
专业承包企业	The Specialized Contractor	6248837	1857863	1223776	634087	238286
一级企业	The first Grade	2961771	1290606	1038435	252171	6642
二级企业	The Second Grade	1977778	412623	185341	227283	101595
三级企业及其他	The Third Grade & Other	1309288	154633		154633	130049
劳务分包企业	The Subcontractor of Labour Services	675023				19125
一级企业	The first Grade	507985				6324
二级企业	The Second Grade	117351				3350
不分等级	Not Classified by Grade	49687				9451

Total Output Value of Construction Enterprises by Region(2013)

(10 000 yuan)

其他企业 Other	#股份有限公司 Share-holding Corporations	#其他有限责任公司 Other Ltd. Company	建筑工程产值 Output Value of Construction	安装工程产值 Output Value of Installation	其它产值 Other Output Value	房屋工程和土木工程 Output Value of Building & Civil Engineering	#房屋工程建筑业 Building	#土木工程建筑业 Civil Engineering
55852111	**9740631**	**27345884**	**64426672**	**5759397**	**2588034**	**67731519**	**46405993**	**21325526**
25687302	7201765	14311694	32837112	2588760	1144899	33499833	16892981	16606852
1222422	176896	377289	1432432	94638	77009	1511720	1395459	116261
1648867		1313888	1484909	266046	70598	1697799	563352	1134447
3061445	27802	1488909	3705809	207903	194997	3871656	3736780	134876
1791554	41509	1057729	2027459	240500	95358	2163387	1657139	506248
2294803	69369	1016336	2403061	295616	109013	2485895	2160763	325132
782101	20259	252693	818828	69135	23606	845865	725142	120723
1363343	278182	470532	1389223	73893	92910	1485663	1354315	131348
1247948	357396	500746	1290403	130901	19458	1344807	1118441	226366
1122772	125253	470403	1021594	77489	53429	1074907	1030639	44268
3462513	656299	1237841	3855054	329181	155617	4249250	3812217	437033
1426379	61491	397238	1400227	92335	60320	1463121	1292826	170295
1729648	241367	586399	1649579	58211	121670	1732024	1559512	172512
2493994		68088	2090172	582787	14261	2623775	1876139	747636
2031822	177781	1099255	2280859	121530	55419	2408155	2304067	104088
161113	2235	98148	135386	26050	6904	133008	124241	8767
2201981	206280	1390231	2330499	362364	228167	2793575	2626866	166709
1274850	31329	943168	1459093	81115	40671	1488666	1387778	100888
53757	1810	31214	72922	5780	7326	77197	72056	5141
60669	4	37618	73884	433	155	74362	45091	29271
732830	63606	196466	668170	54731	16248	706859	670192	36667
51043526	9610798	24337130	59735801	4121879	1992563	64052952	45113615	18939337
7428260	4979931	2418474	8806884	257762	118093	9182739	2454298	6728441
16281158	2242322	11177985	23139877	1480192	651887	24228240	15491927	8736313
19517024	1681735	7657552	19417507	1653566	794928	21342833	18796233	2546600
7817085	706810	3083119	8371533	730360	427655	9299140	8371157	927983
4152688	103197	2752724	4231855	1583516	433466	3297919	969821	2328098
1664523	22718	1458777	2239804	568551	153415	1672894	80246	1592648
1463559	62566	717512	1328571	494593	154613	1070059	638009	432050
1024606	17913	576434	663480	520371	125437	554966	251566	303400
655897	26637	256031	459015	54002	162005	380648	322557	58091
501660	22498	216785	345429	40639	121916	310090	267160	42930
114001	4040	32395	79799	9388	28164	58862	52461	6401
40236	99	6851	33787	3975	11925	11696	2936	8760

15-7 续表 continued

单位：万元 (10 000 yuan)

市(州)及分组	Region and Group	建筑安装业 Output Value of Installation	建筑装饰和其他建筑业 Output Value of Decoration and other Construction	建筑装饰装修业产值 Output Value of Decoration & Fitting up	竣工产值 Output Value of Completed Construction
全　省	**Sichuan**	**3342766**	**1699818**	**2292867**	**39256865**
按市(州)分	**Grouped by Region**				
成都市	Chengdu	2212254	858684	935949	15859464
自贡市	Zigong	67488	24871	47846	775837
攀枝花市	Panzhihua	76270	47484	16414	1075043
泸州市	Luzhou	188894	48159	88504	2525128
德阳市	Deyang	122282	77648	39590	1705532
绵阳市	Mianyang	187955	133840	116755	1365967
广元市	Guangyuan	15662	50042	31049	558677
遂宁市	Suining	11992	58370	87519	1240494
内江市	Neijiang	68004	27951	21748	1066298
乐山市	Leshan	42138	35467	19911	799923
南充市	Nanchong	46691	43911	281373	3017301
眉山市	Meishan	48466	41296	106223	1036230
宜宾市	Yibin	24673	72764	30355	977030
广安市	Guangan	62552	894	26206	2278008
达州市	Dazhou	33907	15746	32749	1577080
雅安市	Yaan	32464	2868	18005	126743
巴中市	Bazhong	15506	111949	355798	1898317
资阳市	Ziyang	44450	47762	30540	902119
阿坝藏族羌族自治州	Aba	8830		1295	75199
甘孜藏族自治州	Ganzi		111	231	37062
凉山彝族自治州	Liangshan	32290		4808	359414
按新资质等级分	**Grouped by Qualification Grade**				
总承包企业	The General Contractor	1657140	140152	1394838	35912908
特级企业	The Special Grade			36398	2180140
一级企业	The first Grade	1041130	2586	334412	12813871
二级企业	The Second Grade	448682	74486	674720	14477436
三级企业	The Third Grade	167328	63081	349309	6441461
专业承包企业	The Specialized Contractor	1660413	1290505	870129	3343957
一级企业	The first Grade	780085	508791	356023	1295185
二级企业	The Second Grade	456074	451645	352304	1220492
三级企业及其他	The Third Grade & Other	424254	330068	161802	828281
劳务分包企业	The Subcontractor of Labour Services	25213	269161	27900	
一级企业	The first Grade	14242	183652	19685	
二级企业	The Second Grade	1340	57149	5223	
不分等级	Not Classified by Grade	9631	28360	2992	

15-8 各市(州)建筑业企业主要财务指标(2013年)
Major Finance Indicators of Construction Enterprises by Region(2013)

单位：万元 (10 000 yuan)

市(州)及分组	Region and Group	资产合计 Total Assets	负债合计 Total Liabilities	所有者权益合计 Total Owner's Equity	利润总额 Total Profits	税金总额 Total Tax	利税总额 Total Pre-tax Profits
全　省	**Sichuan**	**61700576**	**42979889**	**18622510**	**2532794**	**2450845**	**4983638**
按市(州)分	**Grouped by Region**						
成都市	Chengdu	39347465	29852037	9407879	1193662	1270820	2464482
自贡市	Zigong	933129	621004	312125	38668	58505	97173
攀枝花市	Panzhihua	2532326	2098257	432900	40783	60338	101120
泸州市	Luzhou	1370457	701893	668564	124165	121997	246162
德阳市	Deyang	2334307	1751766	582540	28637	73821	102458
绵阳市	Mianyang	3515264	1699225	1808752	64990	98665	163655
广元市	Guangyuan	789221	449519	339702	23740	31955	55695
遂宁市	Suining	1311497	650382	661115	96250	58928	155178
内江市	Neijiang	761400	440470	320930	32139	49876	82015
乐山市	Leshan	1156586	676920	479666	40681	40372	81053
南充市	Nanchong	1449237	669658	779508	203587	134242	337829
眉山市	Meishan	790211	423029	367183	115976	55165	171141
宜宾市	Yibin	1181383	741690	439694	60376	55825	116201
广安市	Guangan	1195620	498470	697150	155616	77663	233280
达州市	Dazhou	642875	246835	396041	134491	99578	234069
雅安市	Yaan	151382	73691	77691	3049	6167	9215
巴中市	Bazhong	810617	480463	328051	104532	88235	192767
资阳市	Ziyang	709760	415935	293824	54471	48982	103454
阿坝藏族羌族自治州	Aba	154870	87675	67196	10333	3655	13988
甘孜藏族自治州	Ganzi	85367	42327	43040	1616	2234	3850
凉山彝族自治州	Liangshan	477604	358644	118960	5034	13822	18856
按资质等级分	**Grouped by Qualification Grade**						
总承包企业	The General Contractor	54721678	38549629	16085588	2330111	2202944	4533056
特级企业	The Special Grade	13259143	10846299	2412833	528449	395817	924267
一级企业	The first Grade	20432955	15618445	4812510	539936	783345	1323281
二级企业	The Second Grade	15272103	9322547	5932810	802035	703344	1505378
三级企业	The Third Grade	5757477	2762338	2927435	459692	320438	780130
专业承包企业	The Specialized Contractor	6662925	4299560	2351649	187060	209905	396965
一级企业	The first Grade	2474490	1886593	583947	64938	95007	159946
二级企业	The Second Grade	2334315	1504052	827349	40738	63626	104364
三级企业及其他	The Third Grade & Other	1854120	908915	940353	81383	51272	132655
劳务分包企业	The Subcontractor of Labour Services	315973	130700	185273	15623	37995	53618
一级企业	The first Grade	147727	83032	64696	9146	33388	42534
二级企业	The Second Grade	142195	32682	109512	5651	3133	8784
不分等级	Not Classified by Grade	26051	14986	11065	825	1475	2300

15-9 各市(州)总承包和专业承包建筑业企业资产和负债(2013年)
Assets and Liabilities of General and Professional Contractor Construction Enterprises by Region(2013)

单位：万元 (10 000 yuan)

市(州)及分组	Region and Group	年末资产合计 Total Assets (year-end)	#流动资产 Circulating Funds	#固定资产 Fixed Assets	年末负债合计 Total Liabilities (year-end)	#流动负债 Liquid Liabilities	#长期负债 Long-term Liabilities
全　省	**Sichuan**	**61384603**	**47463119**	**4846349**	**42849189**	**39322190**	**2405859**
按市(州)分	**Grouped by Region**						
成都市	Chengdu	39333194	30187720	2064071	29843342	27746357	1708110
自贡市	Zigong	911932	727758	91476	608120	528244	25859
攀枝花市	Panzhihua	2481722	2080763	216687	2096364	1926145	169106
泸州市	Luzhou	1362189	1091181	219742	694984	674472	11241
德阳市	Deyang	2312567	1960373	151064	1739526	1624058	87187
绵阳市	Mianyang	3432424	2760760	277826	1676084	1530458	42722
广元市	Guangyuan	776060	615997	116440	442955	391840	8334
遂宁市	Suining	1311497	1021256	188513	650382	551249	35552
内江市	Neijiang	758868	608195	97836	440062	397308	7217
乐山市	Leshan	1155633	920680	128717	676509	533352	103802
南充市	Nanchong	1415224	872351	360385	650294	537640	36913
眉山市	Meishan	765281	597643	111486	402013	330068	62283
宜宾市	Yibin	1165509	925866	119337	736222	681834	23869
广安市	Guangan	1192124	882530	237473	497428	440980	15306
达州市	Dazhou	636766	425735	133512	244745	214656	6934
雅安市	Yaan	151372	102794	33790	73691	59888	7962
巴中市	Bazhong	803222	574417	111989	475392	320034	29982
资阳市	Ziyang	701828	571967	84693	412759	377712	4943
阿坝藏族羌族自治州	Aba	154870	84908	33571	87675	73710	9814
甘孜藏族自治州	Ganzi	84718	62757	15828	41998	39481	806
凉山彝族自治州	Liangshan	477604	387468	51910	358644	342705	7920
按资质等级分	**Grouped by Qualification Grade**						
总承包企业	The General Contractor	54721678	42311432	4146017	38549629	35384595	2263347
特级企业	The Special Grade	13259143	8711481	438682	10846299	9843236	1003064
一级企业	The first Grade	20432955	16877178	1199849	15618445	14647197	828868
二级企业	The Second Grade	15272103	12335792	1626604	9322547	8597785	337179
三级企业	The Third Grade	5757477	4386981	880883	2762338	2296377	94237
专业承包企业	The Specialized Contractor	6662925	5151687	700331	4299560	3937595	142512
一级企业	The first Grade	2474490	2099824	231495	1886593	1813027	42325
二级企业	The Second Grade	2334315	1814465	233934	1504052	1306939	58585
三级企业及其他	The Third Grade & Other	1854120	1237399	234902	908915	817629	41603

15-10 各市(州)总承包和专业承包建筑业企业所有者权益和利税(2013年)

Owner's Equity and Pre-tax Profits of Construction Enterprises of General Constractors and professional Constractors by Region(2013)

单位：万元 (10 000 yuan)

市(州)及分组	Region and Group	所有者权益 Owner's Equity	利税总额 Total Pre-tax Profits	利润总额 Total Profits	税金总额 Total Taxes	#工程结算税金及附加 Taxes and Extra Charges on Project Settlement Accounts
全　省	**Sichuan**	**18437237**	**4930021**	**2517171**	**2412849**	**2198191**
按市(州)分	**Grouped by Region**					
成都市	Chengdu	9402302	2464051	1193643	1270408	1141611
自贡市	Zigong	303811	95365	37425	57940	49360
攀枝花市	Panzhihua	384189	101069	40749	60320	52633
泸州市	Luzhou	667205	244405	123177	121228	107123
德阳市	Deyang	573042	100056	28490	71566	69975
绵阳市	Mianyang	1749054	140269	62089	78180	73778
广元市	Guangyuan	333105	54149	22795	31355	29107
遂宁市	Suining	661115	155178	96250	58928	54832
内江市	Neijiang	318807	80262	31624	48637	46761
乐山市	Leshan	479124	80787	40495	40292	39038
南充市	Nanchong	764859	327397	199721	127676	121903
眉山市	Meishan	363268	168491	115305	53186	49157
宜宾市	Yibin	429286	113178	58161	55017	51400
广安市	Guangan	694697	233083	155552	77531	75825
达州市	Dazhou	392021	232417	133726	98691	84388
雅安市	Yaan	77681	9214	3048	6167	5860
巴中市	Bazhong	325728	191895	103943	87952	80561
资阳市	Ziyang	289069	102091	54006	48086	46410
阿坝藏族羌族自治州	Aba	67196	13988	10333	3655	2751
甘孜藏族自治州	Ganzi	42720	3820	1607	2213	2131
凉山彝族自治州	Liangshan	118960	18856	5034	13822	13587
按资质等级分	**Grouped by Qualification Grade**					
总承包企业	The General Contractor	16085588	4533056	2330111	2202944	2001583
特级企业	The Special Grade	2412833	924267	528449	395817	297609
一级企业	The first Grade	4812510	1323281	539936	783345	756176
二级企业	The Second Grade	5932810	1505378	802035	703344	652444
三级企业	The Third Grade	2927435	780130	459692	320438	295354
专业承包企业	The Specialized Contractor	2351649	396965	187060	209905	196608
一级企业	The first Grade	583947	159946	64938	95007	91558
二级企业	The Second Grade	827349	104364	40738	63626	59227
三级企业及其他	The Third Grade & Other	940353	132655	81383	51272	45823

15-11 各市(州)建筑业企业劳动生产率(2013年)
Labor Productivity of Construction Enterprises by Region(2013)

单位:元/人 (yuan/person)

市(州)及分组	Region and Group	按总产值计算的劳动生产率 Overall Labor Productivity in Terms of Total Output Value	国有企业 State -owned	中央企业 Central	地方企业 Local	集体企业 Colle-ctive Owned	其他企业 Other	#股份有限公司 Share-holding Corporations	#其他有限责任公司 Other Ltd. Company
全　省	**Sichuan**	**256843**	**297466**	**446962**	**260249**	**204824**	**251607**	**417056**	**260645**
按市(州)分	**Grouped by Region**	**298433**	**300988**	**466099**	**252717**	**249073**	**298594**	**560087**	**289947**
成都市	Chengdu	194321	198117		198117	163365	194771	145151	254238
自贡市	Zigong	267459	251893	243036	340662	244513	269647		266352
攀枝花市	Panzhihua	200858	310006		310006	151315	195842	163251	192921
泸州市	Luzhou	188293	281987	431387	273678	85901	173546	212650	202316
德阳市	Deyang	189733	298660	353005	226621	109396	175949	266189	166705
绵阳市	Mianyang	179009	280030		280030	194292	175844	240316	193383
广元市	Guangyuan	183673	390501		390501	119705	194705	170152	204197
遂宁市	Suining	205102	369619	489501	198902	130932	203361	178217	235834
内江市	Neijiang	234617	246064		246064	124624	235871	671235	252267
乐山市	Leshan	298729	346609		346609	333025	289471	441209	360110
南充市	Nanchong	195772	198698		198698	255437	194322	203276	179494
眉山市	Meishan	186889	101244		101244	221349	185610	158606	199435
宜宾市	Yibin	229420	276968		276968	131375	235132		262686
广安市	Guangan	246857	279805		279805	176824	258534	240245	245468
达州市	Dazhou	145723	305701		305701	55105	147257	47245	130846
雅安市	Yaan	360937	416335		416335	425218	344814	554965	326790
巴中市	Bazhong	247376	159721		159721	239978	257337	225873	262926
资阳市	Ziyang	124695	335882		335882	342470	90423	603267	159092
阿坝藏族羌族自治州	Aba	187731	135880		135880	267968	179814	5833	191928
甘孜藏族自治州	Ganzi	414460	361051		361051		414990	495759	1055132
凉山彝族自治州	Liangshan								
按资质等级分	**Grouped by Qualification Grade**	**262166**	**276191**	**392634**	**252010**	**206392**	**262731**	**425784**	**265746**
总承包企业	The General Contractor	383772	251444		251444		438245	844113	219893
特级企业	The Special Grade	298842	282454	396709	246807	257278	309215	365217	330408
一级企业	The first Grade	215852	282040	299425	281969	193229	214238	220186	226446
二级企业	The Second Grade	230277	248419	215280	251940	211500	232808	244157	238358
三级企业	The Third Grade	310654	598076	672183	493146	188607	263741	265834	282769
专业承包企业	The Specialized Contractor	471334	1008759	1044598	883880	190301	334948	195507	356234
一级企业	The first Grade	237391	303088	224248	424907	155535	231697	332976	213482
二级企业	The Second Grade	238052	332116		332116	226055	229779	212992	252944
三级企业及其他	The Third Grade & Other	56026				205871	54862	67349	71104
劳务分包企业	The Subcontractor of Labour Services	54719				156928	54273	64408	68058
一级企业	The first Grade	74594				209375	73209	122421	99279
二级企业	The Second Grade	41694				258230	34833	7500	76804
不分等级	Not Classified by Grade	41775				258230	34902	7500	76804

主要统计指标解释

建筑业统计单位 指从事房屋、构筑物建造和设备安装活动的法人企业。建筑业法人企业应具有建筑业资质并能够独立核算，应同时具备以下条件：①依法成立，有自己的名称、组织机构和场所，能够承担民事责任；②独立拥有和使用资产，承担负债，有权与其他单位签订合同；③独立核算盈亏，能够编制资产负债表。

建筑业总产值 是以货币形式表现的建筑业企业在一定时期内生产的建筑业产品和提供的服务的总和。建筑业总产值包括：

(1)建筑工程产值：指列入建筑工程预算内的各种工程价值。

(2)安装工程产值：指设备安装工程价值，不包括被安装设备本身价值。

(3)其他产值：指建筑业总产值中除建筑工程、安装工程以外的产值。包括房屋构筑物修理产值、非标准设备制造产值、总包企业向分包企业收取的管理费以及不能明确划分的施工活动所完成的产值。

建筑业增加值 指建筑业企业在报告期内以货币形式表现的建筑业生产经营活动的最终成果。

房屋施工面积 指在报告期内施工的全部房屋建筑面积，包括本期新开工的房屋面积、上期施工跨入本期继续施工的房屋面积、上期停缓建在本期恢复施工的房屋面积、本期竣工的房屋面积及本期施工后又停缓建的房屋面积。

房屋竣工面积 指报告期内房屋建筑按照设计要求已全部完工，达到住人和使用条件，经验收鉴定合格或达到竣工验收标准，可正式移交使用的各栋房屋建筑面积的总和。

Explanatory Notes on Main Statistical Indicators

Statistical Unit in Construction refers to corporate enterprise engaged in the construction of buildings and structures and in the installation of equipment. A corporate construction enterprise should meet the following 3 requirements: ①being set up in line with relevant legal basis, having its full name, organization and location, and capable of taking civil liabilities; ②independently possessing and using its assets and assuming its liabilities, and entitled to sign contracts with other institutions; ③ making independent accounts of its profits and losses, and capable of compiling its own balance sheet.

Gross Output Value of Construction refers to total of construction products, expressed in money terms, completed by construction and installation enterprises during a given period of time. It includes:

(1) Output value of construction projects, that is the value of projects covered by the project budgets;

(2) Output value of installation projects, that is the value of the installation of equipment, (excluding the value of the equipment to be installed);

(3) Output value of others, that is the output value of construction industry excluding that of construction projects and installation projects. It includes: output value of repair of buildings and structures; output value of non-standard equipment manufacturing; overhead expenses received by contracted enterprises to the sub-contracted enterprises and the completed output value of construction activities that have no clear definition.

Value-added of Construction refers to the final result of the activities of production and management of construction industry in monetary terms in the reference period.

Floor Space of Buildings refers to floor space of buildings under construction in the reference period, including the space of buildings for which construction has newly started; buildings for which construction has started earlier and is continuing during the reference period; and buildings for which construction has been suspended earlier but has restarted during the reference period; buildings completed during the reference period; and buildings under construction but construction has subsequently been during the reference period.

Floor Space of Buildings Completed refers to the total floor space of each building that has been completed in the reference period in accordance with the requirements of the design, up to the standard for being resided in and put into use, or has been checked and accepted by departments concerned as qualified ones or up to the standard of buildings completed and can be handed over for putting into use.

2014

16 交通运输、邮电和通讯

TRANSPORTATION, POST AND TELECOMMUNICATIONS SERVICES

16-1 交通运输业基本情况
Basic Conditions of Transport

指　标		Item		2009	2010	2011	2012	2013
运输线路长度	**(万公里)**	**Length of Transportation Routes**	**(10 000 km)**					
铁路总里程		Railways in Operation		0.3	0.4	0.4	0.4	0.4
公路		Highways		24.9	26.6	28.3	29.3	30.2
内河		Navigable Inland Waterways		1.0	1.1	1.2	1.2	1.2
民航		Total Civil Aviation Routes		28.0	37.5	40.7	48.8	53.6
客运量总计	**(万人)**	**Total Passenger Traffic**	**(10 000 persons)**	**221870**	**242732**	**255665**	**280256**	**291749**
铁路		Railways		5738	6829	7482	7997	8240
公路		Highways		211288	230988	242615	266338	276871
水运		Waterways		2897	2733	3083	3276	3228
民用航空		Civil Aviation		1947	2182	2485	2645	3410
旅客周转量总计	**(亿人公里)**	**Total Passenger-Kilometers**	**(100 million passenger-km)**	**1272**	**1235**	**1556**	**1740**	**1924**
铁路		Railways		195	221	252	303	310
公路		Highways		771	802	901	1005	1068
水运		Waterways		3	2	3	3	3
民用航空		Civil Aviation		303.0	208.8	400.2	430.2	543.0
货运量总计	**(万吨)**	**Total Freight Traffic**	**(10 000 tons)**	**118094**	**133364**	**153827**	**174451**	**189611**
铁路		Railways		7454	7093	7651	8867	8994
公路		Highways		106472	121017	139771	158396	173329
水运		Waterways		4136	5218	6367	7151	7247
民用航空		Civil Aviation		32	36	37	37	41
货物周转量总计	**(亿吨公里)**	**Total Freight Ton-kilometers**	**(100 million ton-km)**	**1526**	**1710**	**1909**	**2254**	**2437**
铁路		Railways		611	642	673	818	820
公路		Highways		851	985	1139	1325	1485
水运		Waterways		57	75	90	103	124
民用航空		Civil Aviation		7	8	8	7	8
民用汽车拥有量	(万辆)	Number of Civil Motor Vehicles Owned	(10 000 units)	289.0	357.9	424.3	495.0	574.5
载客汽车辆数	(万辆)	Number of Buses and Cars	(10 000 units)	221.0	281.6	341.5	406.1	481.5
载货汽车辆数	(万辆)	Number of Trucks	(10 000 units)	61.2	70.4	77.5	83.8	88.0
其他机动车	(万辆)	Number of Other Motor Vehicles	(10 000 units)	6.6	5.9	5.3	5.1	5.0
公路部门营运车辆	(万辆)	Number of Motor Vehicles Owned by Highway Departments	(10 000 units)	67.6	62.0	65.7	66.8	63.7
民用运输船舶拥有量	(艘)	Number of Civil Transport Vessels	(unit)	8240	8414	8692	8885	7614
机动船	(艘)	Motor Vessels	(unit)	7225	7350	7502	7490	6582
驳船	(艘)	Barges	(unit)	1015	1064	1190	1395	1032

16-2 各市(州)公路运输情况(2013年)
Main Indicators of Road Transportation by Region(2013)

市(州)	Region	公路总里程(公里) Total Length of Highway (km)	等级公路里程(公里) Expressway and Class I to IV Highway (km)	公路旅客周转量(万人公里) Passenger-kilometers of Highway (10 000 passenger-km)	公路货物周转量(万吨公里) Freight Ton-kilometers of Highway (10 000 ton-kilometers)
全　省	**Sichuan**	**301816**	**246571**	**10677915**	**14847756**
成都市	Chengdu	22586	20732	3251150	2602585
自贡市	Zigong	6443	5060	262156	566292
攀枝花市	Panzhihua	4662	3103	162978	603741
泸州市	Luzhou	13260	8913	979421	746249
德阳市	Deyang	8104	7282	304542	705457
绵阳市	Mianyang	19620	13261	442699	693728
广元市	Guangyuan	18170	12649	405966	687400
遂宁市	Suining	8781	7637	222373	511951
内江市	Neijiang	10020	6407	384811	656783
乐山市	Leshan	11616	10449	367488	922943
南充市	Nanchong	21380	18829	658576	587869
眉山市	Meishan	7414	5719	222937	545312
宜宾市	Yibin	18257	15059	550865	436577
广安市	Guangan	10029	8653	259474	368121
达州市	Dazhou	19449	16826	322766	1257158
雅安市	Yaan	6165	5652	113589	553334
巴中市	Bazhong	16642	15931	343212	257300
资阳市	Ziyang	14683	11190	435868	665343
阿坝藏族羌族自治州	Aba	13185	12369	321302	665155
甘孜藏族自治州	Ganzi	28340	23830	295564	120267
凉山彝族自治州	Liangshan	23011	17021	370180	694191

16-3 邮电业务基本情况
Basic Conditions of Postal and Telecommuniation Services

指　标		Item		2009	2010	2011	2012	2013
邮电业务总量	(亿元)	Business Volume of Postal and Telecommunication Service	(100 milion yuan)			606.7	693.4	770.2
#邮政业务总量	(亿元)	Business Volume of Post Service	(101 milion yuan)	48.5	47.8	57.2	73.2	83.3
电信业务总量	(亿元)	Business Volume of Telecommunication Service	(102 milion yuan)			549.5	620.2	686.9
邮电局、所	(处)	Number of Post & Telecommunication Offices	(unit)	4975	4826	4790	4947	4945
邮路长度	(万公里,单程)	Length of Postal Routes	(10 000 km,one way)	20.76	9.18	9.81	11.52	11.41
邮运汽车	(辆)	Postal Cars	(unit)	748	738	737	731	735
函件	(万件)	Number of Letters	(10 000 pcs)	16262	22546	18801	15766	13319
包件	(万件)	Number of Parcels	(10 000 pcs)	277	240	263	265	269
报刊期发数	(万份)	Number of Newspapers and Magazines Circulation	(10 000 copies)	598	573	626	658	652
特快专递	(万件)	Pieces of Express Mail Services	(10 000 pcs)	4691	6651	10638	13265	24401
年末固定电话	(万户)	Number of Fixed Telephones Subscribers(year-end)	(10 000 subscribers)	1551	1419	1383	1347	1314
#农村固定电话	(万户)	Number of Rural Fixed Telephones(year-end)	(10 000 subscribers)	566	524	460	419	387
年末移动电话用户	(万户)	Number of Mobile Telephones Subscribers(year-end)	(10 000 subscribers)	3409	4156	4800	5498	6283
长途交换机容量	(万路端)	Capacity of Long-distance Telephone Exchanges	(10 000 lines)	71.00	53.00	34.00	34.00	51.00

注：2010年起邮路长度不含邮政速递公司自营邮路；特快专递包括邮政公司和其他快递公司数据。

a)Postal routes exclude express delivery company's own length postman since 2010. The data of Pieces of express mail services comes from the post offices and other express delivery companies.

主要统计指标解释

铁路营业里程 又称营业长度，指投入客货运输营业或临时营业的线路长度。

公路里程 指报告期末公路的实际长度。统计范围：包括城间、城乡间、乡（村）间能行驶汽车的公共道路，公路通过城镇街道的里程，公路桥梁长度、隧道长度、渡口宽度。不包括城市街道里程，断头路里程，农（林）业生产用道路里程，工（矿）企业等内部道路里程。统计原则：按已竣工验收或交付使用的实际里程计算；两条或多条公路共同经由同一路段的重复里程，只计算一次。

内河航道里程 指在一定时期内，能通航运输船舶及排筏的天然河流、湖泊水库、运河及通航渠道的长度。包括全年季节性通航累计三个月以上的航道，不包括仅供零散流放竹、木排的河道。两省以河为界的航道里程，双方均按一半计算，以免重复。

定期航班航线里程 指定期航班营运里程的总长度，以万公里为计算单位。航线里程的统计分为按重复距离计算和按不重复距离计算两种形式。“按重复距离计算”是指不同航线的相同航段距离可以重复累加；“按不重复距离计算”则不同航线相同航段只统计一次。

货(客)运量 指在一定时期内，各种运输工具实际运送的货物重量(旅客数量)。该指标是反映运输业为国民经济和人民生活服务的数量指标，也是制定和检查运输生产计划、研究运输发展规模和速度的重要指标。货运按吨计算，客运按人计算。货物不论运输距离长短、货物类别，均按实际重量统计。旅客不论行程远近或票价多少，均按一人一次客运量统计；半价票、小孩票也按一人统计。

货物(旅客)周转量 指在一定时期内，由各种运输工具运送的货物(旅客)数量与其相应运输距离的乘积之总和。该指标反映运输业生产的总成果，也是编制和检查运输生产计划，计算运输效率、劳动生产率以及核算运输单位成本的主要基础资料。计算货物周转量通常按发出站与到达站之间的最短距离，也就是计费距离计算。计算公式为：

$$货物(旅客)周转量=\Sigma〔货物(旅客)运输量\times运输距离〕$$

邮电业务总量 指以货币形式表示的邮电通信企业为社会提供各类邮电通信服务的总数量，是用于观察邮电通信业务发展变化总趋势的综合性总量指标，分别按邮政业务总量和电信业务总量统计。邮电业务总量是以各类业务的实物量分别乘以相应的不变单价，求出各类业务的货币量加总求得。

移动电话用户 指在电信运营企业营业网点办理开户登记手续，通过移动电话交换机进入移动电话网，占用移动电话号码的各类电话用户。包括各类签约用户、智能网预付费用户、无线上网卡用户。

固定电话用户 指在电信企业营业网点办理开户登记手续并已接入固定电话网上的全部电话用户。包括普通电话用户、无线市话用户、公用电话用户、窄带综合业务数字网（N—ISDN）用户、智能网专用接入终端用户等。

城市电话用户 指按行政区划属于中央直辖市、省辖市、地级市、县级市的市区、市郊区及县城区范围内的电话用户数。包括分布在农村地区但以县团级以上建制的独立工矿区、林区、驻军的电话用户。

农村电话用户 指按行政区划属于城市范围以外的乡（镇）、村电话用户。

住宅电话用户 指私人付费或安装在居民住宅并按照私人或住宅电话用户登记注册和收费的各类电话用户。

Explanatory Notes on Main Statistical Indicators

Length of Railways in Operation refers to the total length of the trunk line for passenger and freight transportation in full operation or temporary operation.

Length of Highways refers to the actual length of highways at the end of reference period. It covers public roads running vehicles among cities, city and rural areas, township (villages), highways passing through streets at small cities and towns, length of bridges and tunnels, width of ferry piers. It does not include the length of streets in cities, dead end highways, the length of streets built for agricultural (forest) production and inside factories (mines). It can only be calculated with the actual mileage having been completed, checked and accepted or put into operation. If two or more highways go the same section of the way, the length of the section is only calculated for once.

Length of Navigable Inland Waterways refers to the length of natural rivers, lakes, reservoirs and canals that are open to navigation for ships and rafts during a given period. It includes the channels with annual seasonal navigation for more than three months other than the waterways only for scattered bamboo and wooden rafts. If two provinces share one river as the border, the length of waterways will be half divided for each province to avoid duplication.

Length of Routes with Scheduled Flights refers to the total length of all routes for scheduled flights, which is calculated using million kilometres as the unit. There are usually two ways to calculate the route length: duplicated calculation and non-duplicated calculation. Duplicated calculation means that the same segment of different routes can be added duplicately, while the non-duplicated calculation allows the same segment of different routes be counted once only.

Freight (Passenger) Traffic refers to the volume of freight (passenger) transported with various means. Freight transport is calculated in tons and passenger traffic is calculated in the number of persons. Despite the type of freight and traveling distance, the freight transport is calculated in the actual weight of the goods: and despite the traveling distance and ticket price, the passenger traffic is calculated by the principle that one person can be counted only once in one travel. The passengers who travel with a half price ticket or a child ticket is also calculated as one person. The freight (passenger) traffic provides a quantitative measure to show how the transport industry serves the national economy and people, and is also an important indicator for planning the transport industry and for studying the development scale and speed of the transport industry.

Freight Ton-kilometers (Passenger-kilometers) refer to the sum of the products of the volume of transported cargo (passengers) multiplying by the transport distance. It is an important indicator to reflect the achievement of transportation industry. Normally, the shortest distance between the departure station and the destination station (i.e., the payable distance) is the basis to calculate the freight ton-kilometers. This is an important indicator to show the total results of the transport industry, to prepare and examine the transport plan and to measure the efficiency, the labor productivity and the unit cost of transport. The formula is as follows:

Freight Ton-kilometers (Passenger-kilometers) =∑{Freight (Passenger) Traffic x Distance of Transportation}

Measuring unit: ton-kilometer (person-kilometer)

Business Volume of Post and Telecommunications refers to the total amount of postal services, expressed in value terms, provided by the post and telecommunications departments for society. This indicator reflects the overall results of development of postal and telecommunication services. It can be classificated as postal services and telecommunication services. Business volume of post and telecommunications is the sum of all services in kind multiplying with the unit price (constant price) to get the total business value.

Mobile Telephone Subscribers refer to persons who have gone through registration procedures in the operation points of enterprises engaged in telecommunications and are hence connected with the mobile telephone communication network through the mobile telephone switchboards and occupy mobile phone numbers. Included are various types of subscriber, prepaid users for intelligent network and wireless network card users.

Local Telephone Subscribers refer to all subscribers who have gone through registration procedures in the operation points of enterprises engaged in telecommunications and are hence connected to the local telecommunications service provider through fixed line network. Included are general subscribers, wireless local telephone subscribers, public telephones subscribers, N-ISDN subscribers and intelligent network terminal subscribers.

Urban Telephone Subscribers refer to the number of telephone subscribers, located at the municipalities directly under the Central Government, cities under the jurisdiction of province, cities at prefecture level, downtown and suburb of city at county level town and county towns according to the administrative division, including subscribers in rural mineral area, forest area, military area that are at or above county level.

Rural Telephone Subscribers refer to telephone subscribers, located at the towns and villages outside the coverage of urban areas according to the administrative division.

Household Telephone Subscribers refer to all kinds of subscribers with telephone sets paid privately or installed in the dwelling units of residents, and registered as private subscribers or residence subscribers for payment.

2014

17 国内贸易

DOMESTIC TRADE

17-1 社会消费品零售总额
Total Retail Sales of Consumer Goods

单位：万元 (10 000 yuan)

指　标	Item	2010	2011	2012	2013
全 省	**Sichuan**	**68101204**	**80065836**	**92686060**	**105614495**
按销售单位所在地分	Grouped by Location of Retailers				
1.城镇	Retail Sales in Town	54933751	64575533	74968927	85257885
2.乡村	Retail Sales in Rural	13167453	15490303	17717133	20356610
按行业分	Grouped by Industry of Retailers				
1.批发业	Wholesale Trade	4747374	6067721	7761678	9435652
限额以上	above Designated Size	1158810	2277520	4082956	5686947
限额以下	under Designated Size	3588564	3790201	3678723	3748705
2.零售业	Retail Trade	51720220	60520345	69332169	78942474
限额以上	above Designated Size	17110826	26211127	36274824	44552141
限额以下	under Designated Size	34609394	34309217	33057345	34390333
3.住宿业	Lodge Trade	627095	808091	943972	936212
限额以上	above Designated Size	364073	549990	681912	663255
限额以下	under Designated Size	263022	258101	262060	272957
4.餐饮业	Catering Trade	9252516	10977680	12841241	14240158
限额以上	above Designated Size	1199874	2051072	3624925	3837997
限额以下	under Designated Size	8052642	8926608	9216316	10402161
5.其它	Other Trade	1754000	1692000	1807000	2060000

17-2 各市(州)社会消费品零售总额
Total Retail Sales of Consumer Goods by Region

单位：万元 (10 000 yuan)

市(州)	Region	2010	2011	2012	2013
全 省	**Sichuan**	**68101204**	**80065836**	**92686060**	**105614495**
成都市	Chengdu	24288296	28725584	33292178	37700815
自贡市	Zigong	2526202	2961548	3416729	3903612
攀枝花市	Panzhihua	1461869	1714903	1980599	2262834
泸州市	Luzhou	2662319	3136741	3647174	4192426
德阳市	Deyang	3055028	3571993	4137652	4743817
绵阳市	Mianyang	4263018	5005458	5795063	6580294
广元市	Guangyuan	1508779	1751307	2015970	2295162
遂宁市	Suining	2084908	2429553	2805351	3216334
内江市	Neijiang	2065996	2429113	2805246	3213409
乐山市	Leshan	2840917	3273707	3749896	4295505
南充市	Nanchong	3442130	4040025	4680125	5375123
眉山市	Meishan	1885569	2209820	2560034	2924839
宜宾市	Yibin	3167807	3748245	4352689	4981652
广安市	Guangan	2140010	2468752	2829752	3244311
达州市	Dazhou	3125469	3695782	4302833	4941803
雅安市	Yaan	1046540	1212812	1394110	1548158
巴中市	Bazhong	1178252	1388066	1608944	1843045
资阳市	Ziyang	2130041	2520760	2935364	3368330
阿坝藏族羌族自治州	Aba	333576	393177	458625	525814
甘孜藏族自治州	Ganzi	381596	447213	514214	582347
凉山彝族自治州	Liangshan	2512884	2941281	3403512	3874865

17-3 批发和零售业情况
Wholesale and Retail Trade Conditions

指　　标		Item		2008	2009	2010	2011	2012	2013
批发和零售业		**Wholesale and Retail Trade**							
法人企业数	(个)	Number of Corperation Units	(unit)	2171	1879	3001	4435	5252	6039
年末从业人数	(人)	Persons Engaged	(person)	225339	229870	302200	366573	397758	449177
商品购进额	(亿元)	Total Purchases	(100 million yuan)	3276.9	3543.2	4729.6	6423.0	8946.5	10036.6
商品销售额	(亿元)	Total Sales	(100 million yuan)	4112.6	4147.7	5563.7	7897.9	9697.1	11038.5
期末商品库存额	(亿元)	Total Stock at Year-end	(100 million yuan)	381.0	328.3	440.1	768.4	899.8	826.8
批发业		**Wholesale Trade**							
法人企业数	(个)	Number of Corperation Units	(unit)	1198	853	1134	1732	1949	2201
年末从业人数	(人)	Persons Engaged	(person)	85523	79856	101525	130141	134176	144586
商品购进额	(亿元)	Total Purchases	(100 million yuan)	2311.8	2140.8	2846.8	4027.6	5574.2	6012.7
商品销售额	(亿元)	Total Sales	(100 million yuan)	2906.5	2577.6	3348.4	4841.8	6003.8	6676.3
期末商品库存额	(亿元)	Total Stock at Year-end	(100 million yuan)	243.9	194.7	275.8	489.9	488.3	492.7
零售业		**Retail Trade**							
法人企业数	(个)	Number of Corperation Units	(unit)	973	1026	1867	2703	3303	3838
年末从业人数	(人)	Persons Engaged	(person)	139816	150014	200675	236432	263582	304591
商品购进额	(亿元)	Total Purchases	(100 million yuan)	965.1	1402.4	1882.8	2395.4	3372.3	4023.9
商品销售额	(亿元)	Total Sales	(100 million yuan)	1206.0	1570.1	2215.3	3056.1	3693.3	4362.1
期末商品库存额	(亿元)	Total Stock at Year-end	(100 million yuan)	137.1	133.6	164.3	278.5	411.5	334.1

注：2008年以前的统计范围为限额以上法人企业、产业活动单位，2008年及以后为限额以上法人企业；2013年数据为初步统计数。

a) Statistical range before 2008 is corporation and active units above designated size and it is corporation units above designated size after 2008. Figures in 2013 are preliminary statistics.

17-4 限额以上批发零售贸易、住宿餐饮业基本情况(2013年)

Basic Conditions of Enterprises above Designated Size in Wholesale and Retail Sale, Acommadation and Catering Trade(2013)

指　标	Item	法人企业(个) Number of Corporation Units	个体和产业活动单位数(个) Number of Individual and Active Units	从业人数(人) Persons Engaged (person)
总　计	**Total**	**8598**	**5158**	**122770**
一、批发业合计	**Wholesale Trade**	**2201**	**102**	**3842**
内资企业	Domestic-Funded Enterprises	2178	8	1204
国有企业	State-owned Enterprises	93	3	607
集体企业	Collective-owned Enterprises	20		
股份合作企业	Cooperative Enterprises	8		
联营企业	Joint Ownership Enterprises			
有限责任公司	Limited Liability Corporations	841	3	457
股份有限公司	Share-holding Corporations Ltd.	74	1	10
私营企业	Private Enterprises	1090	1	130
其他企业	Other Enterprises	52		
港、澳、台商投资企业	Enterprises With Investment from Hong Kong, Macao and Taiwan	6		
外商投资企业	Enterprises With Foreign Investment	17	3	1008
二、零售业合计	**Retail Trade**	**3838**	**2351**	**33678**
内资企业	Domestic-Funded Enterprises	3752	38	1486
国有企业	State-owned Enterprises	43	4	252
集体企业	Collective-owned Enterprises	61	2	20
股份合作企业	Cooperative Enterprises	24	1	19
联营企业	Joint Ownership Enterprises	10		
有限责任公司	Limited Liability Corporations	1250	13	792
股份有限公司	Share-holding Corporations Ltd.	124	3	174
私营企业	Private Enterprises	2185	11	169
其他企业	Other Enterprises		4	60
港、澳、台商投资企业	Enterprises with Investment from Hong Kong, Macao and Taiwan	34		
外商投资企业	Enterprises with Foreign Investment	52	3	346
三、住宿餐饮业合计	**Lodge and Catering Trade**	**2559**	**2705**	**85250**
内资企业	Domestic-Funded Enterprises	2505	102	12682
国有企业	State-owned Enterprises	82	20	2672
集体企业	Collective-owned Enterprises	21	2	120
股份合作企业	Cooperative Enterprises	12	2	45
联营企业	Joint Ownership Enterprises	3	1	15
有限责任公司	Limited Liability Corporations	818	26	3978
股份有限公司	Share-holding Corporations Ltd.	89	9	1187
私营企业	Private Enterprises	1428	38	4394
其他企业	Other Enterprises	52	4	271
港、澳、台商投资企业	Enterprises with Investment from Hong Kong, Macao and Taiwan	27	3	657
外商投资企业	Enterprises with Foreign Investment	27	2	504

注：产业活动单位指非批发零售业法人企业附营的批发零售业产业活动单位；本表数据是初步统计数。

a) Active Units refer to units in wholesale,retail Sale except Corperation Units. Figures in this table are preliminary statistics.

17-5 各市(州)限额以上批发零售贸易、住宿餐饮业基本情况(2013年)

Basic Conditions of Enterprises above Designated Size in Wholesale, Retail Sale and Catering Trade by Region(2013)

单位：个、人　　(unit,person)

市(州)	Region	合计 Total		批发业 Whlesale Trade		零售业 Retail Trade		住宿业 Lodge Trade		餐饮业 Catering Trade	
		法人企业数 Number of Corporation	从业人数 Persons Engaged	法人企业数 Number of Corporation	从业人数 Persons Engaged	法人企业数 Number of Corporation	从业人数 Persons Engaged	法人企业数 Number of Corporation	从业人数 Persons Engaged	法人企业数 Number of Corporation	从业人数 Persons Engaged
全　省	**Sichuan**	**8598**	**678324**	**2201**	**144586**	**3838**	**304591**	**948**	**88799**	**1611**	**140348**
成都市	Chengdu	2799	313355	897	58211	837	151231	361	38805	704	65108
自贡市	Zigong	290	18145	66	3048	164	8550	16	1482	44	5065
攀枝花市	Panzhihua	291	18358	123	4469	99	7237	26	2063	43	4589
泸州市	Luzhou	546	25045	216	11398	241	9391	32	1989	57	2267
德阳市	Deyang	385	23821	111	5883	175	9189	27	3537	72	5212
绵阳市	Mianyang	400	32986	90	9810	222	15596	32	3190	56	4390
广元市	Guangyuan	198	10191	44	3224	90	3001	43	3151	21	815
遂宁市	Suining	215	15182	53	3338	113	8115	17	1582	32	2147
内江市	Neijiang	493	23759	87	5848	195	9635	22	1440	189	6836
乐山市	Leshan	291	17844	49	2979	177	9883	37	2881	28	2101
南充市	Nanchong	476	25449	56	3271	307	12811	28	3171	85	6196
眉山市	Meishan	294	14700	65	3775	167	6743	24	2098	38	2084
宜宾市	Yibin	372	18056	119	5448	186	8060	39	3147	28	1401
广安市	Guangan	299	11334	39	2027	216	6004	20	2107	24	1196
达州市	Dazhou	294	26724	42	5239	195	16670	27	2706	30	2109
雅安市	Yaan	85	5361	11	1091	43	2316	25	1812	6	142
巴中市	Bazhong	184	9589	22	1213	116	5630	19	1797	27	949
资阳市	Ziyang	225	36821	42	4893	133	7637	14	1385	36	22906
阿坝藏族羌族自治州	Aba	141	8576	6	572	50	1859	64	5103	21	1042
甘孜藏族自治州	Ganzi	51	3075	6	776	19	831	20	1315	6	153
凉山彝族自治州	Liangshan	233	17014	57	8073	93	4202	48	3028	35	1711

注：本表数据是初步统计数。

a)Figures in this table are preliminary statistics.

17-6 分行业限额以上批发零售贸易业商品购、销、存总额(2013年)
Total Purchases, Sales and Inventory of Enterprises above Designated Size in Wholesale and Retail Trade by Sector(2013)

单位：万元

指　标	Item	购进总额 Total Purchases	销售总额 Total Sales	年末库存总额 Inventory (year-end)
总　计	**Total**	**100365813**	**110384901**	**8268060**
一、批发企业合计	**Wholesale Trade**	**60126531**	**66763416**	**4926752**
食品、饮料、烟草批发业	Food, Beverages and Tobaccos	11345985	14839306	1589768
#粮食、食用油	Grains and Edible Oil	1102687	1165258	184094
烟草及其制品	Tobaccos	5355361	7529328	835486
纺织、服装及日用品批发业	Textiles, Garments, Shoes and Hats	2104098	2323293	199739
#服装批发业	Garments	497925	531221	52151
文化、体育用品及器材批发业	Cultural and Sports Goods and Appliances	891880	914450	77299
医药及医疗器材批发业	Medicines and Medical Appliances	6393509	6793806	502835
矿产品、建材及化工产品批发	Mineral Products	30698117	32765145	1384981
煤炭及制品批发业	Coal and Related Products	1256907	1338178	48709
石油及制品批发业	Petroleum and Related Products	7192518	7763353	100510
金属及金属矿批发业	Metal Materials and Mineral	11466728	12091949	558255
建材批发业	Building Materials	3234805	3476574	160723
化肥批发业	Chemical Fertilizers	2674467	2799550	266088
机械设备、五金交点及电子产品	Machinery, Hardware and Electronic Equipment	6557648	7087625	591435
#汽车、摩托车及零配件批发	Motor Vehicles, Motorcycles and Parts	920564	965073	84108
电气设备批发	Electrical Equipment	248889	254950	18392
计算机、软件及辅助设备	Computers, Software and Assistant Equipment	2815211	3038069	187985
其他批发业	Other Wholesale not Classified Elsewhere	794610	777470	92006
二、零售企业合计	**Retail Trade**	**40239281**	**43621485**	**3341308**
综合零售业	General Retail	8001769	9494231	658767
#百货零售业	Daily Consumer Goods	3866120	4809140	232106
超级市场零售业	Super Market	3796164	4257737	401895
食品、饮料及烟草制品专门零售	Food, Beverages and Tobaccos	1382626	1558691	156986
纺织、服装及日用品专门零售业	Textiles, Garments, Shoes and Hats	1193394	1438112	313297
#服装零售业	Garments	655773	773046	163410
文化、体育用品及器材专门零售	Cultural and Sports Goods and Appliances	770233	759005	202519
医药及医疗器材专门零售业	Medicines and Medical Appliances	621097	712495	82321
汽车、摩托车燃料及零配件	Motor Vehicles, Motorcycles and Parts	23001409	23980690	1530438
#汽车零售业	Motor Vehicles	12919166	13353904	1314224
机动车燃料零售业	Mobile Fuel	9676357	10196960	177597
家用电器及电子产品专门零售	Household Appliance and Electronic Product	3198732	3327378	241377
五金、家具室内装饰材料专门零售	Hardware, Furniture and Domestic Decoration Material	843086	989057	76693
无店铺及其他零售业	Without Shop and Other Retail Trade	1226935	1361826	78909

17-7 各市(州)限额以上批发零售贸易业商品购、销、存总额(2013年)

Total Purchases, Sales and Inventory of Enterprises above Designated Size in Wholesale and Retail Trade by Region(2013)

单位：万元 (10 000 yuan)

市(州)	Region	购进总额 Total Purchases	销售总额 Total Sales	批 发 Wholesale Trade	零 售 Retail Trade	年末库存总额 Inventory (year-end)
全 省	**Sichuan**	**100365813**	**110384901**	**64630532**	**45754369**	**8268060**
成都市	Chengdu	59733176	63562676	40307763	23254912	4453998
自贡市	Zigong	2757102	2960320	1779139	1181181	114823
攀枝花市	Panzhihua	2006818	2589222	1561220	1028002	215004
泸州市	Luzhou	3566157	4635004	2813292	1821712	362390
德阳市	Deyang	3696287	3910031	2249602	1660429	395251
绵阳市	Mianyang	5299760	5638627	3196577	2442050	467584
广元市	Guangyuan	1141393	1263487	790642	472845	61212
遂宁市	Suining	1421644	1691426	860195	831231	98815
内江市	Neijiang	1766990	1983107	1110760	872348	83678
乐山市	Leshan	1953775	2125373	760754	1364619	143915
南充市	Nanchong	2282104	2511424	642830	1868594	181157
眉山市	Meishan	1911515	1954953	1088304	866650	382894
宜宾市	Yibin	2729866	3171982	1691406	1480576	293366
广安市	Guangan	1709551	1888823	596621	1292202	62390
达州市	Dazhou	2263872	2852078	642359	2209719	232067
雅安市	Yaan	449485	681827	330442	351384	30080
巴中市	Bazhong	866529	1060400	358246	702154	54506
资阳市	Ziyang	1393063	1596781	725665	871117	86037
阿坝藏族羌族自治州	Aba	336309	365890	208390	157500	19883
甘孜藏族自治州	Ganzi	414153	466127	257197	208931	21861
凉山彝族自治州	Liangshan	2666265	3475344	2659128	816216	507148

17-8 限额以上批发零售贸易业主要商品分类销售额(2013年)
Total Sales of Enterprises above Designated Size in Wholesale and Retail Sale by Category of Main Commodities(2013)

单位：万元 (10 000 yuan)

项 目	Item	合计 Total	批发 Wholesale	零售 Retail Sale
食品类	Food	20128700	13731447	6397253
#肉禽蛋类	Meat, Poultry and Eggs	1112661	395590	717071
饮料类	Beverages	1363494	607065	756430
烟酒类	Tobacco and Liquor	11382048	9667799	1714249
服装、鞋帽类	Garments, Footwear and Hats	5982341	894625	5087716
针、纺织品类	Knitwear and Textiles	617426	224972	392454
化妆品类	Cosmetics	811185	153085	658100
金银珠宝类	Gold, Silver and Jewelry	1318877	699663	619214
日用品类	Articles for Daily Use	1941189	599428	1341761
洗涤用品类	Washing Articles	880097	426958	453140
五金、电料类	Hardware and Electrical Materials	342629	180516	162113
体育、娱乐用品类	Sports and Recreation Articles	106655	3743	102913
书报杂志类	Newspapers and Magazines	509930	11043	498887
电子出版物及音像制品类	E-journal and Video Products	52170	10333	41837
家用电器和音像器材类	Household Appliances and Video Appliances	4921700	835569	4086131
中西药品类	Traditional Chinese and Western Medicines	7825440	6929907	895533
文化办公用品类	Cultural and Official Goods	4344417	3481106	863311
家具类	Furniture	784916	6778	778138
通讯器材类	Communication Appliances	1394131	749630	644500
煤炭及制品类	Coal and Related Product	2614340	2600396	13944
木材及制品类	Wood and Wooden Product	49680	49680	
石油及制品类	Petroleum and Related Product	19899323	9500273	10399051
化工材料及制品类	Raw Chemical Materials	6419350	6392371	26980
金属材料类	Metals	11719172	11685244	33928
建筑及装潢材料类	Building and Decoration Materials	2621106	1633047	988060
机电产品设备类	Mechanical and Electrical Products	2385507	1968037	417469
#农机类	Agricultural Machinery	639236	638930	307
种子饲料类	Seed and Feedstuff	127832	126192	1641
棉麻类	Cotton, Hemp and Local livestock	202518	198721	3797

17-9 限额以上批发零售贸易企业主要财务指标(2013年)
Main Financial Indicators of Enterprises above Designated Size in Wholesale and Retail Trades(2013)

单位：万元 (10 000 yuan)

指　标	Item	资产合计 Total Assets	#流动资产 Circulating Funds	#固定资产 Fixed Asset	负债合计 Total Liabilities	所有者权益 Total Owners' Equity	#实收资本 Paid-up Capital
总　计	**Total**	**44837117**	**34748599**	**4118203**	**31875734**	**12961383**	**6741390**
一、批发企业合计	**Wholesale Trade**	**27584798**	**23981454**	**1434045**	**20397751**	**7187047**	**3241860**
#国有及国有控股	State-owned & State Holding Majority Shares	8171176	6924190	656808	4837960	3333216	637891
按登记注册类型分	Grouped by Registration						
内资企业	Domestic-funded	26860379	23287998	1424084	19866082	6994296	3010587
国有企业	State-owned	4436437	3745802	458080	1869279	2567158	244721
集体企业	Collective Owned	849148	662625	52958	709562	139587	76045
股份合作企业	Cooperative	7758	7537	144	5068	2690	1469
联营企业	Joint-owned						
有限责任公司	Limited Liability	12088465	10650634	425074	9763117	2325348	1553472
股份有限公司	Share-holding	1282063	1037864	83478	995261	286802	205063
私营企业	Private	7948122	6984729	372205	6417401	1530721	863238
其他企业	Other	248386	198808	32146	106393	141992	66579
港澳台商投资企业	Funded by Hongkong, Macao and Taiwan	50320	48019	1995	43138	7182	7022
外商投资企业	Foreign-funded	674099	645436	7966	488531	185568	224250
二、零售企业合计	**Retail Trade**	**17252319**	**10767145**	**2684158**	**11477983**	**5774336**	**3499531**
#国有及国有控股	State-owned & State Holding Majority Shares	3453952	1208583	732922	1639579	1814373	949180
按登记注册类型分	Grouped by Registration						
内资企业	Domestic-funded	14730756	9258186	2243103	9739546	4991211	2859177
国有企业	State-owned	339833	160388	59534	216045	123788	89138
集体企业	Collective Owned	38061	25335	8454	21454	16607	11837
股份合作企业	Cooperative	27969	16101	7694	17542	10427	8135
联营企业	Joint-owned	11698	6081	4100	8355	3343	2116
有限责任公司	Limited Liability	6772214	4940126	729450	4955901	1816313	964192
股份有限公司	Share-holding	2847208	861219	697131	1257349	1589859	835020
私营企业	Private	4575298	3167174	722783	3184372	1390926	918613
其他企业	Other	118477	81762	13956	78528	39948	30126
港澳台商投资企业	Funded by Hongkong, Macao and Taiwan	1109906	627549	189962	770116	339790	263765
外商投资企业	Foreign-funded	1411657	881410	251093	968321	443335	376589

17-9续表 continued

单位：万元 (10 000 yuan)

指 标	Item	主营业务收入 Main Business Revenue	主营业务成本 Cost of Main Business	主营业务税金及附加 Sales Tax and Extra-Charges	管理费用 Management Cost	财务费用 Financial Cost	营业利润 Business Profits	利润总额 Total Profits
总 计	**Total**	**98809770**	**89367477**	**714975**	**1995853**	**652375**	**2497464**	**2514086**
一、批发企业合计	**Wholesale Trade**	**59469635**	**54369820**	**491966**	**982257**	**390103**	**1479303**	**1588987**
#国有及国有控股	State-owned & State Holding Majority Shares	21587100	19149577	364162	430564	55700	986477	1046294
按登记注册类型分	Grouped by Registration							
内资企业	Domestic-funded	57410320	52415299	490123	937818	375527	1481576	1582579
国有企业	State-owned	9090909	7267717	330021	344703	28881	831774	890889
集体企业	Collective Owned	1784881	1727716	2688	28591	18256	-1390	20151
股份合作企业	Cooperative	27818	25250	167	985	69	481	483
联营企业	Joint-owned							
有限责任公司	Limited Liability	27654664	26393052	65973	262492	176104	237152	264459
股份有限公司	Share-holding	3203137	2814564	12122	57338	16942	36102	26606
私营企业	Private	15131454	13760946	67319	230102	132886	336256	339016
其他企业	Other	517456	426054	11832	13608	2389	41201	40974
港澳台商投资企业	Funded by Hongkong, Macao and Taiwan	238145	227260	208	2011	326	1554	1178
外商投资企业	Foreign-funded	1821170	1727261	1635	42427	14251	-3826	5229
二、零售企业合计	**Retail Trade**	**39340135**	**34997657**	**223010**	**1013596**	**262272**	**1018161**	**925100**
#国有及国有控股	State-owned & State Holding Majority Shares	34948738	31257728	204175	830481	252127	901927	807315
按登记注册类型分	Grouped by Registration							
内资企业	Domestic-funded	1904562	1801764	3629	7926	6167	28057	25867
国有企业	State-owned	267566	244177	2345	4868	395	9343	7444
集体企业	Collective Owned	123793	98509	2478	7396	168	8549	8502
股份合作企业	Cooperative	57446	47440	112	3351	619	1749	1504
联营企业	Joint-owned	13798959	12263882	85356	345624	125432	317787	308539
有限责任公司	Limited Liability	6917919	6316681	17330	154391	26620	155776	149419
股份有限公司	Share-holding	11534034	10180619	91438	296873	91278	367829	295629
私营企业	Private	344460	304657	1487	10052	1448	12838	10410
其他企业	Other	1647055	1406064	6932	62566	1073	62186	70004
港澳台商投资企业	Funded by Hongkong, Macao and Taiwan	2744342	2333866	11903	120550	9072	54047	47781
外商投资企业	Foreign-funded	9398375	8576002	42197	157187	29796	229929	230700

17-10 各市(州)限额以上批发零售贸易企业主要财务指标(2013年)

Main Financial Indicators of Enterprises above Designated Size in Wholesale and Sales Trades by Region(2013)

单位: 万元 (10 000 yuan)

市(州)	Region	资产合计 Total Assets	负债合计 Total Liabilities	主营业务收入 Main Business Revenue	主营业务成本 Cost of Main Business	销售费用 Sales Cost	主营业务税金及附加 Sales Tax and Extra-Charges	营业利润 Business Profits
全　省	**Sichuan**	**44837117**	**31875734**	**98809770**	**89367477**	**3829359**	**714975**	**2497464**
成都市	Chengdu	27337262	20431847	56005416	51854335	2110621	235920	729231
自贡市	Zigong	912766	681322	2711898	2537563	61886	17967	36575
攀枝花市	Panzhihua	1902528	1437490	2293257	2054778	90660	11273	64894
泸州市	Luzhou	1663839	1138263	4139211	3419458	352726	47683	215515
德阳市	Deyang	2061001	1503832	3453799	3154907	97233	23181	74602
绵阳市	Mianyang	1884881	1204731	5275084	4658899	167625	50184	170201
广元市	Guangyuan	334300	198360	1004808	889573	44419	15326	24235
遂宁市	Suining	660463	417223	1568357	1317240	97562	24560	89827
内江市	Neijiang	700887	368348	1864452	1659881	47813	23973	82503
乐山市	Leshan	837974	579930	2070354	1794225	78935	24696	66084
南充市	Nanchong	756421	471563	2375029	2083246	85173	33079	88838
眉山市	Meishan	981087	685480	1870765	1637522	62392	29499	92672
宜宾市	Yibin	1187452	660858	2879350	2488006	100780	37039	168113
广安市	Guangan	375497	210036	1856328	1635042	60848	26388	81149
达州市	Dazhou	638531	396912	2670232	2326833	113040	35829	116121
雅安市	Yaan	175331	86816	493178	433484	17668	7132	30039
巴中市	Bazhong	256488	143687	998380	864885	40252	15333	49882
资阳市	Ziyang	482698	292258	1418459	1221271	65611	17047	64042
阿坝藏族羌族自治州	Aba	173544	93373	333096	275921	13780	6497	23925
甘孜藏族自治州	Ganzi	140722	83128	419794	372225	14698	5139	16855
凉山彝族自治州	Liangshan	1373446	790278	3108525	2688183	105639	27231	212163

17-11 限额以上住宿餐饮企业主要财务指标(2013年)

Main Financial Indicators of Enterprises above Designated Size in Hotels and Catering Services(2013)

单位：万元 (10 000 yuan)

指　标	Item	资产合计 Total Assets	#流动资产 Circulating Funds	#固定资产 Fixed Asset	负债合计 Total Liabilities	主营业务收入 Business Revenue
总　计	**Total**	**7647638**	**3197452**	**2660344**	**5451780**	**3672609**
#国有及国有控股	State-owned & State Holding Majority Shares	953408	282214	475441	600596	304081
按登记注册类型分	Grouped by Registration					
内资企业	Domestic-funded	7042317	3042864	2370384	4953797	3237601
国有企业	State-owned	272012	102111	120569	148780	119086
集体企业	Collective Owned	143192	104029	21515	138344	21035
股份合作企业	Cooperative	358192	231973	39850	296325	39163
联营企业	Joint-owned	21541	3458	12013	18562	4715
有限责任公司	Limited Liability	2897064	1240548	1036423	2159317	1123883
股份有限公司	Share-holding	325324	96474	165959	225682	109159
私营企业	Private	2982152	1254366	947563	1947515	1783809
其他企业	Others	42841	9907	26492	19273	36752
港澳台商投资企业	Funded by Hongkong, Macao and Taiwan	261662	61940	98542	340696	190616
外商投资企业	Foreign-funded	343658	92648	191418	157287	244392

17-11续表 continued

单位：万元 (10 000 yuan)

指　标	Item	主营业务成本 Cost of Business	管理费用 Managemant Cost	主营业务税金及附加 Sales Tax and Extra-charges	营业利润 Business Profits	利润总额 Total Profits
总　计	**Total**	**7647638**	**640946**	**187772**	**41512**	**22200**
#国有及国有控股	State-owned & State Holding Majority Shares	953408	84907	15497	-12215	-17459
按登记注册类型分	Grouped by Registration					
内资企业	Domestic-funded	7042317	563795	164153	4967	-1056
国有企业	State-owned	272012	27116	5560	-2989	-7676
集体企业	Collective Owned	143192	3660	1136	-9226	-9554
股份合作企业	Cooperative	358192	8276	2112	-191	6789
联营企业	Joint-owned	21541	749	105	1138	79
有限责任公司	Limited Liability	2897064	254477	57163	-62732	-62685
股份有限公司	Share-holding	325324	22878	5641	-8299	-10120
私营企业	Private	2982152	242283	90075	84270	79704
其他企业	Others	42841	4356	2360	2995	2407
港澳台商投资企业	Funded by Hongkong, Macao and Taiwan	261662	33842	10272	19440	3573
外商投资企业	Foreign-funded	343658	43310	13347	17105	19684

17-12 各市(州)限额以上住宿餐饮企业主要财务指标(2013年)
Main Financial Indicators of Enterprises above Designated Size in Hotels and Catering Services by Region(2013)

单位: 万元 (10 000 yuan)

市(州)	Region	资产合计 Total Assets	负债合计 Total Liabilities	主营业务收入 Main Business Revenue	主营业务成本 Cost of Main Business	销售费用 Sales Cost	主营业务税金及附加 Sales Tax and Extra-Charges	营业利润 Business Profits
全 省	**Sichuan**	**7647638**	**5451780**	**3672609**	**1729130**	**984241**	**187772**	**41512**
成都市	Chengdu	3671352	2856273	1695951	732408	526852	90617	-28898
自贡市	Zigong	146088	121943	105076	60752	16982	5032	4882
攀枝花市	Panzhihua	339386	290278	83998	47145	12260	2814	-13286
泸州市	Luzhou	149534	89857	66896	37682	8911	3593	7428
德阳市	Deyang	238350	158737	101313	48306	27851	5227	-2182
绵阳市	Mianyang	368938	252051	166958	87215	47384	8921	-2923
广元市	Guangyuan	132800	93980	46773	28935	9291	2450	-5410
遂宁市	Suining	205048	98152	47266	28609	6071	2133	1895
内江市	Neijiang	198732	68777	93114	60721	7765	3776	10399
乐山市	Leshan	163572	119885	66626	37689	12524	3231	-733
南充市	Nanchong	339428	258947	146134	85477	24732	7553	-3827
眉山市	Meishan	196267	118065	68818	38410	12130	3143	888
宜宾市	Yibin	150326	119787	87816	55005	12962	4008	-287
广安市	Guangan	102828	80283	41095	24405	7771	2045	-1572
达州市	Dazhou	102654	56902	64682	33694	11523	2785	3906
雅安市	Yaan	81982	55445	19222	9068	5608	1037	-3254
巴中市	Bazhong	70120	54444	53250	31138	9138	2332	2159
资阳市	Ziyang	338292	140289	503503	180206	172205	27067	82585
阿坝藏族羌族自治州	Aba	419172	294230	111587	43186	33209	5904	-7503
甘孜藏族自治州	Ganzi	54562	29272	17852	8608	4097	885	-545
凉山彝族自治州	Liangshan	178206	94184	84681	50471	14977	3222	-2210

主要统计指标解释

社会消费品零售总额 指企业（单位、个体户）通过交易直接售给个人、社会集团非生产、非经营用的实物商品金额，以及提供餐饮服务所取得的收入金额。个人包括城乡居民和入境人员，社会集团包括机关、社会团体、部队、学校、企事业单位、居委会或村委会等。

批发业 指向其他批发或零售单位（含个体经营者）及其他企事业单位、机关团体等批量销售生活用品、生产资料的活动，以及从事进出口贸易和贸易经纪与代理的活动，包括拥有货物所有权，并以本单位(公司)的名义进行交易活动,也包括不拥有货物的所有权，收取佣金的商品代理、商品代售活动；还包括各类商品批发市场中固定摊位的批发活动，以及以销售为目的的收购活动。

零售业 指百货商店、超级市场、专门零售商店、品牌专卖店、售货摊等主要面向最终消费者（如居民等）的销售活动，以互联网、邮政、电话、售货机等方式的销售活动，还包括在同一地点，后面加工生产，前面销售的店铺（如面包房）；谷物、种子、饲料、牲畜、矿产品、生产用原料、化工原料、农用化工产品、机械设备（乘用车、计算机及通信设备除外）等生产资料的销售不作为零售活动；多数零售商对其销售的货物拥有所有权，但有些则是充当委托人的代理人，进行委托销售或以收取佣金的方式进行销售。

批发和零售业商品购进、销售、库存额 指各种登记注册类型的批发和零售业企业(单位)以本企业(单位)为总体的，从国内、国外市场购进的商品总量、销售和出口的商品总量、库存的商品总量等情况。

商品购进额 指从本企业以外的单位和个人购进(包括从国外直接进口)作为转卖或加工后转卖的商品金额（含增值税）。

商品销售额 指对本企业以外的单位和个人出售的商品金额（包括售给本单位消费用的商品，含增值税）。

商品库存额 对于批发和零售业法人单位和个体经营户，是指报告期末取得所有权的全部商品金额（含增值税）；对于批发和零售业产业活动单位，是指报告期末实际在库且归属法人具有所有权的全部商品金额（含增值税）。

住宿业 指为旅行者提供短期留宿场所的活动，有些单位只提供住宿，也有些单位提供住宿、饮食、商务、娱乐一体的服务，不包括主要按月或按年长期出租房屋住所的活动。

餐饮业 指通过即时制作加工、商业销售和服务性劳动等，向消费者提供食品和消费场所及设施的服务。

住宿和餐饮业营业额 指住宿和餐饮业单位在经营活动中因提供服务或销售商品等取得的收入。包括：客房收入、餐费收入、商品销售额（含增值税）和其他收入。其中，客房收入指住宿和餐饮业单位在经营活动中因提供住宿服务取得的收入。餐费收入指本单位为顾客提供就餐服务取得的收入，包括：经烹饪、调制加工后出售的各种食品，如主食、炒菜、凉拌菜等的收入。

限额以上批发和零售业统计范围 从 2011 年开始包括年主营业务收入 2000 万元及以上的批发业和年主营业务收入 500 万元及以上的零售业统计单位。

限额以上住宿和餐饮业统计范围 从 2011 年开始包括年主营业务收入 200 万元及以上的住宿和餐饮业统计单位。

Explanatory Notes on Main Statistical Indicators

Total Retail Sales of Consumer refer to the amount obtained by enterprises (units, self-employed individuals) through direct sales of non-production and non-business physical commodity to individuals, social institutions, and revenue from providing catering services. Individuals include rural and urban households, population from abroad, social institutions include government agencies, social organizations, military units, schools, institutions, neighbourhood (village) committees.

Wholesale Trade refers to the activities of selling wholesale commodities for daily use and capital goods to enterprises of wholesale and retail trades (including self-employed individuals) and other enterprises, institutions and government organs and organizations, and the activities of engaging in import and export and acting as a trade agent. The wholesaler may have the ownership of the commodities for wholesale and trade in the name of its own (a company), and the wholesaler can act as commission agent or commodity broker without the ownership of commodities. Also included are the wholesale activities at the fixed stalls in wholesale market and the acquisition for sales purpose.

Retail Trade refers to the activities of department store, supermarket, franchised store, brand store, retail stall and on-the-spot-making-selling store selling commodities to the final consumers (residents) by any means including internet, post, telephone, sales machine. It also includes shops with sales and production localted in the same places (such as bakeries). Retail trade excludes the activities of sales of capital goods such as grain, seed, feed, livestock, mineral products, raw material for production, industrial chemicals, chemical products for agricultural use, machine and equipment (excluding vehicles, computers and communication equipment). Most retailers have the ownership of commodities to sell, but some are acting as agents or brokers to make transactions for a commission.

Purchase, Sales and Stock of Commodities by Wholesale and Retail Trade refer to the total volume of commodities purchased, total volume of sales and exports , and the stock of commodities by wholesale and retail enterprises (establishments) of different status of registration from domestic and overseas markets.

Total Purchases of Commodities refer to the total value of purchases of commodities by the enterprises (establishments) from other establishments or individuals (including direct import from abroad) for the purpose of re-selling, either with or without further processing of the commodities purchased.

Total Sales of Commodities refer to value of commodities sold by the establishments to other establishments and individuals (including goods sold for self consumption, including the value-added tax).

Total Stock of Commodities For the legal entities and self-employed individuals engaged in wholesale and retail trade, it refers to total value (including VAT) of commodities possessed at the end of the reference period; and for wholesale and retail establishments, it refers to the value (including VAT) of all commodities actually in stock and owned by their legal persons at the end of reference period.

Hotel Services refer to the accommodation services provided to visitors. Some units may provide only accommodation while others provide a combination of accommodation, meals, business services and/or recreational facilities. It excludes activities related to the provision of long-term primary residences in facilities such as apartments typically leased on a monthly or annual basis.

Catering Services refer to the activities of providing foods, serving locations and facilities to customers through instant processing, commercial sales and service-type labor.

Business Revenue of Hotels and Catering Services refers to revenue of hotels and catering services received from providing services or selling commodities through business activities, including income from hotels, from catering services, from selling of commodities (including VAT) and from other services. Income from hotels refers to income of hotels and catering services by providing lodging services through business activities. Income from catering services refers to income from providing catering services, including selling of cooked or prepared foods, such as staple food, cooked dishes, or cold dishes.

Wholesale and Retail Trade above Designated Statistics Range including wholesale trade of which annual main business income are more than 20 million yuan(RMB) , and retail corporate units of which the main business income are more than 5 million yuan(RMB) from 2011.

Accommodation and Catering Trade above Designated Statistics Range including accommodation and catering corporate units of which the main business income are more than 2 million yuan(RMB) from 2011.

18 对外经济贸易和旅游

FOREIGN TRADE AND ECONOMIC COOPERATION AND INTERNATIONAL TOURISM

18-1 对外经济贸易
Foreign Trade and Economic Cooperation

单位：万美元 (USD 10 000)

指　标	Item	2005	2009	2010	2011	2012	2013
进出口总额	**Total Import and Export**	**790476**	**2422728**	**3277822**	**4778444**	**5912538**	**6459252**
出口总额	Total Export	470089	1415167	1884504	2904567	3846147	4195160
进口总额	Total Import	320387	1007561	1393318	1873877	2066391	2264092
对外签订利用外资协议(合同)金额	**Total Amount of Foreign Capital to be Utilized in the Signed Agreements and Contracts**	**205576**	**245001**	**621470**	**630678**	**986774**	**413079**
外商直接投资	Foreign Direct Investment	200303	242542	611651	625949	526317	404208
外商其他投资	Other Foreign Investment	5273	2459	9819	4729	8140	8871
实际利用外资额	**Total Amount of Foreign Capital Actually Used**	**110206**	**412933**	**701299**	**1102733**	**1055054**	**1057481**
对外借款	Foreign Loan	19505	30602	35000	73528	47480	17057
外商直接投资	Foreign Direct Investment	88686	358980	602517	948137	980100	1028443
外商其他投资	Other Foreign Investment	2015	2051	9782	4568	6674	7345
港澳援建资金	Reconstruction Funds of Hong Kong and Macao		21300	54000	76500	20800	4636
对外经济合作	**Economic Cooperation with Foreign Countries and Territories**						
合同金额	Contracted Value	140805	451467	689802	750253	325398	361089
对外承包工程	Contracted Projects	138397	439995	684878	745344	320091	356017
对外劳务合作	Labor Services	2408	11472	4924	4909	5307	5072
完成营业额	Value of Business Fulfilled	60079	337185	402137	504240	568303	633909
对外承包工程	Contracted Projects	57274	335622	399299	498692	563370	630206
对外劳务合作	Labor Services	2805	1563	2838	5548	4933	3703

18-2 人民币汇率 (年平均价)
RMB Exchange Rate (Annual Average)

单位：人民币元 (RMB yuan)

年份 Year	100美元 $100	100日元 100 yen	100港元 HK $ 100	100欧元 € 100
1985	293.66	1.2457	37.57	
1990	478.32	3.3233	61.39	
1995	835.10	8.9225	107.96	
2000	827.84	7.6864	106.18	
2001	827.70	6.8075	106.08	
2002	827.70	6.6237	106.07	800.58
2003	827.70	7.1466	106.24	936.13
2004	827.68	7.6552	106.23	1029.00
2005	819.17	7.4484	105.30	1019.53
2006	797.18	6.8570	102.62	1001.90
2007	760.40	6.4632	97.46	1041.75
2008	694.51	6.7427	89.19	1022.27
2009	683.10	7.2986	88.12	952.70
2010	676.95	7.7279	87.13	897.25
2011	645.88	8.1050	82.97	900.11
2012	631.25	7.9037	81.38	810.67
2013	619.32	6.3323	79.85	822.19

18-3 海关进口商品分类金额
Imports Value by Category of Commodities

单位：万美元 (USD 10 000)

商品类别	Category of Commodities	2011	2012	2013
总 额	**Total Value**	**1873877**	**2066391**	**2264092**
初级产品	**Primary Goods**	**184744**	**175149**	**207480**
食品及活动物	Food and Live Animals	12451	14829	22928
饮料及烟类	Beverages and Tobacco	874	1056	1550
非食用原料（燃料除外）	Nonedible Raw Materials(Except Fuels)	156946	140550	170461
矿物燃料、润滑油及有关原料	Mineral Fuels,Lubricants and Related Materials	14308	18200	12007
动植物油、脂及蜡	Animal and Vegetable Oils,Fats and Waxes	165	514	534
工业制品	**Manufactured Goods**	**1689133**	**1891242**	**2056612**
化学成品及有关产品	Chemicals and Related Procucts	125762	136143	174143
按原料分类的制成品	Manufactured Goods Classified by Material	100828	104106	95951
机械及运输设备	Machinery and Transport Equipment	1278026	1418740	1516829
杂项制品	Miscellaneous Products	127156	126656	140731
未分类的商品	Products Not Otherwise Clssified	57361	105597	128958

18-4 海关出口商品分类金额
Exports Value by Category of Commodities

单位：万美元 (USD 10 000)

商品类别	Category of Commodities	2011	2012	2013
总 额	**Total Value**	**2904567**	**3846147**	**4195160**
初级产品	**Primary Goods**	**91521**	**86077**	**77875**
食品及活动物	Food and Live Animals	30493	31819	27996
饮料及烟类	Beverages and Tobacco	19939	16454	6828
非食用原料（燃料除外）	Nonedible Raw Materials(Except Fuels)	37663	37026	41556
矿物燃料、润滑油及有关原料	Mineral Fuels,Lubricants and Related Materials	2987	60	347
动植物油、脂及蜡	Animal and Vegetable Oils,Fats and Waxes	439	718	1148
工业制品	**Manufactured Goods**	**2813046**	**3760070**	**4117285**
化学成品及有关产品	Chemicals and Related Procucts	210825	221044	255390
按原料分类的制成品	Manufactured Goods Classified by Material	474965	524848	553337
机械及运输设备	Machinery and Transport Equipment	1467112	2204508	2341812
杂项制品	Miscellaneous Products	603786	705203	836773
未分类的商品	Products Not Otherwise Clssified	56358	104467	129973

18-5 各市(州)进出口总额
Total Value of Imports and Exports by Region

单位：万美元 (USD 10 000)

市(州)	Region	进出口总额 Total Imports and Exports		出口总额 Total Exports		进口总额 Total Imports	
		2012	2013	2012	2013	2012	2013
全　省	**Sichuan**	**5912538**	**6459252**	**3846147**	**4195160**	**2066391**	**2264092**
成都市	Chengdu	4754212	5060901	3036446	3189231	1717763	1871670
自贡市	Zigong	87038	101359	51735	61555	35303	39804
攀枝花市	Panzhihua	26343	18714	22007	12306	4336	6408
泸州市	Luzhou	18598	22654	15795	20459	2803	2195
德阳市	Deyang	308340	339151	182413	235256	125927	103895
绵阳市	Mianyang	221316	280984	137332	180327	83984	100657
广元市	Guangyuan	33844	35019	27266	30838	6578	4181
遂宁市	Suining	46150	55565	38011	40383	8139	15182
内江市	Neijiang	31349	36299	27001	31546	4348	4753
乐山市	Leshan	94533	111974	65872	82644	28661	29330
南充市	Nanchong	41787	67250	39798	65446	1989	1804
眉山市	Meishan	19458	28802	15639	19997	3819	8805
宜宾市	Yibin	77694	81251	54162	56246	23532	25005
广安市	Guangan	75377	99254	70245	98192	5132	1062
达州市	Dazhou	18323	31431	9424	13705	8899	17726
雅安市	Yaan	4269	6887	3788	6524	482	363
巴中市	Bazhong	12475	14360	12475	14360		
资阳市	Ziyang	30554	54330	26999	24902	3555	29428
阿坝藏族羌族自治州	Aba	3233	3927	2120	2277	1114	1650
甘孜藏族自治州	Ganzi	911	1042	911	1042		
凉山彝族自治州	Liangshan	6734	8098	6708	7924	27	174

18-6 涉外饭店(宾馆)接待海外旅游者情况
Basic Condition of Foreign Hotel Reception of Oversea Arrivals

项　目	Item	2005	2009	2010	2011	2012	2013
人数合计　(万人次)	**Total (10 000 persons)**	**106.28**	**84.99**	**104.93**	**163.97**	**227.33**	**209.56**
外国人	**Foreigners**	**68.27**	**61.49**	**74.97**	**113.73**	**151.29**	**147.33**
亚洲	Asia	47.50	32.07	40.95	57.86	74.62	65.59
日本	Japan	15.45	16.46	20.23	23.70	25.17	15.18
马来西亚	Malaysia	6.80	5.60	3.18	4.69	7.11	8.27
新加坡	Singapore	7.39	2.69	3.62	6.79	10.29	11.06
泰国	Thailand	5.80	1.61	2.13	4.23	5.85	5.41
欧洲	Europe	9.50	13.61	17.44	29.48	36.64	39.07
英国	United Kingdom	1.86	3.87	5.24	9.30	12.76	13.19
德国	Germany	1.95	1.84	2.42	5.36	5.38	6.08
法国	France	1.77	2.84	2.80	4.25	5.25	5.56
意大利	Italy	0.80	0.73	0.72	1.18	2.52	2.59
北美洲	North America	8.49	11.82	11.93	19.35	28.37	30.15
加拿大	Canada	1.12	2.28	2.20	3.47	5.08	5.05
美国	United States	6.99	7.05	8.91	14.64	20.98	22.16
澳大利亚	Australia	1.02	1.77	2.31	3.89	7.24	7.67
非洲	Africa	0.29	0.44	0.40	0.63	0.73	0.82
其他	Other	1.18	0.73	1.09	1.13	2.04	2.40
台湾同胞	**Compatriots from Taiwan**	**24.02**	**9.83**	**14.85**	**27.78**	**40.12**	**28.74**
人天数合计　(万人天)	**Total Number of Tourists Visiting and Days (10 000 person-days)**	**187.82**	**157.37**	**198.19**	**312.04**	**429.14**	**398.33**
外国人	Foreigners	120.48	117.53	144.01	223.13	296.63	284.58
台湾同胞	Compatriots from Taiwan	40.96	16.74	25.79	45.72	66.40	50.35
旅游外汇收入　(万美元)	**Foreign Exchange Earnings of Tourism (USD 10 000)**	**31595.00**	**28855.93**	**35408.78**	**59382.55**	**79814.67**	**76476.08**

主要统计指标解释

货物进出口总额 指实际进出我国国境的货物总金额。包括对外贸易实际进出口货物，来料加工装配进出口货物，国家间、联合国及国际组织无偿援助物资和赠送品，华侨、港澳台同胞和外籍华人捐赠品，租赁期满归承租人所有的租赁货物，进料加工进出口货物，边境地方贸易及边境地区小额贸易进出口货物(边民互市贸易除外)，中外合资经营企业、中外合作经营企业、外商独资经营企业进出口货物和公用物品，到、离岸价格在规定限额以上的进出口货样和广告品(无商业价值、无使用价值和免费提供出口的除外)，从保税仓库提取在中国境内销售的进口货物，以及其他进出口货物。该指标可以观察一个国家在对外贸易方面的总规模。我国规定出口货物按离岸价格统计，进口货物按到岸价格统计。

利用外资 指各级政府、部门、企业和其他经济组织通过对外借款、吸收外商直接投资以及用其他方式筹措的境外现汇、设备、技术等。

对外借款 指通过对外正式签订借款协议，从境外筹措的资金，包括外国政府贷款、国际金融组织贷款、外国银行商业贷款、出口信贷以及对外发行债券等。

外商直接投资 是指外国投资者在我国境内通过设立外商投资企业、合伙企业、与中方投资者共同进行石油资源的合作勘探开发以及设立外国公司分支机构等方式进行投资。外国投资者可以用现金、实物、无形资产、股权等投资，还可以用从外商投资企业获得的利润进行再投资。

对外承包工程 根据《对外承包工程管理条例》，对外承包工程是指中国的企业或者其他单位承包境外建设工程项目的活动。

对外劳务合作 指组织劳务人员赴其他国家或地区为国外的企业或机构工作的经营性活动。

入境游客 指报告期内来中国（大陆）观光、度假、探亲访友、就医疗养、购物、参加会议或从事经济、文化、体育、宗教活动的外国人、港澳台同胞等游客（即入境旅游人数）。统计时，入境游客按每入境一次统计 1 人次。入境旅游人数包括入境过夜游客和入境一日游游客。

国际旅游(外汇)收入 指入境游客在中国（大陆）境内旅行、游览过程中用于交通、参观游览、住宿、餐饮、购物、娱乐等全部花费。

Explanatory Notes on Main Statistical Indicators

Total Import and Export of Goods refer to the real value of commodities imported and exported across the border of China. They include the actual imports and exports through foreign trade, imported and exported goods under the processing and assembling trades and materials, supplies and gifts as aid given gratis between governments and by the United Nations and other international organizations, and contributions donated by overseas Chinese, compatriots in Hong Kong and Macao and Chinese with foreign citizenship, leasing commodities owned by tenant at the expiration of leasing period, the imported and exported commodities processed with imported materials, commodities trading in border areas (excluding mutual exchange goods), the imported and exported commodities and articles for public use of the Sino-foreign joint ventures, cooperative enterprises and ventures with sole foreign investment. Also included is import or export of samples and advertising goods for which CIF or FOB value are beyond the permitted ceiling (excluding goods of no trading or use value and free commodities for export), imported goods sold in China from bonded warehouses and other imported or exported goods. The indicator of the total imports and exports at customs can be used to observe the total size of external trade in a country. In accordance with the stipulation of the Chinese government, imports are calculated at CIF, while exports are calculated at FOB.

Utilization of Foreign Capital refers to remittance, equipment and technology financed from abroad, by loans, foreign direct investment and other forms undertaken by the governments at all levels, by various departments, enterprises and other economic units.

Foreign Borrowings refer to funds borrowed from abroad through formal signing of borrowing agreements with foreign institutions, including loans of foreign governments, loans of international financial institutions, commercial loans of foreign banks, export credit , and funds raised by Chinese bonds issued abroad.

Foreign Direct Investment refers to foreign investment in China through the establishment of foreign invested enterprises, cooperative exploration and development of petroleum resources with domestic investors and the establishment of branch organizations of foreign enterprises. Foreign investment can be made in forms of cash, physical investment, intangible assets and equity, in addition with reinvestment of the foreign enterprises with the profits gained from the investment.

Overseas Contracted Project refers to activities of contracting overseas construction projects by Chinese enterprises or any other units, which are stipulated in the Regulations on Administration of Foreign Contracted Project.

Overseas Labor Services refer to operational activities of organizing labor force to go abroad providing services to foreign enterprises or agencies.

International Visitor Arrivals refer to the number of tourists of foreigners, Chinese compatriots from Hong Kong, Macao and Taiwan who come to China (mainland) within the reference period for sight-seeing, vacation, visiting relatives, medical treatment, shopping, attending conference, or to engage in economic, cultural, sports and religious activities (namely the number of overseas visitor arrivals). In compiling statistics, each arrival is counted as one person-time. The number of overseas visitor arrivals includes inbound overnight tourists and one-day tourists.

Foreign Exchange Earnings from International Tourism refer to the total expenditure of foreigners, overseas Chinese, Chinese compatriots from Hong Kong, Macao and Taiwan during their stay in the mainland of China on transportation, sighting, accommodation, food, shopping and entertainment.

19

金融和保险

BANKING AND INSURANCE

19-1 金融机构(含外资)本外币信贷收支表(资金来源)
Balance Sheet of Local and Foreign Credit Funds of Financial Institutions (Including Foreign) (Funds Sources)

单位：亿元 (100 million yuan)

项 目	Item	2013	比年初增减数 amount over the beginning of the year
资金来源总计	**All Sources**	**45746.31**	**6328.82**
各项存款	Deposits	48122.05	6534.46
单位存款	Deposits of Units	22543.96	2893.64
个人存款	Deposits of Individuals	23025.21	3392.01
#储蓄存款	Urban and Rural Savings Deposits	22663.49	3170.01
财政性存款	Treasury Deposits	1448.93	22.39
委托存款	Trusted Deposits	81.06	41.82
金融债券	Bonds	48.11	14.94
中长期借款	Medium-term & Long-term Loans	10.80	0.87
应付及暂收款	Account Receivable and Advanced Payment	1111.07	187.14
同业往来(来源方)	Interbank exchanges (source side)	668.51	329.72
外汇买卖(来源方)	Foreign Exchange Trading (source side)	1695.64	1451.52
各项准备	Reserves	815.69	129.96
所有者权益	Owners' Equity	1780.86	409.60
其他	Other	-8506.41	-2729.39

注：本表金融机构包括中国人民银行、中资全国性大型银行、中资全国性中小型银行、中资区域性中小型银行、城市信用社、农村信用社、财务公司、信托投资公司、租赁公司、外资金融机构和汽车金融公司(后同)。

a) Financial Institution of balance sheet include the People's Bank of China, Large,small and medium-sized Chinese-funded national banks, small and medium-sized regional and Chinese-funded banks,urban and rural credit cooperative banks,finance companies,financial trust and investment companies, financial leasing companies,Foreign financial institutions and auto finance company (the same as the follows) .

19-2 金融机构(含外资)本外币信贷收支表(资金运用)
Balance Sheet of Local and Foreign Credit Funds of Financial Institutions (Including Foreign) (Funds Uses)

单位：亿元 (100 million yuan)

项 目	Item	2013	比年初增减数 amount over the beginning of the year
资金运用总计	**All Uses**	**45746.31**	**6328.82**
各项贷款	Loans	30298.85	4103.99
短期贷款	Short-term Loans	10097.61	1913.22
个人贷款及透支	Personal Loans and Overdrafts	2177.20	560.08
单位普通贷款及透支	Ordinary Loans and Overdrafts of Units	7287.70	1269.80
银团贷款	Syndicated Loans	4.78	0.77
贸易贷款	Trade Loans	627.93	82.58
中长期贷款	Medium-term & Long-term Loans	19692.14	2150.00
融资租赁	Finance Leases	0.15	-0.15
票据融资	Bill Financing	424.04	20.10
有价证券	Securities	1393.03	278.68
股权及其他投资	Equity and other Investment	1215.64	681.81
应收及预付款	Account Receivable and Advanced Payment	437.01	192.70
同业往来(运用方)	Interbank Exchanges (the use of party)	253.77	3.25
系统内资金网来(运用方)	System capital network (the use of party)	9562.42	-516.32
外汇买卖(运用方)	Foreign Exchange Trading (the use of party)	1694.58	1450.91
固定资产	Fixed Assets	456.79	64.79
库存现金	Cash on hand	433.11	68.70
投资性房地产	Investment Property	1.12	0.32

19-3 金融机构法定存款基准利率
Nominal Interest Rates on Deposits of Financial Institutions

单位：年利率% (Annual Interest Rate %)

项 目	Item	2008 .10.9 Oct.9 2008	2008 .10.30 Oct.30 2008	2008 .11.27 Nov.27 2008	2008 .12.23 Dec.23 2008	2010 .10.20 Oct.20 2010	2010 .12.26 Dec.26 2010	2011 .2.9 Feb.9 2011	2011 .4.6 Apr.6 2011	2011 .7.7 Jul.7 2011	2012 .6.8 Jun.8 2012	2012 .7.6 Jul.6 2012
个人人民币储蓄存款	**Household Deposits**											
活期	Demand Deposits	0.72	0.72	0.36	0.36	0.36	0.36	0.40	0.50	0.50	0.40	0.35
定期	Time Deposits											
三个月	3 Months	3.15	2.88	1.98	1.71	1.91	2.25	2.60	2.85	3.10	2.85	2.60
半年	6 Months	3.51	3.24	2.25	1.98	2.20	2.50	2.80	3.05	3.30	3.05	2.80
一年	1 Year	3.87	3.60	2.52	2.25	2.50	2.75	3.00	3.25	3.50	3.25	3.00
二年	2 Years	4.41	4.14	3.06	2.79	3.25	3.55	3.90	4.15	4.40	4.10	3.75
三年	3 Years	5.13	4.77	3.60	3.33	3.85	4.15	4.50	4.75	5.00	4.65	4.25
五年	5 Years	5.58	5.13	3.87	3.60	4.20	4.55	5.00	5.25	5.50	5.10	4.75

19-4 金融机构法定贷款利率
Nominal Interest Rates on Loans of Financial Institutions

单位：年利率% (Annual Interest Rate %)

项 目	Item	2008 .9.16 Sep.16 2008	2008 .10.9 Oct.9 2008	2008 .10.27 Oct.27 2008	2008 .10.30 Oct.30 2008	2008 .11.27 Nov.27 2008	2008 .12.23 Dec.23 2008	2010 .10.20 Oct.20 2010	2010 .12.26 Dec.26 2010	2011 .2.9 Feb.9 2011	2011 .4.6 Apr.6 2011	2011 .7.7 Jul.7 2011	2012 .6.8 Jun.8 2012	2012 .7.6 Jul.6 2012
短期贷款	**Short-term Loan**													
六个月以内(含六个月)	6 Months Or Less	6.21	6.12	6.12	6.03	5.04	4.86	5.10	5.35	5.60	5.58	6.10	5.85	5.60
六个月至一年(含一年)	12 Months Or Less	7.20	6.93	6.93	6.66	5.58	5.31	5.56	5.81	6.06	6.31	6.56	6.31	6.00
中长期贷款	**Mediun-term & Long-time Loan**													
一至三年(含三年)	Three Years Or Less	7.29	7.02	7.02	6.75	5.67	5.40	5.60	5.85	6.10	6.40	6.65	6.40	6.15
三至五年(含五年)	5 Years Or Less	7.56	7.29	7.29	7.02	5.94	5.76	5.96	6.22	6.45	6.65	6.90	6.65	6.40
五年以上	Above 5 Years	7.74	7.47	7.47	7.20	6.12	5.94	6.14	6.40	6.60	6.80	7.05	6.80	6.55
个人住房公积金贷款	**Loans For Public Accumulation Funds Of Housing**													
五年以下(含五年)	5 Year Or Less	4.59	4.32	4.05	4.05	3.51	3.33	3.50	3.75	4.00	4.20	4.45	4.20	4.00
五年以上	Above 5 Years	5.13	4.86	4.59	4.59	4.05	3.87	4.05	4.30	4.50	4.70	4.90	4.70	4.50

19-5 保险业务经济技术指标
Economic and Technical Indicators of Insurance Business

单位：万元 (10 000 yuan)

项　目	Item	2009	2010	2011	2012	2013
保费收入合计	**Premium Income Total**	**5790283**	**7657702**	**7787004**	**8195283**	**9146769**
财产保险	**Property Insurance**	**1487179**	**1915557**	**2250926**	**2715083**	**3151222**
企业财产保险	Enterprise Property Insurance	62732	78628	96990	106404	120850
机动车辆保险	Automobile Insurance	1141732	1523384	1774926	2074196	2497479
货物运输保险	Cargo Transportation Insurance	17074	20593	22387	21602	22542
责任保险	Liability Insurance	52339	66424	79906	96021	113555
信用保证保险	Credit and Guarantee Insurance	57075	55107	37962	114434	27888
其他财产保险	Others Property Insurance	156227	171420	238754	302426	368907
人身保险	**Life Insurance**	**4303104**	**5742146**	**5536078**	**5480200**	**5995547**
人寿保险	Life Insurance Business					
非分红产品	Non-participating	429334	431535	428981	436911	610129
分红产品	Participating	2947486	4332509	4529533	4362089	4564934
投资连接产品	Unit-link	26955	24870	752	743	725
万能产品	Universal	457276	437493	30927	30976	34062
健康险	Health Insurance					
短期健康险	Short-term Health Insurance	155225	164378	179297	200859	254462
长期健康险	Long-term Health Insurance	130266	178563	161360	218114	264200
意外伤害险	Personal Accident Insurance	156561	172798	205228	230508	267034
赔款给付支出合计	**Claim Total**	**1305534**	**1509352**	**1911459**	**2329022**	**3146178**
财产保险	**Property Insurance**	**731084**	**858986**	**1094152**	**1413139**	**1671196**
企业财产保险	Enterprise Property Insurance	35585	30266	41439	64607	70007
机动车辆保险	Automobile Insurance	573397	694935	918189	1181073	1390131
货物运输保险	Cargo Transportation Insurance	4669	4444	7130	7585	7468
责任保险	Liability Insurance	23915	22446	29607	38783	45265
信用保证保险	Credit and Guarantee Insurance	4345	2201	1058	5962	7898
其他财产保险	Others Property Insurance	89173	104694	96729	115129	150427
人身保险	**Life Insurance**	**574450**	**650365**	**817307**	**915883**	**1474982**
人寿保险	Life Insurance Business					
非分红产品	Non-participating	141065	135482	123160	154918	144543
分红产品	Participating	228350	324994	459443	529592	1054397
投资连接产品	Unit-link	259	343	746	221	76
万能产品	Universal	33355	4436	5315	7054	8248
健康险	Health Insurance					
短期健康险	Short-term Health Insurance	104515	17878	102918	114435	145212
长期健康险	Long-term Health Insurance	15674	105597	60410	33215	36132
意外伤害险	Personal Accident Insurance	51232	61635	65315	76448	86374

19-6 各财产保险公司和人身保险公司四川省分公司保费收入
Premium Income of Property Insurance Companies (Sichuan Branch) and Life Insurance Companies (Sichuan Branch)

单位：万元

公司名称	Company Name	2012	2013
合 计	**Total**	**8195283**	**9146769**
财产保险公司	**Property Insurance Companies**	**2852444**	**3331167**
中国人民财产保险股份有限公司	PICC Property & Casualty Insurance Company Limited	1058152	1205469
中国太平洋财产保险股份有限公司	China Pacific Insurance (Group) Co.,Ltd	214035	265893
中国平安财产保险股份有限公司	Ping An Insurance (Group) Company of China , Ltd.	597224	700813
永安财产保险股份有限公司	Yong An Insurance Co,.Ltd.	53183	61875
华泰财产保险股份有限公司	Huatai Insurance Co., Ltd.	39040	46165
中华联合财产保险公司	China United Property Insurance Company	161782	199147
天安保险股份有限公司	Tanan Property Insurance Co., Ltd.	36044	40656
太平保险有限公司	TaiPing Insurance Company Ltd.	96329	118122
中国大地财产保险股份有限公司	China Continent Property & Casualty Insurance Company	82346	91455
华安财产保险股份有限公司	Sinosafe Insurance	27675	30453
中航安盟财产保险有限公司	Groupama-Avic Property Insurance Co.,Ltd	37042	64030
中国出口信用保险公司	China Export & Credit Insurance Corporation (SINOSURE)	113604	25585
安邦财产保险股份有限公司	Anbang Property & Casualty Insurance Co.,Ltd	21069	16681
永诚财产保险股份有限公司	Alltrust Insurance Company of China ,Co., Ltd	41772	48986
安盛天平财产保险股份有限公司	AXA Tianping P&C Insurance Co., Ltd.	17913	20334
阳光财产保险股份有限公司	Sunshine Property & Casualty Insurance Company of China ,Co.,Ltd.	37225	48270
都邦财产保险股份有限公司	Dubang Property & Casualty Insurance Company of China ,Co.,Ltd.	11956	14426
渤海财产保险股份有限公司	Bohai Property & Casualty Insurance Company of China ,Co.,Ltd.	4799	6230
中银财产保险股份有限公司	China Bank Property & Casualty Insurance Company of China ,Co.,Ltd.	17308	25460
华农财产保险股份有限公司	Huanong Property & Casualty Insurance Co.,Ltd.	3382	2814
安诚财产保险股份有限公司	Ancheng Property & Casualty Insurance Co.,Ltd.	8213	10197
民安财产保险股份有限公司	Ming'an Property & Casualty Insurance Co.,Ltd.	7385	9448
浙商财产保险股份有限公司	Zheshang Property & Casualty Insurance Co.,Ltd.	21058	28831
鼎和财产保险股份有限公司	Dinghe Property & Casualty Insurance Company of China ,Co.,Ltd.	8741	12278
英大泰和财产保险股份有限公司	Yingda Taihe Property & Casualty Insurance Co.,Ltd.	23877	42234
锦泰财产保险股份有限公司	JinTai Property Insurance Co.,Ltd.	49197	84377
紫金财产保险股份有限公司	Zijin Property and Casualty Insurance Co.,Ltd.	6233	9658
中国人寿财产保险股份有限公司	China Life Property & Casualty Insurance Co.,Ltd.	45761	81436
信达财产保险股份有限公司	Cinda Property Insurance Co.,Ltd.	9598	10258
国泰财产保险有限责任公司	Cathay Insurance Co., Ltd.	498	3387
富德财产保险股份有限公司	Fund Property&Casualty Insurance Co.,Ltd.		6172
众安在线财产保险股份有限公司	Zhongan Online Property Insurance Co.,Ltd.		25
人身保险公司	**Life Insurance Companies**	**5342839**	**5815602**
中国人寿保险股份有限公司	China Life Insurance(Group) Company	1673901	1589710
中国太平洋人寿保险股份有限公司	China Pacific Insurance(group)Co.,Ltd	426571	431017
中国平安人寿保险股份有限公司	Ping An Insurance (Group) Company of China , Ltd.	417495	488445
新华人寿保险股份有限公司	New China Insurance Co., Ltd.	530375	591619
泰康人寿保险股份有限公司	Taikang Life Insurance Company	408523	435497

19-6 续表 continued

单位：万元 (10 000 yuan)

公司名称	Company Name	2012	2013
太平人寿保险有限公司	Taiping Life Insurance Co.,Ltd.	405868	593404
民生人寿保险股份有限公司	Minsheng Life Insurance Co.,Ltd.	59124	45175
中英人寿保险有限公司	Aviva Cofco Life Insurance Co.,Ltd.	85132	88775
生命人寿保险股份有限公司	Sino Life Insurance Co.,Ltd.	173860	130024
北大方正人寿保险有限公司	Founder Meiji Yasuda Life Insurance Co.,Ltd	13816	17032
长城人寿保险股份公司	Great Wall Life Insurance Co.,Ltd.	37068	35790
中宏人寿保险股份公司	Manulife-Sinochem Insurance Co.,Ltd.	12361	15172
中德安联人寿保险有限公司	Allianz China Life Insurance Co.,Ltd.	13322	17175
农银人寿保险股份有限公司	ABC Life Insurance Co., Ltd	51117	80602
中国人民人寿保险股份有限公司	PICC Life Insurance Co.,Ltd.	326160	426992
华泰人寿保险有限公司	Huatai Life Insurance Co.,Ltd.	16144	20196
人保健康保险有限公司	PICC Health Insurance Co.,Ltd.	33823	30938
恒安标准人寿保险有限公司	Heng'an Standard Life Co.,ltd.	5790	5620
招商信诺保险有限公司	CIGNA&CMC Insurance Co.,Ltd.	8414	12926
合众人寿保险有限公司	Union Life Insurance Co.,Ltd.	79138	53632
阳光人寿保险有限公司	Sunshine Life Insurance Co.,Ltd.	119633	125013
中意人寿保险有限公司	General China Insurance Co.,Ltd.	24405	17231
华夏人寿保险有限公司	Huaxia China Insurance Co.,Ltd.	29852	23331
中国平安养老保险股份有限公司	Ping An Insurance (Group) Company of China , Ltd.	27399	32641
太平养老保险股份有限公司	TaiPing Pension Company Limited	2336	4114
中新大东方人寿保险有限公司	Great Eastern Life Assurance (China) Co Ltd	2574	5972
中邮人寿保险有限公司	China Post Lift Insurance Co.,Ltd.	199363	267984
幸福人寿保险有限公司	Happy Life Insurance Co.,Ltd.	13197	7835
中美联泰大都会人寿保险有限公司	Sino-US United Metlife Insurance Co.,Ltd.	6140	9093
国华人寿保险股份有限公司	Guohua Life Insurance Co.,Ltd.	6158	8412
和谐健康保险股份有限公司	Harmony Health Insurance Company Limited	201	357
安邦人寿保险股份有限公司	Anbang Life Insurance Co.,Ltd.	20394	13306
光大永明人寿保险有限公司	Sun Life Everbright Life Insurance Co.,Ltd.	37762	27630
工银安盛人寿保险有限公司	ICBC-AXA Assurance Co., Ltd	25606	53049
百年人寿保险股份有限公司	Aeon Life Insurance Co.,Ltd.	32955	33508
中融人寿保险股份有限公司	Zhongrong Life Insurance Co.,Ltd.	15002	37058
英大泰和人寿保险股份有限公司	Yngda Taihe Life Insurance Co.,Ltd.	1488	2964
中航三星人寿保险有限公司	Samsung Air China Life Insurance Co.Ltd.	375	2849
建信人寿保险有限公司	CCB Life Insurance Company Limited		33160
泰康养老保险股份有限公司	TAIKANG PENSION & INSURANCE CO., LTD.		274
海康人寿保险有限公司	Aegon-Cnooc Life Insurance Company Limited		82

注：安盛天平财产保险股份有限公司原名为天平汽车保险股份有限公司；农银人寿保险股份有限公司原名为嘉禾人寿保险股份有限公司；中美联泰大都会人寿保险有限公司原名为联泰大都会人寿保险有限公司；众安在线财产保险股份有限公司于2013年9月29日获保监会批准成立，开展与互联网交易直接相关的保险业务，注册地上海，目前未设分支机构，根据保监会规定，其统计数据根据属地原则划分。

a) AXA Tianping P&C Insurance Co., Ltd. formerly known as Tianping auto insurance Ltd. ABC Life Insurance Co., Ltd.formerly known as the Jiahe Life Insurance Co., Ltd. Sino-US United Metlife Insurance Co., Ltd. formerly known as United Feature Syndicate, Inc. Zhongan Online Property Insurance Co.,Ltd. established in Sep. 29,2013 by the approval of CIRC and registered in Shanghai, currently without a branch office. It run insurance business directly related to internet. According to the provisions of the CIRC, the statistical data obtained on the basis of the principle of territorial division.

主要统计指标解释

信贷资金 指金融机构以信用方式积聚和分配的货币资金。金融机构信贷资金的来源有各项存款、金融债券、对国际金融机构负债、流通中现金、其他项目等；信贷资金的运用有各项贷款、有价证券及投资、金银占款、外汇占款、财政借款及在国际金融机构中的资产等。

存款 指企业、机关、团体或居民根据资金必须收回的原则，把货币资金存入银行或其他信贷机构保管并取得一定利息的一种信用活动形式。根据存款对象或性质的不同可划分为单位存款、个人存款、财政性存款、临时性存款、委托存款、其他存款等科目。它是银行信贷资金的主要来源。

贷款 指银行或其他信贷机构根据资金必须归还的原则，按一定利率，为企业、个人等提供资金的一种信用活动形式。我国银行贷款分为短期贷款、中长期贷款、融资租赁、票据融资、各项垫款、境外贷款等。

保险公司 在中国境内的、经过保险监督管理部门批准设立，并依法登记注册的各类商业保险公司。

保险金额 指保险人承担赔偿或者给付保险金责任的最高限额。

保费 指投保人为取得保险人在约定范围内所承担赔偿责任而支付给保险人的费用。

赔款 指保险人根据保险合同的规定，向被保险人支付的赔偿保险责任损失的金额。

给付 包括死伤医疗给付和满期给付。死伤医疗给付是指保险人根据人寿保险及长期健康保险合同的规定，因被保险人在保险期内发生保险责任范围内的保险事故支付给被保险人(或受益人)的金额。满期给付是指被保险人生存期满，保险人按人寿保险合同规定支付给被保险人的满期保险金额。

Explanatory Notes on Main Statistical Indicators

Credit Funds refer to the monetary funds accumulated and distributed in the means of credit by the financial institutions. The sources of credit funds include various deposits, financial bonds, liabilities to international financial institutions, currency in circulation, other items. The uses of credit funds include loans, securities and investment, position for bullion and silver purchase, position for foreign exchange purchase, advances to treasury, and assets with international financial institutions..

Deposit is a form of credit by which enterprises, institutions, organizations or households can put money into banks and other credit institutions for safekeeping and interest earning under the principle of free withdrawal. According to different depositors, deposits are divided into unit deposits, personal deposits, fiscal deposits, temporary deposits, entrusted deposits and other deposits. Deposits are major sources of the credit funds of banks.

Loan is a form of credit by which banks and other credit institutions provide funds at certain interest rate to enterprises and individuals in the light of the principle of unconditional repayment. Loans from Chinese banks include short-term loan, medium-term and long-term loans, financial lease, bill financing, various money advanced, foreign loans.

Insurance Companies refer to commercial insurance companies of various forms registered by law and established in China with the approval of insurance regulatory agencies.

Amount Insured refers to the maximum that the insurant will get for the claim of the case insured.

Premium is the fee paid by the insurant to the insurer to obtain the obligation of compensation from the insurance within the agreed terms.

Settled Claim is the compensation paid by the insurer to the insurant in accordance with the insurance contract.

Payment including payment for death, injury or medical treatment and mature payment. Payment for death, injury or medical treatment refers to the money paid to the insurant (or the beneficiary) in accordance with the life or health insurance contract when the insurant encounters accidents within the insured period covered in the contract. Mature payment refers to the mature payment to the insurant in accordance with the life insurance contract at the end of the insured period.

20

教育、科技和专利

EDUCATION, SCIENCE, TECHNOLOGY AND PATENTS

20-1 各类学校数
Number of Schools by Type

单位：所 (unit)

年份 Year	普通高等学校 Regular Institutions of Higher Education	中等职业学校 Secondary vocational schools	普通中学 Regular Secondary Schools	小 学 Primary Schools	幼儿园 Kindergartens	特殊教育学校 Special Education Schools
1952	10		306	35373	609	
1957	13		488	43665	612	
1962	17		866	44683	305	
1965	20		3693	108974	1349	5
1970	18		2769	70263	687	3
1975	17		3287	86254	2397	3
1978	28		4605	72563	35306	3
1980	29		4524	67659	24814	3
1985	39		4017	61953	13280	9
1990	40		4332	55047	13831	22
1991	40		4433	53792	10478	27
1992	40		4460	53011	11148	45
1993	41		4545	52280	10216	52
1994	42		4572	51498	12079	52
1995	42		4578	55799	12485	53
1996	42		4506	48911	11602	59
1997	42		4420	46917	11223	55
1998	43		4448	46092	11385	62
1999	43		4375	45133	12016	63
2000	42		4321	43326	12780	63
2001	49		5154	31447	7875	69
2002	59		5093	25972	7935	68
2003	62		5000	24573	8388	70
2004	68		4965	21935	7602	73
2005	72		4995	19305	8875	83
2006	76		5181	17372	8596	88
2007	76		5093	15834	8580	88
2008	78		4937	13993	8425	93
2009	92		4809	12437	8562	95
2010	93	679	4738	9282	9483	100
2011	94	656	4704	8847	10162	107
2012	99	630	4643	8586	10794	113
2013	103	595	4630	7257	11759	119

注：中等职业学校中包括技工学校。各类学校基本情况由四川省教育厅提供(后同）。

a)Secondary Vocational schools include Technical Schools.The basic statistics of schools is provided by the Provincial Department of Education (the same as follows).

20-2 各类学校专任教师数
Statistics on Full-time Teachers by Level and Type of School

单位：人 (person)

年份 Year	普通高等学校 Regular Institutions of Higher Education	中等职业学校 Secondary Vocational Schools	普通中学 Regular Secondary Schools	小 学 Primary Schools	幼儿园 Kindergartens	特殊教育学校 Special Education Schools
1952	1228		5953	111229	1556	
1957	3238		11873	132141	4679	
1962	5675		18597	146639	4523	
1965	6125		29097	225914	4720	35
1970	6414		55788	213151	3992	53
1975	7487		92015	334794	1858	20
1978	9047		167540	342661	39245	25
1980	10562		152660	343175	39028	44
1985	14577		145715	340164	32284	115
1990	16058		176179	321087	43573	322
1991	16056		180737	314747	45528	416
1992	15767		185790	312380	49970	565
1993	16216		183492	313597	49873	610
1994	16208		186224	320196	54504	647
1995	16439		190184	320923	55420	728
1996	16799		193942	323713	56052	730
1997	16786		196636	330212	56107	837
1998	17228		199357	334999	57738	987
1999	17891		207305	336356	58165	1148
2000	18418		217039	331551	58128	1113
2001	21984		227035	325123	30956	942
2002	26852		237425	321193	30591	973
2003	31372		247098	316029	32515	994
2004	39306		253358	307940	33997	1068
2005	44854		258924	307113	36654	1174
2006	52211		265540	306886	37530	1318
2007	55903		269967	306149	39337	1407
2008	59174		273559	307687	41827	1478
2009	61772		279414	306528	45136	1572
2010	64991	44051	284962	305741	51909	1711
2011	67448	48873	285755	305508	57528	1784
2012	73137	48186	290366	304899	65403	1941
2013	76795	45952	292629	305619	77336	2055

20-3 各类学校在校学生数
Statistics on Students Enrollment by Level and Type of School

单位：人 (person)

年份 Year	普通高等学校 Regular Institutions of Higher Education	中等职业学校 Secondary Vocational Schools	普通中学 Regular Secondary Schools	小　学 Primary Schools	幼儿园 Kindergartens	特殊教育 Special Education Schools
1952	9104		155252	3807776		
1957	19565		320254	4574044		
1962	36587		324216	3962046		
1965	28236		669901	7859341	127921	398
1970			1481952	6341703	95325	503
1975	21203		2085366	11013460	199412	345
1978	35715		3838846	10745859	1389229	339
1980	48497		2974390	11441551	957632	347
1985	72812		2516824	10418664	833754	623
1990	91866		2892023	6873322	1062885	1422
1991	91365		2853499	6500936	1375654	1846
1992	96678		2724618	6424068	1572526	3133
1993	113465		2481484	6662850	1576287	3261
1994	125944		2561995	7020619	1689081	3972
1995	126280		2705466	7350179	1777728	509
1996	131459		2765730	7797611	1793653	7400
1997	140451		2748214	8270885	1779648	9444
1998	151905		2908894	8438446	1860762	10104
1999	180256		3364576	8270859	1923949	10771
2000	235470		3919813	8026506	1892626	8224
2001	316701		4282666	7948490	1658864	14616
2002	412357		4568419	7785414	1595534	13390
2003	512663		4810712	7554308	1588575	15839
2004	637340		4909216	7365754	1527298	17354
2005	775436		4855390	7145093	1526827	24788
2006	860640		5014951	7217750	1562466	28621
2007	918438		5054691	6965306	1560935	39900
2008	991072		5026261	6488221	1597919	41739
2009	1035934		4990033	6170471	1707263	41767
2010	1086215	1399557	4900896	5921080	1887545	41839
2011	1139316	1407636	4778133	5798017	2110148	40898
2012	1223680	1398563	4558398	5607407	2192890	44287
2013	1270818	1302260	4233225	5259536	2314907	43731

20-4 各类学校招生数
Statistics on New Students Enrollment by Type of School

单位：人 (person)

年份 Year	普通高等学校 Regular Institutions of Higher Education	中等职业学校 Secondary Vocational Schools	普通中学 Regular Secondary Schools	小 学 Primary Schools	特殊教育 Special Education Schools
1952	2353		81221		
1957	4823		116364	128678	
1962	4895		121261	1544971	
1965	6570		316756	2302127	
1970			747057	1899719	
1975	7569		1200679	2800872	33
1978	14916		1609352	2649457	34
1980	11610		1106948	2519225	87
1985	26069		943009	1455993	281
1990	26962		1019786	999538	485
1991	26919		971091	994759	536
1992	33613		947724	1179830	1047
1993	42058		883979	1364953	671
1994	40259		981989	1459974	992
1995	41714		1041585	1479126	1423
1996	43774		948623	1412690	1210
1997	46196		964969	1397645	1386
1998	49035		1176141	1293404	1232
1999	65481		1427007	1240217	1163
2000	95565		1527602	1256880	1182
2001	119470		1595486	1338908	2676
2002	152754		1717062	1320396	2157
2003	180308		1746751	1223734	2550
2004	215243		1696131	1169163	2726
2005	267198		1684360	1092214	3916
2006	266491		1767927	1151856	4503
2007	297566		1758759	1083015	6169
2008	328341		1754692	1006479	6333
2009	307127		1692325	945131	6483
2010	337892	575964	1641724	1231433	6684
2011	351846	575321	1593466	996827	6767
2012	381519	543472	1510249	1009618	8398
2013	376806	531212	1390078	950346	8230

20-5 各类学校毕业生数
Statistics on Graduates by Type of School

单位：人 (person)

年份 Year	普通高等学校 Regular Institutions of Higher Education	中等职业学校 Secondary Vocational Schools	普通中学 Regular Secondary Schools	小 学 Primary Schools	特殊教育 Special Education Schools
1952	2742				
1957	1773		75254	739606	
1962	5317		80499	303087	
1965	8489		104984	399595	
1970	4796		142279	829050	
1975	5701		626880	1279795	35
1978	5884		1268232	1782504	35
1980	7130		934730	1603760	82
1985	13592		728872	1446826	57
1990	27672		746250	1408170	66
1991	27041		763298	1187057	8
1992	28348		813783	1074324	148
1993	26088		793429	940854	212
1994	28826		707196	999601	229
1995	40915		644932	1018463	336
1996	37872		719950	897863	445
1997	35658		818628	875741	552
1998	36672		868089	1069005	1036
1999	35465		804529	1327862	943
2000	40104		818595	1397579	1190
2001	44602		992309	1347390	1824
2002	52405		1224114	1361854	1677
2003	74307		1299710	1324117	2090
2004	100998		1385780	1221872	2131
2005	139328		1510287	1187842	2160
2006	173287		1527428	1221708	2953
2007	228028		1554082	1247914	4565
2008	247707		1575017	1253417	5312
2009	252214		1571659	1166577	5933
2010	278577	357279	1587603	1113444	5817
2011	289165	387422	1606332	1042069	5486
2012	286756	405599	1571830	1001656	7969
2013	318407	447222	1512136	886816	9191

20-6 普通高等学校基本情况(2013年)
Basic Statistics on Regular Institutions of Higher Education(2013)

单位：人 (person)

项 目	Item	学校数(所) Number of Institutions	毕业生数 Graduates	招生数 New Student Enrollment	在校学生数 Student Enrollment	教职工数 Staff and Workers	#校本部 Main Campus
合 计	**Total**	**104**	**318407**	**376806**	**1270818**	**116021**	**110301**
#女	Female		161176	200982	664566	52553	50521
一、普通高等学校	Regular Institutions of Higher Education	103	318130	376698	1270297	113553	107835
综合大学	Comprehensive University	32	97584	122970	406874	35098	32606
理工院校	Science and Engineering College	33	106768	125077	423126	39245	37681
农业院校	Agriculture College	2	11599	12009	42893	3289	3025
医药院校	Medicine College	6	17025	20692	70634	6083	5946
师范院校	Teacher Training College	10	44337	47328	158596	13734	12704
财经院校	Economics and Finance College	7	15817	16864	57164	5771	5744
政法院校	Politics and Law College	2	2673	2927	12527	724	719
体育院校	Physical Culture College	1	2059	2225	8927	804	767
艺术院校	Art Institues	6	9195	13084	41864	5130	4971
民族院校	College of Nationalities	2	7542	9324	33863	2435	2435
语文院校	Chinese College	2	3531	4198	13829	1240	1237
二、成人高等学校	Adult Institutions of Higher Education	1	277	108	521	2468	2466

注：毕业生数、招生数、在校学生数合计中含成人高等学校普通本、专科学生的情况。
a)The sum of graduates, new students enrollment and students enrollment includes the data of students in regular college course and specialized subjects of adult institutions of higher education.

20-6续表 continued

单位：人 (person)

项 目	Item	专任教师数 Full-time Teachers	正高级 Senior	副高级 Sub-senior	中级 Middle	初级 Junior	未定职称 No Rank
合 计	**Total**	**76795**	**8002**	**19794**	**30564**	**13788**	**4647**
#女	Female	35473	2051	8053	15497	7595	2277
综合大学	Comprehensive University	23824	2671	6223	9240	4584	1106
理工院校	Science and Engineering College	25624	2534	6897	10586	4275	1332
农业院校	Agriculture College	2558	266	546	980	438	328
医药院校	Medicine College	4304	538	1124	1557	789	296
师范院校	Teacher Training College	9533	897	2324	4246	1572	494
财经院校	Economics and Finance College	3632	473	1016	1225	597	321
政法院校	Politics and Law College	515	32	118	180	106	79
体育院校	Physical Culture College	576	71	153	239	113	
艺术院校	Art Institues	3367	266	683	1018	998	402
民族院校	College of Nationalities	1912	227	516	885	138	146
语文院校	Chinese College	950	27	194	408	178	143

20-7 普通本科分学科学生数(2013年)
Statistics on Students in Undergraduate and Junior Colleges by Field of Study(2013)

单位：人 (person)

项 目	Item	毕业生数 Graduates	招生数 New Student Enrollment	在校学生数 Student Enrollment
合 计	**Total**	**164906**	**190800**	**735441**
#女	Female	80884	99373	373629
哲 学	Philosophy	33	49	149
经济学	Economics	6667	7172	27460
法 学	Law	5309	6023	23280
教育学	Education	5434	7516	27318
文 学	Literature	17842	18278	69580
历史学	History	584	911	2924
理 学	Science	12259	13452	50955
工 学	Engineering	53584	61572	238284
农 学	Agriculture	3752	3523	13560
医 学	Medicine	10519	12177	51724
管理学	Management	28002	34188	130443
艺术学	Art	20921	25939	99764

20-8 分学科研究生数(2013年)
Number of Postgraduates by Field of Study(2013)

单位：人 (person)

项 目	Item	毕业生数 Graduates	#攻读博士学位 Study in Doctor Degree	招生数 New Student Enrollment	#攻读博士学位 Study in Doctor Degree	在校学生数 Student Enrollment	#攻读博士学位 Study in Doctor Degree
合 计	**Total**	**24384**	**2243**	**28123**	**2953**	**88237**	**13405**
#女	Female	11237	781	12674	1075	38711	4357
哲 学	Philosophy	221	22	246	22	713	82
经济学	Economics	1746	158	1811	204	5343	898
法 学	Law	1524	81	1535	124	4670	480
教育学	Education	945		1362	8	3340	14
文 学	Literature	1383	89	1263	98	4499	449
历史学	History	323	53	278	53	924	231
理 学	Science	2013	346	2263	399	7267	1544
工 学	Engineering	9068	810	11227	1221	36107	6233
农 学	Agriculture	775	92	1164	88	3165	436
医 学	Medicine	2307	430	2750	508	8218	1712
军事学	Strategics	13		12		36	
管理学	Management	3598	162	3458	208	12063	1285
艺术学	Arts	468		754	20	1892	41
专业学位	Professional Degree	5277	133	10097	162	25768	510

20-9 中等职业学校基本情况(2013年)
Basic Statistics on Secondary Vocational Schools(2013)

单位：人 (person)

项目	Item	毕业生数 Graduates	招生数 New Student Enrollment	在校学生数 Student Enrollment	专任教师数 Full-time Teachers
合计	**Total**	**414213**	**489969**	**1195085**	**40292**
#女	Female	200834	242081	612327	18765
#专业课	Speciality Course				22417
农林牧渔类	Farming Forestry Animal Husbandry and Fishery	28983	24376	69189	1090
资源环境类	Resouces and Environment	1745	1363	3018	55
能源与新能源类	Energy and New Energy	3142	2903	8285	215
土木水利类	Civil Engineering and Water Conservancy	16668	21829	57542	917
加工制造类	Machining and Manufacture	90783	84315	212918	4145
石油化工类	Petroleum Chemical	2169	1453	4288	141
轻纺食品类	Textile Food	6560	6002	13557	285
交通运输类	Transportation	25896	50745	117578	1696
信息技术类	Information Technology	109145	113663	261034	4592
医药卫生类	Medicine and Sanitation	31290	45592	120591	1645
休闲保健类	Leisure Care	1128	1689	3141	102
财经商贸类	Fanancial Business	26201	32313	76372	1740
旅游服务类	Tourism Service	22572	31320	72068	1832
文化艺术类	Culture and Art	13508	14549	34030	1065
体育与健身	Sports and Fitness	2321	1926	4065	183
教育类	Education	22610	42473	112362	2107
司法服务类	Judicial Service	719	2022	3491	12
公共管理与服务类	Public Management and Service	7488	10619	19457	479
其他	Others	1285	817	2099	116
文化基础课	Basic Courses				16677
实习指导课	Practice Guidance Section				1198

注：专任教师中含文化基础课和实习指导课教师，以上数据不包含技工学校。

a) Full-time teachers include basic cultural courses and practical guidance section teachers,but exclude teachers in technical schools.

20-10 技工学校基本情况
Basic Statistics on Technical School

单位：人 (person)

年份 Year	学校数(个) Schools (unit)	毕业生数 Graduates	招生数 New Students Enrollment	在校学生数 Students Enrollment	教职工数 Staff and Teachers	培训社会人员数 Number of Training for Social Personnel	#失业人员 Unemployed	#农村劳动者 Rural Laborers
1990	387	37673	46334	119125	25778	23049		
1995	407	60392	54438	130896	26504			
2000	186	20177	16753	40147	9843	54335	6830	
2005	121	28326	47042	101037	8992	141836	14470	36156
2006	122	37684	53857	120462	9821	129603	19098	36935
2007	112	40946	65242	136395	9671	131459	18164	49701
2008	120	40816	68771	144608	10080	153200	16114	53324
2009	121	43214	64335	162614	10404	227563	18741	66781
2010	116	46910	52019	141407	10136	181246	12921	57617
2011	115	46500	42362	136347	9368	204035	19838	58244
2012	92	33009	41243	10715	8064	181758	9923	63233
2013	87	30800	39157	113406	18807	180313	14542	39216

注：①本表由四川省人力资源和社会保障厅提供。②2009年开始,原指标"培训社会人员结业数"调整为"培训社会人员数"。

a) Data of the table are provided by the Sichuan Provincial Office for Human Resources and Social Security.

b) Since 2009,indicator "number of training personnel exit" is adjusted to indicator "number of training for social personnel".

20-11 成人教育基本情况(2013年)
Basic Statistics on Adult Education(2013)

单位：人 (person)

项 目	Item	学校数(所) Schools (unit)	毕(结)业生数 Graduates	招生数 New Student Enrollment	在校学生数 Student Enrollment	教职工数 Teachers and Staff	#专任教师 Full-time Teachers
成人高等教育	**Adult Education Schools**	**91**	**124910**	**165198**	**369218**	**2468**	**1427**
职工高等学校	Schools of Higher Education for Staff and Workers	15	4817	6981	15249	1886	1133
管理干部学院	Colleges for Management Cadres						
教育学院	Pedagogical Colleges						
广播电视大学	Radio and TV Universities	2	9291	10553	27683	582	294
普通高校成人教育	Adult Higher Education	74	110802	147664	326286		
成人中学	**Secondary Schools for Adults**	**42**	**21900**		**22088**	**102**	**53**
农民中学(初中)	Secondary Schools for Peasants	42	21900		22088	102	53
成人技术培训学校	**Technical Training Schools for Adults**	**5261**	**2468263**		**2299940**	**15600**	**9071**
职工技术培训学校	Technical Training Schools for Staff and Workers	115	259204		277141	4841	3185
农民技术培训学校	Technical Training Schools for Peasants	4879	2052145		1846460	7628	3636
教育部门办	Sponsored by Education Department	3887	1958308		1754448	6888	3038
其他部门办	Sponsored by other Department	330	81320		70460	75	56
民办	Sponsored by Private	662	12517		21552	665	542
其他培训机构	Other Training Schools for Adults	267	156914		176339	3131	2250
教育部门办	Sponsored by Education Department	95	83438		93637	1452	993
其他部门办	Sponsored by other Department	14	4002		4102	253	214
民办	Sponsored by Private	158	69474		78600	1426	1043

注：成人技术培训学校数据中含其它培训机构数据。
a)Data of Adult technical training schools include data of other training institutions.

20-12 各类学校女学生和女教师数
Number of Female Students and Teachers by Type of School

单位：人 (person)

指 标	Item	2005	2008	2009	2010	2011	2012	2013
女学生	**Number of Female Students**							
普通高等学校	Regular Institutions of Higher Education	355423	483595	512049	543727	580369	632044	664566
中等职业学校	Secondary Vocational Schools				674900	686400	645977	612327
普通中学	Regular Secondary Schools	2281980	2411872	2403115	2371942	2323156	2226198	2074412
高中	Senior	630230	677834	700220	724940	758252	768176	772875
初中	Junior	1651750	1734038	1702895	1647002	1564904	1458022	1301537
小学	Primary Schools	3384956	3068125	2911134	2799856	2743668	2661628	2504884
特殊教育	Special Schools	8865	13962	14259	14002	13499	15489	15656
女教师	**Number of Female Teachers**							
普通高等学校	Regular Institutions of Higher Education	18197	26078	27496	29297	30616	33530	35473
中等职业学校	Secondary Vocational Schools				15680	17680	17838	18765
普通中学	Regular Secondary Schools	98860	111153	115744	120391	123039	127044	130296
高中	Senior	26232	30847	30588	32636	34349	36580	38945
初中	Junior	72628	80306	85156	87755	88690	90464	91351
小学	Primary Schools	147943	154321	155871	158241	159507	162081	166311
特殊教育	Special Schools	770	1016	1077	1166	1231	1346	1423

注：中等职业学校中不包括技工学校。
a)Female teachers in secondary vocational schools don't include technical schools.

20-13各市(州)中等职业教育基本情况(2013年)
Basic Statistics on Secondary Vocational Schools by Region(2013)

单位：人 (person)

市(州)	Region	学校数(所) Number of Schools	毕业生数 Graduates	招生数 New Student Enrollment	在校学生数 Student Enrollment	教职工数 Teacher and Staff	#专任教师 Full-time Teachers
全　省	**Sichuan**	**503**	**414213**	**489969**	**1195085**	**52690**	**40292**
成都市	Chengdu	86	63617	84847	232972	12797	9072
自贡市	Zigong	19	8474	13641	31144	1474	1115
攀枝花市	Panzhihua	4	4156	5462	15616	754	546
泸州市	Luzhou	21	29933	34338	84994	2503	1885
德阳市	Deyang	20	17634	19601	49304	2158	1561
绵阳市	Mianyang	33	32108	28520	59996	2528	1917
广元市	Guangyuan	13	11042	16856	38589	1322	1091
遂宁市	Suining	15	20189	21332	44670	1988	1734
内江市	Neijiang	28	24980	23994	53295	2464	1802
乐山市	Leshan	27	17898	16123	42212	2531	1730
南充市	Nanchong	47	41082	43135	99229	5016	3780
眉山市	Meishan	19	19750	21100	51020	1807	1349
宜宾市	Yibin	27	20996	30937	74783	2939	2576
广安市	Guangan	24	17561	25063	63396	1494	1174
达州市	Dazhou	35	34228	38037	94941	4298	3546
雅安市	Yaan	9	5484	6061	15412	504	407
巴中市	Bazhong	34	20294	24153	46049	1908	1700
资阳市	Ziyang	18	13234	21577	56467	1634	1363
阿坝藏族羌族自治州	Aba	5	800	1172	2766	462	355
甘孜藏族自治州	Ganzi	3	1110	1890	5172	364	255
凉山彝族自治州	Liangshan	16	9643	12130	33058	1745	1334

注：以上数据不含技工学校。

a)Data above exclude Technical Schools.

20-14 各市(州)普通高中基本情况(2013年)
Basic Statistics on Regular Senior Secondary Schools by Region(2013)

单位：人 (person)

市(州)	Region	学校数 (所) Number of Schools	毕业生数 Graduates	招生数 New Student Enrollment	在校学生数 Student Enrollment	专任教师 Full-time Teachers
全 省	**Sichuan**	**735**	**485487**	**511492**	**1516027**	**89964**
成都市	Chengdu	125	68695	70931	213565	16351
自贡市	Zigong	21	14803	14273	43333	2403
攀枝花市	Panzhihua	10	7646	7328	22953	1517
泸州市	Luzhou	26	26294	26655	79253	4659
德阳市	Deyang	23	17132	18790	55279	3461
绵阳市	Mianyang	33	33749	41744	121004	7082
广元市	Guangyuan	25	23955	20741	64701	3645
遂宁市	Suining	25	19782	20235	58259	4030
内江市	Neijiang	38	18228	19677	59099	3095
乐山市	Leshan	26	17207	17520	52334	3185
南充市	Nanchong	72	50625	51783	156472	8021
眉山市	Meishan	31	17501	18614	56273	3259
宜宾市	Yibin	31	25913	28617	84019	5189
广安市	Guangan	34	31225	29990	88830	4297
达州市	Dazhou	42	34280	33996	101840	5386
雅安市	Yaan	15	6682	7408	21711	1386
巴中市	Bazhong	43	25725	28343	82604	3923
资阳市	Ziyang	37	18994	22290	61709	3721
阿坝藏族羌族自治州	Aba	18	4911	5186	15043	1205
甘孜藏族自治州	Ganzi	23	3109	3397	10462	796
凉山彝族自治州	Liangshan	37	19031	23974	67284	3353

20-15 各市(州)普通初中基本情况(2013年)
Basic Statistics on Regular Junior Secondary Schools by Region(2013)

单位：人 (person)

市(州)	Region	学校数（所）Number of Schools	毕业生数 Graduates	招生数 New Student Enrollment	在校学生数 Student Enrollment	专任教师数 Full-time Teachers
全　省	**Sichuan**	**3895**	**1026649**	**878586**	**2717198**	**202665**
成都市	Chengdu	373	132828	124471	385542	29944
自贡市	Zigong	121	29620	25990	79507	5656
攀枝花市	Panzhihua	46	15492	15943	47745	3477
泸州市	Luzhou	192	60064	57633	173517	9973
德阳市	Deyang	128	36372	28076	91156	7697
绵阳市	Mianyang	201	55796	46925	148904	12327
广元市	Guangyuan	154	39852	25452	88757	7741
遂宁市	Suining	143	41706	30997	100443	8983
内江市	Neijiang	145	40197	35008	106465	8527
乐山市	Leshan	191	32451	26878	84764	7576
南充市	Nanchong	437	95279	63070	204938	18559
眉山市	Meishan	195	34992	24646	81375	7347
宜宾市	Yibin	269	64471	59940	181592	13543
广安市	Guangan	241	59600	50004	159262	10332
达州市	Dazhou	339	82367	72950	220012	14618
雅安市	Yaan	53	17252	13987	43692	3237
巴中市	Bazhong	161	58246	48595	155378	8237
资阳市	Ziyang	270	45098	38952	118445	9728
阿坝藏族羌族自治州	Aba	38	11538	10824	32293	2645
甘孜藏族自治州	Ganzi	27	14543	12754	30758	2387
凉山彝族自治州	Liangshan	171	58885	65491	182653	10131

20-16 各市(州)普通小学基本情况(2013年)
Basic Statistics on Primary Schools by Region(2013)

单位：人 (person)

市(州)	Region	学校数（所） Number of Schools	毕业生数 Graduates	招生数 New Student Enrollment	在校学生数 Student Enrollment	专任教师 Full-time Teachers
全　省	**Sichuan**	**7257**	**886816**	**950346**	**5259536**	**305619**
成都市	Chengdu	513	118413	133917	707004	39450
自贡市	Zigong	244	27070	31419	169401	8245
攀枝花市	Panzhihua	64	15878	12318	79729	5055
泸州市	Luzhou	270	57904	70894	400693	16944
德阳市	Deyang	206	29391	29714	159037	10727
绵阳市	Mianyang	437	42254	44299	233767	16768
广元市	Guangyuan	252	26629	24344	141914	12965
遂宁市	Suining	219	32637	28730	156663	11807
内江市	Neijiang	306	36317	40160	229793	12701
乐山市	Leshan	360	27443	30698	167074	11440
南充市	Nanchong	258	62761	62018	358026	23865
眉山市	Meishan	201	25892	21819	135093	9674
宜宾市	Yibin	347	58871	63635	365499	19492
广安市	Guangan	231	50074	41871	257019	13338
达州市	Dazhou	321	74346	72054	427640	23199
雅安市	Yaan	184	14449	16811	94763	6477
巴中市	Bazhong	220	50694	33747	214288	13414
资阳市	Ziyang	263	41231	51713	263225	12936
阿坝藏族羌族自治州	Aba	265	12065	12733	66968	6268
甘孜藏族自治州	Ganzi	614	15680	18615	97063	7187
凉山彝族自治州	Liangshan	1482	66817	108837	534877	23667

20-17 各市(州)幼儿园基本情况(2013年)
Basic Statistics on Kindergartens by Region(2013)

市(州)	Region	园数（所）Number of Kindergartens	班数（个）Number of Classes	幼儿数（人）Children Enrollment (person)	教职工数（人）Teacher and Staff (person)	#教师 Teachers
全　省	**Sichuan**	**11759**	**68463**	**2314907**	**132832**	**77336**
成都市	Chengdu	1874	12381	401490	44847	21754
自贡市	Zigong	388	1975	67744	3704	2138
攀枝花市	Panzhihua	201	1070	31094	2877	1410
泸州市	Luzhong	590	4184	144987	6512	4184
德阳市	Deyang	249	2300	90280	3711	2224
绵阳市	Mianyang	582	3984	128022	8530	4628
广元市	Guangyuan	264	2248	72125	2836	1877
遂宁市	Suining	378	2540	89261	4607	3020
内江市	Neijiang	604	2812	101155	4886	3219
乐山市	Leshan	478	2613	81326	5764	3548
南充市	Nanchong	854	4993	177745	5930	4210
眉山市	Meishan	437	2509	87719	4323	2674
宜宾市	Yibin	792	3947	131485	6947	4560
广安市	Guangan	736	2975	106845	4682	2964
达州市	Dazhou	735	5783	189839	6745	4269
雅安市	Yaan	238	1285	41616	2307	1448
巴中市	Bazhong	211	2942	83051	1885	1338
资阳市	Ziyang	1195	3639	123080	5976	3825
阿坝藏族羌族自治州	Aba	266	807	22498	999	766
甘孜藏族自治州	Ganzi	363	638	19011	994	842
凉山彝族自治州	Liangshan	324	2838	124534	3770	2438

20-18 研究与实验发展(R&D)经费构成情况
Basic Statistics on Research and Development Activities

指　　标		Item		2005	2009	2010	2011	2012	2013
研究与实验发展(R&D)经费	(万元)	Funds for R&D	(10 000 yuan)	962450	2144590	2706452	2941010	3508589	3999702
地区生产总值(GDP)	(亿元)	GDP	(100 million yuan)	7385.10	14151.28	17185.48	21026.68	23872.80	26260.77
R&D占地区生产总值(GDP)比例	(%)	R&D as Percentage of GDP	(%)	1.30	1.52	1.57	1.40	1.47	1.52
R&D经费按执行部门分组		**Grouped by Executive Departments**							
科研机构	(万元)	Scientific Research Institutions	(10 000 yuan)	384195	909848	1239870	1281221	1538182	1679334
高等院校	(万元)	Institutions of Higher Education	(10 000 yuan)	145941	274254	363510	447640	387196	428783
企业	(万元)	Enterprises	(10 000 yuan)	422936	917698	1061086	1169093	1538313	1847328
#工业企业	(万元)	Industrial Enterprises	(10 000 yuan)	397645	817784	879858	1044666	1422310	1688902
其他	(万元)	Others	(10 000 yuan)	9378	42789	41987	43056	44897	44257
R&D经费按资金来源分组		**Grouped by Funding Sources**							
政府资金	(万元)	Government Appropriation Funds	(10 000 yuan)	438399	1044100	1512529	1501274	1711959	1527764
企业资金	(万元)	Funds Raised by Enterprises	(10 000 yuan)	456173	1037607	1136088	1354653	1673956	2001899
境外资金	(万元)	Foreign Funds	(10 000 yuan)	3966	3533	5958	9175	10908	12320
其他资金	(万元)	Other Funds	(10 000 yuan)	63912	59349	51878	75902	111765	457719

20-19 研究与实验发展(R&D)情况
Basic Statistics on Research and Development by Region

年　份	R&D人员折合全时人员 (人年) Full-time Equivalent of R&D Personnel (man-year)	#研究人员 Researchers	R&D经费内部支出 (万元) Internal Expenditure on R&D	#经常费支出 Recurrent Costs
2001	48180	35325	574712	506285
2002	61312	44957	619233	571565
2003	57867	43995	794211	736462
2004	60201	46373	780066	713398
2005	65747	51403	962450	894850
2006	67932	53552	1075659	984546
2007	78452	62595	1391130	1273338
2008	87557	63130	1622607	1537790
2009	85921	48786	2144590	1755258
2010	83506	45205	2706452	2031519
2011	82485	44005	2941010	2371221
2012	98010	52059	3508589	2747195
2013	109708	57956	3999702	3133297

注：R&D人员折合全时人员中的研究人员，在2009年及以前为科学家和工程师。

a) Indicator of researchers in the full-time equivalent of R&D personnel is the indicator of scientists and engineers before 2009.

20-20 各市(州)研究与实验发展(R&D)情况
Basic Statistics on Research and Development by Region

市(州)	Region	R&D人员折合全时人员(人年) Full-time Equivalent of R&D Personnel (man-year)	#研究人员 Researchers	R&D经费内部支出(万元) Internal Expenditure on R&D	#经常费支出 Recurrent Costs
全　省	**Sichuan**	**109708**	**57956**	**3999702**	**3133297**
成都市	Chengdu	51846	30334	2009737	1583146
自贡市	Zigong	2470	849	59045	48715
攀枝花市	Panzhihua	6360	2769	95475	90453
泸州市	Luzhou	1969	1008	44001	39131
德阳市	Deyang	9783	4493	396108	318216
绵阳市	Mianyang	21361	11336	954354	681681
广元市	Guangyuan	169	92	6368	6269
遂宁市	Suining	1537	471	35751	30276
内江市	Neijiang	1487	731	85008	67899
乐山市	Leshan	1517	645	58101	45616
南充市	Nanchong	2046	1357	29676	21329
眉山市	Meishan	1075	598	24925	20932
宜宾市	Yibin	3938	1174	91300	87501
广安市	Guangan	303	67	10229	9458
达州市	Dazhou	859	227	13343	11032
雅安市	Yaan	813	597	24618	17289
巴中市	Bazhong	353	163	7441	5710
资阳市	Ziyang	680	472	16940	14733
阿坝藏族羌族自治州	Aba	157	131	6635	5082
甘孜藏族自治州	Ganzi	187	90	2536	2087
凉山彝族自治州	Liangshan	798	352	28111	26742

20-21 各市(州)县级以上政府部门属研究与开发机构及情报文献机构数、人员数(2013年)

Number and Personnel of State-owned Research and Development Institutions and Information and Literature Institutions at and above County Level by Region(2013)

市(州)	Region	合计 Total Number		自然科学技术领域 Field of Natural Sciences and Technology			社会、人文科学技术领域 Field of Social Sciences and Humanities			科技情报和文献机构 Scientific-Technical Information and Literature Institutions		
		机构(个) Institutions (unit)	从业人员(人) Employees (person)	机构(个) Institutions (unit)	从业人员(人) Employees (person)	#科技活动人员 S & T Personnel	机构(个) Institutions (unit)	从业人员(人) Employees (person)	#科技活动人员 S & T Personnel	机构(个) Institutions (unit)	从业人员(人) Employees (person)	#科技活动人员 S & T Personnel
全　省	**Sichuan**	**152**	**15151**	**109**	**13284**	**9148**	**18**	**1057**	**940**	**25**	**810**	**735**
成都市	Chengdu	79	11726	58	10253	6823	12	911	811	9	562	496
自贡市	Zigong	8	365	6	319	201	1	31	30	1	15	12
攀枝花市	Panzhihua	5	321	4	300	215				1	21	21
泸州市	Luzhou	2	54	1	32	21				1	22	22
德阳市	Deyang	3	179	1	135	103	1	28	26	1	16	16
绵阳市	Mianyang	3	150	2	124	109				1	26	26
广元市	Guangyuan	5	130	4	115	115				1	15	15
遂宁市	Suining	3	31	1	8	7				2	23	23
内江市	Neijiang	4	313	3	299	283				1	14	14
乐山市	Leshan	2	73	2	73	51						
南充市	Nanchong	6	436	5	423	282				1	13	13
眉山市	Meishan											
宜宾市	Yibin	6	264	5	249	184				1	15	13
广安市	Guangan	1	13				1	13	12			
达州市	Dazhou	5	150	3	107	104	1	25	22	1	18	16
雅安市	Yaan	2	53	1	41	33				1	12	10
巴中市	Bazhong	2	11	1	6	6				1	5	5
资阳市	Ziyang	2	100	2	100	80						
阿坝藏族羌族自治州	Aba	3	261	2	235	169	1	26	18			
甘孜藏族自治州	Ganzi	5	208	4	192	164				1	16	16
凉山彝族自治州	Liangshan	6	313	4	273	198	1	23	21	1	17	17

注：县级以上政府部门属研究与开发机构及情报文献机构资料由四川省科技厅提供。

a) Information of research and development institutions and the literature of intelligence agencies in government departments above the county level are provided by provincial Science and Technology Department.

20-22 各市(州)县级以上政府部门属研究与开发机构及情报文献机构经费收入总额(2013年)

Total Funds of State-owned Research and Development Institutions and Information and Literature Institutions at and above County Level by Region(2013)

单位：千元 (1 000 yuan)

市(州)	Region	合 计 Total	自然科学技术领域 Field of Natural Sciences and Technology	#政府拨款 Government Approp-riations	社会、人文科学技术领域 Field of Social Sciences and Humanities	#政府拨款 Government Approp-riations	科技情报和文献机构 Scientific-Technical Information and Literature Institutions	#政府拨款 Government Approp-riations
全 省	**Sichuan**	**5837064**	**5274057**	**3696184**	**353199**	**240337**	**209808**	**158909**
成都市	Chengdu	5220006	4731466	3202672	330828	221613	157712	107734
自贡市	Zigong	53152	44748	36737	6504	6504	1900	1900
攀枝花市	Panzhihua	73333	69595	63122			3738	3738
泸州市	Luzhou	8666	6165	3610			2501	2501
德阳市	Deyang	49567	45357	43685	2700	2700	1510	1510
绵阳市	Mianyang	29376	24092	23102			5284	5247
广元市	Guangyuan	13773	12983	12965			790	790
遂宁市	Suining	4526	900				3626	3626
内江市	Neijiang	30217	28639	26451			1578	1578
乐山市	Leshan	14111	14111	10944				
南充市	Nanchong	84289	82419	76593			1870	1870
眉山市	Meishan							
宜宾市	Yibin	55511	53815	46337			1696	1573
广安市	Guangan	2772			2772	919		
达州市	Dazhou	21214	15210	15210	3727	1933	2277	2277
雅安市	Yaan	24991	6055	5833			18936	18936
巴中市	Bazhong	815	480.00	480			335	335
资阳市	Ziyang	26082	26082	23974				
阿坝藏族羌族自治州	Aba	30325	29148	24751	1177	1177		
甘孜藏族自治州	Ganzi	47737	44699	44466			3038	3038
凉山彝族自治州	Liangshan	46601	38093	35252	5491	5491	3017	2256

20-23 各市(州)县级以上政府部门属研究与开发机构及情报文献机构经费支出总额(2013年)

Total Expenditures of State-owned Research and Development Institutions and Information and Literature Institutions at and above County Level by Region(2013)

单位：千元 (1 000 yuan)

市(州)	Region	合计 Total	自然科学技术领域 Field of Natural Sciences and Technology	#科技经费支出 Scientific-Technical Expenditures	社会、人文科学技术领域 Field of Social Sciences and Humanities	#科技经费支出 Scientific-Technical Expenditures	科技情报和文献机构 Scientific-Technical Information and Literature Institutions	#科技经费支出 Scientific-Technical Expenditures
全　省	**Sichuan**	**5548446**	**5073684**	**3718097**	**293307**	**212089**	**181455**	**132043**
成都市	Chengdu	4943165	4524825	3287729	269458	191447	148882	104599
自贡市	Zigong	56503	47841	35711	7112	7112	1550	979
攀枝花市	Panzhihua	78118	74324	59256			3794	2605
泸州市	Luzhou	8358	5857	543			2501	1971
德阳市	Deyang	46416	41593	32286	3439	2780	1384	1113
绵阳市	Mianyang	29199	24067	19465			5132	5132
广元市	Guangyuan	13037	12247	11677			790	790
遂宁市	Suining	4393	810	360			3583	3541
内江市	Neijiang	31153	28993	22220			2160	2160
乐山市	Leshan	11381	11381	10431				
南充市	Nanchong	93609	92809	74793			800	800
眉山市	Meishan							
宜宾市	Yibin	57551	55886	45828			1665	1542
广安市	Guangan	2772			2772	2619		
达州市	Dazhou	21305	15550	15531	3894	1922	1861	1305
雅安市	Yaan	7614	5991	3620			1623	536
巴中市	Bazhong	815	480	480			335	335
资阳市	Ziyang	26295	26295	15423				
阿坝藏族羌族自治州	Aba	26433	25291	20214	1142	719		
甘孜藏族自治州	Ganzi	44506	41468	33114			3038	2638
凉山彝族自治州	Liangshan	45823	37976	29416	5490	5490	2357	1997

20-24 高等学校科技人力资源和研究机构情况(2013年)
Basic Statistics on Human Resources for Scientific and Technological Activities and Research Institution of Higher Education(2013)

项 目 市(州)	Item Region	科技活动人员(人) S&T Personnel (person)	#大学本科及以上学历 Bachelor's degree and above (person)	研究机构数(个) Number of Research Institution (unit)	R&D人员(人) R&D Personnel (person)	#博士毕业 Doctor's degree (person)	#硕士毕业 Master's degree (person)	R&D经费支出(万元) Expenditure on R&D (10 000 yuan)
合 计	**Total**	**58085**	**51361**	**411**	**6742**	**2961**	**2216**	**121052**
理 科	Science	38455	32570	301	5029	2479	1368	118708
文 科	Liberal arts	19630	18791	110	1713	482	848	2344
成都市	Chengdu	36433	32785	268	5073	2516	1547	114266
自贡市	Zigong	1545	1463	17	342	49	129	1292
攀枝花市	Panzhihua	432	420					
泸州市	Luzhou	4657	3452	10	125	28	54	95
德阳市	Deyang	2413	1611	1	6	1	2	139
绵阳市	Mianyang	3024	2847	37	173	38	62	339
广元市	Guangyuan							
遂宁市	Suining	359	335					
内江市	Neijiang	900	827	5	61	15	25	124
乐山市	Leshan	878	789	8	116	25	73	45
南充市	Nanchong	2837	2525	33	360	134	126	1027
眉山市	Meishan							
宜宾市	Yibin	763	751	8	95	19	49	124
广安市	Guangan							
达州市	Dazhou	614	593	1	2		1	4
雅安市	Yaan	1740	1625	19	352	128	127	3490
巴中市	Bazhong							
资阳市	Ziyang							
阿坝藏族羌族自治州	Aba	414	369	1	4		1	3
甘孜藏族自治州	Ganzi	428	361	1	6		4	27
凉山彝族自治州	Liangshan	648	608	2	27	8	16	78

20-25 科技成果水平及应用情况(2013年)
Level and Utility of Achievement in Scientific and Technical Research(2013)

单位：项 (item)

指 标	Item	合计 Total	科研机构 Research Institutions	大专院校 Universities and Colleges	企业 Enterprises	其他 Other
基本情况	**Basic Condition**					
登记项目数	Number of Projects Registered	2 018	176	359	1 192	291
鉴定项目数	Number of Projects Appraised	826	85	102	514	125
奖励项目数	Number of Projects Praised	247	44	72	119	12
成果计划	**Achievements Plan**					
国家计划项目	Projects of Country Plans	57	8	29	16	4
部门计划项目	Projects of Department	74	11	8	37	18
地方计划项目	Projects of Local Government	136	26	39	35	36
部门基金项目	Projects of Department Foundation	19	5	8	4	2
地方基金项目	Projects of Local Government Foundation	17	5	7	2	3
其他	Other	1 715	121	268	1 098	228
成果类别	**Achievements Type**					
基础理论	Basic Theory	34	2	22	4	6
应用技术	Applied Technology	1 890	167	259	1 186	278
软科学	Soft Science	94	7	78	2	7
成果水平	**Achievements Level**					
国际领先	International Original	55	5	13	34	3
国际先进	International Advanced	171	22	29	104	16
国内领先	Domestic Original	414	32	33	304	45
国内先进	Domestic Advanced	187	19	8	130	30
应用项目	**Projects Applied**					
农、林、牧、渔业	Farming, Forestry, Animal Husbandry and Fishery	225	59	49	72	45
工业	Industry	1 070	58	123	802	87
建筑业	Construction	32	1		26	5
交通运输、邮电通讯业	Transportation, Postal and Telecommunications Services	90	4	7	69	10
信息传输、计算机服务和软件业	Information Transmission, Computer Services and Software	151	10	9	112	20
批发和零售业	Wholesale and Retail Trade	2	1		1	
住宿和餐饮业	Resident Services and Catering Service	5		1	3	1
金融、保险业	Banking and Insurance	2			2	
房地产业	Real Estate	1			1	
租赁和商务服务业	Leasing And Business Services	1				1
科学研究、技术服务和地质勘查业	Scientific Research,Technic Services and Geological Prospecting	77	16	10	44	7
水利、环境和公共设施管理业	Real Estate, Water, Environment Public Facilities Conservancy and Resident Services	25	3	8	12	2
居民服务和其他服务业	Residental Service And Others	1			1	
教育	Education	16	1	15		
卫生、社会保障和社会福利业	Health Care, Social Security and Social Welfare	166	7	31	34	94
文化、体育和娱乐业	Culture, Sports and Entertainment	11	1	4	6	
公共管理和社会组织	Public Management and Social Organizations	15	6	2	1	6
其他行业	Other	128	9	100	6	13
未应用项目	**Projects not Applied**	**12**		**5**	**3**	**4**

注：科技成果水平及应用资料由四川省科技厅提供。

a) Data of achievement and application of information technology are provided by provincial Science and Technology Department.

20-26 专利受理量及批准量
Patent Applications Examined and Granted

单位：项 (item)

项 目	Item	2009	2010	2011	2012	2013
全省专利受理量合计	**Total Applications Examined**	**33047**	**40230**	**49734**	**66312**	**82453**
1. 发明	I. Creations and Inventions	6260	8342	11808	16368	23510
实用新型	Utility Models	11943	16671	19241	26732	33488
外观设计	Designs	14844	15217	18685	23212	25455
2. 个人	II.Individuals	19873	21172	17991	21368	21994
大专院校	Universities and Colleges	1409	1918	3198	4514	6144
科研单位	Research Institutions	814	817	1768	1795	1997
工矿企业	Industrial and Mineral Enterprises	10833	16105	26130	37742	51429
机关团体	Government Agencies and Organizations	118	218	647	893	889
全省专利批准量合计	**Total Applications Granted**	**20132**	**32212**	**28446**	**42220**	**46171**
1. 发明	I. Creations and Inventions	1596	2204	3270	4455	4566
实用新型	Utility Models	6561	12724	12533	19663	24730
外观设计	Designs	11975	17284	12643	18102	16875
2. 个人	II.Individuals	13432	19030	10449	14095	13699
大专院校	Universities and Colleges	611	856	1543	2075	2539
科研单位	Research Institutions	479	581	710	1408	1093
工矿企业	Industrial and Mineral Enterprises	5531	11612	15523	24183	28334
机关团体	Government Agencies and Organizations	79	133	221	459	506

注：专利资料由四川省知识产权局提供。
a) Data of patent information are provided by Provincial Intellectual Property Department.

20-27 各类技术合同签定及执行情况
Basic Statictics of Concluded and Fulfilled Technical Contracts

项 目	Item	合同数 (项) Number of Contracts (item)		合同成交额 (万元) Value of Contracts (10 000 yuan)		技术交易额 (万元) Technology Business Value (10 000 yuan)	
		2012	2013	2012	2013	2012	2013
全 省	**Total**	**11698**	**12799**	**1196254**	**1716585**	**1140843**	**1606128**
技术开发	Technical Development	7504	7919	835980	943756	780569	901225
技术转让	Technical Transfer	398	499	199468	395470	199468	340917
技术咨询	Technical Consultation	772	581	10219	6279	10219	5905
技术服务	Technical Services	3024	3800	150587	371080	150587	358082

注：各类技术合同签定及执行情况由四川省科技厅提供。
a) Data of Various types of technical contracts concluded and fulfilled are provided by provincial Science and Technology Department.

主要统计指标解释

普通高等学校 指通过国家普通高等教育招生考试，招收高中毕业生为主要培养对象，实施高等学历教育的全日制大学、独立设置的学院、独立学院和高等专科学校、高等职业学校及其他机构。

成人高等学校 指通过国家成人高等教育招生考试，招收具有高中毕业或同等学力的人员为主要培养对象，利用函授、业余、脱产等多种形式，对其实施高等学历教育的学校。包括：职工高等学校、农民高等学校、管理干部学院、教育学院、独立函授学院、广播电视大学、其他机构。其他机构是指承担国家成人招生计划任务不计校数的机构。

科技活动 指在自然科学、农业科学、医药科学、工程与技术科学、人文与社会科学领域(简称科学技术领域)中，与科技知识的产生、发展、传播和应用密切相关的有组织的活动。可分为研究与试验发展(R&D)、研究与试验发展成果应用及相关的科技服务三类活动。该定义是联合国教科文组织考虑成员国特别是发展中国家开展科技统计工作的需要，而对科技活动所作的统计界定。

科技活动人员 指直接从事科技活动、以及专门从事科技活动管理和为科技活动提供直接服务，累计的实际工作时间占全年制度工作时间10%及以上的人员。(1)直接从事科技活动的人员包括：在独立核算的科学研究与技术开发机构、高等学校、各类企业及其他事业单位内设的研究室、实验室、技术开发中心及中试车间(基地)等机构中从事科技活动的研究人员、工程技术人员、技术工人及其它人员；虽不在上述机构工作，但编入科技活动项目(课题)组的人员；科技信息与文献机构中的专业技术人员；从事论文设计的研究生等。(2)专门从事科技活动管理和为科技活动提供直接服务的人员，包括：独立核算的科学研究与技术开发机构、科技信息与文献机构、高等学校、各类企业及其他事业单位主管科技工作的负责人，专门从事科技活动的计划、行政、人事、财务、物资供应、设备维护、图书资料管理等工作的各类人员，但不包括保卫、医疗保健人员、司机、食堂人员、茶炉工、水暖工、清洁工等为科技活动提供间接服务的人员。该指标用来反映投入科技活动人力的规模。

科学家和工程师 指科技活动人员中具有高、中级技术职称(职务)的人员和不具有高、中级技术职称(职务)的大学本科及以上学历人员。该指标用来反映投入科技活动人力的素质。

研究与试验发展(R&D) 指在科学技术领域，为增加知识总量，以及运用这些知识去创造新的应用进行的系统的创造性的活动，包括基础研究、应用研究、试验发展三类活动。国际上通常采用 R&D 活动的规模和强度指标反映一国的科技实力和核心竞争力。

R&D 人员 指参与研究与试验发展项目研究、管理和辅助工作的人员，包括项目(课题)组人员，企业科技行政管理人员和直接为项目(课题)活动提供服务的辅助人员。反映投入从事拥有自主知识产权的研究开发活动的人力规模。

R&D 经费支出合计 指调查单位用于内部开展 R&D 活动（基础研究、应用研究和试验发展）的实际支出。包括用于 R&D 项目（课题）活动的直接支出，以及间接用于 R&D 活动的管理费、服务费、与 R&D 有关的基本建设支出以及外协加工费等。不包括生产性活动支出、归还贷款支出以及与外单位合作或委托外单位进行 R&D 活动而转拨给对方的经费支出。

专利 是专利权的简称，是对发明人的发明创造经审查合格后，由专利局依据专利法授予发明人和设计人对该项发明创造享有的专有权。包括发明、实用新型和外观设计。反映拥有自主知识产权的科技和设计成果情况。

发明(专利) 指对产品、方法或其改进所提出的新的技术方案。是国际通行的反映拥有自主知识产权技术的核心指标。

实用新型(专利) 指对产品的形状、构造或者其结合所提出的适于实用的新的技术方案。反映具有一定技术含量的技术成果情况。

外观设计(专利) 指对产品的形状、图案、色彩或者其结合所作出的富有美感并适于工业上应用的新设计。反映拥有自主知识产权的外观设计成果情况。

Explanatory Notes on Main Statistical Indicators

Regular Institutions of Higher Education refer to educational establishments recruiting graduates from senior secondary schools as the main target through National Matriculation TEST. They include full-time universities, independently established colleges, colleges, and institutions of higher professional education, institutions of higher vocational education and others.

Institutions of Higher Education for Adults refer to educational establishments, enrolling personnel with senior secondary school or equivalent education through National Matriculation TEST for Adult, and providing higher education courses in forms of correspondence, spare time, or full time for adults. Institutions of higher learning for adults include schools of higher education for staff and workers, schools of higher education for peasants, colleges for management cadres, pedagogical colleges, independent correspondence colleges, radio and television universities and other educational establishments. Other educational establishments refer to undertaking adult students enrolment but not enumerated in the number of schools under the State Plan.

Scientific and Technological Activities (S&T Activities) refer to organized activities which are closely related with the creation, development, dissemination and application of the scientific and technical knowledge in the fields of natural sciences, agricultural science, medical science, engineering and technological science, humanities and social sciences (referred to as scientific and technological fields). S&T activities can be classified in to 3 categories: research and development (R&D) activities, application of R&D results, and related S&T services. This statistical definition is made by UNICHIEF for scientific and technological activities to meet the need of carrying out statistical work in this field for its member countries in particular those developing countries.

Personnel Engaged in S&T Activities refer to personnel directly engaged in S&T activities, in the management of S&T activities, and in providing direct service to S&T activities, who spend over 10% of the total working hours in a year in S&T activities. (1) Personnel directly engaged in S&T activities include researchers, engineers, technicians and other related personnel engaged in S&T activities in independent-accounting R&D institutions, institutions of higher learning, and in research institutes, laboratories, technology development centers and central experiment workshops under enterprises and institutions. Also included are people working in S&T research project teams, professional and technical personnel working in S&T information archiving institutes, and graduate students working on the design of their thesis. (2) Personnel engaged in the management of S&T activities and in providing direct service to S&T activities include senior management people responsible for S&T activities in independent -accounting R&D institutions, S&T information archiving institutes, institutions of higher learning, and in enterprises and institutions where S&T activities are undertaken. Also included are people responsible for the planning, administration, personnel management, financial management, logistics supply, equipment maintenance, information and library management that are related with S&T activities. People providing indirect services are excluded, such as security, medical service, drivers, plumbers, cleaners and those providing catering and related service. This indicator reflects the size of personnel engaged in S&T activities.

Scientists and Engineers refer to persons engaged in S&T activities who have obtained titles of senior and middle level professional positions, and those without such position but have completed university or higher education. This indicator reflects the quality of personnel engaged in S&T activities.

Research and Development (R&D) refers to systematic and creative activities in the field of science and technology aiming at increasing the knowledge and using the knowledge for new application. R&D includes 3 categories of activities: basic research, applied research and experiments and development. The scale and intensity of R&D are widely used internationally to reflect the strength of S&T and the core competitiveness of a country in the world.

R&D Personnel refer to persons engaged in research, management and supporting activities of R & D, including persons in the project teams, persons engaged in the management of S&T activities of enterprises and supporting staff providing direct service to the research projects. This indicator reflects the size of personnel engaged in R&D activities with independent intellectual property.

Total Expenditure of Funds on R&D refers to the real expenditure of surveyed units on their own R&D activities (basic research, application study, test and development) including direct expenditure on R&D activities, indirect expenditure of management and services on R&D activities, expenditure on capital construction and material processing by others. Excluding the expenditure on production activities, return of loan, and fees transferred to cooperated and entrusted agencies on R&D activities.

Patent is an abbreviation for the patent right and refers to the exclusive right of ownership by the inventors or designers for the creation or inventions, given from the patent offices after due process of assessment and approval in accordance with the Patent Law. Patents are granted for inventions, utility models and designs. This indicator reflects the achievements of S&T and design with independent intellectual property.

Patented Inventions refer to the new technical proposals to the products or methods or their modifications. This is universal core indicator reflecting the technologies with independent intellectual property.

Patented Utility Models refer to the practical and new technical proposals on the shape and structure of the product or the combination of both. This indicator reflects the condition of technological results with certain technical content.

Designs refer to the aesthetics and industrially applicable new designs for the shape, pattern and color of the product, or their combinations. This indicator reflects the appearance design achievements with independent intellectual property.

2014

21

文化、体育和卫生

CULTURE, SPORTS AND PUBLIC HEALTH

21-1 文化艺术、文物事业机构数
Number of Institutions for Culture, Art and Cultural Relics

单位：个 (unit)

年份 Year	艺术表演团体 Art Performance Troupes	公共图书馆 Public Libraries	文化馆 Cultural Centers	文化站 Cultural Stations	博物馆 Museums
1952	126	4	148	146	1
1957	148	21	163	115	2
1962	205	36	161	76	11
1965	198	36	167	31	13
1970	169	36	171	16	13
1975	190	36	178	13	13
1978	193	57	178	8	12
1980	183	71	177	656	11
1985	148	82	172	5196	24
1990	109	109	168	4957	34
1991	106	112	168	4973	37
1992	105	117	169	4329	37
1993	103	117	169	3745	37
1994	101	118	170	3634	42
1995	101	123	171	3613	42
1996	101	125	172	3384	44
1997	101	127	170	3574	44
1998	100	129	170	3689	47
1999	99	129	171	3666	47
2000	98	129	171	3667	50
2001	89	129	174	3720	51
2002	89	131	173	3525	51
2003	89	132	181	3722	51
2004	84	137	180	3701	54
2005	85	141	180	4515	54
2006	81	146	202	3600	59
2007	84	151	202	3795	62
2008	83	154	203	3873	85
2009	84	156	203	4019	89
2010	82	161	204	4448	108
2011	75	169	205	4593	144
2012	63	188	205	4595	152
2013	52	197	207	4595	188

注：文化艺术、图书馆、博物馆等资料由四川省文化厅提供。
a)Data of culture and art, libraries, museums and other information are provided by the Provincial Department of Culture.

21-2 各市(州)文化艺术和文物事业机构和人员数(2013年)
Institutions and Personnels of Culture, Art and Cultural Relics by Region(2013)

市(州)	Region	艺术表演团体 Art Performance Troupes		公共图书馆 Public Libraries			文化馆 Cultural Centers		博物馆 Museums	
		机构数 (个) Institutions (unit)	从业人员 (人) Employed Persons (person)	机构数 (个) Institutions (unit)	从业人员 (人) Employed Persons (person)	藏书量 (千册) Collections (1 000 volumnes)	机构数 (个) Institutions (unit)	从业人员 (人) Employed Persons (person)	机构数 (个) Institutions (unit)	从业人员 (人) Employed Persons (person)
全　省	**Sichuan**	**52**	**3000**	**197**	**2170**	**30481**	**207**	**2880**	**188**	**5417**
成都市	Chengdu	11	1056	22	753	13073	22	539	63	2141
自贡市	Zigong	5	278	7	44	471	7	63	3	169
攀枝花市	Panzhihua	2	167	6	55	828	6	94	2	10
泸州市	Luzhou	1	21	9	86	1324	8	109	7	69
德阳市	Deyang	1	17	7	70	935	7	100	10	431
绵阳市	Mianyang	4	152	9	91	1798	10	109	13	326
广元市	Guangyuan	2	37	8	75	1040	9	78	11	303
遂宁市	Suining	1	53	6	38	490	6	76	4	142
内江市	Neijiang	5	162	4	66	524	6	112	4	57
乐山市	Leshan			11	89	576	12	109	7	138
南充市	Nanchong	5	246	8	81	1041	10	114	5	387
眉山市	Meishan	2	23	7	45	306	7	67	4	91
宜宾市	Yibin	1	135	10	83	1208	11	158	9	86
广安市	Guangan			7	89	1851	7	138	2	269
达州市	Dazhou	1	173	8	113	937	8	218	5	88
雅安市	Yaan			9	60	743	9	83	9	131
巴中市	Bazhong	2	30	6	65	955	6	116	10	257
资阳市	Ziyang	3	65	5	74	653	5	83	1	110
阿坝藏族羌族自治州	Aba	1	94	13	49	504	14	103	7	84
甘孜藏族自治州	Ganzi	2	89	19	50	453	19	188	5	26
凉山彝族自治州	Liangshan	3	202	16	94	772	18	223	7	102

注：全省合计中含省直属单位数。
a) The province's total data include data of unites directly under the provincal.

21-3 各市(州)文化站基本情况(2013年)
Basic Statistics on Cultural Stations by Region(2013)

市(州)	Region	文化站(个) Cultural Stations (unit)	#乡镇文化站 Village and Towns Cultural Station	从业人员(人) Employed Persons (person)	举办展览(个) Number of Exhibitions	组织文艺活动次数(次) Art Performance & Cultural Sessions (times)	藏书量(千册) Collections (1 000 pieces)
全 省	**Sichuan**	**4595**	**4349**	**6858**	**7870**	**46585**	**13183**
成都市	Chengdu	315	206	1154	1560	11095	2129
自贡市	Zigong	108	96	181	135	1246	378
攀枝花市	Panzhihua	44	44	102	76	1701	165
泸州市	Luzhou	141	128	255	261	1212	490
德阳市	Deyang	127	119	220	260	1669	1314
绵阳市	Mianyang	289	277	626	675	2300	1223
广元市	Guangyuan	238	230	315	525	1333	787
遂宁市	Suining	111	105	198	236	1688	431
内江市	Neijiang	121	111	239	208	788	498
乐山市	Leshan	218	211	278	268	1833	336
南充市	Nanchong	420	394	526	574	3099	706
眉山市	Meishan	131	128	159	309	1072	502
宜宾市	Yibin	185	172	299	267	1116	505
广安市	Guangan	175	172	335	365	837	402
达州市	Dazhou	311	309	382	661	1305	1157
雅安市	Yaan	142	138	222	220	969	316
巴中市	Bazhong	194	188	307	382	1336	586
资阳市	Ziyang	175	171	429	205	1244	684
阿坝藏族羌族自治州	Aba	222	222	235	152	1183	250
甘孜藏族自治州	Ganzi	325	325	325		7077	163
凉山彝族自治州	Liangshan	603	603	71	531	2482	161

21-4 群众艺术馆、文化馆(站)业务活动及经费情况(2013年)
Basic Statistics on Activities and Expenditures of Mass Art Centers and Cultural Centers (Stations)(2013)

项 目		Item		总 计 Total	群众艺术馆(文化馆) Mass Art Centers Cultural Centers	文化站 Cultural Stations
单位数	(个)	Number of Units	(unit)	4802	207	4595
举办展览	(个)	Number of Exhibitions	(unit)	9208	1338	7870
组织文艺活动	(次)	Art Performances and Story-Telling Sessions		56310	9725	46585
举办训练班		Training Courses				
班次	(次)	Number of Classes	(times)	25350	4683	20667
结业人次	(万人次)	Number of Persons Completing Courses	(10 000 person -times)	190	32	158
群众业余演出团(队)	(个)	Part-time Art Groups	(unit)	16870	2715	14115
总支出	(万元)	Total Expenditures	(10 000 yuan)	111844	49474	62370
#基本支出	(万元)	Basic Expense	(10 000 yuan)	54404	28253	26151

注:本表各项指标仅指文化部门系统内的。
The data in this table only refer to those under the administration of cultural departments.

21-5 公共图书馆业务活动及经费情况(2013年)
Business Activities and Expenditures of Public Libraries(2013)

项　目		Item		总计 Total	省级公共图书馆 Public Libraries at Provincial Level	市(州)级公共图书馆 Public Libraries at Prefecture Level	县级公共图书馆 Public Libraries at County Level
总藏量	(千册、件)	Total Collections	(1 000 volumes)	30481	5243	9789	15450
书架总长度	(千米)	Total Length of Bookshelves	(km)	1309	86	969	254
发放借书证数	(千个)	Number of Library Cards Distributed	(1 000 units)	590	25	228	337
书刊外借情况		Condition of Books Borrowed by the Readers					
人次	(千人次)	Total Number of Circulation	(1 000 person-times)	7888	41	2622	5225
册次	(千册次)	Number of Books Borrowed by the Readers	(1 000 volume-times)	13741	133	4759	8849
为读者举办各种活动		Service Activities Provided for Readers					
次数	(次)	Number of Activities	(times)	4819	87	967	3765
参加人数	(千人次)	Number of Readers Involved	(1 000 person-times)	1522	37	424	1061
总支出	(万元)	Total Expenditures	(10 000 yuan)	52668	18493	12161	22015
基本支出	(万元)	Basic Expenses	(10 000 yuan)	18968	2114	5862	10993
#新增藏量购置费	(万元)	Purchase of New Reserves	(10 000 yuan)	3742	900	1249	1593
本年新增藏量	(万册)	New Reserves this Year	(10 000 volumes)	129	12	41	76
阅览室座席	(千个)	Seating Capacity of Reading Rooms	(1 000 seats)	41	1	9	31

注：总藏量从2013年起不包括电子图书。
Total Collections don't include electronic books since 2013.

21-6 博物馆、文物机构业务活动及经费情况(2013年)
Business Activities and Expenditures of Museums and Cultural Relics Agencies(2013)

项　目		Item		博物馆 Museums	文物保护管理机构 Cultural Relics Agencies
藏品	(件)	Number of Collections	(piece)	3141223	211468
#一级品	(件)	Grade One	(piece)	4884	1448
本年支出	(万元)	Total Expenditures	(10 000 yuan)	96862	51087
#基本支出	(万元)	Basic Expense	(10 000 yuan)	38857	9005
#商品和服务支出	(万元)	Goods and Sevices Expe	(10 000 yuan)	39335	26561

21-7 图书、杂志和报纸出版情况
Number of Books, Magazines and Newspapers Published

年份 Year	图书 Books Published 种数 (种) Number of Publications (kind)	#新出版 New Publications	总印数 (万册) Total Printed Copies (10 000 copies)	总印张数 (万印张) Total Printed Sheets (10 000 sheets)	杂志 Magazines Published 种数 (种) Number of Publications (kind)	每期平均印数 (万册) Average Printed Copies per Issue (10 000 copies)	总印数 (万册) Total Printed Copies (10 000 copies)	总印张数 (万印张) Total Printed Sheets (10 000 sheets)	报纸 Newspapers Published 种数 (种) Number of Newspaper Published (kind)	每期平均印数 (万份) Average Printed Copies per Issue (10 000 copies)	总印数 (万份) Total Printed Copies (10 000 copies)	总印张数 (万印张) Total Printed Sheets (10 000 sheets)
1952	53	20	1481	3195	25	45	565	540	14	34	6799	5150
1957	52		909	1783					15	35	8109	6005
1962	86		2484	5256								
1965	65		6280	15006								
1970	24		4225	10677								
1975	292	233	17184	48499								
1978	277	241	24993	83916	13	57	562	1173	15	170	51889	43758
1980	549	502	31370	119063	71	341	3036	8699	22	214	50627	42305
1985	1273	1151	28023	99516	224	690	5532	17810	69	859	92878	64138
1990	2676	1896	21152	82360	226	324	3257	9149	66	818	94657	64642
1991	2769	1730	16634	71891	234	362	3192	9443	70	869	101753	68660
1992	3022	2063	22903	99185	249	404	4030	11697	75	818	97368	72598
1993	2459	1795	17666	72266	256	456	4674	12491	80	823	104000	73974
1994	3840	2818	21650	105849	275	412	4067	11865	91	885	102319	72532
1995	3017	1876	15438	83894	287	487	4993	14898	93	710	100500	122632
1996	3833	2256	27975	138772	289	409	4339	12025	95	680	109084	138292
1997	4510	2005	33272	153193	289	405	4336	12484	95	763	126818	227065
1998	4436	2369	31491	151112	284	403	4508	13211	100	757	124922	235944
1999	4306	2254	29852	147862	287	419	4754	14944	100	782	127708	240359
2000	3855	2134	27315	157672	275	451	4950	16238	91	711	133590	366840
2001	3820	2104	26032	158031	334	362	4172	16233	84	671	136737	394553
2002	3895	2244	25932	165312	256	440	5572	20688	92	654	135163	319004
2003	4131	2315	25889	170470	267	352	4767	21421	93	634	139266	357423
2004	4059	1911	21690	154980	225	293	5269	32515	107	651	155972	498494
2005	4836	2975	23643	193903	330	459	7502	60933	130	659	155865	671830
2006	4873	3070	19643	149609	335	509	8215	59996	136	618	155800	685570
2007	5150	3287	19591	146591	335	496	9514	74788	136	660	168638	656104
2008	5021	2885	19490	142562	336	475	8237	53222	136	670	164273	737694
2009	6719	3878	17492	127321	336	494	8303	52759	136	613	155286	797707
2010	6645	3396	19493	147325	340	498	10593	74892	136	687	170176	999545
2011	8081	3951	24787	179489	343	471	9293	67424	136	670	174021	1019233
2012	7794	4235	23587	176618	343	470	9066	63236	136	661	172573	865664
2013	8554	4946	23416	186771	346	417	7499	54658	137	687	170457	833132

注：图书、杂志、报纸、音像制品出版资料由四川省新闻出版局提供。

a) data of Books, magazines, newspapers, audio-visual products published are provided by the provincial Press and Publication Bureau.

21-8 录像制品出版情况
Publication of Video Products

年份 Year	录像制品合计 Total 种数(种) Kind	录像制品合计 Total 数量(万盒、万张) Volume (10 000 pieces)	录像带 Audio-tapes 种数(种) Kind	录像带 Audio-tapes 数量(万盒) Volume (10 000 cassettes)	数码激光视盘 VCD 种数(种) Kind	数码激光视盘 VCD 数量(万张) Volume (10 000 pieces)	高密度激光视盘 DVD-V 种数(种) Kind	高密度激光视盘 DVD-V 数量(万张) Volume (10 000 pieces)
2000	172	97.72			172	97.72		
2001	260	391.98	48	24.60	210	365.38	2	2.00
2002	446	501.51	18	64.25	401	424.61	27	12.65
2003	490	310.23	57	34.00	380	205.63	53	25.60
2004	241	198.36			216	184.54	25	13.82
2005	294	171.80			240	147.94	54	23.87
2006	542	240.82	3	1.10	243	122.99	296	116.73
2007	491	164.01	1	0.30	288	99.38	202	64.33
2008	343	153.23	1	0.80	163	83.37	179	69.06
2009	250	124.30			106	53.26	144	72.04
2010	191	108.46			58	24.01	133	84.45
2011	96	73.13	1	0.25	22	10.58	73	62.30
2012	91	80.35			6	1.70	85	78.65
2013	77	45.54			10	3.03	67	42.51

21-9 录音制品出版情况
Publication of Audio Products

年份 Year	录音制品合计 Audio Products 种数(种) Kind	录音制品合计 Audio Products 数量(万盒、万张) Volume (10 000 pieces)	盒式音带 Cassettes Audio-tapes 种数(种) Kind	盒式音带 Cassettes Audio-tapes 数量(万盒) Volume (10 000 cassettes)	激光唱片 CD 种数(种) Kind	激光唱片 CD 数量(万张) Volume (10 000 pieces)
1998	85	123.53	56	96.83	29	26.70
1999	178	89.31	80	56.74	98	32.57
2000	92	64.03	40	37.73	52	26.30
2001	114	93.53	61	42.27	53	51.26
2002	210	95.39	117	53.44	93	41.95
2003	158	127.27	56	38.52	102	88.75
2004	42	61.96	1	0.40	41	36.52
2005	177	88.20	69	33.70	108	54.50
2006	139	70.45	44	15.60	95	54.85
2007	164	71.73	48	13.74	114	55.99
2008	72	25.40	13	8.05	59	16.99
2009	75	40.58	12	15.30	63	25.28
2010	47	28.38	15	14.28	32	14.09
2011	32	25.77	4	4.00	28	21.77
2012	12	5.03	3	2.50	9	4.78
2013	35	19.70	1	0.20	34	19.50

21-10 广播电视事业发展情况
Basic Statistics on Development of Broadcasting and Television

年份 Year	广播电台 (座) Broadcasting Stations (set)	中短波发射台及转播台 (座) Transmission Stations and Relaying Stations of Medium and Short Wave (set)	中短波发射机功率 (部/千瓦) Power of Transmitters of Medium and Short Wave (unit / kw)	电视台 (座) Television Stations (set)	电视发射台及转播台 (座) Television Transmission Stations and Relaying Stations (set)	电视发射机功率 (部/千瓦) Power of Television Transmission (unit / kw)	广播覆盖率 (%) Population Coverage Rate of Broadcasting (%)	电视覆盖率 (%) Population Coverage Rate of Television (%)	广播电视台(站) (个) Broadcasting and Television Stations of County Level (set)
1952	3	2	2 / 2				20.06		
1957	1	1	2 / 2				20.06		80
1962	3	4	3 / 23.8	1	1	1 / 1	30.18	3.87	129
1965	3	4	3 / 123.8	1	1	1 / 1	30.09	3.87	141
1970	3	4	5 / 260.6	1	1	1 / 1	35.28	5.29	150
1975	3	9	10 / 327.6	1	14	15 / 5.50	43.13	18.73	157
1978	3	9	11 / 413.3	1	82	76 / 6.74	46.91	38.60	165
1980	3	11	15 / 488.0	1	208	235 / 21.39	49.91	45.69	168
1985	5	13	20 / 442.5	3	865	921 / 73.05	52.37	58.70	169
1990	14	18	29 / 453.0	15	2100	2577 / 183.38	64.46	71.46	166
1991	13	19	30 / 462.0	16	2244	2775 / 186.89	64.75	71.78	171
1992	15	19	32 / 514.0	21	2438	3106 / 199.05	64.84	71.88	169
1993	19	20	35 / 533.1	23	2518	3289 / 194.78	70.21	76.12	165
1994	25	20	34 / 632.0	27	2950	3757 / 202.80	75.40	80.50	150
1995	52	27	43 / 515.1	31	3114	4036 / 218.38	80.40	85.50	134
1996	58	27	40 / 521.1	32	3303	3952 / 207.09	84.47	83.57	161
1997	67	27	48 / 556.1	34	3227	3959 / 230.62	86.34	87.37	162
1998	17	29	48 / 556.1	23	3264	4009 / 235.94	88.90	88.97	44
1999	18	30	47 / 654.2	23	2626	3244 / 185.04	91.05	91.98	46
2000	19	28	52 / 673.1	23	4779	5636 / 266.82	92.85	93.61	42
2001	20	35	68 / 482.5	20	4839	5598 / 267.37	93.66	94.46	42
2002	20	34	69 / 558.0	22	4428	5353 / 260.53	94.07	95.08	110
2003	20	34	69 / 558.0	22	4385	5696 / 263.36	94.83	95.54	111
2004	20	34	69 / 558.0	22	4308	4546 / 250.77	95.34	96.39	111
2005	20	35	96 / 658.0	21	3849	5044 / 262.29	95.41	96.74	113
2006	20	35	96 / 658.0	21	2471	5524 / 280.14	95.70	96.77	113
2007	20	37	112 / 711.0	21	2469	5757 / 376.57	95.92	97.05	114
2008	16	37	114 / 710.0	16	4434	5644 / 505.59	95.97	97.10	119
2009	15	37	96 / 680.0	15	3944	5323 / 600.38	96.19	97.27	152
2010	10	37	101 / 687.0	10	3482	4810 / 587.11	96.22	97.33	156
2011	8	37	102 / 787.0	8	3001	4121 / 628.24	96.60	97.69	158
2012	7	36	96 / 747.0	7	3056	4173 / 644.52	96.78	97.75	159
2013	1	36	96 / 747.0	1	2187	2906 / 661.39	96.98	97.89	165

注：广播电视资料由四川省广播电影电视局提供。
a) Data of radio and TV broadcast information are provided by the Province Radio and TV broadcast Bureau.

21-11 广播电视播放情况(2013年)
Basic Statistics on Broadcasting and Television(2013)

项　　目	Item	节目套数(套) Number of Programs (set)	公共广播(电视)节目播出时间(小时) Broadcasting Hours of Public Broadcasting (Television) (hour)	新闻资讯类节目 News and Referrence Programs	专题服务类节目 Special Subject and Services Programs	综艺类节目 Omnibus Enter-tainment Programs	广播(影视)剧类节目 Broadcast Movies And TV	广告类节目 Advertis-ement	其他类节目 Others
广播播出合计	**All Radio Broadcasting**	**123**	**593509**	**138182**	**132769**	**133188**	**24709**	**49648**	**115011**
省级广播电台	Provincial Level	8	60483	13363	12439	22565		317	187
市(州)级广播电台	Prefecture Level	38	241134	50138	68275	48954	10695	25860	37212
县级广播电视台	County Level	77	291891	74681	52055	61669	14004	16175	73306
电视播出合计	**All Television Broadcasting**	**205**	**1104930**	**172899**	**127205**	**75014**	**470505**	**116959**	**142346**
省级电视台	Provincial Level	12	96742	11468	11272	11274	38640	12367	13050
市(州)级电视台	Prefecture Level	48	313367	49859	9942	16292	118355	45367	30181
县级广播电视台	County Level	145	694821	111572	63951	47448	313510	59224	99115

21-12 各市(州)有线广播电视基本情况(2013年)
Basic Statistics on Cable Broadcasting and Television by Region(2013)

单位: 户、公里　　(unit:door,kilometer)

市(州)	Region	有线广播电视用户 Cable Broadcasting and Television Users	#数字电视用户 Digital Television Users	#付费数字电视用户 Pay Digital Television Users	有线广播电视传输网络干线总长 Total Length of Main Link of Cable Broadcasting and Television Transmission
全　省	**Sichuan**	**14509029**	**9483118**	**3300538**	**363203**
省本级	Shengbenji				8020
成都市	Chengdu	4199240	3181562	1078813	50412
自贡市	Zigong	431895	296735	120015	5435
攀枝花市	Panzhihua	245249	151951	73013	3253
泸州市	Luzhou	425309	289722	39286	8098
德阳市	Deyang	719434	400489	205721	63417
绵阳市	Mianyang	1146442	811886	386188	16158
广元市	Guangyuan	499603	430848	253413	11479
遂宁市	Suining	662422	465434	306934	42462
内江市	Neijiang	677756	398126	47370	22468
乐山市	Leshan	571935	232608	92118	15903
南充市	Nanchong	991408	494834	69000	21095
眉山市	Meishan	471623	323510	163222	12348
宜宾市	Yibin	410086	262643	136653	7889
广安市	Guangan	340672	177003	8100	9775
达州市	Dazhou	712313	374747	162537	10326
雅安市	Yaan	264551	135214		7308
巴中市	Bazhong	412888	294663	115716	9925
资阳市	Ziyang	846123	533176		27970
阿坝藏族羌族自治州	Aba	89265	63790	9553	3739
甘孜藏族自治州	Ganzi	67542	15806	4110	1020
凉山彝族自治州	Liangshan	323273	148371	28776	4712

21-13 各市(州)农村广播电视有线传输情况(2013年)
Basic Statistics on Rural Radio and Television Cable Transmission by Region(2013)

市(州)	Region	农村有线广播电视用户数 (户) Rural Cable radio and Television Users (households)	农村有线广播电视入户率 (%) Rural Households on Cable TV Rate (%)	农村广播覆盖率 (%) Rural Radio Coverage (%)	农村电视覆盖率 (%) Rural Television Coverage (%)
全 省	**Sichuan**	**6511077**	**31.75**	**96.26**	**97.38**
成都市	Chengdu	1388319	70.93	100.00	100.00
自贡市	Zigong	110872	12.53	98.94	97.12
攀枝花市	Panzhihua	26623	13.78	95.89	96.91
泸州市	Luzhou	236072	15.68	97.55	99.22
德阳市	Deyang	329147	35.54	100.00	97.98
绵阳市	Mianyang	578754	42.29	98.55	98.87
广元市	Guangyuan	266313	37.86	97.23	98.41
遂宁市	Suining	370469	44.75	99.48	99.45
内江市	Neijiang	391611	32.81	95.87	97.38
乐山市	Leshan	346408	39.65	98.51	99.14
南充市	Nanchong	485808	28.06	98.58	98.18
眉山市	Meishan	254952	26.83	99.57	99.43
宜宾市	Yibin	76954	6.34	94.21	95.08
广安市	Guangan	175658	14.37	97.46	95.36
达州市	Dazhou	419933	23.51	95.00	94.82
雅安市	Yaan	107283	29.66	93.16	97.64
巴中市	Bazhong	254112	26.81	96.56	99.44
资阳市	Ziyang	524667	26.26	97.48	98.89
阿坝藏族羌族自治州	Aba	29382	19.52	89.63	96.77
甘孜藏族自治州	Ganzi	17219	7.33	91.96	91.45
凉山彝族自治州	Liangshan	120521	10.85	79.93	91.41

21-14 各市(州)公益性社会体育指导员认证及培训情况(2013年)

Certification and Training of Public Welfare Social Sport Instructors by Region(2013)

单位：人 (person)

市(州)	Region	本年度认证总人数 Number of Certified Instructors This Year	#二级 Second Grade	#三级 Third Grade	本年度参加培训人数 Number of Training Instructors This Year	#二级 Second Grade	#三级 Third Grade
全 省	**Sichuan**	**14787**	**3818**	**10390**	**17146**	**4267**	**12300**
成都市	Chengdu	3303	319	2984	3618	319	3299
自贡市	Zigong	935	140	795	836	200	636
攀枝花市	Panzhihua	368	144	224	368	144	224
泸州市	Luzhou	419	88	331	504	102	402
德阳市	Deyang	367	247	120	367	247	120
绵阳市	Mianyang	725	57	668	837	57	780
广元市	Guangyuan	334	74	260	369	84	285
遂宁市	Suining	275	16	259	275	16	259
内江市	Neijiang	402	119	283	402	119	283
乐山市	Leshan	1370	762	608	1689	800	889
南充市	Nanchong	520	185	335	780	220	560
眉山市	Meishan	253	63	190	330	78	252
宜宾市	Yibin	710	140	570	750	150	600
广安市	Guangan	1540	110	1430	2050	156	1894
达州市	Dazhou	543	120	423	985	327	658
雅安市	Yaan	990	880	110	990	880	110
巴中市	Bazhong	415	80	335	475	80	395
资阳市	Ziyang	316	104	212	433	104	329
阿坝藏族羌族自治州	Aba	183	100	83	183	100	83
甘孜藏族自治州	Ganzi	30	10	20	116	24	92
凉山彝族自治州	Liangshan	210	60	150	210	60	150

注：全省数据中包含省级数据。

a)The province-data contains provincial data.

21-15 各市(州)体育彩票发行情况(2013年)
Sports Lottery Distribution by Region(2013)

单位：万元 (10 000 yuan)

市(州)	Region	当年体育彩票发行额 Circulation of Sport Lottery This Year	#足彩 Football Lottery	#即开型 Open-Type	当年提取公益金 Public Welfare Fund Drawn from Sport lottery (year-end)
全　省	**Sichuan**	**360856**	**58870**	**68456**	**102295**
成都市	Chengdu	146877	26018	26562	41745
自贡市	Zigong	10236	1871	1362	2987
攀枝花市	Panzhihua	10091	1346	1894	2893
泸州市	Luzhou	8499	1029	1295	2518
德阳市	Deyang	14667	2363	2547	4256
绵阳市	Mianyang	16126	3525	2486	4556
广元市	Guangyuan	7842	906	1698	2228
遂宁市	Suining	10552	3157	2314	2783
内江市	Neijiang	11304	4039	1896	2931
乐山市	Leshan	21319	1728	6138	5956
南充市	Nanchong	13880	2732	2038	3945
眉山市	Meishan	10189	1601	2389	2853
宜宾市	Yibin	13408	1396	2116	3888
广安市	Guangan	5956	1528	1156	1592
达州市	Dazhou	12891	1958	1316	3834
雅安市	Yaan	6335	948	1420	1776
巴中市	Bazhong	8307	568	1952	2402
资阳市	Ziyang	7415	1128	1333	2128
阿坝藏族羌族自治州	Aba	5740	112	1724	1582
甘孜藏族自治州	Ganzi	5028	237	2056	1327
凉山彝族自治州	Liangshan	14193	679	2765	4115

注:当年提取公益金合计中含中央、省级提取数据。

a)Pubic Welfare Funds Drawn from Sport Lottery Include State and Provincial Data.

21-16 卫生机构基本情况(2013年)
Basic Statistics on Health Institutions(2013)

机构类别	Item	机构数(个) Health Institution (unit)	实有床位数(张) Beds (unit)	人员合计(人) Personnel (persons)	#卫生技术人员 Medical Technical Personnel	#管理人员 Managerial Personnel
全 省	**Total**	**80039**	**426378**	**595645**	**426597**	**29675**
医院合计	Total Number of Hospitals	1716	289022	309129	248753	18256
城市	Hospitals at Prefecture Level	819	156647	179565	143475	10979
农村	Hospitals at County Level	897	132375	129564	105278	7277
综合医院	General Hospitals	1144	198894	221929	179695	13076
中医医院	Hospitals of Chinese Medicine	183	40385	41708	34580	1883
中西医结合医院	Hospital Combining Traditional Chinese and Western Medicine	21	6092	6454	5461	315
民族医院	Minority Nationality Hospital	23	576	624	518	46
专科医院	Specialized	345	43075	38414	28499	2936
#口腔	Stomatological	25	493	1702	1339	150
眼科	Ophthalmological	19	1356	1647	1123	174
耳鼻喉	Otoraryngology	11	480	672	432	45
肿瘤	Oncological	6	2269	2273	1959	106
心血管病	Cardiovascular System Diseases	5	893	818	656	61
妇产(科)	Gynaecological and Obstetrical	34	1639	3104	2006	260
儿童	Paediatrics	6	855	1961	1446	58
精神病	Psychiatrical	48	19722	9463	7042	651
传染病	Epidemiological	9	1195	1407	1118	69
皮肤病	Dermatology	9	177	262	157	35
麻风病	Leprological	3	71	43	29	5
职业病	Occupational disease	2	588	580	457	69
骨科	Orthopaedics	45	5099	4494	3658	326

注：卫生机构资料由四川省卫生和计划生育委员会提供。

a) Data of Health agencies are provided by the provincial Commission of Health and Family Planing.

21-16 续表continued

机构类别	Item	机构数(个) Health Institution (unit)	实有床位数(张) Beds (unit)	人员合计(人) Personnel (persons)	#卫生技术人员 Medical Technical Personnel	#管理人员 Managerial Personnel
康复	Recuperation	20	1320	868	665	85
整形外科医院	Orthopetic Survey	1	32	50	28	3
美容医院	Beauty Hospital	10	226	1133	457	182
其它专科	Other Specialized Hospital	92	6660	7937	5927	657
疗养院	Nurse Hospital	4	466	531	373	61
社区卫生服务中心	Community Health Care Centre	379	9003	15091	12502	728
社区卫生服务站	Community Health Service Stations	528	1764	3528	2914	346
卫生院	Sanitation Station	4595	114412	95886	78707	5903
门诊部	Outpatient Department	403	785	4328	3504	
诊所	Clinics	12924		29260	28527	
卫生所、医务室	Healthy Centre	1166		2706	2563	
村卫生室	Village Clinics	55165		88493	14566	
急救中心(站)	First-aid Centre	17		369	241	46
采供血机构	Blood Collection and Supply Institution	27		1763	1227	194
妇幼保健院(所、站)	Maternity and Child Care Centre	202	9682	16950	13824	843
专科疾病防治院(所、站)	Specialized Prevention Station	35	1244	1112	845	59
疾病预防控制中心(防疫站)	Epidemic Prevention and Control Centre	207		11307	8239	944
卫生监督所	Sanitary Supervision Station	207		3420	2877	152
医学科学研究机构	Research Institution of Medical Sciences	6		1004	518	128
医学在职培训机构	Medical On the Job Training Institution	18		376	126	54
健康教育所(站、中心)	Healthy Education Centre	18		120	36	40
其他卫生机构	Other Health Care Institution	2422		10272	6255	1921

21-17 各市(州)卫生机构数
Number of Health Institutions by Region

年 份 市(州)	Year Region	机构数(个) Number of Health Care Institutions	#医院 Hospital	#社区卫生服务中心 Community Health Care Centres	#卫生院 Sanitation Stations	#疾病预防控制中心 Epidemic Prevention and Control Centre	#妇幼保健院(所、站) Maternity and Child Care Centre
2002		72768	1173	44	6280	214	200
2003		72810	1164	50	6048	208	198
2004		70944	1144	63	5369	209	196
2005		72399	1155	68	5179	207	197
2006		75262	1178	213	5012	207	202
2007		72862	1162	214	4845	208	201
2008		71195	1143	234	4817	208	201
2009		72907	1187	257	4745	207	202
2010		74311	1260	306	4688	207	203
2011		75814	1393	344	4619	206	203
2012		76555	1542	361	4607	204	200
2013		80039	1716	379	4595	207	202
成都市	Chengdu	7976	476	103	248	22	21
自贡市	Zigong	2460	62	16	96	7	7
攀枝花市	Panzhihua	1044	29	20	43	6	6
泸州市	Luzhou	4633	101	17	135	8	8
德阳市	Deyang	2795	74	13	136	7	6
绵阳市	Mianyang	4436	81	21	276	12	10
广元市	Guangyuan	3531	48	14	258	8	7
遂宁市	Suining	3798	60	14	105	6	6
内江市	Neijiang	3246	57	19	111	6	6
乐山市	Leshan	3286	90	15	207	12	12
南充市	Nanchong	8856	100	27	450	10	10
眉山市	Meishan	2059	47	10	130	7	7
宜宾市	Yibin	4389	84	15	173	11	11
广安市	Guangan	3561	47	9	172	7	6
达州市	Dazhou	4406	77	12	306	7	8
雅安市	Yaan	1520	38	3	154	9	9
巴中市	Bazhong	3305	51	21	232	6	6
资阳市	Ziyang	4969	50	12	190	5	5
阿坝藏族羌族自治州	Aba	1624	33	3	222	14	14
甘孜藏族自治州	Ganzi	2722	41	1	333	19	19
凉山彝族自治州	Liangshan	5423	70	14	618	18	18

21-18 各市(州)卫生机构床位数
Number of Beds in Health Institutions by Region

单位：张 (unit)

年 份 市(州)	Year Region	床位数 Number of Beds in Health Care Centre	#医院 Hospital	#社区卫生服务中心 Community Health Care Centres	#卫生院 Sanitation Stations	#妇幼保健院(所、站) Maternity and Child Care Centre
2002		187179	119976	206	56467	4289
2003		187741	120173	144	56671	4501
2004		191523	123995	304	56945	4786
2005		194940	127129	1053	57460	5016
2006		201854	130677	2270	59707	5301
2007		214329	136757	3149	66063	5838
2008		244119	149289	4526	80697	6390
2009		275555	167271	5170	92403	7050
2010		302061	185459	6812	98252	7843
2011		335151	212282	8299	102544	7892
2012		390122	257333	8636	111550	8759
2013		426378	289022	9003	114412	9682
成都市	Chengdu	100957	80176	3932	13503	1969
自贡市	Zigong	15249	11005	216	3387	448
攀枝花市	Panzhihua	9254	7920	184	814	217
泸州市	Luzhou	21897	13315	487	6915	171
德阳市	Deyang	17785	11479	131	5543	446
绵阳市	Mianyang	28755	18304	205	9576	644
广元市	Guangyuan	15567	9790	420	4628	464
遂宁市	Suining	14110	9602	321	3910	225
内江市	Neijiang	18399	11738	20	6232	369
乐山市	Leshan	17282	11600	448	4315	664
南充市	Nanchong	26779	16963	492	8425	753
眉山市	Meishan	14376	8137	324	5343	496
宜宾市	Yibin	23611	16743	346	6036	441
广安市	Guangan	12080	7476	359	3945	242
达州市	Dazhou	22225	11937	367	9426	414
雅安市	Yaan	9738	7773	36	1697	197
巴中市	Bazhong	13459	7502	229	5340	298
资阳市	Ziyang	19553	10858	344	7757	407
阿坝藏族羌族自治州	Aba	3883	2636	4	1099	136
甘孜藏族自治州	Ganzi	4136	2768	1	1105	261
凉山彝族自治州	Liangshan	17283	11300	137	5416	420

21-19 各市(州)卫生机构人员数

Number of Persons Engaged in Health Institutions by Region

年 份 市(州)	Year Region	人员合计(人) Total (person)	#卫生技术人员 Medical Technical Personnel	#执业医师 Licensed Doctor	#执业助理医师 Licensed Assistant Doctor	#注册护士 Licensed Nurse	#管理人员 Managerial Personnel
2002		378830	248470	86978	33378	60098	20070
2003		373628	245326	86101	34124	59494	17960
2004		363179	242255	84785	34531	60871	17392
2005		362014	244367	86205	35832	61237	15825
2006		378374	255140	87944	41446	63730	15903
2007		388644	264206	91273	34848	73485	19467
2008		400248	277112	96460	25324	78062	18500
2009		437758	303050	109090	29594	91164	18456
2010		467774	323915	114734	29843	104930	23288
2011		505113	353561	122525	31489	121319	25632
2012		549866	389001	130106	33272	139811	26850
2013		595645	426597	139037	34805	157459	29675
成都市	Chengdu	153962	120091	41145	4681	50058	7954
自贡市	Zigong	20598	15390	4810	1425	6169	1241
攀枝花市	Panzhihua	12035	9349	3322	457	3818	724
泸州市	Luzhou	27965	19708	6162	1911	7123	1302
德阳市	Deyang	24803	18387	6111	1752	6557	967
绵阳市	Mianyang	35932	26610	8423	2365	9586	1470
广元市	Guangyuan	20155	14031	4596	1131	4789	1090
遂宁市	Suining	19195	13621	5000	1080	4799	842
内江市	Neijiang	23030	16537	5217	1758	5774	1427
乐山市	Leshan	22671	16954	5410	1799	6574	1005
南充市	Nanchong	39455	24612	9110	1928	7535	2362
眉山市	Meishan	18784	13353	4116	1624	4818	697
宜宾市	Yibin	29572	20938	6021	2165	7897	1243
广安市	Guangan	17459	11114	3718	901	3589	1065
达州市	Dazhou	32888	20911	6198	2337	7317	1392
雅安市	Yaan	11435	8685	2811	795	3293	755
巴中市	Bazhong	20502	13097	4220	2385	3951	875
资阳市	Ziyang	24593	16762	5212	1905	5261	1144
阿坝藏族羌族自治州	Aba	7164	4710	1433	396	1243	454
甘孜藏族自治州	Ganzi	8482	5300	1295	440	1284	564
凉山彝族自治州	Liangshan	24965	16437	4707	1570	6024	1102

21-19 续表 continued

年 份 市(州)	Year Region	人员合计(人) Total (person)	#医院 Hospital	#社区卫生服务中心 Community Health Care Centres	#卫生院 Sanitation Stations	#疾病预防控制中心 Epidemic Prevention and Control Centre	#妇幼保健院(所、站) Maternity and Child Care Centre
2002		378830	144086	556	79247	11219	10053
2003		373628	142945	509	77447	10944	8672
2004		363179	142017	709	72939	10518	8674
2005		362014	142955	1487	70403	10410	8648
2006		378374	147122	2672	69172	10491	8856
2007		388644	167432	5918	73729	10450	10588
2008		400248	175472	7813	76405	10444	11188
2009		437758	195099	9370	82778	10352	11950
2010		467774	215902	11658	84200	10431	13153
2011		505113	243520	13773	88075	10638	14297
2012		549866	277344	14393	93287	11035	15656
2013		595645	309129	15091	95886	11307	16950
成都市	Chengdu	153962	104184	7595	11469	2556	4738
自贡市	Zigong	20598	11505	134	3006	414	933
攀枝花市	Panzhihua	12035	7818	405	808	235	328
泸州市	Luzhou	27965	12975	515	4799	379	356
德阳市	Deyang	24803	12334	531	4761	438	900
绵阳市	Mianyang	35932	19411	557	7043	569	932
广元市	Guangyuan	20155	9421	414	4180	376	664
遂宁市	Suining	19195	9007	337	3033	226	378
内江市	Neijiang	23030	11173	89	4191	353	411
乐山市	Leshan	22671	11380	614	3825	508	921
南充市	Nanchong	39455	16126	804	6407	526	1053
眉山市	Meishan	18784	8196	460	4403	394	804
宜宾市	Yibin	29572	14853	518	5087	495	649
广安市	Guangan	17459	7384	356	3704	400	431
达州市	Dazhou	32888	12298	575	8087	613	724
雅安市	Yaan	11435	6759	95	1834	345	238
巴中市	Bazhong	20502	7284	316	4518	308	595
资阳市	Ziyang	24593	10187	444	6227	366	661
阿坝藏族羌族自治州	Aba	7164	3094	40	1331	479	288
甘孜藏族自治州	Ganzi	8482	2542	16	2334	406	305
凉山彝族自治州	Liangshan	24965	11198	276	4839	921	641

21-20 前十大类病伤死亡原因及构成(2013年)
Death Rate of 10 Major Diseases Categories(2013)

顺位 No.	病伤死亡原因	Cause of Death	死亡率(1/10万) Death Rate (per 100 000 persons)	构成(%) As % of Total Deaths
1	循环系统	Diseases of the Circulation System	186.01	31.41
2	肿瘤	Tumour	169.61	28.65
3	呼吸系统	Diseases of the Respiratory System	130.83	22.10
4	损伤和中毒	Trauma and Toxicosis	44.87	7.58
5	消化系统	Diseases of the Digestive System	21.43	3.62
6	内分泌、营养、代谢、免疫	Endocrine, Nutritional, Metabolic and Immune Diseases	12.74	2.15
7	传染病和寄生虫病	Infectious Disease and Verminosis	6.48	1.09
8	泌尿和生殖系统	Diseases of the Genitourinary System	6.11	1.03
9	神经系统疾病	Nervous System Diseases	3.81	0.64
10	精神障碍	Mental Disorders	1.85	0.31

21-21 前十位单病种死亡原因及构成(2013年)
Death Rate of 10 Single-species Major Diseases(2013)

顺位 No.	前十位单病种类目	10 Single-species Major Diseases	死亡率(1/10万) Death Rate (per 100 000 persons)	构成比(%) As%of Total Deaths
1	慢性下呼吸道疾病	Chronic Lower Respiratory Tract Disease	109.88	18.56
2	脑血管病	Cerebrovascular Disease	108.31	18.29
3	肺癌	Malignant Tumour	46.64	7.88
4	肝癌	Malignant Liver Tumour	28.20	4.76
5	急性心肌梗死	Acute Myocardial Infarction	25.79	4.36
6	其他冠心病	Other Coronary Heart Disease	21.86	3.69
7	食管癌	Malignant Oesophagus Tumour	20.83	3.52
8	胃癌	Malignant Stomach Tumour	20.71	3.50
9	交通事故	Traffic	17.41	2.94
10	肺炎	Pneumonia	16.13	2.72

21-22 国家免疫规划疫苗基础免疫接种率(2013年)
Basis Inoculability Rate of National Immunization Vaccine Planning(2013)

种　类	Item	常规报告接种率(%) Inoculability Rate of Conventional Report (%)
卡介苗	Bcg Vaccine	99.48
脊灰疫苗	Poliomyelitis Vaccine	99.47
百白破三联	Chincough, Diphtheria and Tetanus Joint Vaccine	99.44
麻疹疫苗	Measles Vaccine	99.43
乙肝疫苗全程	Hepatitis-B Vaccine Full Process	99.40

21-23 法定报告传染病发病及死亡情况(2013年)
Incidence and Death from Infectious Diseases(2013)

病　种	Item	发病率(1/10万) Incidence Diseases Rate (per 100 000 persons)	死亡率(1/10万) Death Rate (per 100 000 persons)	病死率(%) Mortality Rate per 100 Infectous Disease Patients
甲乙丙合计	**Total of Category A, B and C**	**326.8145**	**2.0468**	**0.6263**
一.甲乙类合计	**I. Total of Category A and B**	**198.2925**	**1.9997**	**1.0085**
鼠疫	The Plague	-	-	*
霍乱	Cholera	0.0087	0.0012	13.7931
传染性非典型肺炎	SARS	-	-	*
艾滋病	AIDS	7.3946	1.6357	22.1202
HIV	HIV	12.9219	3.0237	23.3998
病毒性肝炎	Hepatitis	71.3702	0.0433	0.0607
甲肝	A	4.1851	0.0012	0.0287
乙肝	B	52.7810	0.0310	0.0587
丙肝	C	11.0213	0.0099	0.0898
戊肝	E	1.1577	-	-
肝炎(未分型)	Hepatitis (Not Classified)	2.2251	0.0012	0.0539
脊髓灰质炎	Poliomyelitis	-	-	*
人感染高致病性禽流感	People Avian Flu	-	-	*
甲型H1N1流感	Influenza A H1N1 influenza	0.3058	-	-
麻疹	Measles	0.3244	-	-
流行性出血热	Hemorrhage Fever	0.0607	-	-
狂犬病	Hydrophobia	0.0830	0.0805	96.9880
流行性乙型脑炎	Encephalitis B	0.4557	0.0173	3.7964
登革热	Dengue Fever	0.0223	-	-
炭疽	Anthrax	0.0495	-	-
细菌性和阿米巴性痢疾	Dysentery	11.7283	-	-
肺结核	Pulmonary Tuberculosis	75.3510	0.2093	0.2778
伤寒和副伤寒	Typhoild and Paratyphoid Fever	0.2885	0.0012	0.4159
流行性脑脊髓膜炎	Epidemic Encephalitis	0.0210	0.0012	5.7143
百日咳	Pertussis	0.2910	-	-
白喉	Diphtheria	-	-	*
新生儿破伤风 *	Newborn Baby Tetanus	0.0291	0.0040	13.7457
猩红热	Scarlet Fever	1.7001	-	-
布鲁氏菌病	Brucellosis	0.0087	-	-
淋病	Gonorrhea	3.7146	-	-
梅毒	Syphilis	24.6911	0.0025	0.0101
钩端螺旋体病	Leptospirosis	0.0792	-	-
血吸虫病	Schistosomiasis	0.0149	-	-
疟疾	Malaria	0.3021	0.0037	1.2248
人感染H7N9禽流感	human infection with the H7N9 avian influenza	–	–	–
二.丙类合计	**I. Total of Category C**	**128.5220**	**0.0471**	**0.0366**
流行性感冒	Influenza	2.4405	-	-
流行性腮腺炎	Epidemic Mumps	18.9644	-	-
风疹	Rubella	0.8890	-	-
急性出血性结膜炎	Acute Haemorrhagic Conjunctivitis	1.4400	-	-
麻风病	Leprosy	0.0582	0.0012	2.1277
流行性和地方性斑疹伤寒	Typhus Fever	0.1300	-	-
黑热病	Kala-Azar	0.0421	0.0012	2.9412
包虫病	Echinococcosis	1.0450	-	-
丝虫病	Filariasis	-	-	*
其它感染性腹泻病	Other Infectious Diarrhoea	35.9104	0.0025	0.0069
手足口病	Hand, Foot and Mouth Disease	67.6023	0.0421	0.0623

注：新生儿破伤风发病率＝当年发病数÷当年0岁组人口数×1000‰；新生儿破伤风死亡率＝当年死亡数÷当年0岁组人口数×1000‰。

a) Incidence diseases rate of newborn baby tetanus=Number of Incidence diseases in current year÷Number of Population of 0 age group in current year ×1000‰,Death rate of newborn baby tetanus=Number of Death in current year÷Number of Population of 0 age group in current year×1000‰.

主要统计指标解释

艺术表演团体 指由文化部门主办或实行行业管理（经文化行政部门审批或已申报登记并领取相关许可证），专门从事表演艺术等活动的各类专业艺术表演团体，含民间职业剧团。不包括群众业余文艺表演团体。

医疗卫生机构 指从卫生行政部门取得《医疗机构执业许可证》》、《计划生育技术服务许可证》，或从民政、工商行政、机构编制管理部门取得法人单位登记证书，为社会提供医疗保健、疾病控制、卫生监督服务或从事医学科研和医学在职培训等工作的单位。医疗卫生机构包括医院、基层医疗卫生机构、专业公共卫生机构、其他医疗卫生机构。

医院 包括综合医院、中医医院、中西医结合医院、民族医院、各类专科医院和护理院，不包括专科疾病防治院、妇幼保健院和疗养院。

卫生人员 指在医院、基层医疗卫生机构、专业公共卫生机构及其他医疗卫生机构工作的职工，包括卫生技术人员、乡村医生和卫生员、其他技术人员、管理人员和工勤人员。一律按支付年底工资的在岗职工统计，包括各类聘任人员(含合同工)及返聘本单位半年以上人员，不包括临时工、离退休人员、退职人员、离开本单位仍保留劳动关系人员、本单位返聘和临聘不足半年人员。

卫生技术人员 包括执业医师、执业助理医师、注册护士、药师（士）、检验技师（士）、影像技师、卫生监督员和见习医（药、护、技）师（士）等卫生专业人员。不包括从事管理工作的卫生技术人员。

甲乙类法定报告传染病发病率 是指某年某地区每10万人口中甲、乙类法定报告传染病发病数。即甲乙类法定报告传染病发病率=甲、乙类法定报告传染病发病数/人口数×100000。

甲乙类法定报告传染病死亡率 是指某年某地区每10万人口中甲、乙类法定报告传染病死亡数。即甲乙类法定报告传染病死亡率=甲、乙类法定报告传染病死亡数/人口数×100000。

甲乙类法定报告传染病病死率 是指某年某地区甲、乙类法定报告传染病死亡数与发病数之比。即甲乙类法定报告传染病病死率=甲、乙类法定报告传染病死亡数/发病数×100% 。

Explanatory Notes on Main Statistical Indicators

Arts Performance Troupes refer to the various professional performing arts groups, which sponsored by the cultural sectors or guided by the cultural society (approved by the cultural administration authority, or registered and permitted with the relative certificate), including non-governmental troupes. The mass amateur arts performance troupes are not included.

Medical and Health Care Institutions refer to the units which have been qualified the Certification of Health Care Institution, certification of family planning technical service by the administration of public health, or qualified the Certification of Corporate Unit by the civil affairs, administration for industry and commerce, commission office for public sector reform, and engaging in medical care, disease prevention and control, health supervision and inspection, medicine research and on-job training, etc., including: hospitals, health care institutions at grass-root level, specialized public health institutions, and other medical and health care institutions.

Hospitals include general hospitals, hospitals specialized in traditional Chinese medicine, hospitals of integrated traditional Chinese and western medicine, ethnic hospitals, specialized hospitals and nursing hospitals, excluding specialized disease prevention and treatment institutes, maternal and child health care hospitals and convalescent hospitals

Health Care Employee refer to all employees engaged in the health care institutions, such as hospitals, health care institutions at grass-root level, specialized public health institutions, and other medical and health care institutions, including medical technical personnel, village doctors and assistants, other technical personnel, managerial and service staff. The data is based on the year end payroll, including personnel hired (including contract labour) and re-employed after retirement by the institution for over half a year and excluding temporary workers, retired personnel, resigned personnel, personnel who have left the institution but kept the contract relation and personnel who are re-employed after retirement or temporarily employed for less than half a year.

Medical Technical Personnel refer to the professional staff engaged in health care, including licensed doctors, licensed assistant doctors, registered nurses, pharmacists, laboratory technicians, imaging staff, health care supervisors and intern doctors, pharmacists, nurses, and technical personnel, excluding the medical technical personnel engaged in managerial job.

Incidence Rate of A and B Type of Notifiable Infectious Diseases refer to the incidence cases notifiable class A and class B infectious diseases per 100 thousand population in the reference region in the reference year. The formula is:

Incidence Rate of A and B Type of Notifiable Infectious Diseases = Incidence Cases Notifiable Class A and Class B Infectious Diseases / Population *100000

Death Rate of A and B Type of Notifiable Infectious Diseases refer to the death cases notifiable class A and class B infectious diseases per 100 thousand population in the reference region in the reference year. The formula is:

Death Rate of A and B Type of Notifiable Infectious Diseases= Death Cases Notifiable Class A and Class B Infectious Diseases / Population *100000

Mortality Rate of A and B Type of Notifiable Infectious Diseases refer to the ratio of death cases notifiable class A and class B infectious diseases to the incidence cases in the reference region in the reference year. The formula is:

Mortality Rate of A and B Type Notifiable Infectious Diseases = Death Cases Notifiable Class A and Class B Infectious Diseases / Incidence Cases *100%

2014

22 其他社会活动

OTHER SOCIAL ACTIVITIES

22-1 社会福利事业基本情况
Basic Statistics on Social Welfare

项　目		Item		2013
收养类		**Adopting Social Welfare Institutions**		
单位数	**(个)**	**Number of units**	**(unit)**	**3655**
工商部门登记	(个)	Registered in Business Administration	(unit)	1
编制部门登记	(个)	Registered in Establishment Departments	(unit)	1412
民政部门登记	(个)	Registered in Civil Administration	(unit)	860
未登记	(个)	Unregistered	(unit)	1382
床位数	**(张)**	**Number of Beds**	**(unit)**	**386607**
工商部门登记	(张)	Registered in Business Administration	(unit)	200
编制部门登记	(张)	Registered in Establishment Departments	(unit)	160031
民政部门登记	(张)	Registered in Civil Administration	(unit)	92490
未登记	(张)	Unregistered	(unit)	133886
工作人员	**(人)**	**Persons Engaged**	**(person)**	**22147**
工商部门登记	(人)	Registered in Business Administration	(person)	28
编制部门登记	(人)	Registered in Establishment Departments	(person)	11714
民政部门登记	(人)	Registered in Civil Administration	(person)	4953
未登记	(人)	Unregistered	(person)	5452
收养人员	**(人)**	**Persons Housed**	**(person)**	**314492**
工商部门登记	(人)	Registered in Business Administration	(person)	68
编制部门登记	(人)	Registered in Establishment Departments	(person)	126498
民政部门登记	(人)	Registered in Civil Administration	(person)	76383
未登记	(人)	Unregistered	(person)	111543
福利企业		**Social Welfare Enterprises**		
单位数	**(个)**	**Number of Enterprises**	**(unit)**	**719**
福利工厂	(个)	Welfare Factories	(unit)	322
假肢厂	(个)	Prosthetics Factories	(unit)	1
农场	(个)	Farm	(unit)	1
其他福利企业	(个)	Others	(unit)	395
职工人数	**(人)**	**Workers**	**(person)**	**54925**
福利工厂	(个)	Welfare Factories	(person)	26628
假肢厂	(个)	Prosthetics Factories	(person)	106
农场	(个)	Farm	(person)	46
其他福利企业	(个)	Others	(person)	28145
残疾人员就业人数	**(人)**	**Disabled Employed**	**(person)**	**22574**
福利工厂	(人)	Welfare Factories	(person)	10305
假肢厂	(人)	Prosthetics Factories	(person)	43
农场	(人)	Farm	(person)	8
其他福利企业	(人)	Others	(person)	12218
残疾职工工资总额	**(万元)**	**Total Wages of Disabled Workers**	**(10 000 yuan)**	**45692**
福利工厂	(万元)	Welfare Factories	(10 000 yuan)	23184
假肢厂	(万元)	Prosthetics Factories	(10 000 yuan)	108
农场	(万元)	Farm	(10 000 yuan)	4
其他福利企业	(万元)	Others	(10 000 yuan)	22396

注:社会福利事业和婚姻登记情况由四川省民政厅提供。
a) Data of Social welfare and marriage registration are provided by the provincial Civil Affairs Department.

22-2 收养类单位床位数及收养人员数

Number of Beds and Persons Housed in Social Welfare Institutions

项　目	Item	床位数(张) Number of Beds (unit) 2012	2013	收养人数(人) Person Housed (person) 2012	2013
合　计	**Total**	**348973**	**386607**	**295940**	**314492**
#优抚收养性单位	Units for Arranging the Family Members of Martyrs and Disabled Veterans	5462	7792	4013	5911
荣誉军人康复医院	Convalescent Homes for Honored Ex-servicemen	960	960	504	501
复员军人疗养院	Sanatoriums for Ex-servicemen	380	495	346	457
复退军人精神病院	Mental Hospitals for Ex-servicemen	960	3104	826	2601
光荣院	Homes for Disabled Veterans	3162	3233	2337	2352
#福利收养性单位	Adopting Social Welfare Institutions	334498	354306	285422	297989
社会福利院	Social Welfare Homes	21715	25631	12203	15137
儿童福利院	Children Welfare Homes	3074	5244	2202	2764
社会福利医院	Psychopathy Welfare Homes	6915	6583	6497	5852
城镇养老服务机构	Urban Elderly Welfare Institutions	17519	23830	13245	17754
农村养老服务机构	Rural Pension Services	285275	293018	251275	256482

注：合计中包含其他收养性单位。
a)Total data include data of other adopting units .

22-3 婚姻登记和离婚情况

Basic Statistics on Marriages and Divorces

项　目		Item		2008	2009	2010	2011	2012	2013
按居住地分		By Residence							
内地居民登记结婚	(对)	Registered Marriages of Mainland	(couple)	625887	708213	713263	749223	746764	775297
涉外及华侨、港澳台居民登记结婚	(对)	Registered Marriages with Foreigner ar	(couple)	1879	1785	1580	602	1532	1522
按婚前状况分		By Premarital Situation							
初婚	(人)	First Marriages	(person)	1059382	1205823	1197122	1243260	1211201	1242155
再婚	(人)	Remarriages	(person)	196150	214173	232564	256390	285391	311483
再婚中恢复结婚	(对)	Remarriages of Divorced Couple	(couple)	13530	12423	8594	9248	19836	24632
内地居民离婚数	(对)	Registered Divorces of Mainland	(couple)	136741	150401	173824	186641	203003	222461

22-4 各市(州)内地居民婚姻登记和离婚情况
Basic Statistics on Marriage and Divorces of Mainland by Region

单位：对 (couple)

市(州)	Region	内地居民登记结婚 Registered Marriages of Mainland						内地居民登记离婚 Registered Divorces of Mainland					
		2008	2009	2010	2011	2012	2013	2008	2009	2010	2011	2012	2013
全　省	**Sichuan**	**625887**	**708213**	**713263**	**749223**	**746764**	**775297**	**136741**	**150401**	**173824**	**186641**	**203003**	**222461**
成都市	Chengdu	121513	130084	119408	127462	124891	126928	38154	39020	43236	44115	47146	50268
自贡市	Zigong	21810	18619	24959	24563	27175	22778	5326	5296	6369	7012	7861	7912
攀枝花市	Panzhihua	9540	10272	9780	12187	11178	11061	3682	3821	3946	4081	4218	4373
泸州市	Luzhou	31144	32182	38260	37628	34933	34197	6230	7076	8331	9114	9855	10237
德阳市	Deyang	26595	29746	26303	31324	36794	33780	8421	9698	10157	10940	11401	12097
绵阳市	Mianyang	37820	47120	46778	48105	44984	53145	8917	11204	13033	12054	15107	14798
广元市	Guangyuan	18487	18702	19400	24137	21622	24168	3866	3709	4462	5413	4434	5614
遂宁市	Suining	17507	22645	25423	34371	30901	31438	2819	3698	4552	6817	6785	7486
内江市	Neijiang	31352	37049	36061	37898	36866	37457	6691	6991	8898	10335	11244	14205
乐山市	Leshan	26553	28797	27988	29927	29868	31915	7658	8273	9547	9716	10229	10524
南充市	Nanchong	47865	63796	60430	61802	60585	63458	6463	8170	9612	10917	12251	13965
眉山市	Meishan	28639	30440	37337	30378	31233	32536	6342	7191	10337	8642	9377	10162
宜宾市	Yibin	40165	44321	40138	44636	45267	46614	8022	9316	10830	12037	13196	14356
广安市	Guangan	30756	32039	33873	32900	35889	37096	4090	4797	5533	6371	7862	8952
达州市	Dazhou	46789	49363	55942	52131	57476	65312	6457	6865	7964	8914	10011	12320
雅安市	Yaan	12622	14186	12715	13705	12465	15899	3211	3547	3731	4113	4113	4727
巴中市	Bazhong	23732	33215	40540	40617	33750	27327	1978	2225	2757	3127	3667	4261
资阳市	Ziyang	32347	41969	37014	42643	41566	41789	6003	6273	7502	9707	10344	11906
阿坝藏族羌族自治州	Aba	5141	6401	6145	5428	7060	7034	419	544	381	449	704	756
甘孜藏族自治州	Ganzi	3706	4338	3949	4812	7103	9724	288	504	458	549	653	768
凉山彝族自治州	Liangshan	11804	12929	10820	12569	15158	21641	1704	2183	2188	2218	2545	2774

注：离婚数不包括法院判决数；离婚数合计中含省本级数据。

a) The number of divorces mediated by the count was not included in the number of divorces.The Number of Sichuan Registered Divorces Includes the Number of Provincal Level.

22-5 律师、公证、调解工作基本情况
Basic Statistics on Lawyers, Notarization and Mediation

项 目		Item		2005	2008	2009	2010	2011	2012	2013
律师工作		**Lawyers**								
律师事务所	(所)	Number of Law Offices	(unit)	615	731	758	802	875	908	953
律师工作者	(人)	Number of Lawyers	(person)	6331	7247	8033	8918	10029	11268	12435
#专职律师	(人)	Full-time Lawyers	(person)	6025	6896	7630	8504	9278	10403	11514
担任法律顾问的单位	(家)	Number of Units with Permanent Legal Advisors	(unit)	12704	14895	14673	15530	29782	32293	20787
民事诉讼代理	(件)	Agent of Civil Cases	(case)	35310	49772	46040	49772	63853	76445	66113
刑事诉讼辩护及代理	(件)	Defender and Agent of Criminal Cases	(case)	15852	33845	33873	33845	28287	37229	41004
非诉讼法律事务	(件)	Agent of Non-Litigious Legal Affairs	(case)	44558	42463	29784	42463	21073	20927	22153
咨询和代写法律文书	(次)	Agent of Advise and Legal Documents Written for Others	(copy)	283976	502229	207818	502229	317941	281416	315494
公证工作		**Notarization**								
公证处	(个)	Number of Notary Offices	(unit)	207	205	205	205	206	206	207
公证人员	(人)	Notarial Personnel	(person)	1165	1250	1529	1720	1696	1579	2381
#公证员	(人)	Notaries	(person)	679	648	685	723	736	771	797
受理国内公证	(件)	Internal Notarization	(case)	150854	399516	439941	732398	648249	683040	948754
受理涉外公证	(件)	Foreign-related Notarization	(case)	18322	43282	55936	65775	70713	43084	87062
受理涉台、港、澳公证	(件)	Notarization of Hong Kong Macao & Taiwan	(case)	2366	5645	7472	6886	6317	4357	6933
出证	(件)	Number of Notarized Documents	(copy)	170028	442932	496083	802173	724675	758357	1044415
人民调解工作		**People's Mediation**								
专职司法助理员	(人)	Number of Full-time Judicial Assistants	(person)	3712	3238	3768	3331	4402	4576	4601
人民调解委员会	(个)	Number of People's Mediation Committees	(unit)	64879	64102	64340	63912	62521	64223	64915
调解员	(人)	Number of Mediators	(person)	524428	531255	533327	429763	416482	409239	395463
基层法律服务所调解纠纷	(件)	Mediation of Grassroots Legal Service	(case)	42060	48395	50966	41119	36307	54561	43290

注：律师、公证和调解资料由四川省司法厅提供。

a) Data of lawyers, notarization and mediation information are provided by the provincial Department of Justice.

22-6 调解民间纠纷情况
Statistics on Mediation of Civil Disputes

项　目	Item	调解纠纷(件) Mediation of Disputes (case)		各类纠纷所占比重 (%) Percentage of Disputes (%)	
		2012	2013	2012	2013
合　计	**Total**	**482221**	**424218**	**100.0**	**100.0**
婚姻家庭纠纷	Marriage and Family Disputes	101222	97595	21.0	23.0
邻里纠纷	Neighbourhood Disputes	102923	96247	21.3	22.7
房屋宅基地纠纷	Homestead Housing Disputes	15030	14099	3.1	3.3
合同纠纷	Contracts Disputes	21177	18868	4.4	4.4
生产经营纠纷	Production and Management Disputes	11425	10181	2.4	2.4
损害赔偿	Damage Disputes	38596	39033	8.0	9.2
劳动争议	Labor Disputes	18957	12977	3.9	3.1
村务管理纠纷	Village Services ManagementDisputes	4303	4524	0.9	1.1
山林土地纠纷	Forest Land Disputes	19875	18618	4.1	4.4
征地拆迁纠纷	Land Acquisition and Resettlement Disputes	14221	11505	2.9	2.7
计划生育纠纷	Family Planning Disputes	2191	1138	0.5	0.3
环境保护	Environmental Protection	3383	2750	0.7	0.6
道路交通事故	Road Traffic Accidents	72245	49174	15.0	11.6
物业纠纷	Property Disputes	4600	4802	1.0	1.1
医疗纠纷	Medical Malpractice	5003	3333	1.0	0.8
其他纠纷	Other Disputes	47070	39374	9.8	9.3

22-7 检察机关直接立案侦查职务犯罪案件情况
Cases under Direct Investigation by Procurator's Offices

年份 Year	受案件数(件) Cases Accepted (case)	立案件数(件) Cases Registered (case)	立案人数(人) Person of Cases Registered (person)	结案件数(件) Cases Settled (case)	结案人数(人) Person of Cases Settled (person)	挽回经济损失(万元) Retrieving Economic Losses (10 000 yuan)
1996	12090	4370	5107	4837	5715	32837.32
1997	11176	3217	3611	2908	3263	23571.87
1998	6791	1607	1881	1486	1757	11321.75
1999	5188	1966	2230	1734	1949	15178.21
2000	5994	2532	2853	2259	2537	17411.21
2001	5160	2306	2536	2207	2444	14794.34
2002	4949	2260	2476	2154	2364	14339.05
2003	3449	2108	2312	1939	2117	17489.11
2004	3577	2055	2462	1956	2299	27268.34
2005	3336	1855	2224	1755	2112	25430.53
2006	2790	1736	2080	1617	1939	18604.58
2007	2762	1731	2193	1691	2124	21095.90
2008	2508	1548	1975	1542	1980	23484.73
2009	2557	1504	2024	1475	1975	21432.00
2010	2153	1511	2066	1719	2302	24222.91
2011	1879	1493	2109	1440	2013	65269.71
2012	1798	1563	2144	1576	2170	39009.89
2013	1941	1797	2384	1708	2273	35597.50

22-8 各市(州)检察机关直接立案侦查职务犯罪案件情况
Duty Crime Cases under Direct Investigation by Procurator's Offices by Region

市(州)	Region	受案件数(件) Cases Accepted (case)			立案件数(件) Cases Registered (case)			立案人数(人) Person of Cases Registered (person)		
		2011	2012	2013	2011	2012	2013	2011	2012	2013
合　计	**Sichuan**	**1879**	**1798**	**1941**	**1493**	**1563**	**1797**	**2109**	**2144**	**2384**
四川省人民检察院	Provincial Procuratorate	18	3	1	17	3	1	17	3	2
成都市	Chengdu	283	262	293	201	207	249	346	358	381
自贡市	Zigong	125	112	105	64	78	79	90	100	111
攀枝花市	Panzhihua	69	72	40	63	70	44	64	83	50
泸州市	Luzhou	108	104	131	97	101	133	126	126	146
德阳市	Deyang	80	64	89	56	55	75	70	68	88
绵阳市	Mianyang	107	88	94	89	86	93	114	119	135
广元市	Guangyuan	90	79	102	66	63	93	95	78	116
遂宁市	Suining	46	54	59	42	52	59	64	69	73
内江市	Neijiang	68	71	66	61	64	62	103	101	105
乐山市	Leshan	67	65	72	67	65	72	91	90	91
南充市	Nanchong	120	120	147	111	118	146	154	153	199
眉山市	Meishan	36	35	49	35	34	48	72	53	67
宜宾市	Yibin	92	100	109	72	94	105	108	133	139
广安市	Guangan	74	74	79	65	69	76	87	81	97
达州市	Dazhou	76	93	101	70	89	101	110	128	136
雅安市	Yaan	54	46	62	50	45	61	62	53	67
巴中市	Bazhong	71	66	65	58	48	55	65	63	64
资阳市	Ziyang	80	85	75	74	85	75	107	99	106
阿坝藏族羌族自治州	Aba	43	38	35	23	30	31	30	42	40
甘孜藏族自治州	Ganzi	41	45	44	21	21	38	21	26	39
凉山彝族自治州	Liangshan	67	82	90	60	71	80	72	92	105
四川省人民检察院成都铁路运输分院	Procuratorate of Chengdu Railroad Bureau	64	40	33	31	15	21	41	26	27

注：人民检察院的办案情况由四川省检察院提供。

a) Cases of People's Procuratórate provided by Sichuan People's Procuratorate.

22-9 各市(州)检察机关审查批准、决定逮捕犯罪嫌疑人和提起公诉被告人情况
Arrests of Criminal Suspects and Defendants under Public Prosecution Approved by People's Procuratorate by Region

案件分类 市(州)	Case Item Region	批捕、决定逮捕合计 Total of Approval and Arrest 2012 件 (case)	2012 人 (person)	2013 件 (case)	2013 人 (person)	决定起诉合计 Total of Pubilc Prosecutions 2012 件 (case)	2012 人 (person)	2013 件 (case)	2013 人 (person)
合 计	**Total**	**29551**	**43569**	**26372**	**37270**	**42014**	**62666**	**39211**	**57692**
公安、安全、监狱机关提请小计	**Sub-total of Requests by Departments of State and Public Security and Prisons**	**28820**	**42720**	**25643**	**36445**	**40722**	**60819**	**37857**	**55816**
危害国家安全、公共安全案	Offences Against State Security	1603	1807	1415	1585	6953	7282	6818	7224
破坏社会主义市场经济秩序案	Offences Against Socialist Economic Order	1146	1977	833	1254	1638	2950	1112	1935
侵犯公民人身、民主权利案	Offences Against Citizens' Personal and Democratic Rights	5064	6786	4236	5458	7501	10067	6091	8176
妨害社会管理秩序案	Offences Against Social Management of Order	7013	11866	8002	12408	7943	15113	9560	17007
侵犯财产案	Offences Against Properties	13984	20272	11150	15733	16681	25401	14266	21459
危害国防利益案	Offences Against National Defense	10	12	7	7	6	6	10	15
检察机关直接立案侦查案件小计	**Sub-total of Cases Handled Directly by Procuratorate's Offices**	**731**	**849**	**729**	**825**	**1292**	**1847**	**1354**	**1876**
贪污贿赂案	Offences on Corruption and Bribery	664	767	670	759	1079	1544	1146	1616
渎职侵权案	Offences on Abuse and Dereliction of Duty	67	82	59	66	213	303	208	260
按市(州)分	**Grouped by Region**								
四川省人民检察院	Provincial Procuratorate	78	84	73	83				
成都市	Chengdu	9941	14189	8231	11157	12189	17953	11633	16622
自贡市	Zigong	816	1228	834	1227	1366	2085	1216	1941
攀枝花市	Panzhihua	819	1326	627	922	1288	2069	1197	1874
泸州市	Luzhou	1135	1650	1057	1508	1703	2424	1674	2513
德阳市	Deyang	1161	1593	1187	1579	1845	2491	1669	2217
绵阳市	Mianyang	1199	1776	1102	1622	2347	3646	2425	3664
广元市	Guangyuan	625	1000	649	995	997	1678	996	1625
遂宁市	Suining	733	1065	720	1032	1218	1781	1158	1662
内江市	Neijiang	930	1371	871	1216	1442	2192	1341	2075
乐山市	Leshan	1064	1513	987	1391	1558	2298	1499	2065
南充市	Nanchong	1185	1805	1022	1470	2007	2911	1814	2624
眉山市	Meishan	832	1307	847	1228	1345	2106	1502	2199
宜宾市	Yibin	1910	2877	1834	2729	2994	4480	2578	3866
广安市	Guangan	947	1595	762	1247	1426	2206	1273	1944
达州市	Dazhou	1184	1715	1125	1578	1694	2447	1441	2128
雅安市	Yaan	641	945	568	762	924	1534	766	1180
巴中市	Bazhong	385	612	412	583	710	1041	674	968
资阳市	Ziyang	785	1065	675	936	1541	2119	1192	1743
阿坝藏族羌族自治州	Aba	392	552	299	427	494	703	403	635
甘孜藏族自治州	Ganzi	354	580	332	474	339	571	329	504
凉山彝族自治州	Liangshan	2165	3344	1940	2824	2292	3481	2149	3242
四川省人民检察院成都铁路运输分院	Procuratorate of Chengdu Railroad Bureau	270	377	218	280	295	450	282	401

22-10 人民法院审理各类案件受理结案情况
Criminal Trial Cases Accepted and Settled by Courts

单位：件 (case)

项目	Item	受理 Cases Accepted 2012	受理 Cases Accepted 2013	结案 Cases Settled 2012	结案 Cases Settled 2013
合计	**Total**	**714014**	**767801**	**685262**	**738857**
一审	**First Trial**	**475843**	**520261**	**453647**	**497200**
刑事	Criminal	44666	41059	43416	39618
民事	Civil	427180	474859	406447	453455
行政	Administrative	3997	4343	3784	4127
二审	**Second Trial**	**32118**	**29964**	**29993**	**28349**
刑事	Criminal	4370	4012	4143	3796
民事	Civil	26426	24806	24578	23465
行政	Administrative	1322	1146	1272	1088
审判监督	**Trial Oversight**	**2307**	**2036**	**1901**	**1723**
刑事	Criminal	107	124	85	95
民事	Civil	2158	1858	1783	1587
行政	Administrative	42	54	33	41
国家赔偿	**State Compensation**	**119**	**130**	**93**	**118**
执行案件	**Implementation cases**	**136542**	**157959**	**133201**	**155261**
申诉申请再审	**Appeals for retrial**	**5405**	**6192**	**4943**	**5073**
减刑假释	**Commutation of Sentence,Parole and Released**	**27902**	**28251**	**27902**	**28251**
其他案件	**Other Cases**	**33778**	**23008**	**33582**	**22882**

22-11 人民法院执行案件标的和减、免、缓诉讼费情况
Subjects Implemented and Litigation Costs Reduced, Exempted and Defered by Courts

项目	Item	2012	2013
新收执行标的 (亿元)	Subjects Implemented Newly (100 million yuan)	310.50	404.69
已执行标的 (亿元)	Subjects Implemented (100 million yuan)	311.17	299.28
减、免、缓诉讼费案件 (件)	Cases of litigation costs reduced, exempted and defered (case)	12961	32602
减、免、缓诉讼费 (万元)	Litigation costs reduced, exempted and defered (10 000 yuan)	3190.78	3878.28
减交 (万元)	Reduction (10 000 yuan)	79.24	202.41
免交 (万元)	Exemption (10 000 yuan)	518.51	830.87
缓交 (万元)	Deferral (10 000 yuan)	2593.03	2845.00

注：人民法院审理案件等情况由四川省高级人民法院提供。

a)People's Court cases prepared and provided by Sichuan Provincial Higher People's Court.

22-12 公安机关受理查处治安案件情况(2013年)
Offense Cases Against Public Order Handled by Public Security Organs(2013)

单位：起 (case)

案件类别	Category of Cases	受理 Cases Accepted to be Treated	查处 Cases Investigated and Treated
合　计	**Total**	**276930**	**229804**
扰乱公共秩序	Disrupt Public Order	12122	11425
扰乱单位秩序	Disrupt Unit Order	2548	2379
扰乱公共场所秩序	Disrupt Public Place Order	1833	1822
扰乱公共交通工具上的秩序	Disrupt Public Transport Order	309	302
妨碍交通工具正常行驶	Impedes Normal Conditions of Transport	316	297
扰乱大型群众性活动秩序	Disrupt the order of large scale mass activities	7	7
妨害公共安全	Prejudice Public Safety	4785	4506
违反危险物质管理规定	Violation of Hazardous Material Regulations	557	521
非法携带枪支、弹药、管制刀	Illegal Possession of Firearms. Ammunition. Knife Control	2162	2073
盗窃、损毁公共设施	Theft. Damage to Public Facilities	625	537
侵犯他人人身权利、财产权利	Violations of the Personal Rights of Others. Property Rights	175885	131674
强迫他人劳动	Forced Labor	2	3
侮辱、诽谤、诬告陷害	Insult. Libel. Calumniation	1871	1831
发送信息干扰正常生活	Send Information Interfered with the Normal Life	93	70
殴打他人	Assault	67748	60194
盗窃	Theft	43775	20241
妨害社会管理	Prejudice and Social Management	84138	82199
阻碍执行职务	Impeding the Implementation of Duties	1532	1480
违反旅馆业管理	Hotel Management Violation	4481	4429
卖淫、嫖娼	Prostitution. Whoring	4196	4180
毒品违法活动	Drug-related activities	35578	35466

注：治安情况、火灾事故和交通事故资料由四川省公安厅提供。
a) Data of law and order, fire and accident are provided by the Provincial Public Security Bureau.

22-13 各市(州)查处治安案件和刑事案件破案数

Number of Offense Cases Against Public Order Investigated and Prosecuted and Criminal Case Cracked by Region

单位：起 (case)

市(州)	Region	治安案件 Offense Cases Against Public Order				刑事案件破案 Criminal Case Cracked	
		发现 Discovered		查处 Investigated and Prosecuted			
		2012	2013	2012	2013	2012	2013
全　省	**Sichuan**	**280282**	**276930**	**237327**	**229804**	**115628**	**119333**
成都市	Chengdu	68795	63239	47846	42717	23951	25366
自贡市	Zigong	7843	8398	6478	7212	4894	5530
攀枝花市	Panzhihua	11567	11219	11145	10830	3486	3861
泸州市	Luzhou	6478	6504	6057	5396	6264	6099
德阳市	Deyang	10889	13251	9635	11037	6809	7135
绵阳市	Mianyang	21022	16289	19942	15172	12217	11197
广元市	Guangyuan	10730	11472	7811	8754	4562	5276
遂宁市	Suining	5695	4764	5403	4589	3302	2996
内江市	Neijiang	10038	11433	9276	10822	4700	4721
乐山市	Leshan	11604	11563	11604	11563	5439	5500
南充市	Nanchong	5907	7372	4396	5524	5112	5326
眉山市	Meishan	23850	18173	16448	15051	6776	3496
宜宾市	Yibin	14923	25779	13330	16736	4718	7094
广安市	Guangan	4064	20057	3995	20004	2505	6807
达州市	Dazhou	1523	15359	1486	13195	589	4884
雅安市	Yaan	843	2396	832	2394	536	2270
巴中市	Bazhong	18470	4357	18043	4280	3175	3086
资阳市	Ziyang	19779	6582	19772	6359	6602	4039
阿坝藏族羌族自治州	Aba	4580	1511	4487	1478	2796	680
甘孜藏族自治州	Ganzi	15302	920	13162	896	3326	600
凉山彝族自治州	Liangshan	6380	16292	6179	15795	3869	3370

22-14 火灾事故情况
Basic Statistics on Fire Accidents

指标	Item	合计 Total 2012	合计 Total 2013	特大事故 Extraordinarily 2012	特大事故 Extraordinarily 2013	重大事故 Serious 2012	重大事故 Serious 2013	一般事故 Ordinary 2012	一般事故 Ordinary 2013
火灾事故发生起数 (起)	Number of Fires (case)	6899	19981					6899	19981
死亡人数 (人)	Number of Deaths (person)	38	51					38	51
受伤人数 (人)	Number of Injuries (person)	22	62					22	62
损失折款 (万元)	Losses Converted in Cash (10 000 yuan)	12840.9	11746.1					12840.9	11746.1
平均每起事故损失 (元)	Losses per Case (yuan)	18612	5878					18612	5878

22-15 各市(州)火灾事故情况
Basic Statistics on Fire Accidents by Region

市(州)	Region	火灾事故(起) Number of Fire Accidents (case) 2012	2013	火灾伤亡人数(人) Number of Deaths (person) 2012	2013	火灾损失金额(万元) Losses Converted into Cash (10 000 yuan) 2012	2013
全　省	**Sichuan**	**6899**	**19981**	**60**	**113**	**12840.8**	**11746.1**
成都市	Chengdu	3217	7110	16	25	3400.2	1918.7
自贡市	Zigong	264	354		6	148.5	190.1
攀枝花市	Panzhihua	108	625	2	1	267.1	188.1
泸州市	Luzhou	84	779	1	11	298.7	358.9
德阳市	Deyang	286	1724	1	1	427.3	463.8
绵阳市	Mianyang	469	592	1	7	1148.2	1630.1
广元市	Guangyuan	136	715	1	1	1953.7	387.1
遂宁市	Suining	679	910	3	4	374.1	338.7
内江市	Neijiang	384	604	2	3	231.3	1112.6
乐山市	Leshan	463	1231	3	1	281.8	209.3
南充市	Nanchong	117	1073	6	6	336.5	733.9
眉山市	Meishan	49	162	1	6	79.6	295.7
宜宾市	Yibin	120	618	11	3	1984.6	373.0
广安市	Guangan	51	661	5	9	51.8	237.1
达州市	Dazhou	47	572	3	9	207.9	471.5
雅安市	Yaan	22	272		1	96.2	280.9
巴中市	Bazhong	228	1087		4	452.2	506.8
资阳市	Ziyang	49	595		8	49.7	237.3
阿坝藏族羌族自治州	Aba	33	34	2	4	202.7	590.7
甘孜藏族自治州	Ganzi	31	73	2	2	618.3	466.1
凉山彝族自治州	Liangshan	62	190		1	230.4	755.7

22-16 交通事故情况(2013年)
Basic Statistics on Traffic Accidents(2013)

项　目	Item	合计 Total	特大事故 Extraordinarily Serious	重大事故 Serious	一般事故 Ordinary	其它 Others
发生数 (起)	Number of Traffic Accidents (case)	9571	2	11	46	9512
死亡人数 (人)	Number of Deaths (person)	2658	32	85	200	2341
受伤人数 (人)	Number of Injuries (person)	11414	25	82	185	11122
损失折款 (万元)	Losses Converted into Cash (10 000 yuan)	5910.5	33.0	148.6	332.8	5396.1
平均每起事故损失 (元)	Losses Converted per Case (yuan)	6175	165000	135091	72348	5673

22-17 各市(州)交通事故情况(2013年)
Basic Statistics on Traffic Accidents by Region(2013)

市(州)	Region	发生数 (起) Number of Traffic Accidents (case)	死亡人数 (人) Number of Deaths (person)	受伤人数 (人) Number of Injuries (person)	损失折款 (万元) Losses Converted into Cash (10 000 yuan)
全　省	**Sichuan**	**9571**	**2658**	**11414**	**5910.5**
成都市	Chengdu	2326	653	2199	559.8
自贡市	Zigong	416	81	533	49.6
攀枝花市	Panzhihua	137	53	150	91.6
泸州市	Luzhou	305	145	410	252.6
德阳市	Deyang	577	146	608	197.1
绵阳市	Mianyang	624	178	671	481.6
广元市	Guangyuan	261	67	344	156.9
遂宁市	Suining	278	65	314	107.1
内江市	Neijiang	313	43	434	41.9
乐山市	Leshan	822	148	1135	258.2
南充市	Nanchong	363	97	390	181.7
眉山市	Meishan	195	87	216	30.4
宜宾市	Yibin	889	103	1337	506.6
广安市	Guangan	86	43	69	14.2
达州市	Dazhou	159	83	213	41.5
雅安市	Yaan	271	78	383	218.6
巴中市	Bazhong	99	84	160	47.1
资阳市	Ziyang	263	90	301	50.8
阿坝藏族羌族自治州	Aba	121	71	191	123.8
甘孜藏族自治州	Ganzi	71	47	86	180.8
凉山彝族自治州	Liangshan	588	94	632	315.1

注：合计中含高速公路交通事故的数据。
a)The data of Sichuan include the data of Traffic Accidents on Expressway.

主要统计指标解释

社会福利企业 指以集中安置有一定劳动能力的残疾人员就业为目的（残疾职工占生产人员10%以上）、带有社会福利性质的企业总称。主要包括社会福利工厂、假肢厂和其他福利企业。

公证人员 指在公证处工作的人员总称，包括公证处主任、副主任、公证员、公证员助理(助理公证员)和其他从事辅助性工作的人员。

人民检察院直接立案侦查案件 指按照管辖的规定，由人民检察院直接立案侦查的贪污贿赂犯罪、渎职犯罪、国家机关工作人员利用职权实施的侵犯公民人身权利和民主权利的犯罪以及经省级人民检察院决定立案侦查的国家机关工作人员利用职权实施的其他重大犯罪案件。

受理 是指人民法院对符合诉讼法规定立案条件，决定立案审理的案件。受理包括上期“旧存”和本期“新收”案件两部分。

结案 是指人民法院依照诉讼法规定审理案件，案件审理结束已作出处理决定的案件。

特大火灾 指造成30人以上死亡，或者100人以上重伤，或者1亿元以上直接财产损失的火灾。

重大火灾 指造成10人以上30人以下死亡，或者50人以上100人以下重伤，或者5000万元以上1亿元以下直接财产损失的火灾。

较大火灾 指造成3人以上10人以下死亡，或者10人以上50人以下重伤，或者1000万元以上5000万元以下直接财产损失的火灾。

一般火灾 指造成3人以下死亡，或者10人以下重伤，或者1000万元以下直接财产损失的火灾。

特大交通事故 指一次造成死亡3人以上，或者重伤11人以上，或者死亡1人，同时重伤8人以上，或者死亡2人，同时重伤5人以上，或者财产损失6万元以上的交通事故。

重大交通事故 指一次造成死亡1至2人，或者重伤3人以上10人以下，或者财产损失3万元以上不足6万元的交通事故。

Explanatory Notes on Main Statistical Indicators

Social Welfare Enterprises refer to those welfare-oriented enterprises employing a significant number of handicapped people with certain labour ability (handicapped employees shall exceed 10% of the production staff). They can be categorized as welfare factories, artificial limb plants and other welfare enterprises.

Notary Personnel refers to people working for notary offices including: directors, deputy director, notaries, assistant notaries, and other people providing assistance.

Cases Registered and Handled Directly by People's Procuratorate Offices refer to those serious criminal cases that, according to the functional jurisdiction, are registered and handled by the People's Procuratorate Offices, including the ones on bribery and corruption, the ones on abuse and dereliction of duty, offences against citizens' personal and democratic rights by government officials abusing their powers; and that are registered and handled by the provincial Procuratorate offices in relation to other major crimes committed by government officials by abusing their powers.

Acceptance of Case refers to People's Court decide to accept in accordance with the Provisions of Procedural law .The cases include two parts: cases turned over from previous year and cases accepted this year.

Settlement of Case refers to People's Court decide to accept the case and make decision in accordance with the Provisions of Procedural law.

Extraordinarily Serious Fire Case refers to a case which has caused over 30 deaths; or over 100 serious injuries; or a direct property loss over 100 million yuan(RMB).

Serious Fire Case refers to a case which has caused over 10 to 30 deaths; or over 50 to 100 serious injuries; or a direct property loss over 50 million to 100 million yuan(RMB).

Comparatively Serious Fire Case refers to a case which has caused over three to ten deaths; or over 10 to 50 serious injuries; or a direct property loss over 10 million to 50 million yuan(RMB).

Ordinary Fire Case refers to a case which has caused less than three deaths; or less than 10 serious injuries; or a direct property loss less than 10 million yuan(RMB).

Extraordinarily Serious Traffic Accident refers to an accident which has caused three or more deaths; or over 11 serious injuries; or one death and over 8 serious injuries; or two deaths and over 5 serious injuries; or a loss over 60 thousand yuan(RMB).

Serious Traffic Accident refers to an accident which has caused one or two deaths; or three to ten serious injuries; or a loss over 30 thousand yuan to 60 thousand yuan(RMB).

中国统计出版社最新图书简目

（仅供参考，以最后出书为准）

统计资料

综合类：中国统计年鉴　中国统计摘要　中国发展报告

国际资料类：国际统计年鉴　金砖国家联合统计手册　世界能源资源年鉴

区域资料类：中国区域经济统计年鉴　中国县域统计年鉴　中国城市统计年鉴　中国农村统计年鉴　中国地区经济监测报告

经贸与投资类：中国贸易外经统计年鉴　中国对外直接投资统计公报　中国商品交易市场统计年鉴　大中型批发零售和住宿餐饮企业统计年鉴　中国零售和餐饮连锁企业统计年鉴

住户与物价类：中国住户调查年鉴　中国价格统计年鉴　中国农产品价格调查年鉴　全国农产品成本收益资料汇编

资源与环境类：中国环境统计年鉴　中国能源统计年鉴

产业类：中国工业统计年鉴　中国建筑业统计年鉴　中国房地产统计年鉴　中国第三产业统计年鉴　中国证券期货统计年鉴

科技类：中国科技统计年鉴　中国高技术产业统计年鉴　工业企业科技活动资料

人口与就业类：中国劳动统计年鉴　中国人口和就业统计年鉴　中国人才资源统计报告

社会与文化类：中国社会统计年鉴　中国文化及相关产业统计年鉴

公共管理类：中国民政统计年鉴　中国民族统计年鉴　中国乡镇街道行政区域简册

省级综合统计年鉴系列

北京　天津　河北　山西　内蒙古　辽宁　吉林　黑龙江　上海　江苏　浙江　安徽　福建　江西　山东
河南　湖北　湖南　广东　广西　海南　重庆　四川　贵州　云南　西藏　陕西　甘肃　青海　宁夏　新疆
新疆生产建设兵团

市(县)级综合统计年鉴系列

天津滨海新区　石家庄　唐山　邯郸　太原　大同　阳泉　长治　晋城　朔州　晋中　运城　忻州　临汾　呼和浩特
鄂尔多斯　包头　沈阳　大连　长春　吉林市　四平　哈尔滨　黑龙江垦区　上海浦东新区　南京　无锡　徐州
常州　苏州　南通　连云港　淮安　盐城　扬州　镇江　泰州　宿迁　江阴　丹阳　杭州　宁波　温州　嘉兴　绍兴　金华
衢州　舟山　台州　丽水　合肥　福州　厦门　宁德　福州经济技术开发区　南昌　济南　青岛　郑州　洛阳　平顶山
三门峡　南阳　武汉　十堰　荆州　宜昌　荆门　咸宁　长沙　广州　深圳　惠州　东莞　南宁　柳州　桂林　来宾　海口
三亚　成都　贵阳　昆明　西安　兰州　庆阳　银川　乌鲁木齐　兵团一师　兵团十师

调查年鉴系列

山西　内蒙古　吉林　辽宁　上海　福建　湖北　广西　重庆　四川　云南　甘肃　宁夏　新疆　南宁　桂林

“十二五”规划教材

统计学（经济管理类专业本科适用，单薇　等）　抽样调查理论与方法（冯士雍　等）
贝叶斯统计（茆诗松　等）　统计学（黄良文　等）　试验设计（茆诗松　等）
统计学：从数据到结论（吴喜之）　医学统计学（于浩）　统计学（经济、管理类专业基础教材，张小斐）
概率论与数理统计三十三讲（魏振军）　概率论与数理统计三十三：学习指导与习题解答（魏振军）
非参数统计（吴喜之　等）　统计学：经济与管理中的数据分析（李慧云　等）
卫生管理统计学（新编医学院校基础课教材，尚磊）医院统计学（新编医学院校基础课教材，徐天和　等）
社会统计学（蒋萍　等）　现代金融投资统计分析（李腊生　等）
国民经济核算初级教程（经济类、统计类、管理类专业适用，蒋萍　等）

重点图书

新中国65年　新编英汉汉英统计大词典　中华医学统计百科全书
挑大学选专业2014—考研择校指南　挑大学选专业2014—高考志愿填报指南

中国统计出版社发行部电话：（010）63376907，63376908　同樨行书店电话：68783171，68783172
通讯地址：北京市西城区三里河月坛南街57号　邮政编码：100826
网址：http://csp.stats.gov.cn